Alois Holtmeyer

Cisterzienserkirchen Thüringens

Ein Beitrag zur Kenntnis der Ordensbauweise

Verlag
der
Wissenschaften

Alois Holtmeyer

Cisterzienserkirchen Thüringens

Ein Beitrag zur Kenntnis der Ordensbauweise

ISBN/EAN: 9783957003287

Auflage: 1

Erscheinungsjahr: 2015

Erscheinungsort: Norderstedt, Deutschland

Hergestellt in Europa, USA, Kanada, Australien, Japan
Verlag der Wissenschaften in Hansebooks GmbH, Norderstedt

CISTERZIENSERKIRCHEN THÜRINGENS

EIN BEITRAG

ZUR KENNTNIS DER ORDENSBAUWEISE

VON

A. HOLTMEYER

DR. ING., DR. PHIL., LANDBAUINSPEKTOR

MIT 177 ABBILDUNGEN IM TEXT

JENA

VERLAG VON GUSTAV FISCHER

1906

Inhalt.

Seite

Die Kirchen der Nonnenklöster in Thüringen.

Aus dem Wettbewerbe, in den der zentrale und basilikale Kirchengrundriß zur Zeit Karls des Großen eingetreten waren, mußte der letztere als Sieger schon deshalb hervorgehen, weil er für Pfarr- und Klosterkirchen sich besser eignete, als die vornehmlich Repräsentationszwecken und dem Hofgottesdienst dienende Rundkirche. Die Möglichkeit, den kreuzförmigen Grundriß in seinen Ostteilen nach Bedürfnis und Geschmack ausbauen zu können, wird ein weiterer Grund für seine allmähliche Aufnahme im ganzen Abendlande gewesen sein. Mit dem Ersatze der italienischen Tau-Form durch das lateinische Kreuz war die Lösung der Aufgabe gefunden, welche die immer zahlreicher werdende, sich mehr und mehr vom Volke absondernde Chorgeistlichkeit der Kloster- und Kathedralkirchen dem Architekten stellte. Das selbständige Altarhaus, durch die neue Grundrißform gewonnen, hob die geheimnisvolle Macht der Messe, ermöglichte ohne Inanspruchnahme des Querschiffes die Anlage einer Krypta und bedeutete für Innen- und Außenansicht des Kirchengebäudes einen Zuwachs und einen ästhetischen Gewinn zugleich, dessen Bedeutung allerdings erst nach und nach erkannt wurde.

Es bleibt verwunderlich, daß die Anwendung der zweckmäßigen Form des lateinischen Kreuzes für den Grundriß der Kirchen lange Zeit auf die Gegend beschränkt blieb, in der die Neuerung entstanden war. Die Bauten von Fulda, Hersfeld und Köln, die auch außerhalb des Rheinlandes und Hessens bekannt sein mußten, machten keine Schule. Seitdem mit Karl dem Großen die Einheit des Reiches dahingegangen war, arbeitete jeder der deutschen Stämme sein eigenes Schema aus. Versuche, die Figur des lateinischen Kreuzes im Süden einzuführen, scheiterten. St. Gallen scheint das einzige Kloster gewesen zu sein, das der Frage einer Reformierung des Grundrisses näher getreten ist, und auch hier bleibt es zweifelhaft, ob der vom Norden vermittelte Bauriß in seiner charakteristischen

Kreuzform zur Ausführung kam. Schwaben und Bayern haben sich eigentlich immer ablehnend gegen die Neuerung verhalten. Weder das Querschiff, noch das gesonderte Altarhaus kam hier zu Ehren; die drei Schiffe des Langhauses schlossen östlich in einer Flucht (Fig 1). Um so kräftiger nahm sich Sachsen und Thüringen der Errungenschaft an, um sie dauernd zu behaupten. Es bedurfte nur der Hinzufügung von je einer Apsis an der Ostseite der Kreuzarme und die typische Dreikonchenanlage war geschaffen (Fig. 2).

Ganz anders gestaltete sich die Entwickelung in Frankreich. Schon dadurch unterscheidet sich die deutsche Baukunst von der des Nachbarlandes, daß sie den Chor als ein vom übrigen Kirchengebäude

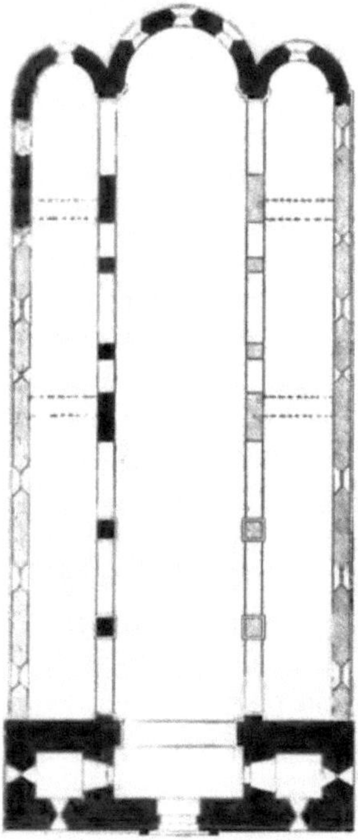

Fig. 1. Grundriß der bayrisch-romanischen Basilika.

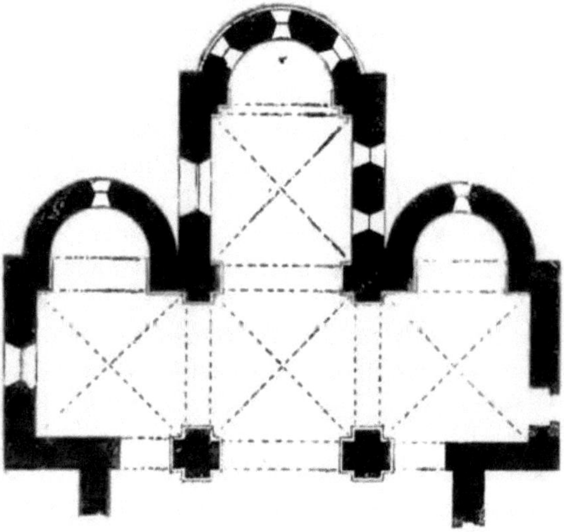

Fig. 2. Sächsisch-romanischer Chorgrundriß.

abhängiges Glied betrachtet und in seiner organischen Ausbildung Grenzen kennt, während der französisch-romanische Stil im Chor einen selbständigen Bauteil erblickt, in dessen unbegrenzter Ausgestaltung die Architekten ihren ganzen Witz verschwendeten. Chorfiguren französischen Geistes, selbst solche aus der Mitte der Entwickelung, wird man in Deutschland auch unter den Werken der romanischen Blüteperiode vergeblich suchen. Die alleinige maßvolle Ausnahme, St. Godehard in Hildesheim, ein französischer Import, zeigt in seiner Einzelstellung, daß östlich des Rheines das Verständnis für die elegante französische Komposition fehlte. Der vorhandene Bestand war in Frankreich derselbe, wie in Deutschland, ebenso das Progamm, das gegebene Kirchengebäude durch Schaffung von Räumen für Geistlichkeit und Altäre zu erweitern. Für die Anlage einer Westapsis, dieses zweiten in der Achse liegenden Chores, wie ihn die nachkarolingische Zeit in Deutschland schuf, konnte sich die französische Baukunst nicht entschließen. Zu der Erkenntnis, daß mit der Aufstellung eines einzigen Altares am westlichen Gegenpol des Sanktuariums für die Dauer nichts getan war, kam die richtige Ueberlegung, daß das Volk, das nur aus angemessener Entfernung am Opfer und Chordienst teilnehmen sollte, sich zwischen die beiden Zentren des Gottesdienstes drängte. Zudem hätte die Anlage eines Westchores den Haupteingang gekostet, ein Uebelstand, der auch in Deutschland schließlich empfunden wurde. Das System der altchristlichen Basilika, das weder Westapsis noch den Grundriß des lateinischen Kreuzes gekannt hatte, scheint Veranlassung genug gewesen zu sein, die eine Apsis unverändert an der alten Stelle zu belassen und zwecks Raumgewinnung mit einem Umgange und strahlenförmig angeordneten Kapellen zu versehen. Diese glückliche Idee, zu der möglicherweise die Nebenschiffe des Langhauses die Anregung gegeben hatten, war in der Tat von außerordentlicher Tragweite; sie enthielt nicht nur eine Summe von Variationsmöglichkeiten in der Anordnung der Apsiden, Vermehrung der Umgänge, Stellung der Stützen und Ausbildung der Decke, sondern barg schon die Lösung des gotischen Chores in sich, die reif werden mußte, sobald die entwickelte Wölbekunst unterstützend eingriff.

Welchen liturgischen Gründen das ästhetisch so wertvolle Motiv des Chorumganges mit Kapellenkranz seinen Ursprung verdankt, ist noch immer nicht mit Bestimmtheit erwiesen. Ebenso bedarf noch die Frage der endgültigen Klärung, in welcher Kirche wir das erste Beispiel des neuen Chorschlusses zu erblicken haben. Tatsache ist, daß vom angesehenen Münster St. Martin zu Tours, das zuerst die Kapellen dem Umgange anfügte, die Verbreitung ausging und daß in St. Agricola und Vitalis zu Clermont ein zweites Zentrum entstand. Wird bedacht, daß die Aufnahme der Neuerung in eine Zeit fällt, in der die Reliquienverehrung in Blüte stand und daß die ersten Kirchen mit radialer Apsidenanlage Wallfahrtsziele waren, so gewinnt die Erklärung des Chorumganges als deambulatorium für Pilger an Wahrscheinlichkeit.

Die Erweiterung des Chores durch einen der Hauptkonche konzentrischen mit Nebenapsiden besetzten Ring war an sich ein so reifer Gedanke, daß es merkwürdig gewesen wäre, wenn nicht Versuche, das Problem der Chorvergrößerung anders und einfacher zu lösen, vor- oder nebenhergegangen wären. Von den ausführenden Bauleuten verlangte das neue Motiv, zumal wenn Gewölbe auch einfachster Art verwendet werden sollten, einen verhältnismäßig hohen Grad technischer Geschicklichkeit. Die Idee, durch Einschieben eines viereckigen Raumes zwischen Querhaus und Apsis Platz für den Chor zu gewinnen, die in Deutschland die Kreuzbasilika geschaffen hatte, lag zu nahe, als daß sie nicht in Frankreich in den Fällen Aufnahme fand, in denen man mit den einfachsten Mitteln arbeiten mußte oder wollte.

Beispiele dieser bescheidenen Art der Chorerweiterung liegen denn auch vor bei den Kirchen in Angers (St. Martin), Montmille, Morienval, Secqueville und sonstigen Bauten kleinen Stiles und Umfanges. In allen diesen Fällen erreicht aber weder der Vorderchor die Höhe des Hauptschiffes, noch deckt sich seine Tiefe mit den Dimensionen der Vierung. Das System verrät Willkür und das Fehlen einer einheitlichen Leitung. Von der Gewissenhaftigkeit und mathematischen Genauigkeit, mit der die sächsische Schule das Grundmaß der Vierung als Modulus für die Abmessungen des ganzen Grundrisses handhabe, ist nichts zu merken. Bei diesen kirchengeschichtlich bedeutungslosen Bauten handelt es sich um den Mangel an Können. Anders verhält es sich mit einer Baugruppe, die ebenfalls mit der Ausbildung viereckiger Chöre sich befaßt und mit einem durchdachten System arbeitet. Hier handelt es sich um den Mangel an Willen, die landläufige Mode des Rundchores mitzumachen. Im Mittelpunkte dieser interessanten Bewegung steht das allmächtige Cluny.

Diese einflußreiche Abtei, die an die zweitausend Klöster zählte, war 910 von Herzog Wilhelm dem Frommen von Aquitanien gestiftet und mit Benediktinern aus Gigny und Beaume besetzt worden. Der Stiftungsbau, unter dem ersten Abte Berno begonnen, wurde von dessen Nachfolger, dem in Gigny erzogenen Odo vollendet. Den Reformbestrebungen dieses tatkräftigen Mönches, den die Nachwelt als Heiligen verehrte, hat das Institut von Cluny den unglaublichen Aufschwung zu danken, der ihm in kurzer Zeit nicht nur den Vorrang unter den französischen Klöstern sicherte, sondern auch alle ernstgesinnten mönchischen Unternehmungen des ganzen christlichen Abendlandes nahebrachte. In der Disziplin von Cluny wurde das wirksamste, ja einzige Mittel zur Bekämpfung der ungeordneten Zustände erkannt, die seit dem Scheiden Benedikts von Aniane in den meisten Klöstern diesseits der Alpen so sehr der Absicht des Ordensgründers spotteten. Odos zweiter Nachfolger Majolus baute dem angewachsenen Konvente die zweite Kirche, deren Weihe 981 stattfand, und nahm unter anderem das Kloster Payerne 962 in den Verband und Besitz Clunys auf, eine an sich geringe Erwerbung, die aber für die kunstgeschichtliche Forschung, insbesondere auch für die Entwickelung der romanischen Baukunst in Thüringen, von Bedeutung geworden ist. Ging auch die Absicht Ottos I., alle Klöster Deutschlands und Italiens der Aufsicht von Cluny zu unterstellen, im ganzen Umfange nicht in Erfüllung, so war doch der Zuwachs des burgundischen Reformklosters um die Wende des Jahrtausends ein ganz gewaltiger. Unter den Erwerbungen Abt Odilos, zu denen selbst Stifte Polens zählten, sei nur, weil archäologisch wertvoll, Farfa in Sabina erwähnt. Das erste Priorat Clunys, la Charité sur Loire, wurde von Herzog Hugo, der seit seinem 25. Lebensjahre den Krummstab führte, erbaut, und galt als eine der vornehmsten Gründungen des Mutterklosters. Nichts kennzeichnet die Macht Clunys und die räumliche Ausdehnung seines Areals mehr, als die Tatsache, daß Hugo dem mißliebigen Bischof Drogo von Macon, der sich dem Kloster als Ordinarius aufdrängen wollte, zur Strafe eines achttägigen Fastens bei Wasser und Brod verhalf und in der Lage war, drei Tausend Mönche zu einem Generalkapital in seinem Kloster zu vereinen. Cluny schlug eigene Münze und übte eigene Rechtsprechung. Sein Oberhaupt spielte wiederholt den diplomatischen Vermittler zwischen den gekrönten Häuptern Europas und konnte Könige und Päpste mitsamt dem Troß jederzeit ohne besondere Vorbereitung in seinen Mauern aufnehmen. Die kolossale Gewölbekirche, deren Grundstein 1089 gelegt wurde, war Hugo der Große seiner Abtei schuldig. Nach Spanien und England riefen Peter den Ehrwürdigen mehr als einmal die Angelegenheiten seines Ordens; im Thale Josaphat, auf dem Berge Tabor, in Konstantinopel standen die Häuser und Kirchen der „schwarzen Mönche".

Die beiden ersten Kirchen Clunys sind verschwunden; die dritte ist in ihren Chorteilen die vollendete Ausgabe von St. Martin in Tours. Es ist klar, daß das Kloster, dessen Kirche einen Chor mit 5 Schiffen, 2 Querhäusern, 6 Türmen und 15 Nebenapsiden besaß, sich seines Zweckes, Reformkloster zu sein, nicht mehr erinnerte. In dem Prachtbau Hugos können wir nicht mehr das unverfälschte Schema strenger Cluniazenser Baukunst erblicken, ebensowenig wie wir in dem Erstlingsbau Bernos schon einen ausgesprochenen Ordenstypus vermuten dürfen. Die geistliche Genossenschaft, deren Programm erst nach und nach sich klärte, baute ihr erstes Gotteshaus gewiß im Sinne jener konventionellen, anspruchslosen Kirchen, deren Apsis sich mit oder ohne Vorderchor an das Querhaus anlehnte. Der charakteristische Bau des schon blühenden, aber noch strengen Klosters an der Grosne, in dem die Masse der Filial- und Kolonialkirchen das nachahmenswerte Vorbild erblicken mußte, liegt in der Mitte. Leider fiel die schon bedeutende Säulenbasilika des Majolus der Baulust Hugos zum Opfer, und wir sind gezwungen, das verlorene clunysche Original aus den erhaltenen Kopien zu rekonstruieren.

Die Bauten der beiden erwähnten Tochtersiedelungen Payerne und la Charité sur Loire bieten bei dieser Untersuchung schätzenswerte Anhaltspunkte. Die erstere Kirche war eine kreuzförmige Basilika mit Nebenchören, die ebenso wie der Hauptchor mit einer Apsis schlossen. Je eine weitere Konche mit Vorraum befand sich an den überstehenden Enden der Kreuzarme, so daß als Gesamtchor die bereits ausgebildete Fünfapsidenanlage in Staffelform sich ergibt. In la Charité hat das Motiv von Payerne durch Hinzufügung einer 6. und 7. Apside am Transepte eine Erweiterung erfahren und, wie es scheint, den Höhepunkt erreicht. Eine Steigerung des Schemas von la Charité unter Beibehaltung parallel gerichteter Konchenachsen war in der Tat kaum möglich. Eine 8. und 9. Apside, deren Anlage bei der ständig wachsenden Zahl der Altäre nicht ausbleiben konnte, hätte ein unverhältnismäßig langes Querhaus bedingt und im Aufriß eine ineinandergeschachtelte Figur ergeben, die als Verlegenheitskonstruktion eher lächerlich als erhebend wirken mußte. Kein Wunder, daß Tochter und Mutter für den glänzenden Typus von St. Martin sich entschieden in einer Zeit, da das Kloster wuchs und die Strenge der Regel abnahm. Eine Vorstufe von Payerne bildet Anzy-le-Duc, wo die äußersten Apsiden im Grundriß noch der Ueberhöhung entbehren. Reicher entwickelt als Anzy-le-Duc und doch noch frei von Ueberladung ist Château-Ponçat, dessen Hauptchorraum das Quadrat erreicht und von Nebenchören flankiert ist. Die große Verbreitung, welche diese ebenso einfache wie edle Chorform in Kloster- und Kathedralkirchen Frankreichs, in England (Canterbury), in Spanien (Benavente) und in Deutschland fand, läßt den Schluß nicht mehr als gewagt erscheinen, daß der Chor des Majolusmünsters ebenfalls die genannte Form besaß. Sein Siegeszug führt im Norden zur Normandie, im Westen nach Hirsau.

Wilhelm von Hirsau hat das Verdienst, den Reformen Clunys, die in Italien, Spanien und Polen längst zu Ansehen gekommen waren, auch in Schwaben und damit in Deutschland allgemeinere Verbreitung gesichert zu haben. Die ersten Versuche Clunys, Einfluß auf die kirchlichen und politischen Verhältnisse des östlichen Nachbarreiches zu gewinnen, liegen freilich weiter zurück. Bischof Meinwerk von Paderborn besetzte seine Stiftung Abdinghof 1015 mit Mönchen aus dem burgundischen Reformkloster; Poppo, seit 1020 Abt von Stablo, betätigte ganz im Einverständnis mit seinem kaiserlichen Herrn Heinrich II. seine clunysche Gesinnung bei der Gründung von Brauweiler und bei der Reformierung von Weißenburg und Echternach, dem Mutterkloster von Susteren am Niederrhein. Wichtiger noch ist Poppos Einfluß auf Limburg a. d. Hardt und Hersfeld. Anno II. von Köln führte 1066 mit Mönchen aus Fructuaria, einem Cluny verwandten Kloster Italiens, cluniazensische Gewohnheiten in Siegburg ein. Inwieweit die Mönche aus Siegburg auch nach dem 1071 geweihten Petersbergkloster im thüringischen Saalfeld, einer weiteren Stiftung des mächtigen Kölner Kirchenfürsten, die Reformideen brachten, ist nicht ermittelt.

Die Bauten dieser mehr oder weniger unter Clunys Einfluß stehenden Klöster vorhirsauischer Zeit lassen weder ein abgeklärtes, einheitliches Bauprogramm, noch eine organisierte Bauschule erkennen. Bei aller Willkür aber, die in der Ausbildung des Chores herrscht, treten doch hier und da Neuerungen gegen die deutsche Bauweise auf, die sich nur durch die Empfänglichkeit des beteiligten Bauherrn oder Architekten für die burgundische Richtung erklären lassen. Das Querschiff fehlt bei keiner der Kirchen, ebenso ist durchweg die Krypta beibehalten. Brauweiler, Hersfeld und Susteren besaßen im Hauptchor die halbkreisförmige Apsis, während Abdinghof, Echternach, Limburg und Siegburg gerade schlossen. Was bei den beiden letzteren Kirchen auffällt, ist der Umstand, daß die Seitenschiffe über den Kreuzarm verlängert sind und, mit dem Hauptchor vereint, die für Deutschland ungewöhnliche und für Cluny charakteristische dreischiffige Choranlage ergeben. Des weiteren ist bemerkenswert, daß die bisher übliche doppelchörige Anlage verschwindet, eine Eigentümlichkeit, die ebenfalls auf das burgundische Vorbild hinweist. Vom Chor der Peter- und Paulskirche zu Saalfeld, der für die Entwickelung der Baukunst in Thüringen von besonderem Interesse gewesen wäre, fehlt jede Spur.

Was Poppo von Stablo nicht erreicht, vielleicht auch nicht beabsichtigt hatte, die Einführung des unverfälschten clunyschen Bautypus, sollte Hirsau gelingen. Dieses Schwarzwaldkloster, das berufen war, den eigentlichen Vorort Clunys in Deutschland abzugeben, hatte bis 1069 eine politisch wie kunstgeschichtlich unbedeutende Rolle gespielt und würde wahrscheinlich niemals über die Durchschnittsleistungen gräflicher Stiftungen sich erhoben haben, wäre nicht im genannten Jahre der Bayer Wilhelm (von Scheyern?), der energische, gelehrte und kunstliebende Mönch aus dem Emmeranskloster in Regensburg, an die Spitze der Verwaltung getreten. Die

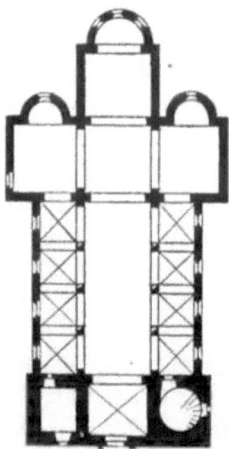

Fig. 3. St. Aurelius zu Hirsau.

berühmten Constitutiones, eine Zusammenstellung der Klosterregeln im Sinne Clunys, waren das nicht gerade neue, aber wirksame Mittel, die aus Einsiedeln stammenden Mönche Hirsaus im Geiste der burgundischen Reformen zu erziehen und den Namen des Nagoldklosters in ganz Deutschland volkstümlich zu machen.

Man kann den Aufschwung Hirsaus im Grunde nur verstehen, wenn man sich des Einflusses erinnert, welcher der Geistlichkeit in den bewegten Zeiten Heinrichs IV. und Gregors VII. auch in politischen Fragen zustand. Den Bestrebungen Hildebrands, das Abhängigkeitsverhältnis der Kurie von der fränkischen Krone endgültig zu beseitigen, brachte der deutsche Klerus nur teilweise das erhoffte Verständnis entgegen. Wir finden die deutschen Bischöfe im Lager des Kaisers. Der Orden hingegen, der den Feldzug gegen die Hauptschäden seiner Zeit selbst predigte, mußte die Anstrengungen Roms, den Cölibat der Geistlichen durchzuführen, sowie der Simonie und Laieninvestitur ein Ende zu machen, aus Ueberzeugung unterstützen; daß die Cluniazenser ihren Ordensbruder auf dem päpstlichen Stuhle nicht im Stiche ließen, ist selbstverständlich. Gregor wußte seine deutschen Bundesgenossen im Mönchshabite zu schätzen.

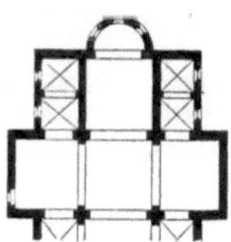

Fig. 4. Chorerweiterung von St. Aurelius zu Hirsau.

Die erste Tat, durch welche Wilhelm dem neuen Charakter der übernommenen Stiftung sichtbaren Ausdruck verlieh, war die Umgestaltung des vorhandenen Klostermünsters nach clunischem Vorbild (Fig. 3). Der verhältnismäßig kleine Bau, eine dreischiffige Säulenbasilika, welche die Reliquien ihres Titularheiligen Aurelius barg, war 1059 begonnen, also beim Eintreffen des Reformators keineswegs veraltet. Im Westen von zwei Türmen mit dazwischenliegender Vorhalle begrenzt, schloß die Kirche jenseits des Querschiffes mit einem länglich rechteckigen Altarhause, an das sich ebenso wie an die freien Kreuzarme eine halbkreisförmige Apsis legte. Die Zunahme des Konventes mag der Grund gewesen sein, daß die Querhauskonchen den französisch rechteckigen Nebenchören weichen mußten (Fig. 4). Mit dieser Erweiterung war für die Dauer allerdings nichts getan; der Zudrang zum Aureliuskloster verlangte eine Anlage großen Stiles. Die Parallelsiedelung, die Wilhelm auf dem linken Ufer der Nagold 1082 errichtete, erhielt zum Mittelpunkte die Peter- und Paulskirche, das Wahrzeichen Hirsaus und die Vorlage für seine zahlreichen Filialen.

Im Bau von St. Peter u. Paul in Hirsau feierte die ältere Schule von Cluny den ersten vollständigen Sieg auf deutschem Boden (Fig. 5). Burgundische Bauregeln waren es, die für Grundriß und Aufriß den Plan diktierten. Die Verlängerung der Seitenschiffe über die Kreuzarme hinaus, die Unterdrückung der Krypta, die Anlage einer ursprünglich offenen, dann geschlossenen westlichen Vorhalle, wie sie schon die Bauordnung von Farfa vorschrieb,

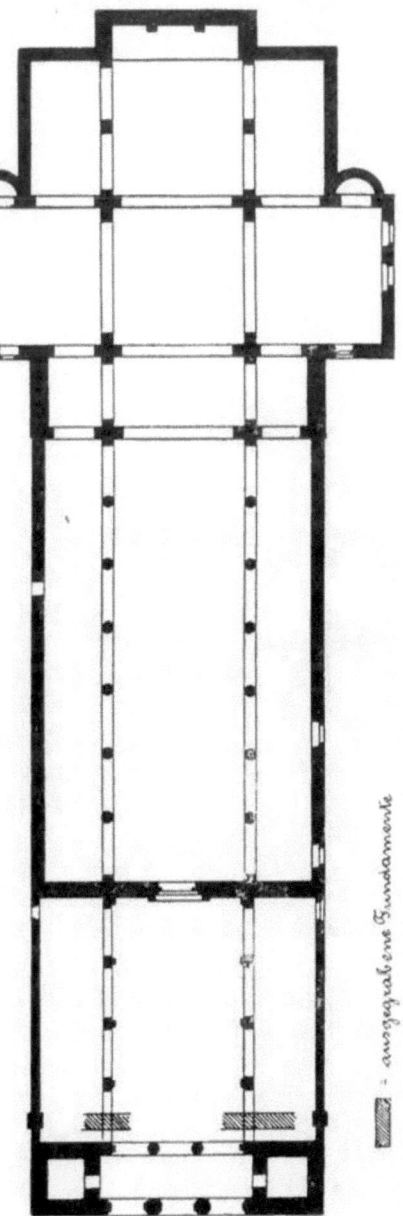

Fig. 5. St. Peter zu Hirsau.

die Versenkung des Kirchenfußbodens gegen das umgebende Terrain, die Gliederung der Mittelschiff-Obergaden durch antikisierende Pilaster mit aufruhendem Gesims, das alles scheinen Motive zu sein, deren Kenntnis Wilhelm seinem in Cluny erzogenen Freunde Ulrich von Zell oder den vom Nagoldkloster zur burgundischen Zentrale abgeordneten Mönchen verdankte. Hatte doch Bernhard, Vorsteher des St. Viktorklosters in Marseille, einer Cluny eng befreundeten Gründung, dem Hirsauer Abte Cluny als das Muster einer Klosteranlage empfohlen und pflegte doch Wilhelm selbst mit Ulrich von Cluny lebhaften Briefwechsel. Möglicherweise suchte der ernste Begründer der neuen Richtung in Deutschland, der die burgundische Architektur doch wohl auch selbst an Ort und Stelle kennen gelernt hatte, das einfache Vorbild des Majolusmünsters an Strenge noch zu übertreffen, denn so erklärt sich am besten der Verzicht auf den

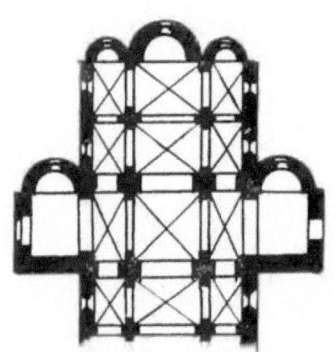

Schmuck von Apsiden für die drei Chorenden, ganz im Sinne des Planschemas von Farfa, und von Gewölben für Bauteile auch kleinerer Abmessung. In der Wahl der Säulen als Stützen der Basilika, in der Anlage von zwei West- und zwei Osttürmen, denen sich möglicherweise noch ein Vierungsturm zugesellte, sowie in dem Ausbau des zwischen den beiden Westtürmen verbleibenden Raumes durch eine Vorhalle darf man wohl weder spezifisch burgundische noch deutsche, sondern allgemein gültige Bausitte erblicken.

Fig. 6. Chor von St. Ulrich zu Sangerhausen.

Das Gebiet, in dem der Hirsauer Typus zur vollen Entfaltung kam, war Thüringen. Diese Gegend Deutschlands mußte allerdings den Verfechtern der päpstlichen Politik ein willkommenes Arbeitsfeld bieten. Auch mochten die Vorbedingungen für die Verbreitung der Hirsauer Baugrundsätze in dem Lande, das die Flachdeckbasilika bevorzugte und vom kreuzförmigen Grundriß eigentlich nie abgewichen war, nicht ungünstig liegen. Auf die getreue Wiederholung des Planes von St. Peter und Paul in Hirsau mußten die Sendlinge aus dem Schwarzwaldkloster freilich verzichten. Den Eingesessenen die Zweckmäßigkeit der über das Querhaus verlängerten Seitenschiffe klar zu machen, konnte in den Fällen nicht schwer fallen, in denen die bauende Kirchen- oder Klostergemeinde auf einen entwickelten Chordienst Rücksicht zu nehmen hatte, aber mit der Lehre

von der Konchenarmut konnten die Kolonisten bei den überzeugten
Vertretern des Dreiapsidensystems unmöglich Glück haben. War
doch die Verschmelzung von Kreuzform und Apsidenschluß eine

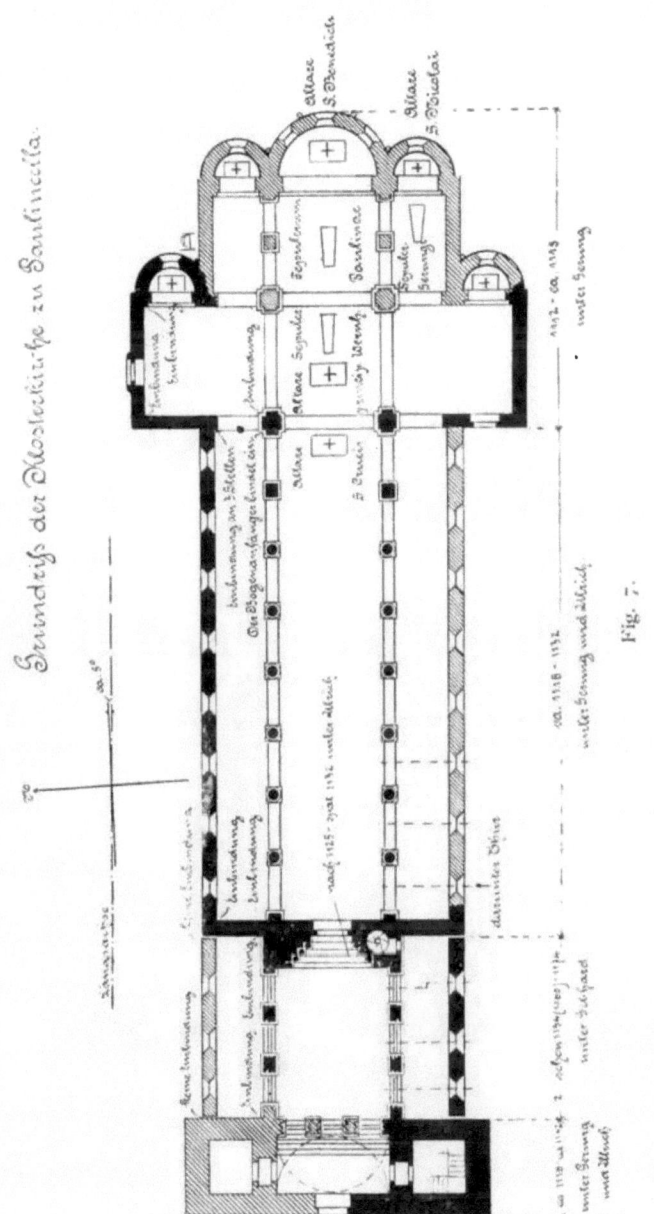

Fig. 7.

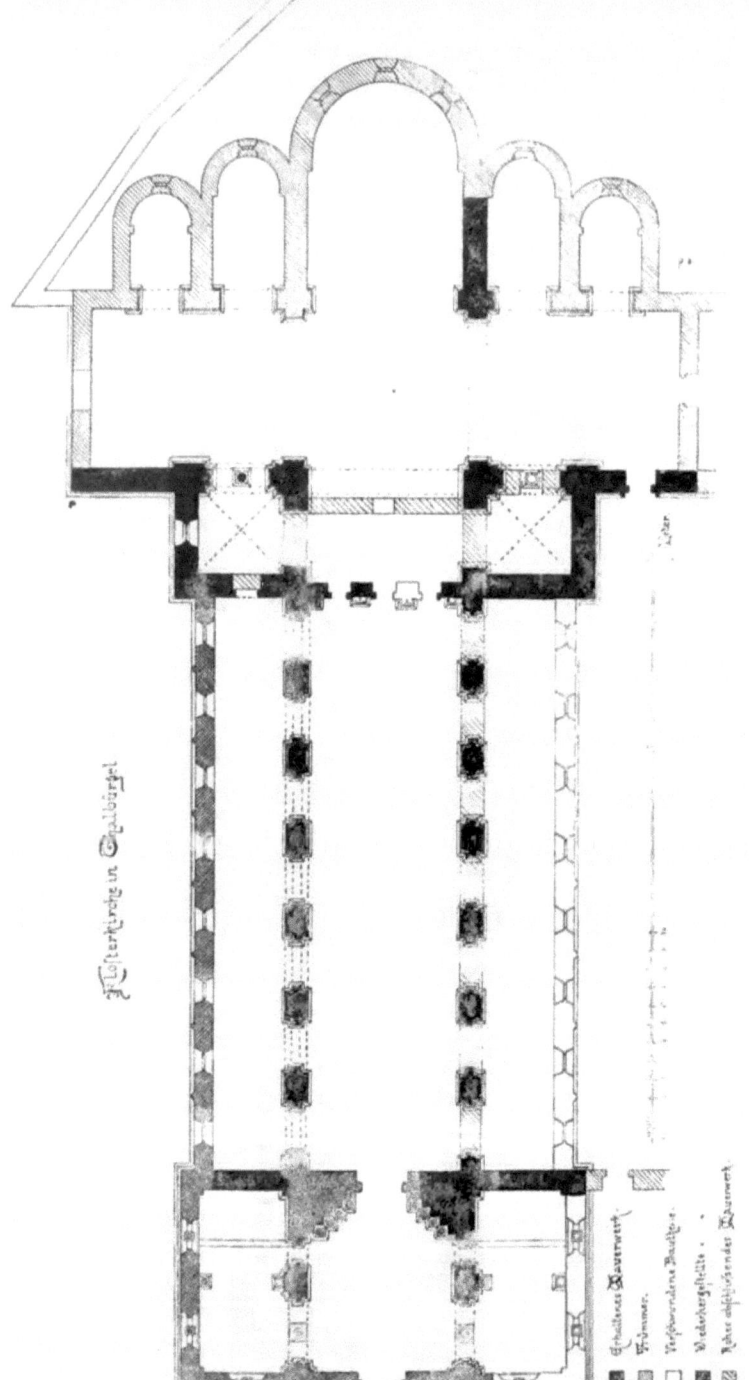

Fig. 8

Errungenschaft der sächsischen Architektur nachkarolingischer Zeit
gewesen, und gehörte doch in Thüringen eine Apsis zum Bestande
auch der kleinsten Dorfkirche. Auch sicherte hier die lange Anwendung des gemischten Systems und die Einsicht von seinen konstruktiven Vorzügen dem Pfeiler das Bürgerrecht. Der reine Säulenbau, wie ihn Hirsau liebte, war dem sächsischen Provinzialismus
von Haus aus fremd und konnte nur bedingten Anklang finden.

Fig. 9. Basilika zu Klosterlausnitz (wiederhergestellt).

Die Erstlingssiedelung der Hirsauer in Thüringen war Reinhardsbrunn, dessen wahrscheinlich 1089 begonnene Kirche spurlos
verschwunden ist. Doch bieten die Filialen dieses mächtigen Hausklosters der Thüringer Landgrafen Anhaltspunkte für die Beurteilung der Frage, inwieweit die Schwarzwäldler ihre Baugrundsätze
durchzusetzen im stande waren. Die Kirche des Petersbergklosters
bei Erfurt, deren Grundstein 1103 gelegt wurde, hat die Form der
kreuzförmigen Pfeilerbasilika ohne Vorkirche, aber mit Flanken-

Romanische Chorgrundrisse in Frankreich.

I. Einfache Kreuzform.

Ohne Vorderchor.

St. Généroux.
Fig. 10.

Mit Vorderchor.

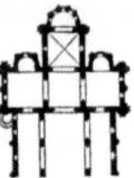

Secqueville.
Fig. 11.

II. Rundchor mit Umgang.

(Schule von St. Martin zu Tours und jüngere Schule von Cluny.)

Auvergnatischer Typus.

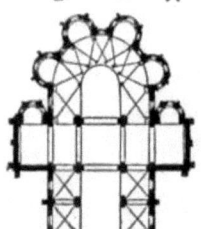

Notre Dame du Port
du Clermont.
Fig. 12.

Tourainischer Typus.

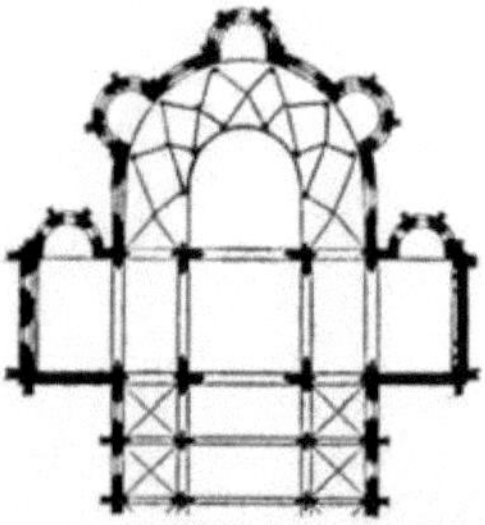

St. Etienne zu Nevers.
Fig. 13.

III. Lateinisches Kreuz mit rechteckigen Nebenchören.

(Aeltere Schule von Cluny.)

Nebenchöre in gleicher
Flucht mit Hauptchor.

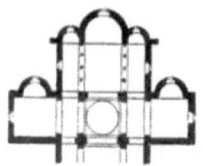

Château-Ponçat.
Fig. 14.

Staffelanlage.

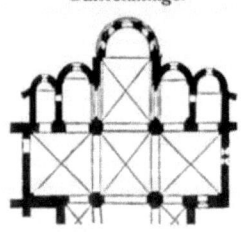

Payerne.
Fig. 15.

Romanische Chorgrundrisse in Deutschland.

I. Einfache Kreuzform.

Tau-förmiges Kreuz.

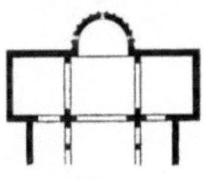

Eschau.
Fig. 16.

Lateinisches Kreuz.

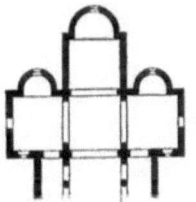

Drübeck.
Fig. 17.

II. Rundchor mit Umgang.

Ohne Kapellenkranz.

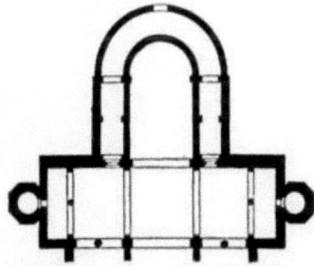

St. Michael zu Hildesheim.
Fig. 18.

Mit Kapellenkranz.

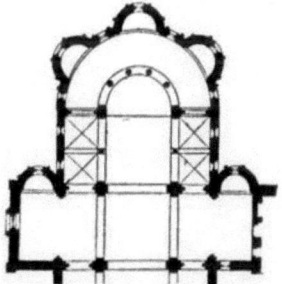

St. Godehard zu Hildesheim.
Fig. 19.

III. Lateinisches Kreuz mit rechteckigen Nebenchören.

(Schule von Hirsau.)

Nebenchöre in gleicher
Flucht mit Hauptchor.

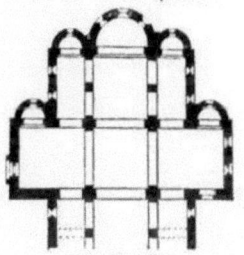

Paulinzella.
Fig. 20.

Staffelanlage.

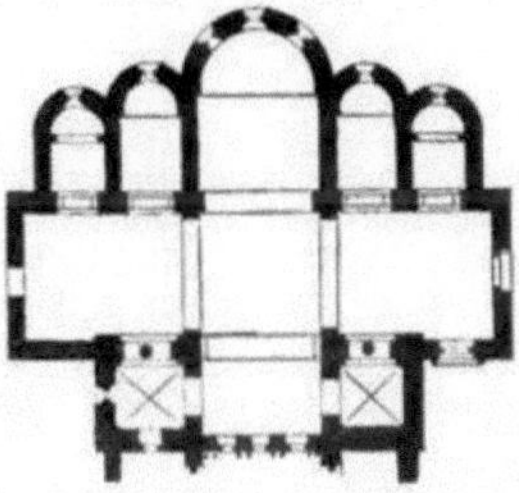

Thalbürgel.
Fig. 21.

türmen an einer Eingangshalle. Das ursprüngliche Bild des hier entstellten Chores mag Reinhardsbrunns jüngere Filialkirche St. Ulrich zu Sangerhausen (Fig. 6) wiedergeben, deren Baubeginn zwischen 1116 und 1123 zu setzen ist. Der hier nach dem Schema von St. Peter in Erfurt errichtete Bau schließt mit dem Chor von St. Peter in Hirsau, allerdings mit dem für Thüringen bezeichnenden Zusatze von Apsiden auch an den drei, in gleicher Länge endenden Chören und stellt in diesem für Sachsen wie für Schwaben ungewöhnlichen östlichen Abschlusse den Kompromiß dar, zu dem sich die Hirsauer Schule auf mitteldeutschem Boden entschließen mußte. Erhöhtes Interesse unter den Hirsauer Schöpfungen in Thüringen verdienen die mit Vorkirchen versehenen Basiliken zu Paulinzella (Fig. 7) und Thalbürgel (Fig. 8), hier ein um 1140 begonnener Pfeilerbau mit staffelförmiger Choranlage im Sinne Payernes, dort ein schon 1112 von Architekten des Schwarzwaldklosters selbst errichteter Säulenbau, der zahlreiche Nachahmungen gefunden hat. Werden noch die Namen Ilsenburg, Oldisleben, Lippoldsberge, Hamersleben, Bosau, Wimmelburg, Holzzelle, Halberstadt (Liebfrauenkirche) und Klosterlausnitz (Fig. 9) genannt, so dürften die Punkte im Gebiete des Thüringer Waldes und des Harzes aufgezählt sein, an denen der Einfluß der Hirsauer Baukunst festzustellen oder zu vermuten ist.

Ueberblickt man die Entwickelung der kreuzförmigen Basilika bis etwa zur Mitte des 12. Jahrhunderts, so kann man feststellen, daß für den Ostteil des Kirchengebäudes die Grundformen des Tau-, wie des lateinischen Kreuzes, des nebenschiffbesetzten Chorrechteckes mit geradliniger Ostflucht oder in Staffelform und endlich des halbkreisförmigen Umganges sowohl in Deutschland (Fig. 16—21) wie in Frankreich (Fig. 10—15) sich finden, daß aber die Bewertung der einzelnen Typen in beiden Ländern nicht die gleiche ist. Deutschland bevorzugte die Dreiapsidenanlage, Frankreich den Kapellenkranz. Eine engere Gemeinschaft bestand nur in der Anwendung des älteren clunischen Chorschemas, das die Hirsauer Bewegung übermittelte.

Cluny war auf der Höhe seiner Machtstellung noch nicht angelangt, als an mehr als einer Stelle und in mehr als einer Form die unausbleibliche Reformation einsetzte. Allerdings blieb der Erfolg in vielen Fällen hinter dem guten Willen der Ordensverbesserer zurück. Manche Bewegungen haben nur lokale Bedeutung erlangt, einige Versuche sind in den Anfängen stecken geblieben. Die in der Anlage verfehlte Verfassung der 1076 gestifteten Grandmontenser brachte es mit sich, daß diese Klostergenossenschaft weder dauernd die beabsichtigte Strenge bewahrte, noch über Frankreichs Grenzen hinauskam. Wenig glücklicher in seinem Erfolge war der zwanzig Jahre später ins Leben gerufene Orden von Fontevraud, dessen Programm, die Wiederherstellung der erschlafften Kirchenzucht, namentlich Beseitigung der Simonie und des Konkubinates der Geistlichkeit, erst seit 1119 von den Prämonstratensern nachdrücklicher durchgeführt wurde. Hätte Bruno von Köln 1086 seinen Karthäusern etwas mehr mitgegeben, als den Geist strengsten Anachoretentums, so hätte dieser ernsteste aller Mönchsorden mit Cluny in erfolgreichen Wettbewerb treten können. So mußte er die Aufgabe, wahres Benediktinertum schnell international zu verbreiten,

Fig. 22. Klosterkirche zu Cluny nach Dehio und v. Bezold.

der zwölf Jahre jüngeren, besser organisierten und organisierenden Genossenschaft von Citeaux überlassen.

Es mag mehr als Zufall sein, wenn der Cluniazenser Robert mit zwanzig Gleichgesinnten die Einöde von Citeaux um dieselbe Zeit aufsuchte, als Cluny im Begriffe stand, an den vollendeten stolzen Ostbau seiner dritten Kirche die Westteile in ebenbürtiger Pracht und unerhörten Dimensionen anzuschließen (Fig. 22). Der asketische Mönch konnte in dem Neubau des Zentralklosters nur das ungeeignetste Mittel erblicken, den anspruchslosen Ordensstifter zu ehren. Zum bescheidenen Oratorium von Monte Cassino mußte das üppige Münster Hugos im selben Gegensatze stehen, wie die Armut Benedikts zum Reichtum Clunys. Keine Stadt, kein Bischof Frankreichs konnte daran denken, durch den Bau einer Kathedrale die Leistungen Clunys zu erreichen, geschweige denn zu übertreffen; auf der ganzen Linie stellten die Klosterkirchen die Bauten des Weltklerus in den Schatten. Welcher Abt erinnerte sich noch der Grundregel seines Ordens, so einfach wie möglich zu bauen, zu einer Zeit, wo die Vermächtnisse der ersten Kreuzfahrer die Spenden der Pilger noch übertrafen und die Baufonds auf den Reliquiarien der Klöster sich von selber bildeten! Alle Künste traten in Wettbewerb, um die Ordenskirchen zu schaffen, die wir als die Meisterwerke des französisch-romanischen Stiles noch nach acht Jahrhunderten bewundern.

Fig. 23. Der hl. Robert, moderne Statue im Cisterzienserkloster Mehrerau.

Daß die Rückkehr zur Armut das einzige Mittel sein konnte, der Verweichlichung der Mönche und dem Verfall der Klosterzucht entgegenzuarbeiten, hatte der Reformator, der seit seinem 15. Lebensjahre dem Cluniazenserorden angehörte, als Prior von Montier la Celle und von St. Aigulf. sowie als Abt von St. Michael zu Tonnère genugsam erkannt. Versuche, in Molesme das erwünschte Reformkloster zu schaffen, waren an dem Eigensinn der Klosterinsassen gescheitert, und wahrscheinlich hätte der Widerstand ausgereicht, auch die Stiftung von Citeaux in Frage zu stellen, wären nicht die vereinten Bemühungen Roberts, Alberichs und Stefan Hardings, dieser „Cisterciy trinitas", mächtiger gewesen, als die Bedenken des Papstes und des Erzbischofes. Robert (Fig. 23) wurde erster Abt von Citeaux, mußte diese Würde aber bald an Alberich abtreten, da man ihn nach Molesme zurückrief. Hier starb der eifrige Mönch im Jahre 1100, nicht ohne die Freude erlebt zu haben, seine Gründung durch ein Bestätigungsschreiben Paschals II. gesichert zu sehen[1].

Die Seele des neuen Unternehmens wurde Stephan Harding, der in glücklichster Weise asketischen Sinn und organisatorisches Talent vereinte. Mehr noch als diesem Engländer hat die junge Kongregation dem hl. Bernhard zu verdanken, der 1113 unter die Religiosen von Citeaux sich aufnehmen ließ und die goldene Periode des Ordens einleitete. Die Verbreitung der Cisterzienserideen weit über Frankreichs Grenzen hinaus unter diesem talentvollen Vorkämpfer der biblischen Gottesgelehrten gegen die scholastischen Dialektiker ist in der Tat beispiellos. Von äußerster Strenge gegen sich selbst, von glühendem Eifer für die erwählte Sache, von hinreißender Beredsamkeit übte Bernhard auf Leute aus dem Volke wie Gebildete, auf Weltliche und Kleriker, auf Könige und Päpste einen geradezu unbeschreiblichen Einfluß aus. In grenzenloser Verehrung erblickte die Mitwelt in ihm den zweiten Gründer des Cisterzienserordens; der geniale Mönch durfte, wie sein großer Vorgänger Benedikt, es erleben, daß die Anhänger seines Ordens mit seinem Namen bezeichnet wurden.

Im selben Jahre, in dem Bernhard seine Kräfte in den Dienst Citeaux' stellte, entstand dessen erstes Tochterkloster La Ferté im Sprengel von Châlons; ihm folgte im nächsten Jahre in der Diözese von Auxerre die Gründung von Pontigny, an dessen Spitze Bernhards Freund Hugo von Macon trat. Das Jahr 1115 sah zwei weitere Filialen entstehen, beide im Sprengel von Langres, Clairvaux und Morimund. Bernhard selbst übernahm, erst 25 Jahre alt, die Leitung der Abtei, die ihm seinen Beinamen geben sollte; an die Spitze von Morimund trat der Deutsche Arnold. Eine fünfte Kolonie entstand 1118 in Preuilly, konnte aber ebensowenig wie die nachfolgenden Gründungen dem Glanze und Einflusse der vier ersten Tochterklöster von Citeaux Abbruch tun. Unter den 160 Tochter- und Enkelstiftungen Clairvaux' seien, weil archäologisch interessant, die zweitälteste Gründung Fontenay vom Jahre 1119 und Vaux de Cernay genannt, welche Abtei 1118 oder 1128 von Savigny besiedelt und 1147 von Citeaux übernommen wurde.

Sollte das Unternehmen von Citeaux lebensfähig werden und das angesehene Cluny auf dem Gebiete der internationalen geist-

---

1) Gregor Müller, Gründung der Abtei Citeaux, in Cistercienser-Chronik 1898 S. 1 f.

lichen Kolonisation überholen, so mußten die Gründer in den
Satzungen den Gegensatz zu der entarteten Regel ihrer Konkur-
renten herauskehren und dem Ordensstatut einen populären Zug
geben. Dem monarchischen Regierungssystem der Cluniazenser
stellten die Cisterzienser ihre demokratische Verfassung gegenüber.
Strenge Enthaltsamkeit und Disziplin sollte die Angehörigen des
neuen Verbandes aneinanderschließen und dem bis dahin pekuniär
stark beanspruchten Volke näher bringen, der Wechsel in der Farbe
des Gewandes die neuen Mönche von den alten sichtlich sondern.
Nichts ist bezeichnender für die Richtigkeit des Urteiles, das die
beiden Gegner gleich anfangs über die Macht der Bewegung sich
bildeten, als der Kampf der wegen dieser Aeußerlichkeit zwischen
den schwarzen Mönchen von Cluny und den grauen Rivalen von
Citeaux entbrannte und die sonderbarsten Blüten trieb. Ein Wunder,
eine Muttergotteserscheinung, die in der Folgezeit sich oft wiederholte, begründete die etwas gewaltsame, dem Marienkultus des
Ordens entsprechende Abweichung von der Kleidervorschrift des
hl. Benedikt.

Im übrigen sollte das Institut von Citeaux nicht etwa eine
Aenderung, sondern nur eine Verjüngung des Benediktinerordens
zum Zweck haben. Die Verwahrungen, welche die Chronisten aus
den Reihen der Cisterzienser immer wieder gegen die Ansicht ein-
legen, es handle sich um die Gründung eines neuen Ordens, zeigen,
wie ernst man es mit der Wiederaufnahme der strengen Grundsätze
des hochverehrten Ordensstifters nahm. Alles Weichliche und Ueber-
flüssige an Kleidung und Lager wurde beseitigt, vom Tische verschwanden die verschiedenen Gerichte und alles Fleisch; Ackerbau
und Viehzucht unter schwierigen Bodenverhältnissen sollten die
Klosterinsassen vor Müssiggang schützen und die Unterhaltungskosten der Siedelei decken. Nicht auf den Bergen, wie die Männer
von Cluny, sondern in erst zu kultivierenden Wald- und Sumpf-
tälern, fern von dem geräuschvollen Treiben der Städte, wollten die
entsagenden Jünger von Citeaux ihre anspruchslosen Häuser bauen [1]).
Jede Stunde wurde zweckdienlich für Arbeit, Gottesdienst und Kontemplation ausgenutzt, was der Tag an Zeit nicht hergab, der Nacht
genommen. Bis ins Einzelne wurden diese Grundzüge nach und
nach schriftlich festgelegt [2]).

---

[1]) Gregor Müller, Die Lage unserer Klöster, in Cisterzienser-Chronik 1897 S. 248 f.
Der hl. Bernard gab den Tälern eine geistliche Bedeutung; er bezeichnet sie als die
Stätten der Demut, Fruchtbarkeit und Gnade. Vgl. Bernardi Sermones S. 102.

[2]) Jaeger, Klosterleben im Mittelalter. Winter, Die Cisterzienser des nordöstl. Deutschl.

Die prima Cisterciy statuta, die Alberich selbst 1101 re-
digierte, atmen ganz den asketischen Geist der ersten Eiferer. Außer
allgemeineren Vorschriften über Kleidung und Lebensweise geben
diese Gründungssatzungen, die den eisernen Bestand der späteren,
vervollkommneten Gesetzessammlungen bilden, schon genauen Auf-
schluß über Stellungnahme des Ordens zur Pfarrgeistlichkeit und
zum Laienelement, über die Erwerbung von weltlichem Besitz und
über die Bedingungen der Filiation [1]). Aus der nicht sehr umfangreichen Aufzeichnung Manriques [2]) seien die nachstehenden Stellen
mitgeteilt:

„Quia nec in regula, nec in vita sancti Benedicti eumdem
Doctorem legebant possedisse Ecclesias, vel altaria, seu oblati-
ones, aut sepulturas, vel decimas aliorum hominum, seu furnos,
molendina, aut villas, vel rusticos, nec etiam foeminas Monasterium
eius intrasse, nec mortuos ibidem, excepta sorore sua, sepeliisse:
ideo haec omnia abdicaverunt   Tuncque diffinierunt se conuer-
sos, laicos, barbatos de licentia Episcopi sui suscepturos, eosque
in vita et morte, excepto monachatu, ut semet ipsos tractaturos:
et homines etiam mercenarios, quia sine adminiculo eorum non in-
telligebant se plenarie die, sine nocte praecepta regulae posse seruare.
Suscepturos quoque terras ab habitatione hominum remotas, et vineas,
et prata, et siluas, aquasque ad facienda molendina, ad proprios
tamen usus, et ad piscationem, et equos, pecoraque diuersa neces-
sitati hominum utilia. Et cum alicubi curtes ad agriculturas exer-
cendas instituissent, decreuerunt, ut praedicti conuersi domos illas
regerent, non Monachi. Quia habitatio Monachorum (secundum
regulam) debet esse in claustro ipsorum. Quia etiam Beatum Bene-
dictum non in ciuitatibus, nec in castellis, aut in villis, sed in locis
a frequentia hominum remotis Coenobia construxisse, sancti viri illi
sciebant, idem se aemulari promittebant. Et sicut ille Monasteria
constructa per duodenos Monachos, adiuncto Patre, disponebat, sic
se acturos confirmabant".

Bestimmter kam die negierende Tendenz des Ordens zum Ausdruck durch die secundae leges, mit deren Herausgabe Alberichs
Nachfolger Stephan Harding [3]) 1109 seine Tätigkeit als dritter Abt

---

1) Ueber das Verhältnis der Cisterzienser zu den Diözesanbischöfen vgl. Gieseler,
Kirchengesch. II S. 311, über die päpstlichen Privilegien Henriquez, Regula, Constitu-
tiones et privilegia ord. Cist., und Dohme, Die Kirchen d. Cist.-Ordens in Deutschland
S. 17.

2) Annales Cistercienses I S. 23 f.

3) Dalgairns, Der hl. Stephan Harding, Stifter des Ordens von Citeaux.

einleitete. Nicht nur die Mönche, das Gotteshaus selbst sollte auf den Prunk verzichten, der in den Kirchen der Cluniazenser die Gemüter vom Wesen des Gottesdienstes nur zu sehr ablenkte. „Confirmauerunt etiam", so berichtet Manrique [1]) nach einer älteren Quelle, „ne retinerent cruces aureas, vel argenteas; sed tantum ligneas, coloribus depictas: neque candelabra, praeter unum ferreum: neque thuribula, nisi cuprea, vel ferrea: neque casulas, nisi de fustaneo, vel lino, siue panno; sed sine auro, vel argento. Pallia vero omnia, et cappas, atque dalmaticas, tunicasque ex toto dimiserunt. Calices non aureos, sed argenteos, et, si fieri posset, deauratos: fistulam argenteam, et, si possibile sit, deauratam: stolas quoque, ac manipulos de panno tantum, sine auro et argento haberi voluerunt. Pallae quoque altarium, ut de lino fierent, et pla͞nae sine pictura, statuerunt; et ampullae ad ministerium altaris sine auro, et argento essent". Fanden diese radikalen Vorschläge auch nicht einstimmigen Beifall, so wurden sie doch zum Beschluß erhoben. „Patres nostri" so schließt der Chronist aus dem Cisterzienserorden seinen Bericht „candelabrum unum tantum, eumque ferreum fore decreuere".

In der **Charta charitatis** [2]) endlich gab 1119 derselbe weitsichtige Organisator im Auftrage aller Aebte seinem Orden dasjenige Statut, welches alle Klöster auf das Engste mit dem Mutterkloster und unter einander verband. Die Subordination der jüngeren Klöster unter die älteren, die Ausübung des Aufsichtsrechtes seitens der letzteren, die Verweigerung von Privilegien an einzelne Klöster oder deren Mitglieder, die Respektierung des Stammklosters und seines Vertreters, die rechtzeitige Bekämpfung von Schäden an Haupt und und Gliedern, das Alles waren ebenso überlegte wie unzweideutige Vorschriften, durchaus geeignet, das Wachstum der jungen Pflanzung zu sichern. Mit Genugtuung durfte Citeaux sehen, wie die Nachbarn in Cluny in unschädlicher Weise die Grundsätze seiner Visitationen und Generalkapitel sich aneigneten. Von den 30 Artikeln der Charta [3]) seien hier namentlich aufgeführt:

„Semel per annum visitet Abbas maioris Ecclesiae per se, vel per aliquem de Coabbatibus suis omnia Coenobia, quae ipse fundauerit. Et si fratres amplius visitauerit, magis inde gaudeant.

Domum autem Cisterciy͘ simul per seipsos visitent quatuor primi Abbates de Firmitate, de Pontigniaco, de Claravalle, et Morimundo,

---

1) Ann. Cisterc. I S. 51 f.

2) Gregor Müller, Die Entstehung der Charta charitatis, in Cisterzienser-Chronik 1897 S. 19 f. Ders., Die Charta charitatis, das. 1899 S. 271 f.

3) Manrique, Ann. Cisterc. I S. 109 f.

die qua inter se constituerint, praeter annuum Capitulum, nisi forte aliquem eorum grauis aegritudo detineat.

Sed omnes Abbates de Ordine nostro, singulis annis ad generale Capitulum Cisterciense omni postposita excusatione conuenient: illis solis exceptis, quos corporis infirmitas retinuerit. Qui tamen nuntium idoneum delegare debebunt, per quem necessitas remorationis eorum valeat Capitulo nunciari . . .

Domui autem Cisterciy, quia mater est omnium nostrum, dum proprio Abbate caruerit, quatuor primi Abbates, scilicet de Firmitate, de Pontigniaco, de Claravalle, de Morimundo, prouideant, et super eos sit cura domus illius, donec Abbas in ea electus fuerit, et statutus. Ad electionem autem Cisterciensis Abbatis praefixa et praenominata die ad minus per quindecim dies, conuocentur ex Abbatibus, quorum domus de Cistercio exierunt, et ex aliis quos praedicti Abbates, et frates Cistercienses indoneos nouerint, et congregati in nomine Domini Abbates, et Monachi Cisterciensem eligant Abbatem."

Als appendix zur Charta charitatis erschien der l i b e r u s u u m, um dessen Zustandekommen Bernhard von Clairvaux neben Stephan sich verdient gemacht zu haben scheint. Nicht neue, wie der Chronist versichert, sondern die alten Ceremonien sollten in diesem Buche verzeichnet werden, auf daß die Feier der Messe, der ausgedehnte Chordienst mit dem Absingen der Tageszeiten, wie das gesamte Leben im Konvent in allen Klöstern aller Länder uniform sei. Beide Sammlungen wurden nebst den älteren Statuten von Calixt II. bestätigt.

Unter dem Namen c o l l e c t i o R a i n a r d i[1]) ist eine Gesetzsammlung überliefert, welche das 1134 tagende Generalkapitel veranstaltete. Die ersten 10 Bestimmungen decken sich mit dem Inhalte der Charta charitatis, die nachfolgenden 77 Kapitel bringen den gedrängten Stoff der Edikte aus den Jahren 1119—1134. Von Interesse sind:

Kap. XIII. Interdicimus ne Ecclesiarum nostrarum libris aurea, vel argentea, siue deargentata, vel deaurata habeantur retinacula, quae vsu firmacula vocantur, et ne aliquis codex pallio tegatur.

Kap. XIX. Sculpturae, vel picturae in Ecclesiis nostris, seu in officinis aliquibus Monasterij, ne fiant, interdicimus: quia dum talibus intenditur vtilitas bonae meditationis, vel disciplina religiosae grauitatis saepe ne-

---

1) Manrique, Ann. Cisterc. I S. 272 f.

gligitur. Cruces tamen pictas, quae sunt ligneae, habemus.

Kap. XX. Non est congruum, vt extra portam Monasterij domus aliqua ad habitandum construatur, nisi animalium, quia periculum animarum inde potest nasci.

Kap. XXI. Quia antecessores nostri, et Patres de Ecclesia Molismensi, quae in honore beatae Mariae est, ad Cistereiensem locum, unde et nos exorti sumus, prinitus venerunt, idcirco decernimus, ut omnes Ecclesiae nostrae, ac successorum nostrorum in memoria eiusdem coeli et terrae Reginae, sanctae Mariae fundentur et dedicentur.

Kap. XXII. Certum est, nos, qui Monachalem militiam arripuimus, debere in Coenobiis honestae grauitati, ac regularibus disciplinis, non leuitatibus, aut jocis vacare. Et ob hoc horum fomenta vitiorum a sanctis locis elongari oportet, scilicet ceruos, et ursos, ac grues, caeteraque talium leuitatum irritamenta.

Kap. XXIII. Si Clerici, vel laici locum aliquem ad honorem Dei construxerint, illumque locum alicui Coenobiorum nostrorum, quatenus ad Abbatiam proficiat, concedere voluerint, Abbasque illius Coenobij, a quo consultum flagitant, locum habilem prospexerit, suscipiat illum, si voluerit. Ipsi vero Clerici, vel laici, si sanctae regulae iugo se subdere voluerint, aut in illo loco Abbatiam faciendam praestolentur, aut cellam Nouitiorum intrent in Coenobio praenotati Abbatis, vel regulariter probentur

Kap. XXIV. Infra Monasterium nullus sagimine, et carne vescatur, nisi omnino infirmi, et artifices conducti, similiter et intra curtes grangiarum, nisi propter easdem causas, et etiam propter mercenarios.

Kap. XXX. Siquis Abbas crescente numero fratrum Abbatiam aedificare voluerit, primo locum Abbatiae aptum perquirat: deinde cum duobus Abbatibus sibi vicinioribus (si tamen suus Abbas longo terrarum interuallo ab eo remotus fuerit) ostendat, et quod consilium super hoc sibi dederint, faciat. Qui si eorum audito consilio Abbatiam fecerit, aut necessaria, quibus indigent fratres, quos miserit, ipse eis prouideat, aut talem hominem quaerat, qui hoc implere diligenter sufficiat, ne eum diuíno seruitio debuerint vocare, necessitate compulsi eum dedecore compellantur mendicare.

Kap. XXXIII. Si cui locus ad Abbatiam construendam oblatus fuerit, non praesumat accipere, nisi prius eum distare a caeteris Abbatiis nostri ordinis decem leucis Burgundiae pro certo cognouerit. Si tamen ibi congregatio fuerit per assensum Cisterciensis Abbatum Capituli, illum poterit accipere. Grangiae autem diuersarum Abbatiarum distent inter se ad minus duabus leucis.

Kap. XXXIV. Statuit causa humilitatis Cisterciensis conventus solerti prouidentia quatenus semel in anno saltem Ecclesiam matrem per Abbatem suum, si sanus fuerit, visitet filia.

Kap. XXXVII. Nullus de Abbatibus nostris locum ad Abbatiam fundandam accipiat, nisi prius sexaginta Monachos professos habeat, et hoc licentia generalis Capituli.

Kap. LXI. Propter porcos autem liceat domum habere longe ab Abbatia

Kap. LXXIII. In domibus, quae in villis sunt, aut castellis, vel ciuitatibus non habitent Monachi, vel Conuersi.

Kap. LXXXIII. Litterae vnius coloris fiant, et non depictae. Vitreae albae fiant, et sine crucibus, et picturis.

Kap. LXXXVI. Non est nostrae consuetudinis Monachum, vel Conversum prostratum toto corpore jacere in oratione sed super genua, vel stando.

Von den Entschließungen der späteren Generalkapitel [1]), soweit sie sich mit Bau und Ausstattung der Kirchen befassen, seien hervorgehoben die Bestimmungen der Jahre:

1148. Omnis varietas pavimentorum de Ecclesiis nostris amoveatur.

1157. Portas vel ostia ecclesiae suae albo colore qui voluerit poterit colorare.

1157. Turres lapideae ad campanas non fiant, nec ligneae altitudinis immoderatae, quae ordinis dedeceant simplitudinem [2]).

---

[1]) Statuta selecta capituli generalis ord. Cisterc. bei Martène et Durand, Nov. thes. anecd. IV.

Instituta capituli generalis ord. Cisterc. im Nomasticon Cisterciense S. 245 f.

Institutiones capituli generalis ord. Cisterc. das. S. 273.

[2]) Erst 1274 gestattete das Generalkapitel die Errichtung steinerner Dachreiter, falls die Kirche dem Winde stark ausgesetzt war.

1157. Campanae ordinis nostri ita fiant, ut unus tantum pulset eas et nunquam duo simul. Non excedant pondus 500 librarum [1]).

1182. Vitreae picturae infra terminum duorum annorum emendentur [2]).

1240. Quoniam de curiositate tabularum, quae altaribus ordinis super-ponuntur, clamosa insinuatio venit ad capitulum generale, prae-cipitur, ut omnes tabulae depictae diversis coloribus amovean-tur, aut colore albo colorentur.

1251. Picturae et celaturae, quae deformant antiquam ordinis hone-statem

1482. Jubentur destrui camini in dormitorio erecti.

Daß bei solchen Grundsätzen die Kunst im Orden von Citeaux nicht zu ihrem Rechte kam, liegt auf der Hand. Die positiven Be-stimmungen des Ordensstatutes betreffen das Wachstum des Ver-bandes, die Sicherstellung der Zweigniederlassungen und die Fest-legung der Funktionen des einzelnen Mönches; alles, was sich auf die Architektur und die kirchliche Kleinkunst bezieht, ist negativ formuliert. Nimmt man einem Kirchengebäude die Teile, welche Citeaux für überflüssig erklärte, Türme, großes Geläut, Skulpturen, Bilder, Glasmalereien, Altarschmuck, gemusterte Fußbodenbeläge, die üppigen Beleuchtungskörper mit ihrem reichen Kerzenbestand [3]), so bleibt ein Betsaal calvinistischen Geistes übrig. Und Betsäle nüchternster Art sollten die Cisterzienserkirchen auch sein. Nicht in Kathedralen (basilicae), nicht einmal in regelrechten Kirchen (eccle-siae), sondern in einfachen Oratorien wollten die neuen Mönche ihr Heil wirken. Die simpeln Andachtsräume der ersten Christen wären gerade recht gewesen. Juxta primitivae Ecclesiae exemplar war das Haus gebaut gewesen, das Bernhard in Chatillon vor seinem Eintritt in Citeaux mit seinen Gesinnungsgenossen bewohnt hatte [4]), und nicht anders sollten die Konvikte des Ordens aussehen. Es kam nicht ganz so, wie es die Armen im Geiste gewollt hatten. Die Trieb-kraft der Architektur war stärker, als die negierenden Kunstan-schauungen der Weltverächter. Von den Regeln Clunys befreit

---

1) Immerhin war der Gebrauch von mehr als einer Glocke gestattet. Dohme, Die Kirchen d. Cist.-Ordens in Deutschl. S. 28.

2) Ueber die Grisailmalerei der Cisterzienser vgl. Dohme, a. a. O. S. 29 f., und Bergner, K., Kunstaltert. i. Deutschl. S. 192.

3) Mittelalt. Kunstdenkm. d. österreich. Kaiserstaates I S. 9: „Orgeln und Musik-chore waren in den Cisterzienserkirchen vor dem 14. Jahrhundert nicht zu finden." Verhältnismäßig früh ist bei den Cisterziensern der Gebrauch mechanischer Uhren fest-zustellen. In den Usages wird schon 1120 ein aufziehbares und selbstschlagendes horo-logium erwähnt.

4) Manrique, Ann. Cisterc. I S. 63.

suchte im Banne Citeaux' die Baukunst sich einen neuen Weg, die
Aufgaben des Kirchenbaues zwar nicht so glänzend, aber reiner und
logischer zu lösen. Die Disziplin und Verbreitung des Ordens
sorgten dafür, daß der neue Stil einheitlich und gemeinverwendbar
wurde [1].

Die Kirchen sollten den prunklosen Mittelpunkt der prunklosen
Klosteranlagen bilden. Der Charakter des Ordens als Ackerbau
treibende Genossenschaft und die oft recht erhebliche Ausdehnung
der Liegenschaften brachten es mit sich, daß außerhalb der eigentlichen Klostersiedelung der Bau von landwirtschaftlichen Gehöften
sich notwendig machte, die zum dauernden Aufenthalte der mit der
Feldarbeit und Viehzucht beauftragten Brüder dienten. Diese grangiae (villae), ein Gegenstück zu den oboedientiae der Cluniazenser,
waren architektonisch dieselben einfachen Bauten, wie die Klostergebäude, Wirtschaftshöfe ihrer Bestimmung und ihrem Aeußeren
nach, und unterschieden sich von den zugehörigen Klosteranlagen
meist nur durch kleinere Abmessungen und das Fehlen der Kirche [2].
Bewohnt wurden sie von den fratres conversi [3], Laienbrüdern, wie
sie Cluny schon vorher kannte, und diese Halbmönche waren es
auch, welche ebenso wie in den Hirsauer Klöstern die Bauleute ab-
gaben. Um die Neubauten auszuführen, verschickte sie Bernhard
selbst in die französischen und deutschen Niederlassungen. Der Beschluß des Generalkapitels vom Jahre 1157, den Konversen die Mit-
wirkung bei Profanbauten zu untersagen, zeigt, wie gesucht die
Bauleute der Cisterzienser gewesen sein müssen [4].

Mehr in der Welt als im Kloster scheinen die pontifices des
Ordens sich betätigt zu haben. „Habitus erat vestis alba cum signo
pontis et crucis de panno supra pectus." Doch nicht nur Brücken-
bauer waren diese fratres pontis, sondern Tiefbauingenieure fast in

---

1) Ueber die Eigentümlichkeiten der Cisterzienser-Bauweise vgl.:

Arbois de Jubainville, Étude sur l'état intérieur des abbayes Cist. au XII et au
XIII s.

Schnaase, Gesch. d. bild. Künste HI S. 414 f.

Lübke, Organ f. christl. Kunst 1853 No. 1 f.

v. Quast, das. No. 7.

Kraus. Gesch. d. christl. Kunst II S. 123 f.

Enlart, Origines françaises de l'architecture gothique en Italie S. 26 f.

2) Scheuffgen, Abtei Himmerode in Düsseldorfer Monatshefte VI S. 44, nennt die
Meiereien der Cisterzienser die Ackerbauschulen damaliger Zeit.

3) Der Eintritt in den Orden hieß conversio. Vgl. Caesarius von Heisterbach, Dialog.

4) Namen von Cisterzienser-Architekten bei Dohme, Die Kirchen d. Cist.-Ordens
in Deutschl. S. 34.

des Wortes modernster Bedeutung. „Cette congrégation se chargeait
de l'établissement des pontes, routes, travaux hydrauliques, chaussées etc.
Leurs membres se déplacaient suivant qu'on les demandait sur divers
points du territoire" [1]. Ueberhaupt bildete der Wasserbau die starke
Seite des Ordens. Regulierung der Waldbäche, Anlage von Riesel-
feldern, Kanälen, Wehren, Staubecken und Fischweihern hingen mit
dem ordnungsmäßigen Betrieb der Landwirtschaft zusammen. Fast
bei der Hälfte der Lagepläne von Klosteranlagen kann man die
künstliche Unterführung der Wasserläufe unter Kirche, Konvent- oder
Oekonomiegebäude feststellen. Kein Kloster ohne Mühlen.

Aus der Verbreitung der älteren Schule Clunys hatte Citeaux
die Lehre gezogen, daß gleiche Form des Kirchengebäudes die Propaganda einer Kongregation unterstützte. In der Ansnutzung dieses
offenen Geheimnisses wurde der Schüler glücklicher als der Lehrer.
Der Einfluß der jüngeren clunischen Schule reichte nicht über Burgund und Spanien hinaus; Citeaux' unverkennbare Bauten durch-
setzen bald die ganze christliche Welt.

Der Gegensatz der beiden Rivalinstitute lag ebenso sehr auf
dem Gebiete der Baugrundsätze wie der Lebensweise und mußte den
Stifter eines neuen Klosters immer auf die Seite des Reformordens
bringen, wenn der Wille einer ernsten Gründung vorhanden war
und die Mittel zu einer üppigen Kirche im Stile von Jung-Cluny
fehlten. Charakteristika, welche den Bauten von Cluny und Citeaux
gemeinsam sind, lassen sich nur wenige anführen. Aehnlich sehen
sich beide Kongregationen in dem Verzicht auf die Krypta; aber
diese Uebereinstimmung scheint in einer allgemein gültigen Kultus-
änderung, der Aufstellung der Reliquienschreine in der Oberkirche
eine hinreichende Erklärung zu finden. Den Vorkirchen der Cluniazenser, dreischiffigen, geschlossenen, meist zweigeschossigen Bauteilen,
entsprechen die niedrigen, breitgestellten, offenen Vorhallen an der
turmlosen Westfassade der Cisterzienserkirchen nur ungenau. Um
so zahlreicher sind die Unterschiede, die sich nach und nach zeigen.
Den auffallendsten Gegensatz zu der farbenfreudigen, skulpturpräch-
tigen Architektur Clunys, der schon recht früh bei den Cisterzienserkirchen scheint zum Ausdruck gekommen zu sein, bildet die Einschränkung der Zierformen und der Verzicht auf figürliche Darstellung und Polychromie. Die Mönche, die in der Bekämpfung
Clunys einen wesentlichen Teil ihrer Mission erblickten, hatten keine

---

1) Violett-le-Duc, Dictionnaire rais. de l'arch. française I S. 281. Vgl. die dort
gesammelten Stellen.

Veranlassung, aus dieser Gegensätzlichkeit ein Hehl zu machen; der Bettelstolz mochte ihnen sogar gut stehen. „Pulchrae picturae, variae caelaturae, utraeque auro decoratae, pulchra et preciosa pallia, pulchra tapetia variis coloribus depicta, pulchrae et pretiosae fenestrae, vitreae saphiratae. Haec omnia non necessarius usus, sed oculorum concupiscentia requirit"[1]), so spricht der Cisterzienser zum Cluniazenser um die Mitte der 12. Jahrhunderts und kein Geringerer, als Bernhard selbst, hatte den Mut, in seiner geharnischten Anklageschrift gegen den mächtigen Orden von Cluny, der er den harmlosen Namen apologia ad Guilielmum s. Theodorici abbatem[2]) gab, auszuführen:

„Ommitto oratoriorum immensas altitudines, immoderatas longitudines, supervacuas latitudines, sumptuosos depolitiones, curiosas depictiones, quae dum orantium in se retorquent aspectum, impendiunt et affectum, et mihi quodammodo repraesent antantiquum ritum Judaeorum. Sed esto, fiant haec ad honorem Dei — sed dicite pauperes, si tamen pauperes, in sancto quid facit aurum — ostenditur pulcherrima forma Sancti vel Sanctae alicujus et eo creditur sanctior quo coloratior. Currunt homines ad osculandum, invitantur ad donandum — et magis mirantur pulcra quam venerantur sacra. Ponuntur dehinc in ecclesia gemmatae non coronae sed rotae circumseptae lampadibus, sed non minus fulgentes insertis lapidibus. Cernimus et pro candelabris arbores quasdam erectas, multo aeris pondere miro artificio opere fabricatas, nec magis coruscantes superpositis lucernis quam suis gemmis. Quid putas in his omnibus quaeritur: poenitentium compunctio an intuentium admiratio? O vanitas vanitatum, sed non vanior quam insanior! Fulget ecclesia in parietibus et in pauperibus eget. Suos lapides induit auro et suos filios nudos deserit. De sumptibus egenorum servitur oculis divitum. Inveniunt curiosi quo delectentur et non inveniunt miseri quo sustententur. Ut quid saltem Sanctorum imagines non reveremur quibus utique ipsum quod pedibus conculcatur scatet pavimentum? saepe spuitur in os Angeli, saepe alicujus Sanctorum facies calcibus funditur transeuntium. Et si non sacris his imaginibus cur vel non parcitur pulcris coloribus? cur decores quod mox foedandum est? Cur depingis quod necesse est conculcari? Quid ibi valent venustae formae ubi pulvere maculantur assiduo? Ceterum in claustris coram legentibus fratribus quid facit illa ridicula monstruositas, mira quaedam deformis formositas

---

1) Martène et Durand, Thesaurus nov. anecd. V S. 1554 f.
2) Opera S. Bernhardi I S. 554 f.

ac formosa deformitas? Quid ibi immundae simiae, quid feri leones, quid monstruosi centauri, quid semihomines, quid maculosae tigrides, quid milites pugnantes, quid venatores tubicinantes? Videas sub uno capite multa corpora et rursus in uno corpore capita multa. Cernitur hinc in quadrupede cauda serpentis, illic in pisce caput quadrupedis. Ibi bestia praefert equum, capram trahens retro dimidiam; hic cornutum animal equum gestat posterius. Tam multa denique tam mira diversarum formarum ubique varietas apparet, ut magis legere libeas in marmoribus quam in codicibus, totumque diem occupare singula ista mirando quam in lege Dei meditando. Proh Deo! si non pudet ineptiarum, cur vel non piget ineptiarum?   ."

Mit der Verbannung der Skulptur und Malerei aus dem Gotteshause hatte der sonst so einsichtige und praktische Organisator ohne Frage einen Fehler begangen, der nur so lange sich nicht bemerkbar machte, wie die Macht seiner Persönlichkeit, die Kraft seiner übrigen Einrichtungen und die Neuheit der Sache die Gemüter gefangen hielt. Die figürlichen und bildlichen Darstellungen an den nackten Wänden und Konstruktionsteilen des Kirchengebäudes waren bisher ein wirksames Mittel gewesen, dem ungebildeten Volke und den durchweg nicht geschulten Laienbrüdern den Inhalt der Erzählungen aus dem alten und neuen Testamente vor Augen zu führen; sie bildeten die beste Illustration der Predigten, eine biblia pauperum im wahrsten Sinne des Wortes. In der Pflege dieses Schmuckes erblickte die kirchliche Baukunst vorcisterziensischer Zeit eine ihrer Hauptaufgaben. „Cluny", schroibt der große Kenner der Architektur Frankreichs [1]), „avait bien compris cette mission;   ses monuments, ses églises, étaient un livre ouvert pour la foule; les sculptures et les peintures dont elle ornait ses portes, ses frises, ses chapiteaux, et qui retraçaient les histoires sacrées, les légendes populaires, la punition des méchants et la récompense des bons, attiraient certainement plus l'attention du vulgaire, que les éloquentes prédications de saint Bernard. Aussi voyons-nous que l'influence de cet homme extraordinaire s'exerce sur les grands, sur les evêques, sur la noblesse et les souverains, sur le clergé régulier qui renfermait alors l'élite intellectuelle de l'Occident; mais en s'élevant par sa haute raison audessus des arts plastiques, en les proscrivant comme une monstrueuse et barbare interprétation des texts sacrés, il se mettait en dehors de son temps, il déchirait les livres du peuple; et si sa parole emouvante, lui vivant, pouvait remplacer ces images matérielles, après lui, l'ordre

---

1) Viollet-le-Duc, Diction. rais. de l'arch. française I S. 278.

monastique eût perdu un de ses plus puissants moyens d'influence, s'il eût tout entier adopté les principes de l'abbé de Clairvaux. Il n'en fut pas ainsi, et le XIII° siècle commençait à peine, que les cisterciens eux-mêmes, oubliant la règle sévère de leur ordre, appelaient la peinture et la sculpture pour parer leurs édifices."

Die Lage der Cisterzienserklöster in versteckten, oft schmalen Waldtälern war an sich bezeichnend. Der Gegensatz zu den Benediktinersiedelungen anderer Observanz mußte noch schärfer hervortreten durch die Art des Abschlusses, der ihre Häusergruppen von der Außenwelt trennte. Nach dem Vorgange von Monte-Cassino bevorzugten die Cluniazenser für ihre Niederlassungen die hohe Lage. Ein sichernder Ring von Mauern und Türmen umgab die festungsartige Anlage. Mit dem 13. Jahrhundert vollends entstanden jene Klosterburgen, die in den meisten Fällen eine regelrechte Belagerung aushalten konnten, immer aber gegen einen Handstreich geschützt waren. Die Anlage der Cisterziensersiedelungen in Senkungen stand von vornherein mit der Absicht, einen gedeckten Punkt zu schaffen, in Widerspruch. Aber auch die immerhin gegebene Möglichkeit, durch einen verteidigungsfähigen Mauerzug mit befestigten Ecken den Häuserblock zu schützen, wurde nicht überall in ernstliche Erwägung gezogen. Nicht daß die Cistercienserklöster einer Einfriedigung entbehrt hätten; indes, ihre Umfassungsmauern hatten mehr den Zweck, die Grenze des engeren Klosterbezirkes festzulegen, als einem zünftigen Angriffe stand zu halten. Entbehrten doch auch die größten Klöster einer Warte und letzten Zufluchtsortes, des Kirchturmes. Die harmlose Beschäftigung der Ackerbauer und Viehzüchter im Mönchshabite mußte allerdings zum Widerspruche weniger reizen, als die feudalen Allüren der späteren Militärorden. Pontigny soll nach Viollet-le-Duc überhaupt keine Umfassungsmauern besessen haben.

Es bedarf kaum der Erwähnung, daß den Mönchen von Citeaux nichts ferner lag, als die Absicht, einen neuen Stil zu schaffen. Die Geschichte der mittelalterlichen Baukunst beruht auf der Entwickelung der Konstruktionen und diese wiederum auf dem Fortschritt der Bauhandwerker in der Beherrschung des Materiales. Der Gedanke der Gotik war ausgesprochen in dem Augenblick, als die Technik das Rippengewölbe schuf, eine Neuerung, welche zunächst der Decke zu gute kam, dann aber mit Zwang die Stützenform änderte, das ganze System des Querschnittes umgestaltete und den konstruktiv notwendigen, ästhetisch wertvollen äußeren Strebeapparat schuf. Merkwürdig genug, daß diese Neuerung, die dem romanischen Stile den Untergang brachte, an drei Stellen Frankreichs fast gleichzeitig entstand, in der burgundischen und angevinischen Schule und in der Isle de France.

Es bleibt das Verdienst Citeaux', zum Siege der Erstlingsgotik beigetragen zu haben. Der burgundischen Richtung war der Spitzbogen längst geläufig. Seine systematische Anwendung löste spielend das Problem der Ueberwölbung oblonger Räume, oder auch umgekehrt, der Ersatz des Halbkreises durch einen aus zwei Mittelpunkten geschlagenen Bogen ermöglichte ungezwungen die Anlage der durchgehenden Travee mit gestrecktem Mittelfelde. Der Orden der Cisterzienser scheint, wenigstens in der burgundischen Heimat, recht früh diesen Baugedanken sich zu eigen gemacht zu haben, allerdings ohne das sonst folgerichtig entwickelte Strebewerk bis zum freiliegenden Bogen auszubilden. Eine gleiche Inkonsequenz, die ebenfalls sehr nach Sparsamkeit aussieht [1]), im Grunde aber der Aufklärung noch bedarf [2]), liegt in der mangelhaften Ausbildung der Gewölbedienste, die befremdlicherweise nicht bis auf die Fundamente geführt sind, sondern in willkürlicher Höhe von Konsolen aufgefangen werden [3]). Alles, was das konstruktive Gerüst hätte beleben können, wurde, wenigstens solange das Klosterleben die korrekte Form nicht verließ, bewußt abgelehnt, so die Emporen über den Seitenschiffen, die Triforien an den Sargwänden des Mittelschiffes, die Fülle der Gliederungen, welche der frühgotische Stil aus dem romanischen übernommen hatte. und die Dekoration des Kelchkapitells.

Das rasche Wachstum des Ordens, sowie der hierdurch bewirkte Zudrang zum Mutterkloster und seinen vier ersten Tochtersiedelungen haben für die Kunstgeschichte die bedauerliche Folge gehabt, daß die ersten Kirchen noch im 12. Jahrhundert den notwendig werdenden Neubauten zum Opfer fielen. Schwer zu beantworten sind daher die Fragen, inwieweit bei diesen Erstlingsbauten schon der herbe Geist der Neuerer den Plan diktierte, wie lange etwa noch die bis dahin gültige Richtung Clunys nachwirkte, wo die Grenze liegt, ob ein Kompromißgrundriß dem geläuterten Schema vorausging und welches der fünf Klöster Anspruch auf Erfindung des neuen Typus erheben kann. Wird bedacht, daß aus den von vornherein fest-

---

1) So wenigstens Schnaase, Gesch. d. bild. Künste III S. 417, und Neuwirth, Gesch. d. Bauk. II S. 208.

2) Dohme, Gesch. d. deutsch. Bauk. S. 164.

3) Dohme, Die Kirchen d. Cist.-Ordens in Deutschl. S. 43 f., führt als Grund die Aufstellung des Chorgestühles an, Hasak, Handbuch d. Architektur II, 4, 3 S. 71 außerdem die Verbreiterung der Gänge.

stehenden Ordensgrundsätzen die Verfassung allmählich sich klärte und 1119 im wesentlichen formuliert war, daß ferner 6 Jahre vorher Bernhard von Clairvaux seine organisatorische Tätigkeit begann und 6 Jahre nachher in seiner Apologie mit den Cluniazenser Architekten scharfe Abrechnung hielt, so liegt die Vermutung nahe, daß um diese Zeit Citeaux schon mit charakteristischen Bauten an die Oeffentlichkeit getreten sein muß. Mit der Verbandsurkunde von 1119 bringt der Verfasser der Cisterzienser-Annalen [1]) die Gleichförmigkeit der Klosterbauten in Zusammenhang, wenn er schreibt: „Porro haec confirmitas Cistercio velut congenita, a cantu, et moribus ad aedificia transiens, ad Patrum usque aeuum perdurauit, imo ad nostrum hac sola in omnibus structurae differentia, quod Claustra, domusque nunc ad sinistram, nunc ad dextram Ecclesiae conficerentur. Caetera omnino in omnibus conformia, earundem officinarum idem situs, atque eadem proportio, neque vnam poterat domum ignorare, qui sciret aliquam. Sic ambitioni obuiarum, et cupidini, quippe forma ex vsu jam praescripta, nullus nouis augmentis residuus locus, nullus excessibus" [2]).

Ohne Bedenken darf wohl angenommen werden, daß den Gründern, die vornehmlich Asketen sein wollten und anfangs mit der Befestigung ihrer Regel genug zu tun hatten, in den ersten Jahren jede Kirche recht sein mußte, wenn sie nur einfach war. Ein Mönch galt um so vollkommener, je weniger Aeußerlichkeiten seinen eksta-

---

1) Manrique, Ann. Cist. I S. 113 f.

2) Das Rituale Cisterciense ex libro usuum, definitionibus Ordinis et Caeremoniali Episcoporum collectum (Paris 1689) sagt über die Anlage der Cistercienserkirchen: „Alle Kirchen unsers Ordens sind zu Ehren der hl. Jungfrau geweiht und fast in Kreuzesform gebaut nach dem Vorbilde der Mutterkirche in Citeaux, deren Länge in vier Abteilungen geteilt ist: der erste und vorderste Teil, in welchem sich der Hochaltar befindet, heißt Presbyterium und ist von den anderen durch eine oder mehrere Stufen unterschieden. Der Hochaltar ist von der Mauer entfernt, damit man um denselben herumgehen kann, und ist gleichfalls durch eine oder zwei Stufen vom Boden des Presbyterium unterschieden. Gegen Süden hat es, das Presbyterium, einen Kredenztisch, auf welchen die zum Gottesdienst dienenden Gefäße gestellt werden. Auf ebenderselben Seite des Altars sind Stallen mit Sitzen, wo der Priester und die Leviten bei der Terz oder der Messe stehen oder sitzen. In der zweiten Abteilung, nämlich im (Mönchs-)Chore, stehen die Chorstühle mit Sitzen, in denen wir, je nach dem Ritus, stehen, sitzen oder knien. Ferner muß nach Ordensbrauch eine den Chor von der dritten Abteilung, dem Hinterchore (Retrochorus), trennende Scheidewand vorhanden sein, an welche sich die Stallen des Abtes, des Priors und einiger Anderer anlehnen. In diesem Hinterchore ist der Platz für die Kranken. Von diesem (Kranken-)Chore ist das Schiff der Kirche — die vierte Abteilung — gleichfalls (durch eine Scheidewand) getrennt. In letzterem stehen die Stallen der Laienbrüder mit den Altären, auf welchen die täglichen Messen zu Ehren der seligsten Jungfrau und für die Verstorbenen (Missa de Beata et quotidiana Defunctorum) gelesen werden."

tischen Zustand beeinflußten. Ging doch zur Erbauung der Novizen die Legende, daß der junge Bernhard selbst vor lauter Beschaulichkeit kein Auge für die Ausstattung der Räume gehabt habe, in denen er sich täglich aufhielt. „Jam quippe annum integrum exegerat in cella Nouitiorum, cum exiens inde ignoraret adhuc, an haberet domus ipsa testudinem, quam solemus dicere, cellaturam. Multo frequentauerat, intrans, et exiens domum Ecclesiae, cum in eius capite, ubi tres erant, unam tantum fenestram esse arbitraretur" [1].

Ein neuer Grundrißtypus war nicht im Augenblicke geschaffen. Erschien der dritte Bau von Cluny zu aufwendig, so mußte doch das System des Majolusmünsters einwandfrei sein, allerdings nur so lange, als es sich mit dem noch nicht einseitig entwickelten Ritus vertrug. Wir gehen wohl nicht fehl, wenn wir die ersten Kirchen der Cisterzienser als Bauten im Sinne der Schule von Cluny, und zwar vorzugsweise der älteren Schule, uns vorstellen. Indes scheint es sich meist um Neubauten gehandelt zu haben. Zur Uebernahme vorhandener Kirchen zum eigenen Gottesdienste oder bestehender Klöster zur Reform verstanden sich die Männer von Citeaux, als sie Boden unter den Füßen fühlten, nur in den seltensten Fällen. Im Anfang freilich mußte man sich bescheiden.

Durchweg waren die ursprünglichen Gotteshäuser der fünf ersten Cisterzienserklöster reine Bedürfnisbauten, deren Lebensdauer von den Erbauern wohl nicht zu hoch eingeschätzt wurde. In Citeaux selbst scheinen die Gründer des ersten Kirchengebäudes ihre Ansprüche auf ein Mindestmaß eingeschränkt zu haben. „Tuguriola magis, quam Monasterium de sectorum arborum male dolatis lignis fabricarunt" [2]. Auf die Annahme einer benachbarten Kirche, die der adelige Gönner Raynald gleichzeitig mit dem Klosterterrain zur Verfügung stellte, scheinen die Mönche, als ein Geschenk de manu laici verzichtet zu haben. Die Weihe des bescheidenen Oratoriums, das nach einjähriger Bauzeit fertiggestellt war und dessen Kosten Herzog Odo von Burgund bestritt, ging in Gegenwart Odos und des Bischofes Walter von Châlons 1100 nicht ohne Feierlichkeit vor sich. Schon bei dieser ersten Kapelle des Ordens war die Mutter Gottes die

— —

1) Manrique, Ann. Cist. I S. 71.

2) Manrique, Annales Cistercienses I S. 10. Tissier, Bibliothec. P. Cisterc. S. 2 bezeichnet den Bedürfnisbau als ligneum. Das Titelblatt von Sartorius' „Cistercium Bistertium" (vor der Einleitung) bringt die Abbildung einer einschiffigen Kapelle ohne Strebepfeiler und mit Dachreiter. Vielleicht soll das Bild den ersten Bau von Citeaux vorstellen.

Titularheilige, ein Umstand, aus dem Caesarius von Heisterbach[1]) das Marienpatronat aller Cisterzienserkirchen ableitet.

Inwieweit die Kolonisten von La Ferté im Kirchbau sich versucht haben, ist nicht festzustellen. Manrique[2]) rechnet für die Bauzeit des Klosters einen Zeitraum von höchstens 4 Monaten heraus, in dem natürlich nur Blockbauten primitivster Art entstanden sein können. Die Frage, ob eine vorhandene Kirche für die Klosteranlage benutzt, oder der Neubau einer Kapelle unternommen worden ist, läßt der Chronist offen.

In Pontigny war ein Oratorium des seligen Eremiten Stephan vorhanden, das der Kanoniker Herbert für den geeigneten Mittelpunkt einer neuen Kolonie hielt und dem Abte Stephan von Citeaux anbot. Die Anlage erwies sich aber als zu klein und erfuhr eine Erweiterung durch eine in wenig Monaten errichtete zweite Kapelle, neben der sich das Kloster, habitatio naturae magis, quam superbiae servitura, erhob[3]). Der verdienstvolle Protektor des Klosters, der landeingesessene Graf Hervaeus, der dem Kloster Boden für die Neugründung abtrat und die Kosten des Neubaues bestritt, fand im neuen Oratorium seine Begräbnisstätte. „Extant", so berichtet Manrique[4]), „Pontigniaci hodieque sacella duo . . Sacellum paruum Stephano oraturo olim constructum, mox orando sacrum, nunc Diuo Thomae Cantuariensi inclyto Martyri[5]), in quo, dum viveret, ab Ecclesia sua extorris, atque apud Pontigniacum Monachum agens, coelesti oraculo meruit consolari Aliud rursus aliquanto maius, augustiusque, sed sacellum tamen, cui comitis Heruaei sepulchrum inest"[6]).

Die Erstlingskirche von Clairvaux war zur Zeit Manriques[7]) noch vorhanden, ein Bau einfachster Art, 20 Fuß lang, 14 Fuß breit, in wenig Tagen errichtet, so recht geeignet, den Satz zu illustrieren: „Deus in domibus eius cognoscebatur, cum simplicitate, et humilitate aedificiorum, simplicitatem et humilitatem inhabitantium pauperum Christi vallis muta loqueretur". Ob dieses Oratorium mit der Kirche

---

1) Dialogus miraculorum. I Kap. I.

2) Ann. Cist. I S. 69.

3) Manrique, Ann. Cist. I S. 74 f.

4) Ann. Cist. I S. 75.

5) D. i. Thomas Becket.

6) Reste bestanden noch 1708. Nach dem voyage littéraire de deux réligieux Bénédictins de la congrégation de St. Maur (Paris 1717 u. 1724) befand sich die ältere Kirche hinter dem später gebauten großen Münster, eine Angabe, die sich mit der Zeichnung von Viollet-le-Duc deckt. Elle était petite, mais assez belle pour le temps.

7) Ann. Cisterc. I S. 80.

identisch ist, in der Jubainville[2]) 3 Altäre gesehen haben will, bleibt ungewiß. Mag nun das erste Oratorium wirklich schon als soliderer Bau angelegt gewesen sein, oder aber, was unwahrscheinlicher ist, vom Notbau in eine regelrechte Kirche sich umgewandelt haben, soviel steht fest, auch die ursprüngliche Anlage kann nicht ganz klein und unbedeutend gewesen sein[3]). Die großen Kosten, die sie wohl nach und nach verschlang, waren für Bernhard Grund genug, sie länger zu erhalten, als es dem wachsenden Konvent lieb war. „Videtis" sagte der berechnende Abt zu den veränderungslustigen Brüdern „quia multis expensis, et sudoribus iam domus lapideae consummatae sunt, aquae ductus cum maximis sumptibus per singulas officinas traducti. Si omnia confregerimus, poterunt homines saeculi male de nobis sentire, quod aut leues sumus, aut mutabiles, aut nimiae (quas tamen non habemus) diuitiae nos faciunt insanire. Cumque certissimum vobis est, penes nos non esse pecunias, verbo Euangelico vobis dico, quia aedificaturo turrim, futuri operis necesse est supputare expensas: alioquin cum coeperit, et defecerit, dicetur: Hic homo fatuus coepit aedificare, et non potui consummare"[4]).

Am ärmlichsten mag das coenobiolum in Morimund ausgesehen haben, denn hier kämpfte Mittellosigkeit mit den Quertreibereien des weltlichen Herren im Bunde gegen die gute Absicht der Gründer. Ein Eremit Johannes, dessen Siedelung trotz ihres zehnjährigen Bestehens nicht recht vorangekommen war, hatte Klause und Kapelle dem Konvente von Citeaux als Filialplatz angeboten. Der vorgefundene Bestand war aber von den Kolonisten als genügend nicht erkannt worden, und eine neue Siedelung entstand in der Nähe der alten. Dubois'[5]) mehr phantasiereicher als klarer Bericht ergänzt die spärlichen Angaben Manriques[6]) über die ersten Bauten von

---

2) Arbois de Jubainville, Etudes sur l'état intérieur des abbayes Cist. et principalement de Clairvaux au XIIᵉ et XIIIᵉ siècle. Paris 1858.

3) „Von dieser ersten Anlage „ist nur noch ein einfaches kleines Gebäude mit schlichten Rundfenstern vorhanden, das den Eindruck eines Vorratsraumes, einer Scheune oder dergleichen macht. Es mag wohl zu den von Viollet-le-Duc (auf seinem Plan S. 266, Artikel architecture réligieuse T. I) mit N bezeichneten Gebäudekomplex gehört haben (granges et étables) oder auch das mit O bezeichnete Kelterhaus sein. Es ist aus demselben harten Kalkstein erbaut, aus dem auch sämtliche spätere Anlagen und die große Kirche hergestellt waren, und das aus der ganz nahe gelegenen, heute noch benutzten ‚carrière de la vigne' entnommen ist". Matthaei, Beiträge z. Baugesch. d. Cist. Frankreichs u. Deutschl. S. 50.

4) Manrique, Ann. Cisterc. I S. 291.

5) Histoire de l'abbaye de Morimond. S. 14 u. 17.

6) Ann. Cist. I S. 78 u. 81.

Morimund. „Dans les fondations d'abbayes cisterciennes, on débutait toujours par les tombeaux, afin de montrer aux réligieux qu'ils ne devaient venir dans la solitude que pour y apprendre à mourir. On désigna d'abord l'emplacement du cimétière par des croix de bois plantées dans le sol et, l'évêque l'ayant béni, on traça l'enceinte. Rien de plus misérable que les premières constructions de Morimond; c'était un groupe de cabanes construites avec des branches d'arbres et couvertes de joncs et de roseaux, semblables à ces huttes de charbonniers et de bûcherons que nous rencontrons encore au milieu des mêmes forêts. Le chapitre et le cloître ne se distinguaient que par une plus vaste enceinte et par une plus grande nudité. Le réfectoire était encore plus pauvre et plus simple que la nourriture qu'on y prénait".

Alle diese Bedürfnisbauten würden wahrscheinlich, beständen sie noch, außer ihrer Einfachheit kaum Besonderheiten der Cisterzienser Baukunst zeigen. Anders die Ordenskirchen der folgenden Generationen, die bedauerlicherweise ebenfalls bis auf Pontigny eingegangen sind. Bei diesen Bauten, insbesondere bei denen der zweiten Generation, hätten die Eigenheiten des Ordens am klarsten zum Ausdruck kommen müssen.

Citeaux bedurfte als Mutterkloster und wegen des starken Zudranges vor allem eines Neubaues. Von diesem größeren Bau wissen wir weder das Datum der Grundsteinlegung noch der Weihe; ja, im Grunde genommen, ist seine Existenz nur eine, wenn auch stark begründete Vermutung. Im Jahre 1148 nämlich weihte Papst Eugen III., ein ehemaliger Cisterzienser und Schüler Bernhards von Clairvaux eine Kirche in Citeaux bei Gelegenheit seiner Anwesenheit auf dem dortigen Generalkapitel. Man nimmt nun an, daß die ursprüngliche Kapelle dem Bedürfnisse bis zu diesem Jahre nicht genügte und durch eine geräumige Kirche ersetzt worden war. Bestätigt wird die Annahme eines größeren Baues vor 1148 durch die Wahrnehmung, daß die meisten Tochtergründungen vor diesem Termine bereits Monumentalbauten besaßen. Das Mutterkloster, in dem alljährlich die Generalkapitel stattfanden, konnte unmöglich hinter den Filialen zurückstehen und den gemeinsamen Gottesdienst für die zahlreichen Gäste in einem beschränkten Oratorium feiern.

Merkwürdig genug, daß der Bau erst 1193 beendet sein soll. An eine Bauunterbrechung, die etwa der Weihe der Ostteile folgte, ist bei den Mitteln Citeaux' nicht ernstlich zu denken; es kann sich höchstens um eine Erweiterung bezw. Veränderung der bereits voll

ausgebauten und geweihten Kirche gehandelt haben [1]), die allerdings
in großartiger Weise vorgenommen sein muß, damit sie die Be-
wunderung des Robertus Claudius in der Gallia christiana rechtfertigt. Vermutlich machte die stets wachsende Zahl der Insassen
des Klosters eine solche Vergrößerung des Gotteshauses nötig; außerdem aber mußte der Repräsentationsraum, in dem die kongregierten
Aebte aller Länder sich einfanden, einen Zuwachs erhalten, welcher
der Ausbreitung des Ordens in der zweiten Hälfte des 12. Jahrhunderts entsprach. Neben der Marienschwärmerei, die eine auffallende Visionssucht zeitigte, und neben dem gesteigerten Hostien-
kult, der den Laienkelch verdrängte und 1246 zur Feier des Fronleich-
namsfestes führte, pflegte der Orden von Citeaux eine über jedes
bisherige Maß hinausgehende Reliquienverehrung. Daß das burgundische Zentralkloster die Erwerbung vieler und auserlesener
Stücke sich angelegen sein ließ, bedarf kaum der Erwähnung. Das
ganze christliche Abendland wurde von Citeaux um Reliquien angegangen; über alles Erwarten reichlich gingen die Schätze ein.
Man staunt und schätzt den Reliquienkultus des Cisterzienser erst
richtig ein, wenn man im reliquiarum syllabus feststellt, daß im
Hochaltare von Citeaux allein etwa 140 namentlich bezeichnete Reste
von Leibern der Heiligen neben einer ganzen Reihe von Partikeln
biblischer Mobilien und Immobilien ruhten und außer diesen als
besonders wertvolle Erinnerungsstücke die gewiß seltenen Reliquien
„de ligno Domini, de sepulcro Domini, de lapide, super quem natus
est Christus, de vestimento Domini purpureo, de loco, in quo trans-
figuratus est Dominus, de cunabulo Domini Jesu Christi, de ligno,
ad quod ligatus est Dominus, dum flagellaretur, de panno, ubi cor-
pus Domini inuolutum est, quod fuit miraculose sanguinolentum factum,
de columna marmorea, ad quam ligatus fuit Dominus, de loco ascen-
sionis Domini, de baculo Christi, de loco Caluariae, de velo et vestimento Beatae Virginis Mariae, de oleo, quod fluxit de mammillis
imaginis eius, de pretioso lacte ipsius, de sepulcro eius, de ligno,
de quo comedit fructum Sancta Maria" [2]). Die unglaubliche
Zahl der übrigen Reliquien, deren Besitzes sich das Mutterkloster
erfreute, wollte untergebracht sein; in 30 Altären fanden sie, zum
Teil zu ansehnlichen Sammlungen vereinigt, ihren Platz.

Und die Aufstellung dieser Altäre mochte wieder ihre Schwierigkeit haben. In den Benediktinerkirchen älterer Observanz waren

---

1) So nimmt auch Willi, Baugeschichtliches über das Kloster Wettingen in Cisterzienser-Chronik 1894 S. 78 an.

2) Manrique, Ann. Cist. III S. 268 f.

Fig. 24. Citeaux im Jahre 1898.

die Altäre im ganzen Bau verteilt gewesen; St. Gallen besaß im
Langhause ihrer nicht weniger als ein Dutzend. Die Cluniazenser
scheinen die Sitte beibehalten zu haben. Man kommt in Verlegenheit, will man die im Codex Hirsaugiensis aufgezählten Altäre von
St. Peter und Paul in Hirsau im Chor und Transept verteilen, ohne
das Längsschiff zu Hilfe zu nehmen. Im Neubau von Citeaux bot
das Mittelschiff für die Unterbringung von Altären schlechterdings
nur beschränkten Platz, denn hier stand das Chorgestühl. „In medio
templi, Monachorum Chorus, duplicatis sedilibus, seu stallis; superio-
ribus usque ad sexaginta, quadraginta inferioribus, hinc indeque;
ultra ea, quae respiciunt Altare maius". Man mußte sich auf andere
Weise helfen; in Kapellenreihen, die das Altarhaus umgaben, fanden
die Reliquienschätze, in Nebenaltären untergebracht, ihre Aufstellung.
„Per circuitum arae, atque sacella distincta cratibus, quae templum
ipsum simul augent, et ornant. Fabricae consumatae ornatus ad-
ditus, quae aedificiis pro anima esse solet, et conquisita ex toto Orbe
christiano sacra pignora, includenda arae maximae, quae tot et tanta
congregata sunt, ut vix videantur inuenire potuisse locum in toto
ambitu" [1]). Man zieht keinen gewagten Schluß, wenn man diesen
Chorumgang zu den an ein vorhandenes Hauptaltarhaus nachträglich
angefügten Bauteilen rechnet, die 1193 Bischof Robert von Châlons,
ein ehemaliger Cisterziensermönch, weihte. Der gewaltige Bau
maß nach seiner Vollendung, einschließlich der 21 Fuß tiefen westlichen Vorhalle, in der Länge 273 Fuß und in der Breite 167 Fuß.
Diesen bedeutenden Abmessungen entsprach Umfang und Größe der
Klostergebäude.

Anfangs des 18. Jahrhunderts waren die Baulichkeiten von Citeaux
gänzlich entstellt; jetzt ist alles verschwunden [2]). (Fig. 24.) Da ist es
noch ein Glück zu nennen, daß Viollet-le-Duc [3]) eine perspektivische
Skizze des Herzstückes der Klosteranlage bringt (Fig. 25). Sie ist der
Topographie de la France entnommen, ohne Frage aber von dem ver-
dienstvollen Archäologen in rekonstruktivem Sinne durchgezeichnet.
Die Manier verrät die Feder des geistvollen französischen Archi-
tekten, die Zeichnung trägt sein Monogramm. Ein Vergleich mit
Sartorius' Titelblatt [4]), das eine getreue Kopie des Bildes aus der
Topographie zu bringen scheint, jedenfalls aber den Zustand der
Gebäude zur Zeit des Druckes (1700) wiedergibt, lehrt, daß Viollet-

1) Manrique, Ann. Cist. III S. 268.
2) Ueber den jetzigen Zustand vgl. Cisterzienser-Chronik 1891 S. 174 f.
3) Dictionnaire rais. de l'arch. française I S. 270 f.
4) Cistercium Bis-tertium, hinter der Einleitung.

le-Duc die Zutaten späterer Zeiten fortgelassen hat, mittlerweile verschwundene Gebäudeteile ergänzt, der Klosteranlage die Grenzen aus der zweiten Hälfte des 12. Jahrhundert gibt und die ungenaue Arbeit des Malers besonders hinsichtlich der Konstruktionsteile durch die scharfe Zeichnung des Technikers ersetzt. Die von ihm benutzte Vorlage ist nicht zu verkennen; il est facile de voir que les dispositions de ce plan ont été copiées à Clairvaux.

Es ist kein Zweifel, Viollets Skizze bringt den Bau in seiner Vollendung von 1193. Bei der verdeckten Lage des Chores könnte noch Unklarheit herrschen darüber, ob der Chor einen einfachen Umgang oder einen solchen mit Kapellenkranz besessen habe, indessen stellt Manriques Beschreibung die Existenz des letzteren außer Frage. Wenn Viollet für den Umgang irrtümlich rundbogige Fenster annimmt, so scheint ihm sein jüngeres Altar unbekannt gewesen zu sein. Wir dürfen aber für diese ausgangs des 12. Jahrhunderts angefügten Teile den Spitzbogen in allen Konstruktionen 'ebenso sicher annehmen, wie für den Kern der Kirche den Rundbogen. Die vier Strebebögen halten Dehio und v. Bezold[1]

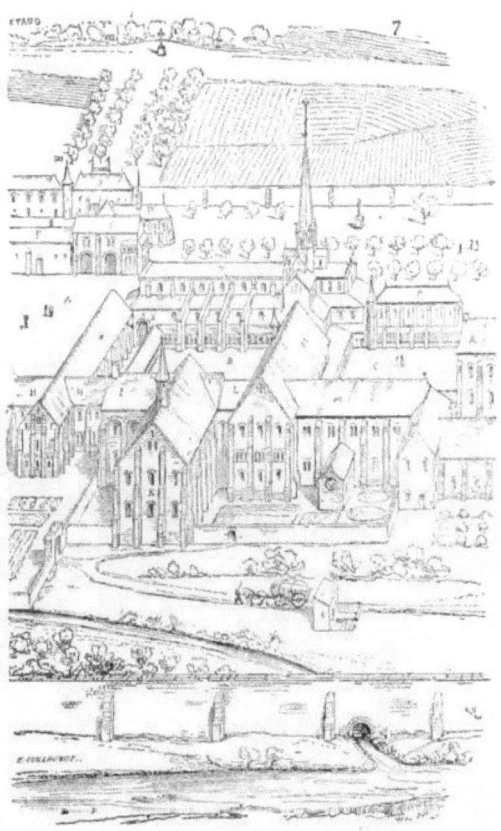

Fig. 25. Citeaux nach Viollet-le-Duc.

für spätere Zutaten, die den Zweck gehabt haben sollen, den Schub der rippenlosen Kreuzgewölbe aufzufangen. Ich kann mich dieser Auffassung nicht anschließen. Kreuzgewölbe waren sicher im Längshause schon vorhanden; das beweist der geringe Abstand des Haupt-

---

1) Die kirchliche Baukunst des Abendlandes I S. 530.

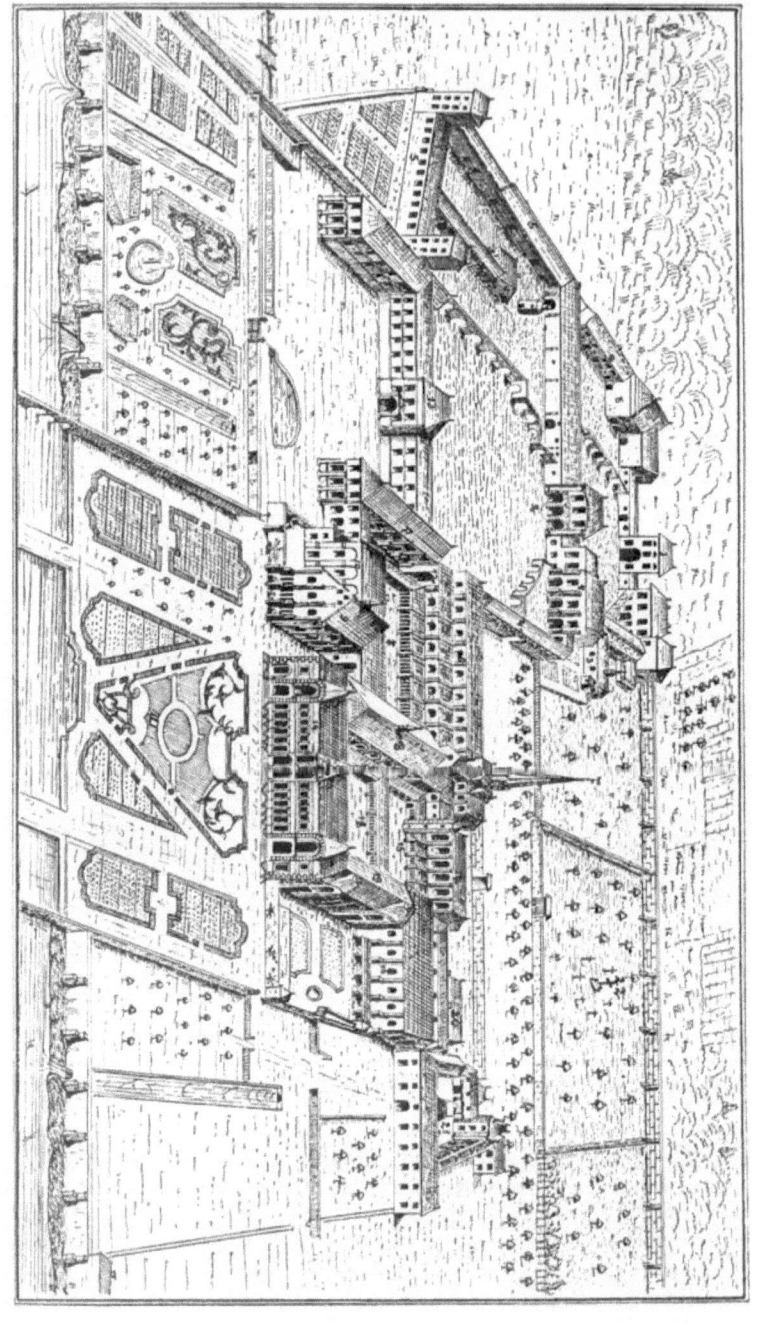

Fig. 26. Citeaux im Jahre 1718.

gesimses vom Scheitel der Fenster. Wenn man also einen ausgebildeten Strebeapparat bei den wenig aufgelösten Mauerflächen für notwendig hielt, so hätte man ihn von vornherein anbringen können. Strebebögen aber waren den Cisterziensern überhaupt ungeläufig, wir finden sie ganz vereinzelt und dann nur bei Werken späten Datums. Die Manier Viollets, auch die Klostergebäude, bei Annahme von rundbogigen Fenstern, mit ausgereiften, abgetreppten Strebepfeilern zu versehen, fällt auf. Wir dürfen die Strebebögen der Kirche für eine Phantasieschöpfung des Rekonstrukteurs halten und sind hierzu um so mehr berechtigt, als sie bei Sartorius überhaupt fehlen. Der üppige Vierungsturm scheint tatsächlich vorhanden gewesen zu sein, ist aber wohl der Ersatz eines einfachen, der Klosterregel entsprechenden Dachreiters. Recht ansprechend, weil echt cisterziensisch, ist der von Viollet gezeichnete Treppenturm an der Vierung, der die Besteigung des Dachraumes und des Glockenhauses ermöglichte. Erwähnung verdient noch der südliche Eingang in die westlichste Travee, der für die Konversen und Gäste bestimmt gewesen sein soll. Ob nun wirklich das Langhaus in seinem ausgebauten Zustande nur 7 Joche besessen hat, bleibe dahingestellt. Für den Anfang mag diese Zahl ausgereicht haben. Analoga bieten Pontigny, La Ferté und das weiter unten zu besprechende Fontenay. Das ebenfalls noch zu erwähnende Vaux de Cernay, allerdings ein Kloster kleineren Stiles, besaß deren nur fünf. Indes in Citeaux' Blütezeit konnten 7 Traveen kaum ausreichen. Umfaßte Clairvaux' Hauptschiff doch 11 Gewölbefelder. Die feierliche Weihe von 1193 erscheint viel begründeter, wenn man eine Verlängerung der Kirche nach Westen annimmt. Sartorius' Titelblatt bestätigt die Vermutung, daß Citeaux' vollendeter Bau ebenfalls 11 Traveen besaß [1]).

Von den späteren Bauten in La Ferté fehlt baugeschichtlich nicht so ausschließlich jede Spur, wie in den deutschen kunstgeschichtlichen Werken angenommen wird. Obgleich älteste Tochter von Citeaux, hat das Kloster nie die Bedeutung seiner drei Mitschwestern erlangt. Erst 8 Jahre nach seiner Gründung sandte der Konvent seine erste Kolonie aus und diese nicht nach einem Platze Frankreichs, sondern Italiens. Ganz erklärlich ist es daher, wenn die Kirche von La Ferté, weder was die Ausdehnung des Langhauses noch den Umfang des Chores anlangt, zu den bedeutendsten Schöpfungen des Ordens gehört (Fig. 27). Indessen was den Bau archäologisch außergewöhnlich wertvoll macht, ist der Umstand, daß er einen der

---

[1) Auch auf einer Abbildung Citeaux' vom Jahre 1718 besitzt das Langhaus mehr als 7 Fensterachsen (Fig. 26).

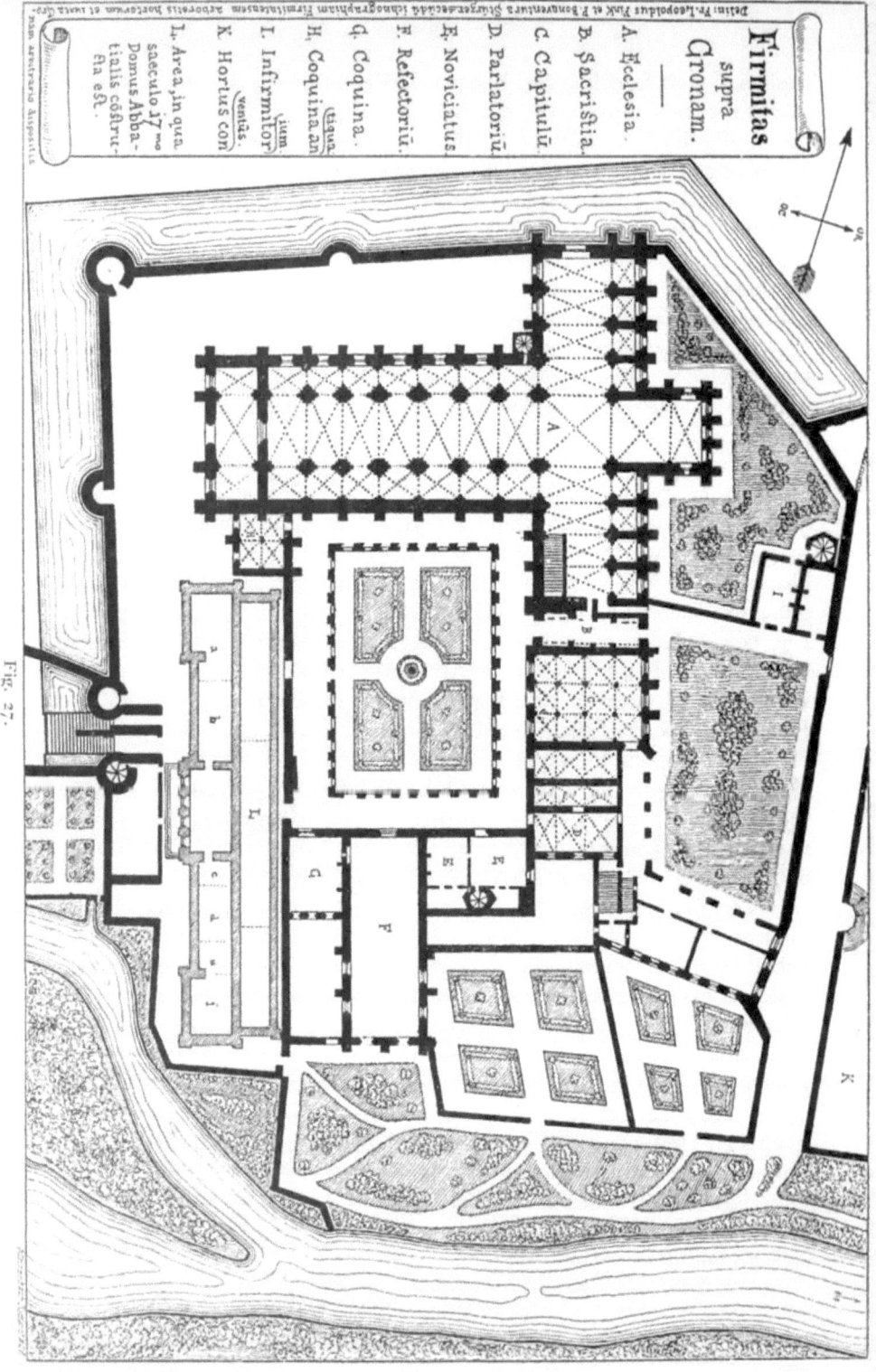

Firmitas
supra
Gronam.

A. Ecclesia.
B. Sacristia.
C. Capitulū.
D. Parlatoriū.
E. Noviciatus.
F. Refectoriū.
G. Coquina.
H. Coquina. an (tiqua)
I. Infirmlor (ium)
K. Hortus con (ventus)
L. Area, in qua saeculo 17 mo Domus Abba-tialis côstru-cta eſt.

Delin. Fr. Leopoldus Fink et F. Bonaventura Stützgruber.

Fig. 27.

Fig. 28.   La Ferté im Jahre 1680.

Grundtypen der Cisterzienserchöre, und zwar das Schema einfachster Ordnung wiedergibt. Bis auf wenige nachmittelalterliche Gebäude ist die Klosteranlage untergegangen; doch bringt Stürzer in der Cistercienser-Chronik [1]) Grundriß und Ansicht der Kirche nach Originalen, die er in La Ferté selbst angetroffen hat (Fig. 28). Danach besaß das Hauptaltarhaus geradlinigen Ostabschluß und jeder der gestreckten Kreuzarme 4 in einer Flucht schließende Ostkapellen. Die Annahme, daß der im 17. Jahrhundert veränderte Bau 1210 begonnen sei, wird durch die Wahrnehmung bestätigt, daß in den Fenstern ausgebildetes Maßwerk sich findet.

Pontigny (Fig. 29) erlebte um 1150 einen bedeutenden Neubau und, wie sich durch Vergleich mit Clairvaux feststellen läßt, um 1180 eine großartige Erweiterung seines Chores und den Ausbau der ursprünglich schlichten Westfront durch Verblendung von Bögen und Säulen [2]). In dieser erweiterten Form ist die Kirche auf uns gekommen. Manrique [3]) war der Bau nur vom Hörensagen bekannt. „Cum crescente fratrum numero, ... sacellum angustius videretur, pietate, et munificentia Theobaldi Principis templum aliud augustius coeptum est, quod hodieque perseuerat, in usu fratrum, tribus, vt aiunt, nauibus distinctum, atque ad Orientem sustentatum octo columnis, exquisitis lapidibus, ingenti et molis, et pretij magnitudine, vt non immerito idem Theobaldus Pontigniacensibus habeatur pro fundatore, nempe illius Basilicae maioris, in qua ipse, et Adela filia quiescunt".

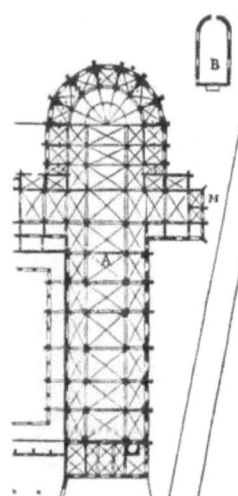

Fig. 29. Pontigny.
A Hauptkirche. B Altes Oratorium. M Kapelle d. Thomas Becket.

Dehio [4]) bringt nach Chaillon des Barres den Plan genauer als Viollet-le-Duc [5]). Das gestreckte Altarhaus der dreischiffigen, mit Vorhalle versehenen Kirche schließt östlich im halben Vierzehneck und ist vom Umgang mit Kapellenkranz umgeben. Der ersten Bauperiode scheinen die um die Vierung sich gruppierenden Bauteile anzugehören;

1) Jahrgang 1895 S. 225 f.

2) Gallia christiana XII S. 439 f.

3) Ann. Cist. I S. 75. Manrique irrt, wenn er den Chorbau kurz nach 1114 setzt.

4) Dehio, Zwei Cisterzienserkirchen, ein Beitr. z. Gesch. d. Anf. d. got. Stils, in Jahrbuch d. königl. preuß. Kunstsammlungen XII S. 91 f. u. Dehio u. v. Bezold, D. kirchl. Bauk. d. Abendlandes, Taf. 191, 272 u. 274 u. Text I S. 531.

5) Dict. rais. de l'arch. franç. I S. 272.

die unteren Fenster im Querschiff sind noch rundbogig, die Halbsäulenvorlagen reichen nach Matthaei[1]) hier zum Teil bis zur Erde und die sehr einfach gehaltenen Eckblätter an den Basen gehen nur bis zur zweiten Travee im Westen. Es ist nicht schwer, aus dem Grundriß festzustellen, daß der Chor in seiner jetzigen Gestalt eine spätere Zutat ist; die Form des ursprünglichen Altarhauses zu konstruieren, ist indes nicht so einfach. Am meisten fällt die geringe Breite der westlichsten Chorkapellen auf, welche entgegen der ökonomischen Raumausnützung des Ordens für die Aufstellung von Altären keinen Platz boten. Ihre Ostwand liegt bündig mit der Begrenzungslinie der ersten Chortravee, ihre Westwand bildet die Abschlußmauer der Kapellen am Kreuzarm. Daß man bei einem im Entwurfe durchdachten Neubau einen solchen unglücklichen, korridorartigen Raum, der nur als Durchgang zu benutzen war und benutzt worden ist, nicht schaffen konnte, liegt auf der Hand. Nur durch die Rücksichtnahme auf vorhandene Bauteile sind diese überflüssigen Nebenkammern, die von den Zeitgenossen beiderseitig mit Türen verschlossen wurden, entstanden. Weiter sucht man nach einer Begründung dafür, daß die drei oblongen, kreuzgewölbten Felder des Chormittelschiffes in der Breite nicht übereinstimmen, wobei auffällt, daß das westlichste sich mit den Abmessungen der Travee des Langhauses deckt, das mittlere in der Breite mit der des Langhaus-Nebenschiffes übereinstimmt und das östlichste den Breitenmodulus der normalen Kranzkapelle trägt [2]). Auch hier sind vorhandene Bauteile geschont worden. Endlich fragt man, weshalb beim innersten Ringe des Polygones, selbst auf der Basislinie, die alte Form der Stützen aufgegeben und Säulenform gewählt wurde, eine architektonische Prunkleistung, die im Widerspruch mit den Bauvorschriften stand und interessant genug erschien, um in den Annalen des Ordens Erwähnung zu finden. Es ist klar: eine außer dem Klosterverbande stehende Bauschule hatte diesen Fremdkörper in den schlichten Bau hineingetragen. Pontigny erinnerte sich bei Erweiterung seines Chores nicht mehr deutlich der alten Bauregeln, es machte die Mode mit. Clairvaux war mit schlechtem Beispiel schon vorangegangen.

Dem ursprünglichen Chore von Pontigny gehören offenbar an die Ostkapellen an den Kreuzarmen und die mit alten Pfeilern gestützten beiden westlichen Traveen des Mittelschiffes, denn diese

1) Beiträge z. Baugesch. d. Cist. S. 48.
2) Bei Dehio und v. Bezold genauer, als bei Viollet-le-Duc, dem die im Text befindliche Zeichnung entnommen ist.

Bauteile waren es, welche die Ungereimtheiten des Neubaues hervorriefen. Das einfachste Verfahren, das alte Chorbild wiederzugewinnen, wäre nun, das Chormittelschiff in dieser Gestalt allseitig gradlinig abzuschließen; es würde ein echter Cisterzienserchor entstehen. Allein dann gibt der Abschluß der Chornebenschiffe ein neues Rätsel auf. Nicht gerade wahrscheinlich ist es auch, daß die große Abtei noch 1150 mit einem so verhältnismäßig kleinen Altarhause sich begnügte, wo man doch schon alle Seiten der Kreuzarme für Kapellenanbauten ausgenutzt hatte. Dehio kommt zu dem Schluß, daß Pontignys erster Chor vielleicht im Schema von Citeaux' Chorerweiterung gehalten war; indessen dann müßte man, was gar nicht berechtigt erscheint, die schmäleren Westkapellen des Umganges in den ursprünglichen Bauplan aufnehmen. Ein Blick auf den Aufriß der Ostteile von Pontigny[1]) zeigt, daß die Chorumbauten hier nicht auf der Höhe von Citeaux stehen. In Pontigny schließt das Dach des Kapellenkranzes so unmittelbar unter dem Hauptgesimse des Umganges an, daß Platz für eine Lichtquelle des letzteren überhaupt nicht bleibt. Man erkennt Flickwerk, vorhandene, nicht allzuhohe Chorseitenschiffe und später angefügte Kapellen, die in der Höhe, so gut es ging, nach den am Transept vorhandenen Anbauten sich zu richten hatten.

Ueberlegt und fein in der Idee gelöst gegenüber dieser Verlegenheitskonstruktion erscheint Citeaux' Choranlage, deren drei Lichtzonen dem dreifach basilikalen Grundrisse und Aufrisse entsprachen. Die Strebebögen, die hinter der zweiten Travee des Chores in Pontigny einsetzen, um das Polygon zu begleiten, und die man am Langhause und Querschiffe vergeblich sucht, bestätigen die oben ausgesprochene Ansicht, daß an dieser Stelle der Umbau im nichtcisterziensischen Geschmacke einsetzte.

Nach allem steht soviel fest, daß in Pontigny Chornebenschiffe ursprünglich vorhanden waren, die, täuscht nicht alles, durch seitliche Fenster beleuchtet wurden. Weitere Kombinationen würden über den Wert von Vermutungen nicht hinausgehen, könnte das unvollständige System nicht durch Vilars' de Honecourt bekannte Skizze ergänzt werden (Fig. 30). Geht man an der Hand dieser unschätzbaren Zeichnung, die eine ganze Generation untergegangener Cistercienserbauten ersetzen muß, rückwärts vor, so ist die Genesis des Chores von Pontigny kein Rätsel mehr. Der ursprüngliche Chor bestand aus dem rechteckigen Hauptaltarhause und einem Umgange, dem sich nur östlich, nicht aber an den Langseiten, vier Kapellen angliederten. Diese mochten in Verbindung mit den Altarräumen des

---

1) Dehio und v. Bezold, Die kirchl. Bauk. d. Abendlandes Taf. 272.

Querschiffes um 1180 keinen genügenden Platz mehr bieten. Es bedurfte nur des Abbruches der niedrigen Ostkapellen, der Anfügung des polygonalen Schlusses, der ringförmigen Herumführung der Seitenschiffe und der Anlage des Kapellenkranzes, um für die benötigten Altäre Raum zu schaffen. Das Programm lautete: möglichste Schonung des vorhandenen Bestandes bei nutzbringendem Ausbau, kleine Opfer an noch brauchbaren Räumen bei reichlichem Gewinn und großartige Erweiterung der Kirche ohne Störung des Gottesdienstes. Vier Kapellen gab man auf, fünfzehn gewann man wieder.

Bei der Bestimmung der Lage von Clairvaux im Tale der Aube hatte Bernhard die Erweiterungsmöglichkeit des Klosters außer acht gelassen [1]). Die Gebäude fanden an einer sehr engen Stelle des Tales ihren Platz. Der Zuwachs des Klosters, der alle Erwartungen überstieg, ließ 1135 die Vergrößerung der Anlage oder, was bei dem beschränkten Gelände dasselbe war, seine Verlegung unvermeidlich erscheinen. Die Zahl der Novizen stieg zeitweise auf hundert ita, ut ad horas diuini officij Nouitiis chorum replentibus, exceptis paucis

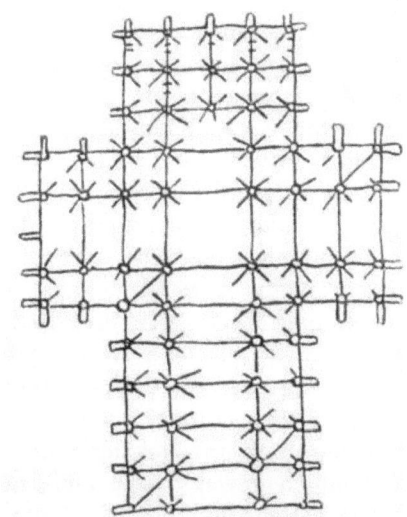

ᴠᴇſᴀ ᴜⁿᴇ́ ᵍᴛᴠᴀᴇ ᴅᴇ ᴘᵠᵘᴀᴛ ɪᴇ ʙ.ᴀ ſᴜ. ᴇſᵍᴀᴛᴅᴇᴇ ᴀ ſᴀᴛᴄᴇ ᴇⁿ. ᴸᴏᴢᴅᴇⁿᴇ ᴅᴇ�griſᴛᴀᵇ

Fig. 30. Grundriß einer Cisterzienserkirche nach Vilars de Honecourt [3]).

senioribus, qui disciplinae praesidebant psallendi, Monachi foras stare cogerentur [2]). Beim Tode Bernhards soll die Zahl der Mönche — die Konversen nicht mitgerechnet — siebenhundert betragen haben. Zwei

---

1) Vgl. Lageplan bei Viollet-le-Duc, Dict. p. I S. 266.

2) Manrique, Ann. Cist. I S. 291.

3) Hasak, Haben Steinmetzen unsere mittelalterlichen Dome gebaut? S. 69: „ . . . die . . . deutsche Behandlung der Figuren Wilars erklärt sich nicht bloß durch des letztgenannten Reise nach Ungarn, bei der er Deutschland vielleicht durchquerte . . . , sondern durch seine lotharingische Heimat, die damals mehr von Deutschland als von Frankreich empfing. Auch der skizzierte geradegeschlossene Chor einer Cisterzienserkirche mit doppeltem (?) viereckigen Umgang ist deutsch und kommt in Frankreich nicht vor . . . ". Die Chöre in Frankreich sind eben durch Vergrößerungen entstellt.

Kilometer östlich in dem erweiterten Talbecken fand sich der geeignete Bauplatz. Mehr Sorge machte die Beschaffung des Baukapitals, das aber schließlich von Fürsten, Adeligen, Bischöfen und Bürgersleuten schneller, als der bedenkliche Bernhard gedacht hatte, zusammengetragen wurde. Die Arbeit ging flott von statten. „Abundantibus sumptibus, conductis festinanter operariis, ipsi fratres per omnia incumbebant operibus, alij scindebant ligna, alij lapides conquadrabant, alij muros struebant, alij diffusis limitibus partiebantur fluuium, et extollebant saltus aquarum ad molas, sed et fullones, et pistores, et coriarij, et fabri, aliique artifices congruas aptabant suis operibus machinas, ut scaturiret, et prodiret, ubicunque opportunum esset in omni domo, subterraneis canalibus deductus riuus ultro ebulliens, et demum, congruis ministeriis per omnes officinas expletis, purgata domo, ad cardinalem alueum reuerterentur, quae diffusa fuerant, et flumini propriam redderent quantitatem. Inopinata celeritate consummati sunt muri, totum Monasterij ambitum spaciosissime complectentes. Surrexit domus et quasi animam viuentem, atque notabilem haberet, nuper nata Ecclesia in breui profecit, et creuit" [1].

Die Kirche soll 9 Altäre besessen haben. „Der Ausdruck édifice carré mag sich auf einen rechteckigen Chorschluß beziehen" [2].

Von diesem Bau, der vermutlich nach den Intentionen Bernhards angelegt war und bei der führenden Rolle Clairvaux' für seine Zeit vorbildlich gewesen sein muß, für die Kunstgeschichte demnach besondere Bedeutung gehabt hätte, ist nichts erhalten.

Im selben Jahre 1174, in dem Bernhard von Clairvaux, 21 Jahre nach seinem Tode, heilig gesprochen wurde, fand in Clairvaux eine Kirchweihe statt. Man könnte an einen Neubau denken und tatsächlich hat die archäologische Forschung einen solchen angenommen. Die durchaus glaubhafte Mitteilung der Annales Cistercienses jedoch, daß der Bau von Bernhard selbst begonnen, gibt zu Bedenken gegen die Annahme eines völligen Neubaues reichlich Anlaß. In Clairvaux wird es sich nicht anders, als in Citeaux und Pontigny, für welche Klöster übrigens die Forschung ebenfalls einen zweiten, ja dritten selbständigen Bau irrtümlich annimmt, nur um eine Erweiterung der ursprünglichen Kirche, des bernhardinischen Baues vom Jahre 1135, handeln. Es ist kaum glaubhaft, daß die Bauten, die große Opfer an Geld und Arbeit verlangt hatten und im Kern noch brauchbar sein mußten, niedergelegt wurden, ehe ein halbes Jahrhundert vergangen war. Den Cisterziensern steht eine Baulust nicht

1) Manrique, Ann. Cist. I S. 291.
2) Mathaei, Beitr. z. Baugesch. d. Cist. S. 51 nach Jubainville.

an, wie sie zeitweise die Bischöfe im Niederreißen noch brauchbarer
Kathedralen und im Aufbauen prächtigerer Architekturstücke an
ihrer Stelle in halb bedauerlicher, halb erfreulicher Weise betätigten.
Waren doch die neuen Mönche im Kampfe gegen die Kunst und
Baulust Clunys groß geworden. Eine Erweiterung des Gotteshauses
aber war bei wachsender Zahl von Geistlichen, Altären und Reliquien nicht abzuweisen. Und von letzteren gab es in Clairvaux eine
gesegnete Menge. Gerade bei Gelegenheit der Weihe von 1174
geschieht der Reliquien im neuen, der Mutter Gottes gewidmeten
Hochaltare Erwähnung, quae multae numero et illustres qualitate
.totam paene coelestem spoliant curiam [1]). Unter ihnen Andenken
an Christus und seine Mutter und, was der Vollständigkeit der
Sammlung zu gute kam, Erinnerungs-
stücke aus ältester wie jüngster Zeit, ab
antiquis Patriarchis Prophetisque usque
ad recensentem Beatum Thomam Martyrum. Auch in Clairvaux konnte die
Anlage von Umgang und Kapellenkranz
für die Aufstellung der Nebenaltäre
nicht ausbleiben. Die Verlängerung des
Langhauses nach Westen hin wäre das
einfachste Mittel gewesen, für das ver-
mehrte Chorgestühl Platz zu schaffen.
Aber auch von diesem Erweiterungsbau
ist nichts erhalten. Die Trümmer der
ersten Travee des Langhauses, deren
Existenz Dehio vermutete, sind von
Matthaei nicht angetroffen worden.

Viollet-le Duc [2]) hat den Grundriß
der Kirche in ihrer ausgebauten Gestalt veröffentlicht (Fig. 31) und Matthaei [3])
eine mit diesem Grundriß sich deckende
Skizze des Aufrisses vom Jahre 1708 gebracht, die er in dem Geschäftszimmer
der maison centrale de correction, des

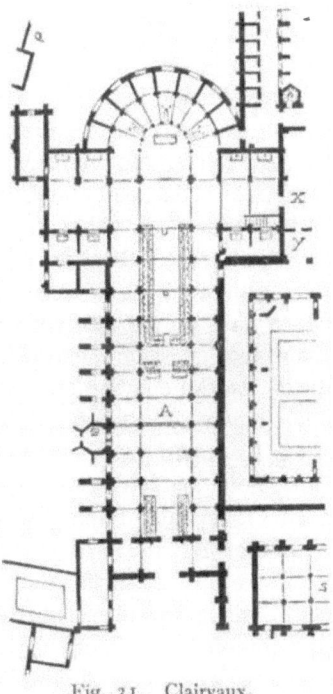

Fig. 31. Clairvaux.

jetzt an Stelle des Klosters stehenden Gefängnisses, vorgefunden
hat. Am meisten auffallend im Grundriß ist die Länge des Hauptschiffes. Bedenkt man, daß der Bau unter demselben Bernhard ent-

1) Manrique, Ann. Cisterc. IV S. 4.
2) Dict. rais. de l'arch. franç. I S. 267.
3) Beitr. z. Baugesch. d. Cist. S. 52.

stand, der gegen die übertriebene Länge der Kirchen eiferte, so darf man wohl, um den Originalriß wiederzugewinnen, die westlichen Traveen streichen. Verlegt man die Westfront an die Stelle, die Viollet durch einen Doppelstrich bezeichnet hat, so bleiben für den ursprünglichen Bau nach dem Vorbilde von Citeaux und Pontigny 7 Traveen übrig. Die Absicht kann nicht verkannt werden. In der Ausbildung der Ostpartie unterscheidet sich Clairvaux von Pontigny wesentlich dadurch, daß die Breite der Traveen des Querhauses und mithin auch der dem Transepte vorgelagerten Kapellen mit der Breite der Nebenschiffe übereinstimmt und daß die Chortravee in gleicher Tiefe mit den Ostkapellen schließt. Was bei Pontigny nicht. mehr möglich war, die Rekonstruktion des einfachen, umgangfreien Cisterzienserchores bernhardinischer Schlichtheit, scheint bei Clairvaux angängig zu sein. Verdoppelt man die Chortravee und schließt man die Chornebenschiffe durch eine Ostwand, so ist die typische Figur geschaffen, die uns bei Kirchen höheren Alters und nicht zu großen Umfanges in allen Ländern wiederbegegnet [1]). Die Erweiterung des Chores durch ein halbes Sechzehneck, die natürlich nur möglich war, wenn das östliche Chorgewölbefeld, aber auch nur dieses, fiel, bedeutet eine Annäherung an die jüngere burgundische Schule, die zu Bernhards Lebzeiten wohl kaum denkbar gewesen wäre. Hielt man sich auch noch vom Einfluß der nordfranzösischen Kathedral-chöre mit polygonal vortretenden Kapellen frei — der Chor von Clairvaux ist nach Dehio die Nachahmung von Langres —, so war doch der Schematismus des Quadrates aufgegeben. Pontigny ging noch einen Schritt weiter, als das vorbildliche Clairvaux, und bildete seine Kapellen im Innern tatsächlich sechseckig aus. Hatte Clair-vaux noch nach Westen verlängern müssen, so dehnte Pontigny sich nach Osten aus; blieb dort, wie in Langres, der Kreuzarm noch der Kopf der Anlage, so wurde hier die Vierung schon das Herzstück. Wer weiß, ob nicht die Schule früh schwach genug geworden wäre, die glänzenden Muster der Kathedralbaumeister zur Vorlage zu nehmen, hätte nicht Citeaux in seiner Chorerweiterung den alten strengen Ton wieder angeschlagen. Das Haupt des Ordens hatte noch die Macht und der Orden selbst noch den hinreichenden Ernst, die vorgezeichnete Bahn wieder einzuschlagen. Die Seltenheit der Nachahmungen von Clairvaux und Pontigny in Frankreich wie im Auslande zeigt, daß innerhalb der Ordensschule der rechteckige Um-gang mit Kapellenbesatz der polygonalen Figur vorgezogen wurde.

Kaum glaubhaft erscheint Dubois' [2]) Angabe, daß M o r i m u n d

---

1) Vgl. Dehio u. v. Bezold, D. kirchl. Bauk. d. Abendlandes, Taf. 191—195.
2) Histoire de l'abbaye de Morimond S. 284.

100 Jahre mit dem ärmlichen Oratorium der ersten Ansiedler sich begnügt haben soll. Die Zeiten des ersten Abtes Arnold, der 1125 seine Gründung im Stich ließ und nach der ältesten deutschen Filiale Altencamp sich zurückzog, mögen einem Neubau nicht gerade günstig gewesen sein. Allein schon unter dem zweiten Abte Walter zählte das Kloster ein Dutzend Tochter- und Enkelstiftungen; sein Ansehen bedingte um diese Zeit den Ersatz des ursprünglichen Notbaues durch eine geräumige und würdige Kirche. Dubois gibt denn auch eine Bautätigkeit um 1130 zu, wenngleich er nur von einer Erweiterung oder Verlegung wissen will. „Pendant plus de cent ans, rien n'avait été changé dans le pauvre oratoire de Morimond; seulement, l'abbé Gaucher, vers l'an 1130, l'avait fait transporter un peu plus à droite, pour l'assainir et le rapprocher du centre du monastère. On y retrouvait encore, un siècle et demi après sa construction, la sombre nudité de la crypte antique: nulle richesse que les prières et les bonnes oeuvres des saints, nulle parure que la blanche robe des moines, qui lui formaient une couronne dans leurs stalles disposées en cercle devant le sanctuaire." Wohl mit Recht erblickt Matthaei [1]) in diesem Bau eine Monumentalanlage.

Manriques zuverlässige Chronik versiegt leider mit dem Jahre 1236. Um so wertvoller sind die Mitteilungen Dubois' [2]) über Morimunds Bautätigkeit vom Jahre 1230, die sich bis 1251 [3]) hinzog.

„L'église de Morimond était une des plus remarquables de la contrée: nulle au loin ne l'égalait par ses vastes dimensions; la longueur de la nef du milieu était d'environ cinquante mètres, celle du transept et de l'abside, de trente mètres; la largeur de la grande nef était de dix mètres et celle de chacun des deux collatéraux de cinq mètres. La maîtresse-voûte était haute de vingt mètres et celles des collatéraux de dix. Les contre-nefs ne se doublaient et ne se prolongeaient point autour de l'abside. L'hémicycle absidaire était éclairé de six baies étroites, allongées, sans remplissage.

Il y avait trois chapelles principales. L'une, au fond du sanctuaire, correspondant avec l'axe du vaisseau à l'autel majeur, semblait un second temple enfermé dans le premier: elle était consacrée à la sainte Vierge; à gauche de cette première chapelle était celle de saint Bernard, à droite celle de saint Albéric; puis venaient de chaque côté plusieurs autres oratoires consacrés à divers saints: saint

---

1) Beitr. z. Baugesch. d. Cist. S. 55.
2) Histoire de l'abbaye de Morimond S. 284 f.
3) Ich finde die Jahreszahlen 1230 u. 1251 zwar nur in der 2. Aufl. von Dubois' Werk und in der deutschen Uebersetzung (Münster 1855). In der 3. Aufl. (Dijon 1879) sind sie fortgelassen.

Pierre, sainte Catherine, saint Nicolas etc. L'abbé avait sa chapelle particulière où il avait seul le droit d'entrer. Peu avant la Révolution cette chapelle se distinguait par de superbes décorations et spécialement par une magnifique peinture à fresque représentant l'Assomption.

La grande voûte était supportée par douze piliers cylindriques: chacun d'eux était cantonné en croix de quatre colonettes prodigieusement effiliées, à chapiteaux ornés de feuilles recourbées en volutes, sur lesquels venaient se reposer les arcs-doubleaux réunis par une clef. La façade se composait de trois portes surnommées par les archéologues les trois portes trinitaires. L'ouverture de celle du milieu était partagée par un trumeau qui servait de piédestal à une statue de la Vierge. Les deux autres étaient surmontées de deux niches, dans l'une desquelles était la statue de saint Bernard, et dans l'autre celle de saint Etienne Harding; puis à une certaine élévation, s'épanouissait une rosace de grande dimension . . .

Le 7 septembre 1253, la nouvelle église fut consacrée par Guy de Rochefort, évêque de Langres .

Trotz der unklaren Beschreibung ist hier ein Werk nordfranzösischer Frühgotik nicht zu verkennen. „Cette église fut construite sous l'influence du génie architectural de l'époque" sagt Dubois, und Dohme vermutet auf Grund dieser Notiz bestimmter: der Umbau verlieh der Kirche den polygonalen Schluß mit Kapellenkranz wie er in Frankreich gebräuchlich. Und doch scheint der Bau, wenn man Dubois' Schilderung trauen darf, in Elnzelheiten die Eigentümlichkeiten des Ordens nicht ganz verleugnet zu haben. Seine späte Datierung erklärt aber genügend die erheblichen Abweichungen vom Ordensschema im Grundriß und Aufriß ebenso, wie sie die Notwendigkeit einer 100 Jahre zuvor errichteten Kirche größeren Stiles begründet. Auf die Absicht des Autors, in allen Einrichtungen Morimunds ein Stück unverfälschten Urchristentums zu erblicken, darf man fraglos den sonderbaren Satz zurückführen: „De même que l'on trouve la crypte souterraine dans la cathédrale aérienne, ainsi on vit l'oratoire primitif reparaître dans l'église de Morimond, avec son parallelogramme, les dispositions du choeur, la distribution de la nef et du sanctuaire, le presbyterium, les chapelles etc."

Morimunds Kirche fiel zu Anfang des 19. Jahrhunderts. Der Vierungsturm, ein späterer Zusatz an Stelle des ehemaligen Dachreiters, stand noch kurze Zeit inmitten der Ruinen, ein Wahrzeichen der einstigen Größe des Klosters, bis auch er nach dreimaligen vergeblichen Versuchen niedergelegt wurde [1]). Ob nun die Bautätigkeit vom Jahre 1230 auf einen völligen Neubau, oder nur auf eine Erweiterung des Gotteshauses zu beziehen ist, bleibe dahingestellt; die erstere Annahme scheint die begründetere zu sein. Welcher Gestalt auch der Grundriß von Morimunds letztem Bau gewesen sein mag, als charakteristische Ordensschöpfung kann er kaum noch bezeichnet werden. Zur Zeit seiner Weihe hatte die klassische Periode der Cistercienserarchitektur nach 100-jähriger Blüte ihr Ende erreicht; die Bautätigkeit der Kongregation ging von 1250 an zurück und mit ihr die Eigenart des Grund- und Aufrisses. Weit mehr Interesse könnte Morimunds Kirche vom Jahre 1130 abnötigen. Leider ist eine Rekonstruktion dieses Baues, der bei Morimunds Einfluß auf Deutschland vielleicht von erhöhter Bedeutung gewesen wäre, bis jetzt nicht gelungen, wenngleich es an Versuchen nicht gefehlt hat. „Von 32 Cistercienserkirchen" schreibt Schnaase [2]), „welche ich auf deutschem Boden kenne, haben 16 und darunter 3 von Clairaux abstammende den geraden Chorschluß, aber in höchst verschiedener Weise, und ebensoviele, sämtlich von Morimund abstammende, eine halbkreisförmige oder polygonförmige Chornische, mehrere, allerdings erst im 13. Jahrhundert gebaute, sogar mit radianten Kapellen." Indessen bieten die vom Autor als Beleg angeführten deutschen Kirchen eine solche Musterkarte von verschiedenartigen Chören, daß ein System gar nicht zu erkennen ist, ganz abgesehen davon, daß die neuere Forschung für einige der zitierten Bauten der letzteren Gruppe die ursprüngliche Form des geraden Chorschlusses festgestellt hat.

Dubois' mehr poetische als klare Notiz von der Anordnung des Chorgestühles in Morimund (stalles disposées en cercle devant le sanctuaire), die sich natürlich nur auf den letzten Bau beziehen kann, hat die Vermutung einer halbkreisförmigen Apsis in fast alle kunstgeschichtlichen Abhandlungen hineingetragen. Ganz zu Unrecht; denn es ist von einer Aufstellung vor und nicht hinter dem Altare die Rede, wie sich die Chorstühle der Cisterzienser in allen Fällen westlich des Sanktuariums befunden haben. Nicht ganz verständlich ist es daher, wie Dehio und v. Bezold [3]) Brombach und Altenberg auf Morimunds letzten Bau, der später als die vermeintlichen Kopien entstand, zurückführen wollen. Die beiden deutschen Kirchen,

---

1) Stürzer, Morimond im Jahre 1890 in Cistercienser-Chronik 1890 S. 362: „ein winziger Ueberrest der Vorhalle oder des linken Seitenschiffes .. besteht aus einem Stück Mauer mit zwei Halbsäulen, deren einfache Lotoskapitelle noch gut erhalten sind."

2) Gesch. d. bild. Künste i. Mittelalter V S. 421.

3) Die kirchl. Bauk. d. Abendlandes I S. 533.

die allerdings der Linie von Morimund angehören, könnten kaum
das ursprüngliche Schema der französischen Mutterkirche wiedergeben, da wenigstens Altenbergs Querhauskapellen apsidal schlossen,
was Dehio und v. Bezold für Morimuud nicht annehmen [1]). Die Ansicht, Morimunds ursprünglicher Hauptchor habe mit einer Konche
geschlossen, ist durch nichts bewiesen. Will man die Reihe der
bisherigen Vermutungen um eine neue vermehren, so wäre es die,
daß Morimund vor seinem Um- oder Neubau ebenso wie Citeaux
und Clairvaux den typischen Cisterzienserchor einfachster Ordnung,
d. h. ein gerade geschlossenes Hauptaltarhaus und ebensolche Nebenkapellen an den Kreuzarmen besessen hat.

Die dürftigen Angaben der Chroniken in Verbindung mit den
spärlichen Resten der Bauten und dem geringen Bestande über-
kommener Zeichnungen lassen den Entwickelungsgang der Baukunst
Citeaux' und seiner vier ersten Tochtergründungen nur ungenau erkennen. Nur zu häufig müssen Vermutungen da einsetzen, wo die
exakte Forschung versagt. Bedauerlicherweise werden die großen
Lücken auch durch die Bauten der weiteren Tochter- und Enkel-
klöster nicht ausgefüllt. Dazu kommt, daß die französische Archäologie des interessanten Stoffes sich nur ungenügend angenommen
hat. Immerhin liefern die Kirchen zu Preully, Fontenay, Vaux de
Cernay, Ourscamp und Maubuisson beachtenswerte Beiträge.

Citeaux' fünfte Filiale P r e u l l y war noch zu Stephans Zeiten
ins Leben gerufen. Graf Theobald von Champagne und dessen
Mutter Adele hatten die Mittel zum Bau bereit gestellt; Bernhards
gleichaltriger Freund Artaud wurde erster Abt. Von Cisterzienser-
architektur ist in Preully wenig oder nichts zu finden. Nach
Schnaase [2]) besaß die Kirche „im Mittelschiff ein Tonnengewölbe
mit regelmäßigen Quergurten, in den Seitenschiffen halbe Tonnengewölbe; viereckige Pfeiler mit angelegten Halbsäulen, der Chorumgang mit 3 radianten Kapellen, außerdem senkrecht gestellte
Kapellen an der Ostwand des Kreuzschiffes." Es ist nicht wahrscheinlich, daß dieser Bau, der ganz clunischen Geist atmet, 1118
oder später durch die Cistercienser selbst entstand, denn um diese
Zeit konnte sich der Typus der Cisterzienserkirchen kaum noch im
Sinne der jüngeren Schule von Cluny äußern. Bourassé [3]) gibt denn
auch der Kirche eine ältere Datierung. Vermutlich liegt hier die
Uebernahme eines Cluniazenserklosters vor und die obigen Bau-

---

1) Dohme, Die Kirchen d. Cistercienserordens i. Deutschl. während d. Mittelalt. S. 77.

2) Gesch. d. bild. Künste i. Mittelalter V S. 50f.

3) In Audigé, Histoire de Preuilly.

kapitalien scheinen der Erweiterung der ursprünglichen Anlage gedient zu haben. Die Ostkapellen am Kreuzschiffe mögen eine Zutat der Cisterzienser sein. Von einem Kirchbau ist bei Manrique nicht die Rede. Die oben ausgesprochene Ansicht, daß man im Anfang bei der Annahme angetragener Kirchen nicht wählerisch vorging, wird durch den verhältnismäßig reichen Grundriß von Preully belegt. Aehnlich scheinen die Verhältnisse in Vaux de Cernay gelegen zu haben. Nach Janauschek 1118, nach Manrique 1128 gegründet, wurde diese Abtei von Benediktinern aus Savigny besiedelt und erst 1147 in den Verband von Citeaux und zwar als Tochter von Clairvaux aufgenommen. Auch hier handelt es sich also um die Uebernahme einer vorhandenen Kirche, die allerdings an ihren westlichen Teilen, vermutlich infolge Umbaues, die übrigens nicht einheitliche Tätigkeit von Cisterzienser Architekten verrät. Der Chor ist bis auf das glatt geschlossene Altarhaus — ein solches wird wenigstens bis jetzt angenommen — charakteristisch altclunisch (Fig. 32). Fast kann man sich der Vermutung nicht verschließen, daß auch die Hauptkonche einer späteren Veränderung des Chores zum Opfer gefallen ist. Bestätigt wird die Annahme, daß die Ostpartie des Baues vor der Uebernahme der Kirche seitens der Cisterzienser bestanden hat, durch die Beobachtung, daß die Säulenvorlagen für die Gewölbe östlich des Querhauses bis zum Boden reichen, während sie an den jüngeren Westteilen in echt cisterziensischer Art in Höhe der Arkadenkämpfer ihr Ende finden.

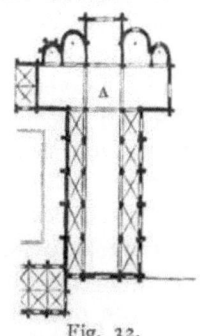

Fig. 32.
Vaux de Cernay.

Aus der Geschichte des Klosters seien noch kurz erwähnt: eine reiche Schenkung Ludwigs des Schönen (1130—1180), die Weihe der Jakobs- und Philippuskapelle 1174, der Brand des Dormitoriums 1195 und dessen Wiederaufbau 1226. Nach Matthaei [1]) ist die Kirche, die wie das Kloster 1491 von den Mönchen verlassen werden mußte, des nördlichen Seitenschiffes, des nördlichen Kreuzflügels und, was am meisten bedauerlich ist, des nordöstlichen Schlusses des Altarhauses beraubt.

„Alle Forscher von Viollet-le-Duc bis Dehio sind darüber einig, daß wir es hier mit dem Erstlingsbau zu tun haben, und Dehio nennt ihn überhaupt die älteste erhaltene Cisterzienserkirche" [2]). Viollets [3])

1) Beitr. z. Baugesch. d. Cist. S. 58.
2) Matthaei, Beitr. z. Baugesch. d. Cist. S. 58.
3) Dict. rais. de l'arch. franç. S. 274.

Angaben, die sich die deutsche Kunstforschung zu eigen gemacht hat, sind wie seine Zeichnung ungenau. Er verschweigt das Vorhandensein einer zum Dachboden führenden Treppe am südöstlichen Vierungspfeiler und die an der Westfront erkennbaren Spuren einer Vorhalle, Charakteristika, die zu Gunsten einer Cisterzienseranlage sprechen. Aus der Treppenanlage im Kreuzungspunkte der Schiffe kann auf das Vorhandensein eines cisterziensischen Dachreiters um so eher geschlossen werden, als sich Spuren anderer Türme nicht finden. Mit Recht sieht Viollet Citeaux' Einfluß in der Stellung des Refektoriums, disposé perpendiculairement au cloître conformement au plan de Citeaux et contrairement aux usages monastiques adoptés par les autres règles. Die außerordentlich gestreckte Gestalt des nördlichen Klosterflügels, der das obengenannte Dormitorium enthielt, und das Vorhandensein einer Grangie in der Nähe des Einganges hätte der französische Gelehrte als weiteren Beweis für das Cisterziensertum Vaux' de Cernay anführen können. Das cisterziensische Charakteristikum des Aufbaues, die durchgehende, spitzbogig gewölbte Travee des Längsschiffes gibt Viollet weder im Bild noch Wort an (Dehio in seinem Grundrisse übrigens auch nicht), ebenso wie er von den bezeichnenden Zwergfenstern, die sich im westlichen, jüngsten Teile des Längsschiffes über den Arkaden befinden und zum Dachboden des Nebenschiffes sich öffnen, von der hinter der Vierung zurückbleibenden Höhe der Kreuzarme und von sonstigen unauffälligen Abweichungen von der clunischen Schule Notiz nimmt.

Alle diese Teile sind spezifisch cisterziensisch und archäologisch um so wertvoller, als sie einem der wenigen erhaltenen Bauten aus der Erstlingsbauperiode des Ordens angehören. Aber der Chor hat mit der neuen Bauweise gar nichts zu tun und als typisch kann er erst recht nicht bezeichnet werden. Wenn den Reformatoren im Grundriß etwas überflüssig erschien, so mußte es die Apsis sein. Mit der Verwendung dieses Bauteiles hatte sich die ältere wie die jüngere clunische Schule nicht genug tun können. Altäre ließen sich in gerade geschlossenen Choranbauten ebenso gut unterbringen, wie in solchen mit halbkreisförmigem Abschluß; der Fortfall der Halbkuppel kam der Einfachheit des Baues und der Kostenersparnis zu gute, ohne deswegen der Zweckmäßigkeit des Baues zu schaden. Die Geschichte der Cisterzienserbaukunst lehrt, daß der Kampf gegen die Apsis rücksichtslos geführt wurde; die wenigen Ausnahmen bestätigen die Regel. Ganz und gar uncisterziensisch ist die staffelförmige Anordnung der Nebenchöre von Vaux de Cernay. Die Haupterrungenschaft der neuen Bauweise war der Abschluß der sich dem Kreuzarm östlich oder auch westlich angliedernden Kapellen mit einer Mauerflucht. Die schwierige Eindeckung der Cluniazenserchöre wurde hier, der ökonomischen Richtung des neuen Ordens entsprechend, vermieden; ein einziges Dach nahm die Anbauten des Transeptes auf, wie den rechteckigen oder gebogenen Umgang des Hauptaltarhauses. Dieses vom Nützlichkeitssinn diktierte, vom ästhetischen Standpunkte aus bedauerliche Prinzip ist bei keiner Cisterzienserkirche zu verkennen. Vaux de Cernay aber steht in seinen Chorteilen der altclunischen Schule ebenso nahe, wie Anzy-le-Duc, Château-Ponçat und Payerne. Und sollte wirklich das Altarhaus glatt geschlossen gewesen sein, so besagt das nichts gegen seinen clunischen Charakter. Daß die später vielfach umgebauten Chöre altclunischer Richtung in Frankreich in vielen Fällen ohne Konche gewesen, darf als sicher gelten. Die schwäbisch-allemanische Gruppe des Hirsauer Cyklus, vor allem die unverdächtige Peterskirche in Hirsau selbst, schlossen im Hauptchore gerade.

Dehio und v. Bezold[1]) erblicken denn auch im Gegensatz zu Viollet in dem Chor von Vaux de Cernay eine unverfälscht altclunische Schöpfung. Sie gehen noch einen Schritt weiter und substituieren die Chorfigur von Vaux de Cernay für das Chorschema von Citeaux' Monumentalbau in der ersten Fassung. Indessen scheint hier der Wunsch, auf jeden Fall die Chorform des Stammklosters zu finden, der Vater des Gedankens gewesen zu sein; daß für den Chor von Vaux de Cernay das Beispiel von Citeaux (I. Bau) maßgebend war, braucht keine „dringend indizierte Vermutung" zu sein.

Vaux de Cernay gehörte zum Cyklus von Savigny, der 30 Klöster umfaßte und mit diesen 1147 sich dem Ring von Citeaux anschloß. Savigny selbst war 1112, also in demselben Jahre gegründet, in dem Bernard mit seinem Anhange dem Orden von Citeaux beitrat[2]). An sich ist es unwahrscheinlich, daß Savigny von Anfang an mit Citeaux fraternisierte; die Abtei hätte sich ja, statt selbständig zu bleiben, dem 14 Jahre älteren Citeaux anschließen können. In der Zeit, in der ein strenger Orden auf den andern folgte, ging Savigny ebenfalls unter die Gründer, und zwar auf eigene Rechnung. Cluny konnte mehr als einen Rivalen gebrauchen; es fragte sich nur, wer von den vielen Teilnehmern am Wettlauf siegte. Matthaei[3]) ist im Irrtum, wenn er meint: „die Benediktiner von Savigny vertreten genau dieselben Grundsätze, wie die von Citeaux und sind nur als

---

1) Die kirchl. Bauk. d. Abendl. I S. 527.
2) Manrique, Ann. Cisterc. I S. 63.
3) Beitr. z. Baugesch. d. Cist. S. 59.

eine anfangs selbständige Abart dieser Richtung anzusehen. Sie
standen auch von Anfang an mit Citeaux in Verbindung, und die
schließliche Aufnahme in den Orden vom Jahre 1147 ist nur als das
Ende einer fortlaufenden Kette von Bestrebungen anzusehen, die
schon aus viel früherer Zeit her datieren und während der Bauperiode
sicherlich schon vorhanden waren". Mit Citeaux standen die Mönche
von Savigny allerdings in Verbindung, aber in höchst unerquick-
licher; einen wenig erbaulichen Krieg führten die beiden Konkurrenz-
unternehmen, die anfangs den gleichen Reformideen gehuldigt hatten,
mit einander. Sabigniaco ... nihil cum Cistercio, nihil cum Claravalle commune per multa tempora, quippe diuersi Ordinis, Sabignia-
censis ab ea denominati, clarius constat, quam ut multis indigeat
probationibus [1]). Bernard selbst zählte die Männer von Savigny nicht
zu den Seinen. In dem Streite zwischen Savigny und den zu Clairvaux gehörenden Mönchen de bene-
dictione Dei machte nicht Citeaux oder
das dortige Generalkapitel, sondern
ein unbeteiligter Dritter, der Erzbischof
Falco von Lyon, den Schiedsrichter,
ein Verfahren, das, wie Manrique
richtig bemerkt, mit der Cisterzienserregel im Widerspruch gestanden hätte.
Nicht gerade wahrscheinlich also ist
es, daß Vaux de Cernay eine beabsichtigte Kopie von Citeaux bildet.

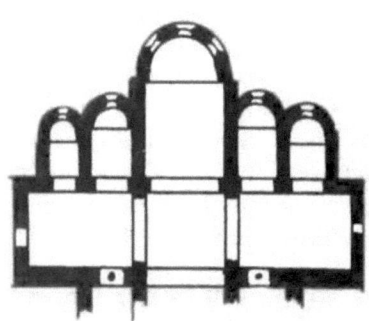

Fig. 33. Chor von Thalbürgel.

Ein kleiner Exkurs sei hier gestattet.

Vaux de Cernay gibt Dehio und v. Bezold [2]) Veranlassung, auf
Thalbürgel hinzuweisen (Fig 33). „Die Kirche war mit Benediktinern
besetzt, allein die Bauformen des älteren Teiles der Kirche, des 1142
bis 1150 ausgeführten Chores und Querschiffes weisen auf Zusammenhang mit den Cisterziensern hin." Man muß zugeben, im Aufriß
des Chores von Thalbürgel finden sich Motive, die den Cluniazensern
fremd, dagegen den Cisterziensern geläufig waren. Die Methode,
die Bogenvorlagen nicht bis zum Boden zu führen, läßt sich bei den
früheren, in Thüringen stehenden Bauten der Hirsauer Schule, wie
leicht erklärlich, nicht nachweisen, hat aber merkwürdigerweise im
Chor von Thalbürgel Anwendung gefunden, wenngleich in nicht

1) Manrique, Ann. Cisterc. I S. 98f.
2) Die kirchl. Bauk. d. Abendl. I S. 533. Vgl. auch v. Bezold, Mitt. u. Stud.
über d. Bauk. d. Mittelalt. in Frankr. in Centralblatt d. Bauverwaltung 1886 S. 280 f.

ganz folgerichtiger Durchführung. Die Vorlage der westlichen Vierungsbögen hört etwa in halber Höhe der Wand auf und ist in unbeholfener Weise konsolartig abgeschlossen; sonst gehen aber die Pilaster durch. Nur die einzige noch erhaltene Ansatzstelle des Frontbogens einer Nebenapside zeigt vor dem Pfeiler noch eine Krüppelvorlage in ähnlichem Sinne. Will man die Pilasterunterbrechung am Vierungsbogen auch durch Aufstellung des Chorgestühles rechtfertigen, das bei dem benachbarten Lettner noch in die Vierung reichen mußte, so ist eine solche Erklärung bei den Apsidenvorlagen nicht am Platze. Cisterzienserbauten hat man vielleicht das untektonische Motiv entnommen. Sonderbar nur, daß der westliche Vierungspfeiler gleichzeitig dem östlichen Turmpaar angehört, das ganz und gar nicht cisterziensisch, sondern echt hirsauisch ist.

Dehios und v. Bezolds Ansicht scheint weiter gestützt zu werden durch die Beobachtung, daß die Wände zwischen Hauptchor und Nebenchören geschlossen sind, eine Eigentümlichkeit, die Thalbürgels Vorgänger schwäbischen Charakters in Thüringen nicht teilen. Allein die Vermauerung dieser Zwischenwände dürfte weniger auf die Absicht, nach Art der Cisterzienser seitlich geschlossene Kapellenräume zu schaffen, zurückzuführen sein, als auf die staffelförmigen Verkürzungen der Chornebenschiffe, die eine Arkadenstellung im Sinne der Paulinzeller Chorfigur unmöglich machte, wenn man

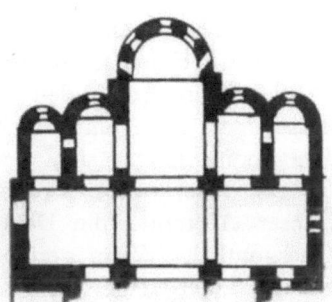

Fig. 34. Chor von Payerne.

nicht noch an eine Verstrebung der Vierungsbögen denken will. Nach allem darf angenommen werden, daß der Aufriß des Thalbürgeler Chores von den Neuerungen der Wandgliederung, welche die Cisterzienser der Architektur brachten, sich nicht ganz frei hält, daß aber der Grundriß urecht altclunisch ist, eine Erweiterung des Hirsauer Schemas, die entweder im Anschluß an das benachbarte und eben vollendete Paulinzella sich von selber bildete[1]), oder aber einem französischen Vorbilde clunischen Geistes, im Sinne Payernes, nachempfunden ist (Fig. 34).

Ein engerer Zusammenhang Thalbürgels mit dem Cisterzienser-

---

1) Auch Weber, Hirsau-Paulinzella-Thalbürgel in Zeitschr. d. Ver. f. thür. Gesch. XX S. 627 hält Thalbürgels Chor für eine Weiterbildung des Paulinzeller Typus.

orden hat bestimmt nicht bestanden. Mitzschke hat das Verdienst, die Fabel von Bürgels anfänglichem Cisterziensertum, die v. Gleichenstein [1]) in die Welt gesetzt hat, zerstört zu haben. Auf eine Verwechselung der Hirsauer Filiale in Thüringen mit dem französischen Cisterzienserkloster Bourgueil-en-Vallée führt der Verfasser des Urkundenbuches von Stadt und Kloster Bürgel [2]) den Irrtum, der in der Entwickelungsgeschichte der Thüringer Klosterkirchen-Grundrisse böse Verwirrung anrichten könnte, zurück.

Es wäre merkwürdig, wenn eine nach Cisterzienser Grundsätzen begonnene Kirche ganz im Geiste der Cluniazenser fortgeführt wäre; das Umgekehrte wäre eher denkbar. „Wäre Burgelin 60 Jahre älter", meinen Dehio und v. Bezold [3]), „so würden wir es ohne Zaudern direkt auf Cluny zurückführen; da aber Alt-Cluny seit mehr als einem halben Jahrhundert nicht mehr existierte, auch keine der deutschen, mit Cluny in Verbindung stehenden Kirchen dieses Planschema ohne Veränderungen nachgebildet hat, so bleibt als Vorbild nur das Cisterzienserschema in seiner ältesten Gestalt übrig."

Für Thüringen stimmt diese Ausführung nicht ganz. Das Land, das die Chorseitenschiffe so begierig aufnahm und die Konchen seit alters als integrierenden Bestandteil seiner Gotteshäuser besessen hatte, hielt auch dann noch an den alten Traditionen fest, als die Umgebung längst sich den Neuerungen angeschlossen hatte. Das beweist eine andere Kirche der silva Louba, und zwar eine Cisterzienser Abkunft, die Dehio und v. Bezold nicht genannt haben, Georgenthal. Wenn geringfügige Zugeständnisse an den modischen Stil im Thalbürgeler Chor sich finden, so bleibt derselbe im Wesen darum doch ebenso echt clunisch, wie die noch jüngere, ebenfalls noch flachgedeckte Vorkirche in Paulinzella, deren konservative Erbauer hirsauisch-thüringische Arkaden mit Bogenanfängern im Geschmacke der Cisterzienser schufen [4]).

Liefern Preully und Vaux de Cernay mehr negative als positive Beiträge zur Entwickelungsgeschichte der Cisterzienserchöre, so bietet

---

1) Burgelinensis abbatiae primitiae p. Auch Rein, Thur. sacra I S. 6, zählt Thalbürgel zu den Cisterzienserklöstern Thüringens.

2) I S. 66 f.

3) Die kirchl. Bauk. d. Abendl. I S. 533.

4) Lehfeldt, Bau p. Denkmäler Thüringens, Weimar-Eisenach II S. 214: „Die Kirche von Maulbronn, 1178 geweiht, hat im Innern mit Thalbürgel Gemeinsames. Sie gehört, wie Hirsau, zum Bistum Speier, ist aber Cisterzienserbau. Daraus könnte auf Bautätigkeit der Cisterzienser in Thalbürgel geschlossen werden Der Hinweis auf Maulbronn ist ganz verfehlt. Nicht Thalbürgel hat ein Cisterzienserschema angenommen, sondern Maulbronn behielt das System der Hirsauer Arkaden bei.

der Plan von Clairvaux' zweiter Tochtergründung vom Jahre 1118, Fontenay, den Ordens-Chor einfachster Ordnung in nicht entstellter Urform. Die Apsiden fehlen gänzlich, die Staffelform der Cluniazenser ist nicht übernommen. Die Nebenchöre haben gleiche Breite, gleiche Tiefe und gleiche Höhe, sie sind mit einem einzigen Pultdach abgeschlossen, ihre Ostwand bildet eine gerade Flucht; weder unter sich, noch mit dem konformen Hauptchore stehen sie durch Oeffnungen innerhalb der Trennungswände in Verbindung. Von La Ferté unterscheidet Fontenay sich nur durch die Anzahl der Nebenchöre.

Ein begüterter Adeliger, der sich der jungen Anlage annahm und die Mittel zur Errichtung der Baulichkeiten bereit stellte, scheint sich nicht gefunden zu haben; aus den Almosen der frommen Nachbarn wurde die Kirche erbaut [1]). Will man diese Tatsache zum Guten deuten, so kann man die Vermutung aufstellen, die Mönche von Fontenay hätten, unbeeinflußt von den Bestimmungen eines weltlichen Herrn, einen Grundriß gewählt, wie er ihnen zusagte. Bernhards Verwandter Gottfried war der erste Abt. Warum soll der Apostel der Cistercienser, der mit seinem Orden so Großes im Sinne hatte, seinen Freund, der später nach Clairvaux zurückkehrte, nicht mit Rat beim Kirchbau unterstützt haben? Wir dürfen den klaren, anspruchslosen Ostteil der Kirche von Fontenay für das älteste, uns erhaltene Bild eines selbständigen, in seiner Ausbildung über das Traditionelle hinausgehenden Cisterzienserchores halten und

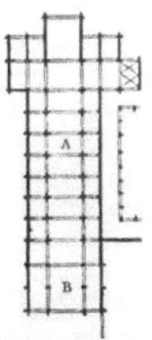

Fig. 35. Fontenay.
A Kirche.
B Vorhalle.

bei den engen Beziehungen Fontenays zu Clairvaux nunmehr wenigstens für dieses Hauptkloster die neue Form mit gutem Grunde substituieren, freilich nur soweit es sich um die Ausbildung der Ostwand, nicht auch der Westwand des Querhauses handelt. Ob nun der neue Baugedanke schon im Grundrisse von Clairvaux' erster Tochtergründung, dem monasterium trium fontium, ausgesprochen war, mag unentschieden bleiben. Jedenfalls war Gottfried, noui gregis curae incumbens, atque ad instar Cistercij, et Clarae vallis cuncta componens, bemüht, wie Manrique versichert, den Absichten Stephans und Bernards gerecht zu werden. Ansprechend wäre der Gedanke, daß das mächtige Mutterkloster selbst durch Erstanwendung des glatt geschlossenen Hauptaltarhauses und der sich anschließenden, durch gemeinschaftliche gradlinige Rückwand

1) Manrique, Ann. Cist. I S. 100 f.

begrenzten Nebenkapellen vorbildlich gewirkt habe. „Da dieses Schema schon vor Mitte des Jahrhunderts im südlichen und westlichen Frankreich, wie auch in den vom hl. Bernhard in Italien gestifteten Klöstern wiederholt wird, ist anzunehmen, daß es in einer der führenden Hauptabteien vorgebildet war, und dies kann nicht wohl eine andere als Clairvaux (Bau von 1135) gewesen sein" [1]). In diesem Falle müßte aber für Fontenays Chor eine jüngere Datierung als 1118 angenommen werden. Der neuen Chorfigur entspricht die Disposition des Langhauses nicht; mit seinen transversalen und longitudinalen Tonnengewölben gehört es noch der clunischen Richtung an, eine Erscheinung, die in Verbindung mit der Einheitlichkeit des Gesamtgrundrisses für das höhere Alter des ganzen Kirchengebäudes spricht und hinsichtlich der Chorfigur Fontenay das Prioritätsrecht vor Clairvaux zu sichern scheint, und ferner ein Beweis dafür, daß auch innerhalb des Ordens, wie es nicht anders sein konnte, clunische Konstruktionen im Aufbau nicht mit einem Schlage sich abtun ließen.

Als sechste Tochter von Clairvaux wurde im Jahre 1129 Ourscamp auf Veranlassung des Bischofes von Noyon gegründet [2]) Die spärlichen Ruinen des ursprünglichen Baues, der nach der Gallia christiana 1154 begonnen und 1201 geweiht sein soll, lassen erkennen, daß Lang- und Querhaus das Werk von Cisterzienser Architekten sind. Zwei Ostkapellen an jedem der beiden Kreuzarme, konsolartiges Abbrechen der Gewölbeträger, gewaltige Ausdehnung des Langhauses, schlichte Ornamentik, die an Pontigny erinnert, sind die Kennzeichen, die Matthaei [3]) anführt. Hervorgehoben zu werden verdient noch die vorgeschrittene Konstruktion der Gewölbe auf Rippen, die im Profil aus zwei Rundstäben bestehen. Der jetzt vorhandene Chor, ein späterer Umbau nach dem Muster von Noyon, bestätigt, daß für den Cisterzienserorden weniger strenge Zeiten kamen, welche dem veränderten Geschmacke und der üppigen Richtung der weltlichen Baumeister die alten Grundsätze opferten.

Einen Beitrag zur Kenntnis der französischen Frauenklöster cisterziensischen Charakters liefert Maubuisson, dessen Chor wie Schiff, abgesehen von einer sehr gründlichen Zerstörung, Veränderungen nicht erfahren zu haben scheinen. Im Jahre 1236 machte die Mutter Ludwigs des Heiligen reiche Stiftungen zu Gunsten von Klostergründungen auf dem Lande. Zu diesen zählte Maubuisson,

---

1) Dehio u. v. Bezold, Die kirchl. Bauk. d. Abendl. I S. 527.
2) Manrique, Ann. Cist. I S. 203.
3) Beitr. z. Baugesch. d. Cist. S, 62.

eine landwirtschaftliche Anlage und Damenpensionat zugleich. Das Kloster muß einige Bedeutung gehabt haben; es besaß, wie alle von Mitgliedern des königlichen Hauses gestifteten Abteien des 13. Jahrhunderts, ein eigenes Unterkunftshaus für die zu Besuch weilenden hohen Gäste. Die Ansicht von Viollet-le-Duc[1]), das Kloster habe sich in seiner Anlage wenig von den Niederlassungen der Männer unterschieden, wird durch den Grundriß nicht bestätigt. Wir finden, und dazu noch in dieser späten Zeit, die Apsis als Hauptaltarhaus (Fig. 36). Erinnert man sich der Tatsache, daß im Orden die Frauen als vollgültig nicht angesehen wurden, so mag diese regelwidrige Erscheinung nichts Auffallendes haben. Zu den unbedeutenden Abweichungen wird die ungünstige Ausbildung der Chorkapellen zählen, deren Gesamtzahl auf drei beschränkt und deren gegenseitige Trennung durch Zwischenwände allem Anschein nach außer acht gelassen war, eine Absonderlichkeit, die wiederum ihren Grund in dem Mangel eines größeren Klerus gehabt haben mag.

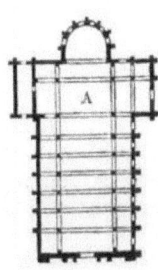

Fig. 36.
Maubuisson.

Daß bei der straffen Organisation der Kongregation, insbesondere auch bei den detaillierten Vorschriften der Bauordnung die verschiedenartigen Chorformen der Cisterzienserkirchen nicht auf Willkür zurückzuführen sind, läßt sich denken. Die Forschung hat sich denn auch mit größerem oder geringerem Erfolge bemüht, aus den überkommenen Beispielen, vorzugsweise aus den oben aufgeführten Bauten, das System abzuklären. Darin sind alle Meinungen einig, daß die rechteckig geschlossenen Nebenkapellen am Chorende der Kirche ein Charakteristikum der Ordensbaukunst bedeuten. Weniger Uebereinstimmung herrscht über die Entstehung und Zweckbestimmung dieser Nebenkapellen[2]). Hinsicht-

1) Dict. rais. de l'arch. franç. I S. 285.

2) Ueber den Zweck der Nebenkapellen äußern sich:

Puttrich, Denkm. d. Bauk. d. Mittelalt. i. Sachs. II, 2, Jüterbog, S. 26: „Eigentümlich sind . . . . die den Ostseiten der Kreuzarme angehängten Kapellenpaare, durch deren Einrichtung vermutlich besonderen gottesdienstlichen Bedürfnissen der Klostergemeinde genügt wurde".

Schnaase, Gesch. d. bild. Künste V S. 417: „Aus einer gelegentlichen Nachricht erfahren wir, daß die Mönche nicht vermöge bestimmter Vorschrift, sondern aus einem zur Sitte gewordenen Bedürfnisse, sich nach vollbrachtem Chordienste einzeln vor den Altären niederzuwerfen, zu entblößen und zu züchtigen pflegten. (Es ist auf Caesarius von Heisterbach, dialogi, I S. 22 verwiesen.) Dies konnte nicht füglich in der Nähe des im westlichen Teile der Kirche versammelten Volkes geschehen und erforderte die Anbringung vieler gesonderter und abgelegener Kapellen . . . Mit dieser Sitte mag es auch zusammenhängen, daß diese Kapellen meistens sehr niedrig und schlecht beleuchtet sind. Der Verfasser der Brevis notitia Monasterii B. M. V. Ebracensis (Romae 1739 [1793!]) jedenfalls ein Cisterzienser, erklärt S. 34 diese Kapellenanlage: ea commoditate, ut si qui secretins orare velint aut celebrare Sacerdotes, a nullo prorsus conspiciantur".

Die angezogene Stelle bei Caesarius von Heisterbach, dial. miracul. ed. Strange I S. 29 lautet: „Nobilis adolescens dominus Adolphus, nunc Episcopus Osinburgensis, canonicus fuerat maioris ecclesiae in Colonia. Hic cum tempore quodam ad Campum, domum ordinis nostri, venisset, et post missas ad orationem in oratorio staret, vidit quomodo monachi, tam senes quam juvenes, ad diversa discurrentes altaria, ad disciplinas suscipiendas nudabant dorsa sua, confitentes humiliter peccata sua".

Otte, Handb. d. k. Kunstarch. S. 89: „Die Vorliebe für die Anlage vieler kleiner Kapellen hängt mit den Vorschriften für die Privatexerzitien der Mönche zusammen".

Otte, Gesch. d. roman. Bauk. i. Deutschl. S. 293: „Kleine abgesonderte Kapellen für die Privatexerzitien der Mönche".

Dohme, Die Kirchen d. Cisterzienserordens i. Deutschl. S. 38: „Der liturgische Zweck dieser Ost-Kapellen wie der anderen   bei reicheren Choranlagen war der, daß die Mönche, die außer dem regelmäßigen Gottesdienst Privatandachten verrichten wollten, dieses ungestört und ungesehen tun konnten   Aus einer Notiz bei Caesarius von Heisterbach erfahren wir, daß die Mönche nicht vermöge bestimmter Vorschrift, sondern aus Sitte gewordenem Bedürfnis sich nach vollbrachtem Chordienst einzeln vor den Altären niederzuwerfen, zu entblößen und zu züchtigen pflegten".

Winter, Die Cist. d. nordöstl. Deutschl. I S. 20: „Es kann dies nur mit einem Grundcharakter des Ordens zusammenhängen, und es war ohne Zweifel die Absicht, den einzelnen Gliedern Gelegenheit für ihre Privatandacht zu bieten. Die kleinen Kapellen sollten die Stellen der subjektiven Heiligung werden".

Rahn, Die mittelalt. Kirchen d. Cist.-Ord. in d. Schweiz in Mitteil. d. antiqu. Ges. in Zürich XVIII S. 73: „Der Zweck dieser Kapellen ist mit Sicherheit nicht zu bestimmen, am wahrscheinlichsten ist es, daß sie zur Privatandacht der Mönche gedient haben, die hier nach Beendigung des Chordienstes ihre Gebete zu verrichten pflegten".

Dehio und v. Bezold, Die kirchl. Bauk. d. Abendlandes I S. 527: „Welche besonderen rituellen Vorschriften es waren, deren strenge Durchführung man damit befördern wollte, ist nicht mit Sicherheit nachzuweisen (am wahrscheinlichsten Privatmessen). Man befand sich darin in offenbarem Wetteifer mit den Cluniazenserkirchen (der jüngeren, auf Burgund beschränkten Schule)".

Paulus, Die Cisterzienser-Abtei Bebenhausen S. 62: „Diese Kapellen enthielten besondere, verschiedenen Heiligen geweihte Altäre und waren bestimmt, den Mönchen, welche außerhalb dem regelmäßigen Gottesdienst Privatandachten verrichten wollten, solche und namentlich die üblichen Geißelungen so zu ermöglichen, daß sie nicht gesehen werden konnten".

Paulus, Die Cisterzienser-Abtei Maulbronn S. 20: „In solche Kapellen zogen sich, wie Caesarius von Heisterbach schreibt, die Mönche nach vollbrachtem Gottesdienst einzeln zurück, um sich vor den Altären niederzuwerfen, zu entblößen und zu geißeln. Und vielleicht als eine Anspielung darauf erscheinen verschiedene Würfelknäufe der hier (in Maulbronn) stehenden Ecksäulen wie mit starken Seilen umflochten, besonders in einigen Kapellen des südlichen Kreuzarmes". (Letzteres fraglich; fast dieselben Kapitellfiguren finden sich im Georgenthaler Abtshaus.)

Hase, Das Ciserzienser-Kloster Loccum in d. mittelalt. Baudenkm. Niedersachsens II S. 282: „Der Zweck dieser Kapellen erklärt sich aus der Sitte der Mönche, nach welcher sie nach vollendetem Gottesdienste vor dem Altare den entblößten Körper zu geißeln pflegten. Da dies angesichts der ganzen Brüderschaft nicht gut anging, so wurden in einzelnen abgesonderten Kapellen mehrere Altäre für diesen Zweck errichtet. Bei großen Klöstern, wo für diesen Zweck vier oder sechs Kapellen an den Kreuzarmen nicht genügten, ward daher ein ganzer Kapellenkranz errichtet".

Willi, Baugeschichtliches über das Kloster Wettingen in Cisterzienserchronik 1894 S. 78: „Das Hauptinteresse der Cisterzienser knüpft sich an die Chorpartien ihrer Kirchen, wobei sich eine merkwürdige Vorliebe für Kapellen zeigt, die sich so recht zur Uebung der Privatandacht eigneten."

Baethcke, Wanderungen durch Cisterzienser-Klosterruinen in Norddeutschland in Cisterzienserchronik 1898 S. 25: „Diese Kapellen waren bestimmt und geeignet der Privatandacht zu obliegen."

Bergner, Grundr. d. k. Kunstaltert. i. Deutschl. S. 73: „Zur Erklärung muß bemerkt werden, daß jeder Priester des Ordens früh morgens die Messe zu lesen verpflichtet war. So drängte das rein klösterliche Bedürfnis dazu, eine Menge von einander geschiedene Räume zu Aufstellung von Altären zu gewinnen." Ebenso ders., Kirchl. Kunstaltert. i. Deutschl. S. 49 f. u. Beschr. Darst. d. ä. Bau- p. Denkm. d. Prov. Sachsen, Naumburg-Land S. 63.

C. Schäfer, Die Abtei Eberbach im Mittelalter S. 13: „Obwohl die Anzahl der geweihten Priester unter den Mönchen beschränkt war, mußte es doch jedem dieser Priester ermöglicht werden, täglich die Messe zu lesen. Auch sollten, so wollte es der Orden, die Konventualen nach beendetem Gottesdienste sich einzeln vor die Altäre zurückziehen, zum Privatgebet oder zur Selbstgeißelung."

Dom. Martène, Voyage de deux Benedictins I S. 186: „Nous remarquâmes encore dans Clervaux une pratique singulière. Tous les réligieux prêtres ont leur autel assigné pour dire la sainte messe, et aucun, ne celèbre sur l'autel d'un autre. C'est un reste de l'ancienne discipline qui ne permettait pas de dire en un même jour deux messes sur un même autel."

Hasak, Handbuch d. Architektur II, 4, 3 S. 70: „Für die erforderlichen Altäre legten sie (d. Cisterzienser) an den Kreuzflügeln besondere Kapellen an, hierdurch das Programm der Klosterkirche richtig erfüllend, und zwar für einen Orden, welcher nicht zur Belehrung des Volkes gegründet war. Denn, da die Laien nicht dem Meßopfer der einzelnen Mönche beiwohnen sollten, so liegen diese Kapellen unzugänglich für das Volk an den Kreuzflügeln .. häufig reihten sich diese Kapellen auch um den Chor."

Vgl. auch Viollet-le-Duc, diction. rais. p. II S. 414.

v. Bezold, Mitt. p. über d. Bauk. d. Mittelal. i. Frankr. in Centralblatt d. Bauverwaltung 1886 S. 282.

Hasak, Die Predigtkirche i. Mittelalt. in Zeitschr. f. Bauwesen 1893 S. 409 f.

Knackfuss, D. Kunstgesch. I S. 213.

Der Herausgeber der Cisterzienser-Chronik, Herr P. Gregor Müller, teilte mir auf Anfrage mit: „Die Vermehrung der Altäre im Laufe der Zeit verlangte das Bedürfnis. Nachdem in den Konventen die Zahl der Priester sich mehrte und diese täglich zelebrierten, so mußten auch genügend Altäre vorhanden sein. Im Orden hieß es zwar lange Zeit: ‚Cantant (hier soviel wie dicere) missas qui voluerint' (liber usuum cap. 30) oder: ‚Per totum annum possunt fratres cantare missas privatim tempore lectionis et post offerendam missam in conventu' (ibid. c. 59), aber nachdem die Stiftungen und daraus die Verpflichtungen sich mehrten, wurde die tägliche Zelebration der hl. Privatmessen nötig. Darüber aber durften die gemeinsamen Uebungen, Chorgebet, Handarbeit u. s. w. nicht versäumt werden, es blieb deshalb für die Privatmessen nur eine kurze, bestimmte Zeit (da die übrigen der Lesung oblagen) und somit mußte man dafür sorgen, daß möglichst viele Priester gleichzeitig zelebrieren konnten, also eine größere Anzahl von Altären errichten. Daß zuweilen Reliquien, die ein Kloster erhalten hatte, dazu Veranlassung gab, ist auch richtig. Daß man diese Altäre um den Hochaltar in eigenen Kapellen auf-

lich der Entwickelung der Cisterzienser-Chorfigur genießt das größte
Ansehen zur Zeit wohl die Theorie Dehios und v. Bezolds [1]), welche
die nachstehenden fünf Grundtypen feststellt. (Die beigesetzte
römische Ziffer besagt, der wievielte Bau gemeint ist.)

1. Schema Citeaux I. Repräsentiert durch Vaux de Cernay; allem
   Anschein nach der Stiftungsbau von 1128, mithin die älteste
   aller erhaltenen Cistercienserkirchen, der platte Schluß des
   Hauptchores und die staffelförmig zurücktretenden Nebenchöre
   wiederholen unverändert das ältere Cluniazenserschema. Vermutlich Citeaux (I. Bau) maßgebend. Das thüringische Burgelin [2]).

2. Schema Clairvaux II. Vertreten durch Fontenay. Die Chöre
   sind des apsidalen Schlusses beraubt und haben gleiche Länge
   und gemeinschaftlich geradlinige Rückwand erhalten. Vermutlich Clairvaux (II. Bau von 1135).

3. Schema Citeaux II. Erweiterung des vorigen in der Weise,
   daß auch die Westseite der Kreuzflügel, sowie alle drei freiliegenden Seiten des Hauptchores Kapellen erhalten. Pontigny
   vor dem Umbau von 1180. Skizze des Villard de Honnecourt.

4. Schema Morimund II. Zufolge Dubois je zwei rechteckige Kapellen
   an den Kreuzarmen und halbrunder Schluß des Mittelschiffes.

5. Schema Clairvaux III. Erweiterung des vorigen in Anpassung
   des Prinzipes von Citeaux II an den halbrunden Schluß; die
   Kapellen bilden trapezförmig verschobene Vierecke, welche polygonal (neun Seiten eines regelmäßigen Sechzehneckes) zusammen-
   geordnet sind. Als Vorbild diente Kathedrale von Langres,
   dessen Bischof 1174 die Kirche von Clairvaux einweihte, nicht
   die französischen Kathedralen, wie Dohme und alle folgenden
   Autoren glauben. Wiederholt im Umbau von Pontigny 1180.

Wenn ich hier den Versuch mache, eine neue Aufstellung zu
bringen, so glaube ich, die Abweichungen von dem Entwurf der
beiden großen Archäologen zum Teil schon begründet zu haben,

---

stellte, ist erklärlich, weil in die Kirchen der Cisterzienser Laien keinen Zutritt hatten,
der Feier der Messe auch deshalb niemand beiwohnte. Erst später, als den Weltleuten
der Eingang in die Ordenskirchen gestattet wurde, stellte man Altäre im Langhaus, gewöhnlich an den Pfeilern, auf   Die Geißelungen fanden im Kapitel statt; für den
Fall, den Caesarius erzählt, kenne ich keine Vorschrift.   Das Chorgestühl, das vom
Querschiff an in das Langschiff hinein sich zog, war kein Hindernis für die Aufstellung
von Altären; schon früh findet man am Westende desselben, auf jeder der beiden Reihen,
einen Altar angelehnt." Ueber das Niederwerfen der Cisterzienser beim Gebet vgl. auf
S. 25 Kap. LXXXVI der Collectio Rainardi.

1) D. kirchl. Bauk. d. Abendl. I S. 526 f.

2) Bergner, Grundr. d. k. Kunstaltert. i. Deutschl. S. 71 und Kirchl. Kunstaltert.
Deutschl. S. 50, versetzt Georgenthal in diese Klasse.

zum Teil bei der Besprechung der Cisterzienserkirchen auf deutschem Boden noch begründen zu können. Daß wir in Fontenay es mit dem Anfange und in Pontigny mit dem Ende der Entwicklung des Cisterzienserchores zu tun haben, kann nicht zweifelhaft sein. Daß ferner La Fertés Chorfigur nur eine für mittelgroße Kirchen passende Abart des für kleine Verhältnisse berechneten Urschemas von Fontenay vorstellt, liegt auf der Hand. Ob wir aber berechtigt sind, auch für die schon bedeutenderen ersten Monumentalbauten der stark bevölkerten Klöster Citeaux, Clairvaux und Morimund das Schema einfachster Ordnung anzunehmen, kann fraglich erscheinen. Dem zahlreichen Klerus war offenbar mit der Anlage der Altarkapellen nur an der Ostseite nicht gedient. denn hier war hinsichtlich der Anzahl der Kapellen die Grenze bald gegeben. Aus dem wenig beachteten Umstande, daß gerade bei den Kirchen der bedeutenderen französischen Klöster auch die Westseit der Transepte Kapellen besitzt, darf wohl der Schluß gezogen werden, daß man schon frühzeitig auf den naheliegenden Gedanken verfiel, beide Langseiten des Kreuzschiffes für Altarhäuser auszunutzen. Die Richtigkeit dieser Ueberlegung kann auch nicht hinfällig werden durch das Bedenken, daß in den Westkapellen eine Orientierung der Altäre unmöglich gewesen wäre, denn, wie die Grundrisse von Clairvaux und Pontigny lehren, befand sich der Zugang zu diesen Kapellen an der Westseite, so daß der Altar eine östliche Aufstellung finden konnte. Immerhin könnte man die Westkapellen für spätere, vielleicht gar für späteste Anbauten halten, zu deren Anlage sich der Konvent erst entschloß, als der nachträglich angefügte Kapellenkranz für die gottesdienstlichen Verrichtungen nicht mehr ausreichte. Allein dann dürfte Vilars' Skizze, bei der Nord- und Südarm des Umganges noch frei von Kapellen sind, nicht schon jene westlichen Altarhäuser aufweisen. Der strenge Nachweis für das verhältnismäßig frühe Auftreten dieser Westkapellen wird sich freilich bei dem Untergange der meisten Baudenkmäler kaum erbringen lassen.

Weit bedeutungsvoller und glücklicher für die Entwicklung des Cisterzienserchores als die Idee der Westkapellen, war die Aufnahme des Chorumganges, der einen völlig neuen Typus schuf und der Forderung nach genügenden und brauchbaren Einzelaltarhäusern überhaupt erst gerecht wurde. Daß von der in Vilars Skizze gegebenen Figur bis zu Citeaux' neuer Chorform und von dieser bis zu den Chorerweiterungen von Clairvaux und Pontigny nur ein Schritt ist, braucht kaum betont zu werden. Allerdings führt dieser Schritt auch an die Grenze der Selbständigkeit der Ordensbaukunst. Will man die weitere Entwicklungsfähigkeit des Chorgrundrisses in theoretische Erörterung ziehen, so kommt man zu dem Schluß, daß eine weitere Vermehrung der Altarkapellen im Sinne der Ordensvorschriften wohl nur noch dadurch möglich gewesen wäre, daß auch die Kreuzarme Umgang und Kapellenkranz erhielten, eine Lösung, über deren Schönheit sich streiten ließe und auf die auch der Orden selbst nicht verfiel, entweder weil das Bedürfnis fehlte oder weil die Klosterarchitekten mit der Zeit die Kraft verloren, die Anregungen, welche die glänzenden Chöre der Kathedralen gaben, zurückzuweisen.

Unter Ausscheidung des Schemas von Vaux de Cernay (1. Schema) und von Morimund (4. Schema) aus der Gruppe der eigentlichen Cisterzienserchöre komme ich zu nachstehenden Grundtypen der Chorfiguren an den Kirchen der Mönchsklöster. Das gleichmäßige Fortschreiten von Architekturform und Erbauungsdatum möge für die Richtigkeit der Zusammenstellung sprechen. Wenn La Ferté sich der Reihenfolge der Jahreszahlen nicht eingliedert, so mag das daran liegen, daß das Kloster, das niemals die Bedeutung der Schwesterstiftungen erlangte, 1210 noch mit einem bescheidenen Chor auskam, oder daß der Chor älter ist als das im genannten Jahre erbaute Langhaus. Daß Citeaux' Chorumbau nur deshalb eine spätere Datierung trägt als das in der Zusammenstellung nachgesetzte Schema von Clairvaux' und Pontignys Erweiterung, weil die durch Aufnahme des ringförmigen Umganges unterbrochene Entwicklung vom Mutterkloster wieder aufgenommen wurde, ist bereits oben angedeutet.

A. Vorstufe.

Der Orden besitzt noch keine eigene Chorform.

Die ersten Bedürfnisbauten. Einschiffige Saalkirchen oder, wo größere Anlagen, ältere Schule von Cluny.

B. Der eigentliche Chorgrundriss der Ordenskirchen.

I. Ohne Umgang.

Rechteckiges Altarhaus mit rechteckigen Nebenkapellen an den Kreuzarmen.

1) Nebenkapellen nur an der Ostseite der Kreuzarme.

a) zwei Kapellen auf jeder Seite des Hauptaltarhauses.

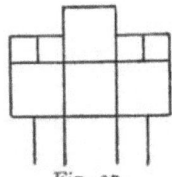

Fig. 37.

Nachgewiesen in Fontenay 1118, vermutlich auch in Ourscamp 1129.

b) mehr als zwei Kapellen auf jeder Seite des Hauptaltarhauses [1]).

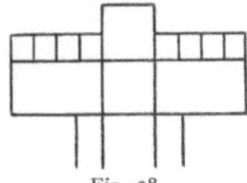

Fig. 38.

Nachgewiesen in La Ferté 1210.

2) Nebenkapellen an der Ost- und Westseite der Kreuzarme.

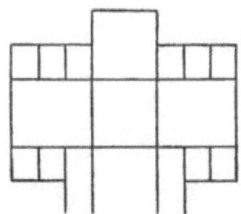

Fig. 39.

Nicht nachgewiesen, aber vermutlich in den Neubauten von Citeaux, geweiht 1148, Morimund um 1130, Clairvaux 1135.

II. Mit Umgang.

1. Rechteckiger Umgang, sonst wie vor.

a) Kapellen nur an der Ostseite des Umganges [2]).

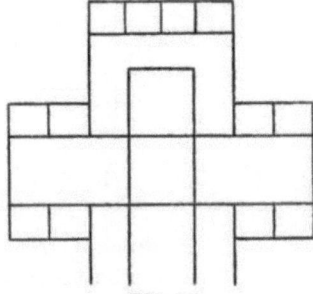

Fig. 40.

Nachgewiesen in Skizze das Vilars von Honecort, vermutlich auch im Neubau von
Pontigny um 1150.

1) Spätere Varianten des Schemas in der Baukunst der Franziskaner.
2) Spätere Varianten:
    α) die Kapellen am Ostflügel des Umganges fehlen,
    β) auch der Ostflügel des Umganges fehlt.

b) Kapellen an allen drei Seiten des Umganges,
sonst wie vor.

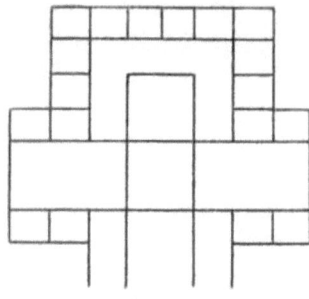

Fig. 41.

Nachgewiesen im Erweiterungsbau von Citeaux, geweiht 1193.

2. Ringförmiger Umgang mit Kapellenkranz, sonst
wie vor.

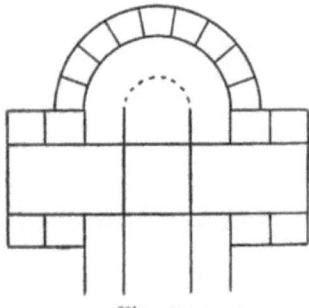

Fig. 42.

Vorbild: Kathedrale von Langres.

Nachgewiesen im Erweiterungsbau von Clairvaux, geweiht 1174, und im Erweiterungsbau
von Pontigny 1180.

C. Nachstufe.

Der Orden gibt die charakteristische Form des Chores auf und
nimmt das allgemein gültige Schema der polygonalen
Kathedralchöre mit vortretenden polygonalen Kapellen an.

Beispiel: vermutlich Neubau von Morimund 1230—1251.

Diese Vorarbeiten waren nötig, um die Unterlagen für die Betrachtung der Ordensbaukunst in Thüringen zu gewinnen.

Durch seine geographische Lage war Morimund dazu bestimmt, die Ideen der Klosterreformatoren über den Rhein zu tragen und die in Deutschland mit der Zeit immer stärker hervortretende Nachfrage nach Ordenskolonien zu befriedigen. Mehr dem Zufall als der Absicht Stephans mag es zuzuschreiben sein, daß die vier ersten Tochterklöster Citeaux' nach den vier Himmelsrichtungen um das Mutterkloster sich gruppierten, La Ferté im Süden, Pontigny im Westen, Clairvaux im Norden und Morimund im Osten. Es wäre merkwürdig gewesen, wenn bei dieser Verteilung nicht auch Clairvaux von den deutschen Klostergründern in Anspruch genommen wäre, allein im Vergleich zu der überaus fruchtbaren Filiationstätigkeit Morimunds hat das Kloster des hl. Bernhard nur eine unbedeutende Rolle gespielt [1]. Stephan selbst scheint sich darüber im klaren gewesen zu sein, daß die am meisten nach Osten vorgeschobene Abtei den gegebenen Vorposten des Ordens gegen das östliche Nachbarreich bildete; hatte er doch einen deutschen Edlen, Arnold, den Bruder des Erzbischofs Friedrich von Köln, an die Spitze des vielversprechenden Unternehmens gestellt.

„Morimond avait ceci de particulier qu'il se trouvait bâti au point de jonction de plusieurs provinces; sur les confins de trois grandes tribus gallo-romaines, les Séquanais, les Toulois (Leuci) et les Lingons; sur l'extrême frontière des trois évêchés de Toul, de Besançon et de Langres; près du duché de Lorraine et entre les comtés de Bar et de Bourgogne; entre deux races, la race celtique et la race teutonique, pour les relier l'une à l'autre. Avant tout, Morimond était le poste avancé de l'ordre vers les forêts de la Germanie" [2].

Zwei Tochtergründungen hatte Morimund in Frankreich selbst vorgenommen, Bellevaux im Jahre 1119 und Christa zwei Jahre später, als es seine Mission in Deutschland begann. Die Ueberlegung, daß ein Deutscher seinen Landsleuten das neue Unternehmen

---

1) Vgl. die (nicht immer genauen) Filiationstabellen bei Dohme, Die Kirchen d. Cisterz.-Ord. in Deutschl.

2) Dubois, Histoire de l'abbaye de Morimond S.   Vgl. auch Manrique, Ann. Cist. I S. 81.

näher bringen mußte, erwies sich als richtig. Sieben Jahre waren seit Gründung der französischen Abtei verstrichen, als Arnold seinen Bruder Friedrich von der Notwendigkeit der Anlage eines Reformklosters in seiner Diözese überzeugte. Leitete jener persönlich die Verhandlungen in Köln, so ermöglichte dieser durch Freigabe von Grund und Boden sowie durch die Bereitstellung der Mittel die Anlage der Klosterbaulichkeiten. Wenn auch Altencampen die einzige Gründung blieb, die der Orden im Jahre 1122 verzeichnen konnte, so hatte diese Abtei unter dem Schutze des mächtigen Köln und der Leitung des bewährten Abtes Heinrich doch als erstes Vorwerk an der Reichsgrenze erhöhte Bedeutung. Die Predigt Arnolds war nicht ohne Eindruck verhallt; eine Reihe begeisterter Rheinländer folgte dem abziehenden deutschen Abte nach Frankreich.

Wiewohl Altencampen schon von Anfang an seine Aufgabe, Propaganda für die neuen Ideen am Niederrhein und östlich desselben zu machen, glänzend löste und Bellevaux mit bestem Erfolge sich des Oberrheines annahm, ließ Morimund die Gelegenheit, neue Stützpunkte zu gewinnen, sich nicht entgehen. In der Diözese Würzburg schuf es 1126 durch die Gründung von Ebrach, in der Diöcese Regensburg 1134 durch die Gründung von Heiligenkreuz zwei Zentralen, die Bayern und Böhmen mit Kolonien durchsetzten. Das 1132 in der Diözese Metz gestiftete Kloster Villers-l'Abbaye (Fig. 43) brachte die Cisterzienserregel nach Kärnten, Andrzeiow, 1149 in der Diözese Krakau ins Leben gerufen, den Orden nach Schlesien.

Mehr und mehr trat das deutsche Ordensleben in das Zeichen Morimunds; in dem Maße, wie die Sympathien Clunys schwanden, wuchs die Begeisterung für die bessere Sache Citeaux'. Fast zur Mode war es geworden, daß ein begüterter Adeliger sich die Stiftung eines Klosters leistete, sich selbst zur Ehre, seinen unverheirateten Kindern zur Versorgung. Oft auch kam den gräflichen Herren erst am Lebensabend die mißliche Tatsache zum Bewußtsein, daß sie im Drange der Kriegsgeschäfte, Jagden und Bankette auf die Verrichtung verdienstvoller Werke vergessen waren. Es gab kein bequemeres Mittel, das unvollständige Lebenskonto zur Zufriedenheit abzuschließen, als das Vermächtnis einer Hufe Ackers, eines Stück Waldes, eines Fonds zum Kirchen- oder Klosterbau mit anhängendem Seelgerät.

Zahlreich sind die Fälle, in denen Mitglieder des deutschen Adels sich dem Klosterleben zugewandt haben, um den Lebensabend gut zu beschließen, nach stürmischer Jugend sowohl, als nach arbeitsreichen Tagen, aus Gewissensnot, wie aus reinem religiösen Be-

Fig. 43. Villers-l'Abbaye.

dürfnis. Nicht minder zahlreich sind die Fälle, in denen Kavaliere
mit glänzenden Aussichten in der Vollkraft der Jahre dem Welt-
leben entsagten, um als Priester oder dienende Brüder sich unter
Morimunds strenge Satzungen zu stellen. Entstammte doch der
Gründer Robert der Familie der Herzöge von Burgund und Bernhard
dem Geschlechte der Grafen von Chatillon. Otto, Sohn des Markgrafen Leopold von Oestreich und Oheim des nachherigen Kaisers
Friedrich I., verließ die hohe Schule zu Paris, um das Cisterzienser-
habit zu nehmen, und mit ihm sein Bruder Konrad und eine Reihe
von Söhnen deutscher fürstlicher und gräflicher Häuser. Als nach-
maliger Bischof von Freising und Geschichtsschreiber ist er be-
kannter geworden denn als dritter Abt von Morimund. Eberhard,
Graf von Berg, gab das Kriegshandwerk auf, um auf einem der
Meierhöfe von Morimund die Schweine zu hüten. Die Legende
dieses in der Geschichte nicht vereinzelt dastehenden Berufswechsels
ist interessant genug, um wörtlich mitgeteilt zu werden.

„Adolfus, et Ebrardus, Comites de castro Akena dicto, cum essent
in expeditione Ducis Limburgi, contra Ducem Brabantiae, contigit,
vt in conflictu amborum Ducum, ex vtraque parti multi caderent
interfecti. ʼ Vnde Ebrardus iam dictus Comes, licet manu propria
nullum interfecerit (ipse potius vulneratus euasit, vt ex infra dicendis
adparebit) tactus dolore maximo, cum se in castro suo Akena cum
suis militibus recepisset, compunctus de peccato perpetrato, vt Domino Deo satisfaceret, habitu mutato, omnia sua dimittens, intem-
pestae noctis silentio clam, ne agnoscoretur, in vili habitu recessit, in
multa cordis compunctione beatorum Apostolorum Petri, et Pauli
limina visitauit: insuper limina sancti Jacobi. Demum veniens ad
sanctum Aegidium, in reditu peruenit ad grangiam Morimundo per-
tinentem, in qua multo tempore pro mercede promissa, extitit porcorum pastor, vt animam suam Domino lucrifaceret, suae generosi-
tatis omnimodo obliuiscens   Interea contigit, vt duo minsteriales
sui (id est Ebrardi) ad sanctum Aegidium iter facerent, et grangiam,
in qua dictus Comes porcos pascebat, praeterirent. Qui quemdam
secum habentes histrionem, vt de via perquireret, imperabant. Qui
cum in vicino nullum conspiceret, videns porcorum pastorem, propter
praeceptum dominorum suorum ad illum ocyus properabat, rogans
vt de via eum diligentius expediret. Histrio vero curiosius eum respi-
ciens, et cicatricem in facie sua considerans, dominum suum Comitem
Ebrardum aestimabat; quia dictus Comes in conflictu praenominato
talem receperat cicatricem. Qui rediens ad dominos suos, ea quae
viderat, solicite enarrauit, dicens: Dominus meus Comes Ebrardus

istius grangiae pascit porcos, qui propter incredibilia, quae loqui vide-
batur, ipsum acriter arguebant. Tandem ad pastorem venientes, si
ipsorum esset dominus, sicut ab histrione intellexerant, diligentius
sermone Theutonico perquirebant. Ipse vero eos agnoscens, ne ab
ipsis cognosceretur, Gallice respondebat; et pene simili euentu, sicut
Joseph se fratribus suis in Aegypto manifestauit, ipse agnitus est ab
eis. Qui cum essent milites, equis descensis, in collum domini sui
irruentes, cum multo desiderio, et amore amplexantes, flendo prae
gaudio sibi osculum porrigebant; et secum grangiam, in qua porcorum pastor erat, intrauerant, per omnia rem gestam magistro grangiae exponentes.

Magister audiens rem sibi incredibilem, nocte consurgens, ad
Claustrum citius pergens, rei seriem, sicut audierat, Abbati suo per
omnia enarrauit. De quo Abbas nimium admirans, mane facto,
secum Priorem, et Cellarium suum venire facit, et omnia veraciter,
quae magister grangiae sibi retulerat, ab ipso Comite, et a suis militibus, qui casu aduenerant, intellexit. Tunc Abbas videns eum diuino
spiritu agitari, consilium dedit pro peccatis suis, vt in Morimundo
habitum indueret Monachalem. Qui consensit pro eo quod litteratus
erat. Secum in Morimundo peruenit, et feruentissimus inibi factus
Monachus, processu temporis, diuina gratia inspirante. Ordinem
Cisterciensem largiter propagauit, ad laudem, et gloriam nominis
Dei, eiusque sanctae Genitricis Mariae" [1]).

Für Morimund bedeutete der Eintritt Eberhards eine Errungenschaft. Die verwandtschaftlichen Beziehungen des neuen Mönches
zu deutschen Edelleuten befähigten ihn in hohem Grade, Morimunds
Mission zu fördern. Im Einverständnisse mit Otto von Freising bestimmte er 1133 seinen Bruder Adolf zur Gründung der Abtei
Altenberg bei Köln und 7 Jahre später seinen Verwandten Sizzo
von Kevernburg zur Gründung von Georgenthal in Thüringen [2]).

Georgenthal war die einzige Gründung, die Morimund selbst
ohne Vermittlung einer seiner Filialen in Deutschland vornahm, und
der einzige Platz der Cisterzienser in Thüringen, der von Frankreich
aus unmittelbar besiedelt wurde. Wäre die Stiftung nicht von einem
Mönche des französischen Klosters selbst ausgegangen, so dürften
wir vermutlich die um die Mitte des 12. Jahrhunderts ins Leben
gerufene thüringische Abtei nicht zu den Töchtern, sondern zu den
Enkelinnen Morimunds zählen. Denn gar mächtig war die Saat

---

1) Manrique, Ann. Cist. I S. 197 f.
2) Dobenecker, Regesta diplom. hist. Thur. I No. 1459.

Altencampens schon vor Georgenthals Gründung in Thüringen aufgegangen; Sizzo hätte ebenso gut in der näheren Umgebung nach
Ansiedlern für sein Cisterzienserkloster sich umsehen können, als daß
er die Hilfe einer französischen Abtei in Anspruch nahm. Selbst
erst 3 Jahre alt, hatte das aufblühende Kloster am Rhein 1125
seine Filiationstätigkeit mit der Gründung von Amelungsborn begonnen. Wichtiger, weil fruchtbarer, als diese Filiale, die erst nach
einem halben Jahrhundert in Doberan sich fortpflanzte, war Altencampens zweite Gründung vom Jahre 1127, Walkenried, geworden,
das schon nach fünfjährigem Bestehen seine Mönche an Schmölln
abgeben und 9 Jahre später in Sittichenbach eine zweite Niederlassung in Thüringen errichten konnte. Das Unternehmen, das in
Schmölln bald verkümmerte, gedieh in Pforta über alles Erwarten
gut, um in veränderter Form noch jetzt zu blühen. Doch schon ein
Jahr vor der Gründung von Schmölln waren die Cisterzienser in
Thüringen eingezogen; Altencampen selbst hatte 1131 seine Jünger
nach Volkenroda entsandt und damit einen Platz geschaffen, der
Walkenried an Bedeutung nicht nachstand und an Fruchtbarkeit
Altencampens spätere Tochter- und Enkelstiftungen Hardehausen
(1140), Riddagshausen (1145), Michaelstein (1146) und Neucamp bei
weitem übertraf. Sehr zu bedauern ist, daß die urkundlichen Nachrichten über die meisten dieser Klöster sehr dürftig sind und die
Geschichte ihrer Bauten Lücken aufweist, die einen klaren Blick
über ein großes und bedeutsames Gebiet thüringischer Kunstgeschichte
schlechterdings nicht gestatten.

Die Veranlassung zur Gründung des Klosters V o l k e n r o d a
hatte sich gefunden, als Helinburgis, Gräfin von Gleichen, von dem
zum Könige erhobenen Herzog Lothar 1130 tauschweise für das
Gut Mehrstedt und die Villa Billeben das Dorf Volkenroda und die
dort befindlichen Ruinen der gleichnamigen Reichsburg erhielt und
diese Besitzungen mit Genehmigung des Erzbischofes Adelbert von
Mainz und seines Kapitels dem Orden zur Verfügung stellte, nicht
ohne dieser Stiftung weitere Ländereien und Einkünfte, insbesondere
auch das Pfarreirecht über Thamsrück und Bleicheroda, hinzugefügt
zu haben [1]. Obwohl die Grafen von Gleichen die Vogtei über das

1) Manrique, Ann. Cist. I S. 453.
Jongelinus, Notitia abbatiarum ordinis Cisterciensis II, 2.
Dobenecker, Reg. I No. 1249.
Möller, D. Erwerb. u. Besitz. d. Kl. Volk., in Zeitschr. d. Vereins f. thür. Gesch.
p. VI S. 301 f.
Brückner, Kirchen- u. Schulenstaat i. Hzgt. Gotha I, 3 S. 229 f.
Böttcher, Germania sacra I S 716.

junge Kloster nicht übernahmen — die Vögte waren die Thüringer Landgrafen — blieben sie doch seine Gönner; Helinburgis' Sohn Bruning wurde Mönch in Volkenroda, ein anderer Sohn Lambert fand 1149 in demselben Kloster sein Grab. Den Zuwendungen Herzog Heinrichs und Kaiser Konrads III. im Jahre 1139 schlossen sich besonders seit dem letzten Drittel des Jahrhunderts Tausch-geschäfte und weitere Erwerbungen [1]) an, so daß der Konvent bald reichlich Gelegenheit fand, auf dem Gebiete der Bodenmelioration sich zu betätigen. Daß ein gut Teil der Erwerbungen die benach-barten Mühlen bildeten, darf bei dem Charakter des Klosters nicht auffallen. Die noch jetzt vorhandenen zwischen Volkenroda und Saalfeld belegenen Teichanlagen, die Stauwehre auf der Kälberwiese und die zahlreichen künstlichen und natürlichen Wasserläufe in der Nähe des Klosters lassen auf eine in großem Maßstabe betriebene Ackerwirtschaft, insbesondere auch auf Wiesenkultur und Fischzucht schließen.

Das Kloster wurde eines der angesehensten in Thüringen. Seit 1144 ist der Abt von Volkenroda als Zeuge, insbesondere bei den für Ichtershausen ausgestellten Urkunden, ein gern gesehener Herr [2]); 1223 begegnen wir ihm als päpstlichem Richter in Sachen dieses Frauenklosters, ein Jahr früher als Visitator von Hersfeld. In der päpstlichen Bestätigungsurkunde vom Jahre 1219 (?) wurde die Selb-ständigkeit des Konventes gegenüber den Befugnissen des Diözesans auf das bestimmteste festgelegt. Ganz cisterziensisch klingt es, wenn den Bischöfen das Recht abgesprochen wird, das Kloster zur Beschickung von Synoden zu zwingen, daselbst Ordenskonvente ab-zuhalten, und wenn der Abt die Befugnis erhielt, bei Weigerung des Diözesanbischofes Weihehandlungen und ähnliche höhere Ver-richtungen durch einen anderen Bischof vornehmen zu lassen sowie

---

v. Tettau, Ueber d. Echtheit d. Stift. Urk. d. Kl. Volk., in Zeitschr. d. Ver. f. thür. Gesch. p. VIII S. 243 f., sucht die Stiftungsurkunde als unecht nachzuweisen.

Rudolphi, Gotha diplomatica II S. 265, nimmt als Gründungsjahr irrtümlich 1100 an. Sonstige Literatur bei Lehfeldt, Bau- und Kunstdenkmäler Thüringens, S.-Cob.-Gotha I S. 253, auf den auch hinsichtlich der Literaturangabe für die übrigen im kleinstaatlichen Thüringen gelegenen Cistersienserklöster verwiesen sei.

1) Storandt, D. Kl. Volk., in Thüringen u. d. Harz VII S. 225: „Zur Zeit seiner höchsten Blüte besaß es siebzehn Dörfer   und in 41 anderen gehörten ihm einzelne Güter, Mühlen, Teiche, Wiesen, Weinberge und Zinsen   Die Zahl der Mönche belief sich in der Regel und mit Ausnahme des Abtes, Priors, Unterpriors und Kellners auf zwölfe, 1518 waren deren sechzehn

2) Dobenecker, Reg. I, v. J. 1144, 47, 48, 55 u. 57.

Rein, Thur. sacra I S. 43 f., 48 u. 76.

selbst im Falle des Landesinterdiktes die Exkommunizierten aufzunehmen [1]).

Bereits 1133 konnte der Konvent die erste Kolonie nach Waldsassen entsenden und in diesem späteren Reichs- und angesehenen
Mutterkloster von Brombach, Sedlitz und Osseg dem Orden die
hundertste Stiftung schenken. Und als der unglückliche Ausgang
jenes Kreuzzuges vom Jahre 1147, zu dem Bernhard von Clairvaux
auf dem Reichstage zu Frankfurt geraten hatte, das Unternehmen
von Citeaux in Mißkredit brachte und dem Orden in Deutschland
einen mehr als zwanzigjährigen Stillstand auferlegte, hatte Volkenroda allein die Kraft, in zwei aufeinander folgenden Jahren zwei
weitere Klöster zu besetzen, denen sich 2 Jahre später eine neue
Filiale zugesellte. Die Gründungen der Jahre 1162, 1163 und 1165
Reifenstein, Loccum und Dobrilugk, wurden Klöster von bestem
Klang. „Es erhöht die Ehre Volkenrodas nur, daß man bei der
Reihe von Cisterzienserklöstern sich gerade hierhin wendete, um
einen Mönchskonvent zu erhalten. Wir wollen auch nicht im ge-
ringsten an der Tatsächlichkeit des Berichtes über die Trefflichkeit
der nach Loccum gesandten Ordensgenossen zweifeln, trotzdem daß
der Bericht erst 181 Jahre nach der Gründung des Klosters abgefaßt
ist. Aber dennoch können wir in der äußeren Entwickelung des
Ordens nichts anderes als einen völligen Stillstand entdecken. Jene
beiden Stiftungen (Reifenstein und Loccum) gleichen wenig einer
Vorwärtsbewegung, sie sehen vielmehr einem Rückzug sehr ähnlich.
Die Richtung, in welcher die zwei Klosteranlagen erfolgen, sind
eine völlige Abweichung von der bisher verfolgten Entwicklungs-
bahn. In der Entwicklung der ersten Periode war Plan. Die drei
fast zu gleicher Zeit gestifteten Tochterklöster von Altencampen,
Walkenried und Amelungsborn bildeten die Operationsbasis. Von
diesem Ordensdreieck aus entfalten die Cisterzienser ihre Stellung
nach Osten hin. Walkenried führt mit seinen Töchtern Sittichenbach und Pforte das Zentrum direkt nach Osten, auf dem kürzesten
Wege an die Grenze des ehemaligen Wendenlandes. Volkenroda
hielt in Waldsassen die rechte Flanke nach Südosten hin und hatte
damit einen Ordenszweig bis an die Grenzscheide des deutschen und
und tschechischen Elementes vorgeschoben. In der weiteren Entfernung bildete Georgenthal das erwünschte Mittelglied zwischen
beiden. Amelungsborn schob nach Norden hin mit seinem Tochter-

---

1) Dobenecker, Reg. I No. 1821, abgedruckt bei Rudolphi, Gotha diplom. II
S. 267.

kloster Riddagshausen und mit Marienthal die linke Flanke vor; Michaelstein stellte die Verbindung mit dem Zentrum her und berührte fast das Gebiet des Fürsten, der durch seine Belehnung mit der Mark Brandenburg den weitgehendsten Einfluß auf das Wendenland ausübte. Eine Vorwärtsbewegung dieser Cisterzienserlinie konnte nur ein Einrücken in das Wendenland sein"[1]). Dobrilugk war der erste Vorposten in der Mark.

Die geschichtlichen Daten über die Bautätigkeit in Volkenroda sind spärlich genug. Der Erzbischof von Mainz selbst soll den Grundstein zur Kirche gelegt haben, zu deren Bau der Schirmherr Ludwig III. sechzig Mark Silbers stiftete. Die Weihe zu Ehren der Dreieinigkeit, der Jungfrau Maria und des hl. Benedikt vollzog derselbe geistliche Herr am 6. Juni 1150[2]). Die gehäuften Ablässe der Jahre 1276—85 (Papst Alexander IV.), 1276—85 (Bischof Johann und der Bischof von Verden) und besonders 1346—49 (Bischof Nicolaus von Naumburg, Abt Johann von Citeaux, Erzbischof Gerlach von Mainz und Papst Clemens VI.) darf man mit dem weiteren Ausbau von Kloster und Kirche in Verbindung bringen[3]). Nach einer Urkunde vom Jahre 1306 befanden sich in der Kirche, die zwei Türme und vier Glocken besessen haben soll, 17 Altäre, vor deren einem, den Aposteln Petrus und Paulus geweiht, die Stifterin Helinburgis begraben lag[4]).

Zu den ursprünglichen Klostergebäuden[5]) kam 1163 eine Kapelle, die Abt Werner zu Ehren der hl. Maria Magdalena errichtete, und 1192 eine Kemnate, die Abt Albold zur Aufnahme von Reisenden

---

1) Winter, Die Cisterzienser des nordöstlichen Deutschlands I S. 59 f.

2) Dobenecker, Reg. I No. 1628a.

Daher kann die Kirche nicht, wie Lehfeldt, a. a. O. S. 253, will, 1150 angelegt sein. Mit dem Bau wurde vermutlich gleich nach der Stiftung (1131) begonnen. Winter hat darauf aufmerksam gemacht, daß der Einzug des Konventes in das gestiftete Kloster häufig erst ein Jahr nach der Stiftung, d. h. nach Fertigstellung der ersten Baulichkeiten erfolgte.

Otte, Gesch. d. rom. Bauk. i. Deutschl. S. 569 und Handb. d. k. Kunst-Arch. II S. 423, gibt als Jahr der Weihe irrtümlich 1140 an, ebenso Lotz, Kunsttopographie Deutschl. I S. 607, und Dohme, D. Kirchen des Cisterzienserordens in Deutschl. S. 76.

Corssen, Altertümer u. Kunstdenkm. d. Cisterzienserkl. p. zu Pforte S. 262: „Auch im Cisterzienserkloster zu Volkenrode befand sich laut einer Urkunde vom J. 1130 eine Kapelle, die der heiligen Dreieinigkeit und der Jungfrau Maria geweiht war, Schultes, Director. diplomat. 295." Bei Schultes ist von einer besonderen Kapelle nicht die Rede; vielleicht wurde aber der in der Hauptapsis befindliche Altar unter obigem Titel geweiht.

3) Möller, Gesch. d. Cisterzienserkl. Volkenroda, in Zeitschr. d. Vereins f. thür. Gesch. p. V S. 378.

4) Schöttgen u. Kreysig, Historia monasterii Volkolderodensis diplomatica, in Dipl. et script. I S. 784.

5) Nach Möller, a. a. O. S. 375 waren die Hauptgebäude bis 1150 vollendet.

bestimmte[1]). Das hospitale pauperum erfuhr 1206 und 1219 Zuwendungen[2]). Im Jahre 1501 wurde das Kornhaus mit drei Böden übereinander von neuem erbaut[3]). Die ganze Klosteranlage war in üblicher Weise mit einer Mauer umgeben, die Abt Albert 1255 aus Anlaß des erbitterten Kampfes zwischen Markgraf Albrecht dem Erlauchten und der Herzogin Sophie von Brabant und mit Rücksicht auf die früheren Angriffe des Klosters in besonders wehrhafter Weise ausgestaltet hatte[4]).

Wenn in Schmölln das Unternehmen der Cisterzienser nicht zur Blüte kam, so scheint das daran gelegen zu haben, daß der Ort für die Gründung eines Klosters so ungeeignet wie möglich war[5]). Die Lage inmitten einer halbheidnischen und zum größten Teil slavischen Bevölkerung sollte dem Kloster ein frühes Ende bringen; noch hatte der Orden seine Mission, christliche Kultur in den östlichen Ländern zu verbreiten, nicht aufgenommen. Vermutlich wäre es zur Besiedelung von Schmölln durch Cisterzienser auch nie gekommen, wäre nicht eine vorhandene Klosteranlage zur Verfügung gestellt worden. Der reichbegüterte Graf Bruno von Pleißengau, der seinen einzigen Sohn auf der Jagd verloren hatte, war hier um 1127 der Gründer eines Nonnenkonventes geworden, der nach kurzem Bestande von Benediktinern abgelöst wurde. Was den Nonnen nicht glücken wollte, die Hebung des Klosters, sollte auch den Mönchen aus dem alten Orden nicht gelingen[6]). Bischof Udo I. von Naumburg, ein Sohn Ludwigs des Saliers und Verwandter des Grafen, ein Freund des hl. Norbert und Gönner des neuen Ordens, ein äußerst rühriger Förderer des Klosterlebens überhaupt[7]), gab den Rat, die

1) Möller, a. a. O. S. 377.

2) Dobenecker, Reg. II No. 1313 u. 1866.

3) Inschrift an der Mauer nach Möller, a. a. O. S. 376: Anno M quingentesimo primo facta est structura.

4) Storandt, a. a. O. S. 226.

5) Frommelt, S.-altenburgische Landeskunde II S. 114.
Kirchengalerie des Herzogt. S.-Altenburg I S. 410.
Lepsius, Nachricht von zwei handschr. Sammlungen d. Pfort. Klosterbriefe, in Sächs. Mitteil. a. d. Gebiet hist.-antiqu. Forsch. IV S. 95 f.
Wagner, in Osterl. Mitteilungen (I, III) S. 40 f., in Korrespondenzblatt d. deutsch. Gesch.-Vereine XV S. 10.

6) Corssen, Altert. u. Kunstdenkm. d. Cist.-Kl. p. zu Pforte S. 29 f., hält die im Exordium Portense überlieferte Anwesenheit der Nonnen in Schmölln für Fabel. Bergner, Beschr. Darst. d. ä. Bau-   Denkm. d. Prov. Sachsen, Naumburg-Land S. 53, nimmt als Gründungsjahr des Benediktinerkonventes 1128 an.

7) Lepsius, Gesch. d. Bischöfe d. Hochst. Naumburg v. d. Ref., I S. 43 f.
Borkowsky, Gesch. d. St. Naumburg S. 41.
Udo war behilflich bei der Gründung von Bürgel, Lausnitz, Zeitz, das ursprünglich

Benediktiner durch Cisterzienser zu ersetzen, und bewirkte die Absendung der Kolonie aus dem Harzkloster, die 1132 nach des Grafen Tode mit dem Abte Adelbert eintraf [1]). Aus Hildesheim, wo Udo im selben Jahre der Uebertragung der Gebeine des kanonisierten Bischofs Godehard beigewohnt hatte, bekam der junge Konvent zu seinen übrigen Reliquien auch solche des neuen Heiligen [2]).

Es ist für den Orden und seine Baukunst bezeichnend, wenn die Lage des übernommenen Klosters auf einem Hügel von den Ansiedlern als nicht geeignet für ihre Zwecke angesehen und neben den Belästigungen durch die Wenden bei Udo als Grund angeführt wurde, Schmölln zu verlassen [3]). Die Vorstellungen beim Naumburger Kirchenfürsten fanden Gehör; noch 1137 [4]) siedelte der Konvent in die Gegend zwischen Kösen und der bischöflichen Residenz über, um hier am rechten Ufer der Saale, hart am Fuße des Berges in sumpfiger Niederung den Grund zum Kloster Pforta zu legen [5]).

Wiewohl der Tausch von Schmölln mit den Liegenschaften im Saaletale hinsichtlich des Arealumfanges keineswegs zu Gunsten des Klosters ausgefallen war, vielmehr der Vorteil auf Seiten des Naumburger Bischofes lag, so hatte der Konvent doch richtig berechnet, daß die Lebensbedingungen am neuen Platze bei dem höheren Wert des Bodens und bei unmittelbarer Nähe einer auszunutzenden größeren Wasserkraft die denkbar günstigsten waren. Im Jahre 1138 [6]) er-

---

Cisterzienser-Nonnenkloster werden sollte, Schkölen und Remse; an Walkenried schenkte er seine Besitzungen in Kinderode a. d. Wipper.

1) Manrique, Ann. Cist. I S. 243. 2) Rein, Thuringia sacra I S. 63.
3) Dobenecker, Reg. I No. 1391.
4) Bergner, a. a. O. S. 54: wohl 1136. So auch Dehio, Handbuch d. d. Kunstalt. I S. 247.
5) Lepsius, Nachr. von zwei handschr. Samml. d. Pfort. Kl.-Briefe, in Mitt. aus d. Geb. hist.-ant. Forschungen Heft IV S. 95 f.
Mencken, Script. rer. Germ. I S. 763 f.
Wolff, Chronik des Klosters Pforta I S. 50 f.
Thur. sacra S. 825 f.
Böhme, Pforte u. s. kulturgesch. Bedeut. während d.   13. Jhdts., in Neujahrsblätter, Anmkg. 1.
Schöttgen, Analecta monasterii Portensis (Schöttgen, Opuscula minora).
Lepsius, Schulpforta und d. dazu gehörigen Ortschaften (Kleine Schriften II S. 119 f).
Manrique, Ann. Cisterc. I S. 247, der als Gründungsjahr irrtümlich 1132 setzt.
Böttcher, Germania sacra I S. 207, der irrtümlich von der Verlegung eines Nonnenklosters von Schmölln nach Pforta im Jahre 1134 spricht.
Als Gründungsjahr findet sich fälschlich in den meisten Klosterchroniken 1131, bei Buzelinus, Germ. sacra I S. 71 u. 72 u. IV S. 26 1131, 1132 und 1190, bei Balbinus, Miscellan. hist. p. Bohem. I, 3 S. 55 und Buchinger, Epitome fast. Lucell. S. 140, 1131, bei Paullini, Geogr. cur. S. 170, 1137, bei Miraeus, Chron. Cist. S. 117, 1141.
6) nicht 1137, wie Corssen, a. a. O. S. 61, oder 1134, wie Puttrich, Denkm. d. Baukunst p. in Sachsen II, 1 S. 3, will.

folgte die erste päpstliche Bestätigung der Stiftung durch Innocens II. [1]), 2 Jahre später die Konfirmation durch den Diözesanbischof, in der die Verpflichtung des Naumburger Bistums zu weiterer Entschädigung ausdrücklich anerkannt wurde [2]). Udo selbst sowohl wie sein Nachfolger Wichmann ließen es denn auch an Zuwendungen nicht fehlen. Noch unter dem ersten Abte Adelbert, der die Ersatzansprüche des Konventes stark betont zu haben scheint und fünfzehnmal wegen seines neuen Klosters in Rom gewesen sein soll, erhielt Pforta von Udo außer sieben Höfen und Häusern zu Naumburg das Magdalenenhospital daselbst, welch letztere Erwerbung indessen wegen schlechter Verwaltung bald gegen eine Grangie ausgetauscht werden mußte [3]). König Konrad III. fügte seiner Bestätigung 1140 die Zuschreibung des Waldes Nuenhegen hinzu und gab damit den Pförtnern Gelegenheit, durch Rodungen in größerem Maßstabe das Land urbar zu machen [4]). Den umfangreichen Schenkungen des 12 Jahrhunderts schlossen sich in der Folgezeit kleinere, aber zahlreichere Erwerbungen an, so daß das Kloster bis zu Ende des 14. Jahrhunderts trotz des schwindenden Interesses der Naumburger Bischöfe bei guter Verwaltung seitens der Vorgesetzten und wirtschaftlichem Sinne seiner Mönche zu den wohlhabendsten Abteien Thüringens zählte [5]). Der Konvent, der keinem Vogte unterstand [3]) und mit dem Stifte Naumburg sowie den Klöstern zu Wächterswinkel, Quedlinburg, St. Peter bei Halle, Heusdorf, Priesnitz und Heseler Fraternität unterhielt, wurde durch den Abt von Walkenried visitiert [7]). Wie die Walkenrieder aus dem unwirtlichen Tale der Helme die goldene Aue schufen, so verwandelten die Pförtner Mönche die Sumpflandschaft des Saaletales in einen ertragreichen, von Weinbergen eingefaßten Garten [8]).

---

1) Boehme, Urkundenbuch des Klosters Pforte I No. 2, in Geschichtsquellen d. Prov. Sachsen p. XXX.

2) Boehme, a. a. O. I No. 3.

3) Wolff, a. a. O. I S. 89 f.

4) Dobenecker, Reg. I No. 1387.

5) Ueber die Erwerbungen s. Böhme, Pforte u. s. k. Bedeut. p., in Neujahrsblätter.

6) In späterer Zeit sollen die Markgrafen von Meißen und Herzöge von Sachsen die Vögte gewesen sein. Hermann, Verz. d. im Preuß. Thür. p. gewes. Stifter p., in Zeitschr. d. Ver. f. thür. Gesch. VIII S. 142.

7) Wolff, a. a. O. I S. 191 u. 133.

8) Ueber den Obst- und Weinbau in Pforta s. Jacobs, Gesch. d. in d. preuß. Provinz Sachsen vereinigten Gebiete, S. 92.

Regel, Thüringen II S. 549 f.: „Namentlich bei der Kulturarbeit des Cistercienserordens drangen noch im 12. Jahrhundert fremde Volkselemente nach Thüringen ein, deren Spuren heute noch hier und da in den Ortsanlagen und den Rechtsgewohnheiten bemerkbar sind oder es doch noch bis vor kurzem gewesen sind: es betrifft dies die Ansiede-

Bis zur Fertigstellung der ersten Klostergebäude im Jahre 1140 bewohnten die Mönche das Vorwerk in Kösen [1]). Wann mit dem

lung von Franken und namentlich von Flämingern aus den Niederlanden. Daß Herren wie die von Lobdeburg, selbst Franken nach ihrer Abstammung, in ihrem Gebiete auch Franken ansiedeln, ist schließlich nicht zu verwundern. Flamländer sind zunächst auf mehreren Gütern des Klosters Walkenried nachzuweisen und zwar in Heringen, Görsbach und Berga. Die Cisterzienser in Walkenried kamen aus dem 1122 gegründeten Kloster Altencamp in der Rheinprovinz und zogen daher Landsleute in die damals noch wasser- reichen Niederungen der ‚Goldenen Aue‘. Holländische Hufen und Aecker (hollandenses mansus et agri) kommen vor im unteren Rieth nach Allstedt zu in den eben genannten Orten, aber auch bei Kloster Pforte am Kösener Paß, einem Tochterkloster von Walken- ried; hier werden ebenfalls flämische oder flämingische Hufen genannt, z. B. 1266 mansus flamminginus inter ecclesiam Ryth et Rythof situs (Walkenr. Urkb. 381). Von hier dringen sie noch weit gegen Osten vor, denn vom Kloster Pforte aus wurde 1175 das Kl. Leubus von den Cisterziensern an der Oder gegründet.‟

Vgl. auch Meyer und Rackwitz, Der Helmegau, in Mitt. d. Ver. f. Erdk. zu Halle, 1889 S. 117 f.

Sebicht, Die Cist. u. d. niederl. Kolonien in d. Gold. Aue, in Zeitschr. d. Harz- vereins, XXI S. 1 f.

1) Die Annahme, daß das Kloster ebenso wie die Kirche ursprünglich in Kösen sich befunden habe, wird von Brotuff, Pfort. Chron., und nach ihm von Bertuch, Schamelius und anderen vertreten. Lepsius, Copialbuch in Mitt. pp., herausgegeben v. Thür.-sächs. Verein f. Erf. d. vaterl. Alt. Heft IV, 1824, hat zuerst auf die Unrichtigkeit dieser Ansicht hingewiesen. Vgl. Puttrich, Schul-Pforte S. 3 in Denkm. d. Bauk. d. M. II, 1. Teil. Ueber die Besitzungen des Klosters in Kösen vgl. Ende, Kösen, in Thür. u. d. Harz VIII S. 246 f. Corssen, a. a. O. S. 43 f. argumentiert: „Im Erbbuche führt der erste Schul- verwalter Michael Lämmermann oder dessen Schreiber von steinernen Gebäuden des Vor- werks Kösen an ein Wohnhaus und einen Schafstall. Das Wohnhaus ist der Grundbau des jetzigen Gasthofes zum mutigen Ritter in Kösen   Der genannte Schafstall besteht noch unversehrt an der Westseite des jetzigen Schäfereihofes nach der Saale zu und wird heutzutage als Scheune benutzt.   Ueber einer jetzt zugemauerten Rundbogentür sieht man auf einem halbrunden Stein   ein bischöfliches Kreuz in halberhabener Arbeit ausgehauen. Dieses Kreuz, wie es sich an den alten Wirtschaftsgebäuden des Klosters zu Pforte, die noch erhalten sind, nirgends findet, beweist, daß dieses Gebäude von einem Bischofe zu Naumburg erbaut worden ist wie der ganze bischöfliche Wirtschaftshof zu Cusne, nicht erst nach 1137 von den Cisterziensermönchen des Schmöllener Klosters Das ist nicht zu bezweifeln, daß der Wirtschaftshof zu Cusne eine Zeit lang eine in- terimistische Wohnstätte der Cisterzienser von Schmölln gewesen ist, bevor sie in das neue Kloster an der Porta einzogen. Daraus ist nun aber der irrige Schluß gezogen worden, daß jener Wirtschaftshof, die zeitweilige Wohnstätte derselben, einst ihr Kloster gewesen sei.‟

In Kösen selbst wurde mir mitgeteilt, daß das noch erhaltene Gebäude ehemals die Kirche des Klosters gewesen sei, eine Möglichkeit, die ganz ausgeschlossen ist. An dem aus zwei zeitlich einander naheliegenden Perioden stammenden Bau — das Haus ist noch in romanischer Zeit verlängert worden — finden sich zwei Reihen rundbogiger Fenster übereinander. Die unteren Fenster haben normale Größe, die oberen sind ganz klein und aus einem einzigen mäßig großen Stein gehauen. Dieser Umstand sowie die Tatsache, daß die oberen Fenster nicht in den Achsen der unteren liegen und daß die Längsachse

Bau der Klosterkirche, die wie alle Cisterzienserkirchen der Mutter
Gottes geweiht war und vermutlich auch gleich anfangs den seltener
genannten Johannes den Täufer als Nebenpatron erhielt [1]), begonnen
wurde, scheint urkundlich nicht erwiesesen zu sein; doch bedarf die
Annahme, daß noch im Jahre der Uebersiedelung 1137 der Grundstein gelegt worden ist, bei den günstigen Gründungsbedingungen
des Klosters kaum der Bestätigung [2]). Das Datum der Vollendung
und Weihe ist unbekannt [3]). Ob die Ausbesserungsarbeiten, die

des ganzen Bauwerkes nicht von West nach Ost, sondern von Nord nach Süd gerichtet
ist, spricht gegen den Charakter als Kirche und für das Vorhandensein eines Zwischen-
bodens, der das Gebäude in einen unteren Stallraum und in einen oberen Futterboden ein-
teilte. Vgl. Bergner, Beschr. Darst. d. ält. Bau-   Denkm. d. Prov. Sachsen, Naumburg-Land S. 46 f.

Wolff, a. a. O. I S. 70 f., nimmt an, an der Stelle des Klosters Pforta habe sich
ehedem ein Vorwerk oder Dorf befunden. „Ist eine Vermutung erlaubt, so möchte man
fast veranlaßt sich fühlen, in dem ältesten Gebäude, das Pforta hat, und das auf dem sogenannten Viehhofe steht, in der alten Abtey, wie der Name ist, einem seltsam isoliert
stehenden Hause, wenigstens die Stelle anzuerkennen, wo vor der Verlegung des Klosters
hierher die Behausung jenes alten Ortes gestanden hat." (?)

Ganz willkürlich ist Oldendorfs Ansicht, Schulpforta iu Thür. u. d. Harz III S. 155
(wohl nach Brotuff): Die Mönche sollen in Kösen „nicht die gewünschte Ruhe gefunden
haben, und nochmals zur Auswanderung genötigt worden sein. Darauf siedelten sie sich im
Jahre 1175 (!) eine halbe Stunde von Kösen, am Fuße des Knabenberges, welche Gegend
die Heerstraße damals noch nicht berührte." Richtig ist wohl nur, daß die Lage bei
Kösen für eine Klostersiedelung nach der Regel Citeaux' sich nicht eignete; die Mönche
werden das wohl gleich erkannt und die Errichtung von größeren Baulichkeiten an dieser
Stelle unterlassen haben. Vgl. Corssen, a. a. O. S. 45 f., u. Wolff, a. a. O. I S. 80 f.

1) Nach Corssen, a. a. O. S. 245, und Bergner, a. a. O. S. 59, wurde Johannes erst
beim Umbau der Kirche in gotischer Zeit Patron. Johannes erscheint als Titularheiliger
erst in den Ablaßurkunden von 1268, Boehme a. a. O. Urk. No. 209—211.

2) Chronicon Walkenredense S. 46: „Fundamenta Portae prima jacta sunt a. C. 1137
die 30. Octobris Alberto Abbate primum saxum ponente." Corssen, a. a. O. S. 43, bezieht diese Grundsteinlegung auf die Kirche. Boehme (Urk.-Buch) und Dobenecker (Reg.)
führen die Urkunde nicht an. Auf die Unhaltbarkeit der von Puttrich, a. a. O. S. 8 u.
13, vertretenen Ansicht, die Abtskapelle könne die ursprüngliche Klosterkirche sein, hat
bereits Wolff, a. a. O. S. 55 f., aufmerksam gemacht. Aehnliche Ansicht, wie Puttrich,
vertritt Lepsius, Gesch. d. Bischöfe d. Hochst. Naumburg I S. 84 u. 184, welcher schreibt:
„Joh. Isen. gedenkt dieser Handlung in ff. Worten: sub eo (Theod. Ep.) fundamentum
positum est majoris ecclesiae templi in Porta Mariae a. d. MCCLI. XII. Kal. Appl. Pontif.
sui ao. XII (leg. VII). Aus der hinzugefügten Angabe des Regierungsjahres ist zu ent-
nehmen, daß der Verfasser die Urkunde über diese Handlung vor sich hatte. Die Worte
majoris ecclesiae, die ebenfalls den Urkundenstil erkennen lassen, deuten auf eine vorhandene kleinere Kirche, vielleicht diejenige, die bis auf den im Innern wohlerhaltenen
Chorschluß jetzt teils zu ökonomischen Zwecken dient, teils zum Archive benutzt wird."
Janauschek, origin. Cisterciens. I S. 25: „lapis fundamentalis ampliorum aedificiorum
XXX Oct. 1137 jactus est".

3) Unmöglich aber kann, wie Corssen, a. a. O. S. 213, Dohme, Die Kirchen d.
Cist.-Ord. i. Deutschland S. 58, und Dehio u. v. Bezold, D. k. Bauk. d. Abendl. I S. 532,

Bischof Udo II. von Naumburg angeblich 1168 auf Bitten des Abtes Adelold am monasterium Portense ausführen ließ, auf die Kirche zu beziehen sind, bleibe dahingestellt[1]). Reichlicher fließen die Quellen über eine Bautätigkeit an der Kirche zu Pforta in der zweiten Hälfte des 13. Jahrhunderts. Aus einem Erlasse des Bischofes von Hebron[2]) vom Jahre 1257, welcher jedem Ablaß zusichert, quicunque in anniversario consecrationis majoris ecclesiae ... ad ipsam ecclesiam ... accesserit et ad reparacionem et constructionem ... monasterii elemosinas ... contulerit, kann auf den Bau einer größeren gotischen Kirche geschlossen werden, wenn man es nicht vorzieht, an eine Vergrößerung des bis dahin benutzten Gotteshauses zu denken. Daß im Anfange eine Kapelle als Notbau errichtet wurde, die bis zur Beendigung der Hauptkirche ausreichen mußte, ist eine naheliegende Vermutung. Mit diesem Erstlingsbau könnte man bei gutem Willen das Modell der mit einem Dachreiter gekrönten, im Grundriß rechteckig gestalteten Kapelle in Verbindung bringen, das der Gründer Bruno auf einer Abbildung bei Bertuch[3]) auf dem Arme trägt.

Es dürfte wenig Klöster in Thüringen geben, deren Bautätigkeit in gleicher Weise durch Ablässe unterstützt wurde, wie die des Klosters Pforta in den Jahren 1267—1269[4]). Selbst Citeaux nahm

wollen, die Kirche 1140 vollendet gewesen sein. Eine Bauzeit von 3 Jahren ist unbedingt zu niedrig gegriffen.

1) Boehme, a. a. O. Anh. No. XXIV.
Dobenecker, Reg. II No. 371.

2) Boehme, a. a. O. Urk. No. 158.
Pertuch, Chronicon Portense S. 275.

3) Bertuch, Teutsches Pfortisches Chronicon, ed. Schamelius S. 30. Ueber die Geschichte der bei Bertuch wiedergegebenen Abtsbilder vgl. Wolff, a. a. O. S. 26 f.

4) Nach Corssen, a. a. O. S. 283 f.:

Ablaß des	Papstes Urban IV.		vom Jahre	1261
„	„ Erzbisch. Rupert von Magdeburg	„	„	1266
„	„ Bisch. Thomas von Breslau	„	„	1268
„	„ „ Johannes von Prag	„	„	1268
„	„ „ Heinrich von Brandenburg	„	„	1268
„	„ Erzbisch. Werner von Mainz	„	„	1268
„	„ Bisch. Bertold von Bamberg	„	„	1268
„	„ „ Heinrich von Havelberg	„	„	1268
„	„ Erzbisch. Konrad von Magdeburg	„	„	1268
„	„ Bisch. Dietrich von Naumburg	„	„	1268
„	„ „ Friedrich von Karelien	„	„	1268
„	„ „ Friedrich von Merseburg	„	„	1268
„	„ Kardinals Guido	„	„	1268 (1267?)

Dazu kommt noch nach Boehme, a. a. O. Urk. No. 214:

Ablaß des Bisch. von Karelien   vom Jahre 1269

sich des Neubaues an; 1260 gewährte Abt Guido und das General-kapitel allen, die zum Bau der Kirche Almosen gaben, Teilnahme an den guten Werken des Ordens. Es konnte nicht ausbleiben, daß die reichlichen Indulgenzien ein Baukapital zusammenbrachten, welches die Errichtung eines großen und ansehnlichen Gotteshauses sicherte; nicht ohne Grund wies Bischof Thomas von Breslau in seinem Ablaß kurz vor der Weihe auf das monasterium (d. i. Klosterkirche) sumptuoso opere praeparatum hin [1]). Dem Volke ging im Wallfahren der Naumburger Klerus mit gutem Beispiel voran, der alljährlich in Prozession das benachbarte Kloster besuchte [2]).

Am 21. März 1251 wurde der Grundstein zum neuen Altarhause gelegt [3]). Wenn in einer nur ein Jahr früher ausgestellten Urkunde [4]) ein magister operis Albertus aufgeführt wird, so ist dies fraglos der Name desjenigen Baumeisters, der die umfangreichen Arbeiten leitete [5]). Die Weihe des 'Neubaues vollzogen in Vertretung des Bischofes Dietrich von Naumburg, der wegen Beilegung eines Familienzwistes der Feier fern bleiben mußte, die Bischöfe Friedrich von Merse-burg, Friedrich von Karelien und Christian von Litauen am 30. Sep-tember 1268 [6]). Auch auf die Margaretenkapelle wird sich diese Weihe bezogen haben; für ihre prächtige Ausgestaltung hatte Bischof Hermann von Cammin 1266 einen besonderen Ablaß ausgeschrieben, dem 3 Jahre später Bischof Friedrich von Dorpat eine weitere In-dulgenz hinzufügte [7]). Noch 1355 erteilte Johannes, Bischof von Ber-

1) Boehme, a. a. O. Urk. No. 199.

2) Boehme, a. a. O. Urk. No. 214 v. Jahre 1269.

3) Majuskelinschrift am südöstlichen Strebepfeiler des Chores: „Anno domini M[0]. CC[0]. L[0]. I. XII[0]. kl. Aprilis positum est fundamentum huius sanctuarii."

Boehme, a. a. O. Anh. Urk. No. XCII, hat darauf aufmerksam gemacht, daß diese Grundsteinlegung nicht, wie Corssen, a. a. O. S. 239 will, unter Abt Albero, sondern unter Abt Konrad vorgenommen wurde.

Dohme, Die Kirchen d. Cist.-Ord. i. Deutschland S. 126, nimmt irrtümlich an, daß die Tafel das Jahr der Weihe 1268 wiedergibt. Otte, Handbuch d. k. Kunst-Arch. S. 576, gibt, ebenfalls irrtümlich, als Einmaurungsstelle der Tafel das Querhaus an.

4) Boehme, a. a. O. Urk. No. 126.

5) Bergner, Beschr. Darst. d. ä. . . Baudenkm. d. Prov. Sachsen, Naumburg-Land, S. 70: „Fraglos Mönchs-Baumeister. Die Stellung in der Zeugenreihe spricht für das An-sehen, das er unter den Konventualen genoß."

6) Boehme, a. a. O. Urk. No. 209—211.

Wolff, a. a. O. II S. 152: „Teilnehmend an diesem Klosterfeste hatten auch schon früher andere Bischöfe Ablaßbriefe eingesendet, mit denen sie sich vielleicht für empfangene Einladung zum Feste, da sie selbst nicht kamen, gleichsam bedankten."

7) Boehme, a. a. O. Urk. No. 194 u. 215. „Cum igitur dilecti in Christo abbas et conventus de Porta capellam in honore sancte Margarete construant opere sumptuoso, ad cuius consummacionem proprie non suppetunt facultates

saba und Vikar des Bischofes von Naumburg, Ablaß zu Gunsten dieser Kapelle[1]),

Mit dem Ausbau der Kirche ging die Instandsetzung des Inventars, des Kultusgerätes und der Paramente Hand in Hand[2]). Von Altären werden außer dem Hochaltar namentlich aufgeführt ein Marienaltar, ein Katharinenaltar und ein Altar der vom Orden mit besonderer Verehrung bedachten elftausend Jungfrauen; außerdem befand sich infra septa claustri ein Altar, in quo pro defunctis diebus singulis celebratur et specialiter pro eis, qui predia capelle seu ecclesie in Borsendorp contulerunt[3]), und in der Margaretenkapelle ein Altar der heiligen Cosmas und Damian, der in einer Ablaßurkunde vom Jahre 1355 genannt wird[4]).

Aus seinem reichen Schatze konnte der Konvent zu Pforta Reliquien an Ichtershausen und Naumburg abgeben[5]). Der Umstand, daß unter den verschenkten Stücken außer einem Leichnam einer der elftausend Jungfrauen[6]) auch Reliquien von Petrus und Paulus sich befanden, spricht für das Vorhandensein einer diesen Heiligen gewidmeten Kapelle. In einer dem hl. Moritz geweihten westlichen Seitenkapelle der Kirche wurde 1515 die Leiche des Abtes Balthasar bestattet[7]), um 1533 von dort aus zur eigentlichen Begräbnisstätte, der am Kreuzgange beim Remter gelegenen Magdalenenkapelle, übergeführt zu werden[8]).

Eine weitere umfassendere Bautätigkeit muß um die Mitte des 15. Jahrhunderts an der Kirche zu Pforta vorgenommen sein, denn der Titularpriester von St. Calixtus zu Rom, Johannes, Legat des

---

1) Corssen, a. a. O. S. 297.
Bertuch, Teutsch. Pfort. Chron. S. 193: „S. Margarethen soll A. 1256 erbauet seyn."
2) Boehme, a. a. O. Urk. No. 205.
3) Boehme, a. a. O. Urk. No. 96.
4) Wolff, a. a. O. II S. 478.
Bertuch, Teutsch. Pfort. Chron. S. 166—179.
5) Boehme, a. a. O. Urk. No. 18 n. 163, Anh. XLI u. XLX.
6) Bergner, Beschr. Darst. d. ält. Bau- . . Denkm. d. Prov. Sachsen, d. St. Naumburg, S. 18: „Auch ein irrender Dorpater Bischof Friedrich, der sich in jenen Jahren (d. i. um die Mitte des 13. Jhrts.) in Thüringen von Ablaßerteilungen nährte, verlieh einem Altar der 11 000 Jungfrauen (im Dom zu Naumburg) 40 Tage. Offenbar für diesen Altar, der im Südkreuz stand, schenkte der Konvent zu Pforta dem Bischof den ganzen Leichnam einer der 11 000 Jungfrauen und eine Lampe, die vor demselben brennen sollte." Es war derselbe Friedrich, Bischof von Karelien und postulierter Bischof von Dorpat, der Pforta 1268 einen Ablaß und 1269 gar zwei Ablässe verschrieb.
7) Schamel. Bert. Chron. Port. I S. 197: Dormitorium Balthasaris abbatis XXI in sacello S. Mauritii ad occidentem.
8) Bertuch, Teutsch. Pfort. Chron. S. 84.

päpstlichen Stuhles in Deutschland und Abgeordneter auf der allgemeinen Synode zu Basel, bewilligte 1442 einen Ablaß für die Restaurierung und Ausschmückung von Kirche und Kloster [1]). Wenn das Gotteshaus bei dieser Gelegenheit eine Verschönerung erfuhr, so war das wohl nur eine Nebenerscheinung; eine recht gründliche Ausbesserung beschädigter Bauteile tat vor allem not. Denn durch einen Brand war 6 Jahre vorher Pforta heimgesucht worden. Abt Johann hatte sich im selben Jahre an Landgraf Friedrich von Thüringen gewandt zwecks Erlangung von Mitteln, um „das closter und munster wieder zu buben"; die Gelder sollten durch den Verkauf von Gütern aufgebracht werden [2]). Vermutlich aber wollte der Konvent nicht zu vieler Liegenschaften sich entäußern, und so wurde der Kardinal mit Erfolg um Unterstützung angegangen. In diese Zeit fällt auch der Guß neuer Glocken, deren leoninische Verse die Jahreszahl 1436 enthalten [3]). Wahrscheinlich hatte der Brand Dachstuhl und Dachreiter samt den Glocken vernichtet. Für die Zeit von 1436—46 scheint sich diese dritte Bauperiode urkundlich belegen zu lassen [4]).

Die Gebäude der ausgedehnten Klosteranlage wurden des öfteren Gegenstand urkundlicher Erwähnung. Der Kapitelsaal bildete nicht allein den Versammlungsraum der Mönche, sondern war auch der Ort, in dem öffentliche Predigten stattfanden. Hier durfte 1252 mit Genehmigung des Generalkapitels die Beisetzung der auf dem Klosterkirchhofe bereits beerdigten Leichen des Grafen von Mansfeld und seiner Gemahlin stattfinden [5]). Hier auch wurde 1533 unter Leitung des Abtes Georg von Volkenroda in Vertretung des Abtes von

1) Wolff, a. a. O. II S. 574.
Corssen, a. a. O. S. 300 f.
„Cupientes igitur, ut monasterium beate Marie in Porta ordinis Cisterciensis, Nuemburgensis dioceseos, in suis structuris et edificiis nec non ornamentis conservetur, augmentetur et decenter reparetur congruisque honoribus frequentetur (also auf Laienbesuch rechnete man) ac eo libencius fideles Christi ad idem monasterium confluant, omnibus qui oratorium sive ecclesiam dicti monasterii visitaverint, divinis interfuerint et de bonis a deo sibi collatis pro ipsorum monasterii et ecclesie edificacione, reparacione et ornamentorum augmentacione manus porrexerint adiutrices, unum annum et unam quadragenam relaxamus". Aus der Urkunde des Kardinals.
2) Urk. im Staatsarchive zu Sondershausen, mitgeteilt von Leidich, Die Kirche und der Kreuzgang des ehemaligen Cisterzienserklosters in Pforta, in Zeitschrift für Bauwesen, Jahrg. XLVII, 1897, S. 477 f.
3) Corssen, a. a. O. S. 83.
4) Mertens, D. Baukunst d. Mittelalt., verlegt die Bauzeit in das Jahr 1442.
5) Winter, D. Cist. d. nordöstl. Deutschl. III S. 225 f.
Den Ausdruck in claustro vel capitulo monachorum deutet Boehme, a. a. O. Anh. XCIII als „im Kreuzgange oder in dem von ihm umschlossenen Hofe".

Walkenried und in Gegenwart der Aebte von Sittichenbach und
Altencelle die Wahl des letzten Abtes von Pforta, Peter Schederichs,
vorgenommen; auf einer Estrade hatte das Kollegium der Wähler,
dreizehn Mitglieder des Konventes, neben den Kirchenfürsten seinen
Platz eingenommen [1]). Zwischen 1503 und 1515 erfuhr das Cenaculum
unter Abt Balthasar einen Umbau [2]). Refektorium und Küchenan-
lage wurden 1535 von den Kommissarien des Herzogs Georg als
überflüssige und entbehrliche Räume bezeichnet [3]). Eine eigenartige
unfreiwillige Reise durch die Krankensäle des Klosters hatte Ausgangs des 13. Jahrhunderts der Laienbruder Walter zu machen, der
wegen seiner Trägheit in göttlichen Dingen während seiner letzten
Krankheit von den bösen Geistern gepeinigt, von ihnen aus dem
infirmatorium in das hospitale pauperum und, wieder zurückge-
bracht, aus seinem Bette in inferiorem domum geschleppt wurde und
schließlich den Dämonen seine Seele unter so gewaltiger Erschütterung
lassen mußte, daß die Gebäude, namentlich das dormitorium monachorum, einzustürzen schienen [4]). Die Fremdenherberge erfuhr 1287 [5])
und 1289, das Krankenhaus 1337 Zuwendungen [6]). Nach dem Vorgange der französischen Klöster [7]) führte auch in Pforta das Siech-
haus den klingenden Namen Nosocomium [8]). Für das Dampfbad
der Kranken wurde 1353 ein Licht gestiftet [9]). Ein Fron- und
Gefängnisturm findet 1515 Erwähnung [10]). Das pistrinum [Mühle [11])]
sollte, so wurde 1265 festgesetzt, zu einem gestifteten Mittagstisch
Semmeln liefern [12]); im armarium (Archiv) legten 1289 die Aebte
Ditmar von Walkenried und Dietrich von Pforta ein Reskript nieder [13]),
und in den carceres monasterii hatte bis 1344 der Mönch Konrad
von Tautenburg unfreiwilligen Aufenthalt zu nehmen [14]). Auf dem

---

1) Bertuch, Chron. Port. I S. 190 f.

2) Die sapphischen Strophen, die der wissenschaftlich gebildete Abt zum Andenken
an diesen Umbau an einer Säule des Remters, des Vorraums zum Cenaculum, anbringen
ließ, bei Bertuch, Chron. Port. I S. 101.

3) Wolff, a. a. O. II S. 666 f.

4) Boehme, a. a. O. Anh. Urk. No. XLIX.

5) Die Jahreszahl 1278 bei Corssen, a. a. O. S. 194, scheint ein Schreibfehler zu
sein; ähnliche Vertauschungen der beiden letzten Ziffern finden sich bei Corssen häufiger.

6) Boehme, a. a. O. Urk. No. 275, 282 u. 557.

7) Lenoir, Archit. monast. II S. 389.

8) Bertuch, Chron. Port. I S. 182.

9) Wolff, a. a. O. II S. 468.

10) Wolff, a. a. O. II S. 624.

11) Nach Wolff, ·a. a. O. II S. 124, Bäckerei.

12) Boehme, a. a. O. Urk. No. 185.

13) Boehme, a. a. O. Urk. No. 284.

14) Boehme, a. a. O. Anh. No. CXLVIII.

häufiger genannten Kirchhofe brannte eine Totenleuchte[1]), die wie ihr Lichterfonds vermutlich 1268, also gleichzeitig mit dem Kirchbau errichtet wurde. Nach Mitteilung eines älteren Augenzeugen, des Bosauer Mönches Paul Lange (vor 1536), war auf einer Wand des Klosters ein Gemälde aufgebracht, das die Gründung und kurze Geschichte der Siedelung in Schmölln darstellte und durch ein Gedicht in leoninischen Versen erläutert wurde[2]). Die ganze Klosteranlage umgab in üblicher Weise ein Mauerzug[3]). Auf dem Vorwerk Rudersdorf in der Nähe von Buttstädt befand sich eine Kapelle, die dem hl. Nikolaus geweiht war[4]).

Gefördert wurde die Bautätigkeit der Mönche in Pforta durch die Gewährungen von Zollfreiheiten, deren Erlangung der Konvent sich sehr angelegen sein ließ. Wichtiger, als die Freiheitsbriefe der Markgrafen Dietrich und Heinrich von Meißen von 1215 und 1231, des Markgrafen Heinrich von Brandenburg von 1309, des Fürsten Bernhard zu Aschersleben von 1315, der Erzbischöfe von Magdeburg von 1254, 1322 und 1331, durch welche die Aussteller dem Kloster Zollfreiheit innerhalb ihrer Landesteile zusicherten[5]), war die Freigabe der Flößerei auf der Saale, und es wird mehr als Zufall sein, wenn der abgabenfreie Bezug von Hölzern auf dem Wasserwege gerade in den Jahren erstrebt und erreicht wurde, in denen man für den aufgehenden Bau Rüstzeug und für den Dachsatz Balken- und Sparrenwerk benötigte. 1258 verkauften die Grafen von Orlamünde dem Konvente die Zollgerechtigkeit für die Flößerei auf der Saale innerhalb ihres Gebietes, ein Jahr später hob Markgraf Heinrich von

---

1) Boehme, a. a. O. Urk. No. 205: lumen de sepo nocturno tempore arsurum. „Mit Recht beziehen Lange, Vermischte Schriften und Reden (Leipzig 1832) 199, und Corssen, 266 dies auf die im frühgotischen Stil erbaute, noch jetzt erhaltene sogen. Ewige Lampe (Totenleuchte), nur hätte Corssen nicht das Bauwerk als eine Grabkapelle ansehen sollen, in der sich ein Altar befunden habe."

Bergner, Kirchl. Kunstaltert. i. Deutschl. S. 175: „Das älteste Beispiel (für eine Totenleuchte), ein schlanker Tabernakel auf rohem Fuß, 13. Jhrt., findet sich in Pforte." In seinem Grundr. d. k. Kunstaltert. S. 257 führt Bergner freilich in Uebereinstimmung mit Otte, Handb. d. k. Kunstarchäologie S. 262, ein älteres Beispiel an. Vgl. Dehio, Handb. d. deutsch. Kunstdenkm. I S. 250.

2) Chronica Numburgensis in Mencken, Script. rer. Germ. II S. 21. Nach Bertuch befand sich dieses Gemälde an der Wand in des Cantors Garten. Corssen, a. a. O. S. 79, glaubt an der südlichen Wand der Abtei die Stelle der Malerei und der begleitenden Mönchsverse wiedergefunden zu haben, deren Entstehungszeit er (S. 83) um 1436 bis 1441 setzt.

3) Boehme, a. a. O. Urk. No. 369, 373 und 374.

4) Urk. v. J. 1439, Wolff, a. a. O. II S. 572.
Ueber die Obödientien vgl. Wolff, a. O. I Anmkg. 45 u. II S. 584.

5) Boehme, a. a. O. Urk. No. 79, 102, 429, 460 und 550.

Meißen den Zoll bei Camburg auf für Hölzer, die dem Bedarf des Klosters dienten, und ähnliche Freiheiten wurden 1264 und 1266 erwirkt [1]). Die Lage des Klosters am Flusse gab den Mönchen die erwünschte Gelegenheit, im Wasserbau sich zu betätigen. Regulierung des Saalebettes, Uferbefestigungen, Bau von Wehren und Mühlen, Anlage von Zu- und Abflußgräben sind in den Urkunden sich wiederholende Arbeiten. Bei einer Reparatur an der Brücke zu Wenzendorf treffen wir als Bauleiter einen Mönch aus Pforta, den magister pontis Johannes [2]); wer dächte nicht an die fratres pontis der französischen Klöster, die Viollet-el-Duc erwähnt? Als größere Leistung sei der Bau der Brücke zu Dorndorf erwähnt, dem ein Ablaß des Bischofs von Hebron 1257 zu gute kam [3]), und der Bau des Wehres zu Kösen, zu dessen Ausbesserung 1172 der benachbarte Saalberg Steine liefern mußte [4]).

Georgenthals Entstehungsgeschichte [5]) ist bereits oben gestreift worden. Eberhards Mutter Margarete war die Schwester jenes Sizzo von Kevernburg-Schwarzburg, der sich um die Gründung von Paulincella und Lausnitz Verdienste erwarb [6]). Von vornherein mußte daher dem eifrigen Mönch der Versuch aussichtsvoll erscheinen, den alternden Oheim, dem nach eigenem Geständnisse die Verwaltung der weltlichen Aemter nicht recht Zeit zur praktischen Betätigung seiner Frömmigkeit gelassen hatte, für die Gründung eines Klosters nach der neuen strengen Regel zu gewinnen. Ein Besuch auf der Kevernburg bei Arnstadt, auf der die greise verwitwete Mutter bei ihrem Bruder weilte, führte unschwer zum Ziele. Im Einverständnisse

---

1) Boehme, a. a. O. Urk. No. 164, 180 und 189.
2) Boehme, a. a. O. Urk. No. 282 und 296.
3) Boehme, a. a. O. Urk. No. 160.
4) Boehme, a. a. O. Urk. No. 17.
5) Manrique, Ann. Cist. I S. 417.
Jongelinus, Notitia abbatiarum II S. 13.
Meibom, Script. rerum Germ. I.
Storch, Georgenthal, in Thür. u. d. Harz V S. 40 f.
Kirchen- u. Schulenstaat i. Hzt. Gotha II, 4 S. 5 f.
Thuringia sacra S. 464 f. mit 202 Urk.
Thüringer Monatsblätter 1895 S. 17 f.
Sonstige Literatur bei Lehfeldt, Bau- Denkm. Thür., S.Cob.Gotha II S. 27.
Als Gründungsjahr wird statt 1140 angeführt: 1132 im Chronicon S. Aegidii (bei Leibnitz S. S. III S. 585), 1141 bei Buzelinus, Germ. sacra IV S. 25, und Gallia christ. V S. 587 u. 595, 1142 bei Winter, D. Cist. d. nordöstl. Deutschl. I S. 39 u. II S. 184, 1143 bei Hesse, Neue Mitt. d. Thür.-sächs. Ver. IX S. 20.
6) Mitzschke, Sigebotos Vita Paulinae S. 86 u. 239.
Vater, Das Haus Schwarzburg.
Hesse, Neue Zeitschr. f. Gesch. d. germ. Völker I, 1 S. 27.

mit seiner Gemahlin Gisela und unter Zustimmung seiner Söhne Heinrich und Günther vermachte Sizzo das Quellengebiet der Apfelstädt (Fig. 44) dem Orden mit der Bestimmung, daß das Kloster in nächster Nähe der Johanniskirche von Altenbergen am Südostabhange des Hainberges seinen Platz erhalten sollte. Konnte die Klausel über die Lage des Klosters auf einer Anhöhe auch nicht ganz nach dem Sinne der Cisterzienser sein, so hatte sie doch einen tieferen Grund, in den die Ansiedler wohl oder übel einwilligen mußten.

Das Verhältnis zwischen Sizzo und dem Thüringer Landgrafen war keineswegs das beste. Um so bedenklicher mußten dem Kevern-

Fig. 44. Der Apfelstädtgrund.

burger die Bemühungen des Landgrafen, eine Art Oberhoheit über die Thüringer Großen zu gewinnen, vorkommen, als er sein Nachbar war. Schloß sich der Landgraf an seinen mächtigen Verwandten, König Lothar, an, so warb Sizzo, stets ein treuer Anhänger des fränkischen Kaiserhauses, um Konrads III. Gunst. Hart an der Kevernburger Grenze lag Reinhardsbrunn, das landgräfliche Hauskloster, verwaltet von Mönchen, die, galt es die Hebung ihrer Macht und vor allem die Vergrößerung ihres Landbesitzes, um Gründe nicht verlegen waren und in der Wahl der Mittel nicht immer einwandfrei verfuhren [1]).

1) Vgl. die Urkundenfälschungen.

Bis Altenbergen reichte bereits der Besitz des Landgrafen; die Johanniskirche unterstand dem Konvente von Reinhardsbrunn[1]. Wurde an dieser kritischen Stelle auf Kevernburger Seite ein Bollwerk geschaffen, stand an der Landesgrenze Hauskloster gegen Hauskloster, trat hier gar ein Konkurrenzorden in Wahrung eigener Interessen den Uebergriffen der Hirsauer entgegen, so war die von Westen drohende Gefahr beseitigt[2]. Um das neue Klosterunternehmen, das der politischen Berechnung Sizzos mindestens ebenso sehr, wie seiner religiösen Veranlagung entsprungen war, lebenskräftig zu machen, ließ es der Gründer an reichlichen Zuwendungen von Grund und Boden von Anfang an nicht fehlen[3].

Indessen Sizzos Plan war zu durchsichtig, als daß Landgraf Ludwig und der Reinhardsbrunner Konvent nicht von vornherein den lebhaftesten Einspruch hätten erheben müssen. Das Mutterkloster Morimund, aus dem Eberhard die Ansiedler besorgt hatte, bildete die erste Instanz, an die Fürst und Abt sich wenden konnten. Udo von Naumburg gab, wenngleich er aus seinem Wohlwollen dem neuen Orden gegenüber bei der Gründung von Schmölln und Pforta kein Hehl gemacht hatte, den geeigneten Vermittler ab, weil er Ludwigs Bruder war. Durch ein artiges Schreiben[4], in dem er einleitend auf die Gründung Reinhardsbrunns durch seinen Vater hinwies, machte der Bischof, zu dessen Sprengel übrigens alle beide Klöster nicht gehörten, den Abt des Mutterklosters auf die Gefahren aufmerksam, die durch die Gründung einer neuen Siedelei in unmittelbarer Nähe eines bewährten, angesehenen Konventes der einen wie der anderen Stiftung erwachsen müßten[5]. Um zwischen

---

1) Stieler, Kloster und Ort Georgenthal S. 8: „Die alte Johanniskirche, die, als eine Taufkapelle von nur 18 Fuß in der Länge und 12 Fuß in der Breite von Bonifatius errichtet, vor etwa einem Jahrhundert 1042 von Ludwig mit dem Barte erweitert und von Bardo, dem Erzbischof von Mainz, neu eingeweiht worden" (?). Wohl aus Sagittarius, Antiqu. Gent. et Christ. III c. XI, oder Thur. sacr. S. 465 entnommen.

2) Nach Lerp sollte das Kloster außerdem dem Straßenverkehr dienen, den wohl sonst die Reinhardsbrunner über kurz oder lang in Beschlag genommen hätten.

3) Ueber das ursprüngliche Klostergebiet vgl. Baethcke, Die Gründung des Klosters Georgenthal S. 9 f., und Dobenecker, Reg. I No. 1459 u. 1482, über den späteren Klosterbesitz Brückner, Kirchen- und Schulenstaat Gotha II, 4 S. 17 f., Stiehler, a. a. O. S. 29. Wieland, D. Abtei St. Georgenthal in Cisterzienser-Chronik 1903 S. 97 f. u. S. 102 f., und Kriesche, Zeitschr. d. Ver. f. thür. Gesch. XX S. 225.

4) Höfler, Epist. codex d. Kl. Reinhardsbrunn S. 37.

5) Das Schreiben erfolgte nach Baethcke, a. a. O. S. 12, vielleicht noch vor 1137, nach Dobenecker, Reg. I No. 1478, zwischen 1140 und 1143. Nach Höfler war es an Otto von Freising gerichtet, der nur bis 1137 Abt von Morimund war; Stiehler, a. a. O. S. 3, und Starck, Die Cistercienserabtei Georgenthal und die neuen Ausgrabungen daselbst, in Zeitschr. d. Ver. f. thür. Gesch. p. I S. 315, treten dieser Ansicht entgegen.

Mönchen keine Zerwürfnisse aufkommen zu lassen und dem Volke keinen Anlaß zum Aergernis zu geben, sollte der Abt, so lautete des Bischofs Bitte, seinen Mönch Eberhard nach Morimund zurückberufen, oder aber ihn anweisen, für seine Gründung einen weniger bedenklichen Platz zu wählen.

Sei es nun, daß Morimund dem Antrage willfahrte, oder sei es, daß die Mönche selbst über die unbehagliche Lage des Klosters auf der Höhe nachdrücklich ihre Unzufriedenheit äußerten, das Unternehmen auf dem Georgenberge fand ein frühzeitiges Ende[1]. Bereits 1143 lag das Kloster, wie die Konfirmationsurkunde Erzbischofs Heinrich von Mainz ergibt, im Tale[2]. Wenn die im folgenden Jahre ausgestellte Bestätigungsurkunde Konrads III. noch vom Kloster auf dem Berge spricht, so mag das daran liegen, daß den Mönchen, die vermutlich den Text selbst aufsetzten und der kaiserlichen Kanzlei vorlegten, der Ausdruck Georgenbergkloster noch geläufig war[3]. Noch bis zum Ende des Jahrhunderts scheinen die Bezeichnungen Georgenberg und Georgenthal für das Kloster nebeneinander bestanden zu haben[4], wie denn auch die ganze Anlage ihren alten Namen Asolverod noch lange beibehielt[5].

---

1) Gregor Müller, D. Lage unserer Klöster, in Cisterzienser-Chronik 1897 S. 251: ‚Zur Verlegung einer Abtei bedurfte es in den ältesten Zeiten nur der Zustimmung des Vaterabtes, später aber hat das Generalkapitel das Recht der Erteilung einer solchen Bewilligung sich vorbehalten. Dieser Erlaubnis bedurfte es natürlich nicht, wenn im Laufe der Zeit der Ort, an welchem die Gebäulichkeiten standen, als ungeeignet sich erwies, und deshalb in geringer Entfernung ein neuer Bauplatz gewählt wurde, eine eigentliche Verlegung also nicht stattfand.“

Vergl. die von Müller angeführten Bestimmungen.

2) Dobenecker, Reg. I No. 1459.

Bei Dubois, Histoire de l'abbaye de Morimond S. 82 Anmkg. 5, findet sich auf Grund falsch zitierter deutscher Quellen als Jahr der Mainzer Bestätigung 1142; ebenso bei Böttcher, Germania sacra I S. 713. Ueber die Verlegung der Cisterziensersiedelungen von der Höhe ins Tal (Altenberg, Heisterbach u. s. w.) vgl Dohme, Die Kirchen d. Cist.-Ord. in Deutschl. S. 20.

3) Thuringia sacra S. 472.

Dobenecker, Reg. I No. 1482.

4) Dobenecker, Reg. I No. 1684a, II No. 32, 40, 54, 361, 415, 757, 835, 849a, 935, 972 u. 988.

Winter, Ann. Cist. No. 200, in Die Cist. d. nordöstl. Deutschl.

5) Stichler, a. a. O. S. 17, setzt ebenso wie Starck, a. a. O. S. 319, Dohme, D. Kirchen d. Cist.-Ord. i. Deutschl. S. 79, und Janauschek, origin. Cisterc. I S. 68, die Verlegung des Klosters ins Tal in die Zeit von 1186—1193, weil sich bis zu letztgenanntem Termine der Ausdruck Georgenberg findet. „Wir fühlen uns“ nach Stichler S. 18 „sehr versucht, die Verlegung in den Anfang des letzten Jahrzehntes des 12. Jahrhunderts zu verweisen, in das Jahr 1191 oder 1192, da gerade in diesem Jahrzehnt in Thüringen und der thüringischen

Bedeutete für die Kolonisten aus dem Cisterzienserorden die Verlegung des Klosters an die Stelle des Zusammenflusses von Apfelstädt, Hagenbach und Schweinebach mit Rücksicht auf die Durchführung ihres wirtschaftlichen Programmes, im Grunde genommen, eine Verbesserung, so blieb für die Reinhardsbrunner nach wie vor die Befürchtung bestehen, daß die Ausdehnung ihres Besitzes nach Süden hin fast zur Unmöglichkeit geworden war. Die Entfernung der beiden Klöster von einander betrug immer noch nicht mehr als eine halbe Meile. Von einer Eingabe an den Diözesanbischof war nichts zu erwarten; in Mainz hatte man unter Anerkennung der Vorzüge des neuen Ordens die Bestätigung bereits erteilt. Der um die Vergrößerung seines Benediktinerklosters schwer besorgte Abt Ernst wandte sich unter Verzicht auf eine nochmalige Rücksprache mit Morimund, und ohne sich der Vermittlung Udos oder des Landgrafen zu bedienen, geradewegs an das Oberhaupt der Christenheit mit der Bitte, dem unhaltbaren Zustande ein Ende zu machen[1]). Der erhoffte Erfolg scheint ausgeblieben zu sein; ein Antwortschreiben des durch die Regelung seiner eigenen Angelegen-

---

Ostmark Bauten entstehen wie der Petersberg bei Halle, Schloß Landsberg und Wartburg, Kirchen in Eisenach und Erfurt, auch Kloster Bürgel und Ihlefeld, die mit aufgefundenen Bauüberresten romanischen Stils von Kloster Georgenthal in gleicher Linie stehen." Die angeführten Bauten sind, wie unten ausgeführt werden soll, eher geeignet, die Existenz des Klosters im Tale vor Mitte des Jahrhunderts zu erweisen und die Echtheit der von Stark, a. a. O. S. 317, angezweifelten Mainzer Urkunde zu belegen. Lerp ist der Meinung, daß die Mönche 1152 den Berg verließen, mögen sie auch immerhin von ihrem Asolverod aus schon vorher zu bauen angefangen haben. Lehfeldt, a. a. O. S. 24, nimmt als Jahr der Uebersiedelung ebenfalls 1152 an.

Die Mainzer Urkunde von 1143 verträgt sich nicht mit diesen Ansichten, einmal wegen des Ausdruckes Vallis S. Georgi, dann auch wegen der Beschreibung der Gegend, in der die Siedelung lag. Die Angabe, daß das Kloster in loco horroris et vastae solitudinis sich befand, kann wohl nur auf die Anlage im Tal bezogen werden, da der Georgenberg, durch „die große Straße von Asolverod" erschlossen und von der Johanniskirche bekrönt, kaum noch als Stätte schaurig-öder Einsamkeit gelten konnte.

Ueber den Namen Asolverod vgl. Kriesche in Zeitschr. d. Ver. f. thür. Gesch. XX S. 225.

1) Höfler, a. a. O. S. 60.

Dobenecker, Reg. I No. 1525, scheint im Recht zu sein, wenn er das Ereignis zwischen 1144 und 1145 datiert und als Beschwerdeführer Ernst II. (1141—1168) und als Adressaten Lucius II. (1144—1145) annimmt, denn andernfalls wäre die Umgehung der Mainzer Instanz nicht recht erklärlich. Stiehler, a. a. O. S. 2, schreibt die Eingabe ebenfalls Ernst II. zu und hält dafür, S. 16, Lucius habe die Angelegenkeit als erledigt angesehen, weil der zuständige Bischof und der Kaiser ihre Bestätigung schon erteilt hatten. Baethcke, a. a. O. S. 14, hält Ernst I. (1104—1143) für den Absender und Innocens II. (1130—1143) für den Empfänger des Schreibens.

Holtmeyer, Cisterzienserkirchen Thüringens.

heiten stark in Anspruch genommenen Papstes liegt nicht vor. Jedenfalls mußte Reinhardsbrunn es erleben, daß 1152 Eugen III., wie viele seiner Nachfolger, das wenig beliebte Nachbarkloster in seinen Schutz nahm[1]). Natürlich war durch die päpstliche Anerkennung der Streit nicht beigelegt; noch 1227 kam es zu heftigen Auseinandersetzungen zwischen den beiden Rivalinstituten[2]).

Daß Hersfeld, neben Fulda einst das bedeutendste Kloster für Thüringen, das schon durch das Eindringen der Hirsauer ins Hintertreffen geraten war, bei seinem weit über Ohrdruf hinausgreifenden Besitz nichts unversucht ließ, das Wachstum der jungen Pflanzung im Apfelstädtgrunde nach Möglichkeit zu erschweren, ist verständlich[3]). Durch die Erwerbung von Catterfeld kam 1195 fuldaischer Besitz an das Kloster[4]). Des Unfriedens mit den Nachbarn müde, legte Georgenthals Gründer und erster Abt Eberhard nach der Mutter Tode seine Würde nieder, um sich nach Altenberg zurückzuziehen, wo er 1152 verschied und beigesetzt wurde. Der hochbetagte Stifter Sizzo fand 1160 in der Kirche seines Familienklosters seine letzte Ruhestätte.

Sizzos Nachkommen blieben die Vögte des Klosters[5]). Nach dem Aussterben der Kevernburger Linie ging die Advokatie auf die Landgrafen von Thüringen über. Die Notwendigkeit gegenseitiger Unterstützung verwandelte die ursprüngliche Spannung zwischen den Schirmherren von Reinhardsbrunn und den Mönchen von St. Georg in ein recht befriedigendes Freundschaftsverhältnis. An der Seite seiner Ahnen wurde der letzte Kevornburger, der kinderlose Günther XIV.[6]), den 1385 im Katharinenkloster auf dem Berge Sinai der Tod ereilte, im Frieden der Georgenthaler Kirche bestattet. Das Kloster hatte eigene Gerichtsbarkeit und erlangte das Patronatsrecht über neun teils näher, teils entfernter gelegene Ort-

---

1) Dobenecker, Reg. I No. 1684a u. II No. 40.
Wieland, a. a. O. S. 97.
2) Dobenecker, Reg. II No. 2415.
Cäsarius von Heisterbach, Dial. XII, 41, läßt Ludwig von Thüringen in der Hölle braten.
Vgl. Meister, Cäsarius von Heisterbach, Vortrag auf d. Gen.-Vers. d. Niederrhein. Gesch. 1902.
3) Dobenecker, Reg. II No. 1411.
4) Dobenecker, Reg. II No. 988 u. 998.
5) Thur. sacra S. 94.
Schultes, Direct. dipl. II S. 196.
6) Nicht Günther XV., wie Stiehler, a. a. O. S. 51, will.

schaften; Dietharz und Tambach, seit 1142 fast ständig im Besitz der Abtei, werden 1501 als alte Vikarien erwähnt[1]).

Auffallend dürftig sind die geschichtlichen Nachrichten über die Bautätigkeit des mächtigen Klosters. Daß die Mönche auch während des kurzen Aufenthaltes auf dem Berge nicht ohne Gotteshaus auskommen konnten, ist nicht weniger klar, als die Tatsache, daß gleich nach Verlegung des Klosters in die Niederung mit dem Bau einer würdigen Kirche begonnen wurde[2]). Indessen, ob die Bergkirche und die zugehörigen Wohngebäude in größerem Maßstabe und dauerhafterem Material angelegt waren, dürfte aus mehr als einem Grunde zweifelhaft erscheinen. Da die Ausführung eines Massivbaues immerhin ein oder mehrere Jahrzehnte in Anspruch nahm, hatten die Ansiedler, denen an der baldigen Abhaltung eines geregelten, ordensgerechten Gottesdienstes gelegen sein mußte, zunächst die Errichtung eines interimistischen kirchlichen Gebäudes ins Auge zu fassen, das in Verbindung mit den provisorischen Unterkunftsräumen bis zur Fertigstellung der eigentlichen Klosteranlage ausreichen mußte. Solange die umstrittene Frage, ob die Ankömmlinge aus Morimund zu Recht auf dem Berge hart an der Grenze der Hirsauer saßen, an maßgebender Stelle nicht ihre Entscheidung gefunden hatte, wäre es leichtsinnig gewesen, die vom Stifter zur Verfügung gestellten Mittel und die eigenen Arbeitskräfte bei der Herstellung von Fundamenten zu vergeuden, die vielleicht nie einen aufgehenden Bau tragen sollten. Hatte Sizzo ein Interesse daran, dem Kloster den Charakter eines Kastells zu verleihen, so konnte den Religiosen, die vom französischen Mutterkloster her die Grundbegriffe über Lage einer Cisterziensersiedelei unverkümmert mitbrachten, der Platz auf der Höhe nur zuwider sein. Zudem schließt die kurze Dauer des Aufenthaltes auf dem Georgenberge die Vollendung einer Monumentalanlage aus. Hätten wirklich erhebliche Bauteile gestanden, so würde man schon der aufgewendeten Mittel und Mühe halber den Platz nicht gewechselt haben.

Wahrscheinlich war eine Kapelle das einzige kirchliche Gebäude der Cisterzienser auf dem Berge, das zu verlassen der abziehenden Klostergemeinde nicht schwer fallen konnte. Wenn 1446 dem Abt

---

1) Stiehler, a. a. O. S. 57.
2) Vor 1143 ist jedenfalls mit dem Bau im Tale nicht begonnen worden, denn in der Mainzer Urkunde von diesem Jahre heißt es „Sizzo una cum Gisila coenobium construere cupientes", Thur. sacr. S. 469, wo freilich die Urkunde fälschlich von 1142 datiert wird. Merian, Topogr. sup. Sax. S. 150, nimmt 1142 als Jahr des Baubeginnes an. Nach Bergner, Grundr. d. k. Kunstalt. i. Deutschl. S. 71, wurde 1143 begonnen.

von Georgenthal gestattet wird, am Tage des hl. Georg sechs Mönche nach dem Berge abzuordnen, und 1503 Johann Sommeringk, Kanoniker des Severistiftes zu Erfurt, diese Vergünstigung bestätigt [1]), so liegt die Vermutung nahe, daß noch in späteren Jahren diese Kapelle als Kultusstätte gelegentlich benutzt wurde oder wohl wenigstens einmal im Jahre benutzt werden mußte, damit sie die Weihe nicht verlor. Im übrigen scheint die Besitzung auf dem Georgenberge schon Ausgangs des 12. Jahrhunderts den Charakter eines Vorwerkes [2]) getragen zu haben; als Grangie wird sie in der Bestätigungsurkunde des Papstes Clemens III. vom Jahre 1189 aufgeführt [3]). Ob nun die Klausen des Jürgenberges, in denen bis übers 13. Jahrhundert hinaus Einsiedler ein asketisches Leben führten, zu den Restbeständen der ursprünglichen Klosteranlage gehörten, mag dahingestellt bleiben [4]).

Wie lange der Neubau im Tale dauerte, an welchem Tage die Grundsteinlegung und die Weihe stattfand, welcher Bischof den Weiheakt vollzog, wie der Name des Baumeisters lautet, in welchem Umfange die Klostergebäude gleichzeitig mit dem Kirchbau in Angriff genommen wurden, alles das sind Fragen, über die urkundliche Nachrichten ausstehen. Als Patrone werden Christus, Maria, Georg und Benedikt genannt. Daß die Klostergemeinde selbst die Werkleute stellte, kann nicht zweifelhaft sein; hatte doch Eberhard außer Klerikern auch Laienbrüder mitgebracht [5]). Im Jahre 1152 müssen die Einfriedigungsmauern der Klosteranlage schon in Angriff genommen sein oder wenigstens in einzelnen Teilen gestanden haben, denn das vom Hagenbach begrenzte Vorwerk Ratkerdorf (Rekers) [6]), das bis dahin hersfeldisch war und in Georgenthals Besitz überging, befand sich, wie die Urkunde vom genannten Jahre [7]) besagt, vor

1) Stiehler, a. a. O. S. 20.
Wieland, a. a. O. S. 100.
2) Nach Baethcke, a. a. O. S. 13, Wiese.
3) Dobenecker, Reg. II No. 835 und 849a. Als Grangien werden aufgeführt Asolverod, Houwerith, Rekers, Herenhof, Herde, Tambuch und Barchusen.
4) Stiehler, a. a. O. S. 18 f., hält die clausae in monte S. Georgi, die in den Urk. von 1272 (Thur. sacr. S. 527) und 1306 (das. S. 533) erwähnt werden, für Räumlichkeiten des verlassenen Klosters. Stark, a. a. O. S. 319, und Trinius, Thür. Wanderbuch II S. 222 f., sehen in ihnen später angelegte Neubauten.
5) Urk. v. J. 1143 bei Stiehler, a. a. O. S. 10.
6) Baethcke, a. a. O. S. 13 „das etwa am Eingange zum Schweinebachtale gelegen haben muß".
7) Thur. sacr. S. 475.
Dobenecker, Reg. II No. 32.

dem Klostertore. Recht glaubhaft ist es, daß zu dieser Zeit der um 1143 begonnene Kirchbau bei den günstigen Bedingungen des Materialbezuges [1]) erhebliche Fortschritte gemacht hatte [2]). Lichter wird die Geschichte des Georgenthaler Baues erst 100 Jahre später. Zahlreiche Gnadenerweise von bischöflicher Seite [3]) lassen eine größere Bautätigkeit um 1250 vermuten. Im Jahre 1254 gestattete Erzbischof Gerlach von Mainz dem Kloster, Gaben in seiner Diözese zu sammeln [4]). Ein Zufall hat den Namen des Baumeisters, des magister lapidum Wigandus, überliefert. Abt Bertold zog ihn 1246 zu den Verhandlungen hinzu, die er mit Heinrich Raspe wegen Ueberlassung des Freiwaldes pflog [5]). Hing die Erwerbung des Waldes mit der Absicht zusammen, Rüst- und Dachhölzer für die Erweiterungsbauten zu gewinnen, so darf man den Beginn der Bautätigkeit kurz nach 1246 ansetzen. Ihr Ende dürfte sich mit dem Termine der zuletzt bewilligten Ablässe vom Jahre 1267 decken [6]). Ein altare beate Marie virginis findet 1271 Erwähnung.

Das Klosterhospital erwähnt ein Vertrag vom Jahre 1209, nach einem Klosterbriefe erfuhr es 1338 Zuwendungen [7]). Einer Kapelle der hl. Elisabeth wird 1278, einer „Kapelle, darinnen die Herren von Kefernburg, Stifter und Wohltäter des genannten Gotteshauses be-

---

1) Baethcke, a. a. O. S. 14.

2) Baethcke, a. a. O. S. 13, setzt den Beginn des Kirchbaues ebenfalls in das Jahr 1143, Lerp etwa in das Jahr 1150. Lehfeldt, Bau-   Denkm. Thür., S.-Cob.-Gotha II S. 29: „Die Kirche ward wohl bald nach der Niederlassung um 1150 hier begonnen und hauptsächlich 1186 und in den folgenden Jahren gebaut. Es war eine spätromanische Basilika   .“ Mit dem Baubefunde ist diese letztere Ansicht nicht zu vereinen. Dehio, Handb. d. d. Kunstdenkm. I S. 115 verlegt nach Lehfeldts Vorgang die Bauzeit in die zweite Hälfte des 12. Jahrhunderts.

Unmöglich kann, wie Stiehler, a. a. O. S. 3, glaubt, 1144 die ganze Anlage „vollständig eingerichtet" gewesen sein.

3) Ablässe bei Stiehler, a. a. O. S. 25.

4) Wieland, a. a. O. S. 98.

5) Thur. sacr. S. 485.

Otte, Handb. d. k. Kunst.-Arch. S. 636.

6) Hess, Der ‚Freiwald‘ bei Georgenthal, in Zeitschr. d. Ver. f. thür. Gesch. XVIII S. 309. In dem Vergleich zwischen dem Kloster und den sieben Dörfern über die Freiwaldgerechtigkeit v. J. 1278, Hess, a. a. O. S. 310, heißt es: „Adjungimus praeterea ne aliquis praesumat vendere ligna nisi combustilia, si vero aliquis repertus fuerit, qui ligna vendiderit edificiorum de quolibet plaustro dabit ecclesie quinque solidos   Insuper allodia ecclesie ad suas structuras lignorum edificia obtinebunt   Condixinus insuper ne aliquis praesumat secare ligna edificiorum nisi de scitu militum et milites de Sybeleibin et Tuteleibin qui ad nostram praesentiam negotium deportabunt. Similiter et nos de edificiis allodiorum ad ipsorum notitiam deferemus.“

7) Stiehler, a. a. O. S. 23.

stattet und begraben liegen", wird 1285 gedacht [1]). In Arnstadt [2]) besaß das Kloster zwei, in Erfurt sechs, in Eisenach sieben und in Gotha gar achtzehn Häuser [3]). Eine 1345 gegossene Glocke soll nach Aufhebung des Klosters nach Nauendorf gekommen sein [4]). Im Juni des Jahres 1513 verwüstete eine Ueberschwemmung das Kloster; das Wasser drang in die Kirche, hob das Chorgestühl und bedrohte sogar die Bibliothek. Die Fischteiche wurden hart mitgenommen [5]).

Bei der Lage des Klosters im sumpfigen Waldtale konnten die Mönche ihre Kenntnisse im Wiesen- und Wasserbau hinreichend verwerten [6]). Die Regulierung der Bergwässer einerseits, die Anlage von Staubecken andrerseits waren die Vorbedingungen für das Gedeihen von Garten und Acker. Noch heute sind im sogenannten Klostergarten die Spuren von Oel- und Kornmühle sichtbar [7]).

Nach dem bei Eisleben gelegenen Dorfe Sittichenbach, das nach dem ähnlich klingenden biblischen Orte auch den Namen Sichem annahm, war 1141 die aus 12 Mönchen bestehende Gründungskolonie aus Walkenried entsandt worden auf Veranlassung des Edlen Esico von Bornstedt, der das unweit seiner Burg liegende Dorf nebst 21 Hufen und einem Walde dem Konvente abtrat [8]). Gleich unter

---

1) Stichler, a. a. O. S. 25 f.

2) Urk. v. J. 1350, Thur. sacr. S. 501: „Gerlachus   Mogunt. sedis Archiepiscopus   Abbati Monasterii vallis sancti Georgii   salutem   . ., ut super altari portabili consecrato in curia tua, quam in opido Arnstete habere dinosceris, missas et alia diuina officia   celebrare valeas   indulgemus."

3) Stichler, a. a. O. S. 36.

4) Stiehler, a. a. O. S. 38.

5) Wieland, a. a. O. S. 100. Vgl. das Schreiben Mutians an Urban bei Baethcke, D. Ruinen vom Kl. Georgenthal, in Thür. Monatsblätter 1901 S. 40 f.

6) Baethcke, a. a. O. S. 14: „Daß der Untergrund einst sumpfig gewesen, hat der alte Eichenrost ergeben, der bei den Ausgrabungen im Jahre 1900 unter der Klosteranlage gefunden wurde."

7) Baethcke, a. a. O. S. 14: „Die sieben Teiche, die im ehemaligen Klostergrundstück sich befunden haben, dienten in erster Linie zur Trockenlegung des sumpfigen Geländes und so zur Erzielung eines gesunderen Aufenthalts im Apfelstädtgrund; erst in zweiter Linie wurden sie der Fischzucht dienstbar gemacht   ." Die Namen der Teiche bei Baethcke, Die Ruinen vom Kl. Georgental, in Thür. Monatsblätter 1901 S. 2 f.

8) von Mülverstedt, Hierographia Mansfeldica S. 40 f.
Schamelius, Hist. Beschreib. d. Kl. Sittichenbach, als Anh. zur Hist. Beschr. d. Kl. zu Oldisleben.
Schöttgen und Kreysig, Diplom. Nachlese VIII S. 639 f.
Mencke, Script. rer. Germ. I S. 773 f.
Kreysig, Beitr. z. Hist. d. sächs. Lande III S. 427.
Neue Mittheilungen d. Thür.-sächs. Vereins IV H. 1 S. 151 f., H. 3 S. 155.
Das Kloster wird des öfteren mit den Cisterziensersiedelungen Sittich, Sedletz und Scharnebeck (Rivus S. Mariae = Scharnebeck, Rivus psittaci = Sittichenbach) verwechselt.

dem ersten Abte Volkwin, der wegen seiner Tugendhaftigkeit beim Volke in den Ruf der Heiligkeit kam und als Zierde des Ordens galt [1]), gelangte das der heiligen Maria geweihte Kloster zur Blüte. Schon 1154 bestätigte Kaiser Friedrich I. der Abtei recht ansehnliche Besitzungen, nicht ohne für sich und seine Vorgänger ein Seelengedächtnis auszubedingen [2]). Das lange Verzeichnis der Liegenschaften in der Bestätigungsurkunde des Papstes Innocens III. vom Jahre 1209, die dem Kloster weitgehende Privilegien sicherte, führt eine stattliche Zahl von Grangien auf [3]). Mit solcher Steigerung des Wohlstandes nahm jedenfalls auch der Konvent an Zahl seiner Mitglieder bald bedeutend zu [4]). Sittichenbach schlug eigene Münze [5]); um die Mitte des 13. Jahrhunderts genoß seine Klosterschule Ruf. Durch die Besiedelung von Lehnin im Jahre 1180 [6]) von Buch im Jahre 1192 [7]) und von Grünhain im Jahre 1235 [8]) erscheint Sittichenbachs Lebensfähigkeit in bestem Lichte. Die Aufsicht und Visitation des Cisterzienserinnenkonventes in Mehringen bei Halberstadt wurde der angesehenen Abtei auf Antrag der Nonnen 1232 [9]) vom Papste übertragen. Auch über Paradies, Mariensee und Peterszell übte der Abt von Sittichenbach gewisse Oberaufsichtsrechte [10]). Kirchen besaß

In den verschiedenen Klosterchroniken finden sich als unrichtige Datierungen der Gründung 1140, 1142, 1143, 1144, 1145, 1146, 1243 u. 1250. Vgl. Janauschek, Orig. Cist. I S. 63 f.

1) Manrique, Ann. Cist. I S. 417.
Miracula sancti Volquini bei Winter, Die Cist. d. nordöstl. Deutschl. I S. 368 f.

2) Krühne, Urkundenbuch der Klöster der Grafschaft Mansfeld, in Geschichtsquellen d. Prov. Sachsen p. XX S. 389—533, Urk. No 10.

3) Krühne, a. a. O. Urk. No. 25.
Ueber die Prädien und Stadthäuser Sittichenbachs vgl. Thur. sacra S. 729.

4) Winters Ansicht, a. a. O. II S. 197, daß das Kloster im Verlauf des 13. Jahrh. schnell in Verfall geraten sei, ist von Krühne, a. a. O. S. XIII, widerlegt. Vgl. Rosenberg, Die Gesch. d. Cist.-Kl. Sittichenbach, in Mansfelder Blätter 1893 S. 62.

5) Ritter, Das ehem. Cist.-Mönchskl. Sittichenbach, in Zeitschr. f. Bauwesen 1865 S. 479.
Die Abbildung einer Münze in der Thur. sacra S. 734 zeigt auf der einen Seite ein männliches Porträt mit der Umschrift Silvester Abba Sittichenbachen und auf der Rückseite einen stehenden Vogel im Kranz (Sittich? daher angeblich der Name). Ein am Domänenamtshause zu Sittichenbach vermauerter mittelalterlicher Stein (ehemals Gewölbeschlußstein?) zeigt Abtsstab zwischen zwei Sittichen.

6) oder 1183; Manrique, Ann. Cist. III S. 139.
Krühne, a. a. O. Urk. No. 11.
Winter, a. a. O. III S. 345.
Dobenecker, Reg. II No. 659a.

7) Manrique, Ann. Cist. III S. 267.

8) oder 1236, Winter, a. a. O. I Ann. Cist. No. 737.

9) Winter, a. a. O. II S. 71, nach Potthast, Reg. I No. 6834, schon i. J. 1222.

10) Hermann, Verz. d. i. Preuß.-Thüringen gew. Stifter, in Zeitschrift d. Ver. f. thür. Gesch. VIII S. 153.

der Konvent, der mit dem Hochstift Halberstadt und dem Kloster
Vrose geistliche Bruderschaft unterhielt, im 13. Jahrhundert in Pfiffel,
Röblingen und Kukenburg, außerdem noch 1540 in Groß-Oster-
hausen nebst Filiale Klein-Osterhausen und in Rotenschirmbach[1]).
Konrad, Bischof von Halberstadt und Mönch von Sittichenbach,
weihte 1216 und 1217 das wiederhergestellte Kloster zu Lausnitz und
eine Reihe Altäre daselbst[2]). Ungünstig auf den Wohlstand des
Klosters wirkten die Halberstädter Bischofsfehden seit 1334 und
Streitigkeiten über die verwickelten Vogteirechte ein[3]).

Daß mit dem Bau der Kirche gleich nach Gründung des Konventes begonnen wurde, ist eine naheliegende Annahme, die durch
die Erwerbung eines Steinbruches im benachbarten Schirmbach um
das Jahr 1150 begünstigt wird[4]). Wann die Weihe der Kirche stattfand, ist ungewiß, doch hat sie Volkwin (1141—1153) nicht mehr
erlebt[5]). Die Leiche des ersten Abtes wurde um 1197 exhumiert
und, wie es scheint, an passenderer Stelle, neben dem Johannisaltare,
von neuem beigesetzt[6]). Mit dem Dormitorium scheint die Kirche
(wohl das Querhaus) in üblicher Weise durch eine Treppe in Ver-

1) Krühne, a. a. O. S. XV.
2) Dobenecker, Reg. II No. 1694 u. 1741.
3) Krühne, a. a. O. S. XIII.
4) Miracula s. Volqu. S. 375.
Leuckfeld, Antiquitates Walkenredenses I S. 61.
Krühne, a. a. O. Urk. No. 6.
Winter, a. a. O. S. 30: „Der Mangel in dieser Mönchsgemeinschaft (zu Sittichen-
bach) war anfangs so groß, daß sie keinerlei Mittel besaßen, um an einen ordentlichen
Klosterbau zu gehen." Die Ansicht ist nicht recht glaubhaft, denn schon vor 1154 hatte
das Kloster Zuwendungen von Konrad III. erfahren. Krühne, a. a. O. S. XII.
Thuringia sacra S. 731: „Volcuinus. Primo monachus ex Cisterciensi coenobio,
Vetero-Campensi Walckenriedam peruenit, ibique Prior factus, tandem jussu Conuentus,
Sittenbachensis Abbas fuit constitutus; quod recens monasterium ipse etiam An. 1141
exstruendum curauit."
Dehio, Handb. d. d. Kunstdenkm. I S. 283, verlegt die Bauzeit in die Mitte des
Jahrhunderts.
5) Miracula s. Volqu. S. 382.
Krühne, a. a. O. Urk. No. 10: „Gegenüber dem Umstande, daß die Urkunde
[v. J. 1154] Abt Volquin ausdrücklich als verstorben bezeichnet, kann die Wundergeschichte
der Miracula (Winter, Cisterzienser I p. 373 ff.), die ihn noch 1172 am Leben sein läßt,
nicht ins Gewicht fallen."
6) Miracula s. Volqu. S. 380 f.: „Abbas quidam erat in Sichem Amilius nomine
(nach Winter vielleicht der Nachfolger Volkwins), qui ob veneracionem sancti Volquini
ipse sacris vestibus cum aliis undecim monachis indutus, nocte ipsum de terra levatum in
sarcofago in muro juxta altare sancti Johannis evangeliste de quadro lapide exciso col-
locavit, lotis ante ossibus aqua, deinde vino."

bindung gestanden zu haben [1]). Nachrichten über eine spätere Bautätigkeit des Klosters fehlen ganz [2]), es kann aber kaum zweifelhaft
sein, daß Sittichenbach ebenso, wie die übrigen Klöster des Ordens,
im Laufe des 13. Jahrhunderts eine Veränderung an seiner Kirche
vornehmen mußte [3]).

Zwei Beweggründe waren es hauptsächlich, welche die Umgestaltung der Cisterzienserkirchen herbeiführten, die Notwendigkeit der
Anlage besonderer Kapellen für die an Zahl wachsenden Nebenaltäre und die Hinzuziehung des Laienelementes zum Gottesdienste.
Erstere Neuerung, die das innere Kultusleben betraf, hatte vorzugsweise den Umbau des Chores zur Folge, die Einführung der Volks-
predigten hingegen, zu der das Vorgehen der Bettelmönche den
Anstoß gab, führte notgedrungen zur Vergrößerung des Langhauses.
Nicht selten empfahl sich für die erweiterten kirchlichen Bedürfnisse
ein völliger Neubau. Ablässe brachten Volk und Geld gleichzeitig
in die Klöster. Leider versagt die Methode, eine umfangreiche Bautätigkeit aus einer Periode von Ablässen abzuleiten, bei Sittichenbach
gänzlich; gehäufte Indulenzen sind in der Geschichte der Abtei nicht
anzutreffen. Möglicherweise war der Konvent so gut gestellt, daß
er auch größere Baukosten aus den laufenden Einnahmen bestreiten
konnte. Vielleicht aber kann eine andere Begebenheit mit einer
Vergrößerung der Kirchenanlage in Zusammenhang zu bringen sein.

Ein Mittel, dessen sich die Bettelmönche bedienten, um ihre
Niederlassungen beim Volke in Gunst zu bringen und Andächtige
anzuziehen, war die Aufzeichnung der Wunder, die sich im Kloster
zutrugen. Je zahlreicher und unbegreiflicher die heilbringenden Wir-
kungen waren, die ein Gnadenbild, eine Reliquie oder das Grab eines
Heiligen ausübte, um so stärker mußte der Andrang sein. Die
Cisterzienser, die denselben Zweck verfolgten, griffen zu eben diesem
Mittel. Gelang es, die Klosterkirchen zum Ziel von Wallfahrten zu
machen, so war ihre Vergrößerung unvermeidlich; denn nicht auf
Besuch von Laien, sondern nur für den Gebrauch der Mönche waren
die ersten Anlagen bemessen worden. Es ist kein auffallendes Zusammentreffen, wenn Walkenried 1253 für seine Patronatskirchen in

---

1) Miracula s. Volqu. S. 373 f.: „Cum abbas reverendus (i. e. Volquinus) ad monasterium intempeste noctis silentio surrexisset, nam spacio diei et noctis psalterium consummare solebat, a dormitorio clam descendens

2) Das Pfarrarchiv von Groß-Osterhausen, welchem Orte Sittichenbach jetzt eingepfarrt ist, gibt leider gar keine Auskunft.

3) Dehio, Handb. d. d. Kunstdenkm. I S. 283 ist entgegengesetzter Ansicht. „Bis
zur Säkularisation scheint der Bau aus M. 12. Jh. unverändert bestanden zu haben."

Othstedt und Nicolausrieth durch seinen Prior Arnold die Wunder aufzeichnen ließ und zu gleicher Zeit Ablaß erlangte [1]). Und so mag auch Sittichenbachs Kirche der Sammelpunkt aller Umwohner geworden sein, die an besonders wirksamer Stätte beten wollten oder Genesung von körperlichen oder geistigen Gebrechen suchten, als um 1250 die Wunder zusammengestellt wurden, die sich an die Person des ersten Abtes knüpften und noch bis ins 14. Jahrhundert anhielten. Der Gedanke, daß um diese Zeit das Gotteshaus eine Vergrößerung erfuhr, ist nicht abzuweisen, wenngleich zugegeben werden muß, daß die vorhandenen Anhaltspunkte zu einem Beweise nicht ausreichen.

Das hospitale pauperum wird vor 1250, eine porta latina, der Kreuzgang und eine neue Kapelle daselbst 1314, die Kalefaktur 1476 erwähnt [2]). Sup lapide alteriore ad introitum domus capituli Sichemensis monasterii wurde 1261 die Schwester Haseka, die 36 Jahre im benachbarten Schirmbach als Klausnerin in Mönchstracht gelebt hatte, beigesetzt [3]). Ob der große Wolkenbruch, von dem das Kloster in der ersten Hälfte des 13. Jahrhunderts betroffen wurde, die Baulichkeiten so erheblich beschädigte, daß ihre Ausbesserung sich notwendig machte, steht nicht fest [4]). Ein Angriff Gebhards von Mansfeld im Jahre 1362 scheint den Gebäuden übel mitgespielt zu haben, doch schon im folgenden Jahre soll das Kloster auf Veranlassung des exkommunizierten Grafen wiederhergestellt sein [5]).

---

1) Leuckfel, Antiqu. Walkenred. II S. 126.
2) Miracula s. Volqu. S. 387, 391, 392 f.
Krühne, a. a. O. Anh. No. 175e.
3) Krühne, a. a. O. Urk. No. 82.
4) Annal. Erphord. a. 1227 (Mon. G. SS. XVI) S. 27.
Chronicon Sampetrinum (Gesch.-Quellen Prov. Sachsen I) S. 40.
5) Rothe, Düringische Chronik (Thür. Gesch.-Quellen III) S. 609: „Anno domini MCCCLXII Ludovicus episcopus Halberstadensis frater Friderici marchionis cum exercitu magno obsedit civitatem Ysleben et territorium hinc inde devastabat contra comitem de Mansfelt imponens ei, quod plura castra et bona ad ecclesiam Halberstadtensem pertinentia iniusto titulo possideret. Et quia episcopus cum suo exercitu se recepit ad monasterium Setichenbech ordinis Cisterciensis et ibi refugium habuit, ideo post recessum episcopi comes conventum monachorum intravit et omnibus rebus spoliavit . . .“
Reinecke, Das ehem. Cist.-Kl. Sittichenbach, in Thür. u. d. Harz III S. 220: „Dieses zerstörte Kloster war höchstwahrscheinlich dasselbe, von dem man auf der Höhe des Berges hinter dem jetzigen Sittichenbach noch sehr unscheinbare Mauerüberreste findet... Graf Gebhard fühlte sich bewogen, im darauf folgenden Jahre 1364 zur Wiederherstellung des Klosters 3000 Schock Groschen zu geben, und erhielt auch das jus advocatiae wieder. Dies neu erbaute Kloster lag nun, wie ziemlich deutlich aus den Urkunden hervorgeht, an der bequemeren und freundlicheren Stelle am Fuße des Berges, wo jetzt die Domäne noch liegt.“

Von der Kunstfertigkeit der Cisterzienser im Wasserbau legt Sittichenbach eine schöne Probe ab. Die auf den umliegenden Hügeln entspringenden Quellen wurden in langen unterirdischen Stollen gesammelt und abgeführt, bis sie im Obstgarten des Klosters als ein nie versiegender klarer Bach zu Tage traten und im stande waren, einen Teich zu speisen und eine Mühle zu treiben [1]). Reifensteins [2]) Gründer wurde Graf Ernst von Tonna, indem er im Einverständnisse mit seinem Bruder Erwin, seiner Gemahlin

Ritter, a. a. O. S. 480: „Die Mansfelder Chronisten behaupten, daß das Kloster durch Gebhard niedergebrannt und dann wieder unten am Berge — also da, wo die Gebäude der Domäne jetzt stehen — wieder aufgebaut sei, nachdem der Mansfelder Graf sich verbindlich gemacht habe, die sämtlichen Kosten des Neubaues zu tragen. Doch von einer so gänzlichen Zerstörung wissen die älteren Quellen nichts und der noch 1262 (muß heißen 1362, vgl. Krühne, a. a. O. S. XIV) ausgestellte Sühnebrief des Abtes bestätigt das ebensowenig. Die 3000 Schock Groschen, welche der Graf Gebhard zahlen mußte, um sich vom Bann zu lösen, in welchen er wegen dieses Frevels getan war, wurden nicht an den Abt, sondern an den Bischof gezahlt. Es ist mir überhaupt sehr unwahrscheinlich, daß das 1141 gegründete Kloster resp. die Klosterkirche jemals einen anderen Platz eingenommen hat, als im jetzigen Amtsgehöfte, wenn auch etwa 300 Ruten oberhalb desselben in der sogenannten Plantage, ohnweit des Weges nach Bischofsrode im Forste ein Fleck den Namen des alten Klosters führen und auf diesem sich noch Spuren von altem Mauerwerk finden sollen." Weil sich im Bereiche des Amtsgehöfes romanische Reste finden, schließe ich mich der Ansicht Ritters an, daß das Kloster seinen Platz nicht gewechselt hat.

Leuckfeld, Antiqu. Walkenred. I S. 68: „So ist deswegen besagter Graf Gebhard nebst seinem Sohne Graf Günthern mit seinen Bürgern von Eisleben und andern Unterthanen und habenden Kriegs-Volcke in vollen Zorne auf Sittichenbach losgezogen, und weilen dis Closter sich ihme als rechtmäßigen Advocato widersetzet, und hergegen den Feinden zugefallen, hat er solches mit Gewalt eingenommen, geplündert, und dabey Abt Hermannen nach vollzogener derber Abprügelung an einen Balken anfänglich aufhencken, und mit Feuer schmauchen, hernach aber wieder abnehmen, und mit samt seinen Mönchen zum Closter hinaus jagen, dieses aber nach völliger Ausplünderung totaliter ruiniren und abbrennen lassen." Sartorius, Cistercium Bis tertium S. 927, führt den gemarterten Abt unter den Ordensheiligen auf.

Böttcher, Germania sacra I S. 214: „1362 in einem Streite des Gfn. Gerh. (!) v. Mansfeld mit dem Bisch. v. Halberstadt und dem Abte von den Mansfeldischen niedergebrannt, 1447 in einer Fehde des Ernst v. Hacken mit den Gfn. v. Mansfeld abermals verwüstet".

1) Der in Felsen getriebene, im Anfang etwa 1,70 m hohe, von einer Sandsteintonne überdeckte Stollen ist noch erhalten. Südlich davon ein geräumiger, jetzt verschütteter Bierkeller mit ausgemauerten Nischen für die Fässer.

Ueber die Beschäftigung der Sittichenbacher Mönche mit der Alchimie s. Thur. sacr. S. 734 f.

2) Wolf, Commentatio de archidiaconatu Heiligenstadiensi.

Ders., Eichsfeldisches Urkundenbuch.

Winter, D. Cist. d. nordöstl. Deutschl. I S. 56 f.; II S. 134, 145 u. 188.

In verschiedenen Klosterchroniken wird irrtümlich 1161 und 1165 als Gründungsjahr angenommen. Vgl. Janauschek, Orig. Cist. I S. 146 f.

Guda und seinen Töchtern die alte Siedelung Albolderode[1]) auf dem Eichsfelde 1162 dem Konvente von Volkenroda für die Gründung einer Niederlassung überließ. Verstärkt wurde die Gründungskolonie durch eine Abteilung Cisterzienser, die auf Veranlassung Graf Poppos von Reichenbach 1140 von Altencampen nach Aulesberg geschickt waren und sich eine Zeitlang im benachbarten Lönelbach aufgehalten hatten, ohne zu rechtem Gedeihen zu kommen[2]). Die Zuwendungen, die das im Walddistrikt gelegene Kloster von seiten des Stifters und dessen überlebenden Angehörigen erfuhr, reichten nicht aus, den Konvent gleich anfangs zu Wohlstand zu bringen. Noch 1209 konnte Erzbischof Siegfried von Mainz, der in diesem Jahre das Kloster bestätigte, auf den geringen Bestand seiner Güter hinweisen[3]).

Im Jahre 1261 besaß die Abtei nur 2 Außenhöfe, doch brachte die zweite Hälfte des 13. Jahrhunderts reiche Erwerbungen in nächster Nähe. Bald nach 1300 ließ die Erwerbstätigkeit nach. Das Kloster ging sogar zurück, die bis dahin übliche Zahl von 30 Mönchen war 1317 auf 6 zusammengeschrumpft, indessen wurde dank der Bemühungen des Abtes Luderus von Walkenried die Krise überwunden[4]). Noch heute ist Reifenstein eins der größten Landgüter in der unfruchtbaren Gegend des Fuchsfeldes.

Die Uebertragung des Patronates über die Kirche im benachbarten Birkungen an das Kloster durch den Grafen von Schartfeld im Jahre 1206 bildet das erste Beispiel für die Uebernahme von Kirchenpatronaten durch eine Cisterzienserabtei westlich der Elbe[5]). Weitere Patronatsrechte standen dem Kloster zu über die Kirchen in Ammern und Schwerstedt, sowie über die im Gebiete von Ammern gelegene Danielskapelle[6]). Die Vogtei hatte das Grafenhaus Gleichen inne, dem auch Ernst von Tonna angehörte. Der Schutz der Thüringer Landgrafen wurde 1216 und 1217 zugesichert[7]).

---

1) Bereits 722 erwähnt. 1123 kamen Güter von Albolderode an Bursfelde. Dobenecker, Reg. I No. 10 u. 1176.

2) Leuckfeld, Ant. Michaelst. S. 14.

Hieraus folgt nicht, wie Böttcher, Germania sacra I S. 298 annimmt, eine Gründung durch Altencampen. Vgl. Chronic. Campense, Jongelini Origin. ac. progress. ord. Cist.

3) Wolf, Polit. Geschichte des Eichsfeldes I Urk. No. 9 u. 13.

Ders., Eichsfeldische Kirchengeschichte S. 75.

4) Duval, Das Eichsfeld S. 104 f.

Ueber die Besitzungen vgl. Documenta fundationis, donationum p. monasterii Reiffensteinensis, ed. Stürzer in Cisterzienser-Chronik 1896 S. 33 f.

5) Wolf, Pol. Gesch. d. Eichsf. I Urk. No. 14.

6) Wolf, Eichsfeld. Kirchengesch. I Urk. No. V u. XXIX.

7) Wolf, Pol. Gesch. d. Eichsf. I Urk. No. 16.

Dobenecker, Reg. II No. 1725 u. 1761.

Mit der bescheidenen Stellung des Klosters zu Anfang seines Bestehens mag die Tatsache zusammenhängen, daß bis zum Jahre 1209 eine ausreichende Klosterkirche fehlte. Ernst von Velseck, der Neffe des Stifters, hatte zwar schon vor diesem Jahre das Versprechen abgegeben, dem Kloster ein Oratorium zu bauen, war jedoch durch Kriegsunruhen und die dadurch herbeigeführten Verluste am Privatvermögen an der Ausführung dieses Planes gehindert. Auch 1209 war der Graf, als er Otto IV. auf seinem Krönungszuge nach Rom zu begleiten hatte, weder in der Lage, seine Schulden beim Kloster zu begleichen, noch auch den Beitrag zum Kirchenbau in bar zu hinterlegen; er löste seine Verpflichtungen, die auf 50 Mark festgesetzt wurden, durch Verpfändung einiger Güter[1]). Ob nun kurz darauf mit dem Bau der Kirche begonnen wurde, ist nicht ermittelt; jedenfalls war das Kloster im zweiten Viertel des Jahrhunderts pekuniär in der Lage, den längst gehegten Plan eines Neubaues zu verwirklichen. Daß bis dahin eine Kirche in Benutzung war, ist selbstverständlich; doch darf nicht so sehr an einen vom Konvente angelegten Ursprungsbau, wie an eine übernommene Kirche, vielleicht die alte Pfarrkirche von Albolderode, gedacht werden, die, was Größe und Grundrißform anlangte, den Wünschen des Konventes wohl kaum entsprach. Einer ecclesie in Albolderode als der Klosterkirche geschieht denn auch 1191 Erwähnung[2]).

Den Wohltätern des Hospitales wurde durch den Abt Teilnahme an den guten Werken des Klosters zugesichert[3]).

Im Vergleich zu den fünf großen Abteien Volkenroda, Pforta, Georgenthal, Sittichenbach und Reifenstein haben die übrigen Mönchsklöster nach der Regel von Citeaux in Thüringen nur eine unbedeutende Rolle gespielt. Noch vor Ausgang des 12. Jahrhunderts war der Bedarf an Cistcrzienserklöstern in dieser Kulturgegend Deutsch-

---

1) Wolf, Pol. Gesch. d. Eichsf. I Urk. No. 15: „Notum sit p.p.   quod Ego, Ernestus Comes de Velsecke   promisi   oratorium in Riphenstein debere construere

Schultes, Direct. dipl. II S. 463: „Ob durch diesen Ausdruck eine neue Kirche oder ein Teil des Klostergebäudes selbst verstanden wird, ist hier nicht deutlich zu bestimmen." Oratorium ist der eigentliche Ausdruck für eine Cisterzienserkirche. Vgl. Pforta.

2) Wolf, Pol. Gesch. d. Eichsf. I. Urk. No. 13.

Jaeger, Urkundenb. d. Kl. Teistungenburg, Progr. d. höh. Bürgersch. zu Duderstadt, Urk. No. 1.

Eine Notiz über die Klosterkirche in den oben genannten Documenta p. mon. Reiffensteinensis S. 9 besagt: „Reiffensteinense autem monasterium est de linea Morimundi, ut in summo altari duo capita mortuaria in veteri templo designarunt quod est insigne Morimundi, filia Volckerodae

3) Schöttgen und Kreysig, Scriptores et diplom. I 762.

lands im wesentlichen gedeckt, der gesunde Baum des Ordens breitete seine Zweige mehr und mehr über das östliche Deutschland aus. Schon der Umstand, daß wir bei den nachfolgenden Mönchsklöstern Thüringens nicht im stande sind, die genaue Gründungszeit anzugeben und den Stammbaum fortzusetzen, spricht für ihre bescheidene Stellung. Es sind ihrer auch wenige genug gewesen, zwei Filialen von Georgenthal, Probsteien, nicht Abteien[1]), von denen eine in unmittelbarer Nähe einer Stadt, die andere in einem unbedeutenden Waldtale liegt, das noch heute als einer der ärmsten Landstriche Thüringens eine traurige Berühmtheit genießt.

Bedenkt man, daß Pforta und Sittichenbach im letzten Drittel des 12. Jahrhunderts Gelegenheit nahmen, ihren Stammbaum fortzupflanzen durch Aussendung von Kolonien, die ihrerseits die Mutterklöster angesehener Filialen wurden, und daß bereits 1133 das erst 2 Jahre alte Volkenroda den Grund zu seiner selten reichen Nachkommenschaft legte, so muß es auffallen, daß das einzige Kloster Thüringens, das sich der direkten Abkunft Morimunds rühmen durfte, an der Verbreitung des Ordens im 12. Jahrhundert überhaupt nicht teilnahm. Die abgeschiedene Lage inmitten eines Bergkessels und die südliche Begrenzung durch das Massiv des Thüringer Waldes mag die Untätigkeit Georgenthals gerade in der Blüte der Ordensentwickelung entschuldigen. Andererseits mußte es für die Gründer der hart am Gebirgsrücken gelegenen, am meisten nach Westen vorgeschobenen Klöster Johannisthal und Georgenzell ein naheliegender Gedanke sein, die benachbarte Abtei im Apfelstädtgrunde um Ansiedler anzugehen. Jedenfalls darf es bei dem späten Gründungstermine nicht wunder nehmen, wenn die beiden Filialen weder selbst zu Ansehen kamen noch auch die Kraft erlangten, Tochtersiedelungen ins Leben zu rufen.

Die erste Hälfte des 13. Jahrhunderts war vergangen, die Blüte des Ordens in Mitteldeutschland begann schon zu welken, als der Cisterzienserbruder Gerhard Atze[2]) mit Unterstützung der Tochter der hl. Elisabeth, der Herzogin Sophie von Brabant, und im Einverständnisse mit Markgraf Heinrich von Meißen vor den Toren Eisenachs eine Eremitage anlegte. Im Jahre 1256 zogen die Georgenthaler Mönche[3]) in die 4 Jahre alte Siedelung des Johannisthales

1) Janauschek, Origin. Cisterc. I S. 68.

2) Nach Stichler, Kl. u. Ort Georgenthal S. 48 „nicht unwahrscheinlich ein Georgenthüler Mönch".

Rein, Kurze Gesch. u. mittelalt. Physiognomie d. H. Eisenach, in Zeitschr. d. Ver. f. thür. Gesch. V S. 18.

3) Winter, D. Cist. d. nordöstl. Deutschl. II S. 186: „Georgenthal war eben damals durch die Rückkehr der Kolonie vom Hospital St. Gotthard verstärkt worden."

ein, die in diesem Jahre neben dem Oratorium eine Kirche erhielt [1]).
Der Bischof von Naumburg bewilligte zu Gunsten des Baues einen
Ablaß und erlaubte dem Gardian der Minoriten in Eisenach, die
Grundsteinlegung zu vollziehen [2]). Wenn von diesem Zeitpunkte an
Johannisthal auch als filia von Georgenthal galt, so scheinen die Beziehungen zwischen beiden Klöstern doch keine innigeren geworden
zu sein. Schon 1280 kam es bezüglich des Patronatsrechtes über
Johannisthals Kirche zwischen Atze und dem Abte des Mutterklosters
zu Meinungsverschiedenheiten, die der um das Wachstum des Klosters
besorgte Landgraf Albrecht [3]) zu Gunsten der Tochtergründung
schlichtete. Für die Reparatur der Kirche bewilligten 1308 Mainz
und Eichstätt Ablässe [4]). Zu größerer Selbständigkeit scheint das
Kloster nie gekommen zu sein [5]).

Georgenzells [6]) Gründer wurde Bertold von Wildprechtsroda,
der „den Standort des Dorfes, das einst Winzigendorph genannt
worden,   dem Herrn Konrad, Abt, und dem Konvent des Klosters
St. Georgenthal", als Zelle des hl. Georg überließ und den Klosterbau mit eigenen Mitteln unterstützte. Georgenzells späte Gründung
um 1320 [7]), also zu einer Zeit, in der die Bettelmönche längst zu Ansehen gekommen waren, erklärt am besten die untergeordnete Stellung, die das Kloster im Bereiche der Thüringer Mönchsiedelungen
für immer einnahm. Um 1326 scheint der Bau der Kirche, die der

---

1) Die frühere Datierung Paullinis, Ann. Isenac. S. 41, ist bereits in der „Sammlung
p. d. Kirchen- u. Schulenstaates i. H. Gotha" II 5 S. 6, als unrichtig nachgewiesen.

2) K.- u. Schulenstaat Gotha II 5 S. 7.

3) Vgl. d. Schenkungsurkunden in K.- u. Schulenstaat Gotha II 5 S. 6—38.

4) K.- u. Schulenstaat Gotha II 5 S. 23.

5) Stark, D. Cist.-Abtei Georgenthal p., in Zeitschr. d. Ver. f. thür. Gesch. I S. 329:
„Der Abt von Georgenthal schließt zum großen Teil für die cella St. Joannis Baptistae
die Verträge ab, aber wir finden doch im Jahre 1326 den Provisor und die fratres Vallis
St. Joannis selbständig genannt, ja, was auffallen muß, im Jahre 1335 zwischen Provisor
von Johannisthal und dem Abt einen Vertrag. Ein Prior wird uns zuerst 1347 genannt,
der den Abt von Georgenthal pater ac dominus noster nennt. Abt Ludwig von Georgenthal war 1487 zugleich Prior von Johannisthal."

6) v. Schultes, Gesch. v. Henneberg II S. 302 f.

7) Nach Gebhard, Thür. Kirchengeschichte.
Nach Hermann, Verzeichn. d. p. Stifter, in Zeitschr. d. Ver. f. thür. Gesch. VIII
S. 26, erfolgte die Gründung zwischen 1310 und 1326, nach Brückner, Landesk. v. Meiningen II S. 91, um 1316.
Spangenbergs, Henneberger Chronik, und Frieses, Würzb. Chronik, wesentlich
frühere Datierungen, auf deren Unrichtigkeit bereits Brückner, a. a. O. S. 91, aufmerksam machte, sind von Stiehler, Kl. u. Ort Georgenthal S. 45, widerlegt.
Winter, D. Cist. d. nordöstl. Deutschl. II S. 186: „Die Gründung von Georgenzell
fällt wahrscheinlich noch ins 13. Jahrhundert, jedenfalls vor 1316."

Mutter Gottes, dem hl. Georg und Bernhard geweiht wurde, begonnen
zu sein [1]). Georgenzells Besitzungen reichten im Süden bis Wasungen,
im Norden bis über Salzungen hinaus. Ueber die Kirche des benachbarten Rosa besaß der Konvent das Patronatsrecht; nach der
Säkularisation wurde das Abhängigkeitsverhältnis umgekehrt. Wie
es scheint, war das bis zur Reformation von größeren Stürmen nie
heimgesuchte Kloster die letzte Gründung des Ordens in Thüringen [2]).

Die Gründung muß vor 1326 stattgefunden haben, denn die Urkunde von diesem
Jahre, Thur. sacr. S. 537, enthält die Wiederholung der Schenkung durch jenen Bertold.
Stark, D. Cist.-Abtei Georgenthal p., in Zeitschr. d. Ver. f. thür. Gesch. I S. 330:
„Bereits 10 Jahre früher (vor 1326) finden wir einen Vertrag zwischen dem Cel-
larius von Georgenthal und dem Prior und Fratres von Georgenzell vollzogen."
Böttcher, Germania sacra I S. 724, irrtümlich: „Ehem. Kloster, ursprünglich ein
Dorf, Rosslin genannt, welches Graf Wilh. zu Henneberg und Berthold v. Wildbrechtroda
im Jahre 1000 in ein Kloster verwandelten".

Das im dreißigjährigen Kriege geplünderte Pfarrarchiv zu Rosa bietet leider gar
keine Anhaltspunkte.

1) Urk. in Samml. versch. Nachr. p. K.- u. Schulenstaat Gotha II 2 S. 13.
2) Als Cisterzienser-Mönchskloster gilt noch Cyriaksberg bei Camburg. Der bedeu-
tungslose Konvent, nach einer im Pfarrarchive zu Schmiedehausen gefundenen Handschrift
um 1200 gegründet, soll ursprünglich unter dem Stift Magdeburg, dann unter dem Dom-
kapitel zu Halle gestanden haben, eine Annahme, die mit den Grundsätzen des Ordens
unvereinbar ist. Die Zuwendungen der benachbarten Adeligen reichten angeblich nicht
hin, dem Konvente unter den reich dotierten Nachbarklöstern eine Stellung zu sichern,
so daß die Siedelung bis zur Reformation ein kümmerliches Dasein geführt haben soll.
Nach Brückner, Landesk. d. Hzt. Meiningen II S. 720, und Hermann, Verz. d. p. Stifter
p. in Zeitschr. d. Ver. f. thür. Gesch. VIII S. 17, kamen die Ansiedler aus Erfurt. Diese
Annahme scheint auf Füldner zurückzugehen, welcher schreibt, Beschreibung d. p. Camburg
S. 42: „Wahrscheinlich waren die Mönche in Erfurt ausgewandert, um sich einen andern
Wohnplatz zu suchen." Von einem Cisterzienserkloster in Erfurt ist nichts bekannt; auch
Hermann, a. a. O. S. 96 f., führt ein solches unter den Klöstern dieser Stadt nicht an.
Bellermanns, Neustadt-Eberswalde p. mit d. Beschreib. d. Kl. Chorin S. 112, Annahme einer
Cisterziensersiedelung in Erfurt kennzeichnet sich als falsch schon durch die Datierung der
Gründung von 1107, in welchem Jahre es außer Citeaux überhaupt kein Cisterzienserkloster
gab. Janauschek, Origin. Cisterc. I S. LXXVIII, vermutet: „cum Erfordiae monialium quidem
domus a S. Martino appellata, minime vere virorum abbatia viguerit, sub illo nomine
(Cyriaksberg) praedium quoddam monasterii nobis ignoti latere suspicamur." Der Sitz des
Propstes soll nach Hermann nicht in Cyriaksberg, sondern, ganz entgegen den Ordens-
anschauungen, im benachbarten Camburg gewesen sein. Nun wird zwar ein Propst von
Camburg 1214 genannt (Dobenecker, Reg. II No. 1600), auch findet 1219 ein Propstei-
gebäude daselbst Erwähnung (Füldner, a. a. O. S. 42; Dobenecker, Reg. II No. 1849:
in suburbio Kamburc, quo erat primus locus fundationis prepositure; in der alten Uebersetzung: in der unterburgk zu Kambergk; davon zcum ersten was gezeszen die probstey);
indessen weder die eine noch die andere Angabe ist auf eine Cisterzienserniederlassung
zu beziehen. Ganz willkürlich ist daher auch Brückners, a. a. O. S. 720, Ansicht: „Im
Jahre 1219, also im Anfang seines Bestandes, hatte das Kloster einen Hof zu Erfurt
erhalten, wahrscheinlich weil damals ·der Klosterbau nicht vollendet war."

Dobenecker, Reg., kennt ein Cisterzienserkloster auf dem Cyriaksberg nicht, und Winter, D. Cist. d. nordöstl. Deutschl., ebensowenig. Was mit Sicherheit über Cyriaksberg feststeht, spricht alles gegen den Charakter des Platzes als Cisterzienser-Niederlassung. Weder die Schenkungsurkunden Camburgs, noch die der umliegenden Dörfer lauten auf Cyriaksberg, sondern auf das entlegenere Kloster Eisenberg. Selbst in dem Hauptteilungsvergleich zwischen Kurfürst Ernst und Herzog Albrecht vom Jahre 1485, in welchem alle Klöster namentlich aufgeführt sind, wird Cyriaksberg nicht genannt. Mit den Cisterzienserniederlassungen kann der genannte Platz in keinem Zusammenhange gestanden haben, denn er findet sich nirgends in Verbindung mit anderen Konventen des Ordens aufgeführt. Auch liegt in der Wahl des Titularheiligen eine Abweichung von den Ordensgrundsätzen. „Wie hier, so trifft man den Namen des heiligen Cyriakus bei Neidschütz, und unzweifelhaft weist derselbe auf Graf Gero zurück, der, wie bekannt, von Rom in frommem Eifer diesen Heiligen als gefeierte Reliquie in sein Land mitgebracht und ihn hier der Verehrung seines Volkes gewidmet hat". (Brückner, a. a. O. II S. 720.) Nicht minder befremdend für eine Cisterziensersiedelung wäre die Lage der Kirche auf einer Anhöhe des Saaletales, im sogenannten Stöbenschen Holze.

Bestätigt wird die Annahme, daß der Cyriaksberg anderen Zwecken, als denen der Cisterzienser, gedient hat, durch den Baubefund. Die sehr verfallene, sagenumwobene Kirche auf dem Cyriaksberg (Fig. 45) ist wesentlich älter als der Orden. Vermutlich darf man in dem äußerst bescheidenen Gotteshause eine alte Peterskirche erblicken, den geistlichen Mittelpunkt einer frühen Zeit und die Stammkirche für eine Reihe umliegender Kapellen. Als Pfarrkirche von Stöben wird sie 1121 genannt (Hölzer, Hist. Beschreib. d. Grafsch. Camburg S. 117). Es ist so gut wie sicher, daß hier der Rest jener linkssaalischen Camburger Burg vorliegt, um deren Aufsuchung man sich bisher vergebens bemüht hat und deren späteres Bild eine in der Camburger Stadtkirche befindliche Gedenktafel wiederzugeben scheint, ein interessantes Gegenstück zu der alten Jenaer Heinrichsburg, auf die Weber (D. Burgen d. mittleren Saaletales S. 8) hingewiesen hat. Für das hohe Alter des von Lehfeldt (Bau-

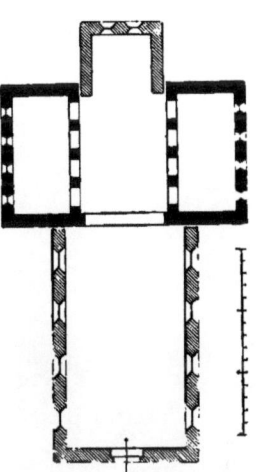

Fig. 45. Kirche auf dem Cyriaksberg bei Camburg.

Denkm. Thür., Meiningen S. 173) ganz falsch interpretierten Baues — Lehfeldt hält die Seitenschiffe für ein Querhaus — einer dreischiffigen außerordentlich kleinen, flachgedeckten Basilika, die später nach Westen einschiffig verlängert wurde und einen rechteckigen Chor erhielt, sprechen die geringe Längenausdehnung, die unverhältnismäßig große Breite der Nebenschiffe, die rohe Technik, insbesondere der mangelhafte Mauerverband, bei dem kaum die Horizontalen gewahrt sind, die Stärke der Pfeiler, die mehr als die Hälfte der Arkadenöffnung beträgt, der Mangel an Zierformen, das Fehlen des Querhauses und vor allem die Auskragung des aus einfacher Schräge mit Platte bestehenden Arkadenkämpfers nur nach dem Bogeninnern zu, jene ebenso primitive wie zweckmäßige Konstruktion zum Aufstellen der Lehrbögen, die erst in späterer Zeit eine feinere architektonische Ausbildung erfuhr (Fig. 46). So interessant die Kirche auf dem Cyriaksberg ist, für den Cisterzienserorden darf sie nicht in Anspruch genommen werden. Hermann, Verz. d. p. Stift., in Zeitschr. d. Ver. f. thür. Gesch. VIII S. 41 u. 113, führt noch zwei weitere Cisterzienser-Mönchsklöster Thüringens an, Mönchpfiffel bei

Fig. 46. Südarkade der Kirche auf dem Cyriaksberg bei Camburg.

Allstedt, das er als selbständige Propstei hinstellt, und Hedersleben [bei Eisleben, das 1291 von Bernhard von Mansfeld gegründet sein soll.

Ueber Mönchpfiffel hat Hermann sich durch Reinecke täuschen lassen, der (D. Kloster Mönchpfiffel, in Thüringen u. d. Harz III S. 94 f.) ohne jede Begründung von einem Cisterzienserkloster spricht, das in Abhängigkeit von Walkenried gestanden haben soll. Wie so oft kann auch hier der Name die Veranlassung gewesen sein, ein selbständiges Kloster da zu vermuten, wo nur die Besitzung einer benachbarten bezw. fremden Abtei zu suchen ist. Beziehungen zu den Ordenskonventen bestanden nur insofern, als Walkenried 1231 in Pfiffel Besitzungen erwarb und [einen Hof anlegte und 1277 die dortige Kirche, die 4 Jahre vorher an Sittichenbach geschenkt war, von diesem Kloster übernahm. Janauschek, Origin. Cisterc. I S. LXXX: „Moenchpfiffel, non abbatia Cisterciensis sed insignis Walkenredae curia erat,   cui monachus, quem praepositum salutabant, invigilavit."

Ueber Hedersleben herrscht keine volle Klarheit; im günstigsten Falle hat hier ein spätes Nonnenkloster nach der Cisterzienserregel bestanden.

Die Existenz eines Cisterzienser-Mönchsklosters in Groß-Ballhausen, das Otte und Sommer, Beschr. Darst. d. ä. Bau- Denkmäler d. Kreises Weißensee S. 4, namhaft machen, ist weiter nichts als Ortssage, welche die Autoren von v. Hagke, Urk. Nachrichten d. Kr. Weißensee S. 307 f., übernommen zu haben scheinen.

In Beuren, Berka a. d. Ilm, Oberweimar und Eisenberg hielten sich nicht, wie Böttcher, Germania sacra I S. 298, 694, 682 u. 734, nach unrichtigen Quellen annimmt, Cisterzienser-Mönche, sondern Cisterzienser-Nonnen auf. Vgl. Janauschek, a.   O. I S. LVII, Parthenia Cisterciensia virorum coenobiis perperam inserta.

Hermann, a. a. O. S. 18 Anmkg.: „Rein, Kurze Gesch. u. mittelalt. Physiogn. d. St. Eisenach S. 18, nimmt noch ein zweites Cisterzienser-Mönchskloster (bei der Eigidienkapelle) [in Eisenach] an. Allein aus seinen Anführungen läßt sich die Existenz eines selbständigen Klosters (das auch sonst nirgends erwähnt wird) nicht annehmen." Rein behauptet gar nicht die Existenz eines selbständigen Klosters; er schreibt nur: „Auch bei der Egidienkapelle unter der Eisenacher Burg, welche Landgraf Albert 1291 eine Cella nennt, befanden sich einige Cisterzienser, die der erwähnten Urkunde zufolge [Urk. im Geh. Arch. zu Weimar] hier regelmäßig Gottesdienst hielten und dem Katharinenkloster [Cist.-Nonnen] untergeordnet waren. Die Aebtissin mag dieses Verhältnis als unpassend erkannt haben und schenkte daher die Cella dem Abte von Pforta (1329) unter der Bedingung, bei eintretender Vakanz sofort zwei Brüder von Pforta hierher zu senden." Tatsache ist, daß seit 1330 zwei Mönche aus Pforta in der Egidienkapelle, welche die Nonnen dem Konvente zu Pforta überlassen hatten, den Gottesdienst versehen. Vgl. Wolff, Chronik d. Kl. Pforta II S. 434. Natürlich kann von einem selbständigen Kloster hier nicht die Rede sein.

Daß Thalbürgel nicht, wie von Gleichenstein, Burgel. abbatiae primitiae p„ und nach ihm Andere wollen, zum Cisterzienserorden, sondern zum Cyklus von Hirsau gehört, ist bereits oben gesagt. Das Gleiche gilt von Paulinzella, das Leuckfeld, antiqu. Walckenred. S. 532, und Andere ebenfalls irrtümlich für den Cisterzienserorden in Anspruch nehmen.

Stellt man die in Thüringen entstandenen Cisterzienser-Mönchsklöster den Gründungen anderer Ordensgenossenschaften gegenüber,
so fällt der Vergleich hinsichtlich der Zahl der erworbenen Plätze
nicht zu Gunsten der Cisterzienser aus. An 25 Stellen erhoben sich
— um nur die bedeutenderen Orden heranzuziehen — Benediktinersiedelungen, an 26 Plätzen sogar die Klöster der Augustiner, 20 Ordenshäuser Thüringens bekannten sich zur Franziskanerregel. Nur die
Prämonstratenser mit 4 Niederlassungen bleiben hinter den Cisterziensern zurück, die, wie die Dominikaner, mit ihren Häusern nicht
einmal die Durchschnittsziffer 15 erreichen. Anders bei den Nonnenklöstern nach der Cisterziensererregel. Die stattliche Zahl von 38 ist
von keinem anderen Orden in Thüringen auch nur entfernt erreicht
worden. Dabei stehen die Benediktinerinnen mit 23 Klöstern noch
weit über dem Durchschnitt. In 12 Häusern wohnten Augustinerinnen,
in je dreien Prämonstratenserinnen und Franziskanerinnen, und nur
eine Niederlassung besaßen die Dominikanerinnen[1]).

Und diese ansehnliche Zahl von Frauenklöstern hätte sich vielleicht noch vergrößert, wäre die thüringische Fürstin, die durch ihr
Beispiel einen erstaunlichen Einfluß auf das geistliche Leben ihrer
Zeit ausübte, für die Tendenz des Cisterzienserordens empfänglicher
gewesen. Elisabeth, die Nichte derselben Hedwig, die im Verein
mit ihrem Gatten Herzog Heinrich in dem großartig angelegten
Kloster Trebnitz den Frauen Schlesiens einen Konvent nach der
Regel Citeaux' schuf, bevorzugte die Klöster der Prämonstratenser
und Franziskaner. In einem besonderen Freundschaftsverhältnisse
mußte sie zu den Benediktinern stehen; Reinhardsbrunn, das Hauskloster der Thüringer Landgrafen, wurde von ihrem Gemahl, Ludwig dem Heiligen, Zeit seines Lebens mit besonderer Gunst bedacht. Nichtsdestoweniger erblickten auch die Cisterzienser Thüringens
in der demütigen und hilfreichen Fürstin die große Heilige ihres
Landes.

Allein man darf sich durch die Zahl der Nonnenklöster über
deren Bedeutung nicht täuschen lassen. Von ganz wenigen Ausnahmen abgesehen, ging ihr Einfluß nicht über den engsten Kreis
hinaus. „Auch in religiös-geistiger Beziehung haben diese Klöster
im allgemeinen nur eine untergeordnete, ja teilweise eine sehr nach-
teilige Einwirkung geübt.   Zwar ist es schwer zu sagen, welche
Ordensgemeinschaft im Wetteifer um den Marienkultus das Höchste

---

[1]) Ich folge den Angaben Hermanns, Verz. d. p. Stifter, in Zeitschr. d. Ver. f. thür.
Gesch. VIII S. 69—72 u. 169—172. Vielleicht sind die Zahlen nicht genau, doch dürften
sie für eine oberflächliche statistische Zusammenstellung genügen.

geleistet hat; aber die Cisterzienserinnen gingen doch darin sehr weit. Und der Reliquienkultus, die Sammlung von Reliquien, die Heiligenblutmirakel fanden hier eine sehr zähe Pflege. Frische und Kraft einer ursprünglichen Persönlichkeit wird hier vergeblich gesucht" [1]) Mit dem Orden selbst standen die Frauenkonvente nur in ganz losem, meist in gar keinem Zusammenhange; kaum der fünfte Teil aller deutschen Cisterzienserinnenklöster scheint dem Ordensverbande angehört zu haben [2]). In den meisten Fällen leitete der Diözesanbischof die Ueberwachung. Erst seit dem Jahre 1212 beschäftigte sich das Generalkapitel angelegentlicher mit der Frage von Frauenklöstern, nachdem es während der Dauer des 12. Jahrhunderts die Gründung derselben bewußt abgelehnt hatte [3]). „Von großer Wichtigkeit für die Aufnahme von Frauen in den Cisterzienserorden wurde ein Entschluß der Prämonstratenser. Gottesfürchtige und ordenseifrige Männer unter diesen hatten nämlich in ihren Klöstern die Erfahrung gemacht, wie schwer und gefährlich es sei, die Wächter selbst zu bewachen, und sie beschlossen daher, in ihre Ordensklöster für die Zukunft keine Frauen mehr aufzunehmen. Von da an wuchs die Zahl der Frauenklöster im Cisterzienserorden ins Unendliche . Und nicht bloß im Abendlande findet dieser Zudrang statt, sondern auch in den Provinzen des Morgenlandes, in Konstantinopel, in Cypern, in Antiochien, in Tripolis und Accon; überall entstehen neue Nonnenklöster des Cisterzienserordens" [4]).

Die Verfassung der Nonnenklöster [5]) war der der Mönchsklöster nicht unähnlich, nur nicht so fein durchgearbeitet, wie diese. Nichts schien für die Sicherung der Klosterzucht geeigneter, als die dem Orden eigentümliche Visitation. Daß hierbei die Aebtissinnen nur beschränkte Rechte erhielten, versteht sich bei den Anschauungen des Klosterklerus von selbst. Den Grundsatz des taceat mulier in ecclesia verleugnete die Kirche auch da nicht, wo ausschließlich Frauen zu einem kleinen geistlichen und sozialistischen Gemeinwesen sich zusammentaten. Die geringe Einschätzung des sittlichen Wertes der Ehe gegenüber den Vorzügen des Cölibates hatte die Klöster ins Leben gerufen. Mit dem Begriffe von der Unreinheit des Weibes

1) Jacobs, Gesch. der i. d. preuß. Prov. Sachsen vereinigten Gebiete S. 93 f.

2) Winter, Die Cist. d. nordöstl. Deutschl. II S. 17.

3) Manrique, Ann. Cist. III S. 572 f.

4) Aus dem Berichte des Kardinals Jacob von Vitry bei Miracus, Chron. Cist. S. 246 f., Cist. Bis. terc. S. 832.

5) Miracus, Chronicon Cisterciense „De monialibus Cist." S. 246.
Hene, Einiges über die Cisterzienserinnen, in Cisterzienser-Chronik 1897 S. 48 f.

vereinigte sich die Ueberzeugung von seiner Unfähigkeit, geistliche Würden zu bekleiden. Hatten die Benediktiner den Frauen die ständige Teilnahme am Gottesdienste in ihren Doppelklöstern noch gestattet, so ließ Citeaux in seinen Satzungen keinen Zweifel darüber bestehen, wie es diese Frage geregelt wissen wollte. Erst das 15. Jahrhundert milderte die eiserne Strenge, mit der der Orden dem weiblichen Elemente jeden Zutritt zu den Mönchsklöstern verweigerte[1]).

Man versteht es, daß das wichtige Amt der Klostervisitation nicht in die Hände einer Frau gelegt wurde. Nicht etwa die Aebtissinnen der Mutterklöster gaben die Visitatoren der Tochtergründungen ab, sondern, sofern die Klöster überhaupt nicht nur der Cisterzienserregel, sondern auch dem Orden angehörten, die Aebte der benachbarten Mönchskonvente. Dabei hatten die Aebtissinnen weder das Recht, Einspruch zu erheben, noch ihre Bestimmungen schriftlich fixieren zu lassen; sie durften keine entgegengesetzten Anordnungen treffen, nicht einmal bei den Visitationen zugegen sein. Nur die Klostervorsteherin besaß wie die Kellnerin das Recht, sich außerhalb der Klausur zu bewegen, sobald es die Geschäfte des Konventes notwendig machten. Ohne Zuziehung von Laienbrüdern, welche die gröberen Arbeiten besorgten und im Gegensatz zu den conversi ordinis den Namen conversi monialium führten, und von Geistlichen, meist Cisterziensermönchen[2]), welche die Seelsorge leiteten, ging es natürlich nicht ab. Nicht selten wurde der Hauptgeistliche, der gleichzeitig der Beichtvater der Nonnen war, durch Kapläne und Vikarien unterstützt, allerdings nur, wenn an einem Tage mehrere Messen zu lesen waren oder besondere Altarvikarien bestanden. Wie strenge aber die Fernhaltung aller weltlichen Personen beobachtet wurde, zeigt der Generalkapitelbeschluß vom Jahre 1275, welcher bei Strafe der Sistierung des Gottesdienstes den Aufenthalt selbst von verheirateten Frauen in den Nonnenklöstern untersagte.

Auch Laienschwestern besaß ein Nonnenkonvent, aber nicht in dem Umfange, wie die Männerklöster Konversen. Der Beruf der Nonnen bestand eben nicht so sehr in der Verrichtung schwerer Feldarbeit, wie in der Kontemplation. Noch in anderen Punkten unterschieden sich die Siedelungen der Frauen von denen der Mönche. Nicht in Waldeseinsamkeit standen die Häuser der Cisterzienserinnen,

---

1) Vgl. das Ordensstatut vom Jahre 1454 u. die „Pariser Artikel" vom Jahre 1493.
2) Vgl. Beschluß des Generalkapitels vom Jahre 1253.

sondern in der Nähe bewohnter Orte, selbst bei größeren Städten, nicht selten neben der Pfarrkirche, häufiger an der Stadtmauer. Vorhandene Kirchen nahmen die Nonnen im Gegensatze zu den Mönchen bereitwilligst an. Ihre Klostergeistlichkeit hatte meistens auch die Seelsorge der Stadt zu besorgen. Erachtete das Generalkapitel behufs Gründung eines Mönchskonventes die Entsendung einer Kolonie von 12 Mönchen mit dem Abte, der Apostelzahl entsprechend, für notwendig, so genügte für die anfängliche Besetzung eines Frauenklosters die Zahl von 4—5 Nonnen, die Aebtissin miteingerechnet. Wurden die Mönchsklöster vom Tage der Gründung an als legitime Mitglieder in den Listen Citeaux' geführt, so gelang es vielen Frauenklöstern erst nach und nach, Fühlung mit dem Orden zu gewinnen, um häufig zeitlebens in keinen rechten Zusammenhang mit ihm zu kommen. Daher erklärt es sich, daß wir bei vielen Cisterzienserinnenklöstern Thüringens nicht einmal über das Stiftungsjahr genau unterrichtet sind und über die Anfänge mancher Gründungen — ich nenne Nauendorf und Groß-Ballhausen — so gut wie gar nichts wissen. Als vollwertige Anstalten wurden die Nonnenklöster von den Mönchskonventen selten angesehen; vermißten doch die ernsten Männer bei den Frauen die moralische Kraft, sich über die Vorrechte des Adels hinwegzusetzen, bei geistlichen Vereinigungen, die dem Wahlspruche Christo in pauperibus folgen sollten. An der Pforte der Frauenklöster wurde gar sehr auf die Person gesehen. Neben den Instituten bürgerlichen Grades erhoben sich in Thüringen wie anderswo die Häuser der feudalen Geschlechter, und auch diese kannten noch Rangunterschiede.

Bei dem anfänglich mangelnden Verständnis des Ordens für die Notwendigkeit des klösterlichen Zusammenschlusses der Frauen fällt es kaum mehr auf, daß in Thüringen das Gros der Nonnenklöster erst dann entstand, als die Gründung der Mönchsklöster zum Stillstand gekommen war. In der Zeit von 1131—1162, in der die fünf großen Abteien ihre Entstehung erlebt hatten, wurde für die Frauen nur eine einzige Stätte geschaffen, in der sie der neuen Regel leben konnten. Bis zum Ende des Jahrhunderts scheinen zwei oder drei weitere Frauenklöster hinzugekommen zu sein. Das 13. Jahrhundert brachte die Hochflut, die auch durch die Beschlüsse des Generalkapitels vom Jahre 1220, keine bestehenden Frauenklöster in den Orden aufzunehmen, und vom Jahre 1228, die Neugründung von Nonnenkonventen überhaupt zu untersagen, sich nicht eindämmen ließ. Zum Leidwesen der älteren Orden entschlossen sich viele Frauenkonvente dazu, die bisherige Regel mit der neuen zu ver-

tauschen. Der Ruf der Einrichtungen von Citeaux und der Erfolg
der arbeitsamen, anspruchslosen und mildtätigen Mönche führte
scharenweise die Frauen aus reiner Begeisterung in die neuen, an-

Fig. 47. Wächterswinkel.

fänglich oft nur kleinen Klöster. Dazu kam noch eins. Um die
Wende des 12. Jahrhunderts boten die Nonnenklöster fast die einzige
Gelegenheit, den Ueberschuß des weiblichen Geschlechts auszugleichen,

der sich bei dem Cölibate von Weltklerus und Mönchtum, bei der Auswanderung der männlichen Bevölkerung in den zu germanisierenden Osten und bei dem Verluste der Kreuzfahrer von selber bildete. Der kinderreiche Bürger, der minder begüterte Kavalier, der Fürst, dem die ebenbürtigen Schwiegersöhne ausblieben, sicherten beizeiten ihren ledigen Töchtern einen Platz im Nonnenstifte.

Die oben erwähnte Ausnahme, das einzige Frauenkloster nicht nur Thüringens, sondern des ganzen nordöstlichen Deutschlands, das in der ersten Hälfte des 12. Jahrhunderts ins Leben trat, war Kloster Ichtershausen[1]), das die Witwe Marquards von Grumbach, Frideruna, im Einverständnisse mit ihrem Sohne Marquard zu Ehren der Jungfrau Maria und des hl. Georg 1147[2]) aus dem ihr zugefallenen Erbteile stiftete. Aus dem fränkischen Kloster Wächterswinkel (Fig. 46), das zum Hause Grumbach in naher Beziehung stand, kamen die ersten 18 Nonnen, unter ihnen die zur Aebtissin bestimmte Hochburga, welche Erzbischof Heinrich von Mainz am 15. Juni 1147 weihte. Eine von ihr bereits 1133 erbaute, ebenfalls dem hl. Georg geweihte Kirche überwies Frideruna der Ansiedlungskolonie zum Gottesdienste. Noch im Jahre der Gründung bestätigten Kaiser Konrad III. und Erzbischof Heinrich von Mainz, ein Verwandter der Stifterin, das gut dotierte Kloster[3]), dessen Nonnenzahl für gewöhnlich 30—40 betrug, 1313 aber auf 85 stieg. Zu den Gerechtsamen des Konventes gehörte die Befreiung von jeder weltlichen Herrschaft, von der Jurisdiktion des Archidiakonen und Archipresbyters, von Bann und Interdikt, sowie freie Wahl von Aebtissin und Prior. Die Berechtigung, pfarramtliche Funktionen auszuüben und Auswärtige im Kloster zu bestatten, zeigt, wie leicht man in Ichtershausen über Hauptgrundsätze des Ordens sich hinwegsetzte[4]).

Da Ichtershausen lange Zeit das einzige Nonnenkloster blieb,

---

1) Beck, Gesch. d. goth. Landes I S. 392 f.
Galetti, Gesch. u. Beschr. S. 32 f.
Rudolphi, Gotha diplom. II S. 264.
2) Die Gründung des Klosters erfolgte nach Hermann, Verz. d. p. Stifter p., in Zeitschr. d. Ver. f. thür. Gesch. VIII S. 32, Winter, D. Cist. d. nordöstl. Deutschl. I S. 53, Wieland, Kloster Wechterswinkel in Cistercienser-Chronik 1899, S. 258, dems., Ein Besuch in Ichtershausen, das. 1903 S. 354, J. 1147, nach Nicolaus von Siegen, Chronicon ecclesiasticum S. 320, und Hesse, Ichtershausen, in Thür. u. d. Harz VIII S. 410, 1141 oder 1142, nach Lehfeldt, Bau-...Denkm. Thür., S.-Cob. Gotha I S. 128, i. J. 1133. Die letztgenannte Datierung ist unbedingt falsch, vgl. Dobenecker, Reg. I No. 1573.
3) Rein, Kl. Ichtershausen, in Thur. sacr. I, Urk. No. 1 u.
4) Rein, a. a. O. S. 13.
Dobenecker, Reg. II No. 153.

das der Cisterzienserregel folgte, so genoß es die ganze Verehrung, welche man gegen den Orden hegte. Die deutschen Könige und die Mainzer Erzbischöfe ließen es an Privilegien, die Geistlichen und Laien an Zuwendungen nicht fehlen, so daß das Kloster bald im Besitze weitgehender Befugnisse und ansehnlicher Liegenschaften sich befand[1]). Nach dem Marienkloster vor den Mauern Goslars konnte 1186 der Konvent eine Kolonie von 12 Nonnen mit der Aebtissin entsenden[2]).

Einzig in seiner Art, wenigstens für Thüringen, dürfte der Reliquienschatz dastehen, den das Kloster aufweisen konnte. Frideruna selbst hatte von dem ihr verwandten Bischofe Bernhard von Hildesheim drei Reliquien des hl. Godehard 1133 zum Geschenke erhalten, die sie in einem Schreine der St. Georgskirche niederlegte[3]). Weitere Reliquien desselben Heiligen erhielt der Konvent 1174 aus Pforta[4]) und 1186 aus Lutter[5]). Unter Zustimmung seines Erzbischofes übermittelte der Domdechant Siegfried von Magdeburg 1166, ehe er zum heiligen Lande zog, persönlich eine große Menge von Heiligtümern aus dem Magdeburger Dom[6]). Von den Domstiften zu Merseburg, Naumburg, Halberstadt und Hildesheim, von den Klöstern zu Goslar, Halle, Peter-Paul und St. Maria zu Erfurt, sowie aus der Hospitalskirche daselbst, aus Stötterlingenburg, aus Ettersburg, Saalfeld, Kitzingen, Georgenthal, St. Peter in Ohrdruf, St. Godehard in Heusdorf bekam Ichtershausen Reliquien, deren Veräußerung die vorgesetzte kirchliche Behörde strengstens untersagte[7]).

Wenn nun in der öffentlichen Meinung der Konvent, dessen religiöser Eifer von allen Seiten das höchste Lob erfuhr, auch als Cisterzienserorden galt, so hat der Orden als solcher die Nonnen nie als Zugehörige seiner Kongregation angesehen. Citeaux faßte das

---

1) Schenkungen bei Rein, Ungedr. Reg. z. Gesch. v. Weimar p., in Zeitschr. d. Ver. f. thür. Gesch. V S. 238 f.

Hesse, a. O. S. 415: „Daß dieses Kloster nicht ohne Einfluß auf den Anbau der umliegenden Gegend gewesen sei, hat man, unter anderem, aus einer Urkunde des Erzbischofes Konrad zu Mainz v. 1196, welche des ‚novale monasterii Ichtershausen Rude vocatum‘ gedenkt, schließen wollen.“

Nic. Siegen, a. a. O. S. 320: „Nam, sicut dicitur, tot mansos arabiles, quot dies in anno sunt, habet et possidet, et dicitur habere omni tempore 12 aratra.“

2) Dobenecker, Reg. II No. 769.

3) Dobenecker, Reg. I No. 1281.

4) Dobenecker, Reg. II No. 484.

5) Dobenecker, Reg. II No. 769.

6) Dobenecker, Reg. II No. 318, 319 u. 471.

7) Dobenecker, Reg. II No. 845, 851 u. 857.

Unternehmen von Ichtershausen als das auf, was es war, als reine Privatangelegenheit edelgesinnter Stifter und in bester Absicht handelnder Klosterfrauen, als eine segensreiche Einrichtung, die man nicht stören sollte, aber auch nicht zu fördern brauchte. Das Generalkapitel nahm weder Veranlassung, gegen die Benennung Cisterzienserkloster Einspruch zu erheben, noch sich um das Gedeihen der Stiftung, dessen Propst ein Augustiner war, oder um seine Fortpflanzung zu kümmern. „Obschon drei Cisterzienseräbte, die von Ebrach, Walkenried und Volkenrode, bei der Weihe der Aebtissin zugegen sind, obschon in den ältesten Zeiten kaum eine Urkunde ohne die Gegenwart eines Cisterzienserabtes, namentlich des Abtes von Volkenrode, ausgestellt wird, so hat das Nonnenkloster doch nie in einem inneren Zusammenhange mit dem Orden gestanden. Kein Cisterzienserabt erscheint als Visitator, und als um 1500 ein solcher auftritt, ist es der Benediktinerabt von Bürgeln. Das geistliche Oberhaupt der Nonnen ist nicht der Abt von Cistercium, sondern der Erzbischof von Mainz . . . Ichtershausen war für den Orden von Citeaux nicht vorhanden" [1]). Und so war es mit fast allen Nonnenklöstern Thüringens."

Die Schirmvogtei ruhte bei den Herren von Grumbach, nach deren Aussterben bei den Grafen von Kevernburg, in deren Gebiet das Kloster lag, und nach dem Erlöschen der Kevernburger Linie bei den Landgrafen von Thüringen [2]). Ueber die Kirchen zu Egstedt, Dachwig, Rechstedt, Eichsleben, Thorey und die Kapellen des hl. Petrus bei Ichtershausen und Johannis des Täufers zu Kerspleben besaßen die Nonnen das Patronatsrecht [3]). Mit Pforta, dem Petersbergkloster in Erfurt, mit dem Predigerorden und den Kalanderherren scheint der Konvent Fraternität unterhalten zu haben [4]).

Ueber den Bau der Kirche ist wenig überliefert. Daß 1147, als die Nonnen einzogen, das Gotteshaus vollendet war, kann als sicher gelten [5]). Der bereits 1148 erwähnte Altar des heil.

---

1) Winter, a. O. I S. 54.
2) Nach Hermann, a. O. S. 32.
Nach Hesse, a. O. S. 413, vielleicht auch zeitweilig beim Stadtrat von Erfurt.
3) Rein, a. a. O. S. 15.
4) Rein, a. a. O. Urk. No. 20, 92, 246, 325, 329, 340 u. 369.
5) Eine Inschrift vom Jahre 1154, die in der nördlichen Apsis vorhanden gewesen sein soll und des Bischofes Ulrich (von Halberstadt 1149—1160), der Jungfrau Maria, der Apostel Petrus und Thomas gedenkt, bezieht Rein, a. O. S. 30, auf die Weihe des hier befindlichen Altares durch den genannten Bischof. Lehfeldt, a. a. O. S. 129, bezeichnet sie irrtümlich als Bauinschrift; danach Dehio, Handb. d. d. Kunstdenkm. I S. 149, der erst Benedikt., dann Cisterz. annimmt. Nach Brückner, Kirchen- u. Schulenstaat Gotha III 7 S. 5, der die Weihe ebenfalls irrtümlich auf das „Capellgen" d. h. auf die noch erhaltene

Georg [1]) darf als Hochaltar angesehen werden. Vor dem altare sancte Marie ruhte Gräfin Geba [2]). Nikolaus Schuler war Vikar des Altares St. Johannis des Täufers im Chore [3]). Außerdem befand sich eine Vikarie Johannis des Evangelisten [4]) und ein Altar des hl. Petrus in der Kirche [5]). Von den Klostergebäuden werden in den Urkunden genannt Sommer- und Winterrefektorium, Kapitelsaal, Krankenhaus, Gastzimmer, Novizenhaus, Küche, Gefängnis, das Pförtnerhaus am Tore und vor demselben die Schenke [6]). Daß die Räume sehr ausgedehnt gewesen sein müssen, geht aus den hier gehaltenen Fürstenversammlungen hervor, 1198, 1204 und 1546, wo am 4. Juli Johann Friedrich der Großmütige mit Philipp von Hessen zusammenkam.

In Triptis entstand ein Nonnenkonvent nach der Cisterzienserregel vor dem Jahre 1212 [7]). Der Gründer wurde Dietrich der Bedrängte von Meißen, vermutlich auf Veranlassung seiner Schwester Adele, die, von ihrem Gatten Ottokar von Böhmen verstoßen, den Entschluß faßte, sich dem Klosterleben zu widmen. Wegen der Verzögerung der Gründung trat Adele in das Kloster zu Meißen ein, während ihr Hofstaat in Triptis blieb und als Konvent seine Versorgung fand [8]). Ob nun Dietrich den Nonnen sein Schloß oder die an Stelle der jetzigen Gottesackerkirche stehende Ulrichskirche zur Verfügung stellte, ist ungewiß [9]); jedenfalls schließt die Dürftigkeit, mit welcher der neue Konvent zu kämpfen hatte, und die Kürze seines Bestehens die Anlage größerer Neubauten aus. Schon 1212

Nordapsis bezieht, der Wortlaut folgender: dominice incarnationis MCLIIII atonsi opo Vdalrico aspirante s r c m imc sēpq virḡ. Marie ĉtinen S. Marie S. Petri apli Thome apli LACRETiIMR Merian, Topogr. sup. Saxoniae S. 103: „Ichtershausen In der Thüringischen geschriebenen Chronic stehet, es seye Anno 1150. von den Grafen von Grumbach gebauet worden; welche Johann Bange in der gedruckten Thüringischen Chronic bestättigt".

1) Dobenecker, Reg. I No. 1593 u. II No. 845.
2) Dobenecker, Reg. II No. 1199.
3) Hesse, a. a. O. S. 415.
4) Hesse, O. S. 416.
5) Rein, O. S. 29. Rein nimmt noch einen Laienaltar in der Mitte der Kirche an.
6) Rein, a. a. O. S. 27.
Dobenecker, Reg. II No. 995.
7) Das Kloster entstand nach Lotz, Kunsttopogr. Deutschland I S. 597, u. Böttcher, Germania sacra I S. 697, i. J. 1090 (!), nach Hermann, Verz. d. p. Stifter, in Zeitschr. d. Ver. f. thür. Gesch. VIII S. 56, J. 1170, nach Lehfeldt, Bau- y. Denkm. Thür., S.-W.-Eisenach III S. 237, i. J. 1201.
8) Lehfeldt, O. S. 234, nach handschriftlichen Mitteilungen von Barthel.
9) Adler, Vogtl. Jahresbericht XVIII—XIX S. 21, bezeichnet die Kirche als die eines Mönchsklosters und das Schloß als Nonnenkloster.

verlegte Dietrich das Kloster nach Zwickau und überwies ihm die dortige Kirche nebst der Parochie zu Osterwegen[1]); doch auch hier blieb der erhoffte Erfolg aus.

In Eisenberg[2]) hatte Dietrich ein Stift für regulierte Chorherren gegründet, das aber weder innerlich noch äußerlich gedeihen wollte[3]). Auf Rat des Diözesanbischofes wurde 1219 vom Gründer und seiner Gemahlin Jutta beschlossen, den Reglerkonvent aufzuheben und die Nonnen aus Zwickau in das Eisenberger Kloster zu berufen. Die Vereinigung der Güter beider Stiftungen sollte das Bestehen wenigstens einer Anstalt sichern. Zu der Ausstattung gehörten die Pfarrkirchen zu Eisenberg, je eine Kapelle in der Stadt und vor deren Mauern, in Rauda, Beinsnette und in Camburg, sowie die Marktkirche und eine Hofstätte daselbst[4]), die Kirche zu Schleuskau, zu Heringen, zu Schmiedehausen, zu Münchengosserstedt, zu Zottelstedt und zu Osterwegen[5]). Kloster und Kirche waren zu Ehren der Mutter Gottes und des hl. Kreuzes geweiht[6]). Zahlreiche Ablässe ermöglichten Ausbau und Verschönerung des Gotteshauses[7]). Der Aufsicht des Ordens unterstand das Kloster nicht, sondern dem Bistum

---

1) Dobenecker, Reg. II No. 1506.

2) Böttcher, Germania sacra S. 734, der irrtümlich Cist.-Mönche annimmt. Löbe, Kirchengesch. v. Altenburg III S. 14. Mitteilungen f. Kahla u. Roda III S. 331. Gschwend, Eisenbergische Chronika S. 49 f.

3) Die Gründung erfolgte nach Back, Das alte Eisenberg S. 8, zwischen 1213 und 1217, nach Lehfeldt, Bau- p. Denkm. Thür., S.-Altenburg II S. 201, zwischen 1213 und 1216, nach Gotter, K. p. Nachricht v. d. z. Eisenberg st. Nonn.-Kloster S. 17, i. J. 1173. Der Plan der Gründung entstand bereits 1198, Dobenecker, Reg. II No. 1091; i. J. 1210 muß er schon zur Ausführung gekommen sein, Dobenecker, Reg. II No. 1459.

4) in der sich eine Propstei (aber jedenfalls nicht die vom Cyriaksberg bei Camburg) befand.

5) Dobenecker, Reg. II No. 1849.

6) Schultes, Diplom. u. stat. Nachr. v. Eisenberg S. 198 f.

7) Gotter, a. a. O. S. 23, erwähnt einen Ablaß des Bischofes Meinhard von Naumburg v. J. 1280 und des Bischofes Bruno das. v. J. 1289 zu Gunsten eines Ausbaues. Back, Chronik der Stadt u. d. Amtes Eisenberg S. 165 führt an für die Jahre 1267 einen Ablaß des Papstes,

1280 „ „ „ Bischofes Meinhard von Naumburg zum Ausbau der Kirche,
1285 „ „ „ Bischofes von Augsburg,
1285 „ „ „ Bischofes von Trier,
1285 „ „ „ Bischofes von Naumburg,
1299 „ „ „ Bischofes Bruno von Naumburg zum Ausbau der Kirche,
1300 „ „ „ Papstes Bonifatius VIII.,
1313 „ „ „ Bischofes Ulrich von Naumburg zur Ausschmückung der Kirche,
1360 „ „ „ Papstes.

Naumburg[1]. Als Propst erscheint von 1321 bis 1324 der Pfarrer der Otmarskirche zu Naumburg.

Zu den frühesten Gründungen des Landes mag auch das Nonnen-

Fig. 48. Grabstein des Grafen Friedrich und der Gräfin Elisabeth von Orlamünde in der Kirche zu Oberweimar.

kloster zu Oberweimar[2]) gehören, das 1244 bereits in vollem Be-

1) Back, Chron. d. St. u. d. A. Eisenberg S. 147.
2) Schumann, Landeskunde von Sachsen-Weimar-Eisenach II S. 148. (Schneider) Samml. z. Gesch. Thüringens bes. d. St. Weimar I S. 125 f.

stande erscheint [1]). An Zuwendungen ließen es die Grafen von Orla-
münde-Weimar, die Gründer des Klosters, sowie die Adeligen des
Landes, insbesondere die Herren von Berka und Tiefurt, nicht fehlen
(Fig. 48). Das Kloster erhielt 1293 von dem Ritter von Vargula das
Patronat über die Jakobskirche, später auch teilweise das an der Stadtkirche zu Weimar und das von Ulla und schwang sich infolge von
Schenkungen und Ankäufen zu einem der bedeutendsten Nonnenkonvente Thüringens auf [2]). Es soll für 40 Nonnen bestimmt gewesen sein [3]).

Auch hier wird der Konvent die Pfarrkirche, die den Aposteln
Petrus und Paulus geweiht war und 1208 Erwähnung findet [4]), übernommen haben, denn sonst wäre die Tatsache nicht zu verstehen,
daß schon 1247 eine Bautätigkeit sich notwendig machte, zu deren
Unterstützung Papst Innocens IV. die Gläubigen aufforderte. Es
kann sich nur um einen Umbau handeln, vermutlich sogar nur um
die Veränderung der inneren Einrichtung der Kirche für die Zwecke
der Nonnen, die einer geräumigen Empore bedurften [5]). Das Wachstum des Konventes und sein gesteigerter Wohlstand bedingten indessen kurz nach der Mitte des 14. Jahrhunderts die Schaffung eines
größeren kirchlichen Raumes; 1361 wurde der Neubau in Angriff
genommen [6]).

Das erste Nonnenkloster im nördlichen Thüringen und, wie es
scheint, die erste Gründung des 13. Jahrhunderts überhaupt wurde
B e u r e n [7]), dessen Nonnen 1201 [8]) aus Woltingerode mit Geneh-

---

1) Nach Hermann, Verz. d. p. Stifter, in Zeitschr. d. Ver. f. thür. Gesch. VIII
S. 42, nach Heß, Ueber d. n. erhalt. mittelalt. Bauw. i. Weim. Kreise p., daselbst VI
S. 220, und nach Lehfeldt, Bau- p. Denkm. Thür., S.-W.-Eisenach I S. 286, ist die
Gründung des Klosters noch im 12. Jahrhundert erfolgt; Böttcher, Germania sacra I S. 682,
verlegt die Gründung irrtümlich in den Anfang des 12. Jahrhunderts.

2) Winter, D. Cist. d. nordöstl. Deutschl. II S. 44, nach Urk. aus d. St.-Archive
in Weimar.

3) Hermann, Verz. d. p. Stifter, in Zeitschr. d. Ver. f. thür. Gesch. VIII S. 42.

4) Dobenecker, Reg. II No. 1361a.

5) Auch Winter, D. Cist. d. nordöstl. Deutschl. II S. 44, bezieht die Bautätigkeit
von 1247 nicht auf einen völligen Neubau.

6) Eine 1737 vorhandene Minuskel-Inschrift besagt: „Anno Domini 1361 Quasimodo-
geniti fundata est Capella ista per Hermannum etc." Wette, Hist. Nachr. v. p. Weimar
S. 22. Mitzschke, Nachweisungen über das vormalige Kloster Oberweimar, in Weimarische
Zeitung 1893 No. 130, gibt als Jahr der Bauvollendung 1281 an. Ueber den Gebrauch
der Hillebille im Kloster Oberweimar vgl. Mitzschke in Thür. Monatsblätter 1904 S. 23 f.

7) Wolf, Pol. Gesch. des Eichsfeldes I S. 140.
Jaeger, Urkundenb. d. Kl. Teistungenburg, Progr. d. höh. Bürgersch. zu Duderstadt
1878, Urk. No. 2—9, 13.

8) Duval, Das Eichsfeld S. 295: „Die Gründung ist entweder in den letzten Jahren

migung des Diözesanbischofes Hartbert von Hildesheim kamen. Papst Innocens III. und Erzbischof Siegfried von Mainz bestätigten die Stiftung. Auch in Beuren wurde eine vorhandene Kirche in Benutzung genommen, die der Großvater des Gründers und ersten Propstes Konrads von Bodenstein, Domkantors zu Hildesheim, erbaut hatte [1]). Im Jahre 1201 erscheint Propst Konrad als Zeuge in einer Urkunde für Reifenstein [2]). Zu ihrem Unterhalte schenkte der Stifter den Nonnen seine Güter in Erfurt, Ohmfeld und Geilenroda; 1281 erfuhr das Kloster Zuwendungen durch den Grafen Albrecht von Gleichenstein. Bis 1238 unter der Vogtei der Bodensteiner stehend, kam der Konvent, der nur aus adeligen Damen bestanden haben soll, 1250 unter den Schutz der Thüringer Landgrafen. Obwohl bei den Propstwahlen Cisterzienseräbte als Berater zugezogen werden sollten und insbesondere die Meinung Walkenrieds und Reifensteins gehört wurde, ist das Kloster in den Ordensverband nicht aufgenommen.

Nur ein Jahr jünger als Beuren ist das Nonnenkloster zu Döll-stedt [3]), wenngleich der Konvent, dessen Anfänge bis 1202 zurückgehen, ursprünglich keine regelrechte klösterliche Form gehabt haben mag. Engere Beziehungen zum Ordensverbande scheinen nie vorhanden gewesen zu sein. Das Kloster, das dem hl. Petrus und Nicolaus geweiht war, erhielt um die Wende des 13. Jahrhunderts größere Zuwendungen [4]). Die Geschichte der Klosterkirche ist dunkel. Bei der geringen Bedeutung des Konventes aber darf nicht so sehr an einen selbständigen Neubau wie an die Uebernahme der Pfarrkirche gedacht werden.

In gar keiner Beziehung zum Orden kann der Cisterzienserinnen-konvent zu F r a u e n s e e [5]) gestanden haben, denn hier führte auf

des zwölften, oder im ersten Jahre des dreizehnten Jahrhunderts geschehen." Die Be-siedelung muß 1201 vor sich gegangen sein, da der Kardinallegat Guido von Präneste bei der Einrichtung mittätig ist. Dobenecker, Reg. II No. 1775. Winter, D. Cist. d. nordöstl. Deutschl. II S. 33.

1) Gudenus, Codicill. diplom. Beur. No. I.

2) Wolf, Eichsfeld. Kirchengesch. Urk. No. I.

3) Kirchen- u. Schulenstaat im Herzogt. Gotha II 3 S. 10 f.
Hermann, Verz. d. p. Stifter in Zeitschr. d. Ver. f. thür. Gesch. VIII S. 17: „Wahr-scheinlich ist das Kloster von den Grafen von Gleichen gegründet und dotiert worden."

4) Schumacher, V Nachrichten d. sächs. Gesch. I S. 27 f.
Thur. sacra S. 128 f.

5) Rein, Thur. sacra I S. 76.
Wolff, Chronik d. Kl. Pforta I S. 316 u. 319.
Ayrmann, Notitia monast. Hassiae S. 18.
Rommel, Gesch. v. Hessen I S. 281.
Ledderhose, Kl. Schriften IV S. 275.
Wenck, Urk. III No. 94.

eigenem Grund und Boden der Abt von Hersfeld [1]) die Oberaufsicht. Nach einer späteren Angabe sollen die Nonnen zuerst ihren Sitz am Kohlbach unterhalb Gerstungen, oder in Netra gehabt haben und dann in die Einöde zum See übergesiedelt sein [2]). Erst im Jahre 1202 tritt das Kloster in lacu urkundlich hervor [3]), wo Hermann, Landgraf zu Thüringen, sich mit Bertold von Salzungen wegen der Advokatie über dasselbe vergleicht; 1217 erscheint der in den Urkunden vielgenannte erste Propst Elbuin, Mönch und Kämmerer von Hersfeld, zum ersten Male als Zeuge [4]). Vom Erzbischofe Heinrich von Mainz wurde dem Konvente, dessen Schenkungen nur mäßigen Umfang angenommen zu haben scheinen, die Parochie Husen 1341 überwiesen [5]). Bereits 1235 setzte der Dechant des Stiftes Petri zu Mainz die höchste Zahl der Nonnen auf 66 fest. Aus den von Büff [6]) gesammelten Stellen, in denen die Kirche 1309 genannt wird und außerdem die Propstei und das Siechenhaus Erwähnung finden, ergibt sich soviel, daß das Klostergotteshaus 1685 einen baufälligen Turm besaß. Ein Altar des hl. Bernhard, den der Vizepleban Theodorich von Gertungen und Gottfried von Lupnitz errichteten, erfuhr 1250 Zuwendungen, und 1514 erhielten Dietrich Möller und Ehefrau zum Dank dafür, daß sie 10 Gulden zum Klosterbau geliehen, die üblichen kirchlichen Gnadenerweise.

Im Gegensatz zu den bisher genannten Frauenkonventen stand das Katharinenkloster in E i s e n a c h [7]), eine Stiftung Hermanns I. von Thüringen und die Begräbnisstätte dieses Landgrafen wie seiner Nachfolger bis auf Heinrich Raspe, in Abhängigkeit von einem Cisterzienser-Mönchskloster. Im Jahre 1208 betraute Papst Innocens III. den Abt von Pforta mit der geistlichen Aufsicht über die Nonnen [8]),

---

1) Der Ort des späteren Klosters Frauensee war bereits 786 in die Schenkung Karls des Großen an das Stift Hersfeld mit eingeschlossen. Wenck, Hess. Gesch. Urk. B. II S. 14 und Landau, Territorien S. 199.

2) Heusinger, Sagen des Werrathals S. 38.

3) Dobenecker, Reg. II No. 1226.
Nach Winter, D. Cist. d. nordöstl. Deutschl. II S. 41, war der Konvent 1214 organisiert.

4) Thur. sacra S. 539.

5) Thur. sacra S. 538.

6) Beitr. z. Gesch. d. Cist.-Nonnenkl. Frauensee u. Kreuzberg in Zeitschr. d. Ver. f. hess. Gesch. VIII S. 1 f.

7) Paullini, Historia Isenacensis § 40 f.

8) Wolff, Chronik d. Kl. Pforta II S. 560.
Pertuch, Chronicon Portense S. 287.
Rein, K. Gesch. u. mittelalt. Physiognomie d. St. Eisenach, in Zeitschr. d. Ver. f. thür. Gesch. V S. 14, und Hermann, Verz. d. p. Stifter, das. VIII S. 20, nehmen irrtümlich 1215 als Gründungsjahr an.

die wenigstens einmal im Jahre auszuüben war [1]). Auf die Zugehörigkeit des Konventes zum Orden scheint der Stifter den größten Wert gelegt zu haben; im Jahre 1214 wandte er sich mit der Bitte um Aufnahme der Nonnen in den Verband an das Generalkapitel, das die Angelegenheit dem Abte von Morimund überwies [2]). Das Kloster erhielt 1215 die Parochie zu Sommeringen und 1218 die zu Aldendorf und St. Georg in Eisenach [3]). Von Eisenach aus soll 1234 das Kloster Ottbergen besiedelt sein, das nach zweijährigem Bestande nach dem Brückenfeld bei Höxter und von da 1248 nach Brenkhausen verlegt wurde [4]). Das Katharinenkloster zu Eisenach war die einzige Niederlassung von Cisterzienserinnen und des Ordens überhaupt, zu der die hl. Elisabeth nachweislich Beziehungen unterhielt; hier hatte die Landgräfin ihrem Beichtvater Obödienz gelobt [5]).

Die Entstehungsgeschichte der Klosterkirche ist völlig unklar, doch spricht die Tatsache, daß das Kloster außerhalb der Stadt vor dem Georgstore lag, sowie das Interesse, das man der Stiftung entgegenbrachte, nicht so sehr für die Uebernahme einer Pfarrkirche, wie für einen Neubau.

Das Nonnenkloster zu B e r k a [6]) an der Ilm, eine Stiftung des Grafen Dietrich von Berka [7]), erscheint urkundlich zuerst im Jahre 1241 [8]). Die Nonnen, die bis zur Fertigstellung der Klostergebäude

---

1) „discretioni tue per apostolica scripta mandamus, quatenus earum sollicite curam gerens semel in anno eis officium salutifere visitationis impendas professionique monialium ipsius monasterii, sicut tibi de monialibus tui ordinis a sede apostolica est indultum, interais et eas in monachas benedicas monachalem habitum eis largiendo" aus der Verfügung des Papstes an den Abt. Dobenecker, Reg. II No. 1361.

2) Martène et Durand, Nov. thes. aneced. IV 1314.

Winter, D. Cist. d. nordöstl. Deutschl. II S. 39, glaubt, daß 1214 (nicht, wie Nicolaus von Siegen, Chron. eccl. S. 348, will, die Gründung, sondern) die Aufnahme in den Orden erfolgt sei, und Landgraf Hermann sich schon 1213 an Citeaux wandte.

3) Dobenecker, Reg. II No. 1647, 1812 u. 1814.

4) Paullini, Chronicon Ottbergense S. 174 f. Echtheit von Winter, a. a. O.II S. 61, und Dobenecker, Reg. II No. 2375, angezweifelt.

5) Manrique, Ann. Cist. IV S. 514. Von Winter, a. a. O. II S. 32, angezweifelt.

6) Kronfeld, Landesk. d. Großh. S.-W.-Eisenach II S. 49 f.

7) Elle, D. alte Herrschaft Berka, in Zeitschr. d. Ver. f. thür. Gesch. XXIV S. 105: „Dietrich III. . wahrscheinlich der Stifter, sicher aber der Erneuerer und Wohltäter des Klosters." Vgl. Adrian Beier, Geographus Jenensis S. 126.

8) Die Gründung erfolgte nach Rein, Thur. sacra, Schumann, Landeskunde von S.-Weimar S. 25, Hermann, Verz. d. p. Stifter, in Zeitschr. d. Ver. f. thür. Gesch. VIII S. 14 und Winter, D. Cist. d. nordöstl. Deutschl. II S. 44, i. J. 1210, nach Heß, Ueber d. n. erh. mittelalt. Bauw. i. Weim. Kr., in Zeitschr. d. Ver. f. thür. Gesch. VI S. 166, i. J. 1240, nach Lehfeldt, Bau- Denkm. Thür., S.-W.-Eisenach I S. 100, erst i. J. 1251; danach Dehio, Handb. d. d. Kunstdenkm. I S. 43, ebenso Böttcher, Germania sacra I S. 694.

im benachbarten Münchhain wohnten, erhielten 1251 die Pfarrkirche [1]) von Berka vom Stifter für ihre Zwecke überwiesen. Sie standen nicht unter der Aufsicht Citeaux', sondern des Erzbischofes von Mainz, der 1252 die Bestätigung erteilte; ihr Patron scheint nicht die Mutter Gottes, sondern der hl. Georg gewesen zu sein. Der Konvent, der über die Kirche zu Nohra das Patronatsrecht besaß, hat trotz Schenkungen keine Bedeutung erlangt.

Im Nonnenkonvente von Frankenhausen schuf Graf Friedrich von Beichlingen das reiche Hauskloster für die Geschlechter von Beichlingen, Klettenberg, Mansfeld und Hohnstein [2]). Auch dieses Kloster stand nicht unter Citeaux, sondern unter dem Erzbischofe von Mainz; wie in Berka, war auch hier die Kirche dem hl. Georg geweiht [3]). Das Gründungsjahr schwankt zwischen 1214 und 1216; als bestehend wird das Kloster 1219 genannt [4]). Die Schutzvogtei ruhte bei den Beichlingern, bis sie 1340 an die Grafen von Schwarzburg überging. Ueber die Kirchen zu Helmbrechtsdorf, Lützensömmeringen, Rottleben und wohl auch Frohndorf besaßen die Nonnen das Patronatsrecht [5]).

Ueber den Ursprung der Klosterkirche ist nichts ermittelt. Der Ort besaß bereits vor Gründung des Konventes in der Liebfrauenkirche auf dem Berge, der jetzigen Oberkirche, ein Gotteshaus für Pfarrzwecke. Ob die Unterkirche, die dem Nonnenkonvente diente, bis dahin ebenfalls als Pfarrkirche schon bestanden hatte, kann zweifelhaft erscheinen. Vermutlich erhielt die Siedelung, die offenbar vor den Mauern der Stadt ihren Platz fand, als Kirche einen Neubau [6]). Der hl. Anna, der Jungfrau Maria, den zwölf Aposteln, den zehntausend Märtyrern, dem hl. Benedikt, Georg, Johannes, Andreas und der hl. Katharina sollen Altäre geweiht gewesen sein, ferner wird ein Cyriaksaltar in einer Marienkapelle erwähnt [7]).

---

1) Kommt bereits 1119 vor. Dobenecker, Reg. I No. 1138.

2) Ann. Reinhardsbr. ed. Wegele S. 136.

3) Müldener, Hist. Nachr. v. d. Cist.-Nonnenkl. St. Georgen zu Frankenhausen. Ueber die Irrtümer Müldeners, die zum Teil auf Jovius zurückgehen, siehe Hermann, Verz. d. p. Stifter, in Zeitschr. d. Ver. f. thür. Gesch. VIII S. 22. Leitzmann, Dipl. Gesch. d. eh. Grafen v. Beichlingen, in Zeitschr. d. Ver. f. thür. Gesch. VIII S. 196, ist hinsichtlich der Klostergründung den falschen Angaben Müldeners gefolgt.

Nach Hesse, D. St. Frankenhausen, in Thür. u. d. Harz IV S. 171, war doch Maria Patronin des Klosters.

4) Dobenecker, Reg. II No. 1656 u. 1863.

Winter, D. Cist. d. nordöstl. Deutschl. II S. 33 f., nimmt 1215 als Gründungsjahr an, ebenso Stat. Univers. Handbuch p. f. d. Fürstent. Schwarzb.-Rudolstadt S. 237 f.

5) Müldener, a. a. O. S. 166 f.

6) Müldener, a. a. O. S. 31.   7) Müldener, a. a. O. S. 116 f.

Der hl. Anna war das Kloster zu Langendorf[1]) gewidmet, dessen Gründung in die Zeit von 1220—1230 zu setzen ist und dessen Schutzvogtei anfänglich die Schenken von Wiedebach, darauf die Markgrafen von Meißen innegehabt zu haben scheinen[2]). Die Uebersiedelung der Nonnen nach Greislau und der vorübergehende Aufenthalt daselbst scheinen mit dem Klosterbau in Langendorf zusammenzuhängen. Urkundlich erscheint der Konvent in Langendorf 1230, in Greislau 1235, dann wieder in Langendorf 1281[3]). Noch 1291 befanden sich die Nonnen in drückenden Verhältnissen, so daß die Pfarrkirche zu Greislau mit ihren Einkünften dem Kloster einverleibt wurde. Die spärlichen Nachrichten gestatten kein sicheres Urteil darüber, ob der Konvent wirklich die Cisterzienserregel befolgte[4]). Aus der Geschichte der Klosterkirche ist nicht viel mehr als ein Brand von 1501 bekannt, der eine Wiederherstellung der Kirche im Jahre 1505 durch die Aebtissin Anna von Hagenest zur Folge hatte[5]).

Wiederum dem hl. Georg geweiht war das Kloster Marienkammer in Glaucha[6]), einer Vorstadt Halles, das als filia von Zinna galt[7]). Durch Erzbischof Wichmann von Magdeburg, der 1192 starb, be-

---

1) Otto, Gesch. u. Topographie d. St. u. d. Amtes Weißenfels S. 196.
Lepsius, Gesch. d. Bischöfe d. Hochstifts Naumburg S. 77, 83, 108 u. 167.
Rein, Thur. sacra I S. 96, über die Beziehungen zu Ichtershausen.
Fix, Sächs. Kirchenstaat III S. 190.
Sommer, Archäol. Wanderungen   d. Kr. Zeitz p., in Neue Mitt. d. thür.-sächs. Vereins XII S. 410.

2) Nach Winter, D. Cist. d. nordöstl.-Deutschl. II S. 51, „kann es kaum einem Zweifel unterliegen, daß einer der wettinischen Fürsten, vielleicht Heinrich der Erlauchte, der Gründer war".
Nach Otte und Sommer, Beschr. Darst. d. ält. Bau-   Denkm. d. Prov. Sachsen. Kreis Weißenfels S. 31, war das Kloster „vermutlich eine Stiftung des Markgrafen Dietrich des Bedrängten († 1220), welcher, ehe er zum Besitze der Ostmark gelangte, in Weißenfels residierte".

3) Nach Hermann, Verz. d. p. Stifter, in Zeitschr. d. Ver. f. thür. Gesch. VIII S. 120, erscheint das Kloster schon 1240 wieder in Langendorf.
Otte und Sommer, a. a. O. S. 16: „In Untergreislau befand sich im 13. Jahrh. ein Nonnenkloster unbekannten Ursprungs; dasselbe war 1331 bereits betreffs der Einkünfte sehr im Verfall und wird später nicht mehr erwähnt."

4) Das Kloster heißt bei Lepsius nur monasterium sanctimonialium in Langendorf.

5) Heydenreich, K.- u. Schulchronik d. St. u. d. Ephorie Weißenfels S. 353 f., gibt (nach Otto, a. a. O. S. 196) die bei einer Abnahme des Turmknopfes auf dem Dachtürmchen   J. 1635 vorgefundenen urk. Notizen über den Bau d. Aebtissin Anna von Hagenest u. ein Verzeichnis der 28 etikettierten Reliquienpartikel.

6) v. Mülverstedt, Geschichtsblätter f. Stadt u. Land Magdeburg II S. 452 f.

7) So wenigstens in den Jahren 1506 u. 1512 aufgeführt.

gonnen, wurde es erst durch dessen zweiten Nachfolger Albrecht vollendet; seit 1231 erscheint es als dem Orden einverleibt. Der Konvent hatte bereits 1220 die seit Anfang des 12. Jahrhunderts stehende Pfarrkirche St. Georg[1]) erhalten. Im Jahre 1231 erwarben die Nonnen von Volrad von Glaucha käuflich einen Hof mit festem Turm zum Bau der Klostergebäude. Unterstützt wurde die Bautätigkeit durch Ablässe Albrechts vom Jahre 1231, des päpstlichen Legaten Hugo vom Jahre 1252 und mehrerer Bischöfe von den Jahren 1280 bis 1282[2]).

Nach dem Tode ihres Gatten, des Grafen Konrad von Lobdeburg, stiftete Mechtildis 1218 ein Hospital zu P r i s s e t z, das sie der Mutter Gottes und dem hl. Nikolaus weihte und mit dem Patronatsrechte über die Kirche in diesem Orte begabte. An Stelle der Kalandsbrüderschaft, die anfänglich die Stiftung verwaltete, traten kurz vor 1232 Cisterzienserinnen, die gleich darauf nach dem benachbarten Beutitz übersiedelten[3]). Als Patron des in erster Linie für Töchter des benachbarten Adels bestimmten Klosters erscheinen Maria und Matthäus, als Schutzvogt der Bruder der Stifterin, der Burggraf Meinher von Freiburg. Gütererwerbungen erfolgten vorzugsweise im 13. Jahrhundert. Ueber eine bauliche Tätigkeit ist nichts bekannt; die Verlegung des Klosters in ein bestehendes Dorf spricht aber für die Uebernahme der Pfarrkirche, der vermutlich die Klostergebäude angegliedert wurden.

In N o r d h a u s e n (Fig. 49) bestand ein von der Königin Mathilde gegründetes Frauenstift, das zu Beginn des 13. Jahrhunderts nur ein kümmerliches Dasein fristen konnte. Friedrich II. verwandelte es daher mit päpstlicher Bewilligung und auf den Rat der Fürsten 1220 in ein Mannsstift S. Crucis mit einem Propste, einem Dechanten und weltlichen Chorherren und beließ ihm die Pfarrkirchen zu St. Nikolaus

---

1) v. Hagen, D. St. Halle I S. 49 u. II S. 6.

Vielleicht hatte das Kloster die Muttergottes als Nebenpatronin.

Nach Winter, D. Cist. d. nordöstl. Deutschl. II S. 90, wenigstens erscheint nicht der Spezialpatron Georg, sondern die Ordenspatronin Maria auf den Siegeln.

2) v. Dreyhaupt, Beschreibung des Saalkreises II S. 650.

3) Schöttgen und Kreysig, scriptores et diplom. II S. 369 f.

Lepsius, Gesch. d. Bisch. d. Hochstifts Naumburg S. 67 u. 99.

Nach Hermann, Verz. d. p. Stifter, in Zeitschr. d. Ver. f. thür. Gesch. VIII S. 86, erfolgte die Uebersiedelung wohl schon 1220.

Otte und Sommer, Beschr. Darst. d. ält. Bau-   Denkm. d. Prov. Sachsen, Kr. Weißenfels S. 44, nehmen irrtümlich die Gründung eines Hospitales in Beutitz v. J. 1213 an, ebenso Jacobs, Gesch. d. in d. preuß. Prov. Sachsen vereinigten Gebiete S. 95, der die Gründung in d. J. 1218 verlegt.

auf dem Markte, zu St. Peter auf dem Berge, der hl. Jungfrau vor den Mauern (genannt Neuwerk) sowie die Pfarrei zu Wechsungen, Besitzungen, die ein Jahr später Erzbischof Siegfried von Mainz bestätigte[1]). Die Wiedererrichtung eines Nonnenklosters als Zufluchtstätte für die unverheirateten Töchter der Stadt mochte nahe liegen, und so finden wir, daß 1233 der Pfarrer von Nohra eben jene Neuwerkskirche, deren Verwaltung ihm oblag, einem Cisterzienser-Nonnenkonvente, der möglicherweise schon vorher in Nordhausen sich niedergelassen hatte, überließ[2]).

Ein Streit über die Berechtigung, den Propst zu wählen, der zwischen den Herren vom Kreuzstifte und den Nonnen 1296 entstand, wurde zu Gunsten der letzteren entschieden, doch maßten sich im Laufe der Zeit sowohl die Grafen von Schwarzburg und von Stolberg, als auch der Rat von Nordhausen die verschiedensten Rechte an. Trotz der anfänglichen Bedrängung durch habgierige Nachbarn wußte der Konvent sich zu behaupten; in 40 Ortschaften besaß er

Fig. 49. Nordhausen um 1650 nach Merian.

Grundstücke. Ein Hospital und eine Kapelle, welche die Gebrüder Segemund auf einem von ihnen gekauften Stücke des Klosterhofes erbauten und deren Rektor nach dem Stiftungsbriefe dem Propst des Klosters als seinem Pfarrer untergeordnet wurde, ging nach kurzer Zugehörigkeit zum Kloster 1422 in die Verwaltung des Stadtrates über. Das vor den Toren der Stadt gelegene, auf Reichsgrund stehende Kloster führte den Namen St. Maria in monte oder

---

1) Dobenecker, Reg. II No. 1898 u. 1967.
2) Förstemann, Gesch. v. Nordhausen, Urk. No. 39.
Nach Schmidt, Beschr. Darst. d. ä. Bau- ... Denkm. d. Prov. Sachsen, St. Nordhausen S. 107 f., erfolgte die Besetzung des Klosters von Woltingerode aus bereits 1200 und die Ueberweisung der Kirche 1203. „Vielleicht war Volrad [d. i. der Leutepriester von Nohra] Chorherr vom St. Crucisstift".

St. Maria novi operis und stand zum Orden in keiner engeren Beziehung [1]).

Bei der Uebernahme von Kirche und Klosterbaulichkeiten, die einem Chorherrenkonvente genügt hatten, braucht es nicht wunderzunehmen, wenn erst spät Nachrichten über eine Bautätigkeit der Nonnen auftauchen. Im Jahre 1481 veranlaßte Propst Nikolaus Steinbeck größere Umbauten [2]). Von einer weiteren Bautätigkeit berichtet ein 1496 vom Official der Propstei St. Peter in Jechaburg ausgestelltes petitorium, in welchem dieser den Neubau der baufälligen Klostergebäude zu fördern bittet [3]). Den Heiligen Cosmas und Damian, Simon und Juda, Nikolaus und Katharina, Maria, Andreas und Bartholomäus, Johannes dem Täufer sowie Sebastian war je ein Altar geweiht [4]). Ein Magdalenenaltar soll sich in einer Kapelle des heiligen Grabes befunden haben [5]).

Das Schicksal von Triptis, Langendorf und Prissetz, die Verlegung nach kurzem Bestande, scheint das um 1235 gegründete Kloster Breitenbach [6]) geteilt zu haben. In Annerode [7]) fanden die durch Kriegswirren heimgesuchten Nonnen, deren bisherige Stätte 1253 Lazaristen einnahmen, ein neues Heim, das der Mühlhäuser Patrizier Heinrich Kämmerer ausstattete und 'dessen Aufsicht der Mainzer Erzbischof sich ausdrücklich vorbehielt.

---

1) Lesser, Histor. Nachr. von der freien Stadt Nordhausen.

2) Notiz auf S. 261 des III. Bandes der Nordhusana nach Schmidt, a. a. O. S. 124: „Dom. Nativ. Marie (v. 9. Sept.) anno 1481 ist kommen der Probst uff deme Frawenberge (Nicolaus Steinbeck) vor den Rath und gebethen se wulten buwen begehrte her von des Gotishuses wegen das der Rath wolte ihm vorgunnen das sie möchten etliche Steine von des Raths muren gebruchen, den so der Rath wiederumb die muren buwen wolte, wolten se wiederumb so viel Steins fuhren lassen als sie gebruchen worden, haben ihm meine Hern im besessen Rath ihm zugelassen." Den genannten Propst beschreibt ein altes Verzeichnis der Pröpste, das in Förstemanns Besitz war, als „vir ingeniosus, eruditus, humanus et architecturae peritus" und sagt ferner von ihm, daß er 1480 erwählt worden sei und: „operose exstruxit aedem b. Virg. Mariae in monte".

3) Schmidt, a. a. O. S. 125.

4) Lesser, a. a. O. S. 109 f.

5) Förstemann, a. a. O. S. 101.

6) Duval, D. Eichsfeld S. 557.
Sagittarius, Hist. Gothana S. 236 f.
Wolf, Eichsfeld. Kirchengesch. S. 76 f.
Nach Hermanns Angabe, Verz. d. p. Stifter, in Zeitschr. d. Ver. f. thür. Gesch.
VIII S. 91 f., ist das Kloster schon i. J. 1200, nach Winter, D. Cist. d. nordöstl. Deutschl.
II S. 36, zwischen 1230 u. 1240 gegründet.

7) Duval, D. Eichsfeld S. 556 f.
Wolf, Eichsfeld. Kirchengesch. S. 80 f.
Ders., Polit. Gesch. d. Eisfeldes, Urk.

Zwischen 1253 und 1268 scheinen die Nonnen in Mühlhausen sich aufgehalten zu haben. Die Uebersiedelung der Klosterfrauen nach Annerode und die Bestätigung der Stiftung erfolgte erst, nachdem der Mainzer Erzbischof 1269 von dem Dominikanerprior zu Eisenach, dem Propste des Nikolaistiftes daselbst und von dem Pfarrer zu Eschwege sich hatte Bericht darüber erstatten lassen, ob die Bedingungen am neuen Platze dem Fortkommen des Konventes günstig wären. Die übernommenen Besitzungen können nur unbedeutend gewesen sein, und vielleicht reichten Klostergebäude wie Kirche, falls eine solche überhaupt vorhanden war, anfänglich nicht aus, denn schon 1272 übergaben die beiden gleichnamigen Grafen Albert von Gleichen dem Ritter Albert von Ebeleben die Kirche in Marksussra mit der Bestimmung, daß er hier den geistlichen Jungfrauen aus Annerode ein neues Kloster bauen solle. Vielleicht aber handelt es sich auch nur um die Anlage einer Filiale. Der Konvent, dem 1274 Landgraf Albrecht von Thüringen die Bestätigung erteilte, kam durch Schenkungen und Kauf bald zur Blüte. 1357 tauschte er von den Stiftsgeistlichen in Heiligenstadt die Pfarrkirche in Geismar und die Kapelle auf dem Hilfensberge für die Kirchen in Buttstedt und Sundhausen aus. Bei der Wahl der Aebtissin bevorzugten die Nonnen die Damen des Eichsfelder Adels.

Zu einem der bedeutenderen Frauenkonvente Thüringens schwang sich das Cisterzienserinnenkloster in Kapellendorf[1]) auf, eine Stiftung, welche die Burggrafen von Kirchberg in dem gleichnamigen Dorfe ins Leben riefen. 1235 scheint das Kloster, das 1237 als „junge Pflanzung" bezeichnet wird, zu stande gekommen zu sein, denn in diesem Jahre ging Burggraf Dietrich den Abt von Fulda an, die Pfarrei im Orte, die zu Fulda gehörte, nebst deren Gütern der beabsichtigten Stiftung abzutreten[2]). Der Abt genehmigte den Antrag unter der Bedingung, daß die Ernennung des Propstes und der Aebtissin von Fulda abhinge und daß die Stiftung überhaupt unter diesem Kloster stände[3]). Mit der Untersuchung der Frage, ob die

---

1) Falkenstein, Thüring. Chron. II S. 1240.

Kronfeld, Landeskunde d. Großh. S.-W.-Eisenach II S. 141.

2) Weiner, Gesch. d. Ortes Kapellendorf S. 32, läßt die Frage offen, ob die Gründung, die 1181 angeblich vorbereitet wurde, 1200 oder 1235 zu stande gekommen ist.

Elle, D. alte Herrschaft Berka, in Zeitschr. d. Ver. f. thür. Gesch. XXIV S. 106: „Im Jahre 1218 stiftete Graf Dietrich von Berka in dem Kloster Kapellendorf — es war ein Cisterzienser-Nonnenkloster schon 1181   gegründet — einen neuen Altar zum Gedächtnis der heiligen Dorothea   ." nach Avemann, Kirchberg. Historie I S. 42, u. Paullini, Chronic., Manuskr.

3) Reinecke, Kapellendorf, in Thür. u. d. Harz VIII S. 105: „Vom Jahre 1220 an

in Aussicht gestellte Ausstattung das Fortkommen des Konventes garantiere, wurden von Mainz aus die Pröpste von Ichtershausen und Heusdorf beauftragt[1]). Um die Mitte des 13. Jahrhunderts erscheint das Kloster, das vorzugsweise für die Aufnahme adeliger Damen bestimmt war, im vollen Bestande[2]). Die Schutzvogtei, die ursprünglich in den Händen der Kirchberger ruhte, ging 1352 an Erfurt über. Außer einem reichen Reliquienschatze erhielt das Kloster vom Stifter gleich zu Beginn ansehnliche Zuwendungen[3]), unter denen die Kirchen und Kapellen zu Kötschau, Hohlstedt, Frankendorf und Romstedt sich befanden[4]). 1283 kam das Patronatsrecht über die Kirche in Großschwabhausen hinzu[5]).

Daß in Kapellendorf die Pfarrkirche übernommen wurde, darf demnach als sicher gelten. Das Kloster war der Jungfrau Maria und dem hl. Bartholomäus geweiht. Ein Altar aller heiligen Apostel wurde 1329 gestiftet[6]), ein Marienaltar findet 1332, ein Altar des hl. Andreas und der hl. Barbara 1357 Erwähnung[7]), 1486 wird der

---

gab indes der Abt von Fulda die ihm zuständige Erwählung und Belehnung eines Propstes oder Provisors dem Kloster selbst anheim, behielt sich aber die Bestätigung so wie die etwa erforderliche Entsetzung desselben vor

1) Urk. d. Erzbisch. Siegfrid von Mainz bei Dobenecker, Reg. III No. 551, der alle früheren Datierungen, vgl. auch Reg. II No. 1900a, nicht gelten läßt. Auch Winter, D. Cist. d. nordöstl. Deutschl. II S. 43, der auf d. Irrtümer Avemanns, D. Burggrafen Kirchberg, aufmerksam macht, nimmt 1235 als Gründungsjahr an.

Nach Hermann, Verz. d. p. Stifter, in Zeitschr. d. Ver. f. thür. Gesch. VIII S. 15, erfolgte die Gründung zwischen 1181 u. 1202, nach Hess, Ueber d. p. Bauw. i. Weimar. Kreise, in Zeitschr. d. Ver. f. thür. Gesch. VI S. 213, der Avemanns Angaben gefolgt ist, zu Ende des 12. Jhdts.; nach Böttcher, Germania sacra I S. 682, im ersten Jahrzehnt des 13. Jhdts. Lehfeldt, Bau- Denkm. Thür., S.-W.-Eisenach I S. 254, bezeichnet nach Stumpf, Acta Mogunt. 4328, 1181 als Jahr der Gründung; danach Dehio, Handb. d. d. Kunstdenkm. I S. 154· Dobenecker, Reg. II No. 604, bezeichnet die von Lehfeldt angezogene Urkunde als unecht. Im Jahre 1181 bestand allerdings die Absicht der Burggrafen von Kirchberg, ein Nonnenkloster in Kapellendorf zu gründen, auch wurde von den Grafen, da sie Reichsgut zur Ausstattung verwenden wollten, die Genehmigung des Kaisers nachgesucht, allein die Ausführung der Absicht zog sich über die Maßen lange hin. Merkwürdigerweise spricht Lehfeldt, a. a. O. S. 256, auch von einer Klostergründung v. J. 1325, in welches Jahr Dehio, a. a. O., eine Erneuerung des Klosters verlegt.

2) Martin, Urkundenbuch d. St. Jena, in Thür. Geschichtsquellen VI, I Urk. No. 12 f.

3) Ueber d. Besitzungen vgl. auch Schmidt, Urkundenbuch der Vögte v. Weida p. I S. 114.

4) Mencke, Scriptores rer. Germ. I S. 675 f.

5) Mencke, a. a. O. I S. 699.

6) Avemann, Gesch. d. Burggrafen v. Kirchberg, Anh. S. 62.

7) Mencke, a. a. O. I S. 725 u. 738.

Andreasaltar als Pfarraltar bezeichnet [1]). Schon 1256 reichten die Klostergebäude, die nur für 9 Nonnen eingerichtet waren, nicht aus; 15 Schwestern wohnten außerhalb des Klosters [2]). Ablässe wurden 1274, 1389 und 1427 erteilt [3]). Zur Förderung von Ausbesserungsarbeiten an den Klostergebäuden forderte 1448 der Official von Erfurt die Kleriker seines Sprengels auf [4]). Den Neubau des Chores, der 1503 [5]) erstand, mit vier daselbst aufgestellten Altären weihte 1505 der Weihbischof Johannes von Mainz in Vertretung des Erzbischofes [6]); zur Tilgung der Bauschulden mag der Ablaß vom Jahre 1509 gedient haben [7]). Wenn die Ablaßerträge wiederholt mehr für die Verschönerung, als für die Erweiterung der Kirche bestimmt wurden, so darf das bei einem Frauenkloster nicht wundernehmen.

Nicht weit von Sangerhausen in Nicolausrieth [8]) besaß

---

1) Martin, a. O. II Urk. No. 776.

2) Barthel, Triptiser Chronik S. 14, nimmt als Grund irrtümlich Abneigung gegen das Wohnen im Kloster an.

3) Mencke, a. a. O. S. 754.

4) Mencke, a. a. O. S. 754.

5) Inschrift an der Kirche: Anno dñi m v ııı ad honorē dei stiq⁵ apti Bartholomei incept⁵ nec non ⁹plet. est chorus iste.

6) Mencke, a. a. O. S. 757 f: „Nos Johannes   recognoscimus   ., quod . Chorum Ecclesie Monasterii Virginum in Capellendorf penitus a novo edificatum, ad laudem Bartholomei Apostoli, Benedicti Confessoris, Katherine Virginis consecravimus. Consecravimus etiam quatuor nova altaria, videlicet unum ad latus dextrum in choro in honorem benetissimi Dei genitricis Mariae, Annae   ejus, Joannis Baptiste, Wolfgang Wendelini Martirum.   Benediximus aliud vero altare in Choro ad latus sinistrum per reverendam sanctorum Andree, Thome, Apostolorum, Georgii militis, Barbare Virginis, Elisabeth vidue.   Consecravimus tertium autem altare ad sinistrum latus ante Chorum in preconium sanctissime ac invictoriosissime Crucis et sanctorum Nicolai Confessoris, Erasmi, Egidii, Martirum, & sanctarum virginum Dorothee, Vrsule cum sodalibus virginum. Quartum altare ad dextrum latus ante Chorum in laudem sacratissimi Corporis Christi, & Sanctorum Sebastiani & Fabiani, Floriani, Laurentii, Ciriaci, Valentini, Christophori, Martirum, Margarethe virginis.   Consecravimus etiam Ecclesiam cum cimiterio atque virginum monasterio ad cautelam. Reconciliamus ac indulgentias   Acta sunt haec Anno Domini Millesimo Quingentesimo quinto   .“ aus der Urkunde des Weihbischofes.

7) Mencke, a. a. O. S. 758.

8) Leuckfeld, Antiqu. Walkenred. I S. 96 f., 196, 199 u. 386.

Walkenrieder Urk.-Buch I 196, 198, 234, 261, 266 u. 386.

Fix, Sächs. Kirchenstaat II S. 192.

Schmidt, Beschr. Darst. d. ä. Bau-   Denkm. d. Prov. Sachsen, Kr. Sangerhausen S. 5, der übrigens (S. 48) ein Nonnenkloster in Nicolausrieth nicht kennt: „Ein fremdes Element wurde der goldenen Aue durch den ersten Abt Heinrich des Klosters Walkenried in den Flämingern zugeführt. die er in der zweiten Hälfte des XII. Jahrhunderts aus den Niederlanden, wo er ihre Geschicklichkeit im Wasserbau als früherer Mönch des Klosters Alten-Kampen im Erzstifte Köln hatte kennen lernen, nach den noch gänzlich versumpften Ufergeländen der Helme berief. Sie legten hier Entwässerungsgräben, noch

Walkenried eine Pfarrkirche. Im Jahre 1236 [1]) soll dieselbe einem Nonnenkonvente eingeräumt sein, der natürlich in Abhängigkeit von Walkenried blieb und vermutlich den hl. Nikolaus zum Patron hatte. Jedenfalls scheint die Kirche des hl. Nikolaus im Rieth, als ihr 1237 Vogt Ruso von Nordhausen Zuwendungen machte, schon mehr als eine Pfarrkirche gewesen zu sein [2]). Durch Berichte über Wunder, die sich im Kloster zugetragen haben sollten, wußte Propst Konrad, ein Mönch aus Walkenried, opferwillige Andächtige anzuziehen und den ihm befreundeten Bischof Meinhard von Halberstadt für das Kloster zu interessieren. Aus den Erträgen der Ablässe von den Jahren 1252, 1262 und 1266, die eben dieser Bischof und der Erzbischof Werner von Mainz ausstellten, erstand der Konvent einen Steinbruch, der Material für den Klosterbau lieferte.

Unbekannt ist das Gründungsjahr des Klosters Heseler [3]) bei Eckartsberga, dessen Stifter der Familie Heseler angehörten. In einer Urkunde über eine Erwerbung des Klosters Pforta im Gebiete derer von Heseler vom Jahre 1239 ist von einem Kloster zwar nicht die Rede, doch mag es schon bestanden haben [4]). Aus einer weiteren

jetzt als flämische Gräben (bei Ritteburg und Mönchpfiffel) bekannt, an und schützten das trocken gelegte Land durch Dämme. Ihre hauptsächlichsten Besitzungen lagen bei Görsbach, Heringen, Auleben und Berga. Als die östlichsten Stätten ihrer Tätigkeit sind die vom Kloster Walkenried aus angelegten Riethdörfer Martinsrieth, Catharinenrieth, Nicolausrieth und das jetzt wüste Lorenzrieth anzusehen."

Nicolausrieth wird in den Walkenrieder Urkunden zuerst 1226 als Novale S. Nicolai und als Reichslehen der Reichsministerialen Gerung und Volkmar erwähnt.

1) Nach Hermann, Verz. d. p. Stifter, in Zeitschr. d. Ver. f. thür. Gesch. VIII S. 137, um 1236. Eine urkundliche Bestätigung des angenommenem Stiftungsjahres steht freilich aus.

2) So wenigstens nimmt Winter, D. Cist. d. nordöstl. Deutschl. II S. 37, an.

Jacobs, Gesch. d. in d. preuß. Prov. Sachsen vereinigten Gebiete S. 96, der die Gründung um 1256 ansetzt, bezweifelt den Charakter als Kloster.

3) Tittmann, Heinrich d. Erlauchte I S. 317.

4) Wolff, Chronik d. Kl. Pforta II S. 34 f.

Nach Otte u. Sommer, Beschr. Darst. d. Bau- . Denkm. d. Prov. Sachsen, Kr. Eckartsberga S. 39, erst nach 1239 gegründet.

Hermanns, Verz. d. p. Stifter, in Zeitschr. d. Ver. f. thür. Gesch. VIII S. 116, und Winters, D. Cist. d. nordöstl. Deutschl. II S. 47, Ansicht, daß das Kloster vor dem Jahre 1240 gegründet ist, scheint durch die Bauformen bestätigt zu werden. Nach Schumann, Staats- p. Lexikon von Sachsen VII S. 710, besaß das Kloster 1240 bereits ansehnliche Güter.

Wolff, a. a. O. I S. 114: „Wenn Kloster-Hesler entstanden, ist ungewiß, ebenso ob es entstand zunächst aus dem Nonnenkloster, welches dort die von Hesler für das Seelenwohl ihrer Familie stifteten, oder durch eine zweite Linie des Hauses, welche sich dort anbaute."

Portenser Urkunde vom Jahre 1318, in welcher Propst Heinrich
von Heseler und ein Priester daselbst als Zeuge auftreten, geht
hervor, daß am Klosterplatze, der damals noch Mark-Heseler hieß,
ein oppidum oder ein kleineres castellum sich befand, dessen Burgmänner die Brüder Friedrich und Heinrich von Bliseringen waren [1]).
Die Geschichte des Konventes, der 1353 in Brüderschaftsverhältnis
mit Pforta kam, ist dunkel; Mitteilungen über eine Bautätigkeit
scheinen ganz zu fehlen [2]).

Der Ueberfüllung von Beuren verdankt das Kloster Teistungenburg [3]) etwa 1240 seine Entstehung. Anfangs der Aufsicht des Mutterklosters unterstehend, suchte die Stiftung um
1260 sich selbständig zu machen [4]). 1266 erhielten die Nonnen die
Kirche von Teistungenburg [5]), 1281 das Patronat über die Kirche zu
Wehnde und ein Jahr später das über die Kirche in Hundeshagen.
Der Bitte um Unterstützung leistete das Mutterkloster erst durch
Vermittlung der Aebte von Gerode, Reifenstein und Reinhausen dadurch Folge, daß es der Tochtergründung 1268 zehn Mark zuwandte
zwecks Erwerbung des Berges bei Teistungenburg von der Aebtissin
Gertrud von Quedlinburg, die schon 1250 zwölf Höfe in Böseken-
dorf dem Kloster vermacht hatte [6]). Der 1270 abgeschlossene Kauf,
dem Quedlinburg die reich dotierte Kapelle in Teistungenburg
hinzufügte, hatte die Verlegung des Klosters vom Tal auf den Berg
und im Verein mit sonstigen Schenkungen das Wachstum seines
Wohlstandes zur Folge [7]). Allerdings kam Teistungenburg dafür in
die Abhängigkeit des Quedlinburger Klosters, in der es bis zur Reformation blieb. Bis zum Ende des 13. Jahrhunderts betrug die Zahl
der wohl meist adeligen Nonnen über 60; im Jahre 1303 setzte der

1) Wolff, O. II S. 372.
2) Wolff, a. a. O. II S. 36.
3) Wolf, Eichsfeldische Kirchengeschichte S. 79 f. u. Urk.-Buch, Urk. No. 10 f.
Ders., Pol. Gesch. d. Eichsfeldes, Urk. I No. 12, 49, 51 u. II No. 5, 6, 9 u. 25.
Ders., Commentatio de archidiaconatu Heiligenstadensi.
Ders., Eichsfeld. Urkundenbuch.
Duval, D. Eichsfeld S. 317 f.
Erath, Cod. dipl. Quedlinburg S. 242.
Kegel, Teistungenburg, in Thür. u. d. Harz VI S. 42 f.
4) Jaeger, Urkundenb. d. Kl. Teistungenburg, Progr. d. höh. Bürgersch. zu Duderstadt, 1878, Urk. No. 6.
Die Trennung von Beuren und Teistungenburg wurde 1265 von Erzbisch. Werner
von Mainz konfirmiert. Ders., Urk. No. 8.
5) Die Kirche wird bereits 1204 erwähnt. Dobenecker, Reg. II No. 1259.
6) Jaeger, a. O. Urk. No. 3—5 u. 13.
7) Jaeger, a. a. O. Urk. No. 14.

Erzbischof von Mainz wegen des dem Kloster durch Raub und Brand erwachsenen Schadens ihre Zahl auf 40 fest. Ueber die Bautätigkeit des Klosters ist wenig bekannt. Jedenfalls aber diente den Nonnen während ihres Aufenthaltes im Tale die Kirche Teistungenburgs als Gotteshaus. Größeren Umfang können wohl die Klostergebäude an dieser Stelle nicht gehabt haben, sonst wäre die ursprüngliche Anlage nicht so bald aufgegeben. Vermutlich lag die Kapelle, die das Kloster von Quedlinburg erhielt, auf eben jenem Berge, den der Konvent 1270 bezog. Sie mag zum Mittelpunkte der neuen, den Apostelfürsten geweihten Klosteranlage geworden sein. Ob nun die Ablässe der Jahre 1286 und 1290 [1]) nur dem Ausbau dieser Kapelle, ihrer Instandsetzung oder Erweiterung oder dem Neubau eines größeren Gotteshauses gedient haben oder auch noch den Klostergebäuden zu gute kamen, ist nicht klar zu sehen.

Viel enger als zum Konvente in Beutitz, dem eigentlichen Hauskloster der Grafen von Freiburg und Osterfeld, waren die Beziehungen der Herren von Lobdeburg zum Nonnenkloster in Roda, das baugeschichtlich zu den eigenartigsten Schöpfungen des Ordens in Thüringen zählt. Leider fließen auch hier die Nachrichten über die Gründung und ersten Zeiten des Klosters recht spärlich. Schon 1433 wurde der Urkundenschatz durch das Austreten der Roda „kläglich verderbt", und 1517 stiftete der Klosterbrand neue Zerstörung. Vor 1228 kann indes die Gründung nicht bestanden haben, denn die Bulle Papst Gregors IX., die in diesem Jahre dem Bischof von Naumburg seine Besitzungen und Rechte bestätigt und unter anderen auch die um Roda liegenden Kirchen erwähnt, nimmt vom Konvente keine Notiz [2]). Im Jahr 1295 muß die Stiftung schon ein gewisses

---

1) Jaeger, a. a. O. Urk. No. 21 u. 27.

Abl. d. Bisch. Christian von Samland v. J. 1286: desiderantes tamen, ut ecclesia sanctimonialium in Teistingenburch ad statum ducatur preaptatum, omnibus qui ad dicte ecclesie structuram manus porrexerint adiutrices , quadraginta dies relaxamus."

Abl. d. Bisch. Otto von Paderborn v. J. 1290: cupientes, ut monasterium sanctorum Petri et Pauli apostolorum in Teistingenburgk congruis honoribus frequentetur, omnibus , qui ad dictum monasterium manum porrexerint adiutricem, quadraginta dies relaxamus."

2) Dobenecker, Reg. III No. 35.

Hermann, Verz. d. p. Stifter, in Zeitschr. d. Ver. f. thür. Gesch. VIII S. 47, und andere (Kreyßig, Beiträge p. III S. 268, Sprenger, Zeitschr. f. Bauwesen 1860 S. 521) geben 1120 als Gründungsjahr an. Böttcher, Germania sacra I S. 734: wahrscheinlich im 12. Jahrhundert gegründet. Diese frühe Datierung, die selbst unter das Stiftungsjahr des ältesten Cisterzienser-Mönchsklosters in Thüringen heruntergehen würde, ist schön

Alter erreicht haben, da ihre Kirche von den Brüdern Hermann und Albert von Lobdeburg-Leuchtenburg als ecclesia Sanctimonialium, que a nostris olim progenitoribus fundata bezeichnet wird[1]). Nach einer zwei Jahre jüngeren Urkunde erfreute sich das Kloster des besonderen Wohlwollens der Lobdeburger[2]), als deren Begräbnisplatz es in einem Kaufbriefe vom Jahre 1323 genannt wird[3]).

Bei dieser engen Verknüpfung der Geschichte des Klosters mit der benachbarten Burg gewinnt die Vermutung viel an Gewißheit, daß die Lobdeburger, nachdem sie im ersten Viertel des 13. Jahrhunderts[4]) ihr Erbbegräbnis zu Ahausen aufgegeben hatten, sich nach einer anderen Begräbnisstätte umsahen und noch vor 1250 das Kloster in Roda gründeten. Es klingt daher durchaus plausibel, wenn Löbe[5]) die undatierte päpstliche Bestätigungsurkunde Innocens IV. zuschreibt und für sie das Jahr 1247 in Anspruch nimmt. Ein Bestätigungsbrief Kaiser Karls IV., der 1358 in Prag ausgestellt wurde, ist in Abschrift überkommen[6]). Das Vogteirecht über das Kloster, das unter Naumburg stand, übten ursprünglich die Landesherren, nach 1370 die Schwarzburger aus[7]). Die Herren von Lobdeburg und von Schwarzburg waren es denn auch, welche die vorzugsweise für adelige Damen bestimmte Stiftung dotierten. Ueber fünf Kirchen sollen die Nonnen das Patronatsrecht besessen haben[8]). Von besonderem Interesse ist die Ueberschreibung eines Teiles der Parochie in Jena an den Konvent durch Hermann und Albert von Lobdeburg-Leuchtenburg im Jahre 1295 und eines weiteren, des letzten Teiles derselben Parochie durch die Linie Lobdeburg-Elsterberg im Jahre 1301. Noch 1533 waren die Pfarrei und das Kaplanat der Stadt Roda des Klosters Lehn[9]).

Wenn auch die Besitzungen des Konventes in den umliegenden Ortschaften, die Ländereien, Waldungen und Weinberge ziemlich

---

an sich unwahrscheinlich. Sie beruht auf einer Verwechslung des in Frage kommenden altenburgischen Roda mit dem bei Sangerhausen liegenden Kloster gleichen Namens, dessen Stifterin Gräfin Hilla von Orlamünde war. Vgl. Löbe, D. Cist.-Nonnenkloster in Roda, in Mitt. d. Ver. f. Gesch. -kunde zu Kahla u. Roda II S. 21.

1) Schmid, Die Lobdeburg bei Jena S. 98.
2) Wagner, Collectan. X 332.
3) Wagner, a. O. X 330.
4) Schmid, a. a. O. S. 10f.
5) a. a. O. S. 27.
6) Urkundenbuch des Amtes Roda Bl. 115 u. 116.
7) Reitzenstein, Reg. d. Grafen v. Orlamünde 265.
8) Wagner, Mitt. d. Gesch. u. Altert. Ges. d. Osterl. I 340.
9) Wagner, Collectan. X 184f. u. XX 316.

beträchtliche gewesen sein müssen [1]), so scheint doch im Gegensatze zu den Mönchsklöstern Thüringens in Roda der Ackerbau niemals rationell betrieben zu sein. Räuberische Ueberfälle, denen die Nonnen nicht den nötigen Widerstand entgegenstellen konnten, Mißernten, Streitigkeiten über Jagd- und Fischereigerechtsamen mit der Stadt und den benachbarten Adeligen riefen in dem mäßig großen Kloster recht gedrückte Verhältnisse hervor. Die Klostergeistlichkeit hatte frühzeitig die Seelsorge auch in der Stadt, vor deren Mauern die Siedelung sich befand, zu besorgen. Außer dem Propst, der die äußeren Angelegenheiten des Klosters regelte, das Vermögen verwaltete und gleichzeitig der Beichtvater der Nonnen war, besaß der Konvent ständig einen Kaplan. Möglicherweise war die Zahl der Kleriker zeitweise aber eine größere, denn 1485 findet sich bei Festsetzung eines jährlichen Begängnisses für die verstorbenen Mitglieder des landesherrlichen Hauses die Bestimmung, daß die Seelenmesse „mit vier oder fünff Pristern die tegelichs in closter wonende" abgehalten werden soll [2]). Daß mehr als eine Seelenmesse jährlich für die Angehörigen der Stifterfamilie in der Kirche gelesen wurde, begründet sich durch das Vorhandensein des Lobdeburger Erbbegräbnisses in der Kirche von selbst.

Noch dürftiger, als die Nachrichten über die Gründung des Klosters, sind die urkundlichen Mitteilungen über den Bau der Kirche; doch geht man wohl nicht fehl in der Annahme, daß Klostergründung und Kirchbau annähernd gleichzeitig stattgefunden haben. Daß es sich nicht um die Uebernahme einer vorhandenen Pfarrkirche, sondern um einen Neubau handelte, geht, abgesehen von der baulichen Eigenart der Kirche, aus deren Lage in einiger Entfernung von der Stadt hervor [3]). Von einer Beisetzung des jungen Hartmann von Lobdeburg-Arnshaugk um 1283 in der Gruft scheint ein in der Kirche vorhandener Grabstein zu sprechen [4]). Zu Ende des 15. Jahrhunderts müssen die Baulichkeiten bereits in ausbesserungsbedürftigem Zustande sich befunden zu haben, denn 1492 klagten in einer Eingabe an Kurfürst Friedrich und Herzog Johann Aebtissin und Konvent über die Baufälligkeit von Kirche und Kreuzgang,

---

1) Löbe, a. a. O. S. 46 f.

2) Wagner, Collectan. X 132 f.

3) Puttrich, Denkm. d. Bauk. d. Mittelalt. i. Sachs. II 1, S.-Altenburg S. 33 u. 37, verlegt die Bauzeit irrtümlich in den Anfang des 13. Jahrhunderts, ebenso Sprenger, a. a. O. S. 522. Löbe ist den Angaben Puttrichs gefolgt.

4) Inschrift nach Löbe, a. a. O. S. 82: „Ex Arnshouc castron jacet hic Hairtmanus, ut astro Hunc locet omnipotens,   pia gens."

deren Wiederherstellung sie anstrebten [1]. Ein größerer Brand suchte 1517 Kirche und Kloster heim [2]), zerstörte die Konventsgebäude, das Holzwerk, die Glocke und das Inventar der Kirche. Um Beihülfe zum Wiederaufbau wurden Kurfürst Friedrich und Herzog Johann unter Vorlage des kaiserlichen Privilegiums von 1358 ersucht [3]. Im Jahre 1522 scheinen die Ausbesserungsarbeiten beendet und die neue Weihe der Kirche vollzogen zu sein, deren die Notiz in Martin Reiches Privilegienbuch gedenkt [4]. Danach bezog sich die Weihe auch auf das „summum altare in honorem beate marie virg. et Io altare dextrum in honorem S. Petri et Pauli ap ... Sebastiani martyris, altare sinistrum introitu ecclesiae .., altare prope Baptisterium in honorem S. Michael" und auf die Glocke Osanna. Ein Brand vom Jahre 1530, der von Frommelt [5]) angenommen wird, urkundlich aber nicht nachgewiesen ist, kann nur unbedeutend gewesen sein. Der Bericht der Sequestratoren von 1537, in dem der gute Zustand der Baulichkeiten im allgemeinen zugegeben wird, gibt interessante Daten über den Umfang der Klosterbaulichkeiten [6]. „Da ist ein gut Wohnhauß, Kuchen und Viehehauß   Auch hat es eine Mühle mit einem Rade   Da ist ein gut klein Schütthaus   Die Kirche, weil keine Pfarre da ist, auch niemands, dan die 3 [letzten] Nonnen da vorhanden, die mit dem Vorwerksgesinde das wortt Gottis hören, kan man jn die porkirchen am Ende der Kirchen lassen vnd so die Nonnen abstürben, dürft man alsdan weiter des orts keins predigers, sondern mag das Fleck wohl erreichen, dan die Kirche hat schön new Holzwerk vnder dem Dache vnd wäre Schade daß es also verfaulen solte, derwegen köndte es zusamt dem schlafhause mit geringen Unkosten bestiegen werden. Die Kreuzgange sind vast eingangen ." Außerdem werden noch Scheunen und ein Pferdestall mit Knechtstube erwähnt.

Ebenfalls aus der Mitte des 13. Jahrhunderts stammt Kloster Donndorf [7]) bei Wiehe, vermutlich eine Stiftung der Grafen von Beichlingen [8]). Die Schutzvogtei übten die Besitzer der Herrschaft

1) Wagner, Collectan. XXVII, Kl. Roda S. 10.
2) Löbe, a. a. O. S. 84.
3) Löbe, a. a. O. S. 84.
4) Urkundenbuch des Amtes Roda Blatt 109 f.
5) Landeskunde d. Herzogt. S.-Altenburg II S. 196.
6) Wagner, Collectan. XXVIII, Kl. Roda S. 20.
7) Hoffmann, Hist. Nachricht über die Herrschaft Wiehe, in Samml. einig. ausges. Stücke d. Ges. d. freien Künste zu Leipzig II S. 290 f.
Tittmann, Heinrich d. Erlauchte I S. 317.
8) Nach Hermann, Verz. d. p. Stifter in Zeitschr. d. Ver. f. thür. Gesch. VIII

Wiehe aus; Dietrich von Werthern, der die Herrschaft 1452 durch Kauf erwarb, war der erste Vogt aus dieser Familie. Aus späteren Urkunden geht hervor, daß das Stift vorzugsweise für adelige Damen bestimmt war und zum Archidiakonate B. Mariae Virg. zu Erfurt gehörte [1]. Ueber die Geschichte des Klosters während des Mittelalters ist sonst wenig Zuverlässiges bekannt [2]. Mitteilungen über eine Bautätigkeit fehlen gänzlich; doch scheint die Lage des Klosters oberhalb des gleichnamigen Dorfes auf einem Vorberge der Finne für die Uebernahme vorhandener Baulichkeiten zu sprechen [3]. Im Jahre 1403 wurde allen, die das hl. Blut in der Klosterkirche St. Laurentii verehrten, ein Ablaß zugesichert; auch 1452 fanden Ablaßerteilungen durch Kardinäle statt. Vielleicht darf man an bauliche Erweiterungen in dieser Zeit denken.

Vor den Mauern G o t h a s [4] lag eine Katharinenkapelle, welche die gothaischen Bürger Heinrich Sezzephant von Siebeleben und Burkard von Leina vom Ritter Dietrich von Gotha und dessen Brüdern, den bisherigen Besitzern, zwecks Gründung eines Nonnenklosters nach der Cisterzienserregel 1251 erwarben. Woher die Nonnen kamen, ist nicht ermittelt, doch steht fest, daß 1251 der Konvent schon angesiedelt war und die Kirche in diesem Jahre den Namen zum hl. Kreuze führte [5]. Der Erzbischof von Mainz nahm

S. 93, i. J. 1250, nach Otte und Sommer, Beschr. Darst. d. ä. Bau-...Denkm. d. Prov. Sachsen, Kr. Eckardtsberga S. 26, um die Mitte des 13. Jhdts. gegründet. Nach Lessing, Kl. Donndorf in Thür. u. d. Harz III S. 147, soll die Gründung schon Ende des 12. oder Anfang des 13. Jhdts., die Bestätigung durch Kaiser Konrad IV 1250 oder 1251 erfolgt sein.

1) Wenck, Hess. Landesgeschichte II S. 497.
Lessing, a. O. S. 146.
2) Winter, D. Cist. d. nordöstl. Deutschl. II S. 47: „Im Gesamtarchiv in Dresden befindet sich so gut wie nichts darüber."
3) Otte und Sommer, a. a. O. S. 26: „Nach den in den Gärten gefundenen alten Grundmauern zu urteilen, scheint, wie auch die ganze Lage es nicht unwahrscheinlich macht, dem Kloster eine Burg vorangegangen zu sein, worüber aber sonst nichts bekannt ist."
Lessing, a. a. O. S. 146 f., ist der Ansicht, auf dem Klosterberge habe ehemals ein Landgut des Grafen Sizzo von Kevernburg gestanden. Die nachmaligen Grafen von Schwarzburg „mögen auch wohl Stifter dieses Klosters gewesen sein und besagtes Landgut dazu hergegeben haben".
4) Tentzel, Supplementum historiae Gothanae secundum S. 47 f.
Beck, Gesch. d. goth. Landes II S. 127.
Galetti, Gesch. u. Beschr. d. Herzogt. Gotha II S. 8 f. u. III S. 174 f.
Gelbke, Kirchen- u. Schulenstaat II 1 S. 58.
5) Winter, D. Cist. d. nordöstl. Deutschl. II S. 42: „Den Namen ‚zum heiligen Kreuz' scheint die Kirche erst mit der Ansiedelung der Nonnen angenommen zu haben."

die Stiftung 1254 in seinen Schutz, befreite sie von jeder Abhängigkeit, namentlich von der der Parochialkirche St. Margareta, und gestattete, daß der Gottesdienst nach Bedürfnis von Weltgeistlichen versehen würde. Vom Orden erhielt der Abt von Georgenthal die Aufsicht über das Kloster, doch vielleicht erst nach 1254 [3]). Vorzugsweise für die Aufnahme von Bürgerstöchtern bestimmt, denen sich allerdings auch einige adelige Fräulein beigesellten, kam das Kloster durch Käufe und Schenkungen bald zu Macht und Ansehen [4]). Ueber

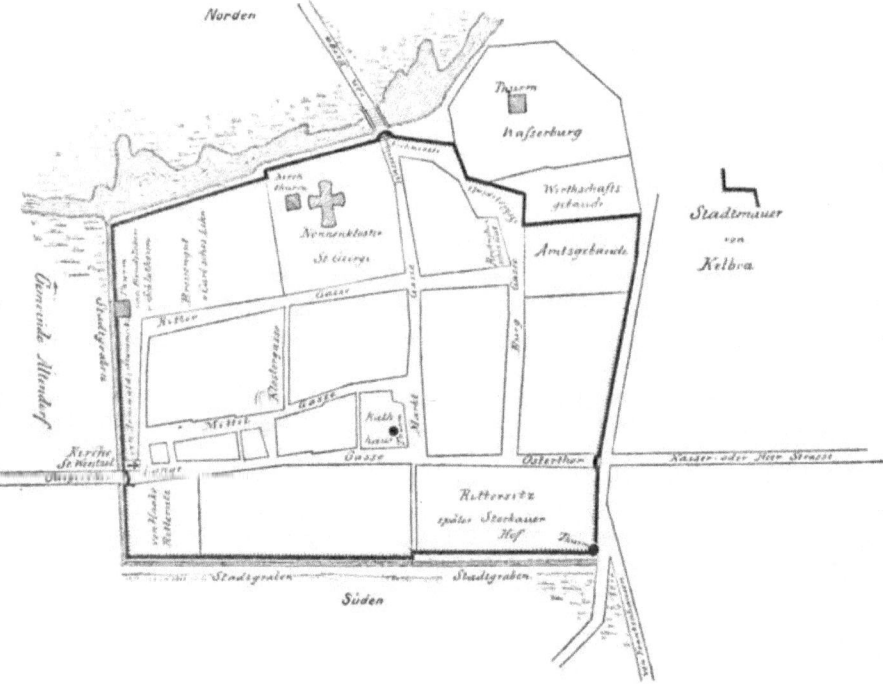

Fig. 50. Stadtplan von Kelbra.

die Kirche zu Goldbach erhielt es 1258, über die Marienkirche zu Gotha 1281 das Patronatsrecht, doch wurde letzteres 1384 gegen die

3) Winter, D. Cist. d. nordöstl. Deutschl. II S. 42.

Nach Lehfeldt, Bau- . . . Denkm. Thür. S.-C.-Gotha I S. 55, scheint die Oberaufsicht Georgenthals erst seit dem 14. Jhdt. sich geltend gemacht zu haben. Bereits 1272 erscheint der Abt von Georgenthal mit seinen domini fratres neben dem Rate von Gotha als Bestätiger einer von einem Herrn von Warza dem Kloster gemachten Schenkung. Starck, D. Cist.-Abtei Georgenthal, in Zeitschr. d. Ver. f. thür. Gesch. I S. 328.

4) v. Wangenheim, Reg. u. Urk. z. Gesch. d. G. Wangenheim. Ueber die Erwerbungen siehe Beck, Gesch. d. goth. Landes II S. 245 f.

Pfarreien in Molschleben und Ballstädt sowie gegen das Patronat über die gothaische Margaretenkirche von den seit 1344 in Gotha angesessenen Augustinerstiftsherren endgültig eingetauscht.

Im Jahre 1279 nahmen die Nonnen einen Umbau ihrer Kirche vor, den Bischof Otto von Hildesheim durch einen Ablaß unterstützte. Bischof Meinherus von Naumburg versprach allen denen Indulgenz, die dem Mangel an Kandelabern und anderem Kirchengerät abhelfen würden[1]). Die gehäuften Ablässe Erzbischof Werners von Mainz von den Jahren 1480—1513 werden ebenfalls mit einer größeren Bautätigkeit zusammenhängen[2]). Ein Altar der Jungfrau Maria wird 1272, ein neuer Altar zu Ehren der Mutter Gottes, Johannis des Täufers, Katharinens und Elisa-

beths 1395 erwähnt[3]). Im Jahre 1364 fand die Weihe eines Bildes des hl. Kreuzes statt[4]). Ein durch Unvorsichtigkeit einer Nonne entstandener Brand verwüstete 1519 alle Klostergebäude bis auf die Propstei, die auch den Namen Steinhaus oder Worthaus führte; ein Schäfereigebäude wurde 1462 vollendet, mit anderen Oekonomiegebäuden findet es 1530 wieder Erwähnung[5]).

Im Jahre 1251 stiftete Graf Friedrich von Beichlingen (Fig. 52), ein Nachkomme des Gründers des Konventes in Frankenhausen für Kelbra (Fig. 50) ein Kloster, das

Fig. 51. Siegel des Nonnenklosters zu Kelbra.

er mit Nonnen aus Frankenhausen besiedelte und auch besonders ausstattete[6]). Dem vermutlich der Mutter Gottes (Fig. 51) geweihten Konvente wurde die St. Georgenkirche zur Benutzung überwiesen, auch erhielt er gleich anfangs einige andere im sogenannten Altendorfe ge-

1) Sagittarius, Historia Gothana S. 84.
2) Möller, Klöster in Gotha, in Zeitschr. d. Ver. f. thür. Gesch. IV S. 58.
3) Sagittarius, a. a. O. S. 74 f. u. 141.
4) Sagittarius, a. a. O. S. 139.
5) Möller, a. a. O. S. 109.
6) Lehmann, D. Gesch. d. Stadt Kelbra S. 29.
v. Sydow, Kurzgef. Not. über thür. Orte, in Thür. u. d. Harz VIII S. 321.
Dehio, Handb. d. d. Kunstdenkm. I S. 57, nimmt irrtümlich 1256 als Gründungsjahr an.

legenen Kirchen wie auch eine Kurie mit einer Liebfrauenkirche [1]). Die Schutzvogtei blieb in der Familie des Stifters, bis sie an die Grafen zu Schwarzburg und zu Stolberg überging. Ueber die Kirchen zu Nausitz, Numburg, Berga, Thürungen, Horla, Rotha sowie über St. Margareta und St. Wenceslaus zu Kelbra besaß das Kloster das Patronatsrecht [2]). Ablässe wurden den Nonnen bewilligt 1253 vom päpstlichen Legaten Hugo [3]), 1347 von Albert von Beichlingen, Weihbischof von Mainz, und 1415 vom Weihbischof Johannes von Mainz. Die Gewinnung eines Ablasses vom Jahre 1431 hatte die Verehrung der Bilder des hl. Felix und Auctus zur Vorbedingung, die Weihbischof Petrus von Magdeburg offenbar im Auftrage seines erzbischöflichen Herrn, des mit den Schutzvögten des Klosters verwandten Grafen Günther von Schwarzburg, geweiht hatte [4]). Zu Gunsten des Refektoriums machte Graf Friedrich VI. von Beichlingen 1329, für die im Chor vor dem Georgsaltare hängende ewige Lampe der Rat der Stadt 1400 eine Stiftung.

In der Herrschaft Tautenburg, wahrscheinlich von den Dynasten von Tautenburg selbst gegründet, entstand das dem hl. Mauritius geweihte Kloster F r a u e n p r i e ß n i t z [5]). Das Jahr der Stiftung ist unbekannt, ebenso die Tatsache, ob eine vorhandene Kirche übernommen wurde, oder ein Neubau stattfand; doch wird das Kloster wohl nicht lange vor 1259 gegründet sein [6]), in welchem Jahre zum

---

1) Leuckfeld, Hist. Beschreibung von p. Cist.-Kloster zu Kelbra S. 13.

2) Leuckfeld, a. a. O. Kap. IV.

3) Nach Leuckfeld, Ant. Kelbrenses S. 13, f., u. Winter, D. Cist. d. nordöstl. Deutschl. II S. 39, war das Kloster 1253 im Bau begriffen.

4) Leuckfeld, a. a. O. Kap. V

5) Kronfeld, Landeskunde d. Großherzogt. S.-W.-Eisenach II S. 264.
Schumann, Landeskunde von S.-Weimar S. 39.
Laun, Litterae, quibus Withego, Numb. ep., conventui Sanctimon.   Brisenitz ecclesiam in Dorndorf addixit.
Lepsius, Gesch. d. Bisch. v. Naumburg S. 100 f.
Avemann, Gesch. d. Burggrafen von Kirchberg, Urk. 38.

6) Nach Winter, D. Cist. d. nordöstl. Deutschl. II S. 52, vermutlich i. J. 1275 gegründet, in welchem Jahre das Kloster in mehreren Urkunden erscheint, Thur. sacra S. 563; vgl. auch die Bemühungen des Konventes um das Zustandekommen des Klosters in Stadtilm. Nach Heß', Ueber d. noch erh. mittelalt. Bauw. im Weim. Kreise, in Zeitschr. d. Ver. f. thür. Gesch. VI S. 178, und Lehfeldts, Bau-   Denkm. Thür., S.-W.-Eisenach II S. 42, unwahrscheinlicher Angabe schon im Anfange des 13. Jahrhunderts gestiftet.
Ein Allodialgut Hermanns von Teuchern zu Prießnitz wird 1196 erwähnt. Dobenecker, Reg. II No. 1014.
Vulpius, K. Uebers. d. Gesch. d. Schenken von Tautenburg S. 10: „Von den ältesten Zeiten her nur Prießnitz allein genannt. Schon seit dem dreizehnten Jahrhunderte, wo daselbst auch sich ein Schloß befand, befand sich daselbst ein Cisterzienser-Nonnen-

Fig. 52.   Grabstein Friedrichs von Beichlingen nach einer alten Zeichnung.

ersten Male ein Propst Johannes von Frauenprießnitz erscheint [1]). Die Schutzvogtei übten die Schenken von Tautenburg aus, die in dem Kloster auch ihr Erbbegräbnis hatten. Ueber die Kirchen in Dorndorf und Steudnitz besaß der Konvent das Patronatsrecht. Zum Ordensverband gehörte das Kloster nicht; es unterstand dem Bischof von Naumburg.

Heinrich von Sonneberg und seine Gemahlin Kunigunde (Fig. 53 u. 54) planten 1260, in der Nähe von Fronlach ein Hauskloster zu stiften, das den Namen Sonnefeld [2]) erhalten sollte, und führten diesen Plan 1264 aus, nachdem der Bischof von Würzburg seine Zustimmung erklärt hatte. Die hauptsächlichsten Zuwendungen erfuhr die der hl. Maria gewidmete und für adelige Damen bestimmte Stiftung durch die Familie des Gründers selbst und die Mitglieder des benachbarten Adels. Bereits 1263 war Fronlach mit allem Zubehör der Stiftung überwiesen worden [3]); das Patronatsrecht über die Kirche zu Weißenbrunn erhielt der Konvent 1285 [4]). Die geistliche Aufsicht über den Konvent stand dem Cisterzienserabt von Langheim zu, der 1371 bestimmte, daß die Zahl der Nonnen nicht mehr als 50 betragen sollte [5]).

Zwischen 1286 und 1287 muß das Kloster abgebrannt sein. Die Wiederherstellung erfolgte mit Hilfe von Ablässen der Jahre 1287 und 1293 (Bischof Arnold von Bamberg) und 1292 (Bischof Bonifatius). Aebtissin Anna konnte auf Indulgenzen von 49 Erzbischöfen und Bischöfen hinweisen, die alle denen zu gute kommen sollten, qui locum et chorum nostrum accesserint atque pro faciendis structuris adjutricem manum porrexerint [6]). Wenn in den

---

kloster, aber erst im Jahre 1504 nannte er (Georg von Tautenburg) den Ort in seinem Testamente, in welchem er sich ein sogenanntes Seelenbad stiftete, Frauen-Prießnitz, wiewohl es schon früher ‚Brisnitia Dominarum‘ genannt wurde."

1) Urk. im Altenburger Staatsarchiv C II No. 50, Lausnitz, fol. 17 a.

2) Hönn, S.-Coburgische Historia I S. 267 f.

v. Schultes, Coburgische Landesgeschichte S. 81.

Kreysig, Beiträge z. Hist. d. sächs. Lande V S. 300 f.

Böttcher, Germania sacra I S. 721, der als Gründungsjahr 1263 annimmt.

3) Faber, [Hist.-topogr.-stat. Nachrichten vom] ehem. Cist.-Nonnenkl. p. Sonnenfeld S. 2: „Es scheint, dieses Kloster Sonnenfeld habe nach dem ersten Entwurf nicht an dem Ort, wo es noch stehet, sondern drey Viertelstunden weiter gegen Abend, in oder an das Dorf Fronlach gebaut werden sollen; nachher muß dieser Plan geändert und der Flecken Hofstädten als schicklicher (vielleicht weil zu Fronlach das Wasser rar ist) ausersehen worden seyn."

4) Schöttgen u. Kreysig, Diplom. et script. III S. 635.

5) Schöttgen u. Kreysig, a. a. O. S. 738.

6) Schöttgen u. Kreysig, a. a. O. S. 646.

bezüglichen Urkunden wiederholt vom Wiederaufbau des Chores die Rede ist, so kann hiermit nicht sowohl der östliche Abschluß der Kirche, wie der Nonnenchor, d. h. das mit Empore versehene Langhaus gemeint sein. 1327 sicherte Wilhelm, Abt des Generalkapitels

Fig. 53.   Fig. 54.
Grabstein
Heinrichs von Sonneberg   Kunigundens von Sonneberg
in der Kirche zu Sonnefeld.

des Cisterzienserordens, allen, welche die Bautätigkeit Sonnefelds unterstützten, Anteil an den guten Werken des Klosters zu, und 1349 wurde dem Steinmetzen Heinrich, übrigens einem verheirateten

Laien, der Kirche und Dormitorium [1]) in Sandstein gebaut hatte, eine Behausung bewilligt. Ausgangs des Jahrhunderts scheint das Kultusinventar der Kirche ergänzt zu sein; denn Ablaßbewilligungen fanden statt 1380 durch Bischof Gerhard von Würzburg und 1384 durch Weihbischof Johannes von Würzburg zu Gunsten eines in diesem Jahre von letzterem zu Ehren von Andreas, Erhart und Ottilia geweihten Choraltares [2]). In einem Ablässe vom Jahre 1401 betont Bischof Albert von Bamberg die Notwendigkeit der Instand-setzung der vom Feuer beschädigten Gebäude [3]). Ob der Brand von 1286, der allerdings noch sehr lange die Bedürftigkeit des Konventes begründen mußte, gemeint ist, oder ein neuer Feuerschaden, ist nicht ersichtlich. Die von Citeaux bewilligten Ablässe der Jahre 1414 und 1419 scheinen mit den Bauten nichts mehr zu tun zu haben [4]). Im Jahre 1428 findet ein Altar der hl. drei Könige, der in einer Kapelle gestanden haben soll, Erwähnung [5]). Außerdem werden genannt der Hochaltar (Fronaltar. Altar U.L.F.) und je ein Altar der hl. Barbara, des hl. Nicolaus und der elftausend Ritter [6]).

Daß in Sonnefeld eine vorhandene Kirche übernommen wurde, ist nicht anzunehmen. Der Platz wurde neu geschaffen, doch ist es wahrscheinlich, daß anfänglich die Kirche auch für Laien zugänglich war. Neben Sonnefeld war Hofstätten ein eigener Ort, dessen Kirche, die jetzige Gottesackerkirche, erst 1425 das Recht der Taufhandlungen erhielt. 1889 wurden beide Orte zu einer Gemeinde Sonnefeld vereinigt.

In Sangerhausen [7]) räumte 1265 Heinrich der Erlauchte

---

1) Voss, Bau- Denkm. Thür., S.-C.-Gotha, B. Coburg S. 85, spricht (wohl nach Schöttgen u. Kreysig, a. a. O. S. 709) vom Bau des Gottesackers. In der Urkunde steht dormitorium.

2) Merkwürdigerweise finden sich um diese Zeit die Namen Bruder Conrad Parlir (1381), Bruder Conrad Barlirer (1383), Propst Conrad Parlir (1390), Propst Conrad Stein-metz (1398). Sind das Familiennamen oder Bezeichnungen für einen Polier(-Meister)?
Ueber die Bedeutung des Wortes lapicida (Steinmetz = Baumeister), vgl. Hasak, Haben Steinmetzen unsere mittelalterlichen Dome gebaut? S. 5 f.
Schöttgen u. Kreysig, a. O. S. 743 f.

3) Schöttgen u. Kreysig, a. a. O. S. 753.
Wieland, Kloster Sonnenfeld, in Cisterzienser-Chronik 1903 S. 292: „Im Jahre 1380 wurde das Kloster wiederholt durch einen Brand geschädigt."

4) Schöttgen u. Kreysig, a. O. S. 758 f.
Faber, a. a. O. S. 46, führt noch einen Ablaß des Abtes Johannes von Citeaux vom Jahre 1487 der bei Schöttgen u. Kreysig nicht zu finden ist.

5) Schöttgen u. Kreysig, O. S. 761.

6) Wieland, a. a. O. S. 323.

7) Fix, Sächs. Kirchenstaat III S. 192.
Winter, D. Cist. d. nordöstl. Deutschl., führt das Kloster nicht

Cisterzienserinnen die unter dem Patronate von Reinhardsbrunn stehende bekannte Ulrichskirche ein [1]). Markgraf Dietrich von Landsberg übertrug 1271 [2]) dem Konvente, der bis zu seiner Reformierung 1503 in Abhängigkeit von Reinhardsbrunn blieb und von diesem Benediktinerkloster Priester und Pröpste bezog, das Patronat über die Sangerhäuser Jakobskirche, eine Schenkung, die 1295 die päpstliche und 1324 die kaiserliche Bestätigung erhielt, 1410 aber an Landgraf Friedrich den Einfältigen kam [3]). Die Feuersbrunst, die 1389 die ganze Stadt heimsuchte, beschädigte Kirche und Kloster erheblich; doch scheinen aus dem großen Brande von 1431 die Baulichkeiten unversehrt hervorgegangen zu sein. Unter dem Nonnenchore (sub crypta) wurde 1514 eine Vikarie beatae Virginis gestiftet [4]). Auch wenn nicht ein aus dem 14. Jahrhundert stammender Taufkessel in der Kirche stände, bedürfte es kaum des Beweises, daß die für das Bedürfnis eines Nonnenkonventes ganz unzweckmäßige Kirche während der Klosterzeit ihre ursprüngliche Bestimmung als Pfarrkirche nicht änderte.

Im Jahre 802 war die reiche Peter- und Paulskirche in Cölleda [5]) von den Grafen Katan, Günther, Gumbraht, Rimis, Günther und Asolf und von der Nonne Berthrat, den mutmaßlichen Stiftern, an

---

1) Nach Spangenberg, Chronik von Sangerhausen, in Buder, Nützl. Sammlung ungedruckter Schriften S. 325, und Müller, Chronika der uralten Bergstadt Sangerhausen S. 32, befand sich das Kloster vordem im Helmethale bei Sangerhausen, doch ist der urkundliche Nachweis, daß neben der Katharinenkirche in jenem Tale eine Nonnensiedelung sich befunden habe, nicht erbracht. Nach v. Sydow, Sangerhausen, in Thür. d. Harz II S. 284, Puttrich, Denkm. d. Bauk. d. Mittelalt. in Sachsen II 2, Eisleben S. 9, und Lotz, Kunsttopogr. Deutschl. I S. 536, erfolgte die Gründung des Nonnenklosters bei St. Ulrich 1205, nach Otte, Handb. d. k. Kunstarch. S. 422, zu Anfang d. 13. Jahrhunderts.

2) Daher kann die Ankunft der Nonnen nicht, wie die Reinhardsbr. Annalen geben, 1274 erfolgt sein.

3) Nach v. Ledebur, Korrespondenzblatt XIV S. 66, ist das Kloster 1286 Markgrafen Friedrich Tutta bestätigt worden.

4) Müller, a. a. O. S. 39, führt als Vikarien auf:

„Vicaria B. Virginis   Stiftung Anno 1504.

Vicaria Annae der Mutter Mariae, hat Anno 1539 Ulrich Gluemann von seiner Freundschafft den Gluemännern zur Lehn getragen, werden sie demnach derer Stifter gewesen seyn.

Vicaria Beatae Virginis sub Crypta.

Vicaria unser lieben Frauen Brüderschafft   Jacob Taerte hat sie Anno 1539 zu Lehen getragen.

Elenden Licht in S. Ulrichs Pfarr-Kirchen."

5) Oberländer, Gedächtnis voriger Zeiten in der Stadt und dem Kloster Cölleda. Galetti, Gesch. Thür. III 14 S. 193.

Grüning, Cölleda, in Thür. u. d. Harz VIII S. 156 f.

Hersfeld geschenkt worden, welches Kloster durch diesen Besitz neben der weltlichen auch die geistliche Lehnsherrlichkeit über Cölleda erlangte [1]). Es ist vermutlich dieselbe Kirche, deren Pfarrer 1160 und 1224 Erwähnung finden und die 1266 Abt Heinrich von Hersfeld mit Genehmigung des Erzbischofes Werner von Mainz den aus Frauensee kommenden Cisterziensernonnen überwies [2]). Wohl erst in diesem Jahre nahm sie den Namen des neuen Titelheiligen Johannis des Täufers an. Obwohl seit der Klostergründung oder vielleicht schon etwas früher für die Stadtgemeinde eine besondere Kirche, die dem Hersfelder Lokalheiligen geweihte Wipertikirche, am Marktplatze bestand, blieb die Johanniskirche im Besitze der Pfarrrechte. Noch 1404 wird sie als Mutterkirche von St. Wiperti genannt [3]), und erst 1528 gestattete der Abt von Hersfeld auf Widerruf die Vornahme von Pfarrfunktionen auch in der Tochterkirche [4]). Ob nun der oben genannte Hersfelder Abt, oder ein Graf von Beichlingen oder ein Herr von Cölleda als der eigentliche Stifter des Klosters anzusehen ist, mag dahinstehen [5]); gewiß ist, daß das Kloster von den Grafen von Beichlingen, in deren Schutzvogtei es sich befand, später vielfach Begünstigungen erfuhr, sowie daß die Nonnen zum Verbande von Citeaux in keiner engeren Beziehung standen, vielmehr ebenso wie die Konventualinnen von Frauensee bis zur Reformation unter der geistlichen Aufsicht von Hersfeld blieben. Das Kloster war der Mutter Gottes geweiht und zählte 1482 außer der Aebtissin Margarete von Harras 48 Nonnen.

Daß bei Stiftung des Klosters ein Neubau der Kirche stattfand, ist nicht recht glaubhaft, denn gerade die Möglichkeit, eine vorhandene Kirche zu beziehen, wird die Gründung des Konventes mitveranlaßt haben. Doch mag die Peter- und Paulskirche im Jahre 1266 nicht mehr der Ursprungsbau gewesen sein [6]). Eine

1) Dobenecker, Reg. I No. 73.

2) Dobenecker, Reg. II No. 205, 2177 u. 2192.

Unger, Anekdoten von p. Cölleda S. 79, spricht irrtümlich von Benediktinerinnen. Ueberhaupt wird in den meisten Urkunden das Kloster schlechthin als Benediktinerkloster bezeichnet. Der Ausdruck Conventus sanctimonialium Grisaei ordinis S. Benedicti (Thuringia sacra S. 541) kann sich nur auf Cisterzienserinnen beziehen.

3) Thur. sacra S. 548 f.

4) Unger, Stadtchronik S. 111.

5) Nach Hermann, Verz. d. p. Stifter, in Zeitschr. d. Ver. f. thür. Gesch. VIII S. 92, war ein Herr von Cölleda, nach Winter, D. Cist. d. nordöstl. Deutschl. II S. 46, der Abt von Hersfeld der Gründer.

6) Thur. sacra S. 541 „Eadem, qua monasterium, aetate basilica S. Johannis exstructa est." Dieselbe Ansicht vertritt Grüning, N. Chronik d. St. Cölleda S. 24. Ein urk. Beleg ist nicht erbracht.

größere, aus milden Gaben und Steuern bestrittene Bautätigkeit muß
1462 ihr Ende gefunden haben, denn in diesem Jahre wurde, wie
eine 1717 in Turmknauf aufgefundene Nachricht besagt, vom
Meister Hans Corber aus Großen-Sommerda und seinen Gehilfen
Hans Stoltze und Hans Koch die Turmspitze aufgebracht[1]). Die
Stiftung eines Marienaltares fand 1404 statt.

Das Haus Schwarzburg besaß bereits in Georgenthal ein hoch-
angesehenes Familienkloster im Sinne Citeaux', befand sich aber, da
die Abtei die Aufnahme von Nonnen nicht gestatten konnte, noch

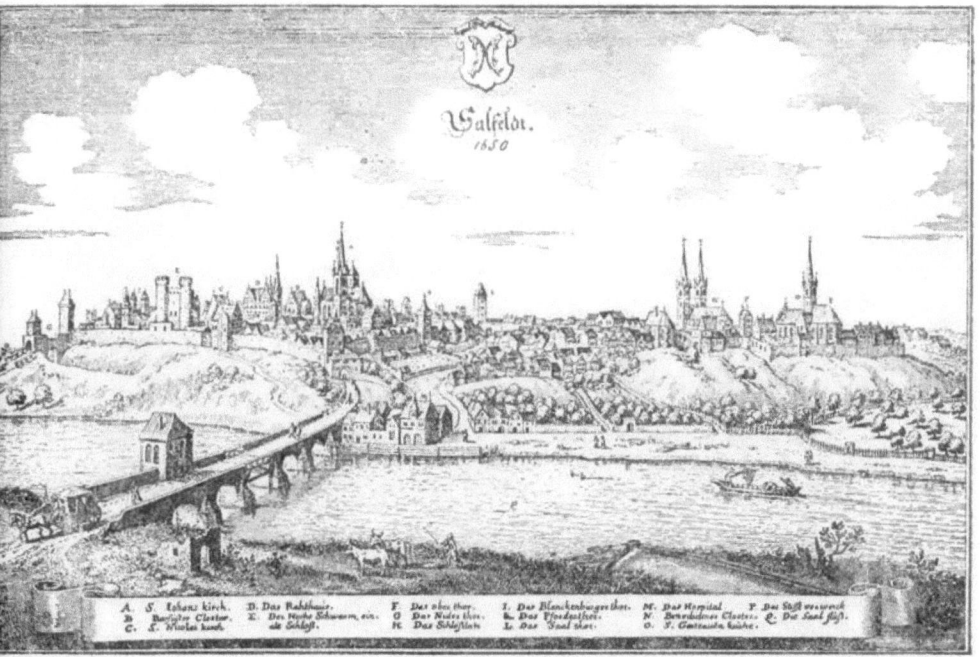

Fig. 55. Saalfeld 1650 nach Merian.

immer nicht in der Lage, seinen unverheirateten weiblichen Mitgliedern eine klösterliche Zufluchtstätte zu bieten, die nach der
neuen, in Thüringen zu großer Achtung gelangten Regel eingerichtet war. Noch 1224 brachte Heinrich II. seine Töchter Sophie,
Richza und Mathilde in Paulinzella unter, und 37 Jahre später machte
sein Sohn Günther VII. dem Benediktinerkloster Zuwendungen zu

1) Thur. sacra S. 554 f.

Gunsten dieser Nonnen [1]). Derselbe Günther war es aber auch, der 1267 [2]) bei der Nikolauskapelle in Saalfeld [3]) ein Frauenkloster nach der Cisterzienserregel schuf, dessen erste Nonnen aus Frankenhausen kamen (Fig. 55). Auch dieser Konvent kann mit Citeaux keine Fühlung gewonnen haben, denn bei der Gründung wurde der Benediktinerabt von St. Peter in Erfurt zugezogen. Wo der Klosterbesitz lag, ist ungewiß. Ist jene Nikolauskapelle, in deren Nähe nach der Stiftungsurkunde das Kloster sich befand, identisch mit der von Kaiser Heinrich I. als Hauptkirche der Stadt gegründeten Nikolaikirche [4]), so muß, falls sie überhaupt für den Klostergottesdienst in Anspruch genommen wurde, vor oder bei Einzug des Konventes eine Erneuerung des 1202 ausgebrannten Gotteshauses stattgefunden haben [5]). Im fünften Jahre seines Bestehens erhielt angeblich das Kloster bereits das Patronatsrecht über die Stadtkirche. Nichtsdestoweniger scheint Saalfeld nicht der geeignete Ort gewesen zu sein. Schon 1273 wurde der Konvent aufgehoben, weil er in Streitigkeiten mit den Franziskanern geriet, und ein oder zwei Jahre später im Einverständnisse mit dem Erzbischofe von Mainz, der auch die Gründung in Saalfeld genehmigt hatte, nach Stadtilm verlegt [6]).

1) Anemüller, Urkundenbuch d. Klosters Paulinzelle (in Thür. Geschichtsquellen VII) I Urk. No. 56 u. 88.

2) Winter, D. Cist. d. nordöstl. Deutschl. S. 47, „vor oder im Jahre 1267". Die Gründung vor 1267 ist ausgeschlossen; vgl. Urk. No. X bei von Schultes, S.-Cob.-Saalfeldische Landesgesch. II S. 10.

3) Brückner, Landeskunde von Meiningen II S. 621.

4) So nimmt Brückner, Landeskunde von Meiningen II S. 621, an, nach Dehio, Handb. d. d. Kunstdenkm. I S. 269, fraglich.

5) Grobe, Wagners Chronik d. St. Saalfeld S. 121 f., vermutet eine Wiederherstellung J. 1265.

Lehfeldt, Bau- Denkm. Thür., S.-Meiningen IV S. 97: „Grundlos sind jedenfalls die Meinungen, daß das Kloster zwischen dem sogenannten Amtshof und der Superintendentur, also gar nicht nahe bei der Nikolauskirche gelegen habe, oder daß die Nikolauskapelle selbst zur Klosterkirche eingerichtet und der Kitzerstein den Nonnen zur Wohnung gedient habe."

6) Die Verlegung nach Stadtilm erfolgte nach Hermann, Verz. d. p. Stifter, Zeitschr. d. Ver. f. thür. Gesch. VIII S. 50, nach Hesse, Stadtilm, in Thür. u. d. Harz VIII S. 299, nach Schultes, S.-cob. Landesgesch. II S. 40, und nach Sigismund, Landesk. d. F Schwarzb.-Rudolstadt I S. 180, i. J. 1275, nach Winter, a. O. II S. 48, i. J. 1273, nach Lehfeldt, O. S. 97, i. J. 1274.

Nach v. Schultes, a. a. O. II S. 14, verlieh Bischof Friedrich von Merseburg 1274 denjenigen Ablaß, welche die sanctimoniales ordinis cisterciensium, qui se in Salfeld receperunt in oppido Ilmene desiderant transferre suam habitationem, beim Bau des neuen Klosters unterstützten, Ablaß (Urk. No. XII), und erlaubte Erzbischof Werner von Mainz 1275 die Verlegung von Saalfeld nach Stadtilm (Urk. No. XIII).

Der Gründer des Stadtilmer Klosters, Günther, der die Verlegung des Konventes

In Stadtilm[1]) gelangte das Unternehmen, das übrigens auch hier dem Ordensverbande sich nicht anschloß, zur vollen Blüte. Fromme Vermächtnisse verhalfen dem Kloster bald zu ansehnlichem Güterbesitz; als Haupterwerbung mag der Ort Seebergen bei Gotha gelten, der 1323 und 1329 teils durch Kauf, teils durch Schenkung an den Konvent fiel[2]). Mehr noch als die Schwesterklöster Prießnitz, Ichtershausen, Oberweimar, Roda, Kelbra und Cölleda bemühte sich der Schutzvogt des Klosters, Günthers Sohn und Nachfolger Heinrich V., um das Gedeihen der Anstalt. Seine Schwester Irmengard, die bereits zu Saalfeld Aebtissin gewesen war, bekleidete auch an der neuen Stelle die gleiche Würde. Das wohlhabende Kloster, das sich nie durch Strenge ausgezeichnet hat, war in erster Linie für die Aufnahme von Töchtern aus dem gräflichen Hause und verwandter Familien, sowie von Damen aus dem einheimischen Adel überhaupt bestimmt[3]) und besaß stets einen großen Konvent. Bis zur Mitte des 15. Jahrhunderts gibt es wenig Generationen des Schwarzburger Hauses, aus denen nicht mindestens ein Mitglied in Stadtilm den Schleier nahm. Fast die Hälfte der Aebtissinnen sind Töchter der Schwarzburger Herren; wir finden das Amt der Küsterin, Kellnerin und Priorin in den Händen der weiblichen Angehörigen dieses Hauses. Manche traten als Witwen ein, einigen verschlug es auch nichts, die Klosterzelle mit dem Ehegemach zu vertauschen.

Die Unterstützung, welche die vereinigten Nonnenklöster gleichen Ordens der neuen Ansiedelung angedeihen ließen, galten vorzugsweise der Bautätigkeit des Konventes, die in üblicher Weise auch durch bischöfliche Ablässe, so in den Jahren 1279, 1280 und 1282 und, wie es scheint, auch noch 1300, 1303 und 1307, gefördert wurde[4]). Die Weihe der neuerbauten, der Jungfrau Maria, dem hl. Nikolaus und Benedikt gewidmeten Klosterkirche fand 1287

nicht mehr erlebte, starb bereits 1274. Vgl. Vater, D. Haus Schwarzburg. Schamelius, Nachr. von d. Cist.-Frauenkl. zu Ilmenau i. Th., in Anhang zu Leuckfeld, Chronologia abbatum Bosaugiensium, verlegt das Kloster fälschlich nach Ilmenau; ähnlichen Fehler begeht Merian in seiner topogr. sup. Sax., der zu Stadtilm eine ganz falsche Abbildung bringt. Lehfeldt, a. a. O., hat die Abbildung Merians ungeprüft übernommen.

1) Urkunden bei Ayrmann, Sylloge Anecdotorum I S. 253 f.

2) Thur. sacra S. 570, Schultes, Dir. diplom. I S. 213, und Heydenreich,! Hist. d. Haus. Schwarzburg S. 24, führen nach einer älteren Quelle eine Schenkung des Grafen Günther zu Schwarzburg an das Nonnenkloster zu Stadtilm v. J. 1099 an. Natürlich gehört diese Urk. in ein späteres Jahr, nach Dobenecker, Reg. I No. 984b, in das Jahr 1299.

3) Koch, Zwei Gräfinnen Margareta zu Henneberg als gleichzeitige Nonnen des Kl. Stadtilm, in Zeitschr. d. Ver. f. thür. Gesch. XXIII S. 387 f.

4) Schöttgen u. Kreysig, Diplom. et script. I S. 186 f.

statt [2]). Eine ewige Lampe für das Grab des in der Kirche ruhenden Gründers stiftete dessen gleichnamiger Sohn Günther IX., der die Einweihung des Bauwerkes nur kurze Zeit überlebte und ebenso, wie sein Sohn Günther XII. und mehrere dessen Nachkommen, seine Ruhestätte im Klostergotteshause fand. Nach einem Brande im Jahre 1492, welcher die Kirche und von den Klostergebäuden besonders das Dormitorium und den Kreuzgang zerstörte, wurde, vorzugsweise mit Hilfe eines 1496 vom Schwarzburger Herrn ausge-

---

[2] Inschrift auf der Südseite der Kirche:

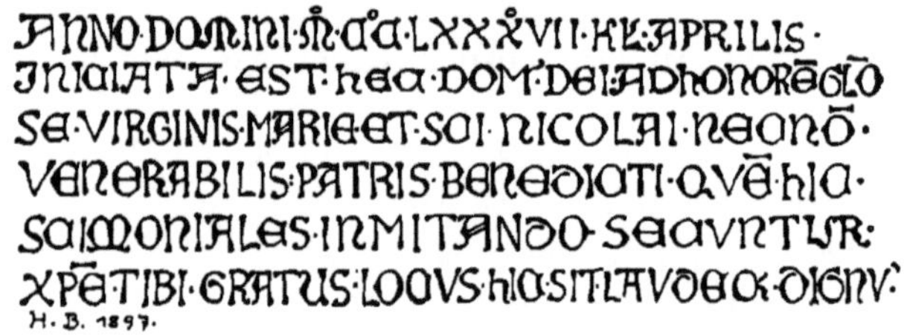

> ꓘNNO·DOMIMI·ꟿꞭꞲ·ꓒꞲLXXꓫVII·ꓘLꓘPRILIS·
> JNꞭꞪꞮꓓ·ꟿST·ꞪꞲꞩ·DOM·D�),JꓓꞪOꞀOꞀꞲꞬLꞩO
> Sꟿ·VIRGINISMꓘRIꟿꟿT·SꞲꞮ·ꞀICOLꓘI·ꞀꟿOꞀꞬ·
> VꟿꞀꟿRꓘBILIS·PꓘTRIS·BꟿꞀꟿꞬꞮꞲTI·QVꟿ·ꞪꞮꓒ·
> SꓘꞲꞲOꞀIꓘLꟿS·IꞀMITꓘꞀꞬꞲ·SꟿꓒVꞀTUꞀ·
> XPꟿTꞮBI·GRꓘTUS·LꞲꞲVS·ꞪꞲSITꓘVꞲꞬꞲꞬ·ꞪꞲꞬꞀV·
> H·B· 1897·

Lehfeldt, Bau. Denkm. Thür., Schwarzb.-Rudolstadt S. 175, der übrigens irrtümlich iniciata nicht mit „geweiht", sondern mit „begonnen" übersetzt und die Inschrift (wohl nach Heydenreich, Hist. d. Hauses Schwarzburg S. 41 f., 86 u. 399) nicht auf die Kirche, sondern ein Klostergebäude bezieht, leitet aus der Erwähnung des Namens Benedikts besondere Beziehungen zum Benediktinerorden ab. Mit Unrecht; Benedikt war ebenso gut Schutzherr der Cisterzienser wie der Benediktiner. Mit dieser Auslegung der Inschrift mag Lehfeldts irrige Ansicht (S. 155) zusammenhängen, daß der Konvent 1287 nach Stadtilm kam; anderer Stelle (S. 175) gibt er freilich die Jahreszahl 1275 an. Nach Lehfeldt befand sich die Tafel früher an anderer Stelle, die zwar nicht näher bezeichnet ist. Vermutlich war sie ursprünglich an dem mittlerweile verschwundenen Chore angebracht. „Ein kleiner, für die ältere Schriftstellerei ganz interessanter Zug ist", meint Lehfeldt (S. 175 Anm.), „daß alle alten Chroniken bei diesem Kloster coenobium sanctimonialium und nicht, wie sonst meist, monacharum sagen, offenbar einer vom anderen bezw. nach dieser Inschrift abschreibend." Der Ausdruck für Cisterziensernonnen heißt nicht nur in Thüringen, sondern auch anderswo fast immer sanctimoniales, auch in der Zusammenstellung coenobium sanctimonialium. Ueber die Art der Schrift siehe Bergner, Grundr. d. k. Kunstaltert. in Deutschl. S. 356.

Auf die Unrichtigkeit der Ansicht, die Stadtkirche sei mit der Klosterkirche identisch, die Puttrich, Denkm. d. Bauk. d. Mittelalt. in d. Schwarzb. Land, I 1 S. 32, und Hesse, Stadtilm, in Thür. u. d. Harz VIII S. 305, vertreten, hat Lehfeldt, S. 157 u. 175, hingewiesen. Der gleiche Fehler bei Böttcher, Germania sacra I S. 746, der den Baubeginn der Stadtkirchentürme ins Jahr 1287 verlegt. Die Nikolauskirche, d. i. die Klosterkirche, und die Marienkirche, d. i. die Stadtkirche, werden in den Akten scharf getrennt.

Merian, Topogr. sup. Sax. S. 105, gibt irrtümlich 1294, Lotz, Kunsttopogr. Deutschl. I S. 365, und Puttrich, Denkm. d. Bauk. d. Mittelalt. in d. Schwarzb. Landen S. 32, ebenfalls irrtümlich 1287 als Jahr des Baubeginnes an. Nicolaus von Siegen, Chron. eccles. S. 365, ebenfalls fälschlich: „Cenobium sanctimonialium in Ilemmina construitur d. 1287

stellten Empfehlungsschreibens, zu Anfang des 16. Jahrhunderts das Kloster wieder in Stand gesetzt. St. Catharina, St. Egidius, St. Erhard und Erasmus, St. Johannes der Täufer sowie St. Sigismund besaßen Altäre in der Klosterkirche, außerdem werden die Vikarien der X millium militum und omnium animarum erwähnt[1]). Der Altar des hl. Bartholomaeus wurde 1333 wiederhergestellt[2]). 1314 errichtete der Konvent einen Altar des hl. Martin, als dessen Frühmeßner 1366 der Pfarrer von Ilm erscheint[3]).

Ob nun die geistliche Aufsicht von Anfang an vom Ortspfarrer ausgeübt wurde, kann zweifelhaft erscheinen; jedenfalls aber besaß in späterer Zeit der Pfarrer der Stadtkirche die Propstwürde, wie umgekehrt dem Kloster Rechte auf die Stadtkirche zustanden. Denn 1444 befindet sich unter der Pfarrgeistlichkeit der Marienkirche „Heinrich Böttener, jetzund Probist zu Ilmen, als ein Pfarrer und Oberformund der Pfarrkirchen", und 1447 übergab Propst Albert von Werter der Aebtissin Anna von Kirchberg die Urkunde einer vicariae Corporis Christi, in ecclesia Parochiali ibidem conditae cum omnibus juribus, quae ipsi ratione monasterii in ea competere videbantur[4]).

Von der Lage eines Nonnenklosters an der Peripherie einer Stadt gibt Stadtilm ebenso wie Kelbra ein schönes Beispiel (Fig. 56).

Unweit Salzungen beim Dorfe Allendorf[5]) lag am Fuße des Frankensteins, der Stammburg der länderreichen Dynasten gleichen Namens, eine alte zerstörte Marienkapelle, zu deren Wiederherstellung 1265 der Erzbischof von Mainz und 1266 der Bischof von Münster aufforderten. Diese Kirche machten Cisterzienserinnen sich zu eigen. Ueber das Jahr der Ansiedlung herrscht ebenso große Ungewißheit, wie über die Herkunft der Kolonie[6]). 1272 wird das zur Diöcese Mainz gehörige Kloster, das 45 Nonnen unterhalten konnte, zum ersten Male genannt. Heinrich von Frankenstein, der in diesem

---

1) Thur. sacra S. 589.

2) Burkhardt, Urk. von Arnstadt, Urk. No. 128.

3) Thur. sacra S. 589. Nach derselben Quelle (S. 581) fand die Stiftung des Altares schon 1304 statt.

4) Thur. sacra S. 579 u. 589.

5) Kirchen- u. Schulenstaat im Herzogt. Gotha I 12 S. 19 f.

von Schultes, Gesch. von Henneberg.

Winter, D. Cist. d. nordöstl. Deutschl., führt das Kloster nicht an, vermutlich weil es später (1518 ?) an den Benediktinerorden kam.

6) Die Gründung erfolgte nach Hermann, Verz. d. p. Stifter, in Zeitschr. d. Ver. f. thür. Gesch. VIII S. 10, zwischen 1266 u. 1272, nach Brückner, Landeskunde von Meiningen II S. 23, um 1270.

Jahre, wie auch 1296, 1324 und 1328 dem Konvente Güter übermachte, scheint der Stifter gewesen zu sein. Die Schutzvogtei stand
der Abtei Fulda zu, bis sie 1366 an das Haus Sachsen fiel.

Ueber eine Bautätigkeit des Klosters im Mittelalter ist so gut
wie nichts bekannt, doch muß, den Bauformen nach zu schließen,
in spätgotischer Zeit ein Neubau der Kirche stattgefunden haben.
Um die Klosterzucht zu sichern, wurden 1508 die Konventsgebäude mit einer Mauer umgeben. Im Jahre 1518 finden die Kirche,
die Klostermauern, die Propstei, das Schlafhaus, der Kreuzgang und
das Rebenthal Erwähnung.

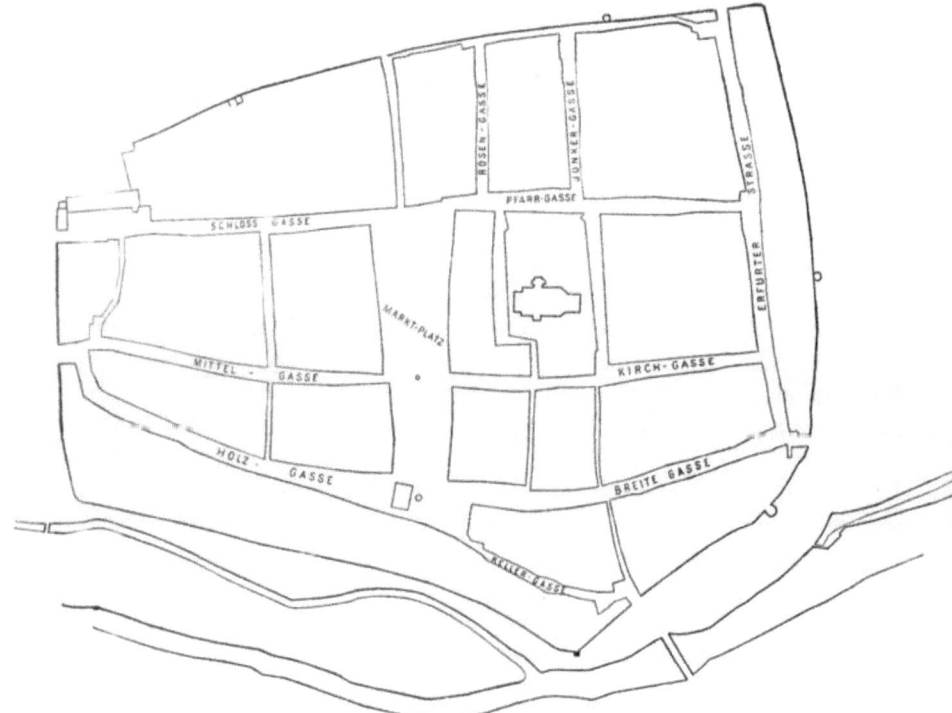

Fig. 56. Plan von Stadtilm [1]).

Aus Annerode stammten die 4 bürgerlichen und aus Beuren
die 10 adeligen Nonnen, die 1287 in Marksußra [2]) einzogen.
Derselbe Albert von Ebeleben, der schon früher Volkenroda bedeutende Zuwendungen gemacht hatte, schenkte hier einen Meier-

---

1) Das Kloster befindet sich an der Norwestecke des Stadtplanes.
2) Heidenreich, Gesch. Schwarzburgs S. 157.

hof und stellte für den Umbau der Walpurgiskirche sowie für den Neubau des Kreuzganges und der Klostergebäude die Mittel, die er auf 25 Mark veranschlagte, zur Verfügung. Auch unterhielt Albert während des Klosterbaues, der 2½ Jahre dauerte, jene 14 Nonnen auf eigene Kosten und übermachte ihnen die ganze Pfarrei St. Bonifacii [1]). In Erfurt erlangte der Gründer 1287 die Bestätigung seiner Stiftung durch Erzbischof Heinrich von Mainz, seinen Bruder [2]), und in demselben Jahre durch Rudolf von Habsburg, der zwecks Abhaltung einer Reichsversammlung sich ebenfalls in dieser Stadt aufhielt. Die um den Kaiser versammelten Kirchenfürsten kargten nicht mit Ablässen, die in Verbindung mit den fortgesetzten Schenkungen von seiten des Stifters und dessen Söhnen dem jungen Unternehmen zu außerordentlichem Reichtum an Grundbesitz und Vermögen verhalfen. Das Kloster, das zum Ordensverbande in keiner Beziehung stand, wurde so bedeutend, daß es zum Sitze eines Erzpriestertumes erhoben wurde; als solchem wären ihm die Kirchen und Kapellen der ganzen Gegend unterstellt.

Berka gab die Nonnen ab, die vor dem 10. März 1291 [3]) vor dem Krämpfertore in Erfurt [4]) sich ansiedelten. Die Stiftung erhielt den Namen „Kirche des heiligen Stephanus zum Mariengarten". Zum Bau des Gotteshauses wurden 1296, zum Bau des Klosters 1299

---

1) Die Bonifatiuskirche soll in dem der Sage nach schon bestehenden Orte Sussera von Bonifatius gegründet sein. Gerber, Marksußra u. d. Stiftsschule zu Ebeleben, in Thür. d. Harz III S. 259: „Die Bewohner von Marksußra benutzten diese Kirche lange, und als dieselbe mit der Zeit in Verfall geraten war, erbauten sie östlich hinter dem Meierhofe neben einer daselbst befindlichen Mühle eine neue, welche sie der heiligen Walpurgis weiheten". F. Apfelstedt, Beschr. Darst. d. p. Baudenkm., Sondershausen I S. 35: „Der Anklang, den er (Bonifatius) mit der Verkündigung des Evangeliums bei den Bewohnern jener Gegend fand, veranlaßte ihn, nördlich von Marksußra eine Kapelle zu erbauen, die er seiner Begleiterin Walpurgis weihete". Nach H. F. Th. Apfelstedts, Heimatskunde p. d. Fürstent. Schwarzb.-Sondershausen S. 124, irrtümlicher Ansicht rührt die Walpurgiskapelle erst aus Klosterzeit her. „Die Trümmer (der von Bonifatius erbauten Kirche) wurden 1207 (er gibt aber sonst 1287 als Gründungsjahr des Klosters an) bei dem Bau des Klosters und einer Kapelle bei demselben verwandt."

2) Winter, D. Cist. d. nordöstl. Deutschl. II S. 38, zweifelt die Echtheit der in der Thur. sacra S. 591 mitgeteilten Urkunde vom Jahre 1287 an und verweist auf Gerber, O., der indes an dem Inhalte keinen Anstoß nimmt.

3) Nach Hermann, Verz. d. p. Stifter, in Zeitschr. d. Ver. f. thür. Gesch. VIII S. 101, zwischen 1288 u. 1290. Das Kloster soll von Meister Heinrich Bauso († 1303) gegründet sein.

4) Würdtwein, Thuringia et Eichsfeldia S. 214.
v. Mülverstedt, Hierographia Erfordensis S. 13 f.
Falkenstein, Thür. Chronik II 2 S. 1131 f.
Hartung, Häuserchronik II S. 124 f.

Ablässe bewilligt. Als 1303 Erzbischof Gerhard von Mainz seine Erlaubnis dazu erteilte, das Kloster an die Martinskirche im Brühl [1]) zu verlegen, und der Propst des Erfurter Marienstiftes dem Konvente das Patronat über diese Pfarrkirche verlieh, wurde der alte Platz verlassen. Im Gegensatze zu der in der inneren Stadt beim Rathause gelegenen Kirche St. Martini intra muros führte die dem Kloster überwiesene Kirche, die übrigens nicht aufhörte, Pfarrkirche für die Bewohner des Brühls zu sein, den Namen St. Martini extra muros [2]). Nachdem neue Klosterbaulichkeiten aufgeführt waren, erfolgte 1310 die Uebersiedelung der Nonnen [3]). Das Kloster selbst, als dessen Insassen Töchter von benachbarten Adeligen und von Bürgern der Stadt erscheinen, hieß von nun an St. Martinskloster [4]). Im Jahre 1437 finden ein Gnadenbild der Muttergottes und eine Kapelle des hl. Grabes Erwähnung. Nach dem großen Brande von 1472, der auch die Martinskirche bis auf den Turm zerstörte, erfolgte 1483 die Wiederherstellung des Baues [5]).

Eine Stunde nördlich von Georgenthal lag das dem hl. Laurentius geweihte Nonnenkloster H e y d e. Wenn die Tatsache, daß der Konvent der Cisterzienserregel folgte, auch als erwiesen gelten kann [6]), so geht die Annahme, daß zu der benachbarten Abtei engere Beziehungen bestanden, über den Wert einer Vermutung nicht hinaus. In welcher Zeit und von wem das Kloster gegründet wurde, ist nicht ermittelt [7]). Die ersten der wenigen auf uns gekommenen Urkunden datieren aus dem Jahre 1298 [8]). Die unbedeutende Rolle,

---

1) Winter, D. Cist. d. nordöstl. Deutschl. II S. 45: „Mit der Martinikirche muß ein Hospital verbunden gewesen sein; wenigstens bestätigt Honorius III. 1224 dem Hospital St. Martini in Erfurt dessen Besitzungen, mit welchen der Erzbischof von Mainz dasselbe dotiert hatte."

2) v. Tettau, Beschr. Darst. d. ält. Bau- . Denkm. d. Prov. Sachsen, St. Erfurt S. 247: „Wann die Kirche St. Martini extra gegründet worden ist, ist nicht bekannt, wahrscheinlich hat sie bereits zu den 25 Pfarrkirchen gehört, welche Erfurt zur Zeit des Erzbischofs Siegfried I. von Mainz (1059—1084) besaß. Sicher ist, daß sie 1265 schon seit längerer Zeit bestanden hat."

3) 1311 nach „Thüringens geistl. Stiftungen, I. Die Nonnenklöster in Erfurt" S. 20.

4) Ueber die Schenkungen vgl. Sagittarius, Gesch. d. Grafsch. Gleichen S. 111.

5) Inschrift über dem Eingangstore: Anno domini MCCCCLXXXIII (feria) secunda post Martini completum est h(oc o)pus per me Ludovicum Molitoris tunc operis impositum. Dehio, Handb. d. d. Kunstdenkm. I S. 88.

6) Rein, Thur. sacra, Urk. No. 1.

7) Rein, a. a. O. S. 68: „Die Grafen von Gleichen zogen das Kloster nach dem Bauernkriege ein und scheinen Hauptwohltäter, wo nicht Gründer desselben gewesen zu sein."

8) Winter, D. Cist. d. nordöstl. Deutschl. II S. 42: „Doch muß das Kloster zu dieser Zeit schon länger bestanden haben, da es im stande ist, für 300 Mark Güter in Herbsleben zu kaufen."

die der Konvent gespielt hat, läßt vermuten, daß eine vorhandene Kirche in Benutzung genommen wurde. 1318 fand die Inkorporation der Pfarrkirche von Aldenmorsen statt [1]).

Sehr nahe bei Heseler entstand 1291 ein zweites Cisterzienser-Nonnenkloster, das den Weihenamen Marienthal [2]) erhielt. Sein Stifter, der Bischof Bruno von Naumburg, gab in einem Schreiben an den Erzbischof von Mainz die Erklärung ab, daß der Konvent nie dem Orden einverleibt werden, sondern stets unter Mainz stehen solle. Im Jahre 1303 verkauften der Propst Engelbert, die Aebtissin Irmengard und die Priorin Elisabeth eine Hufe im Unter-Möllern an Pforta, und ein Propst Konrad kommt in einer Urkunde von 1318 als Zeuge vor [3]). Sonst scheint über die Geschichte des Klosters, insbesondere auch seiner Bauten nichts bekannt zu sein.

Dem in der ersten Hälfte des 13. Jahrhunderts im Süden der Stadt Nordhausen gegründeten Cisterzienserinnen-Konvente gesellte sich Ausgangs des Jahrhunderts am entgegengesetzten Ende der Stadt ein zweites Frauenkloster derselben Regel zu. Die einziehenden Nonnen hatten anfänglich in dem unweit Nordhausens gelegenen Bischoferode ein gemeinsames Leben geführt, dessen klösterlicher Charakter jedoch so wenig betont war, daß für die einzelnen Teilnehmerinnen die Möglichkeit des freiwilligen Ausscheidens bestand. Die dem hl. Nikolaus geweihte Ansiedlung, der 1238 Graf Dietrich von Hohnstein ein Grundstück übereignet hatte [4]), litt 1264 unter einem Brande und konnte, in der abgelegenen Gegend beständigen Beunruhigungen preisgegeben, zu keiner rechten Blüte kommen. Die längst erbetene Erlaubnis, den Sitz von Bischoferode in das vor den Mauern und im Schutze der freien Reichsstadt befindliche Altendorf zu verlegen, erteilte 1294 der Propst des Kreuzesstiftes Elger von Hohnstein, der das Patronatsrecht über die dort liegende Kirche St. Mariae in valle innehatte, unter Zustimmung des Erzbischofes von Mainz [5]). Die Benutzung dieser Kirche wurde den Nonnen erlaubt mit der Bestimmung, daß die Rechte des zuständigen Pfarrers keine Beeinträchtigung erführen; auch sollte der Konvent

---

1) Thur. sacra S. 600.
2) Fix, Sächsischer Kirchenstaat III S. 205.
Lepsius, Gesch. d. Bisch. v. Naumburg I S. 127.
Schumann, Lexikon v. Sachsen IV S. 713.
3) Wolff, Chronik d. Kl. Pforta II S. 295 u. 374.
Rein, Thur. sacra II S. 196, Urk. No. 221.
4) Förstemann, Urk. Gesch. d. Stadt Nordhausen, Urk. No. 41.
5) Urk. bei Lesser, Histor. Nachr. d. Stadt Nordhausen S. 197.

nur mit Genehmigung des Propstes St. Crucis oder seines Kapitels Landerwerbungen vollziehen, eine Klausel, die ihren Grund darin hatte, daß das Stift rings um den Kirchhof von St. Maria in valle Grundstücke, insbesondere auch Höfe besaß, deren Erwerbung die Vorbedingung für die Errichtung der Klostergebäude bildete [1]). Von Anfang an waren die Grafen von Hohnstein die Schutzvögte des auf ihrem Grund und Boden stehenden Klosters, dessen Gotteshaus beständig für Pfarrzwecke gedient zu haben scheint [2]). Die Nikolai- kirche in Bischoferode tauschten die Nonnen 1364 gegen die Andreas- kirche mit dem Kirchlehen in Cleisingen aus. Zur Aufbesserung der Baukasse der Klosterkirche bewilligte Erzbischof Petrus von Mainz 1318 einen Ablaß. Es kann sich hierbei nicht um eine zeitgemäße Veränderung des bestehenden Gotteshauses, sondern nur um einen vollständigen Neubau gehandelt haben, dessen Beginn oder Aus- führung sich allerdings ziemlich in die Länge zog, denn erst 1353 erteilte Erzbischof Gerlach von Mainz den Nonnen die Genehmigung zu einer Erweiterung des Ortes, wo sie wohnen, mit der Verfügung, daß der erzbischöfliche Vikar die Weihe des vollendeten Gebäudes vollziehen sollte [3]). Als Titularheilige erscheinen in den Terminier- briefen Maria, Nikolaus, Katharina und Barbara. Ein Friedrich von Bila veranlaßte den Bau einer Kapelle innerhalb der Klausur, der noch nicht vollendet war, als (1327) die Erben des Stifters das aus- gesetzte Geld für eine Vikarie des im nördlichen Seitenschiffe der Kirche neu errichteten Altares bestimmten. Weitere Altäre — im ganzen besaß das Kloster deren vierzehn [4]) — standen im armarium und in der neben der Haupttorhalle auf dem Kirchhofe befindlichen Kapelle [5]).

Im Jahre 1295 übertrugen — wie bereits erwähnt — Hermann und Albrecht von Lobdeburg-Leuchtenburg im Einverständnisse mit ihren Verwandten dem Nonnenkloster zu Roda das Patronat über die Pfarrkirche St. Michael in Jena [6]) (Fig. 57). Mag nun die Ueber-

1) Lesser, a. O. S. 200.

2) Schmidt, Beschr. Darst. d. ä. Bau-   Denkm. d. Prov. Sachsen, St. Nordhausen S. 163.

3) Schmidt, a. a. O. S. 164.

Die Urkunden geben für einen Neubau zwar keinen genügenden Anhalt, wohl aber der Baubefund. So auch Böttcher, Germania sacra I S. 300.

4) Vgl. Schmidt, a. a. O. S. 163 f.

5) Lesser,   O. S. 115.

Förstemann, a.   O. S. 106.

6) Avemann, Gesch. d. Burggrafen von Kirchberg.

Faselius, Neueste Beschreibung von Jena S. 33 f.

siedelung der Kolonie aus Roda nach dem Filialplatze erst in diesem Jahre oder kurz vorher vor sich gegangen sein[5]), der Konvent hatte 1301 das Patronat über die Michaeliskirche inne, besaß seine eigene Aebtissin und löste sich, zu einer anderen Diözese als das Mutter-

Prospect des Herzogl. Resid. und Univers. Stadt Jena von der Süd West Seite.

J. G. Schenk fec.

Fig. 57.

kloster gehörig, allmählich von diesem los. Auch erhielten die Nonnen 1309 die mit der Kirche verbundene Schule und das Glöckner-

Günther, Jena u. Umgegend S. 31 f.

Heß, Ueber die noch erhaltenen mittelalt. Bauwerke im Weimarischen Kreise, in Zeitschr. d. Ver. f. thür. Gesch. VI S. 191.

Wießner, Beschreib. d. Stadtkirche Jena.

Schmid, Die Lobdeburg bei Jena S. 33 f. u. 100 f.

Ders., Geschichte d. Kirchbergschen Schlösser p. S. 129 f.

5) Bereits 1291 hatte Friedrich, Landgraf von Thüringen und Markgraf zu Meißen, die Michaeliskirche einem Nonnenkloster geschenkt. (Martin, Urkundenbuch der Stadt Jena [in Thür. Geschichtsquellen VI] I Urk. No. 41.) Sollte die bez. Urkunde mit der v. J. 1301 (Martin, a. a. O. I Urk. No. 56) gleichbedeutend sein, durch welche Friedrich die Uebertragung der Kirche seitens Hermanns und Albrechts bestätigt? Vgl. Martin, Anmkg. zu Urk. No. 41.

Beier, Architectus Jenensis S. 437: „Es ist das Michael-Kloster zu Jena schon An. C. 1002 berühmt gewesen." Dieses ältere Kloster soll eingegangen sein. Merian, Topogr. sup. Sax. S. 105: „Michaelis- oder Pfarrkirche, worinnen vor diesem Domherren gewesen."

amt, deren Verwaltung bis dahin dem Pfarrer zugestanden hatte[1]). Durch reiche Zuwendungen kam das Kloster zu Wohlstand[2]); in Jena allein besaß es 11 Höfe, in fünf Dörfern war es Gerichtsherr und Landstand[3]). Auch befand sich der Konvent im Besitze des Patronates über die Johanniskirche in Jena, die Nikolai-, Jakobi- und Magdalenenkapelle daselbst. Die Zahl der Nonnen wird 1506 auf 16 angegeben[4]). Dem Ordensverbande gehörte das Kloster, in dem außer den Damen des Hauses Lobdeburg-Leuchtenburg und befreundeter adeliger Familien auch Bürgerstöchter Aufnahme fanden[5]), nicht an; es unterstand dem Marienstifte in Erfurt, dem die Bestätigung und Einführung des vom Konvente vornehmlich aus den Pfarrern der Umgegend gewählten Propstes oblag[6]).

Nachrichten über die Michaeliskirche aus älterer Zeit sind wenige überkommen[7]). Der Glockenturm enthielt jene oben erwähnte Schule, die vielleicht verlegt wurde, als an dieser Stelle 1346 die Heiligen Mathias, Laurentius und Margarete und 1353 oder kurz vorher die Heiligen Bartholomaeus und Agnes einen Altar erhielten[8]). Ein Altar des hl. Michael, offenbar der Hochaltar, wird 1301, ein Altar des hl. Kreuzes, St. Johannis des Täufers, St. Andreas' und der elftausend Jungfrauen im Chore 1340, ein Altar der hl. Katharina 1341, ein Altar der Heiligen Martin, Dorothea, Elisabeth und aller Heiligen beim Haupteingange 1346, ein Altar der Heiligen Petrus und Paulus 1349, ein Altar der Heiligen Maria, Sebastian, Cosmas und Damian im Baptisterium 1362, ein Altar der Heiligen Maria, Erasmus, Pancratius, Oswald, Eustachius und Antonius im Chor 1382, ein Altar der Heiligen Erasmus, Georg, Anna, Martha und Jodocus 1390 erwähnt[9]). Man erkennt, der Charakter der Pfarrkirche wurde nicht aufgegeben.

Mehr Klarheit herrscht über eine Bautätigkeit, die im ersten

---

1) Martin, a. O. I Urk. No. 78.
2) Rein, Ungedruckte Regesten z. Gesch. v. Weimar p., in Zeitschr. d. Ver. f. thür. Gesch. V S. 250, 256, 258 u. 269.
3) Martin, a. a. O. II S. XLII f.
4) Martin, a. a. O. II Urk. No. 1094.
5) Martin, a. a. O. II S. XLIII f.
6) Martin, a. a. O. I Urk. No. 426.
7) Martin, O. I Urk. No. 49 u. II S. XXXVIII: „Die Pfarrkirche zu St. Michael ist vermutlich sogleich bei der Gründung der Stadt erbaut worden. Ihre Gründer und Patrone waren die Herren von Lobedaburg, die bei der Teilung der Stadt in die 4 Viertel das Patronat in Gemeinschaft behielten."
8) Martin, a. O. I Urk. No. 78.
9) Nach Martin, O.

Viertel des 15. Jahrhunderts einsetzte und bis in das folgende Jahrhundert sich hinzog. Die vielleicht nicht mehr ausreichende, jedenfalls nicht mehr für zeitgemäß erachtete Kirche sollte durch einen dreischiffigen Hallenbau reichsten Stiles und großer Abmessung ersetzt
werden und einen Turm erhalten, der an Höhe alles bisher in
Thüringen Dagewesene übertraf. Freilich war die Ausführung eines
solchen Monumentalbaues nur möglich, wenn von derjenigen Seite,
die das größte Interesse an der Verschönerung der Stadt und insbesondere an dem Besitze einer prächtigen Hauptkirche hegen mußte,
der Plan Unterstützung fand. Es kann kaum zweifelhaft sein, daß
nicht so sehr der Nonnenkonvent, wie der Stadtrat, der nach und
nach die Verwaltung der Kirche in die Hand genommen hatte und
1426 von der Kirche geradezu als von seiner Pfarrkirche sprechen
konnte[1]), das Programm diktierte. Eine Rücksichtnahme auf die
Bedürfnisse der Nonnen ließ sich allerdings nicht umgehen. Der
prächtige Bau scheint langer Hand vorbereitet gewesen zu sein. Der
fabrica ecclesiae sancti Michaelis gedachte 1382 der magister Johannes
Goldschmidt in seinem Testamente[2]); zu dem gebue machte eine
Frau Alke Talwitz 1388 eine Stiftung[3]). 1412 verhieß Erzbischof
Johannes von Mainz allen denen, die bei der von den Bürgern und
Einwohnern der Stadt Jena in der Michaeliskirche gestifteten Sonn-
abendsmesse mitwirkten oder sie besuchten, einen vierzigtägigen
Ablaß, der möglicherweise auch dem Baue zu gute kam[4]).

Bedenkt man, daß während des Umbaues der Gottesdienst keine
Unterbrechung erleiden durfte — an eine Verlegung der Kirche war
nicht zu denken — so kommt man zu dem naheliegenden Schluß,
daß wenigstens ein Teil des alten Bestandes so lange wie möglich
geschont wurde. Daß in der Tat während des ersten Viertels des
15. Jahrhunderts weder der Meßdienst der Geistlichkeit noch der
Chordienst der Nonnen eine Störung erfuhren, ergeben die urkundlichen Nachrichten. 1402 und 1407 erfuhr das ewige Licht vor dem
hl. Leichnam auf dem Nonnenchore Zuwendungen[5]). Im Jahre 1412
wird der Vikar des Hochaltares genannt[6]). Auch wurde 1415 das
Geläut zum größten Teil erneuert[7]). Unter der Bedingung, daß jeden

---

1) Martin, a. a. O. II Urk. No. 128.
2) Martin, a. a. O. I Urk. No. 425.
3) Martin, a. a. O. I Urk. No. 463.
4) Martin, a. a. O. II Urk. No. 37.
5) Martin, a. a. O. I Urk. No. 539 u. II Urk. No. 68.
6) Martin, a.   O. II Urk. No. 38.
7) Nach Beier, a. a. O. S. 84, sollen von den vier großen Glocken drei die Jahres-

Donnerstag eine Messe zu Ehren des hl. Leichnams und jeden Sonn-
abend und an allen Marienfesten eine Messe zu Ehren der Jungfrau
Maria zu lesen sei, erhielt 1422 der Marienaltar eine neue Vikarie[1]).
1427 fanden Stiftungen zu Gunsten des ewigen Lichtes vor dem
Sakramente im Chore, statt, und im selben Jahre wird der Altar des
hl. Fabian und Sebastian genannt[2]).

Vor allem mußte es, wie anderswo, so auch hier, auf die baldige
Fertigstellung des neuen Chorraumes ankommen, dessen Inangriff-
nahme um so leichter war, als seine Lage infolge der Verlängerung
der Kirche nach Osten hin — nur eine solche konnte wegen der
gegebenen Straßenzüge in Frage kommen — mit dem alten Bau
nicht zusammenfiel. Daß das Langhaus, soweit es anging, im Zusammenhange mitgebaut wurde, ist klar. Die Schlußsteinlegung im
Mittelschiffgewölbe zwischen dem 2. und 3. freistehenden Pfeiler (von
Osten gerechnet) fand 1442[3]) statt, und kurze Zeit darauf mag die
Weihe des neuen Bauteiles vor sich gegangen sein. Dem Bau war
ein Vermächtnis vom Jahre 1436 zu gute gekommen[4]). Nicht eher,
als der Altarraum und die ersten drei sich anschließenden Joche
fertiggestellt waren, konnte man daran gehen, die alte Kirche ab-
zubrechen, um an ihre Stelle den westlichen Teil des geplanten
Monumentalbaues ganz im Sinne des vollendeten Ostteiles zu setzen.
Indessen es vergingen fast 40 Jahre, ehe der Bau auch nur um zwei

zahl 1415 enthalten. Vgl. Lehfeldt, Bau-   Denkm. Thür., S.-W.-Eisenach II S. 102 f.,
und die Berichtigungen von Bergner, Zeitschr. d. Ver. f. thür. Gesch. XVIII S. 323.

1) Martin, a. a. O. II Urk. No. 108.

2) Martin, a. a. O. II Urk. No. 130 u. 135.

3) Inschrift auf der südlichen Zwickelfläche des nördlichen Gurtbogens im genannten Mittelschiff-Gewölbefelde: nach Crifti gebort m cccc in dem rrrrij jar ift vollbracht
die gewelbe am fente peters vn pawles tag. Beier, a. a. O. S. 481 bringt (1681) ebenfalls diese Jahreszahl, danach Martin, a. a. O. II Urk. No. 368, der irrtümlich das südliche Gewölbe als Platz annimmt. Wiedeburg, Beschreibung der Stadt Jena I S. 199, und
Schreiber u. Färber, Jena von s. Ursprunge p. S. 105, geben fälschlich 1432 an, danach
Lehfeldt, a. a. O. S. 81, und Martin, a. a. O. II Urk. No. 216. Lehfeldt, a. a. O. S. 81:
„Weitere Baufortschritte werden durch die auf der südlichen Seite des Gewölbes einge-
tragenen Zahlen 1442, 1486, 1557 bezeugt (Adrian Beier, Architectus, S. 480 ff.)." Die
Jahreszahlen 1486 und 1557 beziehen sich nicht auf das Langhaus, sondern, wie auch
Beier, a. a. O. S. 481, ausdrücklich angibt, auf den Bau des Turmes, an dem sie sich
gefunden. Die angezogenen Jahreszahlen habe ich an der von Lehfeldt bezeichneten Stelle
nicht feststellen können. Buddeus, Jena in Thür. u. d. Harz III S. 70: „Der erste Baumeister der Kirche soll nach mündlich fortgepflanzter Sage Christian Stromer geheißen und
von einem der südlichen Pfeiler herab den Hals gebrochen haben, woselbst auch noch,
sowie in der nördlichen, über dem sogenannten kleinen Chor befindlichen Decke sein in
Stein gehauener Kopf und Arm zu sehen ist."

4) Martin, a. a. O. II Urk. No. 282.

Gewölbefelder nach Westen weitergeführt wurde. Erst 1481 konnte laut einer Inschrift auf dem Schlußstein das Mittelschiffgewölbe zwischen dem 4. und 5. freistehenden Pfeiler (von Osten gerechnet) geschlossen werden[1]). Welche Gründe diese Verzögerung veranlaßten, ist nicht ersichtlich. Vielleicht hatte das Interesse von Bauherrn und Bauleuten mehr der prächtigen Gestaltung des Baues gegolten, als der haushälterischen Einteilung der verfügbaren Mittel, so daß die Gelder zur sofortigen Weiterführung des Baues fehlten. Oder es gingen die Mittel zur Vollendung der Kirche wider Erwarten spärlich ein. Möglicherweise hatte auch von Anfang an die Absicht bestanden, einstweilen nur die Ostteile auszuführen, vorerst den neuen Bauteil mit dem alten Kirchengebäude in Verbindung zu bringen und erst bei wachsendem Baufonds unter Abbruch des alten Bestandes die westliche Fortsetzung auszuführen. Wenn aber 1481 der ganze Neubau nicht beendet wurde, so waren offenbar hieran nur die schlechten Finanzen schuld. Tatsache ist, daß die Nonnen 1492 wegen unordentlicher Verwaltung der Pfarre mit dem Kirchenbanne belegt wurden und so verschuldet waren, daß sie mit Genehmigung des Stadtrates in der Kirche steinerne Becken zu Almosen für ihr Kloster aufstellen mußten[2]). Die Verhältnisse blieben noch einige Zeit im Argen; 1499 wurden mehrere Nonnen ausgewiesen und durch solche aus dem Martinskloster in Erfurt ersetzt, im selben Jahre flossen allerdings auch Gaben zur Erhaltung des Gebäudes[3]). Und so mag es gekommen sein, daß erst 1506 die beiden westlichsten Joche der Kirche vollendet wurden[4]). Noch 1518 mußten Schritte

---

1) Inschrift noch erhalten.

2) Martin, a. a. O. II Urk. No. 857.

Almosen [sammeln war in der strengen Zeit den Cisterziensern untersagt gewesen. Vgl. Rahn, Die mittelalt. Kirchen d. Cist.-Ord. in d. Schweiz, in Mitt. d. Antiquar. Ges. in Zürich 1875 S. 70.

3) Martin, a. a. O. II No. 932 u. 938.

4) Inschrift auf der südlichen Zwickelfläche des nördlichen Gurtbogens im Felde des zweitwestlichsten Mittelschiffs-Gewölbes, zwischen dem 5. und 6. freistehenden Pfeiler (von Osten gerechnet): Anno dñi m cccc vi is vollbrachte die gewelb an den abend vincula petri. Die Inschrift ist übermalt. Beier, a. a. O. S. 480, Wiedeburg, a. a. O. I S. 199, und Schreiber u. Färber, a. a. O. S. 105, fügen als Fortsetzung der Inschrift hinzu: „Auff diese Zeit sind Baumeister gewesen mit Namen Michael Sezryff und Asme Pfolstreiber uñ Hans Herold." Diese Angabe findet sich in der Kirche nicht mehr. Lehfeldt, a. O. S. 81, hat die Jahreszahl unbesehen übernommen, es ist aber keine Frage, daß dieselbe unrichtig ist. Vermutlich ist der Fehler bei der Uebermalung entstanden. Sie muß nicht 1406, sondern 1506 heißen. Martin, der a. a. O. II unter Urk. No. 2 die Inschrift wiedergibt, wie sie sich in der Kirche und nach den genannten Quellen findet, schreibt, a. a. O. II S. XVIII Anmkg. 2, sehr richtig: „Die angebliche Inschrift

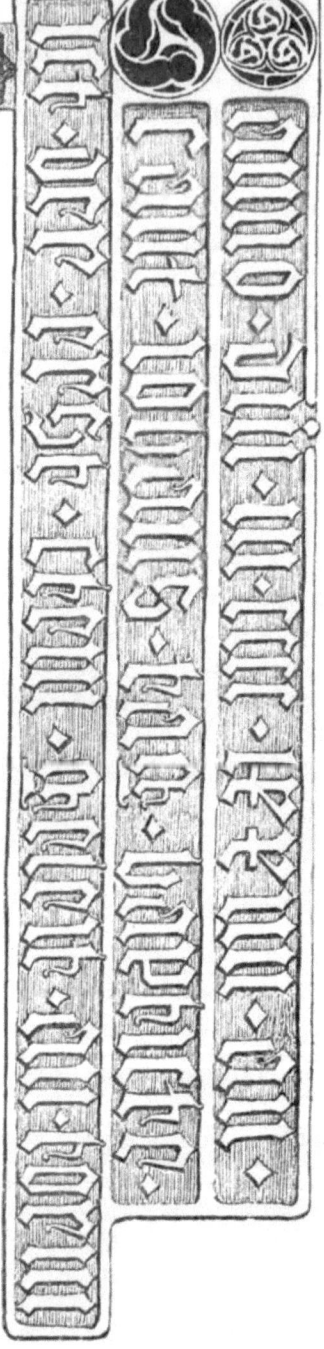

getan werden, den Ersatz der Holzemporen für die Nonnen durch
einen steinernen Einbau zu be-
schleunigen[1]).

Auffallend ist die späte Inan-
griffnahme und lange Bauzeit des
Turmbaues. Die Grundsteinlegung
fand 1474 statt[2]). 1486, also

1406 gehört entschieden 100 Jahre später."
Setzreif kommt von 1492—1518, Pfolstreiber
von 1513—1516 vor (vgl. Martin, Reg. S. 573 f.
u. 587). Den unzweifelhaften Nachweis für
die Richtigkeit der Martinschen Korrektur
bietet der Baubefund, auf dessen weiter unten
stehende Besprechung ich verweise.

1) Martin, a. a. O. II Urk. No. 1208.
Martin Leubel bittet die Herzöge um Be-
schleunigung der Arbeiten, „diewil die kirche
zu sand Michel doselbst dem almechtigen zu
lobe vast schene und von steinwergk wol
durchbawet, den holtzern chor, doruffen ytzt
die closterinckfrawen ire hores und andern
dinst gotts vollbringen, welcher fewershalben
und auch sunstent besorglichen in der kirchen
stet und zum theil die kirchen vorstellet . . .
dasselbe holtzern gebawe abezubrengen und
in eyn schickerlich geformt steinwergk zu-
vorandern und . . . meister Hieronimus dem
steynmethen zu Ihen ein wolgezcirtten steynen
chor eins andern bequemen orts umb eyn
redlich summa gelds zu machen vordingt . . .
das wergk solt meinem abschiede nach mit
den steynen zum gewelbe zu hawen und andern
gantz vorfertigt und angericht sein . . ."

2) Die bezügliche Inschrift befindet sich
nicht, wie Lehfeldt a. a. O. S. 81, angibt, in
der sogenannten Mehlkammer d. i. im Erdgeschoß des Turmes, sondern auf einer Tafel,
die in einer später zugesetzten Oeffnung in der
Westwand der Kirche nördlich vom Turm mit-
eingemauert ist. Dehio, Handb. d. d. Kunstdenkm. I S. 150 (Figg. 58 u. 59).

Lotz, Kunsttopographie Deutschl. I
S. 311, gibt irrtümlich 1472 als Beginn des
Turmbaues an. Otte, Handb. d. k. Kunst-
archäologie S. 571, setzt ebenfalls irrtümlich

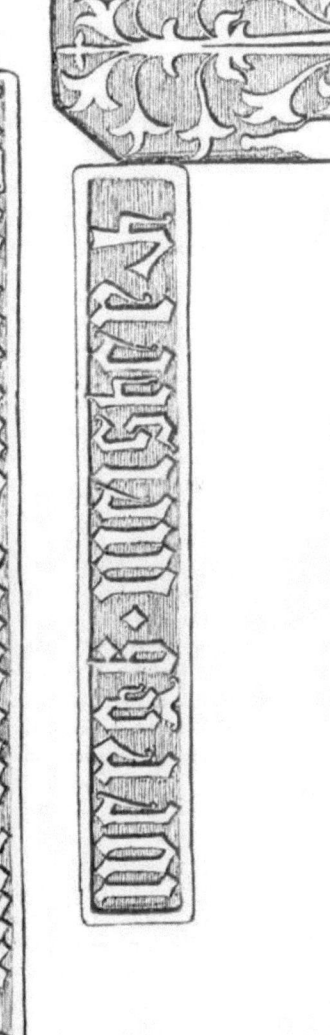

Fig. 59. Inschrifttafel in der Westwand der Stadtkirche zu Jena.

12 Jahre nach der Grundsteinlegung, wurde erst das Erdgeschoß des Turmes begonnen[1]), das 1494 sein Gewölbe erhielt[2]). Der Rat der Stadt nahm 1514 Geld auf zwecks weiteren Ausbaues, der auch erfolgt sein muß, weil eine Glocke, das „Hangglöcklein", die Jahreszahl 1518 zeigt[3]); doch konnte der Stadtrat noch 1544 in einer Eingabe an den Landesherrn auf den unvollendeten Zustand des Turmes hinweisen[4]). Erst 1557 ward das Werk zu Ende geführt[5]). Die Zahl der Altäre stieg bis zum Jahre 1511 auf 16[6]). Das im Norden der Kirche gelegene Kloster[7]) besaß Backhaus, Brauhaus, Kelter und Scheunen; die nördliche Grenze des Klosterbezirkes bildete die Stadtmauer, auf welcher die Nonnen ein „heimliches Gemach" (Abort) besaßen, das vom Stadtrat unter der Bedingung geduldet wurde, daß der Stadt kein Nachteil aus seiner Existenz erwüchse[8]). Dem Pfarrer der Michaeliskirche stand ein eigenes Haus zur Verfügung[9]).

---

die Bauzeit der Kirche von 1472 bis 1486 an. Beide Autoren sind den falschen Angaben Puttrichs, Denkm. d. Bauk. d. Mittelalt. in Sachsen, I, 2 Bauw. in S.-Weimar S. 17 f. gefolgt. Derselbe Fehler bei Böttcher, Germania sacra I S. 694.

1) Inschrift unter dem Bilde des hl. Michael an der südlichen Außenwand des Turm-Erdgeschosses: 2lnno dñi mcccclrrrvi edtard toppher ambrosius borner ratismeister, hans altenburgf. hans samlich baumeister paul curt meisner eyn meister. 1886 uf dinstag pentecostes ist angeleit difer bau.

2) Laut Inschrift auf Schlußstein.

3) Martin, a. O. II Urk. No. 1167 f.
Beier, a. a. O. S. 85.
Lehfeldt, a. a. O. S. 103.
Beier, a. O. S. 480: „A. C. 1604 den 14. Martij halbeg auf ein Uhr, wirfft der Sturmwind einen Stein vom Michaele Thurme 4 Spannen dicke und 5. Schuh lang, daran ist zu lesen gewesen dise Jahreszahl: 1430. Die andern Buchstaben und Ziefern sind verblichen . ." Die Jahreszahl muß wohl 1530 heißen. Der Stein gehörte vielleicht zu den jetzt verschwundenen Eckfialen; die Maße wenigstens könnten passen.

4) Martin, Jenaische Urkunden in Zeitschr. d. Ver. f. thür. Gesch. X S. 429 f.:
Wan man etwan ein zeitlang gesamlet, hat man ein stuck am kirchthorm darvon gebauet, auch ander kirchbaue gehalten. Das alles wirdet mit eingebust und keins ersparet, das sonst sovil wol getragen, das man darmit den Baue am kirchthorm langst vollbracht und beschlossen hette . ."

5) Beier, a. a. O. S. 77.

6) Martin, a. O. II Register unter Michaelskirche.

7) Beier, a. a. O. S. 434: „Es liegt am Ende der Johannis, und im Eingange der Salgassen, hinter der Michaels-Kirchen, gegen die Jehnergassen, bey einem Garten, der allererst an. C. 1513 unter der Eptissin Catharina von Kolbe ümmauert worden ist."

8) Martin, a. a. O. I Urk. No. 252 f.

9) Beier, a. a. O. S. 166: „Die Pröbstey, dieser Platz und Plan liegt hinter dem obersten Backhause in der Saalgasse, hat seinen Namen von Kunigunda von Uhlstet, Eptissin zu St. Michael, und ihrem Probste Johann von Roda: welcher ihn von Alberto Keimling An. C. 1404 um 18 Schock Groschen gekaufft, und darauff eine Wohnung gebauet, und genennet haben die neue Pröpstey, zum Unterscheid der alten, welche gelegen in dem Winkel unter dem Schulgarten, uff der linken Hand nach dem Schlosse."

Im Jahre 1514 machte sich ein Neubau der Klostergebäude notwendig [2]).

Das 13. Jahrhundert hatte Thüringen so gründlich mit Frauenklöstern versehen, daß dem folgenden Jahrhundert wenig zu tun übrig blieb. So erklärt sich die Tatsache, daß nach 1300 nur vier Konvente von Cisterzienserinnen neben etwa der doppelten Zahl von Nonnenklöstern anderer Regeln sich erhoben. Und von diesen vieren kann ein Kloster, das zu Groß-Furra, als volle Neugründung nicht einmal gelten, da hier 1326 derselbe Konvent sich niederließ, der ehedem in Groß-Ballhausen ansässig war. Ueber die Gründung des Klosters in Groß-Ballhausen [1]) ist so gut wie nichts bekannt; doch mag der Konvent, der nachweislich 1306 vorhanden ist, schon um 1300 bestanden haben [2]). Daß an diesem Platze eine umfangreichere Bautätigkeit stattgefunden habe, ist bei dem kurzen Bestande des Klosters ausgeschlossen. Die Veranlassung zur Verlegung nach Groß-Furra gab Landgraf Friedrich der Ernsthafte von Thüringen 1322 durch Verleihung des Patronats über die dortige dem hl. Bonifatius geweihte Pfarrkirche an den Konvent [3]), der zunächst ein kleines am Eingange des Gottesackers gelegenes Haus bezog und 1331 von zwei Herren von Schlotheim, Johann, Dechanten zu Schleine, und Bernhard, Dechanten zu Schopeln, ein westlich an den Gottesacker grenzendes Gut überwiesen bekam. Das Wohnhaus dieses Gutes diente als Klostergebäude [4]). 1454 legierte ein Boold (Barold) von Werther — die von Werther waren Burgmänner von Groß-

2) Martin, a. a. O. II Urk. No. 1166.

1) v. Hagke, Urk. Nachrichten des Kreises Weißensee S. 307.

2) Nach Winter, D. Cist. d. nordöstl. Deutschl. II S. 39, und Jacobs, Gesch. d. i. d. preuß. Prov. Sachs. ver. Gebiete S. 94, wahrscheinlich schon im 13. Jhdt. gegründet.

3) Apfelstedt, Heimatskunde f. d. Bewohn. d. F. Schwarzb.-Sondershausen I S. 155: „Die Kirche St. Bonifacii, ein schon sehr altes, doch noch in gutem Zustande sich befindendes Gebäude, dessen Gründungsjahr man zwar nicht weiß, das aber wohl mindestens in das 13. Jahrhundert fällt."

4) Apfelstedt, Darst. d. p. Baudenkm. d. F. Schwarzb.-Sondershausen I S. 49 f. Nach Hermann, Verz. d. p. Stifter, in Zeitschr. d. Ver. f. thür. Gesch. VIII S. 30 u. 109, nach Otte u. Sommer, Beschr. Darst. d. ä. Bau- . Denkm. d. Prov. Sachsen, Kr. Weißensee S. 4, und Winter, a. a. O. S. 39, erfolgte die Uebersiedelung nach Groß-Furra 1326.

Herr Kantor Sterzing in Groß-Furra macht mich auf die interessante Tatsache aufmerksam, daß er die Blume Helleborus viridis (Nießwurz), die in den sogenannten Grasgärten in Groß-Furra sich findet, nur an ehemaligen Cisterzienserstätten, so in Walkenried, Volkenroda und Ichtershausen, festgestellt habe. Ein ähnlicher Rest eigenartiger Klosterkultur findet sich in Georgenthal. Es ist eine sonst   der Gegend nicht vorkommende Art von Schnecken, die von den Mönchen gezüchtet und als Fastenspeise verwandt sein soll. Vgl. Fischer, D. ehem. Cist.-Kloster Georgenthal, in Thüringer Warte 1905 S. 502.

Furra — der Kirche zum Bauen 20 Schock Groschen[1]). Die Nonnen standen in tiefgreifendem Abhängigkeitsverhältnisse zu Volkenroda[2]). Um 1310 gründeten die Brüder Heinrich der Feste und Heinrich der Freisinnige von Reuß, Vögte von Plauen, das Nonnenkloster zum heiligen Kreuz bei S a a l b u r g[3]) und schufen damit die erste und einzige Klosterstiftung in den heutigen reußischen Ländern. Aus dem Namen des Klosters könnte auf die Uebernahme einer vorhandenen Kirche geschlossen werden, über deren Gestalt und Geschichte freilich nichts Zuverlässiges bekannt ist[4]). Ueber Saalburg, Tinz und Gräfenwarth besaß das Kloster, das für 24 Nonnen dotiert war, das Patronatsrecht.

Der Ueberfüllung von Beuren und Annerode verdankt Kloster W o r b i s[5]) seine Entstehung. Graf Friedrich von Beichlingen, der Besitzer von Worbis, schenkte 1311 der Kolonie die Pfarrkirche St. Peter daselbst nebst zwei dazu gehörigen Kapellen, der Nikolaus- und Brigidenkapelle, und einem für den Neubau der Klostergebäude geeigneten Platz, der noch im selben Jahre eine Vergrößerung dadurch erfuhr, daß Propst Johannes von Annerode ein nebenliegendes unbebautes Grundstück von den Besitzern Friedrich, Hermann und Heinrich von Siebeleben einkaufte[6]). Unter der Schutzvogtei der freigebigen Grafen von Beichlingen machte sich die Filiale von den Mutterklöstern bald unabhängig.

Die größte Ungewißheit hinsichtlich der Zugehörigkeit zum Orden herrscht über H e d e r s l e b e n[7]), eine geistliche Stiftung bei

1) Volkenroder Chronik S. 331
2) Schöttgen nnd Kreysig, Diplom. et scriptor. I S. 819.
3) Brückner, Landeskunde von Reuß j. L. S. 669 f.
Limmer, Gesch. d. Vogtlandes II S. 425 f. u. III S. 883 f.
Alberti, Jahresber. d. Vogtländ. altert. Ver. LII, LIII S. 49 f.
Schmidt, Vogtl. Urkundenbuch, Register S. 598.
Dehio, Handb. d. d. Kunstdenkm. I S. 268.
4) Lehfeldt, Bau- Denkm. Thür., Reuß A. Schleiz S. 41: „Ob die 1355 von Herrn v. Boseck gestiftete Kapelle zum Heiligenkreuz und das 1492 dem heiligen Bernhard geweihte Kirchlein selbständige Gebäude gewesen, ist zu bezweifeln; vielleicht bezeichnen die Daten nur Bautätigkeit an der Kirche selbst.“
Böttcher, Germania sacra I S. 738: „1315—25 wurde bei Saalfeld (soll heißen Saalburg) ein von zwei Brüdern, Voigten zu Gera, 1311 gestiftetes, für adl. Töchter aus dem Voigtl, bestimmtes Cisterzienserinnenkloster ‚zum hl. Kreuz‘ erbaut.“
5) Wolf, Eichsfeldische Kirchengeschichte S. 81, 148 u. 166.
Ders., Nachricht v. Kl. Worbes, in Holzmanns Hercynischem Archiv 1805 S. 569 f.
Duval, Das Eichsfeld S. 183 f.
6) Nach Kegel, Kloster Worbis, in Thüringen u. d. Harz I S. 126, ist der Bau des Klosters zwischen 1311 und 1320 zu stande gekommen.
7) v. Mülverstedt, Hierogr. Mansf. S. 31.

Eisleben. Dort bestand 1212 ein Hospital, dessen Propst und Brüderschaft 1216 zuerst urkundlich hervortreten [1]). In den Jahren 1223 und 1230 erscheint der Propst von Hedersleben als Zeuge mitten unten anderen Klosterpröpsten der Grafschaft Mansfeld [2]). Die Kirche, 1250 zuerst genannt, war der Mutter Gottes geweiht [3]). Die Vogtei lag in den Händen der Grafen von Mansfeld [4]). Besetzt war das Kloster nachweislich in der Zeit von 1311 bis 1386 von regulierten Chorherren [5]), die 1451 [6]) und 1503 [7]) wieder Erwähnung finden. Aus alledem ergibt sich nicht viel mehr, als die Wahrscheinlichkeit, daß das Hospital zu Hedersleben recht früh in ein Chorherrenstift umgewandelt ist [8]), und man würde keine Veranlassung haben, an ein Frauenkloster nach der Cisterzienserregel zu denken [9]), wenn nicht 1426 ein Propst als „Vormünder" neben einer Aebtissin, Priorin und Kellnerin erschien und 1525 das Kloster als Nonnensiedelung ausdrücklich dem Cisterzienserorden zugezählt würde [10]). Von Bedeutung ist der spät ins Leben gerufene Konvent natürlich nicht gewesen. Ueberhaupt kann die Stiftung, die ein vorhandenes, voll eingerichtetes Kloster übernahm, als Neugründung nur bedingt gelten. Für eigentliche Neugründungen war das 15 Jahrhundert nicht mehr die geignete Zeit. Wer in Thüringen das Bedürfnis empfand, der Cisterzienserregel zu leben, konnte seit dem Ende des 13. Jahrhunderts nur insofern in Verlegenheit kommen, als ihm die Wahl unter den vielen Klöstern schwer fiel [11]).

---

v. Ledebur, Korrespondenzblatt XIV S. 50.

Dümling, Gesch. Nachr. über d. Kloster u. d. Gemeinde Hedersleben.

1) Krühne, Urkundenbuch d. Klöster d. Grafsch. Mansfeld, in Geschichtsquellen d. Prov. Sachsen XX, Hedersleben Urk. No. 1 u. 2.

2) Krühne, a. a. O., Gerbstedt Urk. No. 25, u. Helfta Urk. No. 2.

3) Krühne, a. a. O., Hedersleben Urk. No. 3 u. 4.

4) Krühne, a. a. O., Hedersleben Urk. No. 11.

5) Krühne, a. a. O., Hedersleben Urk. No. 11, 14, 17, 20 u. 22.

6) Busch, De reform. mon. bei Leibnitz I 1.

7) Krühne, a. a. O., Hedersleben Urk. No. 25.

8) Krühne, a. a. O. S. XV, zwischen 1216 u. 1230.

Winter, D. Cist. d. nordöstl. Deutschl. III S. 126, vor 1250.

9) Krühne, a. a. O., erwähnt den Charakter als Nonnenkloster überhaupt nicht, Hermann, Verz. d. p. Stifter, in Zeitschr. d. Ver. f. thür. Gesch. VIII S. 113, gibt ein Cisterzienser-Mönchskloster an. Jacobs, Gesch. d. in d. preuß. Provinz Sachsen vereinigt. Gebiete S. 93: „Wenn Hedersleben bei Eisleben mit unter den Cisterzienserklöstern aufgeführt wird, so kann das nur für eine spätere Zeit gelten."

10) Winter, a. a. O. III S. 126.

11) Als weitere Nonnenklöster nach der Cisterzienserregel werden genannt: Petersberg bei Eisenberg.

Indessen es war nicht nur die Befriedigung der Nachfrage, was
kurz nach Beginn des 14. Jahrhunderts die Sterilität der Kongregation in Thüringen hervorrief, der beginnende Verfall der Kloster-

---

Dietze, Geschichte des Klosters und der Parochie Petersberg in Mitteilungen des
Geschichts- und Altertumsf. Vereins zu Eisenberg Heft XIV.

Hermann, Verz. d. p. Stifter, in Zeitschr. d. Ver. f. thür. Gesch. VIII S. 45 f.

Lehfeldt, Bau- Denkm. Thür., S.-Altenburg II S. 226.

Wagner, Osterländische Mitteilungen I S. 46.

Löbe, Kirchengesch. von Altenburg III S. 131.

Die angebliche Bestätigungsurkunde des Papstes v. J. 1148 ist natürlich völlig bei
Seite zu lassen, das Kloster ist erst seit dem J. 1255 urkundlich belegt. Es war dem
h. Kreuz, der Jgfr. Maria und den Aposteln Petrus und Paulus geweiht. Die letzten
Nonnen traten 1525 aus. In demselben Jahre erfolgte die Säkularisation.

Mansfeld i. J. 1230.

Krühne, Urkundenb. d. Kl. d. Gr. Mansfeld, in Gesch.-Quellen d. Pr. Sachsen XX
S. XI u. 130.

Winter,   O. II S. 69 f., III S. 225.

Jacobs, Gesch. d. in d. preußischen Prov. Sachsen vereinigten Gebiete S. 96.

Schöttgen und Kreysig, Diplom. et script. I S. 162.

Wegen des wiederholten Wechsels des Platzes (Thal-Mansfeld, Rottelsdorf, Helfta,
Neuhelfta-Eisleben) und des späteren Auftretens des Josaphat-Ordens in Mansfeld kann
das dortige Nonnenkloster kaum in Betracht kommen. Hermann, a. a. O. S. 123, kennt
nur ein Benediktiner-Mönchskloster, und zwar Ord. S. Benedicti de valle Josaphat in
Mansfeld. v. Ledebur, Korrespondenzblatt XIV S. 52, unterscheidet zwischen einem Kloster
des Josaphat-Ordens in Mansfeld und einem Benediktiner-Nonnenkloster zu Thal-Mansfeld.

Nauendorf bei Allstedt i. J. 1272.

Schöttgen und Kreysig, Diplom. et script. II S. 710 f.

Leuckfeld, Ant. Kelbrenses S. 162 f.

Hermann, a. a. O. S. 42.

Mitzschke, Nachweis. über d. v. Cist.-Kl. Nauendorf, in Cistercienser-Chronik 1900
S. 134 f.

v. Ledebur, Korrespondenzblatt XIV S. 58, der ebenfalls ein Cistercienserinnenkloster
annimmt: „Es ist offenbar kein anderes als dieses Kloster zu verstehen, wenn Leuckfeld
(Antiq. Walkenr. I 261) nach dem Kloster Nuendorp sucht, welches mit dem Kloster
Walkenried in Bruderschaft gestanden habe."

Der Charakter des Konventes als Cistercienserinnenkloster ist nicht erwiesen. Vgl.
Winter, a. a. O. II S. 71, u. Lehfeldt, a. a. O. S.-W.-Eisenach II S. 338 f.

Reinecke, D. Kl. Nauendorf, in Thür. u. d. Harz II S. 166 f., nimmt ein Nonnenkloster an, läßt aber die Frage, zu welchem Orden es gehörte, offen.

Orlamünde i. J. 1279.

Winter, a. a. O. II S. 48 f.

Winter nimmt an, daß das Kloster 1279 durch Graf Hermann von Orlamünde ge-
gründet und von Ichtershausen aus besiedelt ist; es soll nur kurze Zeit bestanden haben.
Er verweist auf Rein, Thur. sacra I S. 92 f. Die angezogenen Urkunden bieten keine
Gewähr für das Bestehen eines Cistercienserinnenkonventes in der genannten Stadt. Die
Gräfinnen von Orlamünde befinden sich im Kloster zu Stadtilm. Rein selbst sagt, a. a. O.
S. 92: „Ob das beabsichtigte Cistercienserkloster damals in Orlamünde wirklich zu stande
kam, läßt sich nicht sagen, da keine Urkunde dessen gedenkt. Wir wissen nur, daß

zucht lähmte die Kraft des Ordens, die in der Befolgung der strengen Regeln wurzelte, und brachte schließlich das Unternehmen beim Adel wie beim Volke in Mißkredit. Selbst die Versuche, durch neue Statuten den großen Organismus zu verjüngen, die 1316 die Neuausgabe der Generalkapitelbeschlüsse von 1280, 1334 die Benedictina und 1350 die Novella gezeitigt hatten, wurden in der zweiten Hälfte des Jahrhunderts als aussichtslos aufgegeben. Die romanischen Länder gingen in der Lockerung der Zucht mit schlechtem Beispiel voran.

etwa 50 Jahre später ein Wilhelmiterkloster daselbst gegründet wurde." Ders., in Mitt. d. Ges. p. Ges. des Osterlandes VI S. 143 f.: „(Graf Hermann III.) beschenkte demzufolge am 21. Juli 1279 das Kloster Ichtershausen mit ansehnlichen Gütern und Zinsen in Orlamünde selbst, um hier ein Cisterzienserkloster zu errichten. Doch der Plan schlug gänzlich fehl, indem er am Widerstande der Stadtgeistlichen scheiterte." In seiner Abhandlung: „Der Wilhelmiterorden i. d. sächs. Landen", in Arch. f. d. sächs. Gesch. III S. 200, führt Rein bei Orlamünde ebenfalls kein Cisterzienser-Nonnenkloster an. Auch die „Berichtigte Stammtafel der Grafen von Weimar-Orlamünde" von Rein, in Zeitschr. d. Ver. f. thür. Gesch. VI S. 10, enthält unter den von Hermann III. begünstigten geistlichen Stiftungen nicht ein Cisterzienserinnenkloster zu Orlamünde. Lommer, Mitt. d. Ver. f. Gesch. Alt.-K. zu Kahla Roda I S. 87, hat sich dem Urteil Reins angeschlossen. Hermann, a. O. S. 44, und Lehfeldt, a. a. O., S.-Altenburg II S. 143, kennen ebenfalls nur ein Wilhelmiterkloster. In dem Revers des Klosters Ichtershausen 1279 ist nur von einem in Orlamünde zu stiftenden Cisterzienserkloster die Rede (Guden. Cod. diplom. 722; danach Geneal. Tab. u. Reg. d. Grafen v. Orlamünde in Correspond.-Bl. d. Gesamtver. d. d. Gesch.-Ver. XV S. 52). Das Kloster selbst kam nicht zu stande.

Rohrbach bei Sangerhausen i. J. 1469.

Kreysig, Beiträge z. Historie d. sächs. Lande III S. 268 f.

Winter, a. a. O. II S. 71.

Hermann, a. a. O. S. 147.

Nach v. Ledebur, Korrespondenzblatt XIV S. 65, ursprünglich Benediktinerinnen-, später Cisterzienserinnenkloster.

Die Urkunden sind meines Erachtens zu dürftig, um ein selbständiges Cisterzienserinnenkloster festzustellen. Bis zum 14. Jhdt. waren jedenfalls Benediktinerinnen da.

Hemmleben bei Eckartsberga.

N. Mitt. d. Thür.-sächs. Vereins I, 1 S. 17, Verz. v. Wüstungen (No. XVIII od. 155). Otte u. Sommer, Beschr. Darst. d. Bau- Denkm. d. Prov. Sachsen, Kr. Eckartsberga S. 3 u. 45.

Die Existenz des Klosters ist nur Vermutung. Hermann Winter kennen das Kloster nicht.

Ich habe die genannten Klöster nicht berücksichtigt und auch Hedersleben aus der Besprechung der kirchlichen Bauten ausgeschaltet. Nicht aufgenommen in die Abhandlung der Bauten sind ferner die im günstigsten Falle von den Cisterzienserinnen nur vorübergehend benutzten Kirchen zu Greislau, Prissetz u. Breitenbach, von denen die beiden ersten Charakteristika der Nonnenbaukunst nicht besitzen und die letztgenannte untergegangen ist. Vgl. Otte und Sommer, Beschr. Darst. d. ä. Bau- Denkm. d. Prov. Sachsen, Kr. Weißenfels S. 14 u. 48, und Heydenreich, Bau- Denkm. im Eichsfeld S. 6. Ueber die beabsichtigte Gründung in Zeitz vgl. Winter, a. a. O. I S. 54.

Löste der zunehmende Reichtum allmählich die Disziplin der einzelnen Klöster und den Zusammenhang des Ordensverbandes auf, so sollte nach außen hin die übertriebene Wohlhabenheit dem Ansehen und der Entwickelung gerade der bis dahin am meisten lebensfähigen Konvente mehr schaden als nützen. Noch harmlos klingt es, wenn im ersten Drittel des 13. Jahrhunderts der mächtige Landgraf von Thüringen sich genötigt sah, bei seinem Schutzkloster Georgenthal Anleihen zu machen und, unfähig. das Geld zurückzuzahlen, einen Hof und 10 Hufen Landes in Nottleben abtreten mußte[1]). Es dauerte nicht lange, und die weltlichen Herren suchten mit Drohung und Gewalt durchzusetzen, was auf dem Wege gütlicher Auseinandersetzung von den Klöstern nicht zu erreichen war. Unaufgefordert holte der raub- und fehdelustige Edelmann sich wieder, was sein Ahnherr den Ordensleuten vermacht hatte, und das verrohte Volk sah keine Veranlassung, an dieser gewinnbringenden Tätigkeit des Adels sich nicht zu beteiligen. Schon 1280 hatte Pforta Grund, über die Zudringlichkeit, ja Gewalttätigkeit von angeblich Unterstützungsbedürftigen aller Stände Klage zu führen[2]), und es ist bezeichnend genug, wenn 10 Jahre später der Kaiser selbst von den Klöstern zu Walkenried, Volkenroda, Pforta, Reifenstein und Sittichenbach sich Kontributionen zahlen ließ, um die Unkosten seiner Kriegszüge zu bestreiten[3]). Zu den Cisterzienserklöstern, die Erzbischof Gerhard von Mainz 1292 gegen Bedrückungen in Schutz nahm, gehören auch die Abteien Thüringens[4]). Zum Türkenkriege hatte Georgenthal 1182 Wagen und Pferde zu stellen[5]). Gegen Eingriffe der Edlen von Querfurt, noch mehr gegen die Gewalttätigkeiten der Grafen von Mansfeld mußte Sittichenbach sich zur Wehr setzen[6]) Dabei fanden Beschädigung von Baulichkeiten, Raub von lebendem und totem Inventar, Vergewaltigungen und Mißhandlungen von Abt und Mönchen bei dem schrecklichen Zustande Thüringens nur in den seltensten Fällen gerichtliche Verfolgung[7]). In welch rücksichtsloser Weise die Gastfreundschaft der Klöster in Anspruch genommen wurde, besagen die Klagen über

---

1) Dobenecker, Reg. II No. 2001.

2) Höfler, Carmen occulti autoris saec. XIII 41 f.
Wattenbach, Monum. Lubensia S. 31 über Leubus.

3) Beck, Gesch. d. Regenten d. goth. Landes S. 147.

4) Walkenrieder Urk.-Buch I No. 544.

5) Wieland, Die Abtei St. Georgenthal, in Cisterzienser-Chronik 1903 S. 100.

6) Krühne, Urk.-Buch d. Kl. d. Gr. Mansfeld, in Geschichtsquellen d. Prov. Sachsen XX S. XIV u. Anh. Urk. No. 174 a.

7) Winter, Die Cist. d. nordöstl. Deutschl. III S. 3 f.

die Einlagerungen des Adels mit Gefolge, mit Knechten, Pferden und Hunden, die wiederholt in den Urkunden von Pforta laut werden [1]. Gerade in Thüringen und Sachsen waren die Vermögensverhältnisse der Klöster am ersten zerrüttet; freilich hatten auch hier die Mönche ihrer Aufgabe, die Bodenkultur zu heben, am ehesten sich entledigt. Dabei war Pforta wirtschaftlich noch am günstigsten gestellt; 1366 konnte der Konvent dem Georgenkloster in Naumburg Güter abkaufen und noch 1510 und 1512 an Herzog Georg 3000 und an Eckartsberga 700 Gulden verleihen [2].

Mit der Zunahme des weltlichen Besitzes, mit der Aufgabe der strengen Fastenregel, mit der Häufung von Ablässen, mit der Inkorporation der reichen Pfarrkirchen hängt die bedauerliche Tatsache zusammen, daß der Orden seiner eigentlichen Mission, der Bewirtschaftung der Klosterhöfe, mehr und mehr vergaß. Mit Genehmigung des Generalkapitels wurden Klosteräcker verpachtet oder verkauft. Fremde Tagelöhner übernahmen für Geld die Feldarbeit, die früher die Mönche für Gotteslohn ausgeführt hatten. Einkünfte, die sonst der Klosterkasse zuflossen, wurden den Verwaltern der einzelnen Aemter, dem Abt, dem Kellermeister, dem Siechenmeister u. s. w. überwiesen. In Volkenroda erhielt 1365 ein einzelner Mönch einen Klosterhof auf Pacht [3].

In dem Maße, wie die Neigung für Erwerbung und ordnungsmäßige Bearbeitung von Ländereien abnahm, wuchs das Interesse des Ordens an der Erschließung besserer und bequemerer Einnahmequellen. Mühlen hatten von jeher zu den Immobilien einer Klosteranlage gehört; an einem größeren Flusse mußte ihr Ertrag weit über das Bedürfnis der Genossenschaft hinausgehen. Gegen eine rationelle Ausnutzung der Wasserkraft wäre nichts einzuwenden gewesen, wäre sie nicht häufig auf Kosten des Ackerlandes und Ackerbaues erfolgt. Colbaz trug kein Bedenken, 14000 Morgen bebauungsfähigen Boden durch Anstauung unter Wasser zu setzen, um Betriebskraft für seine Mühlen zu gewinnen, und etwas Aehnliches scheint in Michaelstein der Fall gewesen zu sein [4]. In Thüringen besaß Pforta überhaupt alle Saalemühlen ein gutes Stück den Fluß hinauf [5]. Wie

1) Wolff, Chronik d. Kl. Pforta II S. 379 f.

Boehme, Urk.-Buch d. Kl. Pforta, in Geschichtsquellen d. Prov. Sachsen XXX, II Urk. No. 486.

2) Wolff, a. a. O. II S. 507 u. 611.

3) Schöttgen und Kreysig, Diplom. et script. I S. 803. Ueber die Zustände in Pforta vgl. Wolff, a. a. O. II S. 287.

4) Winter, a. a. O. III S. 30.

5) Wolff, a. O. I S. 210, II S. 320.

Frankenhausen seine Salinen, so hatte Pforta seine Kuxe[1]) und Sittichenbach seine Silbergruben[2]).

Die goldene Regel, das ganze Interesse der inneren Entwickelung des Klosters sowie der Vertiefung des geistigen Lebens zuzuwenden und die Pfarrgeschäfte dem Weltklerus zu überlassen, ließ sich auf die Dauer nicht durchführen. Das Volk, das ein Jahrhundert lang der segensreichen Feldarbeit der grauen Mönche bewundernd zugesehen hatte, verlangte unter dem Eindrucke der in den Kirchen der Bettelorden gehaltenen Predigten Klostergeistliche auch als Seelsorger. Die Berührung mit der Außenwelt konnte nicht ausbleiben. Pforta stellte seinen Neubau vom Jahre 1251 dem Volke zur Verfügung; Georgenthal durfte 1275 am Jahrestage der Kirchweihe außerhalb der Klostermauern Gottesdienst abhalten, 1350 auf einem Hofe zu Arnstadt auf einem Tragaltare Messe lesen und, ganz entgegen den Ordensvorschriften der strengen Zeit, 1354 in der ganzen Mainzer Diözese Almosen sammeln[3]).

Durch die Vernachlässigung des Ackerbaues, bei der die Größe des bewältigten Pensums allerdings nicht vergessen werden darf, findet der zunehmende Verfall des Ordens zum guten Teil seine Erklärung. Mit eben dieser Aufgabe eines Hauptgrundsatzes der Kongregation hängt aber auch die Hebung einer der bisherigen Schwächen des Ordens zusammen. Die Mönche des 12. Jahrhunderts waren Asketen und keine Gelehrten gewesen. Das Generalkapitel vom Jahre 1301 wies zum ersten Male nachdrücklicher auf die Notwendigkeit des Studiums hin. War der Besuch der Studienanstalten bis dahin fakultativ, so wurde er jetzt obligatorisch gemacht. Auch in Cisterzienserkreisen galt die Universität Paris als die vornehmste Hochschule, die den Ruf ihrer Vollkommenheit auch nicht einbüßte, als 1324 für die deutschen Mönche Morimunder Zugehörigkeit eine eigene Lehranstalt in Metz errichtet wurde. Der Studiengang, der bei weitem mehr Semester umfaßte als der heutige akademische Lehrplan, zeichnete sich durch Gründlichkeit aus und bezweckte die größtmögliche Ausbildung des einzelnen. Die Möglichkeit, verschiedene Grade und damit eine mehr oder weniger angesehene facultas legendi zu erlangen, rief den Ehrgeiz der jungen Theologen und ihren Eifer zugleich wach. Das Bernhardinerkolleg der Cistercienser an der Universität Prag, welcher Hochschule der Orden von Anfang an erhöhtes Interesse zuwandte, war nach Pariser Muster

---

1) Wolff, a.   O. II S. 656.
2) Krühne,   O. Anh. Urk. No 175 h.
3) Stichler,   O. S. 53.

eingerichtet; merkwürdigerweise wurden hier die Studenten der
Thüringer Klöster, wie alle Mitteldeutschen, zur polnischen Nation
gerechnet [1]).
Durch Einräumung größerer Rechte zeichneten die Klöster ihre
Mönche nach beendetem Studium aus. Magister Heinrich, Abt von
Reifenstein, war 1318 Professor der Theologie, und 1360 erscheint
als Abt von Volkenroda Magister Heinrich von Renele, decretorum
doctor und päpstlicher Kaplan. 1487 hatte der Abt von Volkenroda
seine Bestätigung zu einer vom Kloster Buch gegründeten Studien-
anstalt zu Belgern zu geben, die zur Promotion in der Theologie
vorbereiten sollte. In Pforta findet sich eine so große Anzahl von
Schülern, daß die Annahme einer eigenen Lehranstalt für die Primi-
tivwissenschaften gerechtfertigt erscheint. Zu den Promovierten der
Universität Erfurt gehören ein Propst von Ilm, ein Mönch aus
Volkenroda, 2 Mönche aus Georgenthal und gar 8 Mönche aus
Pforta. Diese Leistungen müssen um so höher bewertet werden, als
seit dem Jahre 1466 nicht mehr Erfurt, sondern Leipzig die Universität der Thüringer Ordensstudenten war. Auch hier steht Pforta
mit der stattlichen Zahl von 35 Klosterangehörigen obenan, und
auch Georgenthal mit 12, Sittichenbach und Volkenroda mit je
6 studierenden Mönchen erheben sich über den Durchschnitt. Um
1476 findet sich als Lehrer am Leipziger Ordenskolleg magister
Balthasar aus Pforta. Wissenschaftliche Grade erlangten magister
Heinrich und baccalaureus Johannes aus demselben Kloster, sowie
die baccalaurei Johann und Albrecht aus Sittichenbach. Und als
mit der Reorganisation des Leipziger Bernhardinerkollegs die Beziehungen zur dortigen Universität sich lockerten, sind es wiederum
Mönche aus Pforta neben Vertretern der Klöster Sittichenbach und
Georgenthal, welche das Album der philosophischen Fakultät als
Determinatoren aufführt. Die Tatsache, daß neben der langen Reihe
von Studierenden der Cisterzienser sich verhältnismäßig wenige Namen
von Mönchen anderer Kongregationen bis zum 16. Jahrhunderte in
den Listen der Leipziger Universität finden, wirft das günstigste
Licht auf den Bildungstrieb des Ordens, wie überhaupt der fleißige
Besuch auch der übrigen Universitäten, der naturgemäß nur das
Studium der Theologie und der freien Künste zum Zwecke hatte,
dem nicht mehr im Vollbesitz seiner Kraft befindlichen Orden zur
höchsten Ehre gereicht. Als Pflanzstätte humanistischer Studien

1) Ueber die Studien der Cisterzienser vgl. Mirraeus, Chron. Cisterc. S. 41 f., Henriquez, Statuta Cisterc. S. 94 f., Winter, a. O. III S. 45 f., und Jaeger, Klosterleben
im Mittelalter S. 24 f.

haben Georgenthal und Pforta dauernden Ruhm erworben. Sind doch die Namen eines Henricus Urbanus und eines Spalatin mit der Geschichte des Kevernburger Klosters eng verknüpft.

Bemühungen, die Klöster auf die ehemalige sittliche Höhe zu bringen, waren nicht von dem Erfolge begleitet, wie die Bestrebungen, den Bildungsgrad der Mönche zu heben. In Sittichenbach und Pforta hatten die Mönche im ersten Viertel des 16. Jahrhunderts allen Grund, über die Moral der Aebte zu klagen; 1519 kam es in ersterem Kloster sogar zur Absetzung des Oberhauptes. Austritte wurden häufiger, und, was hiermit zusammenhängt, die Aufnahmebedingungen immer gelinder. Der Notwendigkeit einer Reformation konnte sich der Orden selbst nicht mehr verschließen. Aber nicht überall waren die Nonnen den Reformbestrebungen so zugänglich, wie im Martinskloster zu Erfurt, wo der Augustiner Busch bei Wiederherstellung der strengen Regel leichte Arbeit hatte. Bei den vornehmen Konventen in Stadtilm und Ichtershausen ging es nicht ohne Widerspenstigkeit und fehlgeschlagene Vorversuche ab. In Roda kam es 1497 zu Tätlichkeiten, als eine leichtsinnige Nonne zur Rede gestellt werden sollte; doch scheint sich auch hier die Mehrzahl der Konventualinnen 1529 der Einführung der neuen Lehre schließlich willig gefügt zu haben. Bischöfe und Aebte nahmen im Verein mit den Fürsten sich der Reformation in Frankenhausen, Oberweimar, Sonnefeld, Gotha und anderen Frauenklöstern an. Bei den Mönchskonventen versuchte Morimund durch Vermittlung geeigneter, mit entsprechender Vollmacht versehener geistlicher Würdenträger die Anbahnung geordneter innerer Verhältnisse, meist nur mit geringem und vorübergehendem Erfolge. 1470 treffen wir Abt Wilhelm von Morimund selbst in Georgenthal und Sittichenbach, und 1483 hielt es sogar der Abt Johann von Citeaux für nötig, in eigener Person die Klöster Deutschlands zu visitieren, welche Gelegenheit ihn auch nach Thüringen führte. Man darf die während des ganzen 15. Jahrhunderts hervortretende ehrliche Absicht der ernster gesinnten Ordensoberen, Wandel zu schaffen, nicht verkennen, aber die Bemühungen, den welkenden Baum wieder zum Grünen zu bringen, blieben fruchtlos. Die Wurzel war krank, weil es ihr an der Zuführung zuträglicher Nahrung fehlte. Orden und Volk standen miteinander nicht mehr in jener gesunden Wechselbeziehung, durch welche die religiöse und soziale Frage früher so glänzend gelöst worden war.

Die Klöster hatten sich überlebt. Sie hatten aufgehört, die Institute der Selbstentäußerung und Arbeitsamkeit zu sein, als die sie vom hl. Bernhard gedacht waren. Sie bildeten die Stätten für behagliche Ruhe, die der Bauer mit seinen Zinsen bestreiten mußte. Nicht immer war es die Stimme des Herzens gewesen, welche die jungen Leute dem Kloster zugeführt hatte. Die Ueberzeugung von der Hoheit des Berufes mußte bei der allgemeinen Unordnung auch tiefer veranlagten Naturen abhanden kommen, und die Beschäftigung mit der Wissenschaft konnte nur in den seltensten Fällen die inneren Widersprüche aussöhnen. Kein Wunder, daß Luthers derbe Ausdrücke über Klosterleben und Freiheit der Mönche in den Klöstern wie außerhalb derselben gleich verstanden, um nicht zu sagen mißverstanden wurden. Denn nichts hatte der gründliche Reformator weniger vor, als die gänzliche Abschaffung der Klostereinrichtungen. Wiederholt betonte er die Zweckmäßigkeit des Fortbestandes der „Feldklöster", unter denen nur die Anstalten der Cisterzienser verstanden werden können, allerdings unter Aenderung der Statuten und des Gottesdienstes im evangelischen Sinne. Es wäre den Insassen der Klöster wie ihren Baulichkeiten besser ergangen, hätte nicht der Stadtpfarrer von Mühlhausen die Bauern Thüringens zum offenen Sturm gegen die Ordenshäuser geführt und hätten sich nicht die weltlichen Herren beeilt, in der allgemeinen Verwirrung das Klostergut mit Beschlag zu belegen [1].

Volkenroda wurde gleich zu Anfang des Bauernkrieges in Brand gesteckt, doch stellte nach Beendigung des Aufstandes Abt Nikolaus das Kloster wieder her, so daß 1535 Diebe aus der Kirche goldene und silberne Gefäße rauben konnten [2]. Unter dem Schutze des katholischen Herzogs Georg von Sachsen, der eine strengere Aufsicht zu üben begann, fand das Klosterleben Fortsetzung, bis 1540 Herzog Heinrich von Sachsen den Konvent auflöste und 1544 Herzog August das Klosteramt Volkenroda begründete. Ein Teil der Mönche hatte schon 1539 erklärt, zur neuen Lehre überzutreten und Kirchen- und Schuldienste zu übernehmen; die übrigen zogen nach Reifenstein, wo sie gut aufgenommen wurden, denn sie brachten „500 Goldgulden und genugsam Viktualien" mit [3]. Noch 1636 war

---

1) Perthes, Bilder aus d. kirchl. Leben im Herzogt. Gotha z. Z. d. Reform., in Zeitschr. d. Ver. f. thür. Gesch. XXI S. 1 f.

Jordan, Pfeifers und Münzers Zug in d. Eichsfeld, das. XXI S. 105 f. u. 185 f.

Einicke, Ueb. d. Verwendung d. Klostergüter im Schwarzb. Das. XXI S. 105 f. u. 185 f.

Ders., Gesch. d. Einführung d. Reformation in d. schwarzb. Grafschaften.

2) Brückner, Kirchen-   staat i. Hzt. Gotha I, 3 S. 253.

Soweit beim Studium der weiteren Geschichte der Klöster dieselbe Literatur benutzt ist, wie oben, wird sie nicht jedesmal besonders angegeben werden.

3) Brückner, a. a. O. I, 4 S. 31.

das Abtsgebäude mit einem Schieferturm versehen; ein anderer viereckiger, an die Konventsräume sich anlehnender Turm wurde 1848 abgetragen [3]. Die Magdalenenkapelle, die 1663 zum Schulhause eingerichtet, 1669 zum Pfarrhause bestimmt wurde, scheint bis zu ihrem Abbruch (um 1830) die romanischen Formen bewahrt zu haben [4]. Ihres Langhauses beraubt, dient die Kirche zur Zeit teils gottesdienstlichen, teils landwirtschaftlichen Zwecken.

Verhältnismäßig glimpflich erging es Pforta, wenngleich auch hier geklagt wurde, daß der Bauernkrieg dem Kloster viel geschadet habe. Der Abt wanderte 1540 mit 11 Mönchen und 4 Laienbrüdern freiwillig aus, nachdem ihnen ein lebenslängliches Ruhegehalt bewilligt war. Sie wandten sich zum größten Teil nach Naumburg. Die Gründung der noch jetzt blühenden Schule wurde 3 Jahre später beschlossen. Die Kirche, die für den Schulgottesdienst benutzt wird, ist wie viele der Klostergebäude — sieht man von Umbauten und Wiederherstellungsarbeiten ab — in gutem Zustande überkommen [5].

Aus Georgenthal mußte 1525 der Konvent vor den aufgeregten Rotten nach Gotha flüchten. Im Verein mit dem Reinhardsbrunner Abte, dessen Kloster fast gleichzeitig die Bauern heimsuchten, kam zwar Georgenthals letzter Abt Johannes bei Johann dem Beständigen um Wiederherstellung des Klosters ein, allein so sehr der Kurfürst die Existenzberechtigung Georgenthals anerkannte, unter dem Eindrucke der allgemeinen Aufregung lehnte er die Beihülfe zur Restituierung des Konventes ab. Der Landesherr nahm selbst Besitz vom Kloster. 1528 wurde die Anlage als Domäne eingezogen und dem kurfürstlichen Rat von Ende gegen die geringfügige Summe von 700 Gulden jährlichen Erbzinses übergeben. Nur mit Mühe gelang es 1531 den Landständen, die umfangreichen Klostergüter für die kurfürstliche Kammer wieder zu gewinnen. Von den Bauern beschädigt und seit Auszuge der Mönche zwecklos geworden, verfielen Kirche und Abtei. Wie an so manchen Stellen

---

3) Möller, Gesch. d. Cist.-Kl. Volkenroda, in Zeitschr. d. Ver. f. thür. Gesch. V S. 376. Vielleicht identisch mit dem von Storandt, D. Kl. Volkenroda, in Thür. u. d. Harz VII S. 230, noch gesehenen Turm, „welcher noch von der alten königlichen Burg herrühren soll, ein jetzt als Keller benutztes Burgverließ enthält, und seiner ursprünglichen Bestimmung am meisten treu geblieben ist, indem er noch jetzt wie in Klosterzeiten als Gefängnis dient".

4) Möller, a. a. O. S. 376.

5) Wolff, Chronik d. Kl. Pforta II S. 666 u. 690.
Bertuch, Pfortisches Chronicon S. 128 f.
Corssen, Altert. u. Kunstdenkm. d. Cist.-Kl. p. Pforte S. 117 f.

bildeten auch hier die Trümmer die beliebte Bezugsquelle für Material zu Neubauten, insbesondere zu dem um 1700 in Angriff genommenen Bau des Amtshauses [1]). Architekturreste befinden sich noch heute in Privatgärten des Dorfes, so die Basis und das Schaftstück einer Säule des Kapitelsaales und das Wasserbecken des Brunnenhauses. Eine Glocke mit der Jahreszahl 1345 soll nach Nauendorf gekommen sein.

Sittichenbach wurde von den Bauern überfallen und von Herzog Heinrich von Sachsen 1539 zum Sitz der kirchlichen Visitationskommission für den Kreis Thüringen ausersehen, die fast ein Jahr lang hier amtierte. 1542 belohnte Herzog Moritz den Grafen Albrecht von Mansfeld mit dem Kloster. Schon 1525 müssen die Baulichkeiten stark beschädigt worden sein, wiewohl der Konvent nach der Heimsuchung durch den Bauernaufstand für kurze Zeit ins Kloster zurückkehrte. Die Visitatoren von 1535 fanden „eine gancze wustung" vor [2]). Die Zerstörung wurde vollständig, als 1547 Ernst von Hacke nach der Schlacht bei Mühlberg mit einem Troß von Landsknechten und Bauern in das Gebiet des geächteten Albrecht von Mansfeld einfiel und dessen Besitzung Sittichenbach angriff [3]).

Johannisthal, 1526 säkularisiert, 1529 sequestriert, vorübergehend im Besitze des Rates von Eisenach, kam durch Kurfürst Johann Friedrich 1754 an Caspar von Teutleben, um dann ganz zerschlagen zu werden. Ob die Kirche wirklich schon 1525 fiel, muß dahingestellt bleiben [4]). Die Zerstörungssucht der Bauern ist in ihren Folgen, wenigstens was die kirchlichen Gebäude angeht, bekanntlich sehr überschätzt worden.

Ebenfalls der Zerstörung im Bauerkriege soll Georgenzell anheimgefallen sein. Tatsache ist, daß der Konvent sich nach dem Angriffe nicht wieder erholen konnte und das Kloster bald nach 1525 in die Hände der gefürsteten Grafen zu Henneberg fiel, welche die Verwaltung einem von Utenhofen übertrugen. 1531, wo das Kloster noch einen Hof, drei kleine Dörfer und viele Lehenzinsen

1) Stark, D. Cisterzienserabtei Georgenthal p., in Zeitschr. d. Ver. f. thür. Gesch. I S. 334.

Wieland, D. Abtei St. Georgenthal, in Cisterzienser-Chronik 1903 S. 100.

2) Krühne, Urk.-Buch d. Kl. d. Gr. Mansfeld, in Gesch.-Quellen d. Prov. Sachsen p. XX S. 389—533, Urk. No. 231, 237, 243 u. 253.

3) Leuckfeld, Antiqu. Walkenred. I S. 71.

Ritter, D. ehem. Cist.-Mönchskloster Sittichenbach, in Zeitschr. f. Bauwesen 1865 S. 481.

4) Brückner, Kirchen -staat i. Hzgt. Gotha II, 5 S. 37: „A. 1525 wurde dieses Kloster nebst andern hiesigen Landes, von denen aufrührerischen Bauern ruiniert."

und Güter besaß, soll die Säkularisation eingetreten sein[1]). Von den Steinen der Klosterruine fanden die meisten 1612 oder 1615 beim Bau der Kirche im benachbarten Rosa Verwendung[2]). Der Rest der Ruine wurde 1884 beim Bau eine Brücke in Georgenzell und 1897 beim Bau einer Schule daselbst aufgebraucht[3]).

Wenn von den Kirchen der genannten Klöster nur eine einzige, die von Pforta, unversehrt überkommen und fast die Hälfte spurlos untergegangen ist, so hat diese für die archäologische Forschung sehr bedauerliche Tatsache ihren Grund vorzugsweise darin, daß bei der Lage der meisten Klöster an Stellen, die weder die Vergangenheit noch die Zukunft zu Wohn- oder Verkehrszentren machte, ein Interesse an dem Bestehen eines größeren Gotteshauses nach Auszug der Mönche fehlte. Die Beschädigung der kirchlichen Gebäude, die für ganz andere Verhältnisse berechnet waren, die großen Unterhaltungskosten, zu denen häufig erhebliche Ausgaben für die Instandsetzung für Pfarrzwecke hinzukamen, und die Abnahme des religiösen Bedürfnisses mögen in der Zeit der Gärung den Gedanken einer Weiterbenutzung der Kirchen für den Laien-Gottesdienst auch da unterdrückt haben, wo ein kleines Dorf sich im Schatten und Schutze des Klosters gebildet hatte. Sittichenbach und Georgenzell wurden Nachbarorten eingepfarrt; in Volkenroda reichte der Chor der Kirche unter Hinzuziehung der Vierung, in Georgenthal ein Nebengebäude der Klosteranlage für den fakultativen Gottesdienst vollkommen aus, und Johannisthal lag so nahe bei dem mit Kirchen reichlich versehenen Eisenach, daß sein Fehlen in der verringerten Zahl der Kirchgänger kaum auffallen konnte. Und hätte in Pforta die weltliche Lehranstalt die Klosterschule nicht abgelöst, wer weiß, ob das prächtige Münster an der Saale noch stände?

Ganz anders lag der Fall bei den Nonnenklöstern. Die Mehrzahl ihrer Kirchen diente ebenso sehr dem Gemeinde- wie dem Klostergottesdienste. Sehr häufig war dem zuziehenden Konvente eine Pfarrkirche überwiesen worden, die seit alters die Bewohner des Ortes und der Umgegend benutzt hatten und die ihre frühere Zweckbestimmung auch nach Einbau der Nonnenempore oft schon deshalb nicht ändern konnte, weil sie das einzige Gotteshaus am Platze war. Die Stiftung zahlreicher Vikarien in vielen der Frauenkloster-Kirchen sowie die Bestellung mehrerer Geistlichen zeigen,

---

1) Brückner, a. a. O. II, 6 S. 26 f.

2) So wenigstens Brückner, Landeskunde d. Hzgt. Meiningen II S. 91.

3) Nach Mitteilung des Herrn Oberlehrer Dr. Pusch in Meiningen.

daß dem Volke der Besuch der Messe bei den Nonnen durchaus geläufig war. Auch wo sich das religiöse Bekenntnis änderte, blieb häufig die Notwendigkeit und Absicht bestehen, die Klosterkirche als Pfarrkirche weiterzubenutzen. Es bedurfte für die Gewinnung von mehr Sitzplätzen zum Anhören der Predigt, dem neuen Ritus entsprechend, nur des Abbruches des Nonnenchores und des Einbaues neuer, geeigneter Emporen, und daher kommt es, daß fast keine der Kirchen im ursprünglichen Zustande überkommen ist. Nicht selten gaben die Konventsgebäude geeignete Räume für Schulen, Wohnungen der verheirateten Pfarrer oder im Orte ansässiger Behörden ab. Der Grund, der den Kirchen der meisten Mönchskonvente den Untergang brachte, die einsame Lage, fiel bei den Nonnenkirchen in den meisten Fällen fort. Wohl die Mehrzahl der Frauenklöster befand sich in größeren Ortschaften, und wenn der Konvent noch zur Zeit seiner Gründung vor den Mauern einer Stadt gewohnt hatte, so besaß er bei Eintritt der Reformation durchweg schon allseitig Nachbarn. Dazu kam: der Sturm auf die im Schutze der Städte und Dörfer liegenden Frauenklöster war bei weitem nicht so heftig, wie auf die wehrlosen Abteien, welche zudem im Besitze der besten Landgüter, der meisten Aecker und vor allem der Schuldbücher der Bauern sich befanden. Wenn daher eine ganze Reihe von Kirchen der Nonnenklöster erhalten ist, so hat das mehr als einen Grund. Den Nonnen selbst erging es freilich nicht viel besser, als den Mönchen. Nur an ganz wenigen Stellen wurde der Konvent erhalten, wenngleich man in vielen Fällen den Anstand besaß, die zur Zeit der Säkularisation im Kloster lebenden Nonnen am alten Platze zu belassen. Bei ausbleibendem Ersatz der aussterbenden Klosterfrauen durch Novizen mußte die Auflösung von selber erfolgen.

Als 1525 gleich nach Ostern die Bauern sich Ichtershausen näherten, flüchteten die Nonnen nach dem festen Erfurt. Als bezeichnend für die inneren Zustände des Klosters sei erwähnt, daß der Beichtvater der Nonnen 1486 sich veranlaßt sah, unter seinem Chorrock ein Panzerhemd anzuziehen. Vier Wochen nach der Schlacht bei Frankenhausen kam der neue Kurfürst Johann, der während der Unruhen am Sterbebette seines Bruders Friedrich geweilt hatte, zum Kloster, um die Schuldigen zu züchtigen, und stellte sowohl hier, wie im benachbarten Arnstadt die Ordnung wieder her. Die Nonnen, die den Wunsch der Rückkehr geäußert hatten, wurden mit einer kärglichen Leibrente abgefunden[1]), die

---

1) Rein, Thur. sacra I Urk. No. 384 u. 385 u. S. 23 f.

Kirche selbst dem protestantischen Gottesdienst übergeben. Im Jahre 1539 befahlen die beiden Regenten Johann und Johann Ernst, ein Haus für die Herrschaft einzurichten, das noch jetzt stehende „alte Schloß", nach den Plänen des Baumeisters Cunz Krebs[1]). 1568 kam das Amt Ichtershausen an Johann Wilhelm, 1603 an die Linie Weimar, 1641 an das Haus Gotha. Ein Brand zerstörte 1602 den Nordturm und vermutlich auch das nördliche Seitenschiff der Kirche[2]). Das ebenfalls noch erhaltene „neue Schloß" baute Herzog Ernsts dritter Sohn, Herzog Bernhard, im Jahre 1675[3]). Später wurden in dem Gebäude die Amtsräume und Wohnungen für die Zwecke des Rent- und Justizamtes eingerichtet, 1877 daraus ein Staatsgefängnis gemacht[4]). Gegenwärtig dient die stark entstellte Kirche für den Gottesdienst der Civilgemeinde und der Gefangenen.

Den Konvent zu Eisenberg, dessen Vermögensverhältnisse schon zu Anfang des 14. Jahrhunderts in Verfall geraten waren, hob 1524 Kurfürst Johann von Sachsen auf. Die Klostergüter wurden zur Dotation der Kirche und Schule der Stadt bestimmt[5]). Seit 1584 trug man die Kirche ab; die Steine fanden beim Erweiterungsbau der Stadtkirche und der Oekonomiegebäude des Schlosses Verwendung[6]).

Im Jahre 1528 wurde Oberweimar unter landesfürstliche Verwaltung gestellt. Die völlige Säkularisation erfolgte 1533. Kurfürst Johann Friedrich von Sachsen bildete aus den zum Kloster gehörigen Grundstücken und Wirtschaftsgebäuden ein ansehnliches Kammergut. Die Kirche wurde zur protestantischen Ortskirche eingerichtet. Unter Baumeister Richter fand 1733 eine umfangreichere Bautätigkeit am Gotteshause statt[7]).

Döllstedts letzte Aebtissin Margareta, Gräfin von Gleichen, nahm die lutherische Lehre an und blieb bis zum Jahre 1572 im Kloster. Konventsgebäude und Liegenschaften wurden gothaisches

---

1) Nach Rein, a. a. O. S. 25, die spätere Wohnung des Justizamtmannes.
2) Brückner, Kirchen- u. Schulenstaat Gotha III, 7 S. 4.
3) Hesse, Ichtershausen, in Thür. u. d. Harz VIII S. 418 f.
Herzog Bernhard soll in Ichtershausen beerdigt liegen.
4) Lehfeldt, Bau- Denkm. Thür., S.-Cob.-Gotha I S. 128 f.
5) Hermann, Verz. d. p. Stifter, in Zeitschr. d. Ver. f. thür. Gesch. VIII S. 21.
6) Schultes, Diplom. Nachr. v. d. St. Eisenberg S. 135.
Back, Chronik d. St. Eisenberg S. 137.
7) Hess, Ueber d. noch erh. mittelalterl. Bauw. im Weimarischen Kreise, in Zeitschr. d. Ver. f. thür. Gesch. VI S. 220 f.
Lehfeldt, Bau- Denkm. Thür., S.-W.-Eisenach I S. 286 f.

Kammergut (das sogen. obere Gut)[1]). 1543 fand ein gänzlicher Umbau der Kirche, die Pfarrzwecken weiter diente, statt [2]).

Gegen eine Rente von jährlich drei Vierteln Korn verzichtete die Klosterschwester Margarete von Breidenbach in F r a u e n s e e auf ihre Berechtigungen [3]· Die Dotierung der Pfarrei, welche an Stelle der früheren Kaplaneien dieses Klosters trat, war wahrscheinlich das Werk Philipps von Hessen, dem wegen Unterdrückung des Bauernaufruhrs im Stift Hersfeld 1525 und der deshalb aufgewendeten Kriegskosten unter anderm auch das Kloster zum See pfandweise eingeräumt war. Frauensee scheint im Besitze Hessens geblieben zu sein, bis es 1736 mit dem Amte Landeck unter der Bedingung, daß der evangelisch reformierte Gottesdienst beibehalten werden müsse, an Sachsen kam, um 1742 durch Erbkauf wieder an Hessen zurückzufallen [4]). Seit 1816 gehört das Amt Frauensee, von Hessen getrennt, zum Großherzogtum Sachseu-Weimar. Zwar ist 1602 noch von einem Klosterhause die Rede, auch bestand damals noch die Kirche mit der Propstei in mehr oder weniger starker Entstellung; aber ein klares Bild ist trotz der Nachrichten von Ausbesserungsarbeiten weder von dem einen noch dem andern Bau zu gewinnen. Schindeln zur Deckung der Propstei wurden 1602 angeschafft, ein neuer Vorbau der Treppe hergestellt, die wüste Kammer am zweiten Turm nebst der Stube des Vogtes 1605 ausgebessert, auch unter der Verwaltung des Abtes Joh. Bernhard von Fulda, der die katholische Religion im Stift wieder einzuführen strebte [5]), an der Kirche, die durch Brand gelitten hatte, 175 Gulden verbaut, doch muß entweder die Ausbesserung keine vollständige gewesen sein, oder eine neue Verwüstung stattgefunden haben, denn 1685 wird beides, Pfarrhaus und Kirche, an dieser namentlich der Turm, als so baufällig bezeichnet, daß eine Instandsetzung nicht länger aufgeschoben werden dürfe. An die Stelle des Klosterhauses, das

1) Brückner, K.- u. Schulenstaat i. Hzgt. Gotha II, 3 S. 10 f.
2) Inschrift über dem Südportal der Kirche mit Jahreszahl 1543; nach Lehfeld, Bau- Denkm. Thür., S.-C.-Gotha, A. Tonna S. 206, ergänzt: Phi (G. z. Gliche) unt (H. Z.) thon [Philipp Graf zu Gleichen und Herr zu Tonna]. P. Knobl. bvbemeister (der kerchen) [Knobloch, Baumeister, d. h. Bauherr].
3) Thur. sacra S. 540.
Büff, Beitr. z. Gesch. d. Cist.-Nonnenkl. Frauensee u. Kreuzberg in Zeitschr. d. Ver. f. hess. Gesch. VIII S. 8 f.
Rommel, Gesch. v. Hessen III S. 292, wo die Aebtissin von Lauerbach genannt und noch vier andere Klosterschwestern aufgeführt werden.
4) Ledderhose, Kirchenstaat S. 229.
5) Ledderhose, jur. hass. princ. in abb. Hersf. S. 111.

vielleicht längst zusammengesunken war, ließ Landgraf Wilhelm 1632 das sogenannte steinerne Haus erbauen. Die Propstei erhielt der Pächter des Klostergutes, der seinen Fruchtboden im Dachgeschosse der Kirche hatte. Mit dem Neubau der Kirche in Frauensee 1855 verschwand von Klosterbaulichketien alles.

Eisenachs letzte Nonne, Anna von Farnrode, folgte nach Aufhebung des Klosters 1530 dem Professor Fach als Gattin nach Wittenberg. Die Kirche wurde 1600 in ein Zeughaus, 1672 in ein Kornhaus, bald darauf in ein Schauspielhaus verwandelt und nach einem Einsturze 1720 völlig abgetragen, um der am Ende der Katharinenstraße gelegenen Gastwirtschaft zum goldenen Stern Platz zu machen [1]). Die Gebeine der Stifter und ihrer Nachkommen, die zur Klosterzeit in der Kirche geruht hatten, kamen nach Gotha und von da 1567 nach Reinhardsbrunn [2]).

In Berka zogen die Herren von Witzleben, die seit 1422 im Besitze der Vogtei waren, das Klostergut ein, um es später an die Herzöge von Sachsen zu verkaufen. Das Kloster wurde Amtshaus, dann Kammergut und um die Mitte des 19. Jahrhunderts veräußert und aufgeteilt. Die Kirche blieb als Pfarrkirche in Benutzung, fiel aber 1727 bis auf Reste und wurde 12 Jahre später wieder aufgebaut [3]). An der Stelle des ehemaligen Klostervorwerkes stehen Gutsgebäude [4]).

Nach Frankenhausen kehrte zwar der vertriebene Konvent nach den Unruhen zurück, aber nur für kurze Zeit, denn das Kloster wurde 1536 vom Grafen von Schwarzburg säkularisiert und 1551 in eine Schule umgewandelt. Nachdem 1546 die Pfarrkirche St. Jacob auf dem Untermarkte der Stadt niedergerissen war, machte man um die Mitte des Jahrhunderts die ehemalige Nonnenkirche, die sogenannte Unterkirche, zur Hauptkirche. Der altersschwache Bau mußte jedoch 1596 einem Neubau weichen [5]). Durch die Pappenheimer 1631 beschädigt, wurde das neue Gotteshaus durch einen

---

1) Rein, K. Geschichte p. d. St. Eisenach, in Zeitschr. d. Ver. f. thür. Gesch. V S. 14 f.

Storch, Eisenach, in Thür. u. d. Harz VII S. 10: „Als später im Jahre 1720 die Gebäude gänzlich zusammenbrachen, wurden die noch brauchbaren Materialien zur Reparatur der Clemda (Klemme) verwendet."

2) Siehe Lehfeldt, Bau- Denkm. Thür., Hzt. S.-C.-Gotha, L. Waltershausen S. 20 f. u. Puttrich, Denkm. d. mittelalt. Bauk. in S.-C.-Gotha Taf. 8.

3) Laut Inschrift über dem Südportal.

4) Hess, Ueber d. p. Bauw. im Weim. Kr., in Zeitschr. d. Ver. f. thür. Gesch. VI S. 166.

5) Müldener, Hist. Nachr. d. p. Cist.-N.-Kl. zu Frankenhausen S. 33 u. 173 f.

Brand, der 1689 die ganze Stadt heimsuchte, eingeäschert, doch gleich darauf wiederaufgebaut [1]).
Die vier letzten Nonnen von Langendorf starben bis 1560 aus [2]). Das Klostergut, von Kurfürst August 1562 an den Rat von Weißenfels verkauft, fiel später an die kurfürstliche Linie zurück. Von dem Kloster ist nur noch die Kirche, die jetzt evangelischen Pfarrzwecken dient, und ein gewölbter Raum der Konventsgebäude erhalten [3]).

In Glaucha, wo der katholische Gottesdienst seit 1547 aufgehoben war, fand die neue Lehre endgültig 1556 Eingang. Das Kloster wurde später zur Schule eingerichtet und die Kirche der Gemeinde übergeben [4]). Nach einem Brande im Jahre 1740 fand ein gänzlicher Neubau statt [5]).

Kloster Beutitz kam nach der Aufhebung durch Kauf 1543 in den Besitz des Amtshauptmannes Cristoph von Ebeleben und 1556 an den Stadtrat von Weißenfels [6]), der die Kirche und die übrigen Klostergebäude von Grund aus wegreißen ließ [7]).

Nordhausens Konventualinnen von St. Maria in monte neigten von Anfang an der neuen Lehre zu. Der letzte Propst Conrad Jenis heiratete die letzte Aebtissin Anna von Rüxleben und wurde Pfarrer in Bennungen. Im Jahre 1557 übergaben die noch vorhandenen Nonnen Baulichkeiten und Vermögen des Klosters dem Rat der Stadt zwecks Errichtung einer Mädchenschule [8]). Diese

---

1) Inschrift am unteren Bogen des Westportales: „Im Nahmen Jesu. Anno 1691 ist an hiesiger Kirche, nachdem dieselbe durch Gottes Verhängniss 1689 den 17. September abgebrand wieder zu bauen angefangen und das Mauer- und Steinhauerwerck von Meister Hans Walthern und nach seinem Tode von dessen zwey Söhnen Joh. Friedr. und Joh. Heinr. Walther verfertigt. Anno 1701." Auf einer Fußbodentafel hinter dem östlichen Südeingang steht J. C. W. 1726. Nach „Stat. Univers. Handbuch p. f. d. Fürst. Schwarzb.-Rud." war der Wiederaufbau 1703 vollendet.

2 Nach Hermanns Mutmaßung, Verz. d. p. Stifter, in Zeitschr. d. Ver. f. thür. Gesch. VIII S. 120, wurde das Kloster 1540 säkularisiert.

3) Otte u. Sommer, B. Darst. d. ä. Bau-   Denkm. d. Prov. Sachsen, Kr. Weißenfels S. 31: „Ein auf dem Klostergut 1758 errichtetes weltliches Fräuleinstift hatte bei übler Verwaltung keinen langen Bestand; dagegen besteht das von dem Langendorfer Bauernsohn Christoph Buche 1710 gegründete Waisenhaus noch jetzt in Segen fort."

4) Hermann, a. a. O. S. 107.
v. Hagen, D. Stadt Halle I S. 65.

5) B. Darst. d. ä. Bau-   Denkm. d. Prov. Sachsen, St. Halle S. 273 f.

6) Hermann, a. a. O. S. 86: „Im Bauernkriege scheint es nicht gelitten und sich bis 1539 gehalten zu haben."

7) Otte und Sommer, a. a. O. S. 44.

8) Lesser, Hist. Nachrichten von p. Nordhausen S. 127.

Stiftung zog die Säkularisierung nach sich. Die Kirche ist in verhältnismäßig gutem Zustande überkommen, ebenso die, freilich aus später Klosterzeit stammenden, Konventsgebäude bis auf den verschwundenen Kreuzgang. Wiederherstellungsarbeiten im Jahre 1713 haben die Kirche teilweise entstellt [1]).

Im Jahre 1528 hob Herzog Johann von Sachsen das Kloster Kapellendorf auf, dessen Güter die Grundlage für das gleichnamige Amt bildeten. Die Kirche, die als Pfarrkirche in weiterer Benutzung blieb, mußte sich starke Entstellung gefallen lassen; ein schlimmes Schicksal traf die Klostergebäude, deren letzter Rest in den Umfassungsmauern des Pfarrhauses vorzuliegen scheint [2]). Das Inventarverzeichnis von 1527 nennt an Gebäuden Propstei, Brauhaus und Backhaus [3]).

In Nikolausrieth starben mit der Reformation die Nonnen aus. Der letzte Propst, der in der Klostergeschichte in wenig günstigem Lichte erscheinende Johannes Holtegel, wurde 1536 Abt von Walkenried und trat als solcher zur neuen Lehre über [4]). Das Kloster wurde eingezogen. Von der vom Konvente benutzten Kirche ist nur der Chor und Turm erhalten; das Langhaus ist neueren Ursprungs.

1543 verkaufte Herzog Moritz von Sachsen das Kloster Heseler mit allem Zubehör an Curt von Heseler, der sich verpflichtete, die beiden letzten Nonnen bis an ihr Lebensende zu unterhalten [5]). Von den Klostergebäuden, die als Gutsgehöft weiter dienten, ist nur ein Raum mit mittelalterlichen Formen überkommen; die Kirche selbst wich 1768 einem Neubau.

Rodas liegende Güter wurden mit dem Jahre 1532 sequestriert, der Sequestration folgte die Aufhebung des Klosters. 1555 bewohnte die letzte Nonne noch ein kleines zum Kloster gehöriges Haus, das nach ihrem Absterben zu einem städtischen Hospitale eingerichtet werden sollte. Als malerische, verhältnismäßig gut erhaltene Ruine steht die ehedem vor den Mauern der Stadt gebaute Kirche mitten in dem neueren Stadtteile.

Das Klostergut von Donndorf fiel nach der Reformation der

---

1) Schmidt, D. Beschr. d. Bau- Denkm. d. Prov. Sachsen, Nordhausen S. 112 f.

2) Mencke, Script. rer. Germ. I S. 759.
Heß, Ueber d. noch erh. mittelalt. Bauw. i. Weim. Kreise, in Zeitschr. d. Ver. f. thür. Gesch. VI S. 209 f.

3) Weiner, Gesch. d. Ortes Kapellendorf S. 45 f.

4) Leuckfeld, Antiqu. Walkenred. I S. 102, u. II S. 92.

5) Schamelius, Supplem. u. Anh. z. d. Hist. d. Kl. Bosau S. 76 f.

Familie von Werthern zu, die 1541 in den alten Gebäuden eine Frei-
schule zu stiften beschloß. Nach dem Tode der letzten Nonne,
Felicitas Haacke, 1561 trat die noch jetzt bestehende Erziehungsanstalt ins Leben. Die Reste der Baulichkeiten, die den Bauernaufstand und den dreißigjährigen Krieg überdauert hatten, gingen
1706 im Feuer auf. Die jetzige Kirche, Filiale von Dorf Donndorf,
ist ein Neubau vom Jahre 1754 [1]).

Die Aufhebung des Kreuzklosters bei G o t h a war zunächst eine
Folge des Pfaffensturmes von 1524. Auf Bitten des Rates der Stadt
ordnete Kurfürst Johann Friedrich 1540 den Verkauf des Klostergutes
mit allen Gebäuden an, in welchem Jahre die Baulichkeiten abgetragen
wurden, um einem Gottesacker mit einer Begräbniskapelle Platz zu
machen. Ein 1654 vermutlich an Stelle dieser Kapelle errichteter
roher Bedürfnisbau, die Gottesackerkirche, die den alten Namen
Katharinenkirche beibehielt, wurde 1712 erneuert [2]). Dieser als Gar-
nisonkirche benutzte schlichte Steinbau fiel 1869 wegen Baufälligkeit [3]).

K e l b r a s Klostergüter zogen Graf Günther von Schwarzburg
und Botho von Stolberg ein; die Klosterkirche kam an die Stadt,
deren Pfarrkirche sie noch zur Zeit ist [4]). Der große Brand vom
Jahre 1607 ergriff auch das Gotteshaus, doch wurde dasselbe nebst
den Schul- und Pfarrgebäuden gleich darauf wieder in stand gesetzt.

Das 1547 aufgehobene Kloster F r a u e n p r i e ß n i t z kam in
die Hände der Schenken von Tautenburg, die unweit der Kirche
ein ansehnliches Schloß anlegten. Nach dem Aussterben der Thüringer
Linie dieser Familie verfügten 1640 die Kurfürsten von Sachsen über
das Dorf als Lehnsherren, bis 1815 das Eigentumsrecht an Sachsen-
Weimar überging. Die im Bauernkriege angegriffene Kirche stellte
1613 Agnes, die Gemahlin des Schenken Burkhard, die nach dem
1605 erfolgten Tode ihres Gatten 1608 auch den Schloßbau vollendete [5]),

---

1) Lessing, Kl. Donndorf, in Thür. u. d. Harz III S. 140 f.

2) Möller, Klöster in Gotha, in Zeitschr. d. Ver. f. thür. Gesch. IV S. 47: „Die
Fundamente (der alten Klosterkirche, die etwas westlich von der Gottesackerkirche gelegen
haben soll) wurden 1685 bei einer Reparatur der alten Kirche ausgegraben und die Steine
zum Aufbau der Kirche verwendet."

Beck, Gesch. d. goth. Landes II S. 246.

3) Lehfeld, Bau-   Denkm. Thür., S.-C.-Gotha I S. 55 f.

4) Leuckfeld, Hist. Beschr. von p. Cist.-Kl. zu Celbra S. 122 f.

5) Inschrift am Schlosse nach Vulpius, K. Uebers. d. Gesch. d. Schenken von
Tautenburg S. 15: „Vidua modestissima Domina Agnes ex inclyta Comitum ab Eberstein
prole, pia, oriunda, totum perfici, expoliri et absolvi curavit. A. Chr. 1608." Jahreszahl
am Portal 1605.

wieder her. 1638 von den Schweden in Brand gesteckt[1]), wurde die Kirche Anfangs des 17. Jahrhunderts in einzelnen Teilen·verändert. Zur Zeit dient sie als Pfarrkirche des Ortes; das Schloß ist Domäne[2]). Gleich zu Anfang der Bewegung, im Jahre 1525, wurde Sonnefeld aufgehoben. Die Zustände müssen schon vorher sehr im argen gelegen haben, da es 1504 in der Klosterkirche zur Mißhandlung der Aebtissin durch den eigenen Konvent kam[3]). Die Kirche behielt nach der Säkularisation die Gemeinde. Die große Länge des Gebäudes gestattete die Teilung des Langhauses durch eine Mauer in zwei Räume, deren östlicher für den Gottesdienst und deren westlicher als Getreidespeicher benutzt wurde. 1856 mußte der stark entstellte und wenig gepflegte Bau, dessen westlichster Teil ganz untergegangen ist, eine Restaurierung sich gefallen lassen, bei welcher Gelegenheit eine neue Westfront mit überflüssigen Strebepfeilern und gar nicht dahin gehörendem Turm vorgeklebt wurde. Die um einen viereckigen Hof gruppierten Klostergebäude, von denen allerdings nur ein kleiner Teil in vielfach veränderter Form sich erhalten hat, dienen amtlichen Zwecken[4]). Im Inventarverzeichnis von 1503[5]) werden von den Klostergebäuden Bauhaus, Schenkstatt, Schmiede, Ziegelhütte, Backhaus, Bräuhaus, Ackerhaus und Herrenhaus für die Gäste genannt. Der Kreuzgang ist ganz abgetragen.

Das Kloster zu Sangerhausen, das 1540 der Säkularisation anheimfiel, verkaufte Herzog Moritz 1544 samt den Ländereien an den Rat der Stadt, der die Gebäude nach und nach eingehen ließ und im 18. Jahrhundert das Dormitorium zum Pfarrhaus ausbaute. Die Kirche blieb für Pfarrzwecke erhalten, freilich machte sich im Laufe der Zeit an dem hochaltrigen Gebäude die Anlage von Strebepfeilern und 1780 die Erneuerung der durch Blitz beschädigten Spitze des Vierungsturmes nötig, nachdem schon 1627 der baufällige Turm stark ausgebessert[6]), 1694 die meisten Giebel teils abgetragen, teils erneuert und 1699 ein auf dem Mittelschiff befindlichen Dachreiter ganz beseitigt war. In sehr verschiedenen Zeiten, vom 14. bis zum 18. Jahrhundert, erfuhren Türen und Fenster Veränderungen[7]).

---

1) Merian, Topogr. sup. Sax. S. 82.

2) Heß, Ueber d. p. Bauwerke i. Weim. Kr., in Zeitschr. d. Ver. f. thür. Gesch. VI S. 178.

3) Faber, Hist. Nachr. v. d. Cist.   Kl. Sonnefeld S. 57 u. 62 f.

4) Voß, Bau-   Denkm. Thür., S.-Cob.-Gotha, B. Coburg S. 94 f.

5) Wieland, Kloster Sonnenfeld, in Cisterzienser-Chronik 1901 S. 295 u. S. 322.

6) Nach Puttrich, Baud. d. Mittelalters in Sachsen II, 2, Eisleben S. 9, und Lotz, Kunsttopogr. Deutschl. S. 536, soll die Barockspitze des Vierungsturmes aus d. J. 1627 stammen.

7) Schmidt, B. Darst. d.   Bau-   Denkm. d. Prov. Sachsen, Sangerhausen S. 77:

Nach dem Tode der letzten Aebtissin, Katharina von Schafstedt, 1554 zog Kurfürst August von Sachsen das Kloster Cölleda ein [1]). Die östlich von der Kirche gelegenen Oekonomiegebäude kaufte der Stadtrat. Unter den Besitzungen werden genannt: das Waschhaus, zwei Scheuern, das Vorder-Kloster-Torhaus, der große Kuhstall, das Schütthaus, der Hopfgarten am Stadtgraben, der Schweinehof und zehn Klostergärten [2]). Die Kirche, jetzt Begräbniskirche und nur zum Nebengottesdienste benutzt, verlor vermutlich bei Anlage der Emporen 1626 die Nebenschiffe; der 1607 vom Blitz und 1641 von den Schweden beschädigte Turm wurde 1825 abgetragen und im selben Jahre von neuem erbaut [3]).

Kloster Ilm, das 1525 von den Bauern nur vorübergehend besetzt, von den Nonnen aber verlassen war, säkularisierte 1533 der Graf von Schwarzburg. Die letzte Aebtissin wurde Pröpstin von Quedlinburg, der letzte Propst evangelischer Pfarrer der Ortskirche [4]). Unter Benutzung des unteren Teiles der Klosterkirche und wohl auch eines Teiles der nicht mehr brauchbaren Konventsgebäude errichteten die Schwarzburger ein Schloß, in dem sie freilich nur selten Hof hielten [5]). Durch den Stadtbrand von 1780 zum größten Teil zerstört, kam dieser Herrschaftssitz durch Kauf 1811 in den Besitz der Stadt und später in Privathände. Im Jahre 1897 trat an die Stelle des mit interessanten Giebeln besetzten und von Türmen flankierten Renaissancebaues ein Dutzendhaus. Ein gewölbter Raum im Erdgeschoß, im Ostteile zeitweilig als Gastzimmer, jetzt in sinniger Weise als Altertumsmuseum dienend, im Westteile als Stall ausgenutzt, und ein unten viereckiger, oben achteckiger Turm mit restaurierter Spitze sind die einzigen Reste mittelalterlicher Bautätigkeit.

Das ebenfalls vom Bauernkriege heimgesuchte Kloster Allendorf wurde 1528 säkularisiert und 1531 zu einem Klosteramte um-

---

„Der Ostseite [der Kirche] gegenüber steht eine Reihe kleiner Häuser mit modernisierter Front, deren noch ursprüngliche Rückseiten spätgothische Fenster und Türen enthalten. Sehr wahrscheinlich waren dies die zur Kirche gehörigen Vikarwohnungen."

1) Thur. sacra S. 561.

2) Unger, Anekd. von p. Cölleda S. 85.

Grüning, Cölleda, in Thür. d. Harz VIII S. 159: „Mit dem Kloster waren zugleich auch 2 Sedelhöfe verbunden, welche dazu bestimmt waren, daß die Lebenden für die Verstorbenen in warm gemachten Bädern schwitzten, damit die abgeschiedenen Seelen im Fegfeuer nicht so arg schwitzen möchten."

3) Grüning, N. Chronik d. St. Cölleda S. 27 f.

4) Hesse, Stadtilm, in Thür. u. d. Harz VIII S. 300 f.

5) Nach Lieb, Salfeldographia enconomastica (1625), müssen schon vor dem Umbau die Klostergebäude in starkem Verfall sich befunden haben.

gewandelt. Die zu einem Wohnhause umgebaute Kirche befindet sich jetzt im Privatbesitz [1]).

Aus der Zerrüttung, welche die Schar Münzers 1525 dem Kloster Marksussra gebracht hatte, konnte der Konvent um so weniger sich erheben, als die bisherigen Gönner und Schutzvögte des Klosters, die Herren von Ebeleben, 1544 das lutherische Bekenntnis annahmen. Hans von Ebeleben hob 1551 das Kloster ganz auf und gründete im folgenden Jahre aus dem eingezogenen Vermögen die Stiftsschule zu Ebeleben, die bis zum Jahre 1829 bestand [2]). Von den Klostergebäuden ist keines mehr vorhanden, an ihrer Stelle soll die Schäferei der Domäne Ebeleben sich befinden [3]). Seit der Reformation bildet Marksussra mit dem benachbarten Ebeleben eine Gemeinde.

Kloster Heyde wurde nach dem Bauernkriege von den Herren von Gleichen eingezogen. Von den Bauten des Klosters fehlt jetzt jede Spur, selbst der Name ist geschwunden. Das etwa eine Stunde nördlich von Georgenthal gelegene Domänengut Wannigroda bezeichnet den Platz, wo ehedem die Nonnensiedelung sich befand [4]).

Ueber das Kloster Marienthal, das nach Ausbruch des Bauernkrieges zwar von den Nonnen verlassen war, aber aus den Wirren ohne wesentlichen Schaden hervorgegangen zu sein scheint, bestellte Herzog Georg 1539 die Familie Marschall zu Gosserstedt zu Administratoren. Indessen wegen der üblen Verwaltung, insbesondere auch wegen der Vernachlässigung, ja Verwüstung der Baulichkeiten nahm Herzog August schon 1565 das Klostergut, insbesondere auch die Paramente und Kleinodien, wieder an sich. Zuerst verpachtet, dann vererbt, ging das Kloster in Privatbesitz über. Ein späterer Besitzer, Chr. Wilh. von Münchhausen, bemühte sich 1732, in demselben ein adeliges Fräuleinstift zu errichten, drang aber mit seinem Plan nicht durch [5]). Baulichkeiten aus Klosterzeit sind nicht mehr erhalten.

Weniger vollständig als die Kirche des Nonnenklosters St. Maria

---

1) Brückner, K.- u. Schulenstaat i. Hzgt. Gotha I, 12 S. 33 f.

Brückner, Landeskunde von Meiningen II S. 23: „1700 standen von der Kirche noch die unteren bilderreichen Wände."

2) Gerber, Marksußra, in Thür. u. d. Harz III S. 263 f.

3) Apfelstedt, Heimatkunde von Schwarzb.-Sondershausen S. 124.

4) Rein, Thur. sacra (1865) II S. 67: „Die Tradition berichtet, daß bei dem vor 60 Jahren durch den damaligen Besitzer Backhaus vorgenommenen Umbau des Herrenhauses geräumige Kellergewölbe und das in der Wand eingemauerte Gerippe einer Nonne zum Vorschein gekommen seien."

5) Otte und Sommer, B. Darst. d. ä. Bau-. Denkm. d. Prov. Sachsen, Kr. Eckartsberga S. 53 u. 87.

in monte in Nordhausen ist das Gotteshaus des zweiten Frauen-konventes daselbst, des im Altendorfe gelegenen Klosters St. Maria in valle, überkommen. Die Kirche, zum evangelischen Gottesdienste bestimmt, mußte 1579 wegen Baufälligkeit geschlossen werden; nach einer Reparatur 1590 wieder geöffnet, verlor sie 1625 durch Einsturz einige Gewölbe und durch Abbruch 1639 die Mauern des westlichen Teiles und die meisten übrigen Gewölbe, 1695 den Turm und das nördliche Seitenschiff. Ein neuer Mauerzug schloß den reduzierten Kirchenraum im Norden und Westen ab [1]). Schon in den ersten Jahren des 18. Jahrhunderts waren die älteren Klostergebäude fast spurlos verschwunden.

Die Aufhebung des Nonnenklosters an der Michaelskirche in Jena erfolgte 1525 auf Befehl des Kurfürsten Johann und seines Sohnes Johann Friedrich. In den Klostergebäuden wurde die Stadt-schule eingerichtet; die Nebenbaulichkeiten kamen als Wohnhäuser an die 1558 gegründete Universität [2]). Die Kirche blieb Pfarrkirche, verlor aber bald im Innern den mittelalterlichen Charakter. 1540 entfernte man die Figuren vom geschnitzten Hochaltare, die in der Sakristei unter dem Chore und in der Kapelle im Erdgeschoß des Turmes untergebracht wurden [3]). Der übliche Einbau von hölzernen Emporen blieb auch hier nicht aus [4]). Die ursprüngliche Deckung des Langhauses bestand aus Hohlziegeln; der jetzt ganz verschwundene „Umgang", die Galerie über dem Hauptgesimse des Chores, war im 17. Jahrhundert so verfallen, daß eine Ausbesserung nötig erschien. Die Glasmalereien, meistens Heiligenbilder, darunter eine Darstellung des hl. Michael, wurden schon 1574 beseitigt, die Wände und Gewölbe 1660 geweißt, bei welcher Gelegenheit auch die Chorfenster Erneuerung erfuhren. 1770 erhielten Langhaus und Chor ein Mansardendach mit Schieferdeckung; weitere Restaurierungen fanden 1788 statt [5]). Ein über die Straße führender Verbindungs-

---

1) Förstemann, Lessers hist. Nachr. von Nordhausen S. 105 f.
Schmidt, B. Darst. d. ä. Bau Denkm. d. Prov. Sachsen, Nordhausen S. 166 f.
2) Beier, Architectus Jenensis I S. 473.
3) Beier, a. a. O. I S. 510: „Die erste Capelle ist neben der Orgel, und hat zwo Thüren, die eine aus dem Michaels-Thurme, die andere aus der Bohrkirchen. Durch jene haben die Keyserlichen Soldaten, so unter ihrem General Graff Hans Götzen An. C. 1637 den 5. Febr. am Sonntage Sexagesimae eine Einfall gethan, diese Capelle ge-brochen, die Archiven des F. Hoffgerichts verworffen und zertreten, die Deposita oder Beylagen aber an Kleinodien, Geschmeide und Baarschaft hinweg genommen und geraubet."
4) Den Zustand v. J. 1681 beschreibt Beier, a. a. O. I S. 490 f.
5) Ueber die späteren baulichen Veränderungen vgl.:
Schumann, Vollst. p. Lexikon v. Sachsen IV S. 281 f.
Lehfeldt, Bau- .. Denkm. Thür., S.-W.-Eisenach II S. 80 f.

gang zwischen Nonnenempore und Kloster war 1552 noch vorhanden [1].

Groß-Furra, dessen Nonnen zum Teil schon 1519 austraten, fiel 1538 der Säkularisation anheim. Das Patronat über die nunmehr nur Pfarrzwecken dienende Kirche ging an die Familie von Wurmb über, welche den Bau nach und nach veränderte und das ebenfalls in ihrem Besitze befindliche Klostergebäude 1689 zwecks Errichtung eines kleineren Neubaues abbrach [2].

Nach der ersten lutherischen Kirchenvisitation in den reußischen Ländern wurde 1535 das Heiligenkreuzkloster bei Saalburg aufgehoben. Das Klostervermögen ist teils zur Dotation der Kirche und Schule der Stadt verwendet, teils verkauft, teils zum Kammergut geschlagen worden. Seit 1554 wurden die Gebäude zum größten Teil abgetragen. Der letzte Rest der Kirche, die Westmauer, stürzte bis auf ein kleines Stück der Nordwestecke 1868 ein. Das nördlich der Kirche stehende Wohnhaus der Nonnen, ein verfallener, in nachreformatorischer Zeit häufig veränderter rechteckiger zweigeschossiger Bau ohne Dach, dient gegenwärtig als Lagerraum [3].

Ueber Hedersleben — mag nun um 1525 ein Frauen- oder Mönchskonvent sich hier aufgehalten haben — ist kaum mehr zu sagen als daß bei Beginn der Reformation ein Teil der Insassen das Kloster verließ, der Sturm der Bauern auch hier nicht ausblieb und die Stiftung bald darauf eingezogen und säkularisiert wurde [4].

Blickt man zurück auf die Reihe der untergegangenen Klöster des Cisterzienserordens in Thüringen, so kann man nur sagen: ungestümer konnte sich der Umschwung des religiösen Lebens kaum vollziehen. Gründlich hatte die Reformation in der Gegend Deutschlands, welche die Abteien ältesten und besten Namens und Frauenklöster in selten großer Zahl besaß, mit den alten Begriffen aufgeräumt. In wunderlichem Eifer wurde eine Kultur vernichtet, die

---

1) Beier, a. O. I S. 500: „Der andere Gang von aussen, gieng aus dem Hause Christoff Schapers, F. Sächs. Lehn-Secretarii, neben dem Burckkeller durch die Mauer des Kirchthurms, in das Gewelbe neben der Orgel, darinnen die Archiva Anfangs des Herzogen zu Sachsen, darnach des F. S. Hoffgerichtes verwahret worden, erbauet von D. Gregorio Heynse, Pontano oder Brücken, von seinem Vaterland so genand, Churf. Johan. Fridrichs zu Sachsen Cantzler, A. C. 1552. Die Anhebung geschah Freytags Ulrici, den 4. Jul. Die Vollendung aber Montag nach Maria Magdalenae; wegen seines Alters, daß er nicht hat können und dürffen über die Gassen gehen. Nach seinem Tode ist der Gang wieder eingerissen worden, starb A. C. 1557, den 15. Februarii."

2) Apfelstedt, Heimatkunde von Schwarzb.-Sondershausen I S. 155 f.

3) Hermann, Verz. d. p. Stifter, in Zeitschr. d. Ver. f. thür. Gesch. VIII S. 49.
Lehfeldt, Bau- . Denkm. Thür., Reuß j. L. S. 41.
Dehio, Handb. d. d. Kunstdenkm. I S. 268.

4) Hermann, a. a. O. S. 113.

mit unendlicher Mühe und Liebe begonnen war und unter den veränderten Verhältnissen in neuer Form vielleicht hätte neues Leben
erhalten können. Wo gründlichste Ueberlegung am Platze gewesen
wäre, setzte eine unsinnige Hast ein. Die Frucht einer Jahrhunderte
langen Arbeit wurde nicht genossen, weil sie zertreten wurde.
Mochte man den Orden als solchen auch ablehnen, seine guten
Seiten hätte man nicht übersehen sollen. Aber auch nicht entfernt
dachte man daran, das wirtschaftliche Programm der Cisterzienser, das
dem Lande den ungeheuren Segen gebracht hatte und dessen Vortrefflichkeit selbst ein Luther anerkannte, unter geistlicher oder welt-
licher Leitung aufzunehmen, geschweige denn weiter auszubauen.
In unpraktischer Weise wurde der Großgrundbesitz beschlagnahmt.
Die Institute, die Generationen Unterkunft gewährt hatten, die Ver-
sorghäuser, Hospitäler und Herbergen gingen ein, nur weil man
nichts Besseres zu tun wußte als zu zerstören. 7 Mönchsklöster und
32 Frauenklöster fielen der negierenden Tendenz zum Opfer, eine
fürchterliche Ernte. Und den Nutzen hatten nicht die kleinen Leute,
sondern die Großen.

Wenn das Werk der Auflösung der Klöster nicht bis zur Vernichtung des Ordens durchgeführt wurde, sondern 6 Anstalten, also
ungefähr ein Achtel des ganzen Bestandes, die Reformation über-
dauerten, so lag das nicht etwa daran, daß es das Volk an Angriffen
auf diese Klöster fehlen ließ, oder der am Platze ansässige Adel der
religiösen Bewegung keine Sympathie entgegenbrachte, sondern an
etwas ganz anderem. Das Eichsfeld gehörte ebenso wie Erfurt zum
niederrheinischen Kreise als Zubehör von Mainz; seine Geschicke
waren an die Entschließungen der Oberherren des Erzstiftes gebunden. Erzbischof Albrechts mildes Regiment konnte nun zwar
nicht verhindern, daß auch auf dem Eichsfelde die Reformation Eingang fand, zumal ein Teil des eichsfeldischen Adels, die von Win-
zingerode, von Hanstein, von Bülzingsleben, von Westernhagen und
von Linsingen als Anhänger und Schützer der neuen Lehre sich
bekannten. Auch unter Albrechts Nachfolger, dem toleranten Sebastian, der es zwar für seine Pflicht hielt, von den Gemeinden die
Entlassung ihrer lutherischen Prediger zu fordern, arbeitete die Bewegung weiter. Aber als es 1574 den Jesuiten gelang, den Erzbischof Daniel zu einem entschiedenen Vorgehen zu veranlassen, war
die Macht der Reformation gebrochen. Inzwischen freilich hatten
die Klöster die rauhe Hand des aufständigen Landvolkes und seiner
Anführer gefühlt [1]).

---

1) Wolf, Eichsfeldische Kirchengeschichte S. 167 f.

Jacobs, Gesch. d. in d. preuß. Prov. Sachsen vereinigt. Gebiete S. 369 f.

Auf eine traurige Art ist Reifenstein während der Unruhen auch in den weiter entlegenen Gegenden bekannt geworden, denn in seinen Mauern lebte lange Zeit einer der Hauptanstifter jenes Tumultes, Heinrich Pfeiffer, ein ehemaliger Angehöriger des Konventes[1]). Der Bauernaufstand und der dreißigjährige Krieg spielten dem Kloster und seiner Kirche übel mit. Obwohl der Konvent im Anfang des 18. Jahrhunderts sich leidlich wieder erholt hatte, konnte erst allmählich daran gedacht werden, die beschädigten Gebäude zu erneuern. Noch 1704 stand die alte Kirche und machte, ihres Schmuckes beraubt und baufällig, einen wenig erfreulichen Eindruck[2]). Abt Wilhelm Streit, der den Plan zum Neubau der Kirche faßte, starb 1721, ohne die Vollendung erlebt zu haben[3]). Erst 1743 unter Abt Simon wurde der Bau fertiggestellt. Das 1803 von der preußischen Regierung aufgehobene Kloster ist jetzt Domäne; in dem Ostflügel der großartigen Klosteranlage befindet sich eine Frauenschule[4]).

Beuren bestand als Nonnenkloster fort, konnte aber, im Bauernkriege gebrandschatzt und von adeligen Damen nur selten noch aufgesucht, zur früheren Blüte sich nicht wieder aufschwingen. Im Jahre 1802 aufgehoben, kam es in Privatbesitz[5]). Jetzt dient die entstellte Kirche landwirtschaftlichen Zwecken.

Von Mühlhausen kommend, belästigte Pfeiffer mit seiner Rotte den Konvent zu Annerode, dessen Glocken er mit sich fortführte;

---

1) Duval, D. Eichsfeld S. 105 f.

2) Leuckfeld, der in diesem Jahre Reifenstein besuchte, schreibt in seinen Antiqu. Walkenred. I S. 105: „Die Kirche hergegen in selbigen ist sehr wüst und baufällig, daran weder Grund noch Decke etwas nutze ist. Und habe ich bey allen Clöstern, soviel ich deren hin und wieder gesehen, keine schlechtere, und von allen innerlichen und euserlichen Zierath, Bildern und andern denen Augen gefälligen Dingen, welche man sonsten in grosser Menge bey ihnen antrift, ledigere Kirche angetroffen, als eben diese, jedoch wird die den Clöstern zustehende Hospitalität rühmlich von den Mönchen daselbst exerciret."

3) Documenta fundationis p. mon. Reiffensteinensis .. ed. Stürzer, in Cisterzienser-Chronik 1896 S. 5 f.: „... Guilielmus, Streitig, . abbas 1694 factus .. monasterium funditus exstruxit, muro cinxit, sacellumque S. Josephi ad portam vetusque templum destruxit animo reaedificandi, sed quia morte fuit praeventus, adimplere nequivit, posteris filiis, apud omnes memoriam sui in benedictione reliquit. 1721 2. Martii electus fuit in Abbatem .. Martinus Gunter qui murum explevit, hortum abbatialem muro cinxit 1737 17. Juni electus est Simon Hentrich templum reaedificare coepit et primum lapidem posuit in honorem B. Mariae Virginis et S. Margarethae martyris 30. Julii 1737, hortum culinarium muro et duplicibus fontanis ex fonte S. Margarethae ad usum Sacrificii et piscina ad usum culinae distinctis conchis in medio horti ornavit, cui Dominus . longamque vitam .. largiri dignetur, ut templum perficere possit."

4) Heydenreich, Bau- . Denkm. im Eichsfeld u. in Mühlhausen S. 11. An den Klostergebäuden habe ich die Jahreszahlen 1708, 1723, 1765 und 1795 gelesen.

5) Duval, D. Eichsfeld S. 297 f.

doch wurde das Kloster 1540 wiederhergestellt. Nachdem von 1534 an die Aufsicht durch Weltliche ausgeübt war, erhielten die Nonnen 1577 wieder einen geistlichen Verwalter und kurz darauf David Böddener als Propst. Das Kloster muß seine alte Kraft wiedererlangt haben, denn 1630 gab der Abt von Walkenried die Absicht kund, das Kloster Tittenborn mit geistlichen Jungfrauen aus Annerode zu besetzen [1]). Oberst Schlammersdorf, der die ganze Gegend plünderte, steckte auch Annerode 1632 in Brand, so daß der Wiederaufbau wenigstens einzelner Gebäude sich notwendig machte. Die Aufhebung und Veräußerung des Klosters erfolgte 1810 durch die westfälische Regierung. Zur Zeit befindet sich die wohlgepflegte Anlage im Privatbesitz; die im Untergeschoß verbaute Kirche dient ökonomischen Zwecken [2]).

Teistungenburg ging im Bauernkriege nach dem Berichte eines Augenzeugen in Flammen auf; aus Mangel an Mitteln standen 1540 noch die zerstörten Gebäude als Ruinen da. Im selben Jahre fühlte sich Kurfürst Albrecht von Mainz als Landesherr und Erzbischof gedrungen, eine besondere Kommission in das Kloster zu entsenden mit dem Auftrage, die Wiederaufnahme des Gottesdienstes zu veranlassen. Seit 1574 wieder zu geordneten Verhältnissen gekommen, fiel das Kloster 1632, wie Annerode, der Plünderung durch Schlammersdorf anheim. Im 18. Jahrhundert [3]) erfuhren Kirche und Klostergebäude, vorzugsweise unter Aebtissin Maria Paulina Dietrich und Propst Johann Caspar Schneider [4]), einen gänzlichen Neubau. Im Jahre 1809 wurde der Konvent von der westfälischen Regierung aufgehoben und das Klostergut veräußert. Die Konvents- und vielfach erneuerten Oekonomiegebäude sind in Privathänden; die Kirche, fiskalisches Eigentum, wird als Schuppen benutzt [5]).

---

1) Wolf, Eichsfeldische Kirchengeschichte Urk. No. 78.

2) Duval, D. Eichsfeld S. 559 f.

3) Jahreszahl an der Tür im Südflügel der Klostergebäude: 1723. Nach Dehio, Handb. d. d. Kunstdenkm. I S. 291, erfolgte der Neubau der Kirche 1724.

4) Inschrift an einem Tore: M. P. D. A. I. C. S. 1775.
Inschrift über einer Gartentür: Maria Paulina Diderich Abbatissa, Johannes Casparus Schneider Praepositus Anno 1772.

5) Duval, D. Eichsfeld S. 317 f.
Kegel, Teistungenburg in Thür. u. d. Harz VI S. 42 f.
Ueber einen Brand in jüngster Zeit teilt mir Herr Rittergutsbesitzer Dr. Zimmermann auf Teistungenburg mit: „Der Brand hierselbst war am 12. März 1906, frühmorgens von 2 bis 7 Uhr. Der Schafstall des Gutes, der nördlich an die Klosterkirche stößt und früher den Pilgern nach Rom als Wohnhaus gedient hat, ist vollständig zerstört, bis auf die massiven Umfassungsmauern. Die Kirche ist am Dache beschädigt, die Türen nach dem Chor sind ausgebrannt, die Fenster zersprungen und vollkommen offen, doch gelang es hier das Feuer zu dämpfen und so das Wohnhaus zu retten. Die Familiengräber auf dem Friedhofe sind

Infolge der Verarmung des Konventes und auch wohl der Zerstörung der Klosterbaulichkeiten durch die Bauern erteilte Albrecht von Mainz 1540 seine Genehmigung zur Aufhebung des Klosters W o r b i s. Die Nikolauskapelle, deren Patronatsrecht bis dahin der Konvent ausgeübt hatte, wurde zur Pfarrkirche des Ortes erhoben. In den Jahren 1667—1670 fand ein Neubau der Klostergebäude und -kirche statt; doch waren es nicht mehr Cisterziensernonnen, sondern Franziskanermönche, die in das wiederhergestellte Kloster einzogen. Seit Aufhebung auch dieses Konventes 1824 dient der wohlerhaltene Barockbau als zweite Pfarrkirche der katholischen Stadt, die Klosterflügel als amtsgerichtliches Geschäfts- und Gefängnisgebäude [1]).

Auch im Martinskloster zu E r f u r t blieb der Nonnenkonvent bestehen, doch litt das Kloster später unter der Herrschaft der Schweden so sehr, daß der Konvent, der seine Gebäude verloren hatte und 1635 das Eigentumsrecht wiedererlangte, infolge der ungünstigen Vermögensverhältnisse nicht gleich im stande war, dem Verfall von Kirche und Klostergebäuden entgegenzutreten. Auf eine notdürftige Instandsetzung im Jahre 1730 [2]) folgte 1755 eine gründliche Wiederherstellung „der in Ruinen liegenden Klosterkirche", der sich 1758 die Weihe der Kirche und später auch die des Klosters anschloß. 1820 kam es zur Säkularisation. Seit diesem Termin dienen die Klostergebäude als Kaserne, die Kirche als Pfarrkirche [3]).

Man kann die Bedeutung der kirchlichen Bauten der Cisterzienser in Thüringen nur richtig einschätzen, wenn man sie im Zusammenhange mit der Entwickelung der Architektur des Landes und mit der Bautätigkeit des Ordens in Deutschland überhaupt betrachtet. Wenn die neue Kongregation in dem Lande, das zahlreiche und geachtete Klöster und ansehnliche Kirchen des Benediktinerordens aufzuweisen hatte, verhältnismäßig früh eine sympathische Aufnahme fand, so besagt das natürlich weiter nichts, als daß Volk und Fürsten von der Vortrefflichkeit der neuen Regel überzeugt waren. Daß ein Umschwung in der Geschichte der Baukunst eintreten konnte oder sollte, wurde von den Stiftern der ersten Klöster in Thüringen weder beabsichtigt noch erkannt. Vielleicht legten

---

arg beschädigt. Der Wiederaufbau ist zur Hälfte fertig, die Mauern sind stehen geblieben, der Baustil ist der alte."

1) Duval, D. Eichsfeld S. 187 f.

Kegel, Kloster Worbis in Thür. u. d. Harz I S. 127 f.

2) v. Sydow, Erfurt in Thür. u. d. Harz VII S. 303, nimmt einen völligen Neubau von 1730 an.

3) v. Tettau, Beschr. Darst. d. ält. Bau-　Denkm. d. Prov. Sachsen, Erfurt S. 248. Dehio, Handb. d. d. Kunstdenkm. I S. 88.

auch im Anfange der Bewegung die Religiosen selbst beim Neubau ihrer Kirchen weniger Wert auf die Wiederholung eines im Mutterlande des Ordens bevorzugten Schemas, als auf die baldige Erlangung eines würdigen und schlichten Gotteshauses, mochte es einen Provinzialismus vertreten, wie es wollte. Der Mehrzahl der ersten Mönche in Thüringen waren die abweichenden Formen der französischen Ordenskirchen wohl gar fremd. Der Stifter und Bauherr, dem es vorzugsweise um die Gründung eines strengen Klosters zu tun war, hatte vorderhand keine Veranlassung, anders zu bauen, als es die Landessitte wollte, sofern die Ordensregel nicht Abstriche vorschrieb. Bei den überzeugten Vertretern der Apsidenanlage mußte anfangs die nüchterne Form des konchenlosen französischen Chores zu viel Widerspruch hervorrufen, als daß sie mit einem Schlage gesiegt hätte. Auf die Dauer freilich war in diesem erneuten Feldzuge gegen die altsächsische Apsis Citeaux glücklicher, als ehedem Hirsau.

Im Hinblick auf die straffe Organisation des Ordens hat es begreiflicherweise an Versuchen nicht gefehlt, die bei einzelnen Gruppen von Kirchen vor allem im Grundrisse sich wiederholenden Eigentümlichkeiten durch Filiation zu erklären. Diese Versuche sind mehr und mehr aufgegeben, weil sie angeblich zu keinem Resultat führen. In der Tat finden sich bei Kirchen, die verwandtschaftlich einander verhältnismäßig fernstehen, die gleichen Chorlösungen, während bei Bauten derselben Abkunft und annähernd gleichen Alters Chöre einfachster Art neben solchen reicherer Grundrißausbildung stehen. Trägt man in den Stammbaum eines töchterreichen Klosters — ich nenne beispielsweise Altencampen — die Grundrisse der Filialkirchen ein, so ergibt sich eine Musterkarte, die fast alle Varianten des Cisterzienserchorsystems aufweist und nicht selten bei den Kirchen der ersten Generation Chorfiguren von allgemeiner Gültigkeit oder selbst im Stile andersgerichteter Orden enthält. Indessen so verwirrend ein solches Bild anfangs wirkt, so schnell klärt sich das System ab, wenn man sich darüber klar wird, daß in den wenigsten Fällen die ursprüngliche Form des Chores vorliegt, sondern eine Erweiterung, die häufig sogar den Kern der Erstlingsanlage verloren hat. Die Aufdeckung der ursprünglichen Chorfundamente würde gewiß in das vorläufig noch wenig ergründete Anfangsstadium der Cisterzienserbaukunst in Deutschland viel Licht bringen und wahrscheinlich die Gewißheit zugleich, daß die Aufnahme des französischen Chorschemas einfachster Ordnung nicht mit dem Beginn der Bewegung zusammenfällt.

Wie in Frankreich, so gingen auch in Deutschland die ersten

Cisterzienserklöster aus kleinen Anfängen hervor. Hier wird wie dort die Bildung der kapellenreichen Chöre mit Umgang erst erfolgt sein, als die ursprünglichen bescheidenen Anlagen dem rituellen Bedürfnisse der verstärkten Klostergeistlichkeit nicht mehr genügten. Wenn bei späteren Neugründungen die Ursprungsform des Cisterzienserchores stellenweise übersprungen und gleich eine reichere Chorlösung gewählt wurde, so erklärt sich das daraus, daß der Neubau für eine vollzähligere Gründungskolonie berechnet werden mußte oder man auf baldigen Zuwachs hoffte. Etwas Befremdendes kann die Erscheinung, daß auch noch in späterer Zeit Chöre einfachster Ordnung gebaut wurden, nicht haben; sie gehörten eben kleineren Konventen an. Und ebensowenig kann es auffallen, wenn Deutschland noch an älteren Systemen festhielt, während Frankreich längst für ein neues Schema sich entschieden hatte; die deutsche Baukunst war während des ganzen Mittelalters hinter der vorbildlichen Architektur des westlichen Nachbarreiches um einige Jahrzehnte zurück. Daß man bei späteren Um- oder Neubauten, soweit dieselben in die Blütezeit des Ordens fallen, keine anderen Systeme wählte, als die der französischen Mutterklöster, ist natürlich.

Verfolgt man die Cisterzienserkirchen nach ihrem Alter, so findet man die Annahme bestätigt, daß der typische Grundriß zu Anfang nirgends auftritt. Bei dieser Betrachtung, die durch den Untergang vieler Denkmäler erschwert wird und kein lückenloses Resultat ergibt, liefert gerade Thüringen den sehr wertvollen Nachweis, daß die Lokaltraditionen selbst in der Mitte des 12. Jahrhunderts noch nicht vergessen waren. In Altencampen, der ersten Tochtergründung Morimunds außerhalb Frankreichs und der ältesten Kirche des Ordens in Deutschland, begegnen wir einem schmucklosen rechtwinkligen Altarhause, das im Widerspruch mit der Regel des Ordens von zwei Türmen flankiert wird. Das nächstälteste Kloster Lützel, eine zur Diözese Basel gehörende Tochter Bellevaux', liefert keinen Beitrag, weil es zerstört ist. Noch ganz im niedersächsischen Provinzialismus ist die Kirche des 1125 gegründeten Klosters zu Amelungsborn gebaut, dessen ursprüngliche Chorform sich freilich nicht mehr erhalten hat, dessen flachgedecktes Langhaus aber noch den Wechsel von Pfeilern und Säulen mit weitausladenden Würfelkapitellen und attischen Basen aufweist. Die Kirche könnte ebensogut dem Benediktiner- wie dem Cisterzienserorden angehören, nur das Fehlen des vegetabilen Ornamentes, die Strenge der Formen im Innern und der Verzicht auf jeden Schmuck im Aeußern erinnern, wenn man will, an die wenig kunstfreundlichen Satzungen Citeaux'.

Die ursprünglichen Anlagen der beiden bedeutenden Gründungen aus den Jahren 1126 und 1127, Ebrach und Walkenried, haben zu Beginn des 13. Jahrhunderts Neubauten Platz gemacht; wenn irgendwo, so ist bei diesen beiden fruchtbaren Abteien, von denen die letztere auf das Ordensleben Thüringens von größtem Einfluß war, der Untergang der Ursprungsbauten zu beklagen. Ebensowenig kann der Bau des 1128 in der Diözese Straßburg gegründeten Klosters Neuenburg für die Untersuchung nutzbar gemacht werden; die Kirche ist ebenso wie die der Schwestersiedelung Lützel verschwunden.

Vermutlich ganz ohne Belang für die Kenntnis der Cisterzienser-Baukunst in Thüringen würde die Kirche des 1132 gegründeten Klosters Schmölln sein, selbst wenn der ursprüngliche Bau erhalten wäre, denn hier wurde, ein Fall, der wegen seiner Seltenheit interessant genug ist, von dem kurzlebigen Cisterzienserkonvent eine Benediktinerkirche übernommen, deren Lage auf dem

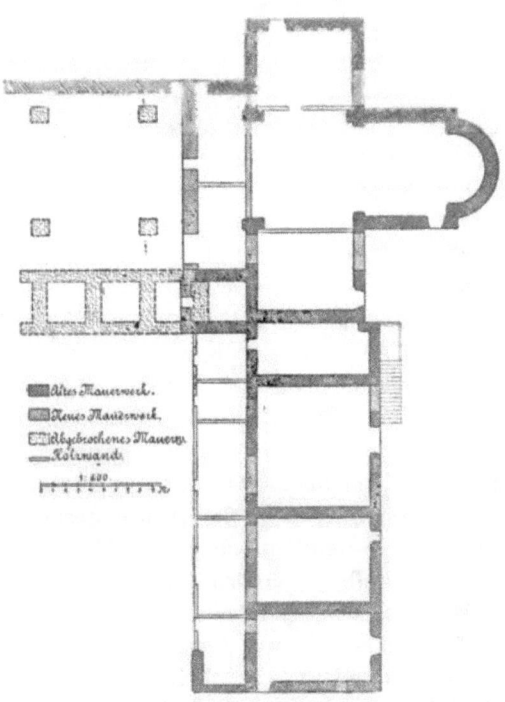

Fig. 60. Klosterkirche zu Volkenroda nach Lehfeldt.

Berge mit als Grund gelten mußte, das Kloster in das Saaletal zu verlegen [1]).

Um so schätzenswerter sind die baulichen Ueberreste von Volkenroda, die freilich spärlich genug sind. Erhalten ist von der im großen Maßstabe angelegten, 1131 begonnenen und 1150 geweihten Kirche nur das Kreuzschiff mit dem apsidengeschlossenen

---

1) Ablässe d. J. 1352 und Vergünstigungen v. J. 1406 (Schmidt, Urk. d. Vögte p. I No. 935 u. II No. 467) deuten auf Umbauten in nachcisterziensischer Zeit.

Ueber die weiteren Schicksale der Kirche vgl. Lehfeldt, Bau-... Denkm. Thür., S.-Altenburg I S. 425.

Altarhause (Fig. 60); allein dieses Wenige genügt, um einen unverfälscht sächsischen Grundriß zu rekonstruieren. Die ursprüngliche
Anlage der Ostpartie der Kirche hat an Klarheit nichts verloren, wenngleich sie durch die Eingriffe späterer Zeiten sich Abstriche und Zutaten hat gefallen lassen müssen. Da das Bedürfnis nach einer Monu-
mentalkirche mit Aufhebung des Klosters schwand, haben die noch
erhaltenen Teile des Baudenkmales nur mäßige Pflege gefunden.
Allerdings sind sie dafür auch einer Restaurierung entgangen. Die
Nebenapsiden, die sich unmittelbar an die Kreuzarme anlehnten,
sind abgebrochen und ihre Gurtbogenöffnungen vermauert. Vor die
Westwand des Kreuzschiffes legt sich ein Stallgebäude, das den
unteren Teil des Triumphbogens, die Wandpilaster der Langhaus-,
Mittelschiffsarkaden und die Gurtbögen zwischen Nebenschiffen und
Querhaus dem Auge entzieht. Zwecks Brauchbarmachung des baulichen Restbestandes der Kirche für evangelische Pfarrzwecke sind
durch Fachwerkwände die Querhausarme vom Mittelraum des Chores
getrennt; in gleicher Weise ist der Triumphbogen durch eine Wand
geschlossen, an die sich nach der Vierung zu eine moderne Empore
lehnt. Der nördliche Kreuzarm, die Eingangshalle zum jetzigen
Kirchenraum, dient zur Aufbewahrung von drei alten Grabsteinen
und von Bruchstücken einer romanischen Piscina [1]. Seine Nordfront
enthält ein bescheidenes rundbogiges Portal, das, wie bei den romanischen Kirchenanlagen häufig, zwecks Aufstellung eines Altares
nach Westen zu aus der Achse gerückt ist. Im südlichen Kreuzarme lagern landwirtschaftliche Vorräte. Querhaus und Nordflügel
sind unterhalb der ursprünglichen Fensterzone durch Einziehung einer
Holzdecke, wie es scheint schon früher, zwecks Gewinnung eines
Bodenraumes, in zwei Geschosse geteilt. Der hierdurch hervorge-
rufene Mangel an Tageslicht im unteren Teile der Kirche war die
Veranlassung für den Einbruch von je zwei Fenstern auf der Nord-
und Südseite des Altarhauses und für die Verlängerung der drei
Fenster der Hauptapsis nach unten hin (Fig. 61) [2]. Balkenlöcher auf der

---

1) Nach Lehfeldt, Bau- . Denkm. Thür., S.-C.-Gotha I (1891) S. 257, befand sich
im nördlichen Kreuzflügel ein „Fenstergliederung-Bruchstück, romanisch, mit Oberkörper
eines Mannes, halbzerstört, Stein." Dieses Skulpturstück, das jetzt verschwunden ist,
hätte vielleicht einen Beitrag dafür geliefert, daß die Sitte der französischen Cistercienser,
keinen Skulpturenschmuck in der Kirche anzubringen, in Volkenroda noch nicht befolgt
wurde.

Ueber die Inschrift des Grabsteines vgl. Otte, Handb. d. k. Kunst-Arch. III S. 834
2) Lehfeldt, a. a. O. S. 254: „Am Chorrechteck haben wir uns an der Nord- und
Südseite die beiden Fenster in zwei Geschossen übereinander, aber wesentlich kleiner zu
denken, ebenso das Fenster an der Ostseite jedes Kreuzflügels im Obergeschoß und die

Fig. 61. Ostansicht der Klosterkirche zu Volkenroda nach Lehfeldt.

Ostseite des südlichen Transeptarms in zwei Geschoßhöhen übereinander sowie eine zu jedem dieser Geschosse führende, im Mauerwerk eingebrochene Tür deuten auf den späteren Anschluß eines vermutlich landwirtschaftlichen Zwecken dienenden Bauteiles an dieser Stelle hin.

Auch mit dem der Südseite sich vorlegenden, in späterer Zeit ebenfalls als Oekonomieraum ausgenutzten Klosterflügel war das Obergeschoß des südlichen Kreuzarmes durch eine nachträglich ausgestemmte Tür verbunden. Eine ins Freie führende Tür auf der Südseite des Chorrechteckes, als deren Schwelle ein 'attisch profilierter Kämpferstein verwendet ist, scheint ins 18. Jahrhundert zu gehören. Ebenso muß sich an die Nordseite des Altarhauses ehedem (vermutlich vor Instandsetzung des Baues für den evangelischen Gottesdienst) ein gedeckter Raum angeschlossen haben, denn innerhalb der oberen Fensterzone finden sich Konsolsteine als Träger einer verschwundenen Holzkonstruktion.

. Der Dachsatz der Kirche mit dem übereck stehenden beschieferten achteckigen bescheidenen Dachreiter über der Vierung ist ebenso wie das Kegeldach der Hauptapsis erneuert. An Stelle des abgetragenen Ostgiebels befindet sich ein Walm, der wie die übrigen Dachflächen mit Ziegeln gedeckt ist. Mit der Erneuerung des Daches der Hauptapsis ist die Ausbesserung des oberen Teiles ihres Umfassungsmauerwerkes Hand in Hand gegangen. Das Hauptgesimse ist bei sämtlichen Bauteilen verschwunden; fast an allen Stellen im Innern und Aeußern verdeckt das aufgehöhte Erdreich die Sockel.

Nach allem, was vorliegt, haben wir es in Volkenroda mit einer dreischiffigen kreuzförmigen Basilika zu tun, die, in der Anlage und Formenwahl von französischen Einflüssen völlig frei, noch keine Charakteristika der Ordensbaukunst aufweist[1]). Die Kirche gehört

zwei oberen Fenster an der Nord- bezw. Südseite des Kreuzflügels. Die Erweiterungen dieser Fenster gehören dem 16. Jahrhundert an . Diese Ansicht ist irrig. Der untere Teil des Chorrechteckes der romanischen Basilika in Volkenroda wie anderswo war fensteros, da das durch den Obergaden zugeführte Licht ausreichte. Die oberen Fenster im Altarhause wie Querschiffe sind unberührt geblieben; das beweist unter anderem die Form der Sohlbank, die im Gegensatz zu den flachen Sohlbänken der neu eingesetzten bezw. verlängerten Fenster die romanische steile Schräge beibehalten hat.

Ueber die Unrichtigkeiten in der Zeichnung Lehfeldts vgl. Kriesche Zeitschr. d. Ver. f. thür. Gesch. XVI S. 214.

1) Dohme, Gesch. d. deutsch. Bauk. S. 168: „Volkenrode (1131—1140?) bietet mit halbrunder Apsis und ebensolcher Apsidiole in jedem Kreuzarm das einzige Beispiel der sächsischen Planbildung innerhalb der deutschen Kirchen der Cisterzienser.“

Ders., D. Kirchen d. Cist.-Ordens i. Deutschl. S. 76: „genau dieselbe Choranlage, wie sie bei [dem Cistercienserkloster] Heiligenkreuz zu vermuten war.“

zu jener Gruppe der sächsischen Schule, welche die Nebenapsiden
in die Achse der Langhaus-Seitenschiffe, also unmittelbar an das
Altarhaus rückte, ohne die Kreuzarme zu verkürzen, und sollen
Schwesteranlagen angeführt werden, so finden sich nicht allzu weit
entfernt in der gleichzeitig erbauten Kirche zu Hecklingen und der
etwa 20 Jahre jüngeren Kirche zu Frose zwei klassische Beispiele [1]).
Was aber Volkenroda von Hecklingen unterscheidet, ist der gänzliche Verzicht auf Flächenverzierung im Aeußern wie im Innern
der Kirche, und es ist nicht ausgeschlossen, daß in dieser Einfachheit der strenge Geist des Ordens zum Ausdruck kommt. Weder
von einem Bogenfriese noch von einer Teilung durch Lisenen oder
Dreiviertelsäulchen findet sich am Bau eine Spur. Völlig schlicht
erhebt sich die Nordwand des Querhauses bis zur Giebelspitze, ebenso die übrigen Umfassungsmauern und selbst die Hauptapsis. Ein
Gurtgesims in Höhe der Sohlbank der Altarhausfenster ist durch einen
Mauerabsatz bedingt und hat nicht einmal zur Ausbildung von Eck-
lisenen Veranlassung gegeben. Auf der Ost- und Westseite der
Transeptarme findet sich nur je ein Fenster, das wie die beiden
Fenster der Giebelseiten und die Fenster des Altarhauses schräge
unverzierte Leibung trägt. Die schlichten Pilaster der Vierungsbögen und der Gurtbögen, welche das Querhaus von den Nebenapsiden und den Seitenschiffen des Langhauses trennen, haben als
Kämpfer die umgekehrte attische Basis [2]). Dasselbe Profil umzieht
im Innern die Hauptapsis, die, wie Reste erkennen lassen, gleich den
Nebenkonchen mit einem Viertelkugelgewölbe überdeckt war. Im
übrigen schloß den Innenraum der Kirche in üblicher Weise eine
flache Holzdecke ab; durch ein kleines kreisrundes Fenster in den
Giebeln erhielt der Dachboden mäßige Beleuchtung.

Nicht ohne Interesse ist die Ausbildung des Triumphbogens.
An seinen Gewänden finden sich auf der Leibungsseite pfeilerartige
unprofilierte Vorlagen, die erst in halber Höhe ansetzen und nur bis
zum Kämpfer reichen. An eine bogenförmige Fortsetzung dieser

---

1) Büttner Pfänner zu Thal, Anhalts Bau-   Denkm. S. 20 f. u. 155.

2) Nach Lehfeldt, a. a. O. S. 256, hat „das Stück Langhaus-Nordmauer, welches
sich an die Kreuzflügel-Westmauer anschließt, noch das Gepräge ihrer Ausführung im
12. Jahrhundert... Die nördliche Umfassungsmauer [des Langhauses] ist so nach dem
Innern verschoben, daß sie die Anlage der geplanten Rundbogenöffnung [d. i. des Gurtbogens zwischen nördl. Seitenschiff und Querhaus] unmöglich machte." Die angezogene Mauer
(Garteneinfriedigung und Abschlußwand eines Stallgebäudes) ist erst nach Zerstörung des
Langhauses entstanden, sie befindet sich innerhalb des verschwundenen nördlichen Seitenschiffes und hat mit der romanischen Anlage nichts zu tun, was schon daraus hervorgeht, daß sie auf die Mitte des noch wohlerhaltenen nördl. Gurtbogens trifft. Vgl. Fig. 60.

Vorlagen darf nicht gedacht werden, da der Triumphbogen völlig glatt und in guter Bearbeitung durchgeht. Das Fußende der Vorlagen ruht auf einer Konsole, die aus starkem Viertelkreiswulst mit oberer Platte besteht und wie die wenigen sonstigen Zierglieder einen strengen, fast schwerfälligen Eindruck macht. Man könnte in der Unterfangung dieser Pilaster eine Eigentümlichkeit der Ordensbauweise erblicken, indessen finden sich analoge Konstruktionen bei annähernd gleichaltrigen Kirchen, die zum Orden in keiner Beziehung stehen, so häufig — ich nenne als naheliegende Beispiele Thalbürgel und Frose — daß man einen allgemeingültigen Grund, vermutlich die Aufstellung des Chorgestühles, die übrigens die Cisterziensersitte ebenfalls hervorgerufen zu haben scheint, als Veranlassung annehmen darf. Man geht nicht fehl, wenn man die Vorlagen, die etwa die halbe Breite der zugehörigen Triumphbogenpfeiler einnehmen, als die Substruktion des Tragebalkens ansieht, der die crux triumphalis aufnahm.

Die Technik des Baues ist eine sehr gute. Durch Entlastungsbögen ist die Tragkraft der auf das sauberste behauenen und aus bestem Sandsteinmaterial hergestellten Vierungsbögen erhöht. Das unregelmäßige Füllmauerwerk zwischen den Fenstereinfassungen läßt vermuten, daß die Flächen, wenigstens im Innern, schon in romanischer Zeit verputzt waren. Die von jeher in der Gegend gebräuchliche Ziegelbedachung und die Unmenge Ziegelklamotten, die sich im Klostergebiet finden, sprechen für die einstige Deckung der Kirche mit diesem Material.

Wie sich die Kirche nach Westen fortsetzte, läßt sich nur vermuten. Daß das basilikale flachgedeckte Langhaus in demselben Geiste wie der Chor gehalten war, darf als sicher gelten. Ein Fenstergewände, das in den Anbauten vermauert ist und offenbar früher dem Langhause angehörte, zeigt dieselbe Tiefe und unverzierte Schräge wie die Fenster der Ostpartie. Ob aber die Wahl der Profile in den jüngeren Westteilen ebenso einheitlich durchgeführt war, wie in dem älteren Ostteil, kann zweifelhaft erscheinen. Von den Arkaden des Langhauses haben sich die beiden schlichten Endpilaster an der Westwand des Querhauses erhalten, und es ist interessant genug, festzustellen, daß der südliche dieser Pfeiler denselben attisch profilierten Kämpfer zeigt, der sich in den östlichen Bauteilen findet, während der Kämpfer des nördlichen Pilasters mit Schachbrettmuster versehen ist. Ob aus dieser Verschiedenheit auf ein jüngeres Alter der nördlichen Arkadenreihe geschlossen werden darf, oder ob eine Laune des Architekten vorliegt, oder ob vielleicht gar ein Wechsel in der Bauleitung, lasse ich dahingestellt [1]).

Leider ist das Langhaus selbst spurlos untergegangen, und die Gartenanlagen, die sich an seiner Stelle befinden, lassen keinen Zweifel darüber, daß auch die Fundamente zum größten Teil beseitigt sind. Auch würden die letzteren, wären sie noch sichtbar, nur über die Zahl der Stützen, nicht aber über ihre Form Auskunft geben. Die Annahme eines reinen Säulenbaues verbietet sich, wenngleich der quadratische Schematismus der sächsischen Schule in der Ostpartie nicht streng durchgeführt ist, bei dem sonst herrschenden sächsischen Charakter und dem Fehlen von Beziehungen zu Süddeutschland von selbst. Es fragt sich nur, ob noch das gemischte Stützensystem, oder schon der reine Pfeilerbau, für den es in der Zeit von 1130 bis 1150 an Beispielen nicht fehlt, Anwendung gefunden hat. Die geographische Lage von Volkenroda scheint für das erstere System zu sprechen.

Durch die Anlage der Kirche in landläufigem Grundriß und Detail gewinnt die Annahme an Wahrscheinlichkeit, daß ehedem 2 Türme den westlichen Abschluß bildeten [2]). Und diese Tatsache, besteht sie zu Recht, wäre ein weiterer Beweis dafür, daß die Vorbilder der französischen Ordensprovinz ohne Einfluß auf die sächsisch-thüringische Kirche blieben. Wenn auch erst 1157 ein Beschluß des Generalkapitels sich nachweisen läßt, der die Anlage steinerner Türme untersagte, so ist der Verzicht auf monumentale Glockenhäuser bei den französischen Cisterzienserkirchen vor diesem Termine doch glaubhaft; das Edikt sollte eben die Ordenssitte des Mutterlandes festlegen und verallgemeinern. Weder die Stifterin und ihre Verwandten, deren Wünsche gewiß nicht überhört wurden, hatten Veranlassung, auf einen Kirchenbau zu dringen, der mit der landesüblichen Bauweise brach, noch auch die Kolonisten, die aus einem deutschen Kloster kamen und von der Mutterkirche her Turmanlage gewohnt waren [5]).

Die Klostergebäude, die in gewohnter Weise sich an die Südseite der Kirche, um den Kreuzgang gruppiert, anlehnten [4]), sind

---

1) Ein ähnlicher Wechsel läßt sich in Paulinzella feststellen.

2) Möller, Gesch. d. Cist.-Kl. Volkenrode, in Zeitschr. d. Ver. f. thür. Gesch. V S. 375. Ein Nachweis ist nicht erbracht. Es muß darauf aufmerksam gemacht werden, daß bei der nur wenig jüngeren Kirche zu Pforta die Türme fehlen, dafür die Vorhalle angenommen werden darf.

3) Lehfeldt, a. a. O. S. 253, nimmt auch einen Vierungsturm an, dessen Existenz weder geschichtlich überliefert noch bei dem geringen Querschnitte der Vierungspfeiler wahrscheinlich ist.

4) C. Schäfer, Die Abtei Eberbach im Mittelalter S. 14, legt die Räume der Cisterzienser-Klosteranlage folgendermaßen fest: „Die Kirche befand sich neben der Nord-

bis auf den, jetzt landwirtschaftlichen Zwecken dienenden, Ostflügel verschwunden. Wiederholte Umbauten lassen bei diesem geringen Restbestande die romanische Anlage nicht mehr erkennen, doch hat es den Anschein, als ob bei den baulichen Veränderungen die ursprünglichen Fundamente benutzt wurden. Die in der Verlängerung der Querhauswestwand der Kirche liegende Mauer gehört noch der romanischen Zeit an, wenngleich sie später Durchbrechungen erfahren hat. Von den beiden hier befindlichen kleinen rundbogigen Portalen besitzt das nördliche Gewändesäulchen mit Würfelkapitellen in den besten romanischen Formen und Profilierung des Bogens mit Kehle und kräftigem Rundstab.

Vergegenwärtigt man sich, daß in der Zeit, in der die kirchlichen Bauten Volkenrodas und der übrigen genannten Klöster vorgenommen wurden, die Hirsauer Bewegung noch in Blüte stand und daß das Grundrißschema des schwäbischen Reformkonventes für Klosterkirchen noch immer als zeitgemäß galt, so darf man sich nicht wundern, wenn man bei einer noch aus dem ersten Drittel des 12. Jahrhunderts stammenden Gründung der Cisterzienser in Süddeutschland den Grundriß des Konkurrenzordens antrifft. Heilsbronn, die Stiftung des Bamberger Bischofs Otto und älteste Filiale von Ebrach, ist ursprünglich in unverfälschtem Hirsauer Stile erbaut worden. Die Fünfapsidenanlage mit den Chornebenschiffen, welche die flachgedeckte Säulenbasilika im Osten abschloß, war so ziemlich das Gegenteil von dem, was der Orden in Frankreich als Bauregel aufgestellt hatte. Es mag sein, daß der bischöfliche Archi-

---

oder Südhalle des Kreuzganges, die Refektur an der Seite gegenüber. Das Lavabo war vom Kreuzgang aus in den Kreuzhof hinausgebaut, gegenüber der Tür zur Refektur. Neben der Refektur mußte die Küche liegen, in ihrer Nähe die Wärmstube. Die Sakristei befand sich unmittelbar neben der Kirche, der Kapitelsaal neben der Sakristei. Das Dorment der Mönche lag stets im Obergeschoß über dem Kapitelsaal und den ihm benachbarten Räumen. Die Verbindung zwischen Dorment und Kirche bestand also einem Treppenlauf. Der Friedhof befand sich vor der Kirche auf der den Klostergebäuden abgewendeten Seite; jedoch wurden die Brüder oftmals auch im Kreuzhof begraben, die Aebte im Kapitelsaal.''

Cisterzienser-Chronik 1889 S. 44: „Mit dem Kreuzgange (in Marienhausen) parallel läuft, den östlichen Teil ausgenommen, ein zweiter Gang. Dadurch wurde der Ordensvorschrift Rechnung getragen, daß in den Kreuzgang nur wenige Türen münden sollen, denn die Verbindung mit den Zimmern im Parterre wird durch genannten inneren Gang vermittelt.'' Eine ähnliche Anlage habe ich in Thüringen nicht feststellen können.

Ueber die Klosteranlagen der Cisterzienser vgl.:

Adamy, Architektonik II, 1 S. 363.

Springer, Handb. d. Kunstgesch. II S. 144.

Essenwein, Die Baustile in Handb. d. Archit. II, 4, 2 S. 104 u. 142.

tekt Babo hier den gewohnten Plan diktierte, immerhin ist die Wiederholung des schwäbischen Schemas ein neuer Beweis für die Zähigkeit, mit der die landesüblichen Baugrundsätze ihr Bürgerrecht behaupteten. Das einzige Zugeständnis an die neue Richtung scheint die Anlage einer Vorhalle und der Ersatz der Westtürme durch einen Dachreiter gewesen zu sein; doch darf nicht vergessen werden, daß auch das Hirsauer Programm Vorkirchenanlage kannte.

In Altenberg, wo gewiß der Stand der französischen Ordensarchitektur nicht unbekannt war, entschied man sich 1133 für Beibehaltung der Dreiapsidenanlage, und das 2 Jahre jüngere Heiligenkreuz, das seine Mönche ebenfalls aus Frankreich bezog, weist im Langhause denselben altertümlichen Grundriß wie Amelungsborn auf, so daß auch hier auf einen Chor mit Dreiapsidenanlage geschlossen werden könnte. Noch bei dem 1138 begründeten Kloster zu Zwetl scheint, wenn man einer alten Zeichnung trauen darf, die Chorapsis verwandt zu sein. Leider entziehen sich die ursprünglichen, durch Neubauten verdrängten Anlagen der fast gleichaltrigen Kirchen zu Kaisheim und Salmansweiler, zweier Filialen von Lützel, der Beurteilung. Himmerode, eine in diesen Zeitabschnitt hineingehörende Tochtergründung Clairvaux', liefert keinen Beitrag, da es zerstört ist.

Mehr als gewöhnliches Interesse beansprucht die 1137 begonnene Kirche zu P f o r t a, wenngleich die Bedeutung des Bauwerkes für die Entwickelungsgeschichte der Cisterzienser-Baukunst von fast allen Archäologen überschätzt ist (Fig. 62). Die Annahme, daß hier zum ersten Male auf deutschem Boden das Auftreten des Cisterzienserchores einfachster Ordnung sich nachweisen läßt, ist durch Bergners jüngste Untersuchungen hinfällig geworden. In gothischer Umgestaltung ist das oratorium des claustrum apud Portam überkommen, indessen läßt sich aus der prächtigen Inkrustierung des 13. Jahrhunderts der schlichte romanische Kern zum guten Teil unversehrt herausschälen. Daß zu den verschwundenen Bauteilen der ursprünglichen Anlage das Altarhaus gehört. bleibt am meisten bedauerlich.

In wenig größerem Maßstabe angelegt, als Volkenroda, ist die kreuzförmige flachgedeckte Basilika zu Pforta in denselben einfachen Formen gehalten. wie diese älteste Kirche des Ordens in Thüringen. Konnte in Volkenroda für das Langhaus Pfeiler- und Säulenwechsel nur vermutet werden, so darf für Pforta der Beweis als erbracht gelten, daß beim Erstlingsbau dieses altsächsische gemischte System Anwendung fand. Zwar ist die Mittelstütze zwischen den Pfeilern in der ursprünglichen Form nicht mehr vorhanden, doch finden sich Kriterien dafür, daß eine solche tatsächlich ehedem in anderer Form, als jetzt, bestand. Der Bogen nämlich, der sich von Pfeiler zu Pfeiler spannt und wegen der niedrigen Höhenlage der Fenster die gedrückte Form des Korbbogens erhielt, kann nur als Entlastungsbogen von zwei untergeordneten Arkadenbögen gedacht sein. Schon aus dem Grunde konnten diese letzteren Bögen nicht fehlen, weil ihre Schildfläche, die den Entlastungsbogen ausfüllte, die Dach- und Deckenkonstruktion des Nebenschiffes verdecken mußte. Auch der Umstand, daß die Entlastungsbögen nicht senkrecht über den Pfeilerkanten ansetzen, sondern etwa 10 cm hinter denselben zurückspringen, beweist, daß vom Kämpfer noch ein zweiter Bogen, der innere Arkadenbogen, seinen Ausgang nahm. Leidich, der auf diesen Beweis zuerst hinwies, hat

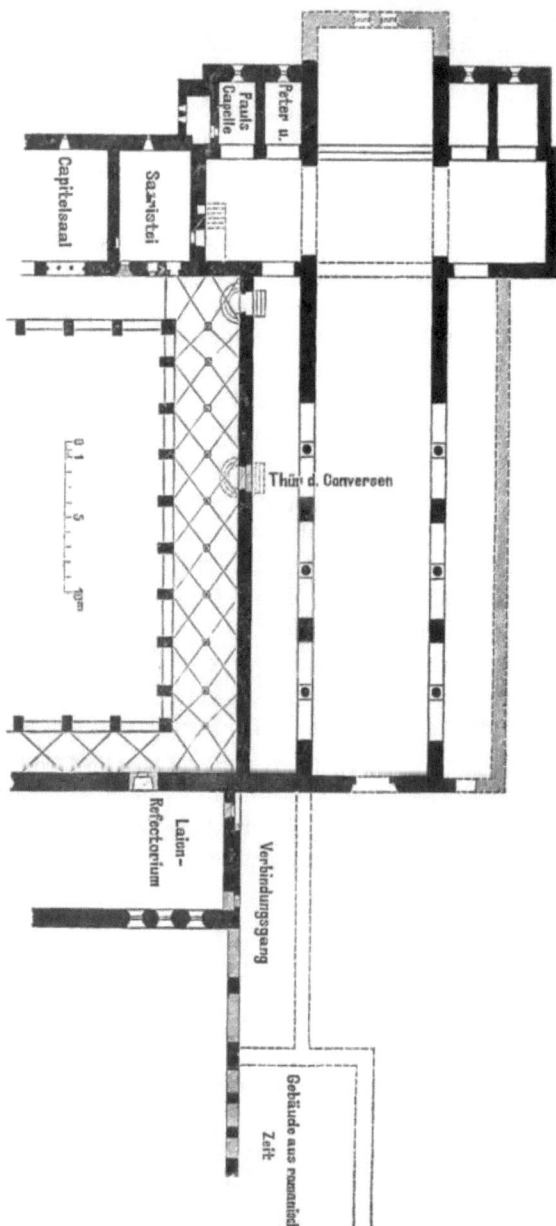

Fig. 62. Klosterkirche zu Pforta nach Leidich (Zeitschr. f. Bauwesen).

durch Untersuchung des Bogenanfängers den Nachweis erbracht, daß das Ansatzstück für den inneren Bogen, dessen Vorderkante sich mit der Vorderkante des Pfeilers decken mußte, bei Gotisierung der Kirche abgeschlagen wurde [1]). Daß die Zwischenstütze nur die Form der Säule gehabt haben kann, versteht sich nach Analogie verwandter Anlagen von selbst. Hatte doch der Entlastungsbogen die Aufgabe, den Druck der Obermauern von der schwächeren Säule auf die stärkeren Pfeiler abzulenken (Fig. 63) [2]).

Auf vier solcher gekuppelten Bogenstellungen war die Tiefe des Langhauses bestimmt worden; doch scheint es, daß man auf Anlegung der Arkaden im östlichsten Felde unmittelbar vor der

Fig. 63. Längsschnitt der Klosterkirche zu Pforta nach Leidich (Zeitschr. f. Bauwesen).

Vierung verzichtete, denn hier finden sich keine Spuren romanischer Stützen, auch bricht Kämpfer und Sockel am Ostpfeiler der dritten Arkade (von Westen gerechnet) scharf ab [3]). Die Aufstellung des

1) Die Kirche und der Kreuzgang des ehemaligen Cisterzienserklosters in Pforta, in Zeitschrift für Bauwesen 1897 S. 353. Durch Leidichs eingehende Beweisführung ist die Annahme Corssens, Altert. u. Kunstdenkm. d. Cist.-Kl. z. Pforte S. 214, widerlegt, daß die Pfeiler die einzigen Arkadenstützen gebildet hätten.

2) Es liegt das sogenannte Echternacher System vor. Seine Verwendung bei Cisterziensern und in so später Zeit ist merkwürdig genug. „Wie es hierher nach Pforte gelangt sein mag — zu einer Zeit, wo es auch am Harz abgestorben war — wird wohl eine offene Frage bleiben." Bergner, Beschr. Darst. d. ä. Bau- . . . Denkm. d. Prov. Sachsen, Naumburg-Land S. 67.

3) Dehio, Handb. d. d. Kunstdenkm. I S. 248: „Das letzte Joch im Osten (des Langhauses) zum Chor gezogen und voraussichtlich durch eine Lettnerschranke gegen das Laienschiff (doch wohl Konversenraum) abgeschlossen".

Chorgestühles an dieser Stelle, die noch jetzt eine geschlossene Mauer aufweist, mag die abweichende Anlage veranlaßt haben.

Die 8 rundbogigen, nicht sehr großen, mit unprofilierter Schräge versehenen Fenster in der Oberwand des Mittelschiffes sind noch vorhanden [1]); ihre Verteilung ist ohne Rücksichtnahme auf die unteren Arkaden vorgenommen, bei einer ungewölbten Kirche eine nicht befremdliche und beispiellose Tatsache. Von den beiden in der Außenwand des nördlichen Seitenschiffes befindlichen und in den Kreuzgang führenden Eingängen diente der unmittelbar am Querhause gelegene dem Tagesverkehre der Mönche und der mehr nach Westen in einer Arkadenmitte angelegte als Tür der Konversen. Natürlich besaß auch schon in romanischer Zeit die Kirche an anderen Stellen Zugänge, so an der Nordwand des Querhauses eine zum Dormitorium führende Tür, die beim nächtlichen Chordienst benutzt wurde, an der Südwand des Querhauses einen Ausgang und in der Westmauer des Langhauses den Haupteingang. Frontaltürme scheinen von Anfang an nicht bestanden zu haben; ihr Fehlen erleichterte jedenfalls die spätere Verlängerung des Baues nach Westen hin [2]). Als Profile finden sich für den Sockel die einfache Schräge sowie die attische Basis und für den Kämpfer ebenfalls die unverzierte Schräge und die Zusammensetzung von Rundstab, Hohlkehle und Platte.

Es läßt sich nicht verkennen, daß in die einfache Kirche, die im Innern jedes Schmuckes an Skulptur entbehrte [3]) und im Aeußern anscheinend weder Lisenenteilung noch Bogenfries aufweisen konnte, der strenge Geist Bernhards seinen Einzug gehalten hatte. Stand doch Abt Adelbert zu diesem hochverehrten Apostel des Ordens in

1) Leidich, a. a. O. S. 354: „Die alten Mittelschiffsfenster waren mit teilweis noch erhaltenen, 10 cm starken, in einem Falz liegenden eichenen Rahmen versehen, an denen noch heute die Teilung der Windeisen erscheint."

2) Bergner, a. a. O. S. 69: „Die weitere Ergänzung einer Vorhalle bedarf fast keiner Begründung. Sie gehört so sehr zur Ordensgewohnheit, daß vielmehr ihr Fehlen Befremden erregen müßte."

3) Corssen, a. a. O. S. 215: „Daß die [älteste Rundbogen-]Kirche stellenweise bunt ausgemalt war, beweisen die bei der letzten Restauration der Kirche nach Wegnahme der weißen Tünche wieder hervorgetretenen Spuren einer Verzierung in blauer und roter Farbe über dem Durchgangsbogen, der von dem nördlichen Kreuzflügel in die Peter-Paulskapelle, das jetzige hintere Zimmer der Sakristei, führte." Größeren Umfang können aber die Malereien kaum gehabt haben, und man darf wohl der Ansicht Leidichs, a. a. O. S. 349, zustimmen: „Wir werden uns die älteste Kirche in Pforta mit einfach getünchten Wänden und farblosen Fenstern vorzustellen haben."

persönlicher Beziehung[1]). Ganz nach Cisterzienserart bildete das farbige Erlöserkreuz im Triumphbogen der Vierung, das noch jetzt in der Abtskapelle aufbewahrt wird, die einzige Dekoration des Gotteshauses, ein vielsagendes Zeichen in der nüchternen Umgebung[2]). Die vermutlich mit einem schmuklosen Dachreiter bekrönte Kirche verdiente den Namen eines Oratoriums, den sie noch in den Urkunden des 15. Jahrhunderts beibehielt, in vollem Maße. Welcher Gegensatz zu den letzten Schöpfungen der Hirsauer in Thüringen! Während Kirchen, die zu dem schwäbischen Reformkloster in keinem inneren Zusammenhange standen, begierig das Motiv der rechteckigen Bogenumrahmungen für die Arkaden aufnahmen, verzichtete Pforta auf die Teilung der Innenwand selbst durch ein Gurtgesims. Jede Flächenauflösung des Pfeilers durch Eck- oder Mittelrundstäbe ist vermieden. Hatte Paulinzella schon vor einem Vierteljahrhundert für den Querschnitt seines Langhaus-Mittelschiffes das kühne Verhältnis 1 : 2 gewählt, so unterschied sich der Querschnitt in Pforta wenig vom Quadrate (Fig. 64). Waren dort sogar die Sandsteine der Arkadenstützen mit figürlicher Malerei bedeckt, so konnte man sich, wie es scheint, hier nicht einmal entschließen, den großen Putzflächen durch Farbe die Eintönigkeit zu nehmen. Der

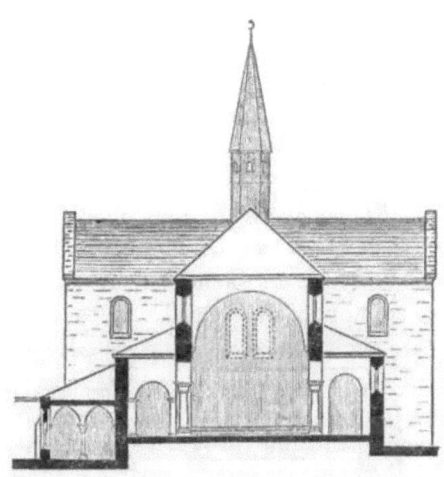

Fig. 64. Querschnitt der Klosterkirche zu Pforta nach Leidich (Zeitschr. f. Bauwesen).

Grundsatz der Cisterzienser, unter den Klosterbaulichkeiten das

---

1) Boehme, Urkundenb. d. Kl. Pforte, in Geschichtsquellen d. Prov. Sachsen XXXIII. II Anh. Urk. No. IX.

2) Nach Kugler hat dieses Kreuz noch 1838 in der Kirche gehangen. „Es ist ein großes Kreuz von Brettern, mit Leinwand, welche einen Gipsgrund trägt, überzogen. Hierauf ist der gekreuzigte Heiland in kolossalem Maße gemalt, an den Ecken die vier Symbole der Evangelisten. In der Zeichnung des Heilandes, dem hängenden Haupte, dem geschwollenen Bauche u. a., in dem Gefälle des breiten blauen Schurzes, in der Malerei, die ganz den Miniaturen byzantinischen Stiles entspricht, zeigt sich auf den ersten Blick die eigentümliche Manier und die frühe Zeit, welcher dieses Werk angehört; es dürfte wenig Aehnliches in Deutschland zu finden sein." Vgl. Leidich, a. a. O. S. 350. Nach Dehio, a. a. O. S. 250, der als Rest des romanischen Triumphkreuzes einen in Pforta befindlichen Christuskopf aus Pappelholz ansieht: „got. Trimmpfkreuz, um 1400."

Gotteshaus am einfachsten zu gestalten, hat in Pforta seinen Einzug gehalten [1]).

Allein nicht in der bescheidenen Ornamentierung und der beschränkten Höhenentwickelung liegt der archäologische Wert der Kirche, die Form des Chores ist es, die Pforta einen besonderen Platz in der Geschichte der thüringischen Mönchsbaukunst sichert. An die östliche Seite jedes Kreuzarmes legen sich zwei mit halbkreisförmiger Tonne überwölbte Kapellen, deren undurchbrochene Scheidewände und rundbogige, nach dem Querhaus sich öffnende Gurtbögen noch erhalten sind. Wie eine Inschrift [2]) auf der Stirnseite des nördlichsten Gurtbogens besagte, war die zugehörige Kapelle den Apostelfürsten geweiht, von deren Reliquien die Mönche einen Teil an Bischof Dietrich von Naumburg schenkten [3]). Platte und unverzierte Schräge bilden das Kapitell der Gurtbogenpfeiler, deren Sockel durch den aufgehöhten Kirchenfußboden verdeckt wird. Da die jetzt geradlinig abschließende Ostmauer dieser Kapellen das Ergebnis einer baulichen Veränderung ist, entsteht die Frage, ob hier noch die Apsis oder schon die glatte Wand als Abschluß gewählt wurde.

Es ist wohl zu verstehen, wenn Corssen [4]) die Ansicht vertritt, Pfortas Chor sei durch Apsiden geschlossen gewesen [5]). Auf der ganzen Linie der sächsisch-thüringischen Architektur stand die Konche in so hohem Ansehen, daß es selbst den Hirsauern nicht gelungen war, sie zu beseitigen. Man könnte sogar im Falle Pforta an eine

---

1) Denn Kreuzgang entschloß man sich in der Tat für die architektonische Gliede-rung der Pfeiler durch Eck- und Mittelrundstäbe, eine Dekorationsweise, welche die späteren Bauten der Hirsauer in Thüringen charakterisiert. Indessen wird dieser Gegensatz ebenso wie die reichere, nicht immer organisch entwickelte Ornamentierung der Kapitelle im Kreuzgang nicht, wie Lotz, Kunsttopogr. Deutschl. I S. 547, will, durch eine spätere Bauzeit, sondern durch die Bauregeln des Ordens begründet sein, deren Strenge die Kirche schärfer traf, als die Klostergebäude.

2) Patroni sunt Petrus (et Paulus). Abbildung und Erläuterung bei Corssen, a. a. O. S. 218 f. Die Aufschriften der übrigen Kapellen waren bis auf einen Buchstaben verschwunden.

3) Bertuch, Chron. Port. I S. 82.

Auch Pforta scheint, wie alle Cisterzienserklöster, auf den Besitz von vielen Reliquien Wert gelegt zu haben. Vgl. Bertuch, a. O. I S. 198 f., und Wolff, Chronik d. Kl. Pforta I S. 144, 270 f. Das Tochterkloster Altenzelle besaß einen bedeutenden Reliquienschatz. Vgl. Knauth, Vorst. v. Altenz. II S. 21 f. Corssen, a. a. O. S. 257: „In einer Nische der nördlichen Wand des hohen Chores zu Pforta neben dem Altare befindet sich   ganzer Kasten voll solcher Menschenknochen, jetzt mit Steinplatten vermauert."

4) a. a. O. S. 214 f.

5) Auch Wolff, a. O. I S. 56 u. II S. 61, nimmt einen halbrunden gewölbten Chorschluß

sächsisch-hirsauische Chorfigur denken; die längliche Gestalt auch der
äußersten Chorkapellen läßt unschwer die Deutung zu, Pforta bilde
das letzte Glied in der Entwickelung der Staffelanlage, deren Urform
Paulinzella und deren Fortbildung das erst 4 Jahre alte Thalbürgel
bot. Diese Annahme kann auch durch Leidichs[1]) Gegengrund, „daß
nämlich bei den Bauten des Cistercienserordens nicht das Landes-
übliche, sondern die Ordensregel entschied", nicht entkräftet werden;
denn, wie oben dargetan, war bisher der apsidale Chorschluß bei
den deutschen Cisterziensergründungen noch recht beliebt gewesen.
Gleichwohl war für die meisten deutschen Archäologen der geradlinige Abschluß der Nebenkapellen in Pforta eine ausgemachte Sache[2]).
Erst Bergner[3]) hat den Nachweis erbracht, daß die Nebenkapellen
ursprünglich tatsächlich Apsiden besaßen. „Betrachten wir nämlich
die Außenseite zunächst der südlichen Zwillingskapellen, so treten
uns die ursprünglichen Oeffnungen derselben als zugesetzte Blend-
bögen entgegen. Der eine ist halb verdeckt durch die verstärkte
gotische Chormauer und auch in den beiden obersten Wölbsteinen
strebebogenartig aufwärts gezogen. Der andere ist noch deutlich
als Rundbogen kenntlich, denn die spitzbogige Ausschneidung der
Scheitelsteine verrät sich offen als späterer Eingriff, vielleicht um
eines größeren Fensters willen. Ebenso ist der Sockel des Zwischen-
und Eckpfeilers späterer Zusatz. Die Füllmauern mit den gepaarten
Schlitzfenstern sind in ihrer gegenwärtigen Fassung wahrscheinlich
erst bei der Restauration von 1854, möglicherweise aber auch schon
um 1440 hergestellt. Bei den Nordkapellen ist nur noch die Oeffnung der inneren, ebenfalls in Gestalt eines Strebebogens mit zurück-
gesetzter Füllmauer, erhalten. Durch diesen Befund wird zunächst

---

1) a. a. O. S. 353. Ders. S. 346: „Da zwischen der Gründung von Citeaux und
der von Pforta die verhältnismäßig kurze Spanne Zeit von 39 Jahren liegt, so ist es natürlich, daß Pforta auch in seiner äußeren Erscheinung mit jenem manches gemein hat."
Diese Ansicht wird durch die Entwickelung des Cisterzienser-Kirchengrundrisses in
Thüringen nicht belegt. Es dauerte recht lange, bis die Thüringer Mönche an Cister-
zienser-Chorformen sich gewöhnten. Noch 1143 wählte eine der angesehensten Abteien
die staffelförmige Anlage. Man könnte eher sagen: das frühe Auftreten eines Cister-
zienser-Chorabschlusses in Pforta muß verwunderlich erscheinen.

Dohme, Die Kirchen d. Cist.-Ord. i. Deutschl. S. 59: „Daß der platte Chorschluß
(von Pforta) sonst in der Gegend nicht auftritt, ist durchaus kein Grund gegen sein Vorkommen an Ordenskirchen, wo er in jener Zeit Regel war und auch an anderen Orten
gegen alle Lokaltradition erscheint" (?).

2) Otte, Gesch. d. rom. Bauk. S. 295,   Handb. d. k. Kunst-Arch. S. 576. ist
der Ansicht, daß die Nebenkapellen von Anfang an geradlinig geschlossen waren, ebenso
Lübke, Vorschule z. Stud. d. k. Kunst d. deutsch. Mittelalt. S. 107 f.; Lotz, Kunsttopogr. Deutschl. I S. 546.

3) Beschr. Darstellung d. ä. Bau-   Denkm. d. Prov. Sachsen, Naumburg-Land S. 26 f.

die Annahme Leidichs hinfällig, daß beim Umbau von 1251 die
östlichen Abschlußmauern der Kapellen abgetragen und neu aufgeführt seien. Es kann dies nur von dem nordöstlichen Stück vor
der Peter-Paulskapelle gelten, wo der Apsisbogen fehlt und der
gotische Sockel durchgeht.

Das übrige ist noch Bestand von ca. 1140. Denn wenn Leidich,
der die Oeffnungen wohl bemerkt hat, erklärt, ,daß die beiden südlich gelegenen Kapellen einst nach dem Friedhof zu geöffnet geöffnet gewesen', d. h. seiner Baugeschichte nach eben 1251, geöffnet
wurden, so ist über die Unmöglichkeit dieses Schlusses kein Wort
zu verlieren. Abgesehen davon, daß hiermit ein baugeschichtliches
Unikum eröffnet würde, so hatte die Kirche aus dem Südkreuz
und aus dem südlichen Seitenschiff schon 3 bequemere Zugänge zum
Friedhof. Am stärksten wiegt aber ein liturgisches Bedenken. Diese
Kapellen dienten in Ordenskirchen zur Aufstellung von Nebenaltären,
da nach den Statuten jeder Priester des Ordens jeden Morgen möglichst ungestört durch seinen Nachbarn die Messe zu lesen verpflichtet
war. Hiernach ist es völlig ausgeschlossen, daß man nach 1251 die
Altäre beseitigt und die Kapellen als Durchgänge profaniert habe.
Vielmehr haben wir in den zugesetzten Blenden die Ansatzbögen
der alten romanischen Apsidiolen zu erkennen."

Wenn ich trotzdem die Anlage der apsidenbesetzten Nebenchöre in Pforta nicht als unverfälschte hirsauische Schöpfung hin-
stelle, so glaube ich die Gründe für diese Ansicht vorzugsweise im
Aufrisse zu finden. Die Hirsauer Chornebenschiffe waren als Fortsetzung der Seitenschiffe des Langhauses gedacht und erhielten —
das läßt sich an den Thüringer Kirchen feststellen — dieselbe Höhe,
wie diese. Andererseits sollten sie nach französischem Vorbild die
Chorfigur bereichern. Der Wert, den man auf ihre Anlage legte,
erklärt, daß sie häufig breiter, niemals schmaler, als die Langhaus-
Seitenschiffe ausfielen und nicht selten die Aufgabe der Apsis am
freien Ende des Kreuzarmes zur Folge hatten. In allen Fällen, auch da,
wo die äußersten Konchen, wie in Thalbürgel, mit Vorraum versehen wurden, ist die Zunahme in der Breite der Chornebenschiffe
vom Ende nach der Mitte, dem Hauptaltarhause, zu nicht zu verkennen, ein Prinzip der Steigerung, auf dem auch die staffelförmige
Anlage des Chores im Grundrisse sich aufgebaut hatte.

In Pforta sind die Beziehungen zwischen den Nebenschiffen des
Chores und denen des Langhauses ganz aufgegeben. Die Chorkapellen erreichen auch nicht annähernd die Höhe der Abseiten des
Hauptschiffes, welche in ihrer Breite die dem Hauptaltarhause zunächst liegenden Kapellen ebenfalls übertreffen. Von einer Stei-

gerung in der Breitenentwicklung der Chorräume untereinander
kann bei der verhältnismäßig großen Spannweite des Hauptaltarraumes und der geringen Breitenausdehnung der Nebenkapellen, deren
Außenwand nicht einmal das Ende der Kreuzarme erreicht, nicht
die Rede sein. Unter sich gleich dimensioniert, sind die auffallend
niedrigen Seitenkapellen im Gegensatz zu den flachgedeckten Lang-
haus-Seitenschiffen mit Tonnen überspannt, und man kann sich des
Eindruckes nicht erwehren, daß hier ein bewußter Gegensatz zu
Paulinzella und seinen Nachbildungen beabsichtigt war. Daß die
Trennungswände zwischen dem Haupt- und den Nebenchören, im
Gegensatz zu den meisten Hirsauer Kirchen geschlossen waren, und
daß vermutlich die Apsidiolen nicht in der Staffel, sondern in gleicher Flucht lagen, soll nicht unerwähnt bleiben.

Weit weniger läßt sich über die Ausbildung des Hauptaltarraumes sagen. Für das Vorhandensein einer geradlinigen östlichen
Abschlußwand kann der Ordensbrauch herangezogen werden[1]; für
das Vorhandensein einer Apsis scheint die Landessitte sowie die
Tatsache zu sprechen, daß bei späteren Anlagen die Hauptkonche sogar
neben glatt geschlossenen Seitenkapellen vorkommt. Solange Nachgrabungen die alten Fundamente nicht freigelegt haben, wird die Frage
offen bleiben müssen, ob Pforta die Urmform des Hauptaltarhauses
nach Cisterzienserart bedingungslos angenommen hat[2] oder nicht.
Abweichend von der Sitte fast aller Kongregationen befanden
sich in Pforta die Klostergebäude[3] nicht auf der Südseite, sondern

---

1) Geradliniger Abschluß des Hauptaltarhauses wird angenommen von Kugler, Gesch.
d. Baukunst II S. 397; ders., Kl. Schriften p. I S. 172; Dohme, Gesch. d. deutsch. Baukunst S. 163; ders., Die Kirchen d. Cist.-Ord. i. Deutschl. S. 58; Dehio u. v. Bezold,
Die kirchl. Baukunst d. Abendl. I S. 532; Bergner, Grundriß d. kirchl. Kunstalt.
Deutschl. S. 71; ders., Kirchl. Kunstaltert. i. Deutschl. S. 50.

Bergner, Beschr. Darst. d. ä. Bau-   Denkm. d. Prov. Sachsen, Naumburg-Land
S. 60 u. 64, zeichnet das Hauptaltarhaus im Aeußern geradlinig,   Innern halbkreisförmig geschlossen. Er beruft sich auf Georgenthal. Ich halte diese Chorform für ausgeschlossen und verweise auf das bei Georgenthal Gesagte.

Dehio, Handb. d. d. Kunstdenkm. I S. 248: „Demgemäß für Deutschland das älteste
Beispiel einer Cisterzienserkirche von schon ausgeprägtem Typus   Bergner fand an diesen
Kapellen (d. Kap. f. d. Nebenaltäre) Ansätze zu Apsidiolen; es ergibt sich daraus eine staffelförmige Anordnung ähnlich den gleichzeitigen Kirchen in Thalbürgel und Georgenthal. Das ist
die älteste Fassung des Cisterzienserchors (vgl. Dehio und Bezold, Kirchl. Baukunst I S. 527).“
Die Annahme einer staffelförmigen Choranlage in Pforta ist unerwiesen; die Chorfiguren
von Thalbürgel und Georgenthal sind keine Cisterzienser-, sondern Hirsauer Typen.

2) Das Modell der Kirche, das die   gotischer Zeit im Chor aufgestellte Figur
des Stifters Bruno auf dem Arm trägt, bietet keinen Anhalt für die Beurteilung der ursprünglichen Fassung des Chores, da es die Kirche nur als einschiffigen Bau mit Dachreiter darstellt.

3) Leidich,   O. S. 482 f.

auf der Nordseite der Kirche. Dir Lage des Grundstückes hart am Berge hatte diese Anordnung bedingt. Die Kirche als das am meisten hervorzuhebende Gebäude der Siedelung erhielt ihren Platz am höchsten Punkte des nach Süden ansteigenden Geländes [1]. Außerdem war der Ausdehnung des Häuserblockes zur Ebene hin durch die gewählte Nordlage des Klostervierecks keine Grenze gesteckt. An den Kreuzgang [2]), dessen Südflügel mit Rücksicht auf den stärkeren Verkehr, wie im Mutterkloster Walkenried, als säulengeteilte zweischiffige Halle angelegt war [3]), schlossen sich im Westen das Refektorium für die Konversen, im Norden das Cenaculum (Herrenrefektorium) mit Vorraum und der Konventsküche, im Osten der Kapitelsaal und in unmittelbarer Anlehnung an die Kirche die Sakristei an (vgl. Fig. 104), Räume, die durchweg in reicheren Formen als das Gotteshaus gehalten waren, die aber durch ihre Parallelstellung zu den Flügeln des Kreuzganges als Cisterzienseranlage noch nicht charakterisiert sind [4]). Im Obergeschosse befanden sich die Schlafräume [5]). Das Abtshaus mit seiner herrlichen, im Urzustande erhaltenen Kapelle, vermutlich ehedem durch eine Wandelhalle (parlatorium) mit den Mönchsräumen verbunden, bildete die östliche Fortsetzung [6]). Im Vergleich zu dieser, mit Rippengewölben, architektonischer Wand-

---

Ders., Die Abtskapelle   d. Kapitelsaal d. ehem. Cist.-Kl. Pforta, in Zeitschr. f. Bauwesen 1893 S. 231 f.

1) Corssen,   O. S. 220: „Daß die Walkenrieder Cisterzienser abweichend von dem Grundplan des Mutterklosters in dem Tochterkloster an der Saale das Mönchshaus nördlich von dem Bethause bauten, war wohl dadurch veranlaßt, daß sie für ihr massivstes Bauwerk, das Bethaus, den festen Untergrund des höher gelegenen Bodens dicht unter dem Abhange des Wolfsgeschlinges, des heutigen Knabenberges, wählten, also die Südseite desselben für Kreuzgang und Mönchshaus keinen Platz bot." Auch Leidich, a.   O. S. 483, nimmt den besseren Baugrund als Veranlassung an.

2) Auf dem Hofe innerhalb des Kreuzganges (hortus interior 1701) ,befand sich 1743 eine „trockene Fontaine", vermutlich der ehemalige Brunnen. Corssen, a. a. O. S. 220 f.

3) Nach Leidich,   a. a. O. S. 483, auch wegen der hier abzuhaltenden abendlichen Lektionen und allsonnabendlichen Fußwaschungen. „Jedenfalls finden die beckenartigen Aushöhlungen   zwei Stellen der Brüstungen dieses Teils ihre einfache Erklärung in jenen Sitten. Sie waren Ausgußbecken."

4) Bergner, Beschr. Darst. d.   Bau-   Denkm. d. Prov. Sachsen, Naumburg-Land S. 223 „Etwa von 1180 bis 1230 muß die Verbindung der Hütte mit Süddeutschland, speziell mit Maulbronn, ziemlich lebhaft gewesen sein. Die Fensterarkaden des Kapitelsaales und des Weinkellers erinnern deutlich an Maulbronner Vorbilder, und am offensten tritt der Einfluß jenes Klosters an der Abtei (um 1200) und der Abtskapelle (um 1230) zutage. Daß daneben in dem Verbindungsbau zwischen Klausur und Abtei an einigen Portalen Naumburger Schule zu bemerken ist, wird durch die Nachbarschaft leicht begreiflich."

5) Nach Corssen, a. a. O. S. 188 f., über dem Refektorium und Cenaculum. Ders. S. 162 verlegt die Siechenstube über den Kapitelsaal.

6) Corssen, a. a. O. S. 193, Ansicht, daß der an der Abtskapelle gelegene Raum,

gliederung und Farbe reich versehenen Kapelle, die freilich nicht aus der ersten Klosterzeit stammt, macht das schmucklose, jeder Malerei entbehrende Innere des Kapitelsaales, eines einfachen Raumes mit Holzdecke und in Gips geputzten Wänden, einen äußerst nüchternen Eindruck [1]). In dem westlichen Verlängerungsarm des Cenaculum befanden sich die Vorratsräume. Die Magdalenenkapelle lehnte sich an die nordöstliche Ecke des Klostervierecks an. Reste von Gebäuden aus romanischer Zeit befinden sich westlich von der Kirche, zu deren Nordschiff, ebenso wie zum Laienrefektorium ein Verbindungsgang geführt zu haben scheint [2]).

In nicht so engem Zusammenhange mit der Kirche, wie diese Räume, standen die Oekonomiegebäude, die nach Ordensvorschrift in angemessener Entfernung vom Gotteshause lagen und eine Baugruppe für sich bildeten. Nördlich vom Kloster befanden sich, durch den Mühlgraben, die von den Mönchen angelegte „kleine Saale", getrennt, die Brauerei, das Kelterhaus sowie die Stallungen und Scheunen mit der Margaretenkapelle als geistlichem Mittelpunkte, westlich, an das Torhaus gruppiert, der Weberboden, die Vogtei mit dem Gefängnisturm, das Marterhaus und die Schafstallungen. An der kleinen Saale hatten die Mühle mit Backhaus und die Badestube ihren Platz [3]). Nordwärts an der inneren Mauer lag das Klosterhospital, Herberge und Torhaus zugleich, am meisten östlich, an der äußeren Mauer, das Pesthaus.

Alle diese Gebäude, deren Ursprung zum größten Teil in die

das spätere Fürstenhaus, ein Vorratsgebäude ist von Leidich, Die Abtskapelle p. S. 234 f., widerlegt.

Bergner, Grundr. d. k. Kunstaltert. Deutschl. S. 194: „In älterer Zeit finden n Klosteranlagen ein besonderes Oratorium, die Abtskapelle, wofür Pforta ausgezeichnetes Beispiel des Uebergangsstils bietet."

Dehio, a. O. S. 250: „Die Abtwohnung lag abgesondert im O. und ist im Erdgeschoß des späteren Fürstenhauses erhalten. Zugehörig die Abtskapelle; eine der feinsten Leistungen des Uebergangsstils in Deutschland; Leidichs Ansatz auf 1200 um 3 Jahrzehnte zu früh   Das Ornament thüringisch spätromanisch, während die Architektur auf einen auswärtigen Meister weist; etwa der Maulbronner auf dem Wege nach Magdeburg?" Böttcher, Germ. sacra I S. 209, erblickt in Kapellen am Kreuzarm irrtümlich die Abtskapelle.

1) Leidich, Die Abtskapelle p. S. 242: „Da hier der leider sehr beschädigte, aber noch gut kenntliche Grabstein des Abtes Ciriacus aus dem Jahre 1520 gefunden wurde, so gehen wir wohl in der Annahme nicht fehl, daß der Kapitelsaal als Begräbnisstätte ausschließlich für Aebte gedient hat."

Bergner, K. Kunstaltert. i. Deutschland S. 62.

Ueber analoge Anlagen vgl. Neuwirth, Gesch. d. Baukunst II S. 211.

2) Näheres bei Leidich, Die Kirche p. S. 351 u. 354. Lageplan bei Corssen, O. S. 179 f. Ueber den späteren Bestand Brotuff, Erbbuch II S. 323a.

3) Dehio, a. a. O. S. 250: „Aus rom. Zeit noch die Klostermühle, wenn auch stark verändert."

romanische Periode zurückreicht, haben im Laufe der Zeiten Veränderungen, Erweiterungen sowohl wie Zerstörungen erfahren. Gänzlich unbekannt ist die Stelle der Schmiede[1]).

Noch zum engeren Klosterbezirke gehörten der Obstgarten, östlich von der Kirche gelegen[2]), der ausgedehnte Krautgarten auf
dem nördlichen Teile des Klostergrundstückes, und die innerhalb
dieser Gemüsefelder und östlich vom Obstgarten gelegenen Fischteiche. Der Abt besaß wie ein eigenes Haus so auch einen eigenen
Garten in unmittelbarem Anschluß an seine Wohnung. Nach Ausnutzung des vom Kreuzgange umschlossenen Hofes für Gräber nahm
der Platz südöstlich des Gotteshauses die Toten des Klosters auf.
Auf der Stelle dieses Cimeterium befindet sich noch heute die urkundlich 1268 erwähnte Totenleuchte, ein schlankes, maßwerkdurchbrochenes sechsseitiges Tabernakel auf kapellenartigem Unterbau[3]).
Das jüngste unter den kirchlichen Bauwerken des Klosters, eine polygonale Betsäule mit viereckigem, figurengeschmücktem Aufsatz in
spätgotischem Geschmacke, die der letzte Abt Peter 1521 errichtete,
steht vor dem Tore[4]).

Die Form des reinen französischen Cisterzienserchores, die in Pforta
noch nicht zur Anwendung kam, bietet zum ersten Male Marienthal bei
Helmstädt, eine Gründung Altenbergs vom Jahre 1138 oder 1143, deren
Bau 1146 geweiht sein soll[5]). An der überaus einfachen flachgedeckten
Pfeilerbasilika ist aber auch das geradlinig begrenzte, mit Kreuzgewölben überdeckte Altarhaus mit den beiden ebenfalls glatt geschlossenen, jetzt verschwundenen Kreuzarmkapellen fast das einzige, was an
Citeaux erinnert. Höchstens könnte auch hier noch die Unterfangung des
schwerfälligen östlichen Gewölbegurtes im Altarhause mit konsolartigem Kämpfergesims als schüchterner Versuch gelten, die Substruktion
des Gewölbes im Sinne der französischen Ordensarchitektur auszubilden.

---

1) Eine Urk. v. J. 1382, Corssen, a. a. O. S. 204, erwähnt den Magister fabrorum
und die Böttcherei.

2) In einer Urk. von 1204, Böhme, a. a. O. Urk. No. 59, erwähnt.

3) Corssen, a. a. O. S. 265.
Puttrich, Denkm. d. Bauk. d. Mittel. i. Sachs. II, 1 Bl. 8.
Neuwirth, a. a. O. S. 211.
Dehio, a. a. O. S. 250: „archäologisch eine große Merkwürdigkeit".

4) Corssen, a. a. O. S. 276.

5) Dohme, Gesch. d. deutsch. Baukunst S. 163 „In Deutschland tritt sie (die neue
Cist.-Chorform) am frühesten mit noch flachen Decken (?) zu Marienthal bei Helmstädt
und etwa gleichzeitig in Pforta auf." Dehio u. v. Bezold, D. k. Bauk. d. Abendl. I
S. 532: „Pforte bei Naumburg und Marienthal bei Helmstedt geben das erste Beispiel
für das Schema Clairvaux II."

Daß in Marienthal ebenso wie bei den oben genannten Beispielen die Türme fehlen, ist selbstverständlich eine Eigentümlichkeit, die mit der negierenden Tendenz der Ordensbaukunst zusammenhängt und bei den Kirchen der Mönchsklöster sich so oft findet, daß bei den folgenden Beispielen nicht eigens braucht darauf hingewiesen zu werden.

Wie langsam in Deutschland sich der Umschwung vollzog, wie weit man überhaupt hier stellenweise hinter der Architektur des westlichen Nachbarreiches zurück war, zeigt Altencampens Gründung

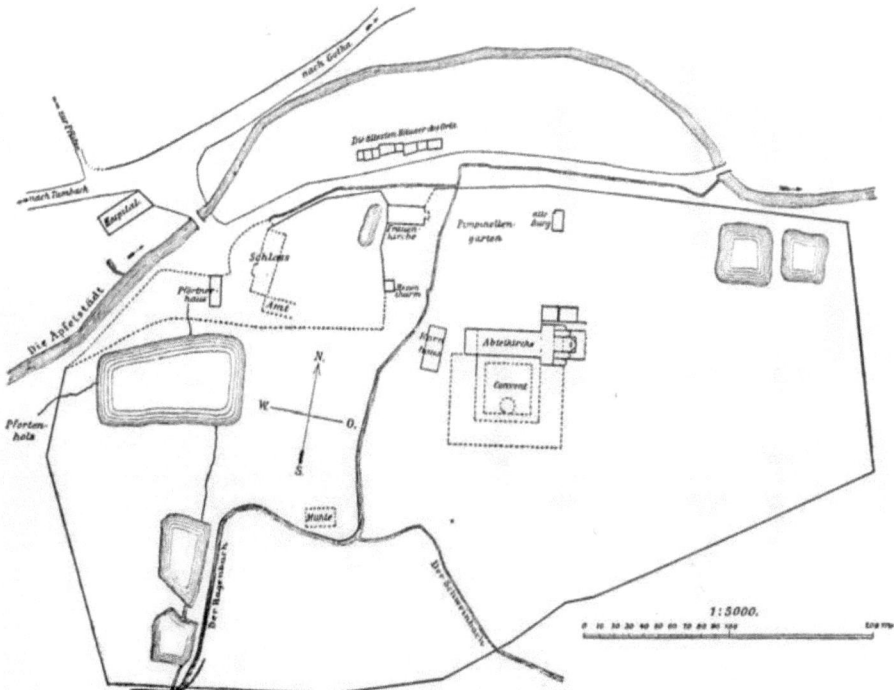

Fig. 65. Lageplan des Klosters Georgenthal nach Baethcke.

vom Jahre 1140, Hardehausen, dessen etwa im dritten Viertel des 12. Jahrhunderts erbaute Kirche, wie die Reste zeigen, noch die Form der Säulenbasilika erhielt. Fast noch auffallender als dieser Archaismus in Westfalen ist die lange Beibehaltung Hirsauer Traditionen in Thüringen.

Georgenthal (Fig. 65), dasselbe Kloster, das von den benachbarten Hirsauern so viel zu leiden hatte, trug 1143 kein Bedenken, den typischen Chor seiner Gegner zu wiederholen (Fig. 66). Dabei lag der Fall hier wesentlich anders, als in Heilsbronn, wo man etwa ein Jahrzehnt früher ebenfalls in der Art der Hirsauer gebaut hatte. Waren es damals deutsche Mönche gewesen, die das Kloster besiedelten, und hatte damals vermutlich der Diözesanbaumeister, mit französischen Neuerungen nicht vertraut oder einverstanden, den modischen Plan aufgestellt, so bestand die Kolonie in Georgenthal aus zugezogenen Morimundern, die, wie ihr Anführer, die neuen Baugrundsätze sich gewiß zu eigen gemacht hatten und selbst die Bauleute spielten. Marienthals Chor hätte ihren Beifall eher finden müssen, als der des Konkurrenzordens. Will man einen Grund suchen, der die Beibehaltung der Apsiden und der Chornebenschiffe in Georgenthal erklärt, so muß man sich an die örtliche Lage des Klosters und an die Veranlassung seiner Entstehung erinnern.

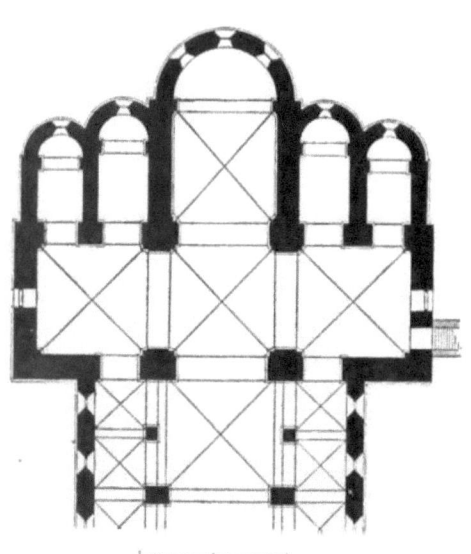

Fig. 66. Chor von Georgenthal.

Sizzo von Kevernburg hatte seine Einwilligung zur Gründung des Klosters des hl. Georg nicht so sehr aus religiösem Bedürfnis, als vielmehr aus politischen Erwägungen gegeben. Die Befestigung der Landesgrenze tat not. Hatte auch der Graf die Schirmvogtei über Paulinzella inne, so war er doch noch nicht eigentlich im Besitze eines Hausklosters: Paulinzellas Baukosten waren aus dem Vermögen der Stifterin bestritten worden. Eberhards Angebot gab dem Landesherrn Gelegenheit, nach dem Vorgange anderer Mitglieder des hohen Adels mit eigenen Mitteln eine geistliche Stiftung von Bedeutung und Dauer ins Leben zu rufen. Kein Wunder, daß Georgenthals Bau nicht kleiner ausfiel, als Paulinas Stiftung. Eine Familiengruft an geweihter Stätte, wie sie sein Nachbar und Rivale, der Landgraf, schon über 50 Jahre besaß, war Sizzo seinem Hause schuldig. Was Ausstattung anlangte, durfte der Bau nicht hinter den Gründungen der letzten Jahre zurückstehen. Cisterzienser waren dem Stifter als Ansiedler gerade recht; die konnten, was Benediktiner abgelehnt hätten, den Kampf mit den Reinhardsbrunnern aufnehmen. Und das muß wohl der Hauptgrund gewesen sein, der den religiös indifferenten Adeligen zur Bevorzugung eines Ordens bestimmte, dessen Wünsche hinsichtlich der Lage des Klosters und des Bauplanes der Kirche er so ungenügend berücksichtigte.

Mit der Bestimmung des Klosters als Denkmal des Stifters und als Bollwerk seiner Macht vertrugen sich die Anschauungen der Morimunder nur schlecht. Die Bedingung der Lage des Klosters auf dem Berge hatte Sizzo fallen lassen; den Vorschlag, den Bau der Kirche einfacher zu halten, als bis dahin üblich, mußte er ablehnen. Die Schöpfungen der Hirsauer erfreuten sich allseitig so großen Beifalles, daß sie selbst außerhalb des Ordens vorbildlich wirkten. Auch als der sächsische Pfeiler die Hirsauer Säule verdrängt hatte, blieb die reiche Chorfigur bestehen. Die drei angesehensten Klöster in unmittelbarer Nähe der neuen Siedelung, Reinhardsbrunn, Paulinzella und Petersberg bei Erfurt, besaßen Basiliken im Hirsauer Charakter. Paulinzellas Bau hatte Sizzo mit besonderem Interesse verfolgt, ja, als die Bauhütte den Platz ihrer Tätigkeit eigenmächtig nach Rotenschirmbach verlegte, seine Vollendung herbeigeführt. Zweifellos unterrichtete sich der Bauherr, bevor die Pläne für die Kirche im Tale aufgestellt wurden, von dem Stande der kirchlichen Baukunst in Thüringen, und nichts lag näher, als daß er die letzte Bauausführung für die vollkommenste hielt und dem Architekten als maßgebend für den eigenen Entwurf bezeichnete.

Ein Jahr, bevor in Georgenthal der Bau begann, hatte Thalbürgel die Fundamente zu seinem Chor gelegt, Paulinzeller Ideen verwertend, aber dahin erweiternd, daß die äußersten Apsiden mit einem Vorraum versehen wurden. Wenn die Chorfiguren von Georgenthal und Thalbürgel nicht nur im Schema, sondern auch in den Abmessungen einander gleichen, so ist die Tatsache nicht zu verkennen, daß der Protektor von St. Georg, den etwaigen Einspruch der Mönche zurückweisend, auf Nachbildung der neuesten Chorfigur bestand, mochte sie auch als das geistige Eigentum der Cluniazenser auf den ersten Blick zu erkennen sein [1]).

Die Form des Chores ist aber auch das einzige, was, von allgemeingültigen Bauregeln abgesehen, die beiden Basiliken gemeinsam haben. Schon dadurch unterscheidet sich Bürgels erst in langem Zeitraum fertiggestellter Bau von Georgenthals Kirche, daß das Querhaus weiter über die freien Mauern der äußeren Apsiden vorspringt. Daß aber tatsächlich die Nebenaltarräume in Georgenthal noch ganz

---

1) Das Zurückgreifen auf Thalbürgel mochte für Sizzo um so näher liegen, als die Stifterin des dortigen Klosters vielleicht zum Hause Kevernburg gehörte. Vgl. Mitzschke Sigebotos Vita Paulinae S. 237 f., und Urkundenb. v. St. u. Kl. Bürgel S. 1 u. 8.

im Geiste Hirsaus geplant waren — und hierin scheint mir der Gegensatz zu Pforta zu liegen —, ergibt einmal ihre staffelförmige Anlage, dann aber auch die Wahl ihrer Breite. Die Trennungs-

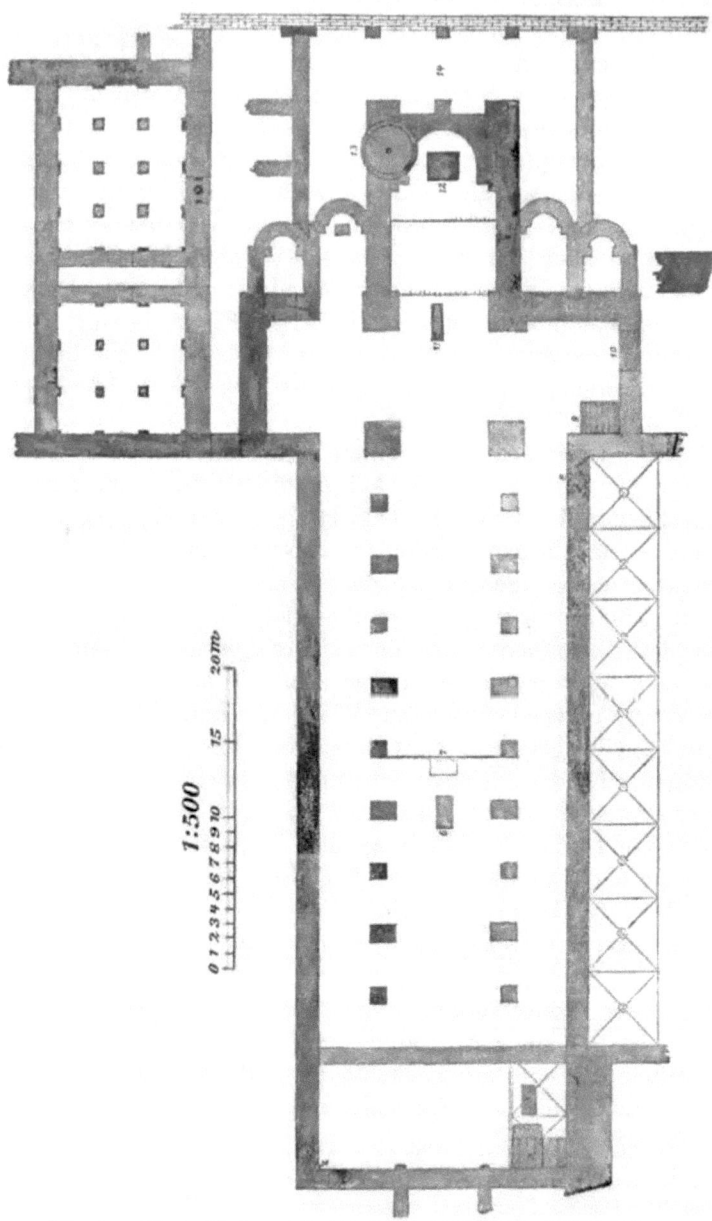

Fig. 67. Klosterkirche zu Georgenthal. Aufnahme von Baethcke.

mauern zwischen den Nebenschiffen des Hauptaltarraumes wurden
so angeordnet, daß sie auf die Außenmauer des Langhauses stoßen.
Der Durchblick von den Nebenschiffen des Langhauses in die dem
Hauptaltarhause zunächst liegenden Chornebenschiffe war ermöglicht
und damit der Charakter der letzteren als gleichwertige Fortsetzung
der Langhaus-Nebenschiffe über die Transeptarme hinaus gewahrt.

Leider ist die Möglichkeit, den Aufriß des Chores zu unter-
suchen, verschlossen. Die Kirche ist so gründlich zerstört, daß sie
in den älteren Kunstgeschichten als völlig untergegangenes Bau-

Fig. 68. Ruine der Klosterkirche zu Georgenthal.
Blick auf den Chor mit Kapitelsaal-Säule.

denkmal behandelt wird. Erst Ausgrabungen in den Jahren 1840,
1852, 1861 und namentlich 1891 haben das Grundmauerwerk und damit
den Plan der gewaltigen Anlage freigelegt (Fig. 67 u. 68). Bei der geringen Höhe der Trümmer, die sich im günstigsten Falle nur wenig
über den Sockel erhebt, und bei dem Fehlen älterer Abbildungen
ist man hinsichtlich des Aufbaues nur zu sehr auf Konjekturen an-

gewiesen. So viel aber dürfte feststehen, daß alle Nebenchöre die Höhe der Langhaus-Nebenschiffe besaßen und die Hauptkonche durch drei, die Nebenkonchen durch je ein Rundbogenfenster erleuchtet wurden. Will man eine Vermutung aussprechen, so liegt der Gedanke nahe, die Ostfassade habe in ihrer Dekoration mit Rundsäulchen und Bogenfries sich ganz der üppigen Bauweise der Benediktiner angeschlossen.

Dabei ist die Grundrißanlage des Chores noch nicht einmal in ihrer ursprünglichen Form auf uns gekommen. Von der Hauptapsis ist nur der innere Halbkreis, in dem noch der mächtige Steinwürfel des Altares sich befindet, erhalten, nicht aber dessen konzentrischer Außenring. Ein rechteckiger Umbau schließt die Konche ein, im nördlichen Zwickelfelde eine Wendeltreppe aufnehmend. Nord- und Südflucht dieses Umbaues bilden die Verlängerung der Mauern des rechteckigen Apsidenvorraumes. Der platten Ostwand legen sich zwei breitere Eckvorlagen und ein schmalerer Mittelpfeiler vor. Als selbständige Mauern sind die Trennungswände der Nebenapsiden nach Osten fortgeführt, bis sie an der modernen, der Querachse der Kirche parallel laufenden Kirchhofsmauer ihr jetziges Ende finden. Von diesen Verlängerungswänden gehen nach außen hin unter einem rechten Winkel kurze Mauern ab, denen auf der Innenseite Pfeilervorlagen entsprechen (Fig. 73). Die Vorderfläche dieser Pfeiler liegt in der Flucht der Innenseite der genannten Trennungswände der Nebenapsiden. Aehnliche Vorlagen finden sich in der Kirchhofsmauer gegenüber den Pfeilern der Hauptapsiden-Ostwand. Verlängert man die Flucht dieser letzteren Pfeiler, so trifft sie mit der Ostseite einer jener kurzen Wände zusammen, die von der Verlängerung der Nebenapsiden-Trennungswände ausgehen.

Man erkennt, die Mauerzüge im Osten der Kirche, so eigenartig und trümmerhaft sie sind, stehen zu dem Chore, insbesondere zu der rechteckigen Einfassung der Hauptapsis in Beziehung. Der Zweck des Bauteiles aber, zu dem sie gehören, ist scheinbar um so unverständlicher, als bei dem Abschluß der fünf Chorräume durch Apsiden seine Zugänglichkeit von der Kirche her ausgeschlossen erscheint. Und doch spricht die ganze auf die Dimensionen des Chores abgestimmte Anlage wiederum dafür, daß sie ein organischer Teil des Gesamtbaues sein sollte. Das Alter dieses Ostbaues höher einzuschätzen als das des Chores selbst, verbietet die Geschichte des Klosters; die Mönche fanden in dem sumpfigen Waldtale keine Gebäude vor; erfahrungsgemäß wurde die Kirche bei jeder Klostergründung sogleich in Angriff genommen. Wollte man dennoch den Ostbau für eine ältere Anlage halten, an welche die Klosterleute ihr

Gotteshaus anschlossen, so sieht man nicht ein, weshalb man dann die malerische, staffelförmige Fünfapsidenanlage wählte, deren Aeußeres dem Auge ganz entzogen wurde. Zudem wäre es merkwürdiger Zufall gewesen, wenn die Dimensionen der Kirche, die doch sorgfältig erwogen werden mußten, sich gerade mit den Abmessungen des Ostbaues gedeckt hätten. Wie soll die Orientierung des Ostbaues erklärt werden? Woher ferner hätten die Apsiden ihr Licht bezogen? Und welches Interesse konnte überhaupt bestehen, an einen Bau anzuschließen, der vom Gotteshause her nicht einmal zu betreten war?

Die Schwierigkeit ist gelöst, wenn man den Ostbau als das ansieht, was er in Wirklichkeit ist, als einen späteren Anbau des Chores. Weshalb und wann er entstand, darüber weiter unten. Für die Feststellung der Urform der Hauptapsis kommt es vorläufig nur darauf an, daß tatsächlich der geradlinige östliche Abschluß nicht im ursprünglichen Bauplan stand, sondern das Ergebnis eben jener späteren Aenderung ist. Schon die Beziehungen seiner Wandvorlagen zu den Pfeilern und Mauern des Ostbaues legen den Gedanken nahe, daß beide Gebäudeteile in Zusammenhang aufgeführt sind. Wäre wirklich, wie die bisherige Auslegung[1]) will, die Apsis von Anfang an rechteckig geschlossen gewesen, so würden die Pfeiler jeder Begründung entbehren. Als Strebepfeiler konnten sie nicht gedacht sein,

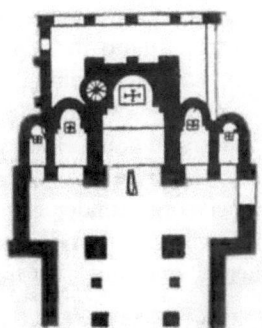

Fig. 69. Chor von Georgenthal nach Bergner.

weil der ganze Schub des Apsidengewölbes vertikal auf die Umfassungsmauern abgeführt wurde. Eine solche Anlage hätte, abgesehen davon, daß der romanische Bau wie alle gleichaltrigen Kirchen an keiner Stelle Strebevorlagen zeigt und die voll ausgemauerten Zwickel ein mehr als ausreichendes Widerlager abgegeben hätten, ein Unikum bedeutet[2]). Der Mittelpfeiler konnte

---

1) Lehfeldt, Bau- . . . Denkm. Thür., S.-Cob.-Gotha II S. 29.

Bergner, Grundr. d. kirchl. Kunstaltert. i. Deutschl. S. 71, u. Kirchl. Kunstaltert. i. Deutschl. S. 50 (Fig. 69).

2) Maulbronn (Fig. 82) kann als Beweis nicht angezogen werden, da hier die Chornische fehlt und bei der stark durchbrochenen Ostwand und dem unsicheren Baugrunde die (übrigens später angefügten) Pfeiler als Streben unentbehrlich waren. Daß die Mauerverstärkungen an den Ecken des Georgenthaler Chores nicht äußere Strebepfeiler, sondern innere Wandvorlagen sind, beweist das Vorhandensein eines Eckblattes an ihrer Basis.

schon vollends als überflüssig entbehrt werden, er hätte zudem das Mittelfenster getroffen. Ebenso zwecklos wäre die Wendeltreppe gewesen, die nur zum engen Raum des Apsidendaches geführt hätte und jedes Vorbildes entbehrt. Endlich aber ergibt sich bei Eintragung der Wandstärken des aufgehenden Mauerwerkes auf den nur einen halben Meter breiten Sockel, daß so gut wie gar keine Mauermasse an der schwächsten Stelle der Ostwand hätte stehen bleiben können. Nach allem: die Apsis ist dem späteren Umbau zum Opfer gefallen [1]).

Sizzos Absicht, in der Georgenthaler Basilika ein Denkmal zu schaffen, das einen Vergleich mit den größten und angesehensten kirchlichen Bauwerken Thüringens aushalten sollte, erklärt die Erscheinung, daß der Chor einer Kirche Nachahmung fand, deren Langhaus- und Turmbau noch nicht in Angriff genommen war, sondern erst in der Idee feststand, und die weitere Tatsache, daß die ganze Anlage in Georgenthal, ohne gerade unorganisch zu sein, doch der strengen Einheitlichkeit entbehrt. Nicht als Schulbeispiel einer Bauhütte, sondern als Komposition des nicht fachmännisch gebildeten Stifters, dessen eklektische Methode die neuesten Erscheinungen auf dem Gebiete der Architektur vereinigen wollte, muß der Grundriß der Georgenthaler Kirche angesehen werden. An den Hirsauer Chor schließt sich ein sächsisches Langhaus. Daß die Tätigkeit des Bauherrn sich auf die Festlegung der Idee beschränkte und die Aus-

---

1) Lehfeldt, a. O. S. 29: „Nach dem technischen Verhältnis der Apsiden-Architektur und des rechtwinkligen Ostteiles freilich möchte dieser letzte als der ältere, bei Anlage des Fünfapsidenbaues geschonte Bauteil erscheinen. Dafür sprechen die Stellung der die beiden Nebenchöre trennenden Mauern gegen die Nord- und Südmauer des Rechteck-Umganges, die rechteckige Umziehung und Pfeilerbildung an den Außenfronten des Hauptchores, die Wendeltreppe nördlich in der Mauermasse, welche ohne Rücksicht auf diese Mauern entworfen, sogar teilweise heraustritt, und die damit zusammenhängende, doppelte Absetzung der Innenmauer, welche die Hauptapsis unmäßig stark verengert. Leider vermochte ich diese interessante Frage bei dem trümmerhaften Zustand des Ganzen nicht zu lösen." Die angeführten Gründe sind nicht stichhaltig. Die Nord- und Südmauer des Rechteck-Umganges mußte gegen die Trennungswände der Nebenapsiden versetzt werden, damit die Pfeilervorsprünge der ersteren in die Flucht der letzteren zu liegen kamen. Es wäre merkwürdig, wenn man die Apsis in einen zu engen Umbau hineingezwängt hätte, denn die Anlage einer Konche von normaler Größe hätte sich ermöglichen lassen, wenn die Anlage der Kirche um ein Weniges nach Westen verschoben wäre. Was Lehfeldt für eine doppelte Absetzung der Apsiden-Innenwände hält, ist in Wirklichkeit eine Gurtbogenvorlage und der Fundamentabsatz des inneren Apsidenringes. Die Wendeltreppe hängt allerdings mit der Geschichte des Ostbaues zusammen, beweist aber gerade, wie unten nachgewiesen, dessen erheblich jüngeres Alter. Die interessante Frage nach dem Zwecke des Ostbaues wird durch die Entwicklung des Cistercienserchores von selbst unzweideutig gelöst.

arbeitung des Projektes Sache eines geschulten Architekten war, ist selbstverständlich.

Wenn Sizzo wohl für die Ausbildung des Chores, nicht aber für die sonstigen Eigentümlichkeiten der Hirsauer Schule sich erwärmte, so darf das nicht befremden. Die Entfaltung einer glänzenden Chorfigur war in der Tat fast die einzige positive Leistung gewesen, durch die sich die Kolonisten aus dem Schwarzwaldkloster um die Entwicklung der Baukunst Verdienste erworben hatten; fast alle anderen Forderungen ihres Programmes bedeuteten Stillstand, teilweise sogar Rückschritt. Nur noch durch die rechteckige Umrahmung der Arkadenbögen mit Gesimsstreifen hatte der Reformorden ein Motiv nach Thüringen gebracht, dessen Reiz bestehen bleiben mußte, solange es eine bessere architektonische Dekoration der Wandfläche nicht gab. Paulinzellas Säulenbau hatte in der engeren Heimat keine Nachahmung gefunden; auf dem Petersberg bei Erfurt, in Sangerhausen und Bürgel entschloß man sich für die Verwendung des Pfeilers. In der Säule konnte Sizzo daher nicht die geeignete Stützenform erblicken. Veraltet und verfehlt mußte ihm ferner die flache Holzdecke erscheinen, von der sich die Hirsauer nun einmal nicht trennen konnten. Schon hatte das Gewölbe in Deutschland seinen Einzug gehalten. Nichts konnte für den Bau geeigneter sein, als die Anwendung dieser neuen Massivdecke, die das Gebäude gegen Feuersgefahr sicherstellte und seine Würde hob. Nicht nur in den Nebenschiffen, auch im Hauptschiff sollte die Basilika gewölbt werden. Der Gewölbebau machte die Säule schon vollends unmöglich.

Der Baubefund bestätigt, daß der Gesamtbau von Anfang an auf Wölbung berechnet wurde. Schon die Pfeiler des zuerst in Angriff genommenen Bauteiles, des Chorquadrates, zeigen die Vorlagen für die Schild-, Gurt- und Diagonalbögen; in gleichem Sinne sind die Vierungspfeiler, auch an den nach den Transeptarmen zu gelegenen Seiten, ausgebildet. Weniger organisch entwickelt erscheinen die Pfeiler des Langhauses, deren rechteckiger Kern jeder Vorlage an den Seiten oder Ecken entbehrt. Ebenso auffallend ist das Fehlen jeglichen Vorsprunges an der Innenseite der Nebenschiffmauern. Aus der Abwechslung stärkerer und schwächerer Stützen ergibt sich die Anwendung des gebundenen Systems ohne weiteres[1]), auf

---

[1]) Lehfeldt, a. a. O. S. 29: „Die Kirche scheint im Mittelschiff mit einer Holzdecke bedeckt gewesen zu sein." Die außergewöhnlich große Querschnittsfläche der Hauptpfeiler läßt sich nur durch Ueberwölbung des Mittelschiffes erklären.

Die Möglichkeit einer Säulenbasilika, an die Lotz, Kunsttopogr. Deutschl. I S. 237, gedacht hat, ist ausgeschlossen.

5 Gewölbefelder des Mittelschiffes kamen 10 Joche der Abseite. Aber weniger klar erscheint auf den ersten Blick der Anschluß des Gewölbes an die glatten Stützen. Man könnte sogar versucht sein, die starken Ausladungen der Hauptpfeiler nach dem Mittelschiffe zu als später angelegte Widerlager für nachträglich stattgefundene Einwölbung zu halten, um so auf das System einer flachgedeckten Pfeilerbasilika, etwa im Sinne des wenig älteren benachbarten Vessera, zu kommen. Die Tatsache, daß die Gewändeflächen von Haupt- und Zwischenstützen nach dem Nebenschiffe zu in einer Flucht liegen, würde dieser Auslegung zu gute kommen. Allein, wären die Hauptpfeiler nach dem Mittelschiffe zu nachträglich verstärkt, so

Fig. 70. Gewölbeanfänger in Georgenthal.

müßte die Fuge im Sockel der Hauptpfeiler auf der Fluchtlinie der quadratischen Zwischenpfeiler liegen, was nicht der Fall ist. Dabei ist auch die Breite dieser Hauptpfeiler größer, als die der Nebenstützen. Auch an ein gurtloses Kreuzgewölbe darf nicht gedacht werden; die Anlage der Chorgewölbe und die starken Ausladungen der Hauptpfeiler im Mittelschiffe des Langhauses sprechen dagegen. Mit einem systematisch ausgebildeten Gewölbe, dessen Joche durch Gurtbögen getrennt waren, muß schon gerechnet werden. Und wenn nach allem nur die Annahme übrig bleibt, daß die Auffangung der Gurtbögen durch konsolartige Auskragungen geschah, so hat es der Zufall gefügt, daß ein einziges noch erhaltenes Gewölbeanfängerstück die Rekonstruktion der Kirchendecke erleichtert und wahrscheinlich macht.

Dieses Anfängerstück (Fig. 70) gehörte ehedem vermutlich dem drittletzten Pfeilerstumpf der Nordseite an, bei dem es gefunden wurde und auf dem es zur Zeit aufgestellt ist. Jedenfalls paßt es wegen seiner

---

Bergner, Beschr. Darst. d. ä. Bau- . . . Denkm. d. Prov. Sachsen, Naumburg-Land S. 67, nimmt als Form der Zwischenstütze mit meines Erachtens unzureichenden Gründen die Säule an (Echternacher System). Dehio, Handb. d. d. Kunstdenkm. I S. 115: im Langhaus 10 Arkaden mit Stützenwechsel.

Breite nur zu einem Zwischenpfeiler und kann nur als Ueberleitungs-glied zum Gewölbe des Nebenschiffes gedient haben. Der Anschluß des Arkadenbogens des Mittelschiffes und des Gurtbogens des Neben-schiffgewölbes an die Zwischenstütze ist klargestellt. Zwischen den unprofilierten Bogenstücken steigen die Kreuzgewölbe unvermittelt und rippenlos auf. Unterhalb der Kämpferlinie läuft der Gewölbe-gurtbogen im Viertelkreis gegen den Pfeilergrund ab, eine Kon-struktion, die sich zweifellos an der Außenmauer wiederholte und an Einfachheit nicht übertroffen werden kann. Für die Wahl der Breite und Tiefe der Gurtbogenvorlage war die Absicht maßgebend, daß der Arkadenbogen des Mittelschiffes auf der nach dem Neben-schiff gelegenen Seite, in seiner Eigenschaft als Schildbogen des

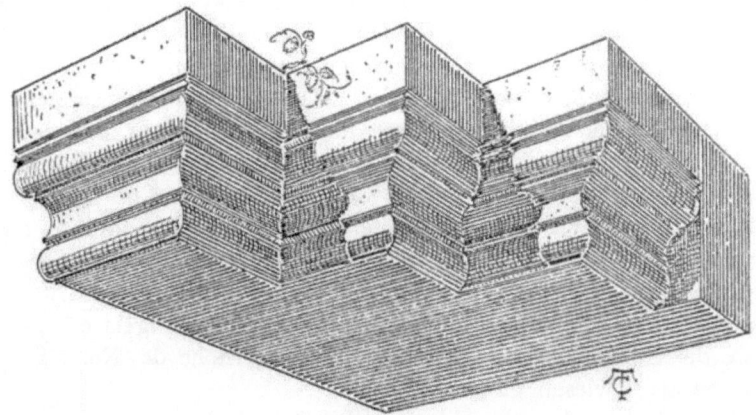

Fig. 71. Pfeilerkämpfer in Georgenthal.

Gewölbes, etwa die Breite des Gewölbegurtbogens erhalten sollte, eine Bestimmung, die bei dem Hauptpfeiler infolge seiner größeren Breite auch zur Anlage breiterer Gurtbögen geführt haben muß.

Der Arkadenbogen selbst kann, da das erhaltene Anfängerstück eine Auskragung nicht aufweist, an den Hauptpfeiler sich nur stumpf angeschlossen haben, eine Konstruktion, die statisch zwar unbedenk-lich, ästhetisch aber wenig befriedigend ist. Dieser nüchterne Ab-lauf in Verbindung mit der Tatsache, daß ein Kämpferstück sich nicht gefunden hat, berechtigt zu der Frage, ob überhaupt die Be-tonung des Kämpfers durch Einlage eines horizontalen Ziergliedes vorgenommen ist. Allgemein von Unterdrückung des Kämpfer-gesimses in der Kirche zu sprechen, geht nicht an, da noch ein Stück Gesims in der Ruine vorhanden ist, das nur einem Kämpfer angehört haben kann. Dieses Bruchstück, das zur Zeit im westlichen

Teile der Kirche lagert und in der Nähe der Vierung gefunden
wurde, zeigt umgekehrte attische Basis mit oberer Platte, also die
übliche romanische Form (Fig. 71). In ihm ein Stück Sockel zu erblicken, gestattet der Umstand nicht, daß der Sockel an allen Teilen
der Kirche aus der einfachen Schräge besteht. Dreimal nach innen
verkröpft, gehört es der Ecke einer inneren Wandvorlage an, deren
Kanteneinsprung durch eine rechtwinklige Einlage ausgefüllt wurde.
Das eine Ende, mit Wandanschluß versehen, muß in die Mauer ein-
gebunden haben, das andere Ende, im Profil glatt abgeschnitten, an
eine gleichartige Verlängerung gestoßen sein. Da von allen Pfeilern
der Kirche nur die der Vierung Eckeinlagen zeigen, liegt in dem
Fundstücke der Rest des Kämpfers eines dieser Pfeiler vor, und
weil sein Wandanschluß nur an die Südostecke des nordöstlichen
Vierungspfeilers paßt, hat es ehedem hier seinen Platz gehabt. Das
genaue Passen der Maße der einzelnen Absätze von Pfeilerkern und
Kämpfer bestätigt diese Annahme, wie das Vorhandensein eines
Sockels an dieser Stelle als weiterer Beweis gelten mag, daß es sich
tatsächlich nicht um den Rest einer Basis, sondern eines Kämpfers
handelt. Das Vorhandensein eines Kämpfergliedes im Chor und Querhaus kann demnach nicht in Zweifel gezogen werden, und so nahe
der Gedanke liegt, daß auch die Hauptpfeiler des Mittelschiffes am
Gewölbeanfang Kämpfer trugen, so wenig dürfte angesichts der
eigenartigen Ausbildung der Arkadenbögen und mangels erhaltener
Reste die Existenz eines Gesimses in Kämpferhöhe der Nebenschiffgewölbe als erwiesen gelten.

Hinsichtlich des Anschlusses der Mittelschiffgewölbe an die
Hauptpfeiler können nur Vermutungen ausgesprochen werden. Will
man aus der Konstruktion der Nebenschiff-Gurtbögen einen Schluß
wagen, so haben die Ecken der Pfeiler die unprofilierten Rippen
aufgenommen, während die vorgelegten Gurtbögen sich wenig über
die Kämpferlinie nach unten fortsetzten und im Viertelkreise gegen
den Pfeiler abliefen. Vielleicht war der starke Vorsprung der Pfeiler
die Veranlassung zur Ausbildung von Schildbögen nach gleichem
Grundsatze, deren Anlage bei den Nebenschiffgewölben in Ermange-
lung von Wandvorlagen nun einmal nicht möglich war.

In einem Stück schmalen, schachbrettgemusterten Gesimses, das
im südlichen Seitenschiffe gefunden ist, dürfte der Rest des Gurtgesimses zu erkennen sein, das im Mittelschiff oberhalb der Arkadenbögen sich hinzog und gegen die Hauptpfeiler totlief[1]. An eine

---

[1] Nach Lehfeldt Kämpfergesims an den Chorbögen, nach Baethcke Kämpfergesims
der Langhaus-Zwischenpfeiler.

rechteckige Umrahmung der Bögen im Sinne Paulinzellas und seiner Nachbildungen zu denken, scheint bei dem Fehlen von Kämpfergesims und Bogenvorlage nicht angängig zu sein. Auch besteht das Schachbrettmuster in Georgenthal nicht wie in Paulinzella aus treppenförmig aufeinander aufliegenden Plättchen, sondern nach sächsischer Art, wie beispielsweise in Frose, aus bündig liegenden quadratischen Vertiefungen zwischen bündig liegenden ebensolchen Erhöhungen.

Die Wahl des denkbar einfachsten Profiles für die Gurtbögen, der Verzicht auf die Ausbildung der Rippen, die Vermeidung der in den späteren Hirsauer Bauten nie fehlenden Säulenvorlage an den Pfeilern einerseits und die organische, auf Chor und Querschiff wie auf Langhaus gleich rücksichtigende Ausbildung der westlichen Vierungspfeiler andererseits bestätigen die durch die ununterbrochene Entwicklung des Klosters im Tale gegebene Vermutung einmal, daß das Langhaus in unmittelbarem zeitlichen Anschlusse an Chor und Querhaus und nach ursprünglichem Plane errichtet wurde, und dann, daß die ganze Bauanlage gleich nach Verlegung des Klosters ins Tal begonnen sein muß. Auch die sonstigen wenigen Reste der Architekturteile, insbesondere die Form der Profile an Sockel und Kämpfer sprechen für eine Bautätigkeit um die Mitte des 12. Jahrhunderts. Vom Hauptgesimse des Querhauses ist ein Schichtstein des Untergliedes erhalten; er zeigt große Viertelkreiskehle und ist offenbar in Anlehnung an vorhandene Bauten, vielleicht an die Vorlagen in Petersberg bei Erfurt, Paulinzella oder Thalbürgel, entstanden. Der begleitende Rundbogenfries, in wenigen Bruchstücken überkommen, ist zweifach abgestuft und mit den Konsolen aus einem Stück gearbeitet. Ein rechteckig umrahmtes rundbogiges Portal mit unprofiliertem, nicht durch Rundstab ausgefülltem Absatz in der Leibung und mit Lünettenfüllung befand sich im Westgiebel; der hier gefundene Bogenanfänger ist der letzte Rest dieses bescheidenen Haupteinganges.

Es muß auffallen, daß die Ausbildung der Gewölbe und der zugehörigen Pfeiler im Querhaus und Chor organischer ausgefallen ist, als im Langhause. Die höhere Bedeutung der Ostpartie des Gotteshauses für den Kultus könnte diese Eigentümlichkeit verständlich machen, wenn nicht vielleicht eine andere Erklärung näher läge. Auch hier scheint die Entstehungsgeschichte der Klosterkirche der Untersuchung zu Hilfe zu kommen. In dem Plane, die Kirche nicht mit einer Holzdecke, sondern mit einem Gewölbe zu überspannen, mußten sich die Absichten Sizzos und der Cisterzienser begegnen;

aber über die Art der Auffangung von Gewölberippen und -bögen
konnten zwischen dem sächsischen Bauherrn und den Morimunder
Bauleuten nur Meinungsverschiedenheiten bestehen. Die Methode,
die Gewölbevorlagen nicht bis auf die Fundamente zu führen, sondern mehr oder weniger nahe am Kämpfer abzuschneiden, war eine
Eigentümlichkeit, die zwar den Mönchen aus der Ordensgewohnheit
heraus geläufig, dem Stifter aber neu und vermutlich wenig sym-
pathisch war. Soweit er Gelegenheit genommen hatte, die Versuche
des Wölbens in Deutschland zu verfolgen, war ihm die gesundere
Form des durchgehenden Pilasters zu Gesicht gekommen, und nur
diese Art der Gewölbevorlage konnte ihm für einen Bau, der nach
seinen Begriffen auf der Höhe der Zeit stehen sollte, geeignet erscheinen. Daß Sizzo es verstand, Gedanken durchzudrücken, die den
Mönchen nichts weniger als genehm waren, lehrt das völlig ord-
nungswidrige Chorschema. Wenn gerade im östlichen Teile der
Kirche der unverkürzte Wandpfeiler sich findet, so dürfte diese
Tatsache ebenfalls mit der Beeinflussung der Baupläne durch die
Angaben des Stifters zusammenhängen. Mögen nun fortgesetzte
Vorhaltungen der Ordensbrüder den Bauherrn umgestimmt haben,
oder mag, was wahrscheinlicher aussieht, von vornherein im Kom-
promißwege die Anwendung der durchgehenden Wandvorlage nur
für Chor, nicht aber für Langhaus beschlossen sein, oder mag endlich der alternde Graf dem Architekten im vorgerückteren Stadium
des Baues freie Hand gelassen haben, in der Unterdrückung der Pfeilervorlagen im Langhause ist fraglos eine Betätigung der Baugrundsätze
zu erkennen, welche die Ansiedler aus Frankreich mitbrachten.

Neben dieser Eigentümlichkeit, welche die Georgenthaler Kirche
trotz ihrer sonstigen Abweichungen als Cisterzienserbau ohne weiteres legitimiert, finden sich jene Charakteristika negativer Tendenz,
die zum Teil schon bei den früheren Gründungen der Kongregation
in Thüringen sich feststellen ließen und das Bauwerk von den
Schöpfungen des älteren Ordens unterscheiden. Die Doppeltürme,
das Wahrzeichen Reinhardsbrunns und der übrigen Benediktiner-
anlagen, fehlen, ein Verzicht, in den Sizzo wohl nur schweren Herzens
eingewilligt haben mag. Statt ihrer haben wir einen Dachreiter auf
der Vierung zu rekonstruieren. Daß man ein Prunkportal, wie es
etwa 10 Jahre früher Paulinzella sich geleistet hatte, in Georgenthal
nicht brauchen konnte, ist klar. Die Fenster, in den Achsen der
Gewölbe befindlich, waren nicht mit bunter Glasmalerei, sondern
mit Grisaillen ausgesetzt, deren Reste sich im Langhause gefunden
haben. Der Belag des Fußbodens mit unverzierten Tonplatten, deren

geometrisches Muster aus den Fundstücken sich noch feststellen läßt, entsprach durchaus der Ordensvorschrift (Fig. 72). Es mag dahingestellt bleiben, ob die Fundamente der gotischen Vorhalle im Westen der Kirche noch einem älteren Baue angehören; jedenfalls ist das Vorhandensein eines quergelegten Atriums für den Charakter der Kirche bezeichnend.

Als Beispiel, das die Verschmelzung der Baugrundsätze zweier geistlichen Genossenschaften entgegengesetzter Richtung illustriert, beansprucht der Bau in Georgenthal Bedeutung nicht nur im Rahmen der Thüringer Kunstdenkmäler, sondern auch für die Entwicklung des deutschen Kirchengrundrisses überhaupt. Was aber den archäologischen Wert der im Herzen Deutschlands gelegenen Kirche erhöht, ist der Fortschritt in der Ausbildung der Decke. Durch die Anwendung des Gewölbes für alle Teile des Gebäudes hat sich Georgenthal einen ersten Platz in der Geschichte der Architektur Thüringens gesichert.

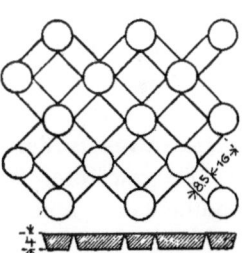

Fig. 72. Tonplattenbelag in Georgenthal.

Die Möglichkeit, Räume von größerer Spannweite mit einer Steindecke abzuschließen, war bis dahin in Mitteldeutschland nicht ernstlich in Erwägung gezogen worden. Gerade die Bewegung, die den Gedanken der Wölbung aus Frankreich hätte einführen können, trug nichts dazu bei, die Vorliebe der Sachsen und Thüringer für die Flachdecke zu brechen. Nicht einmal die bis dahin gemachten Versuche, kleinere Räume zu überwölben, wurden von Hirsau mit Interesse aufgenommen, geschweige denn weitergeführt. Unter den Schöpfungen der Schwarzwälder Reformmönche in Sachsen besaß nur Sangerhausens um 1120 begonnener Bau gewölbte Nebenschiffe. Alle kirchlichen Gebäude in nächster Nähe Georgenthals schlossen im Haupt- und Nebenschiff mit gerader Holzdecke. Auch Thalbürgel wiederholte in seinem Neubau die alte Konstruktion; selbst die Cisterzienser in Volkenroda und Pforta machten die Landessitte mit. Bestrebungen bei St. Godehard in Hildesheim (1133) und in Königslutter (1135), dem Gewölbe Eingang zu verschaffen, endeten damit, daß man zur Flachdecke zurückkehrte. Wenn Georgenthal über die allgemeine Rückständigkeit in Mitteldeutschland sich hinwegsetzte, so ist das ein Verdienst, das hoch eingeschätzt werden muß, wenngleich seine Erklärung nahe zu liegen scheint[1]).

1) Springer, Handb. d. Kunstgesch. II S. 147: „Bis zur Mitte des 12. Jahrhunderts

Im Rheinland, wo die Traditionen römischer Wölbekunst nie ganz vergessen waren und die Fortschritte im benachbarten Frankreich sich leichter übersehen ließen, war der Gewölbebau schon auf einer gewissen Höhe angelangt. Noch vor 1100, wie es scheint, entstanden die Wölbungen der Dome in Speier und Mainz, und schon in der ersten Hälfte des folgenden Jahrhunderts griff Laach die durchgehende Travee auf. Diesen großen Vorbildern folgten kleinere Nachahmungen, die sich allerdings auf Wiederholung des gebundenen Systemes beschränkten. Der Unterschied in der Bauweise der Thüringer und Rheinländer konnte dem Kevernburger bei den Reisen in die Kölner Gegend und dem Aufenthalte bei seinen dortigen Verwandten nicht entgehen. Ein Vergleich mußte zu Gunsten der rheinischen Bauwerke ausfallen; es kann mehr als Zufall sein, wenn das System Georgenthals, von den ordensüblichen Eigenheiten abgesehen, mit dem der fast gleichzeitig gebauten Kirche des hl. Mauritius in Köln, die anscheinend als die erste in der Bischofsstadt im durchgebildeten Gewölbebau errichtet wurde, sich deckt.

Ging Sizzo mit dem Gedanken um, in seiner Georgenthaler Kirche etwas Außergewöhnliches zu schaffen, so gaben ihm jedenfalls die gewölbten Bauten am Rhein mehr Anregung zur Wahl eines monumentalen und dauerhaften Abschlusses des Kircheninnern, als die Kirchen seiner Heimat. Freilich die Idee der Wölbekirche im Apfelstedtgrunde hätte kaum ihre Verwirklichung gefunden, wären dem Stifter nicht in Frankreich erzogene Mönche, Kinder vielleicht des baulustigen Rheinlandes, zur Hand gegangen.

Daß in der Tat, was Mitteldeutschland angeht, in Georgenthal einer der ersten Versuche gemacht wurde, das Problem der Wölbung in größerem Maßstabe zu lösen, beweist die vorsichtige, um nicht zu sagen unbeholfene Ausbildung der Substruktion. Der Gedanke, den Schub der Gewölbe durch Streben aufzufangen, die den Mauern vorgelegt wurden, war noch nirgends so deutlich ausgesprochen, daß er als feststehende Regel hätte gelten können. Von allen Mitteln, das Gebäude gegen Einsturz zu sichern, blieb die Verstärkung des Mauerwerkes das zuverlässigste. Daß das statische Gefühl des Architekten, welches allein die Grenze dieses Sicherheitskoeffizienten bestimmte, häufig sich als nicht richtig erwies, ist erklärlich. Die schlechten

und selbst darüber hinaus hielten die deutschen Cisterzienserkirchen, wie Heilsbronn, Marienthal, Pforta, Maulbronn, die flache Decke fest. In Thennenbach und Bronnbach setzte bald nach 1150 die Einwölbung des Kirchenhauses ein·" In Heilsbronn und Maulbronn Hirsauer Tradition, in Marienthal und Pforta sächsische Gewohnheit, in Thennenbach vermutlich burgundischer, in Bronnbach auvergnatischer Einfluß.

Erfahrungen, die jede technische Neuerung anfangs im Gefolge hat und die sich bei Unterschätzung der Stärke des Gewölbeschubes oder mangelhafter Sorgfalt bei Wahl und Herstellung des Mauerverbandes in dem Ausweichen oder Einstürzen der Mauern und Kappen zeigen mußten, mögen der Grund gewesen sein, daß der Um-

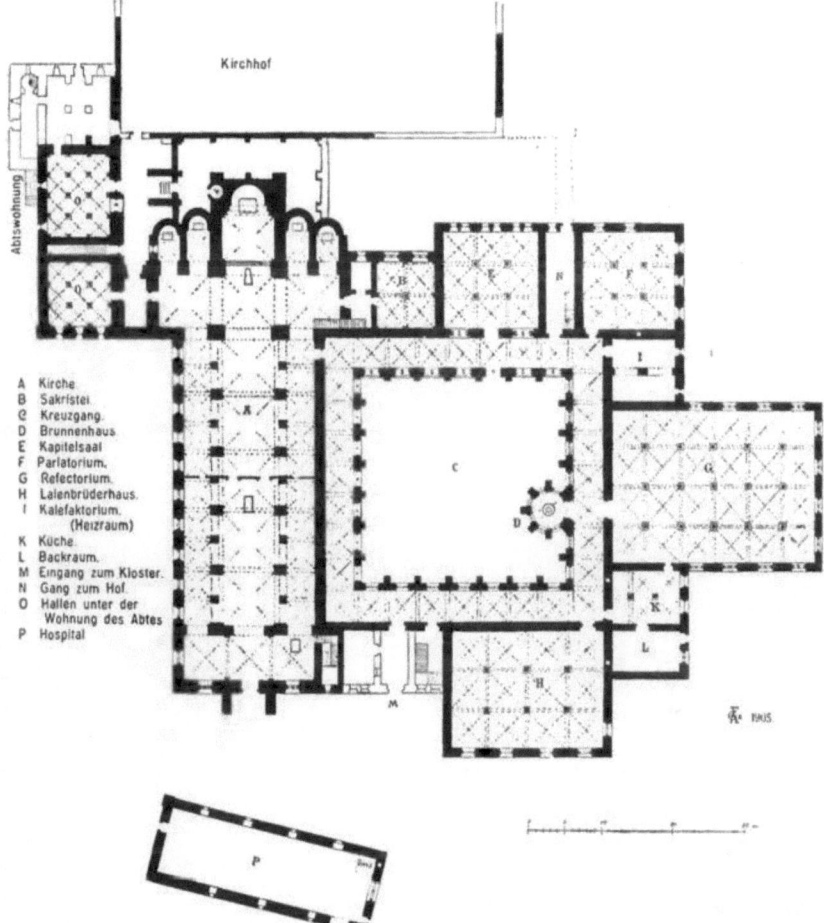

A Kirche.
B Sakristei.
C Kreuzgang.
D Brunnenhaus.
E Kapitelsaal.
F Parlatorium.
G Refectorium.
H Laienbrüderhaus.
I Kalefaktorium.
   (Heizraum)
K Küche.
L Backraum.
M Eingang zum Kloster.
N Gang zum Hof.
O Hallen unter der
   Wohnung des Abtes
P Hospital

Fig. 73. Klosteranlage zu Georgenthal. Aufnahme und Rekonstruktion von G. A. Fischer.

schwung in Deutschland so langsam sich vollzog. Nirgends kennzeichnet sich die unsichere Ausübung des Systems besser, als gerade bei St. Mauritz in Köln, wo später die Einziehung von Ankern sich nötig machte, um das Gewölbe zusammenzuhalten. Man hatte den Querschnitt der Pfeiler zu klein bestimmt.

In Georgenthal wurde der Fehler der Kölner Kirche umgangen.
Die Schwäche konnte vermieden werden, weil eben die Bauleute,
vom Mutterkloster her mit der Wölbetechnik vertraut, die Schulregel nur auf den vorliegenden Fall anzuwenden brauchten. Un-
gewohnt mußte ihnen der sächsische Grundriß, insbesondere das gebundene System sein, das in Frankreich nicht mehr zur Anwendung
gelangte. Sollte die Standhaftigkeit der Kirche außer Frage gestellt
werden, so tat die Verstärkung der Hauptpfeiler not. Die wenig

Fig. 74. Sockel einer Kapitelsaal-Säule zu Georgenthal.

geschickte Art, auf Kosten einer günstigen Innenperspektive und
praktischen Raumausnutzung — man denke an die Aufstellung des
Chorgestühles — diese Pfeiler weit über die Mauerflucht in das Hauptschiff hineinspringen zu lassen, und die übertriebene Größe ihres
Querschnittes bürgen dafür, daß es sich um einen der ersten Versuche
handelt, die Wölbefrage bei sächsischem Grundrisse zu lösen. Die
zwar gesunde, aber nicht elegante Form schützte die Konstruktion
gegen Nachahmung. Die Lösung, die aus der Vervollkommnung

der nicht befriedigenden Vorlage sich von selbst ergeben mußte, die Gliederung des Pfeilers, dem weiter und richtig entwickelten Gewölbe entsprechend, blieb denn auch innerhalb der engen Grenze der Ordensbaukunst nicht aus.

Die Anlage der zum engeren Klosterbezirke Georgenthals gehörenden Baulichkeiten ist, wenn auch noch nicht alle Mauerzüge

Kloster Georgenthal.
Ehemalige Brunnenkapelle

Fig. 75. Brunnenhaus im Kreuzgang zu Georgenthal. Rekonstruktion von G. A. Fischer.

freigelegt sind, ersichtlich (Fig. 73). In üblicher Weise legten sich die Wohnräume, um den Kreuzgang gruppiert, der Südseite der Kirche vor. Der Ostflügel enthielt die Sakristei, die durch eine Türe mit dem südlichen Querhausarm der Kirche in Verbindung stand, den Kapitelsaal (Fig. 74) und das Parlatorium, der Südflügel das Kalefactorium, das

16*

sehr geräumige Herrenrefektorium und die Küche mit Zubehör, der
Westflügel das Laienrefektorium und vermutlich die Vorratskammern.
Alle größeren Räume waren durch Säulen geteilt, welche die quadratischen Kreuzgewölbe auffingen. Ueber dem Ostflügel befand
sich das Dormitorium der Kleriker, über dem Westflügel das der
Laienbrüder. Treppen, die von diesen Schlafräumen in das Querhaus bezw. die Vorhalle der Kirche führten und deren Fundamente
in beiden Bauteilen noch erhalten sind [1]), dienten dem Verkehre der
Mönche beim nächtlichen Chordienst. Ueber Tag wurden als Zugang der Kirche vom Kloster her die Türen benutzt, die in der
Achse des östlichen und westlichen Kreuzgangsflügels lagen.

Daß nicht alle diese Gebäude
mit der Kirche gleichaltrig sind,
ist gewiß. Die gefundenen Bruchstücke zeigen spätromanische
und frühgotische Formen. Kreuzgang und das zugehörige
Brunnenhaus (Fig. 75) scheinen
an keiner Stelle der Streben zu
entbehren. Für die Datierung
dieser Bauteile darf vielleicht
die chronistisch überlieferte Bautätigkeit um die Mitte des 13.
Jahrhunderts herangezogen werden [2]). Zu den jüngsten Baulichkeiten mag das im Westen der
Kirche gelegene Gebäude ge-

Fig. 76. Sogen. Kornhaus zu Georgenthal.

hören, das wegen seiner späteren Bestimmung als „Kornhaus" bezeichnet wird und wegen seiner Grundrißbildung und isolierten
Lage vermutlich als Spital angesprochen werden darf (Fig. 76) [3]).

1) Lehfeldt, a. a. O. S. 30: „Um welchen Bauteiles willen die Mauer-Unterbauten
an der Südmauer nach Westen hin so massig waren, vermag ich nicht zu bestimmen."
An dieser Stelle trafen die Fundamente von Vorhalle, westlichem Klosterflügel und Treppenanlage zusammen.

2) Nach Fischer, Das ehem. Cist.-Kl. Georgenthal, in Thüringer Warte 1905 S. 497 f.,
stammt das Herrenrefektorium aus dem letzten Viertel des 12. Jhdts., der Kapitelsaal aus
früherer Zeit, die Küche und das Laienrefektorium aus der Zeit um 1300, der Lesegang
des Kreuzganges aus der Mitte des 13. Jhdts., das Brunnenhaus aus d. Anfang d. 13. Jhdts.
Vgl. auch Baethcke, Aus den Klosterruinen Georgenthals, in Thür. Kalend. 1904.

3) So auch Fischer, a. a. O. S. 498. Lehfeldt, a. a. O. S. 37: „mit älteren Teilen
bezw. Resten der Kirchen- und Kloster-Baulichkeiten   Die große, prächtig gewesene
Fensterrosette   zu groß (für das Giebelfeld), ist wohl später hier eingesetzt, dann etwa

Im unteren Geschoß durch Mauern in mehrere Räume geteilt, enthielt es im Obergeschosse einen einzigen heizbaren Saal, den Kranken-
raum, dessen Holzdecke in den Dachstuhl hineinreichte und dessen
Tagesbeleuchtung auf der Südseite ein hohes Spitzbogenfenster und

Fig. 77. Fensterrose im sogen. Kornhaus zu Georgenthal.

auf der Nordseite eine aus sieben Sechspässen zusammengesetzte
Rose bewirkte (Fig. 77)[1]). Der ältesten Bauperiode gehören die von

im 17. Jahrhundert überarbeitet . . ." Diese Annahme ist ganz willkürlich und falsch.
Nach Dehio, Handb. d. d. Kunstdenkm. I S. 116, spätgotisch mit Benutzung romanischer
Bruchstücke, restauriert. Ein Winterrefektorium, das Baethcke, Die Ruinen vom Kl.
Georgenthal, in Thür. Monatsbl. 1901 S. 39 f., in dem Bauwerk vermutet, hätte zu ebener
Erde liegen müssen. Da der obere Raum heizbar war, kann er jedenfalls nicht als Schlaf-
saal gedient haben, denn das Beheizen der Schlafsäle war den Cisterziensern untersagt;
vgl. Jaeger, Klosterleben i. Mittelalt. S. 40.

1) Diese Rose hat Stark, Die Cist.-Abtei Georgenth. u. d. n. Ausgrab. das., in

den Konventsgebäuden noch mehr isoliert liegenden Räume auf der Nordseite von Querhaus und Chor an, zwei durch einen Gang getrennte Säle mit prächtig detaillierten romanischen Säulen, die Reste

Fig. 78. Ruine des Abtshauses zu Georgenthal. Blick nach Osten.

des Abtshauses (Fig. 78—81)[1]. Die ganze Anordnung der Kloster-

Zeitschr. d. Ver. f. thür. Gesch. I S. 304, Veranlassung gegeben, in dem „Kornhause" ein westliches Querschiff der Kirche zu erblicken. Natürlich ist diese Ansicht unbegründet.

1) Baethcke, Der Säulenbau im Kloster Georgenthal, in Thür. Kalender 1903. Ders., in Cisterzienser-Chronik 1898 S. 21 u. 1899 S. 245. Nach Lehfeldt, a. a. O. S. 34, Warte- oder Empfangssaal der Abtswohnung oder Speise- und Sitzungssaal oder Bibliotheksräume. Der mäßige Umfang der ersten Ausgrabungen erklärt die Tatsache, daß man anfänglich in den Räumen des Abtshauses die (nie vorhanden gewesene) Krypta der Kirche (Illustr. Zeitung 1853, und Eberhard in Zeitschr. f. Bauwesen 1852 S. 538), oder die Sakristei bezw. den Kapitelsaal (Stark, a. a. O. S. 312, und Otte, Handb. d. k. Kunst-Arch. S. 409) erblickte. Kugler, Gesch. d. Baukunst II S. 401, setzt die Bauzeit in das letzte Viertel des

anlage trifft, insbesondere durch die Querstellung des Herrenrefek-
toriums, weit besser den Charakter der Cisterziensersiedelungen, als
Pforta [1]). Sie verrät die mittelbare oder unmittelbare Nachahmung der
französischen Originale und wird bei dem Reichtum der Formen

Fig. 79. Ruine des Abtshauses zu Georgenthal. Blick von Nordwesten.

und der Größe des Umfanges zum Vollkommensten gehört haben,
was der Orden in Deutschland schuf.

12. Jahrhunderts: „die Kapitäle im Motiv der Würfelform mit etwas schwerer Ornamentierung (an den Stil der jüngeren Teile von Paulinzelle anklingend und mit diesen wohl
eine spezifisch thüringische Geschmacksrichtung bezeichnend)." Die Nasen an den Würfelkapitellen erklären sich wohl durch Hirsauer Tradition.

Wieland, Die Abtei Georgenthal, in Cisterzienser-Chronik 1903 S. 102: „Herr Pfarrer
Baethcke zu Georgenthal spricht in der Cist.-Chronik 1898 S. 21 von ‚einem sonderbaren
zweifachen Säulenbau an der Nordseite der ehemaligen Abteikirche von Georgenthal, für
den er vergeblich eine Erklärung ersehne‘. Der Schreiber dieses Aufsatzes war noch nicht
in Georgenthal, aber er sah auf S. 464 der Thuringia sacra den ‚Prospectus Ecclesiae
Domusque Principum et Praefecturae Vallis s. Georgii‘ v. J. 1737. Bei diesem Bilde fiel
ihm auf der für den Beschauer linken Seite ein kirchen- oder kapellenähnliches, aber
streben- und turmloses Gebäude auf. Sollte dieses das von Herrn Pfarrer Baethcke ge-
meinte sein? Dann müßte ich gestehen, daß ich es für eines der früheren Refektorien
hielt." Die Ecclesia auf der genannten Abbildung ist nicht die Klosterkirche, sondern die
Pfarrkirche, von Norden gesehen.

Ueber die Anlage der Abtshäuser vgl. Otte, Handbuch d. k. Kunstarch. S. 88.
Bergner, Grundriß d. k. Kunstaltert. i. Deutschl. S. 196: „Bei den Cisterziensern ist ein
stattliches Herrenhaus für den Abt und eine besondere Abtskapelle meist an der Nordseite der Kirche vorhanden, oft auch eine Laienkirche."

1) Vielleicht muß es statt Herrenrefektorium und Laienrefektorium heißen Sommer-
und Winterrefektorium (auch für Pforta?). Vgl. die Anlage in Maulbronn, Otte, a. a. O. S. 90 f.

An die Klosterzeit erinnern noch ein in seinen oberen Stockwerken abgetragener Turm, der sogenannte Hexenturm, in geringer Entfernung nordwestlich von der Kirche, vermutlich ehedem ein an der Klostermauer gelegener Wehr- oder Torturm [1]), und die soge-

Fig. 80. Ruine des Abtshauses zu Georgenthal, Blick gegen die Südwand, nach G. A. Fischer.

nannte Burg im Norden der Klosteranlage, ein kleiner, zweigeschossiger massiver gotischer Bau [2]). In der häufig umgebauten Pfarr-

1) Nach Lehfeldt, a. a. O. S. 42, Befestigungsturm, nach Storch, Georgenthal, in Thür. u. d. Harz V S. 43, und Stiehler, Kl. u. Ort Georgenthal S. 24, vielleicht die Wohnung des Pförtners, deren Platz Baethcke weiter westlich sucht. Baethcke, Die Ruinen vom Kl. Georgenthal, in Thür. Monatsblätter 1901 S. 11 f., und Fischer, a. a. O. S. 500, halten den Turm für ein Bauwerk aus nachklösterlicher Zeit. Ueber die Lage der Klostermauer vgl. Baethcke, Die Ruinen vom Kl. Georgenthal, in Thür. Monatsblätter 1901 S. 3 f.

2) Nach Lehfeldt, a. a. O. S. 42: „wohl im 14. Jahrhundert für den wachthabenden

kirche des Ortes, die im oberen Teile ihrer südlichen Außenwand
noch einfache und gekuppelte unverglaste Fensteröffnungen kleinen
Formates mit Rund- bezw. frühen Spitzbögen bewahrt hat, scheint
das einzige der nördlich vom Kloster gelegenen Wirtschaftsgebäude
überkommen zu sein[1]). Das vor dem Klostertore (?) befindliche

Fig. 81. Saal im Erdgeschoß des Abtshauses zu Georgenthal.
Rekonstruktion von G. A. Fischer.

Hospital dient, wenn auch im 18. Jahrhundert durch einen Neubau
ersetzt, noch heute unter dem alten Namen dem alten Zwecke als

Burgmann des Klosterbezirkes (nahe der Ortsbefestigung) erbaut", nach Baethcke, Die
Ruinen vom Kl. Georgenthal, in Thür. Monatsblätter 1901 S. 17 f., Torwärterhaus, nach
Fischer, a. a. O. S. 499, gegen 1200—1230 erbaut. Nach Brückner, Kirchen- u. Schulen-
staat Gotha II 4 S. 26, wurde die „Burg" später als Gefängnis benutzt; „auch war die
Marterkammer allda".

1) Fischer, a. a. O. S. 499: „Die jetzige Pfarrkirche ist bereits in der Frühzeit des
Klosters für die Nichtmönche erbaut worden und zwar, nach den teilweise erhaltenen
alten Fenstern zu rechnen, schon um die Zeit 1200." Aehnlich Baethcke, Die Ruinen
vom Kl. Georgenthal, in Thür. Monatsblätter 1901 S. 13. Wäre der Bau von Anfang
an Kirche gewesen, so müßte er nicht gerade, sondern schräge Fensterleibungen mit Ver-
glasungsfalzen besitzen. Nach Brückner, a. a. O. S. 38, ehedem Schafstall, nach Storch,
Georgenthal, in Thür. u. d. Harz V S. 43, und Gelbke, fälschlich Kapelle.

Herberge[1]). Ueber die Gestaltung der Baulichkeiten auf dem Georgenberge ist nichts Sicheres ermittelt worden. Ausgrabungen, die auf der vom Volke „Sin Jörgen" genannten Rodung vorgenommen sind, haben bei der Dürftigkeit des freigelegten Mauerwerkes die Rekonstruierung des Grundrisses bis jetzt nicht ermöglicht[2]).

Georgenthal war natürlich nicht im stande, durch seine ordenswidrige Chorform den Gang der Cisterzienser-Baukunst in Deutschland aufzuhalten; immerhin scheint Marienthals Chorlösung vorerst noch ein vereinzelter Fall geblieben zu sein. Erst bei dem 1138 gegründeten, von Neuenburg besiedelten Kloster Maulbronn, dessen Kirche zwischen 1146 und 1178 gebaut sein muß, treffen wir den geraden Schluß des Altarhauses wieder an[3]) und gleichzeitig eine Vermehrung der Zahl der Nebenkapellen von vier auf sechs (Fig. 82). Indessen die Anlage des Chores ist hier mehr eigenartig, als gelöst; statt an das Querhaus angefügt, sind die Kapellen in dasselbe hineingebaut, ein Verfahren, das die Vermauerung der nördlichen und südlichen Vierungsöffnung, die Reduzierung der Höhe der Kreuzarme auf das Maß der Nebenschiffe und die Anlage von Sälen im Oberteil der Querhausflügel zur Folge oder zum Zwecke hatte und das auch die Zeitgenossen so merkwürdig

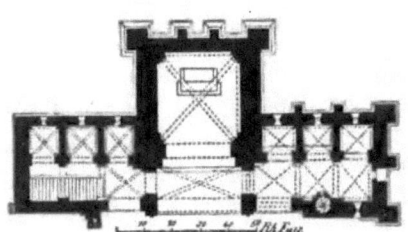

Fig. 82.   Chor von Maulbronn.

berührte, daß es keine Nachahmung fand. Außer dieser nicht recht gelungenen Chorausbildung und den bereits bei älteren Bauten angetroffenen konsolartigen Vorkragungen der Pfeiler für die Vierungsbögen sowie dem Verzicht auf Türme zeigt die Kirche keine

---

1) Bezüglich des im äußeren Klosterbezirk liegenden „Schlosses", eines großen, zweigeschossigen, schlichten Baues in Renaissancestruktur, dessen kreuzgewölbter Keller nach Lehfeldt, a. a. O. S. 41, aus der gotischen bezw. der Klosterzeit stammen soll, teilt mir Herr Pfarrer Baethcke mit: „Am hiesigen ‚Schloß' sind die alten romanischen Fenster (XII. Scl.) freigelegt. Wir haben also jetzt auch ein romanisches Profangebäude und dürften es hier mit der Residenz Sizzos und der Kevernburger überhaupt zu tun haben." Also wohl die alte domus principum.

2) Lehfeldt, a. a. O. B. Waltershausen S. 5; Stiehler a. a. O. S. 21.
Brückner, Kirchen- u. Schulenstaat Gotha, I. Vorsatzblatt, bringt eine Abbildung von Altenbergen, welche die Johannis- und Immanuelskirche enthält.

3) Eisenlohr, Mittelalt. Bauwerke im südwestl. Deutschl. u. am Rhein, Maulbronn S. 2, glaubt jedoch, auch in Maulbronn „auf das einstige Dasein oder die Beabsichtigung einer auffallend niedrigen, halbkreisförmigen Apsis" schließen zu dürfen.

Eigentümlichkeiten des Cisterzienser-Bauritus. Das im Haupt- und Nebenschiff ursprünglich flachgedeckte Langhaus steht mit den rechteckigen Umrahmungen der Arkaden der Hirsauer Schule noch sehr nahe und erreicht mit seinen schlicht gebildeten Pfeilern und Bögen nicht ganz die Höhe von Thalbürgel. Der verhältnismäßig große dekorative Aufwand im Aeußeren zeigt, in wie beschränktem Maße man in Maulbronn auf das Wesen der Ordensarchitektur einging.

Die folgerichtige Ausbildung des geradlinig geschlossenen Hauptchores mit je drei beiderseitigen Nebenkapellen läßt sich jedoch bei der 1131 gegründeten Abtei Eberbach feststellen, einer Tochtersiedelung Clairvaux', deren Chor und Querschiff um 1170 begonnen und etwa 16 Jahre später vollendet wurden. Die Ostpartie ist wie das ebenfalls mit rippenlosen Kreuzgewölben bedeckte Langhaus noch in den reinen landesüblichen romanischen Formen gehalten; in dem Verzichte auf vegetabiles Ornament und jeglichen Schmuck der Fronten scheint die Ordensstrenge zum Ausdruck gekommen zu sein. Derselben Form des Chores wie Eberbach bediente sich Altenbergs zweite Tochtergründung vom Jahre 1140, Haina, bei Anlage seiner Kirche und, täuscht nicht alles, auch Eberbachs 5 Jahre jüngere Filiale Otterberg.

Die interessante Frage, inwieweit Sittichenbach sich der neueren Richtung näherte, muß leider unbeantwortet bleiben. Die Baulichkeiten dieses 1141 gegründeten Schwesterklosters von Pforta, das jetzt eine königliche Domäne bildet, sind bis auf drei zum Teil sehr verbaute Kapellen, die aus gotischer Zeit stammen, verschwunden[1]. Die wenigen romanischen Architekturreste scheinen

---

1) Dohme, Die Kirch. d. Cist.-Ord. i. Deutschl. S. 80. Reinecke, Das ehem. Cist.-Kl. Sittichenbach, in Thür. u. d. Harz III S. 216. Thur. sacra (1737) S. 729: „De monasterii aedificiis, nulla ad nos pervenit notitia, quippe quae dudum jam diruta sunt ac deuastata. Pauca tamen paullo inferius ex peculiari quodam MS. de iis in medium proferemus. Tradit enim illud: rudera (prouti An. 1624. adhuc visa sunt) et circuitum declarare, Sittichenbacense monasterium, ante quam deuastatum sit, amplum et satis praeclarum fuisse aedificium, cui extruendo multum pecuniae impensum sit. Hodie vix quidquam, praeter aediculam quandam vetustam, et aliquot stabula inuenies, vbi eadem pariter ratione, quam in Oldislebensi optima monumenta desunt."

Ritter, Das ehemal. Cist.-Mönchskl. Sittichenbach, in Zeitschr. f. Bauwesen 1865 S. 482: „Der Sage nach umgaben 4 Kapellen die Hauptkirche, nämlich die jetzt noch zum Gottesdienst dienende Kapelle an der Scheidemauer des Kirchgartens und des Wassergartens, das jetzige Schäferhaus, die jetzige Schenke und die jetzige Mühle." Der letztgenannte Bau scheidet aus, er ist nicht orientiert.

Abbildungen der am besten erhaltenen, freilich stark restaurierten Kapelle bei Ritter, Atlas Bl. 61 u. 62, und der gotischen Reste des „Schäferhauses" das. Text S. 482.

In der „Kapelle" findet sich ein Gewölbe-Kragstein mit drei Mönchsfiguren, viel-

nicht so sehr der Kirche, als den Klostergebäuden anzugehören [1]).

---

leicht den Meistern der gotischen Bauperiode. Das Material für alle Bauten ist guter
rötlicher Sandstein aus dem Bruche bei Rothenschirmbach, derselbe Stein, der in Verbindung mit anderen Ursachen einst die Paulinzeller veranlaßt hatte, den Bauplatz vom
Rottenbachthale nach Rothenschirmbach zu verlegen.

Meines Erachtens ist die etwa 50 m von dem unten zu besprechenden Jungviehstalle
nach Osten zu gelegene „Kapelle" die Privatkapelle des Abtes gewesen, während das westlich vom genannten Gebäude an der Klostermauer liegende „Schäferhaus", das übrigens
auch noch romanische Bogenstellungen aufweist, als Laienkapelle und die mit spätgotischen
Einzelformen und dreiseitig geschlossenem Chore versehene, auf dem südlichsten Teile des
Klostergebietes und in der Nähe eines mittelalterlichen Oekonomiegebäudes befindliche
„Schenke" als Gotteshaus des Wirtschaftsviertels diente.

1) Es finden sich im Klostergebiete zwei Würfelkapitelle nebst den zugehörigen
Basen. Ihrer Größe nach könnten diese Fundstücke verschwundenen Säulen angehören,
die als Zwischenstützen der Arkadenpfeiler in der Kirche gedient hätten, so daß man auf
eine Pfeiler-Säulenbasilika schließen dürfte. Auf die Aehnlichkeit dieser Kapitelle mit
den gleichen Stücken in Paulinzella (halbkreisförmige Schilde) weist Dehio, Handb.
d. d. Kunstdenkm. I S. 283, hin. Ferner ist im Garten des Amtshofes ein romanisches
Weihwasserbecken aufgestellt, das Ritter, a. a. O. S. 482, irrtümlich für einen Säulen-
knauf ansieht. Am meisten Interesse beansprucht ein mittelalterliches, in der Längsachse
genau von Süd nach Nord gerichtetes, geräumiges, jetzt als Jungviehstall dienendes,
unterkellertes Gebäude auf dem nördlichen Teile des Klostergebietes in aufgehöhtem Terrain.
An seiner Westfront finden sich Gewände gotischer Fenster mit Maßwerkansätzen; in der
undurchbrochenen Ostfront sind in etwa 3 m Abstand 7 romanische Kragsteine mit ebensolchen etwa 40 cm langen Kämpfern (Profil von unten nach oben: Kehle, Wulst, Platte)
und mit Gewölbeanfängern eingemauert. Ueber letzteren sieht man die Spuren der halbkreisförmigen Schildbögen, die nur im unteren Teile in die Wand eingenutet sind. Unmittelbar an der nördlichsten Konsole schließt, auf Schichthöhe abgepaßt, ein etwa 1 m
langer Kragstein (Profil des Kämpfers von unten nach oben: Wulst, Wulst, Platte) mit
Gewölbeanfänger an. Nach allem ergibt sich, daß diese Reste zu Baulichkeiten gehören,
die zu der verschwundenen Kirche in Beziehung stehen. Abbildungen (in Einzelheiten
ungenau) bei Ritter, a. a. O. Text Blatt V.

Im Amtshofe fand ich ein Schreiben des Pfarrers Baethcke aus Georgenthal, dessen
Spuren ich auf meinen Wanderungen des öfteren angetroffen habe. Darin heißt es:
„Möglich, daß diese Zeilen durch den Widerspruch oder die Zustimmung anderer noch
mitwirken, ein klares Bild der Anlage zu schaffen In Sittichenbach erscheint an der
Seite des Jungviehstalles eine Reihe von Gewölbediensten, etwa $1-1^{1}/_{2}$ m über der Erde;
man könnte sie als Spuren des Kreuzganges ansehen, wenn nicht der (oben beschriebene
breitere) Kämpfer wäre. Dieser gibt mir die Gewißheit, daß die Gartenwand des Stalles
gebildet ist aus den Gewölbestützen des Mittelschiffes und daß der Kämpfer den sog.
Vierungsbogen trug, der Querschiff und Langschiff abschloß." Diese Auffassung kann ich
nicht teilen. Der Triumphbogen müßte erheblich höher anfangen, als die Arkaden. Dann
auch ist die vermeintliche Arkadenwand nicht durchbrochen, sondern von Anfang an geschlossen gewesen. Eher könnte man an das nördliche Seitenschiff denken. Doch auch
dieser Auslegung steht der Umstand entgegen, daß die Längsachse nicht von Westen nach
Osten, sondern von Süden nach Norden läuft. Meines Erachtens liegen die Reste des
Kreuzgang-Westflügels mit anstoßendem Refektorium oder Vorratshaus vor. Die Schwierig-

Daneben fehlt es um diese Zeit nicht an Beispielen für die bereits früher übliche Anordnung von nur zwei Nebenkapellen an jeder Seite des Hauptaltarhauses. Bemerkenswerter, als diese Tatsache, die offenbar in der beschränkten Zahl der Klostergeistlichen ihren Grund hat, ist der Umstand, daß bei den beiden hierher gehörenden Kirchen auch

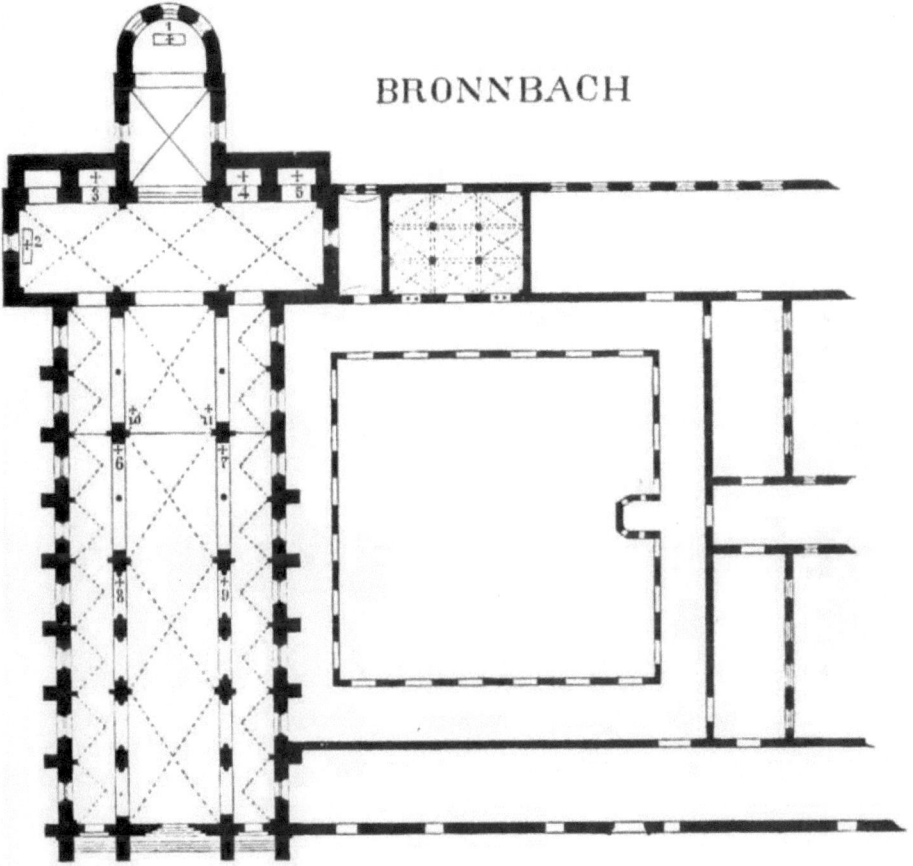

BRONNBACH

Fig. 83.

in der Ausbildung des Chores die Verschmelzung landesüblicher Ge-

keit, die der allerdings ungewöhnliche, am meisten nach Norden liegende große Kämpfer bietet, ist vielleicht gelöst, wenn man ihn als Gewölbeträger des Kreuzgang-Eckfeldes ansieht. Trägt man dieses Schlußfeld in den Grundriß ein, so deckt sich die Kirchen-Südwand mit der Nordwand des Jungviehstalles. Analoga kann ich freilich nicht anführen, doch zeigt die Nordwestecke des Kreuzganges zu Pforta wenigstens eine ähnliche Verstärkung der Gurten. Ritter, a. a. O. S. 480, sucht den Kreuzgang an anderer Stelle.

wohnheiten und der Ordensvorschrift zu Tage tritt. Der Kompromiß führte in jedem der beiden Fälle zu einem anderen Bilde. In Brombach findet sich eine Apsis am Hauptaltarhause und geradliniger Abschluß der Nebenchöre, in Loccum bei allseitig gerader äußerer Begrenzung Konchenanlage im Innern der Nebenkapellen. Der Bau vom Kloster Brombach bei Wertheim (Fig. 83) wurde 1157, 6 Jahre nach der Gründung der Abtei, begonnen und kann bei den politischen Gegensätzen zwischen Abt und Mönchen noch nicht vollendet gewesen sein, als 1174 ein neuer Konvent aus Maulbronn und mit ihm ein neuer Geist einzog. Tatsächlich lassen sich bei den älteren Teilen der ursprünglich flachgedeckten Basilika zwei Bauperioden unschwer trennen; in der östlichen Hälfte des Langhauses ist die Mittelstütze zwischen den Hauptpfeilern eine Säule, in der westlichen Hälfte ein Pfeiler. Die altertümliche Form dieser Osthälfte in Verbindung mit dem Konchenschluß des Hauptaltarraumes läßt die Deutung zu, daß

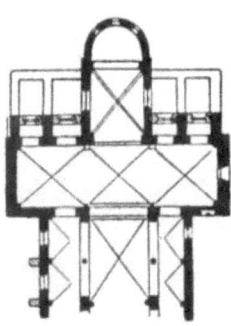

Fig. 84. Chor von Brombach nach Bergner.

ursprünglich auch am Querhause Apsiden vorhanden waren, die erst beseitigt wurden, als die Bauperiode von 1174 die rechteckigen Nebenchöre anfügte. Unterstützt wird diese Vermutung durch die geringe Tiefe der Nebenkapellen, die vielleicht durch die Rücksichtnahme auf die in der Querachse des Altarhauses gelegenen Fenster bedingt war, sowie durch die Wahrnehmung, daß die noch vorhandene Hauptapsis im Gegensatz zu den Nebenchören im Aeußeren architektonischen Schmuck trägt. Indessen können die Nebenkapellen auch von Anfang an größere Tiefe und geradlinigen Abschluß besessen haben (Fig. 84). Die prächtigen Konventsräume (Fig. 85 u. 86) des bedeutenden Klosters (Fig. 87) mögen ein Bild von dem geben, was auch Thüringen einst an Cisterzienser-Architektur aufzuweisen hatte [1]. In Loccum, Volkenrodas dritter Gründung vom Jahre 1163, hat

---

1) Brombach hat in allen kunstgeschichtlichen Abhandlungen, die sich mit dem Gegenstande befassen, die größte Verwirrung hinsichtlich der Entwicklung des Cisterzienserchores in Frankreich und Deutschland angerichtet. Die durch nichts begründete Annahme, Brombach habe zu Frankreich in besonders naher Beziehung gestanden, hat die Ansicht gezeigt, daß hier die Nachahmung des Chores von Morimund vorliegt, ein Irrtum, an dem allerdings Dubois' unklare Beschreibung der französischen Kirche die Hauptschuld trägt. Wenn es nach dem Gesagten noch eines Beweises bedarf, so sei darauf hingewiesen, daß die Chorfigur von Brombach, falls sie wirklich die Kopie des französischen Originales und nicht das Resultat eines Umbaues wäre, sich auch in dem nur 13 Jahre älteren Mutterkloster Maulbronn finden müßte.

der Chor seine ursprüngliche Form bewahrt (Fig. 88). Im Gegensatze zu dem etwas jüngeren Langhause, das in seinen mit Eck-
säulchen versehenen Pfeilern den sächsischen Charakter nicht verleugnet und im ernstesten Stile gehalten ist, finden sich auch hier in
den östlichen Teilen noch Zierformen an den Fenstern.

Leider wird der interessante Abschnitt in der Baugeschichte der

Fig. 85. Kapitelsaal zu Brombach.

deutschen Cisterzienserkirchen, in dem die neue Bauweise des Ordens
ihre ersten Siege feiert, durch Beispiele nicht genügend illustriert.
Die aus dem zweiten Drittel des 12. Jahrhunderts stammenden Gründungen zu Päris, Aurore, Baumgartenberg, Sedliz, Schönau (Fig. 89),
St. Urban, Michaelstein, Nepomuc, Wilheringen, Plass, Alderspach,
Raitenhaßlach und anderswo sind zerstört oder haben Umbauten erfahren, welche die ursprünglichen Anlagen, insbesondere die alten Chor-

formen, nicht mehr erkennen lassen. Daß sich im Langhause einzelner Kirchen in dieser Zeit noch alte Konstruktionen und Grund-

Fig. 86.

Kreuzgang in Bronnbach

rißsysteme finden, zeigen die im Rundbogenstile erbauten Pfeilerbasiliken zu Victring, einer Filiale Villers' vom Jahre 1142, und zu Herrenalb, der jüngeren Schwestergründung Maulbronns, welche

Abbildung deß freien und exempten Closter Brunnbachs, an der Tauber im Wurtzburger Bißthum ligent.

Legende:

a. Die grosse Kirche
b. Der Abts Bauw
c. Der new Conventstockwerk
d. Daß neüwe Summer-refectorium.
e. Der Vorsalkasthaus und Bibliothec
f. Die Pförr-Cappell
g. Die Stt Johannes Cappell
h. Die informerej oder Kranckenhauß
i. Der alte Abteybauw
k. Daß Gesterhauß
l. Die Kloster-mühle
m. Eßend und ubeställ
n. Daß forern Vorhauß
o. Daß nebenauß

p. Daß unere Gesthauß
q. Daß eißere Wirtshauß
r. Die Chmillen
f. Die Capellgärten
t. Daß garten-Summerhauß
u. Daß Brauwhauß
w. Daß künste Obsthauß
x. Der Thiergarten
y. Die zwen Alsieg an der Tauber
z. Der Fischteich
1. Die Tauber
2. Landstraß auff Würtzburg
3. Weg auff Wirtzun

DEM HOCHWVRDIGEN IN GOTT ANDÁCTIGEN vnd Hochgelärten Herrn Herrn FRANCISCO WVNDERT, deß löblichen vnd berümbten Closters Brunnbach Cistercienser ordens Abbten vnd Prælaten, für dieser Grotteshaus auserlesene, sampt anderem gueten, herauß gebracht, auch dedicirt.

Fig. 87.

Kirchen vermutlich beide noch, wie übrigens auch Brombach im Urzustande, die flache Decke besaßen.

Zu den vollständig untergegangenen Baudenkmälern aus der
Jugendzeit des Ordens in Deutschland gehört auch die Kirche einer
der fünf großen Abteien Thüringens, Reifensteins; doch würde
das erste Gotteshaus dieses 1162 gegründeten, nur langsam empor-
blühenden Klosters kaum in der Geschichte der Ordensarchitektur
einen Platz zu beanspruchen haben, weil der Bau vermutlich eine vor
Ankunft der Volkenroder Mönche nach landläufigen Grundsätzen
angelegte und vom Konvente übernommene Pfarrkirche war.

Nicht mehr dieser Frühzeit scheinen die geradlinig geschlossenen
Altarhäuser und Ostkapellen zu Eußersthal, Colbatz und anderswo
anzugehören [1]).

Die Ordensbaukunst hatte sich in den westlichen Teilen des
Reiches glücklich bis zum gerad-
linigen Schluß der Ostteile des Kirchengebäudes durchgerungen, ohne
freilich auf der ganzen Linie die Apsis
verdrängt zu haben, als mit Beginn
des letzten Drittels des 12. Jahrhunderts ein neuer Landesteil der Tätigkeit des Ordens erschlossen wurde.
Es galt die Germanisierung der Wen-
denländer. Zwar fehlte es in den Kolonien der niederdeutschen und hollän-
dischen Ansiedler jenseits der Elbe
nicht an geistlichen Mittelpunkten,

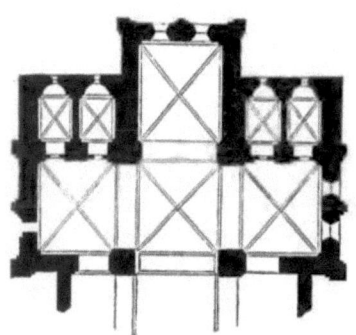

Fig. 88. Chor von Loccum.

allein die Niederlassungen der Prämonstratenser befanden sich, ebenso
wie die Dörfer der Kolonisten, erklärlicherweise an den zugänglichen
und fruchtbaren Stellen des neu erschlossenen Gebietes. Bis in die
entlegenen, von Wald und Sumpf durchsetzten Landstriche, in die
der vertriebene Wende sich zurückgezogen hatte, war die deutsche

---

1 Mehr als eigentümlich berührt die Stelle aus dem Werke des Badischen Archit.- u.
Ing.-Vereins „Freiburg i. B." S. 358, welche sich mit der Würdigung des in diese Baugruppe gehörenden Chores der Cisterzienserkirche zu Tennenbach (Porta coeli) befaßt: „Der
Bau zeigte ursprünglich das eigenartige, fast nüchtern einfache Schema der Kirchenanlage,
das die streng reformierten Cisterzienser zuerst in Hirsau (!) ausgebildet hatten; ein flach
gedecktes Langhaus ohne Krypta mit geradlinig geschlossenem Chor und zwei ebenfalls
rechtwinklig abschließenden Seitenkapellen beiderseits im Querschiff." Ebenso irrig ist
Jaegers Ansicht, Klosterleben i. Mittelalt. S. 16: „Der Chor (der Cisterzienserkirchen) war
zuerst viereckig; die halbkreisförmigen Apsiden erscheinen in der Cisterzienserbaukunst
erst nach dem viereckigen Abschlusse".

Kultur bis zum Jahre 1170 noch nicht gedrungen. Hier fand sich
das gegebene Arbeitsfeld für die Cisterzienser. In diesen unwirtlichen Gegenden sollte eine Kulturarbeit entstehen, wie sie großartiger die Geschichte des Ordens nicht zu verzeichnen hat.
Entsprachen die schwierigen Bodenverhältnisse ganz den Vorbedingungen für die Gründungen von Cisterzienser-Niederlassungen,
so zwang der in den westelbischen Landesteilen fast bis zur Reife
vorgerückte Stand der Filiation geradezu, die Gelegenheit, den noch

Fig. 89. Schönau.

kräftigen Zeugungstrieb des Ordens auf einem vielversprechenden
Felde zu betätigen, mit Eifer zu ergreifen. War doch die über alle
Erwartung hinausgehende Verbreitung der Regel die Veranlassung
für den Beschluß des Generalkapitels vom Jahre 1170 geworden,
durch Untersagung von Neugründungen der gewaltigen Strömung
die richtigen Grenzen zu ziehen. Allein die Neuheit der Verhältnisse in der Mark schien Grund genug zu sein, von der strengen
Durchführung dieser Bestimmung abzusehen. Daß die Abteien Thüringens an der Lösung der neuen Kulturaufgabe in erster Linie und
mit bestem Erfolge sich beteiligten, darf bei der geringen örtlichen

Entfernung, dem Ansehen und der inneren Kraft dieser Klöster nicht auffallen.

Was die Kolonisten aus dem Cisterzienserorden an kirchlichen Bauten auf dem neuen Missionsfelde antrafen, deckte sich, abgesehen vom Material und den dadurch bedingten Zierformen, mit den Schöpfungen der sächsischen Schule. An Stelle der ursprünglichen Notbauten aus Holz erhoben sich bereits Granit- und Backsteinbasiliken im Grundrißschema der Kreuzform mit Dreiapsidenanlage. Auch die kleinsten Dorfkirchen entbehrten nicht des konchenförmigen Altarraumes. Selbst die von Haus aus konchenfeindlichen Hirsauer entschieden sich für die Verwendung der Apsis in Jerichow, neben Leitzkau und Havelberg dem Hauptausgangspunkte der Entwicklung der märkischen Baukunst.

In dem neuen Gebiete mußte also der Kampf gegen die Apsis von neuem entbrennen und glücklicher geführt werden können, als

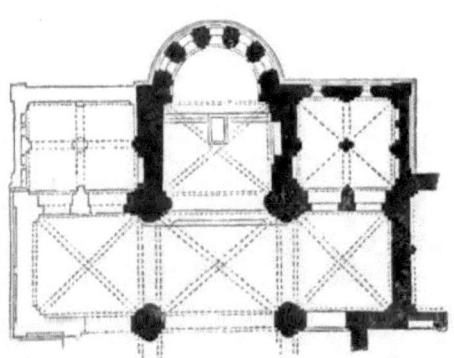

Fig. 90. Chor von Lehnin.

ehedem in Sachsen und Thüringen, weil es an Vorbildern für den geradlinig geschlossenen Cisterzienserchor innerhalb Deutschlands nicht mehr mangelte. Aber merkwürdig, nicht einmal die gegebene Höhe scheint in der Mark erreicht zu sein. Mögen nun die im Neulande bereits stehenden, noch verhältnismäßig jungen kirchlichen Bauten vorbildlich geblieben sein, oder mögen die sächsischen und thüringischen Kolonisten selbst, die in ihrer Heimat lange des alten Grundrißschemas sich nicht entwöhnen konnten, auf die Neuerung wenig Wert gelegt haben, es kam für den Chorgrundriß zu einer Kompromißlösung, wie sie ähnlich schon in Brombach zu Tage getreten war. Die Apsiden an den Kreuzarmen wurden durch geradlinig geschlossene Kapellen ersetzt, die Hauptapsis aber beibehalten. Doch was diesem Typus etwas Charakteristisches verleiht, ist die eigenartige Ausbildung der Nebenkapellen, die sich nicht mehr unmittelbar an das Querhaus anlehnen, sondern durch Teilung der östlichen Hälfte eines den Winkel zwischen Hauptaltarhaus und Transeptarm ausfüllenden Raumes von annähernd quadratischer Grundrißfläche gebildet wurden. Dobrilugk, Volkenrodas Tochter, dessen Bau kurz nach der Gründung 1180 begonnen sein muß, scheint in seiner leider fragmentarisch überkommenen Chorpartie das erste klassische Beispiel zu bieten. In Lehnin (Fig. 90), dessen Konvent im selben Jahre aus Sittichenbach kam, ist uns dieses über die Bedürfnisse eines Cisterzienserbaues hinausgehende Schema, das in Chorin, Lehnins Tochtergründung, eine prächtige gotische Nachahmung fand, erhalten. Freilich tritt dieser ausgebildete Typus nicht zu Anfang auf; die ersten Cisterzienserbauten der Mark sahen bescheidener aus.

Einen der eigenartigsten Versuche, der Forderung des Ordens nach Nebenkapellen gerecht zu werden, ohne die beliebten Apsiden aufzugeben, stellt Zinna dar, Altenbergs Gründung vom Jahre 1170. An das Hauptaltarhaus, das mit einer Konche schließt, lehnen sich zu beiden Seiten je zwei ebenfalls apsidal geschlossene Nebenkapellen an (Fig. 91). Daß die so geschaffene Fünfapsidenanlage, wie etwa Georgenthal, noch unter dem Einflusse Hirsaus stehen sollte, ist kaum anzunehmen; dazu sind die Nebenkapellen zu gleichartig ausgebildet. Eher könnte man an Pforta denken, wenn nicht über 30 Jahre vergangen wären. Falls der äußere Abschluß der Apsiden, der aus 3 bezw. 5 Seiten des Achteckes besteht, wirklich aus der ersten Bauperiode herrührt und nicht

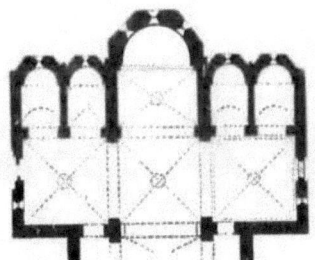

Fig. 91. Chor von Zinna.

eine spätere Zutat ist, dürfte hier eines der ersten Beispiele der Annäherung der Ordensarchitektur an die Ausbildung des Chores nach gotischen Grundsätzen vorliegen.

Sittichenbachs etwas jüngere Filiale Buch, Pfortas Gründungen vom Jahre 1175, Leubus und Altenzelle, bieten, wie die etwa aus derselben Zeit stammenden Bauten in Doberan, Dargun und Gradis, in ihrer jetzigen Gestalt wenig Anhaltspunkte für die Beurteilung des Erstlingsbauplanes; die Annahme von Pfeilerbasiliken in gebundenem System ist durch die Reste einigermaßen begründet. Für Oliva, das bedeutendste unter den Klöstern der deutschen Ordensländer (Fig. 92), ist die Rekonstruktion eines Hauptchores mit halbrunder Apsis und mit je zwei begleitenden flachgeschlossenen Nebenchören nicht unmöglich.

Die Besiedelung des Ostens hatte die Kräfte des Ordens zwar verteilt, aber keineswegs geschwächt. Die Lücke, welche die abziehenden Kolonisten hinterlassen hatten, konnte bei dem starken Bestande der Mutterklöster kaum empfunden werden; in wachsender Zahl führte der religiöse Zug der Zeit dem beim Volke in höchster

Gunst stehenden Orden neue Kräfte zu, oft mehr, als der gesunden Entwicklung des einzelnen Klosters zuträglich war. An der Wende des 12. Jahrhunderts waren nahezu 80 Jahre verflossen, seit die Cisterzienser in Deutschland Fuß gefaßt hatten; die einzelnen Ordenshäuser mußten einen außerordentlichen Umfang angenommen haben, zumal die wiederholten Anweisungen Citeaux', weitere Gründungen einzustellen, sich in den mit Klöstern durchsetzten Gegenden doch nicht immer umgehen ließen. Keine andere Kongregation konnte mit den grauen Mönchen ernstlich in Wettbewerb treten; noch war

Fig. 92. Oliva.

das Institut der Bettelorden unbekannt. Das erste Viertel des 13. Jahrhunderts brachte die Blüte des Ordenslebens und mit ihr den Hochstand des Ordensarchitektur in Deutschland.

Klostergebäude und Kirchen genügten der Zahl der Mönche nicht mehr. Wo der Konvent einen Neubau scheute, konnte er sich der Erweiterung der bestehenden Gebäude kaum entziehen. Das Stadium in der Baukunst des Ordens, das in Frankreich längst die reichere Chorform geschaffen hatte, mußte auch für die deutsche Ordensprovinz eintreten, und es konnte nur die Frage sein, für welches Vorbild man sich entschied. Anziehend genug in der Tat sind die Versuche, bei Neubauten die Platzfrage für den celebrierenden Geistlichen zu lösen, fast noch interessanter die Wege, die eingeschlagen wurden, um bei möglichster Schonung des Bestandes und bei tunlichster Beschränkung der Baukosten die Forderung nach Raumerweiterung zu erfüllen. Und so tief bei vielen Kirchen der Untergang der ursprünglichen Anlage zu beklagen ist, so sehr ist die Aufnahme der neuen Form und ihre Erhaltung zu begrüßen, weil sie das Bild der vorläufig noch nicht hinreichend geklärten Entwickelung in der französischen Heimatsprovinz ergänzen kann. Wenn Thüringen bei dem trümmerhaften Zustande oder dem Untergange seiner Cisterzienser-Baudenkmäler zum Kapitel Umbauten auch nur beschränkt beiträgt, so darf es den Ruhm für sich in Anspruch nehmen, an einem geradezu typischen, bisher weder bekannten noch erkannten Beispiel den Wechsel der alten und neuen Bauweise zu illustrieren.

Der erste entscheidende Schritt vorwärts in der Ausbildung des Chores läßt sich an der Kirche zu Marienfeld bei Gütersloh feststellen. Das Kloster, von Hardehausen 1185 besiedelt, erlebte 1222 die Weihe seines Gotteshauses, das befremdlicherweise noch die Form der Pfeiler-Säulenbasilika erhielt und bei Unterdrückung des südlichen Seitenschiffes sich mit der nördlichen, allerdings sehr breiten Abseite begnügen mußte. An die Stelle der Nebenkapellen an den Kreuzarmen ist der Umgang um das rechteckige Altarhaus getreten, der zwar der Kapellen oder der steinernen Scheidewände entbehrt, vermutlich aber dafür bei seiner Breite die Abteilung einzelner Altarräume durch Holzschranken gestattete. Der eminente Fortschritt gegen das bis dahin gebräuchliche Schema ist nicht zu verkennen, wiewohl die mangelhafte Ausbildung der einzelnen Chorräume als eine Schwäche des Grundrisses bezeichnet werden muß. Immerhin war die Ermöglichung einer Aufstellung von mehr Altären, als es die Anordnung von Nebenkapellen am Querhause gestattet haben würde, eine anerkennenswerte Tat, deren Nachahmung von selber zur Anlage eines besonderen Kapellenkranzes am Umgang führen mußte.

Ohne Zwischenstufe sollte allerdings die vollendete Form nicht gewonnen werden. Das Bindeglied, Eberbachs 1174 gegründete Filiale Arnsburg, vereinigt sogar Fortschritt und Rückschritt in einer Figur. Die schwankenden Angaben über die Bauzeit der stückweise errichteten Kirche dürfen wohl dahin festgelegt werden, daß die entwickelte Chorform kaum vor Ende des Jahrhunderts vollendet war. Mag es sich nun um die Veränderung eines ursprünglich schlichten Altarhauses handeln, oder um Anbauten an einen Umgang, die vorliegende Form ist reifer und daher jedenfalls jünger, als Marienfeld. Der Fortschritt gegen das westfälische Gegenstück besteht in der Anfügung einer Kapellenreihe an die Ostseite des Umganges, in der Einziehung von massiven Trennungswänden in dessen Nord- und Südflügel sowie in der Besetzung der freien Transeptenden mit einer weiteren Kapelle. Daß die letztere, wie der in der Längsachse des Kirchengebäudes liegende Mittelraum der östlichen Kapellenreihe noch mit der Apsis schließt, kann nur als archaistische Liebhaberei gedeutet werden. „In der Entwicklung (der Chorumgänge) bezeichnet Arnsburg eine der ersten Stufen, auf der das System der Chorausbildung mehr erstrebt, als gelöst ist"[1].

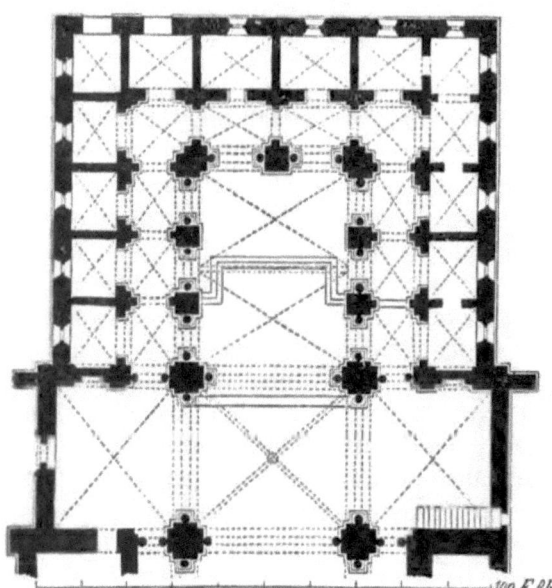

Fig. 93. Chor von Riddagshausen.

Was in Marienfeld angedeutet, in Arnsburg nicht ganz erreicht wurde, die Gruppierung der Kapellen um den quadratischen Raum des Hauptaltares, fand seine Lösung in Riddagshausen, einem Tochterkloster Altencampens. Die organische, in allen Teilen durchdachte, nur als völliger Neubau zu deutende Anlage des Chores weist rechteckigen Umgang mit allseitiger Kapellenbesetzung auf (Fig. 93). Mußte in Arnsburg die Ausbildung der Ostkapellen, insbesondere die Gestaltung der Eckräume, noch als mißglückt bezeichnet werden, so hatte Riddagshausen sich der Aufgabe, für jeden der im Chor aufzustellenden Nebenaltäre — es waren ihrer nicht weniger als vierzehn — einen gleichwertigen, gut zugänglichen und ausreichend beleuchteten Raum zu schaffen, glänzend entledigt. Daß diese Choranlage,

---

1) Matthaei, Beiträge z. Baugesch. d. Cist. Frankreichs u. Deutschl. S. 10.

die mit dem Langhause in völliger Harmonie steht, nicht mehr dem Stiftungsbau von 1145 angehören kann, bedarf kaum der Erwähnung, ganz abgesehen davon, daß für Arkaden und Fenster ausschließlich der Spitzbogen Verwendung gefunden hat. Wann die 1278 geweihte Kirche, die wie keine zweite in Deutschland die schlichte, aber gewaltige Sprache der Cisterzienser-Baukunst redet, begonnen wurde, ist trotz eifriger Untersuchung bis jetzt nicht festgestellt. Vor Ausgang des ersten Drittels des 13. Jahrhunderts dürfte indessen kaum der Baubeginn anzusetzen sein; wahrscheinlich konzentriert sich die Hauptbauzeit um die Jahre 1240 bis 1260.

Der Chorbau von Riddagshausen stellt in der Geschichte der Cisterzienser-Architektur Deutschlands eine Leistung dar, die in ihrer Art nicht übertroffen werden konnte, solange man auf Verlängerung der Kreuzarme verzichtete. Infolge Beibehaltung des quadratischen Schematismus für die 3 Joche des Transeptes, Abstimmung der Breite des Chorumganges auf die Breite der Langhaus-Nebenschiffe und Wahl eines ausreichenden Tiefenmaßes für die Kapellen deckte sich die Breite des Chores ungefähr mit der Länge des Querhauses. Die Anlage von Kapellen an der Ostseite des Transeptes, die das Kennzeichen der Cisterzienserbauten gebildet hatte und auf die man selbst in Arnsburg nicht verzichtete, war nicht mehr möglich, und man wird es begreiflich finden, wenn dieser Mangel von den Zeitgenossen erkannt und bei Neuanlagen vermieden wurde. Die Entwicklung mußte zur Kombination des Chorschemas von Maulbronn mit dem von Marienthal führen, natürlich unter der Voraussetzung, daß die quadratische Grundrißform der Transeptarme aufgegeben wurde. Bei Anfügung einer freien, in den Umgang nicht hineingezogenen Kapelle an den äußersten Enden des Transeptes ergab sich die Notwendigkeit, jeden Kreuzarm um die Hälfte seiner bisherigen Länge hinauszuschieben und — eine Neuerung, die den romanischen Stil zu Falle brachte — der Ersatz der einen quadratischen Kreuzkappe durch drei oblonge Gewölbe. Das gebundene System für das Langhaus war von diesem Augenblicke an überwunden und die durchgehende Travee für die Cisterzienserkirche geschaffen.

Im Grunde genommen, war das Problem der Ueberwölbung eines oblongen Raumes durch aneinander gereihte mehr lange als breite Kreuzgewölbe schon in Riddagshausen gelöst worden; die Anlage der zahlreichen Chorkapellen hatte hier die Verlängerung des Hauptaltarraumes nach Osten und die Ausschaltung des quadratischen Kreuzgewölbes in diesem Raum zur Folge gehabt. Wenn einstweilen ohne Rücksichtnahme auf die gegebene Stützenstellung

nicht drei, sondern nur zwei Gewölbe geschlagen wurden, so hatte
das seinen Grund darin, daß man die Einschränkung der Breite des
Gewölbefeldes auf etwa ein Drittel seiner Länge aus konstruktiven
Rücksichten noch nicht wagte. Wirft man angesichts dieses schüch-
ternen Versuches einen Blick auf die Wölbekunst der Cisterzienser
in Frankreich, so muß man zugeben, daß der Orden in Deutschland
in der Ausbildung seiner Konstruktionen noch weit zurück war.

Ebrachs 1285 geweihter Neubau gibt das erste und einzige Beispiel eines Cisterzienserchores mit Kapellenanlage am Querhaus und
am rechteckigen Umgang (Fig. 94). So wenig die Verwandtschaft
mit Riddagshausen zu leugnen ist, so bedeutsam sind die Abweichungen. Die Verlängerung der Kreuzarme, ihre Ueberdeckung
mit drei oblongen Gewölben, die gesunde Ausbildung des Strebe-
systemes bringen den Bau, der
ganz der Würde des mäch-
tigen Klosters (Fig. 95) entsprach, den französischen Kirchen erheblich näher und
leiten den Umschwung in der
Cisterzienser-Architektur auf
deutschem Boden ein. Und
doch ist weder in Ebrach noch
in dessen Weiterbildungen die
Höhe der französischen Vorbilder erreicht worden. Die
naheliegende, in Frankreich
durchweg gebräuchliche Bereicherung der Südseite der

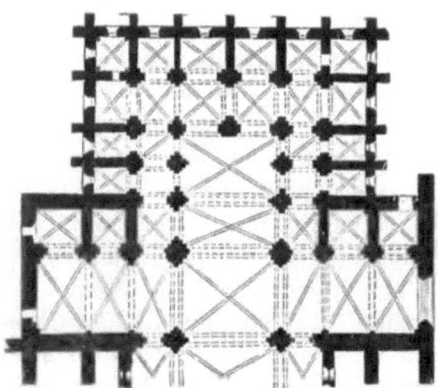

Fig. 94. Chor von Ebrach.

Kreuzarme durch Kapellen ist in Deutschland, von dem einzigen
auf Clairvaux zurückgehenden Beispiele Heisterbach abgesehen,
unbekannt geblieben. Wird noch hinzugefügt, daß auch Heisterbachs
mit Kapellenring besetzter Chor als die Nachbildung der genannten
französischen Vorlage angesehen werden muß, so ist immerhin die
Tatsache festgestellt, daß im wesentlichen die Entwicklung des
Cisterzienserchores in Deutschland in derselben Weise vor sich ging,
wie in Frankreich.

In der Reihe der vollständig untergegangenen Baudenkmäler
des Ordens aus dieser Periode nimmt auch eine der fünf großen
Abteien Thüringens, Reifenstein, einen bedauerlichen Platz ein.
Mangels jeder geschichtlichen Nachricht über die Gestaltung des
vermutlich in das zweite Viertel des 13. Jahrhunderts zu setzenden

PROSPECTUS
MONASTERY
EBRACENSIS ORD. CISTERC.
IN FRANCONIA A SEPTENTRI
ONE.

Fig. 95.

Neubaues wird es wohl für immer fraglich bleiben, inwieweit die Mönche bei Aufstellung des Planes sich der Neuerung der Kapellenanlage anschlossen.

Einen sehr schätzbaren Beitrag hingegen zum Studium der Entwicklungsgeschichte des Cisterzienserchores in diesem Zeitabschnitte liefert Georgenthal (Fig. 96). Gegründet und erbaut, als die Errichtung vieler Einzelkapellen für die Altäre noch nicht zur Norm erhoben war, besaß das Kevernburger Hauskloster ein Gotteshaus, dessen Chor um die Mitte des 13. Jahrhunderts als zeitgemäß nicht mehr gelten konnte. Weder was Größe noch was Zweckmäßigkeit des Grundrisses betraf, war die über 100 Jahre alte Fünfapsidenanlage noch befriedigend. Wo gleich oder weniger bedeutende Klöster den Um- oder Neubau des Chores in großem Maßstabe zur Tat gemacht hatten, konnte die mächtige Abtei nicht mehr zögern, den Mißstand zu beenden. Um so eifriger mochte die Anregung aufgenommen werden, als die

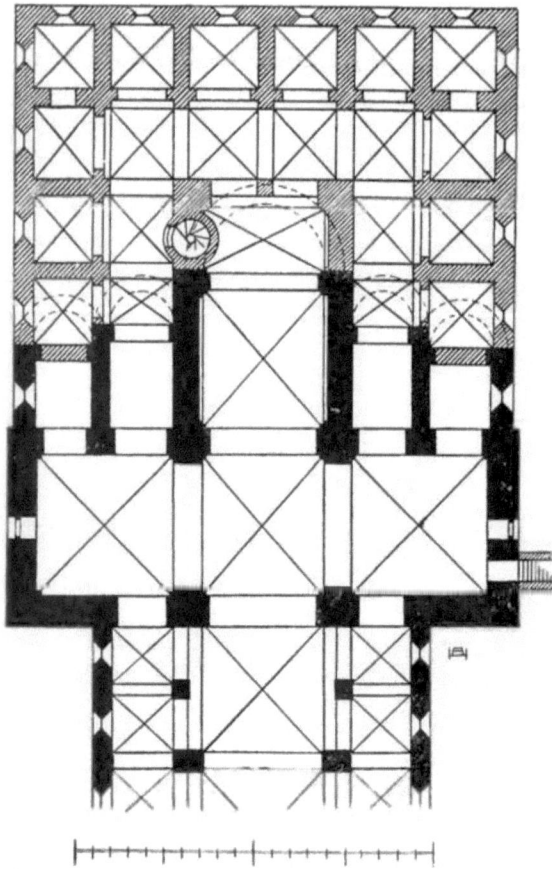

Fig. 96. Chor von Georgenthal in der gotischen Erweiterung.

alte Choranlage von jeher einen Fremdkörper an der Cisterzienserkirche gebildet hatte. Verschwanden die Apsiden und die Staffelfigur ihrer Vorräume, so war jeder Anlaß beseitigt, in der Georgenthaler Kirche etwa eine Schöpfung von Hirsauern zu erblicken. Zwischen 1246 und 1267 scheint der Plan zur Ausführung gekommen zu sein.

Die Entwicklung des Chorgrundrisses in Deutschland war, als der Gedanke des Umbaues in Georgenthal verwirklicht werden sollte, beim Schema von Riddagshausen angelangt. Die Nachahmung dieses Vorbildes, das den Forderungen der Ordensbaukunst und den rituellen Bedürfnissen im allgemeinen Rechnung trug, lag nahe und, eine Annehmlichkeit, die hinzukam, sie ließ sich ausführen, ohne daß an dem Kerne der Kirche Aenderungen vorgenommen zu werden brauchten. Es bedurfte nur des Abbruches der Konchen, um die Erweiterung ganz im Sinne der Vorlage an den bestehenden Bau anzuschließen. Das Querhaus, selbst die Vorräume der Apsiden blieben während des Umbaues für den Gottesdienst benutzbar.

Man könnte von einer Rücksichtnahme auf die Längswände des alten Chores insofern sprechen, als die Mauerzüge des neuen Umganges und Kapellenkranzes sich an diese anzuschließen hatten. Allein da im ursprünglichen Plan der quadratische Schematismus herrschte und die dem Hauptaltarhause zunächst liegenden Chornebenschiffe gleich breit angelegt waren, wie die Abseiten des Langhauses, so hätte ein völlig frei aufgestellter Entwurf kaum eine andere Lösung ergeben, als das im Anschlusse an den alten Bestand ausgearbeitete Projekt. Die Entstehung des Grundrisses ist einfach genug. Die rechteckige Form des neuen Chores bedingte den geraden Abschluß des Hauptaltarhauses. Der Umgang erhielt die Breite der inneren, die Kapellen die Tiefe der äußeren Nebenchöre. Die Anzahl der sechs Kapellen am Ostarm des Porticus bestimmte sich von selbst dadurch, daß je eine Kapelle in die Verlängerung des nördlichen und südlichen Umgangarmes bezw. der zugehörigen Kapellenreihe fiel und daß die Teilung des verbleibenden Zwischenraumes von der Breite des Hauptaltarhauses durch eine Mittellinie zwei weitere Kapellen ergab. Nur die Frage, inwieweit man die ganze Anlage nach Osten hinausziehen wollte, konnte verschieden beantwortet werden, je nachdem man eine größere oder kleinere Zahl von Kapellen auf der Nord- und Südseite wünschte. Auch hier diktierte Riddagshausen, das diese Kapellenzahl auf vier festgesetzt hatte, den Plan. Die Ausbildung der vor diesen Kapellen im Umgange liegenden Kreuzgewölbejoche in der Grundrißform des Quadrats brachte es mit sich, daß der geradlinige Abschluß des Hauptaltarraumes mit der Tangente der ursprünglichen Hauptapsis sich deckt, ein Zufall, der zu der allgemein verbreiteten irrtümlichen Ansicht geführt hat, die Apsis habe geradlinigen Schluß besessen.

Die vorstehenden Ausführungen hätten nur hypothetischen Wert, wenn nicht der örtliche Baubefund die ehemalige Existenz des recht-

winkligen Kapellenkranzes über jeden Zweifel erhöbe. Die Tatsache,
daß bisher der Ostbau der Georgenthaler Kirche gar keine oder
keine befriedigende Erklärung gefunden hat, ist zwar eigentümlich
genug, erscheint aber nicht mehr so befremdend, wenn bedacht wird,
in welchem Zustande sowohl der alte wie der neue Chor überkommen
ist. Die Einfriedigungsmauer des östlich von der Kirche gelegenen
Friedhofes durchschneidet den Erweiterungsbau in der Richtung von
Nord nach Süd gerade an der Stelle, an der ehemals die Ostwand
des Umganges, also die Westwand der zugehörigen Kapellenreihe sich
befand (vgl. Fig. 73). Die Mauer steht auf den alten Fundamenten, und
noch ragen die Pfeiler der Gurtbögen des Umganges in beträchtlicher
Höhe aus ihrer Westseite hervor. Hinter dieser Mauer weitere Baureste zu suchen, mochte aussichtslos erscheinen, da das Feld von
modernen Gräbern eingenommen wird und Trümmer zunächst nicht
zu sehen sind. Es kommt hinzu: diesseits der Friedhofsmauer fehlen
von der alten Anlage die Nordmauer und fast alle südlichen Teile.
Endlich scheinen auf den ersten Blick die Reste der Apsiden die
Möglichkeit auszuschließen, daß zwischen Ostbau und Kirche jemals
eine Verbindung bestanden haben könne, um so mehr als noch jetzt
in der südlichen Apsis des nördlichen Kreuzarmes ein Altar steht,
der, gerade in der Achse des fraglichen Umganges befindlich, jeden
Verkehr gehindert haben würde. Und doch lösen sich die schein-
baren Widersprüche bei genauerer Untersuchung der baulichen
Reste auf.

Von vornherein muß es als feststehend gelten, daß vor Inangriff-
nahme des Umbaues nur so viel Mauerwerk des alten Baues abgebrochen wurde, als es der Erweiterungsbau bedingte. Die aufgehenden Mauern der Apsiden mußten fallen, nicht aber bedurfte es
des Ausbruches der Fundamente, die im Neubau unter dem Fuß-
bodenbelag verschwanden. Tatsächlich ergibt die Untersuchung der
baulichen Reste, daß von den Apsiden nur die Fundamente übrig
sind. Des weiteren sind die Umfassungswände in Wirklichkeit nicht
bis zur Vernichtung jeder Spur hinweggeräumt. Durch Aufgraben
der Fundamente habe ich den Zug der nördlichen Umfassungsmauer
in der Verlängerung der äußeren Apsidenwand festgestellt und damit
die Bestätigung erhalten, daß die Tiefe der Umgangskapellen mit
der Breite der am Ende der Transeptarme gelegenen Apsiden sich
deckte. Ein Aufgraben der Fundamente der östlichen Außenwand
erübrigte sich, denn fast in ihrer ganzen Länge liegen, zwar bis auf
den Erdboden abgebrochen, die Grundmauern dieser Wand auf dem
Gottesacker noch zu Tage. Wie kaum anders zu erwarten, ist der

Abstand zwischen Außenwand und Innenwand der Kapellenreihe, d. h. die Tiefe der Kapellen, auf der Ost- und Nordseite gleich. Ein glücklicher Zufall hat es gefügt, daß ein Hauptknotenpunkt der Mauerzüge des Umganges, der gemeinsame Innenpfeiler der drei an der Nordostecke gelegenen Kapellen, so weit erhalten ist, daß sich die Wandstärken und Vorlagen nach allen Seiten genau feststellen lassen. Das Bedenken, das der oben genannte Altar durch seine Aufstellung in der Achse des Umganges hervorrufen könnte, schwindet, wenn man sich zu der naheliegenden Annahme versteht, daß der Altar, der ehedem in einer jener sechzehn Chorkapellen seinen Platz hatte, bei den Ausgrabungen im Chorgebiet gefunden und in völliger Verkennung des Zweckes des Ostbaues in einer der Apsidiolen wieder aufgestellt wurde.

Wollte man nun die Chorfiguren von Georgenthal und Riddagshausen für kongruent halten, so hieße das, die Bedingungen, unter denen die beiden Bauwerke entstanden, nicht richtig einschätzen. Zwar sehen sich beide Anlagen darin ähnlich, daß die Kapellen nicht in der ganzen Breite, sondern nur durch einen verhältnismäßig schmalen Gurtbogen gegen den Umgang sich öffneten, daß die einzelnen Joche des Umganges wie des Kapellenzuges mit Kreuzgewölben überdeckt waren, und daß im Aeußeren das Strebesystem fehlt; allein der Hauptaltarraum Georgenthals hat mit dem von Riddagshausen kaum mehr gemein, als das oblonge Verhältnis seiner Grundrißform. Riddagshausen war ein völliger Neubau, Georgenthal nur ein Umbau. Hier konnte weder, wie dort, die Durchbrechung der Längswände des Hauptaltarhauses durch Gurtbogenstellungen, noch die Ueberdeckung des Raumes durch zwei gleichgroße oblonge Kreuzgewölbe erfolgen. Der quadratische Altarraum der alten Anlage in Georgenthal sollte im Untergewände wie Decke erhalten bleiben. Nur die neue Ostwand öffnete sich in zwei Bogenstellungen, die auf einem freistehenden Mittelpfeiler zusammentrafen, und was an Raum zum alten Bestande hinzugekommen war, wurde für sich mit selbständigem quergelegten Kreuzgewölbe abgedeckt. Die Anlage besonders starker Pfeiler an den Ostecken ließ sich nicht vermeiden, denn die Ausladung der alten Chorvorlagen nach dem Mittelschiffe zu mußte auch für die Pfeiler des neuen Gewölbes beibehalten werden.

Konnte sich in Georgenthal der Hauptaltarraum bei geschlossenen Seitenwänden an Eleganz mit Riddagshausen auch nicht messen, so besaß er den praktischen Vorteil, daß er ohne Schwierigkeit die Anlage einer Treppe ermöglichte, deren bisheriges Fehlen gewiß als ein

Mangel empfunden war. Und diese Treppe dürfte auch den letzten Zweifel beseitigen, der hinsichtlich des Abbruches der Hauptapsis noch bestehen könnte. Für Erreichbarkeit des Dachbodens und des vielleicht beim Umbau vergrößerten Dachreiters angelegt, in dem vorgeschuhten Teile der Nordmauer untergebracht und vom Nordflügel des Umganges aus zugänglich gemacht, ragte die Treppe mit ihrem ringförmigen Gewände sowohl in den Chor als in den Umgang hinein. Hätte nun zur Zeit ihres Baues die Apsis noch bestanden, so dürfte im Apsidenraum an der Außenwand des Treppenhauses der Sockel nur so weit herumgeführt sein, als die Rundung der Treppe von dem inneren Halbkreise der Apsis nicht verzehrt wurde. Umgekehrt, war die Apsis nicht mehr vorhanden, so mußte der Treppenhaus-Sockel verlängert werden, bis er auf der geraden Wand, der Nordwand des Hauptaltarraumes, sich tot lief. Letzteres war, wie der Baubefund ergibt, der Fall. Daß die Treppe nur in der Zeit der Gotik entstanden sein kann, beweist endlich noch das Sockelprofil ihrer Spindel.

Daß es für die Treppe keinen geeigneteren Platz im Georgenthaler Bau gegeben hätte, als den Chorraum, soll nicht behauptet werden. Bei dem Fehlen von Türmen war die Unterbringung der Treppe in Cisterzienserkirchen überhaupt keine leichte Aufgabe. Mit der Tatsache, daß die Wandungen der Wendeltreppen, sie mochten angelegt sein, wo sie wollten, aus der Mauer hervorragten, mußte man sich schon abfinden, solange man nicht in der Lage war, Strebepfeiler für die Anlage auszunutzen. Allein, konnte schon die Treppe wegen der Bedienung und Unterhaltung des Geläutes den Bereich der Vierung nicht verlassen, so störte sie doch im Querhause weit weniger, als im Chor, wo sie die Ausbauchung der Wand und die unschönen Verschneidungen mit dem Gewölbe mehr zur Erscheinung brachte. Wie die Beispiele Deutschlands und des Auslandes zeigen, wurde das Querhaus in allen Fallen als der geeignete Platz auch angesehen, in denen es sich um einen Neubau handelte. Im Falle eines Chorumbaues aber und bei dem Grundsatze tunlichster Schonung des alten Bestandes, der in Georgenthal als Richtschnur diente, konnte nichts näher liegen, als die Verlegung des Aufganges in das nicht durchbrochene neu aufgeführte Stück der Chorseitenwand. Wenn in Georgenthal die Treppe innerhalb dieser Mauer mehr nach dem Chore als nach dem Umgange zu verschoben wurde, so scheint die Absicht maßgebend gewesen zu sein, den Umgang nicht unnötig zu verengen. Zudem verdeckte im Chor die Pfeilervorlage zum größten Teile den Vorsprung des Treppengehäuses.

Bei dem trümmerhaften Zustand des Chorumbaues ist hinsichtlich seines Aufrisses die Forschung größtenteils auf Vermutungen angewiesen. Als feststehend muß angenommen werden, daß nach dem Beispiele verwandter Anlagen der Umgang höher war, als die vorgelegten Kapellen, und in der Oberwand Fenster trug (Fig. 97). Wie indessen die Reste von Gewölberippen und -schlußsteinen (Fig. 98 bis 103) auf Chorerweiterung und Klostergebäude zu verteilen sind, dürfte sich kaum mit Sicherheit feststellen lassen, da die Werkstücke,

Fig. 97. Rekonstruktion der Klosterkirche zu Georgenthal mit der gotischen Chorerweiterung.

von ihrem Fundorte entfernt, zum Teil willkürlich in der Ruine verteilt, zum Teil im unteren Geschosse des sogenannten Kornhauses untergebracht sind [1]. Oestlich vom Chor liegen Teile einer Fenster-

---

1) Im Interesse der weiteren Forschung wäre es sehr zu begrüßen, wenn die interessanten Funde, die sich bei Fortsetzung der Ausgrabungen gewiß noch mehren, an

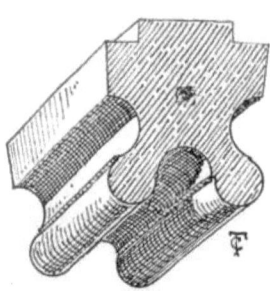

Fig. 98. Bruchstück einer Ge-
wölberippe in Georgenthal.

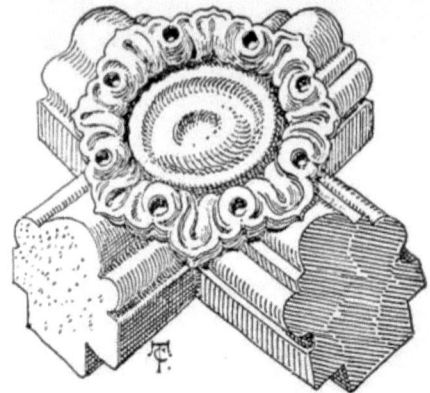

Fig. 99. Gewölbeschlußstein in Georgenthal.

Fig. 100. Gewölbeschlußstein in Georgenthal.

rose, die möglicherweise in der Oberwand der östlichen Hauptchor-
seite sich befunden hat[1]).

wettergeschütztem Platze unter Bezeichnung der Fundstellen zu einer geordneten Samm-
lung vereinigt würden. Der obere Saal des Kornhauses gäbe einen weit geeigneteren
Sammlungsraum ab, als das dunkle und feuchte Untergeschoß dieses Gebäudes, das die
Funde vor Zerstörung auf die Dauer nicht sicherstellen kann. Leider sind die Be-
mühungen um das Zustandekommen eines Georgenthaler Museums von seiten des um die
Klosterforschung sehr verdienten Ortspfarrers Baethcke, der die beste Auskunft über die
Auffindungsstellen geben könnte, bis jetzt gescheitert.

1) Nach Baethcke vielleicht zum Kapitelsaal gehörig; meines Erachtens zu groß hierfür.

Der ausgebildeten Gotik gehört noch die Vorhalle an, deren drei nebeneinander liegenden Kreuzgewölbe von Bündelpfeilern an der Wand aufgefangen wurden und deren Strebepfeiler an der Westmauer in den Fundamenten noch erhalten sind. Von den durch einen gekehlten Mittelpfosten geteilten Fenstern findet sich die Spitzbogenfüllung mit dem Ausschnitte eines Vierpasses [1]).

Fig. 101.

In die Periode der beginnenden Blüte der Gotik in Thüringen, zu deren ersten Schöpfungen Georgenthals Chor gehört zu haben scheint, fallen die großen Umbauten an der Kirche zu Pforta (Fig. 104). Es ist ein merkwürdiges Zusammentreffen, daß um dieselbe Zeit, in der die Baukunst des Ordens in erster Linie an der Neuerung des Stiles sich beteiligte, auch der Geist des Ordens andere Bahnen eingeschlagen hatte. Das wachsende Ansehen der Bettelmönche beim Volke ließ es nicht mehr geraten erscheinen, die Pforten von Kloster und Kirche der Außenwelt zu verschließen. Wollte man die Sympathien der Menge nicht ver-

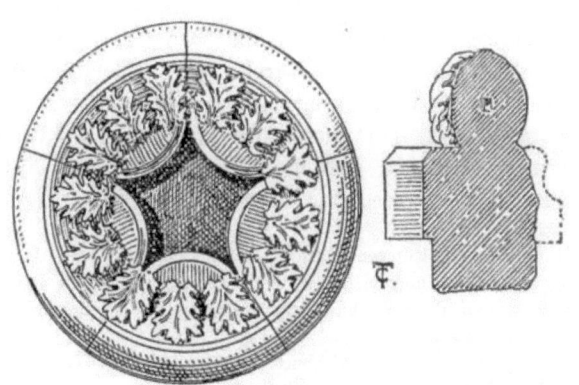

Fig. 103.   Fig. 102.

Bruchstück, Querschnitt und Rekonstruktion (nach Timler) eines Gewölbeschlußsteines zu Georgenthal.

---

1) Lehfeldt, Bau- . . . Denkm. Thür., S.-C.-Gotha II S. 35: „So steht die Kirche als ein im ganzen in romanischer Zeit vollendeter Bau da. Von späterer Bautätigkeit ist außer den zum Kreuzgange bezw. einer Sakristei gehörigen Resten bisher nichts sichtbar geworden." Diese Ansicht ist mit dem Baubefunde nicht in Einklang zu bringen.

Dohme, Die Kirchen d. Cist.-Ord. i. Deutschl. S. 79: „Mit dieser Jahreszahl (1246)

lieren, mußte man dazu übergehen, Seelsorge wenigstens in Form von Predigt zu betreiben; nicht nur die Mönche, auch das Laienelement mußte am Gottesdienste in der Kirche teilnehmen. Was in früheren Zeiten undenkbar gewesen wäre, wurde möglich: Pforta lud 1257 zum Anhören der im Kapitelsaale vom Abte oder Prior gehaltenen Sermonen ein [1]), eine Maßnahme, deren Wiederholung 1328 sich feststellen läßt [2]). Ueber die Vorschrift des Ordens, den Leichen von Frauen einen Platz innerhalb der Klostermauern zu verweigern, hatte der Konvent schon um die Mitte des 12. Jahrhunderts sich hinweggesetzt [3]). Waren es damals zwei Damen und ein junger männlicher Sproß des polnischen Herzogshauses gewesen, die im Kloster beigesetzt wurden, so trug man jetzt kein Bedenken, auch Angehörige von nicht so hohem Adel zu bestatten. Der Graf von Mansfeld fand 1252 seine letzte Ruhestätte auf dem Kirchhofe, und neben ihm ruhte seine Gemahlin [4]).

Mag nun das Bedürfnis nach einem größeren Andachtsraume, oder nur die Sucht, durch einen zeitgemäßen Kirchbau die Bedeutung des Klosters nach außen hin zu dokumentieren, die Veranlassung geworden sein, der Gedanke, das über 100 Jahre alte Oratorium monumental auszubauen, war um die Mitte des 13. Jahrhunderts spruchreif geworden. Weder was Größe noch was Ausstattung anlangte, stand Pfortas Kirche auf der Höhe der Zeit, für die Aufnahme von Wallfahrern mochte der Bau schon gar nicht geeignet sein. Bereits 1216 hatte das Mutterkloster Walkenried durch seinen Umbau gezeigt, daß man den vergrößerten Verhältnissen und dem veränderten Geschmacke Rechnung zu tragen hatte. Die flache

---

stimmen die erhaltenen Reste, die Verwandtschaft mit der Elisabethkirche in Marburg verraten, wohl überein, so daß wir die Zeit um 1246 als die des Chorbaues festsetzen müssen, wir demnach hier den Untergang des ältesten gotischen Baues in Sachsen zu beklagen haben."

1) Boehme, Urkundenbuch d. Kl. Pforte, in Geschichtsquellen d. Prov. Sachsen XXXIII, Urk. No. 159.

2) Boehme, a. a. O. Urk. No. 539: Ditmar, Bischof von Gabula und Vikar des Erzbischofes von Mainz erteilt Ablaß allen, qui sermones fratrum monasterii Portensis, qui in capitulo predicaverint vel predicant, quotienscunque populo verbum dei in capitulo, extra capitulum, ante portam, in grangiis vel in locis ubicunque proposuerint, qui cum devocione audierint Vgl. Wolff, Chronik d. Kl. Pforte II S. 434.

3) Boehme, a. a. O. Anh. Urk. No. VII.

4) Martène et Durand, Nov. thes. IV 1396.

Vgl. d. Grabsteine bei Corssen, Altert. u. Kunstdenkm. d. p. Pforte S. 313 f., welche die Namen von Frauen aus dem niederen Adel, ja sogar aus dem Bürgerstande aufweisen, und Bergner, K. Kunstaltert. i. Deutschl. S. 293.

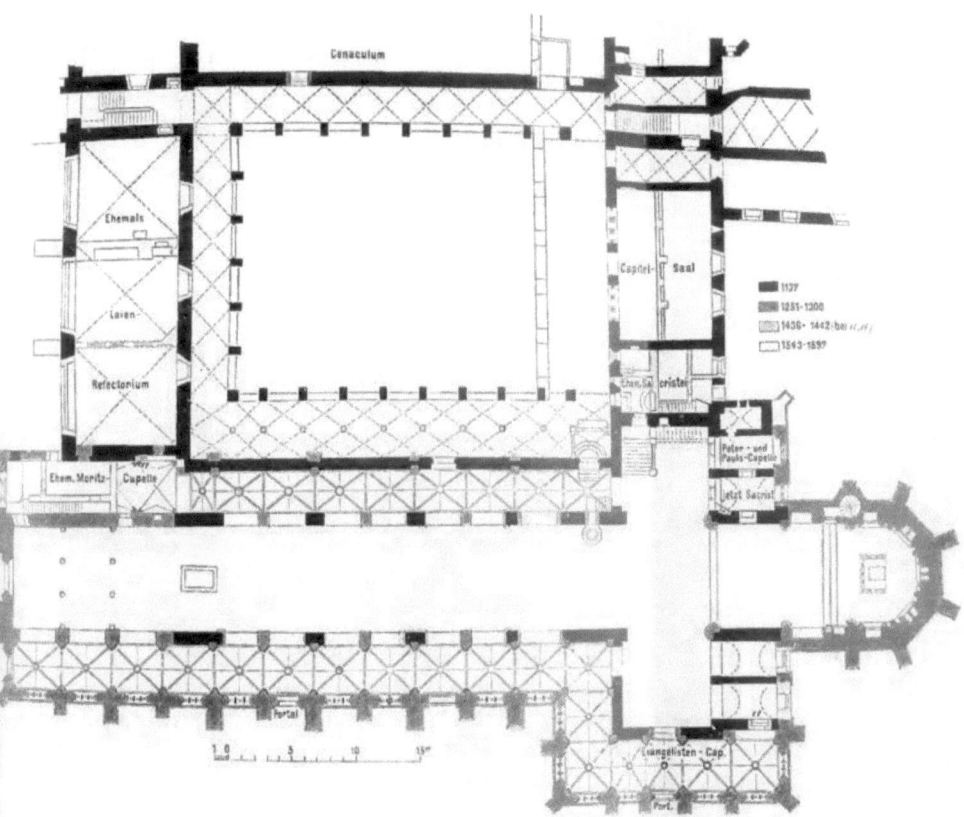

Fig. 104. Klosterkirche zu Pforta in der gotischen Erweiterung nach Leldich (Zeitschrift für Bauwesen).

Decke, das äußerst gedrückte Verhältnis des Querschnittes, der Mangel
architektonischer Verzierung im Innern wie Aeußern, der schlichte
Chor und vermutlich auch die einfache Ausbildung der dem Kloster-
eingange zugewandten, den Blicken und der Kritik der ankommenden
Fremden am meisten ausgesetzten Westfassade waren die Schwächen,
deren Beseitigung es galt. Bei allen diesen Unvollkommenheiten
gestattete es aber die verhältnismäßig große Breite der Kirche, von
einem gänzlichen Neubau abzusehen; der vorhandene Bau brauchte
nur erhöht und verlängert zu werden. Nicht weniger als 13 Bischöfe
hatten dafür gesorgt, daß das Volk durch Ablaßspenden die umfangreiche Bautätigkeit unterstützte und dadurch mit den Mönchen und
ihrem Gotteshause in engere Fühlung kam [7]).

Die Reihenfolge der Bauarbeiten ergab sich von selbst. Um
die Abhaltung des Gottesdienstes in der Kirche während des Umbaues nicht unmöglich zu machen, mußte Arbeitspensum und Arbeitsfeld in zwei Teile derart zerlegt werden, daß die eine Hälfte der
Kirche umgestaltet wurde, während die andere, durch eine interi-
mistische Wand vom Baubetriebe abgeschlossen, als verkleinerter
Altar- und Chorraum weiter diente. Daß mit der Osthälfte begonnen
wurde, liegt nahe; ihre Veränderung verursachte den geringeren
Aufwand an Zeit, Kosten und Arbeit. Die Westwand des Kreuzflügels, deren Gurtbogenöffnungen zugesetzt wurden, bildete den
Abschluß des Bauplatzes.

Mit der Erhöhung und Einwölbung des Querhauses wurde der
Anfang gemacht; freilich stellten sich schon hier die ersten Schwierigkeiten heraus, die bei einem Neubau vermieden wären. Die Forderung nach Schaffung von Widerlagern an den freien Ecken der
Kreuzarme konnte nicht erfüllt werden, weil sich die Klostergebäude
unmittelbar an die nördliche Transeptwand anlehnten. Auf Anlage
von Strebepfeilern mußte man also verzichten, allerdings dafür auch
die Gewölbe in den Kreuzarmen niedriger halten, als die in der
Vierung, deren Höhe für Chor und Langhaus maßgebend wurde.
Für den Anschluß des letzteren blieb Verzahnung stehen, die noch
jetzt um so sicherer festzustellen ist, als die Lagerfugen des Mittel-

---

7) Corssen, a. a. O. S. 242: „Die Steine zu dem Bau konnten, wo nicht umsonst,
so doch um geringen Preis aus den Steinbrüchen von Balgstädt bezogen werden, an denen
dem Konvent zu Pforte durch eine Urkunde vom 22. Dezember 1278 von den Gebrüdern
Ulrich und Friedrich von Balgstädt ein voller Anteil eingeräumt wurde." In den Besitz
von Steinbrüchen in den Saalbergen war Pforta jedenfalls schon lange vorher gelangt.
Dobenecker, Reg. II No. 370 u. 371. Aus dem Röddelbruche bei Balgstädt bezog Naumburg zu seinem Dombau die Steine. Lepsius, Gesch. d. Bisch. d. H. Naumburg I S. 84.

schiffes fast nirgends mit ihr übereinstimmen. Da man auch beim Umbau auf die Errichtung eines oder mehrerer Monumentaltürme zu verzichten gezwungen war, und der beschieferte Dachreiter in vergrößerter Form über der Kreuzung der Schiffe seinen alten Platz nicht änderte, erhielt das Vierungsgewölbe offenen Schlußring für die Durchführung der Läuteseile.

Auf die Chorkapellen an der Westseite jedes Kreuzflügels wurde ein zweites, mit je zwei Kreuzgewölben überdecktes Geschoß gesetzt, das nur nach dem Chore, nicht auch nach dem Querhause, in einem großen Spitzbogen sich öffnete und, wie es scheint, kirchlichen Zwecken diente, eine Anlage, die merkwürdig genug ist, vielleicht aber als Analogon zu Maulbronn angesehen werden darf [1]). Der Nordraum, der noch jetzt einen schlichten Altartisch aus Stein, eine Piscina und reich beschlagene Schränke enthält, war der Dreifaltigkeit geweiht [2]). Eine im nördlichen Kreuzarme befindliche, rechtwinklig gebogene wohlerhaltene Treppe, auf deren Mittelpodest eine zu den Kloster-räumlichkeiten (Dorment) führende Tür sich befand, sorgte für seine Zugänglichkeit. Durch Hinausschieben der Nordwand bis auf die Außenmauern eines kleinen Raumes, der sich der äußeren Chor-kapelle nördlich vorlegte und anscheinend romanischen Kern besitzt, war der Nordraum größer ausgefallen, als sein Gegenstück am süd-lichen Kreuzarme [3]). Auch hier war ehedem, wie eine Türnische in der südlichen Ecke beweist, ein Treppenzugang vom Querhaus her

---

1) Die in Maulbronn nach dem Kircheninnern zu sich nicht öffnenden, den ganzen Raum des Querhausarmes ausfüllenden Räume über den Chorkapellen dienten nach Paulus, D. Cist.-Abtei Maulbronn S. 29, als Bibliothek, Versammlungssaal, Schatzkammer oder Archiv.

2) Schamelius, Teutsches Pfortisches Chronicon 1734 S. 27: „In der Capelle in der Kirche zu Pforte, Sancta Trinitas genannt, da noch ein Altar zu sehen, liegen etliche Beine, in grünen, rothen, gelben Tüchlein hangende; Wie denn auch ein Büchslein von Salben, soll der Magdalenen seyn; welche alle sehr voll Staub sind."

3) Welche Gründe Leidich, D. Kirche u. d. Kreuzg. d. ehem. Cist.-Kl. in Pforta, in Zeitschr. f. Bauwesen 1897 S. 356, bestimmt haben, in dem Südraum die Margareten-kapelle zu erblicken, ist nicht ersichtlich. Schamelius, a. a. O. S. 192, bringt eine Ab-bildung der Margaretenkapelle, aus der so viel hervorgeht, daß der fragliche Bau, eine gotische Kapelle mit Strebepfeilern, Maßwerkfenstern und Dachreiter, kein Anbau der Kirche gewesen sein kann, sondern frei stand und seinen Platz bei einer Scheune hatte. „Ob es diejenige gewesen, so dem Schlafhause gegen über Nordwerts gestanden, und vor wenig Jahren abgebrochen worden, kan nicht gewiß melden." Corssen, a. a. O. S. 211 u. 263 f., scheint mit Recht zu vermuten, daß diese Kapelle in der Gruppe der Oekono-miegebäude nördlich von der Kirche lag und „zum Gottesdienst für die Konversen und das Gesinde des Klosters auf dem Vorwerk bestimmt war, die dort täglich wiederholt ihr Weg vorbeiführte".

vorhanden. Nach dem gotischen Sockelprofil zu schließen, erstreckte sich die bauliche Veränderung auch auf das Erdgeschoß der Kapellen-Ostwände, deren Verstärkung wahrscheinlich die neue Auflast nötig machte. Glänzend fiel die neue Form des 1251 begonnenen Hauptchores aus. An zwei oblonge Gewölbefelder, deren Breite durch die Tiefe der Chorkapellen von selbst bestimmt wurde, legte sich der polygonale Schluß, aus fünf Seiten des Achteckes gebildet. Hatte man sich beim Querhause mit bescheidenen Spitzbogenfenstern und -nischen begnügt — man mußte wohl wegen der fehlenden Strebepfeiler — so fand beim Chor der Grundsatz der Flächenauflösung volle Anwendung. Fast die ganze Wand zwischen den Strebepfeilern wird von Fenstern mit bestem frühgotischen Maßwerk[1]), welche die Höhe von 10 m erreichen, ausgefüllt; selbst über den Seitenkapellen, wo die Anlage langer Lichtöffnungen nicht möglich war, ist die Mauer von Maßwerk-Rosetten durchbrochen. Ein Laufgang in Höhe des Fensterbrüstungsgesimses umzieht den Chor im Innern, den hier befindlichen Teil der Strebevorlagen durchbrechend. Die Anlage einer Wendeltreppe zwischen den beiden Nordfenstern, die Umgang und Dach zugänglich machte, wurde nicht verabsäumt. Der Auflösung des Lichtgadens entsprach die Gliederung der Unterwand; die hier befindlichen, mit Wimpergen und Fialen geschmückten Nischen für Wandschränke, Altäre, Levitensitze, Piscinen, Meßkännchen, Ciborien u. s. w. gehören, wie der steinerne Hauptaltartisch, zum Besten, was die frühe Gotik in Deutschland geschaffen hat[2]). Die Standbilder der Gründer Bruno und Udo sowie der Pa-

---

1) Ueber das Chormaßwerk vgl. Dohme, Gesch. d. deutsch. Baukunst S. 203, über den Chor selbst Lübke, Gesch. d. Architektur S. 563, Kugler, Gesch. d. Baukunst III S. 264, u. Adamy, Architektonik II, 2 S. 505.

Dehio, Handb. d. d. Kunstdenkm. I S. 248: „Die Konstruktions- und Zierformen aus genauer Kenntnis der champagnischen und burgundischen Schule das Maßwerk ähnlich, wie bei den hessischen Cisterzienserkirchen dieser Zeit — aus Dreipässen und — kleeblattförmig gebrochenen Spitzbögen."

2) Schamelius, a. O. S. 188 f.: „An den Wänden hin und wieder befinden sich gewisse Löcher, wie Kästgen, die ehedem müssen mit Deckeln vermacht gewesen seyn. Man hat darinnen allerley verborgen zu seyn vermuthet. Herr Joh. Wollweber, weyl. alter wohlverdienter Pfarrer zu Carßdorff im Amte Freyburg (so A. 1715 verstorben) erzehlte davon folgende Begebenheit: Er wäre im 30-jährigen Kriege ein Alumnus in dieser Schule gewesen, die Frantz. Armee aber habe dazumahl in Thüringen gestreiffet und zwar unter dem General Comt. de Guebrian: dieser habe etliche canes magneticos (gewisse Spürhunde) bey sich geführt, welche, da man sie loß gelassen, hefftig mit den Füßen gescharret hätten, woraus man ein Anzeige von verborgenen Schätzen machen wollen. Denn diese Hunde wären in der Kirche herum gelauffen und hätten obgedachte Orte angezeiget. Die Soldaten hätten sie geöffnet, ob sie aber etwas gefunden, habe er nicht erfahren."

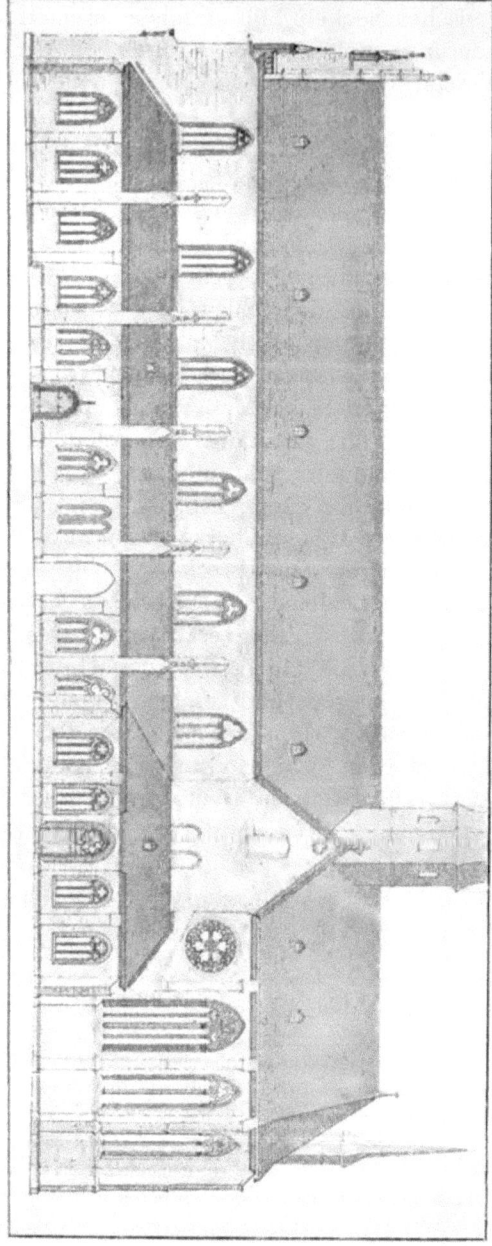

Fig. 105. Südfront der Klosterkirche zu Pforta nach Leidich (Zeitschrift für Bauwesen).

trone Maria und Johannes bildeten den figürlichen Schmuck dieser Nischen [1]).

Der Fertigstellung der Ostteile schloß sich ohne längere Unterbrechung die bauliche Veränderung des Langhauses an (Fig. 105). Hier lief die Baulinie von Ost nach West. Der Erhöhung des Langhaus-Mittelschiffes ging der Abbruch der Außenmauer des südlichen Seitenschiffes voraus. Ihre Erhaltung hätte sich bei den geplanten Veränderungen, nämlich der Anlage von großen Fenstern, Gewölbediensten und Strebepfeilern, nicht gelohnt; nach ihrer Beseitigung stand der

1) Corssen, a. a. O. S. 271 f., nimmt an, daß die Figuren erst bei der Restaurierung 1436—1442 aufgestellt wurden. Möglicherweise fand um diese Zeit eine Erneuerung der Statuen statt. Dafür spricht unter anderem die Gewandung Brunos. Ohne Frage war die Aufstellung der Figuren von Anfang an beabsichtigt; sonst wären die Postamente zwecklos gewesen.

Verbreiterung der südlichen Abseite nichts mehr im Wege. Nicht so gründlich fiel die Aenderung des Nordschiffes aus, dessen Außenmauer wohl erhöht, nicht aber, weil sie gleichzeitig die Südwand des Kreuzganges bildete, weiter nach Norden verschoben werden konnte[1]). Hier ersetzte die Rücksicht auf Raumersparnis die Wandpfeiler und -dienste durch Konsolen und wenige bis zum Boden reichende Vorlagen von dem Querschnitte des halben Achteckes. Die veränderten Nebenschiffmauern gaben die geeigneten Stützpunkte für die Rüstungen des Mittelschiffes ab, das um die Hälfte seiner bisherigen Höhe wuchs, in seinem Lichtgaden, wie das südliche Seitenschiff, maßwerkgeteilte Spitzbogenöffnungen erhielt und dessen romanische Fenster, von außen durch den Dachstuhl der Nebenschiffe verdeckt, zugesetzt wurden.

Auch in ihrem unteren Teile mußten die Mauern des Langhauses Veränderungen erfahren. Dem gebundenen Systeme der Wölbung trugen zwar die pfeilerförmigen Hauptstützen der romanischen Arkaden Rechnung, nicht aber die Mittelstützen, deren Säulenform die Aufnahme der Gewölbedienste in den Nebenschiffen nicht gestattete. Die Säulen wurden entfernt und mit ihnen die Rundbögen, deren Beseitigung wegen des vorhandenen und bestehenbleibenden Entlastungsbogens konstruktiv unbedenklich erschien. Ein Pfeiler mit wenig erhöhtem Kämpfer und beiderseitigem Spitzbogen, der aus demselben Radius geschlagen war, wie der Entlastungsbogen und der geplanten Form der Nebenschiffgewölbe wenigstens annähernd sich anpaßte, bildete die neue Füllung. Strebebögen mit ziemlich steiler Schräge und an den Pfeilern mit Abdeckungen, die zur Verstärkung der Auflast schwer gehalten sind und mit den Pfeilergiebeln nicht besonders geschickt zusammenschneiden, nehmen den Schub der Mittelschiffgewölbe auf.

Bei sechsmaliger Wiederholung des annähernd quadratischen Mittelschiffgewölbes erfuhr das Langhaus eine Erweiterung nach Westen hin um ein Drittel seiner bisherigen Länge. Eine prächtige, von Strebepfeilern flankierte Fassade mit mächtigem Hauptportal, großem spitzbogigen Mittelfenster und reich profilierter Nische im Giebelfelde schloß den monumentalen Bau im Westen würdig ab. Hauptportal und Strebepfeiler sind reich mit Figuren besetzt; eine Kreuzigungsgruppe mit Johannes und den drei Marien[2]), die aus der Zeit des Erweiterungsbaues herrührt[3]) und ehedem Reliquien ent-

---

1) Vgl. Otte, Handb. d. k. Kunstarch. S. 50.
2) Bergner, a. a. O. S. 114, Kopien nach Naumburger Originalen.
3) Leidich, a. O. S. 480, leitet den Beweis aus der Form der Inschrift ab.

hielt [1]), gab den plastischen Schmuck der Giebelnische ab. Weitere Portale befanden sich am Westende des südlichen Nebenschiffes und in der Mitte von dessen Längsfront [2]). Auch die sogenannte Evangelistenkapelle [3]), ein Vorbau des südlichen Kreuzflügels, der die verkröpfte Fortsetzung des südlichen Seitenschiffes bildet und von den Evangelistensymbolen auf den Gewölbeschlußsteinen seinen Namen erhielt, besitzt in der Längsachse des Querhauses einen Zugang zum Innern der Kirche sowie einen Ausgang ins Freie, zum Kirchhof.

Daß die 1268 vollzogene Weihe auf den vollendeten Bau sich erstreckte, darf kaum angenommen werden, wenngleich die An-

---

1) Eine Inschrift am Portale besagt: In crucifixo, qui est in superiore triangulo, iste continentur reliq(ui)e : Andree apostoli, martyrum Laurencii, Viti, Thebeorum martyrum confessorum, Nicolai, Augustini, Cecilie virginis. I(s)ti sancti orent pro nobis. Puttrich, Schul-Pforte S. 7, in Denkm. d. Bauk. d. Mittelalt. in Sachs. 1838 : „Nachsuchungen bei der jetzigen Wiedererstellung der Façade nach diesen Reliquien haben jedoch zu keinem Resultate geführt. Vielleicht sind sie bei Räumung des Klosters von den Mönchen weggenommen und anders wohin gebracht worden." Nach Bergners Vermutung ruhen sie noch jetzt innerhalb des Mauerwerkes.

2) Das Westportal des nördlichen Seitenschiffes wurde 1855/56 an Stelle eines dreiteiligen Fensters angelegt und dem vorhandenen südlichen Portal nachgebildet. Es ist möglich, daß hier ehedem ein Portal sich nicht befunden hat, denn den westlichen Teil des Nordschiffes nimmt ein niedriger, eingewölbter, jetzt stark entstellter Raum ein, vermutlich die ehemalige Moritzkapelle, die nach Corssen, a. a. O. S. 215 f., schon in romanischer Zeit bestanden haben soll. Die Abbildung der Westfassade bei Puttrich, a. a. O. Bl. 2, zeigt Maßwerkfenster mit großem Dreipaß. Zu Puttrichs Zeit war dieses Fenster vermauert.

3) So genannt bei Schorcht, Merkw. d. Pfört. Kirch. S. 12.

Corssen, a. a. O. S. 262 : „Daß die Evangelistenkapelle frühzeitig als Begräbniskapelle benutzt wurde, beweisen die dort noch liegenden Grabsteine der Grafen von Heldrungen und der Edlen von Tannenrode."

Bergner, Beschr. Darst. d. ä. Bau- . Denkm. d. Prov. Sachsen, Naumburg-Land S. 117 : „Ihr älterer Titel ist nicht bekannt, jede urkundliche Bezeugung fehlt. Doch läßt sich ihre ursprüngliche Bestimmung wohl durch Analogien erschließen. Den deutlichsten Fingerzeig gibt hier die Situation im Kloster Ebrach bei Bamberg. Hier ist genau wie in Pforte an den einen Kreuzarm die Sakristei, an den anderen eine Grabkapelle, Sepultur, unter dem Titel St. Michaelis, des Totenführers und Seelwägers, vorgelegt. Für Pforte wird diese Bestimmung dadurch gewährleistet, daß sich hier die Erbbegräbnisse der Varch, der Heldrungen und Tannrode befanden. Es ist an sich wahrscheinlich und wird durch den gegenwärtigen Befund des kleinen Anbaues bekräftigt, daß die Sepultur schon kurz nach der Vollendung der romanischen Basilika errichtet wurde. Jedenfalls lag sie schon dem Meister Albertus vor. Als er den Umbau des Schiffes begann, stellte er durch 2 Joche an der Westseite des Südkreuzes die Verbindung zwischen dem südlichen Seitenschiff und der Sepultur her. Sehr viel später, nach Abschluß der Arbeiten am Schiff und an der Westfront, wurde auch die Kapelle selbst (um 1320—30) umgebaut, nur so ist es zu erklären, daß der Fensterarchitektur die hellen Kontraste dicht nebeneinander treten. Aeußerlich ist jetzt der Eindruck, daß das Seitenschiff einfach um das Südkreuz herumgeführt wurde."

wesenheit von drei Bischöfen dafür spricht, daß die geweihten Bauteile größeren Umfang gehabt haben. Noch nach diesem Termine
wurde ein Ablaß ausgeschrieben, und es ist, zumal die Bauformen
verschiedenes Alter zeigen, so gut wie sicher, daß der Gesamtbau
eine weit längere Zeit als 18 Jahre in Anspruch nahm und die Haupt-
weihe schon nach dem Ausbau des romanischen Langhauses vollzogen wurde [3]).

3) Walkenrieds 1216 begonnener Umbau wurde erst 1293 beendet. Vgl. Eckstorm,
Chron. Walkenred. Nach Kugler, Gesch. d. Bauk. III S. 264, stammt die Westfassade
aus dem Anfang des 14. Jahrhunderts.

Puttrich, a. a. O. S. 3, bezieht die Weihe auf den vollendeten Umbau, glaubt aber
trotzdem, S. 6, an eine Verlängerung der Kirche im 14. Jahrhundert. Auch Corssen
a. O. S. 244, nimmt an, daß der Neubau innerhalb des Zeitraumes von 18 Jahren
vollendet war; er hält den ganzen westlichen Teil des Langhauses für wesentlich jünger
und für den Umbau eines Baptisteriums, S. 267 f. Auch ist er, S. 254, der Meinung,
daß „das nördliche Seitenschiff gleichzeitig mit der Erweiterung der Kirche nach Westen
zu gegen die Mitte des 15. Jahrhunderts erneuert worden ist". Leidich hat diese irrige
Ansicht bereits widerlegt.

Daß ein Baptisterium am Westende der Kirche vorhanden war, kann nach den von
Corssen, a. O. S. 271, gesammelten Anhaltspunkten nicht zweifelhaft erscheinen. Seitdem die Mönche in Pforta mit der Seelsorge sich befaßten, aber auch erst dann konnte
eine Taufkapelle, deren Platz gemäß kirchlicher Vorschrift im westlichen Teile des Gotteshauses sich befand, nicht mehr entbehrt werden. Alles spricht dafür, daß die Moritzkapelle diesem Zwecke dienstbar gemacht wurde.

Leidich, a. a. O. S. 361, nach dem Vorgange von Corssen, a. a. O. S. 250: „Die
an den Chor- und Mittelschiffswänden zerstreut dargestellten gleicharmigen, in Kreisen
umschlossenen Kreuze erinnern an Diözesan-Bischöfe, welche Altäre, Kapellen u. a. m.
hier geweiht haben. Aehnliche Kreuze finden sich schon in der um 60 bis 70 Jahre
älteren Abtskapelle, wenn auch nicht in so anspruchsvoller Größe." Es sind die Kreuze,
vor denen, wie in katholischen Gegenden noch jetzt üblich, bei Gelegenheit der Weihe
der Kirche durch den Bischof Kerzen angezündet wurden und am Gedächtnistage der
Kirchweihe Kerzen brennen sollen. Der Bischof weiht die durch das Kreuz bezeichnete
Mauerstelle. Vgl. auch Otte, Handb. d. k. Kunstarch. S. 253. Im westlichen Teile des
Langhauses besitzen die Kreuze (wohl infolge des jüngeren Alters) andere Form, als
dessen östlicher Hälfte.

Bergner, Beschr. Darst. d. ä. Bau- Denkm. d. Prov. Sachsen, Naumburg-Land
S. 94: „Es kann unbedenklich ausgesprochen werden, daß die Weihe von 1268 nur den
Chor betraf. Eine Bauzeit von 18 Jahren allein auf dieses ausgezeichnete Werk zu
rechnen, ist durchaus angemessen und entspricht auch dem bedächtigen Betriebe, wie wir
ihn in anderen Fällen kennen." S. 122: „Der Umbau des Langhauses begann erst nach
1268 noch unter dem alten Meister Albertus und zwar mit den beiden westlichen Jochen
der Sepultur und den 8 östlichen des südlichen Seitenschiffs. Sein Plan lag aber dem
ganzen Um- und Erweiterungsbau und wahrscheinlich auch der Fassade zugrunde. Hiernach führte sein Nachfolger die 3 (oder 4?) östlichen Joche des Mittelschiffs auf, wölbte
das nördliche Seitenschiff. Möglich ist, daß nun zunächst die Fassade aufgerichtet wurde
(ca. 1290—1300) und die beiden westlichen Traveen des Schiffs erst in der Zeit 1300 bis

Daß die baulichen Veränderungen an der Kirche zu Pforta in
der Tat in der beschriebenen, durch eine zweckmäßige Einteilung
der Bauarbeiten begründeten Reihenfolge stattfanden, bestätigen die
Formen der einzelnen Bauteile. So harmonisch der Bau angelegt ist
– soweit das bei dem Umbau eines vorhandenen Gebäudes überhaupt
möglich war – und so überlegt der ganze Plan von Anfang an gewesen sein muß, die Einzelheiten lassen eine Entwicklung erkennen, die
ebenso gut durch die Dauer der Bauzeit wie durch eine Geschmacksänderung des Architekten, Meister Alberts, sich erklärt [1]). Der Grundsatz, die Gewölbedienste bis zum Fußboden herabzuführen, der im
Chor und auch noch in den Abseiten Anwendung fand, ist im Lang-
haus-Mittelschiff aufgegeben; hier werden die Gewölbevorlagen durch
Konsolen aufgefangen. Sind die Dienste im Chor noch frei vorgelegt und nur durch Bunde mit der Mauer in Zusammenhang gebracht, so weist der ganze westliche Teil der Kirche, einschließlich
der Evangelistenkapelle, nur eingebundene Dienste, zu je dreien in
einem Bündel vereinigt, auf. Form des Hauptgesimses ist am Querschiff, Chor und Langhaus verschieden, das Ornament in der West-
hälfte und in der Evangelistenkapelle jünger und roher, als in der
Osthälfte. Romanisierende Formen finden sich nur an den Kapitellen der Eckdienste in der Vierung und an der Tür auf dem
Zwischenpodeste der Treppe im nördlichen Kreuzarm. Auch die
Form der Kreuzschiffgiebel gehört ebenso wie ihre eigentümliche
Bekrönung noch dem Uebergangsstile an. Im Gegensatze zu den
reich gegliederten Rippenprofilen in den übrigen Teilen der Kirche
zeigen Gurt- und Diagonalrippen im Querhause noch den rechteckigen
Querschnitt mit ausgekehlten Kanten [2]).

Daß die Evangelistenkapelle zu den spätesten Bauteilen gehört,
beweist neben der nachlässigen Art der Technik in der Bearbeitung
des Blattwerkes der nicht gerade gute Geschmak im Entwurf der
Kapitelle und der Mangel eines feineren Gefühles für die Wechsel-

---

1320 eingefügt wurden, doch spricht auch manches für das umgekehrte Verfahren. Der
jüngste Bauteil ist die Südseite der Sepultur ca.1320—1330.“
  Dehio, a. a. O. S. 248: „Wenig jünger [als die seit 1251 begonnene Einwölbung
des Querschiffes], unter anderer Leitung entstanden und stilistisch völlig zur Hochgotik
abgeklärt der Chor“, dessen Vollendung Dehio, wie Bergner, auf 1268 ansetzt.
  1) Bergner,   O. S. 96: „Sein (Alberts) Nachfolger, der gewiß in Albertus’
Schule gebildet war, vollendete in dieser Reihenfolge das Südschiff (die 5 westlichen Joche),
das Mittelschiff mit der gesamten Wölbung, das nördliche Seitenschiff und die Südostecke
der Evangelistenkapelle.“
  2) Hinsichtlich der Einzelheiten verweise ich auf die erschöpfende Abhandlung
Leidichs und dessen vortreffliche Aufnahme sowie auf Bergners vorzügliche Arbeit.

beziehung zwischen Rippenprofil und Kapitellform. Diese wenig exakte Arbeit paßt durchaus nicht zu der Sorgfalt, die sonst im Bau herrscht und die für eine Cisterzienserschöpfung so bezeichnend ist. Die Annahme, der Ausbau der Evangelistenkapelle habe den Beschluß der umfangreichen Aenderungen gebildet, wird durch die Wahrnehmung bestätigt, daß das hier befindliche Portal die Kopie der Nebentüre im Westgiebel und wesentlich reicher ist als der Eingang auf der Südseite des Nebenschiffes.

Noch mehr Anhaltspunkte für die Einschätzung der einzelnen Bauteile nach ihrem Alter bietet die Form der Fenster. Daß die Vermeidung jeglichen Maßwerkes bei den bescheiden dimensionierten Rosen- und Spitzbogenfenstern frühester Form im Querhause mit dem Beginn des Umbaues an dieser Stelle zusammenhängt, ist bereits oben angedeutet. Indessen, so sehr auch den Maßwerkfenstern in allen übrigen Teilen des Baues eine reizvolle Einzeldurchbildung eigen ist, eine Einteilung in mehrere zeitweise aufeinander folgende Gruppen fällt nicht schwer. Die erste und älteste Gruppe umfaßt, ganz der Entstehung der Bauteile entsprechend, die Fenster des Chores. In bester Frügotik nimmt Pfostenwerk, bei den vierteiligen Westfenstern altes und junges, mit Sockel und zierlichem Laubwerkkapitell abgeschlossen, die dreipaßgeteilten Füllungen der Spitzbögen auf. Jünger sind die Fenster des südlichen Seitenschiffes, deren Stabwerk zwar noch den vorgelegten Pfosten von kreisförmigem Querschnitt besitzt, auch noch mit Basis versehen ist, aber schon des Kapitelles entbehrt. Nicht auf der ganzen Länge des Seitenschiffes finden sich diese Fenster, sondern nur etwa so weit, wie die romanische Basilika reichte, ein Umstand, der die Fertigstellung des gotischen Langhauses in zwei Zeitabschnitten glaubhaft macht. Diesen Seitenschifffenstern schließen sich in Profilierung die beiden östlichen Fenster der Evangelistenkapelle an, ein Beweis, daß der Plan, das Nebenschiff um das Querhaus herumzuführen, von Anfang an bestand. Die Teilung des Bogenfeldes durch einen einzigen großen Dreipaß und die frühe unprofilierte Gewändeschräge haben die drei östlichen Fenster des Mittelschiffes mit den eben genannten Seitenschifffenstern gemeinsam. Allein, da die Aufmauerung des Mittelschiffes die Fertigstellung des Nebenschiffes wenigstens auf eine gewisse Länge zur Voraussetzung hatte, konnte in der verhältnismäßig freilich nicht langen Zwischenzeit schon eine Geschmacksänderung eingetreten sein. Daß dies der Fall war, zeigt die Form des Stabwerkes in den Mittelschifffenstern, das die runden Pfostenvorlagen ganz verloren hat und ohne Basis und Kapitell in schräger Profilierung sich im Rahmen fortsetzt.

Ganz anderen Charakter, als diese östliche Hälfte des Langhauses, trägt die westliche Fortsetzung, und es dürfte kaum zweifelhaft sein, daß die Erhöhung des romanischen Langhauses sowie dessen Deckung erledigt wurde, bevor man die Verlängerung nach Westen in Angriff nahm. Uebel genug war gewiß die Einschränkung beim Gottesdienste empfunden worden, solange der Chor wegen des Umbaues abgesperrt war, und man mochte froh sein, daß die noch größere Einschränkung, welche die Absperrung des Langhauses nach Vollendung des neuen, nunmehr benutzbaren Chores zur Folge hatte, mit der Fertigstellung des gotischen Langhauses, wenigstens soweit es die romanischen Untermauern und die Rücksicht auf den späteren Anschluß gestatteten, ihr Ende erreicht hatte. Die Schranke im Triumphbogen konnte fallen und die drei vollendeten Joche des Langhauses in kirchliche Benutzung genommen werden. An seinem westlichen Ende fand der unfertige Bau einen neuen provisorischen Abschluß, der das westliche Arbeitsfeld vom östlichen Gottesdiensträume trennte.

Die Spitzbogenfüllung in den Fenstern der östlichen Querhaushälfte befriedigte offenbar nicht mehr, als man an die Detaillierung der westlichen Fenster heranging. Der Dreipaß erschien zu groß, man darf sagen, immer noch zu groß, denn schon im östlichen Teile hatte er bei den jüngeren Fenstern eine Verkleinerung erfahren, nicht nur im Nebenschiff, sondern auch im Hauptschiff. Statt des einfachen Dreipasses wählte man in den neuen Teilen die in Dreiecksform gruppierte Kombination von drei Dreipässen, die das Bogenfeld allerdings besser füllte [1]). Doch auch bei dieser neuen Maßwerkzusammenstellung ging es ohne Aenderungen nicht ab. Im Nebenschiff umgab man jeden einzelnen Dreipaß mit einem Kreise und umschloß die so gewonnene Figur mit einem gemeinsamen Ringe; daneben fand der Einzelvierpaß, ebenfalls im Kreise, in abwechselnder Reihenfolge der Fenster Anwendung. Beide Figuren erfuhren bei den nachfolgenden Bauteilen eine Korrektur. Die Kreise der Dreipässe wurden bei den Fenstern des Hauptschiffes, die übrigens ein schlankeres Verhältnis bekamen, als ihre östlichen Gegenstücke, fallen gelassen. In den Südfenstern der Evangelistenkapelle, auf deren späte Entstehung auch der gedrückte Spitzbogen und die

---

1) Das Maßwerk der vier westlichen Fenster im südlichen Seitenschiffe ist bei der Restaurierung von 1855.56 erneuert worden.

eingesetzten Nasen hinweisen, erhielt das Vierpaßfenster eine Bereicherung durch zwei seitliche Dreipässe. Allen diesen Fenstern ist
das Fehlen des Rundstabes an den schlanken Pfosten und die tiefe
Kehle im Seitengewände gemein. Mit der Aenderung der Fenster-
form ging sowohl beim westlichen Teile des Langhauses als auch in
der Evangelistenkapelle eine Umgestaltung der Streben Hand 'in

Fig. 106. Rose und Spitzbogenfenster in der Südwand des Chores von Pforta
nach Leidich (Zeitschrift für Bauwesen).

Hand. Natürlich waren beide Abweichungen nicht so erheblich, daß
sie sich störend bemerkbar machten.

Ganz und gar nicht in den Rahmen dieser maßvollen und konstruktiv empfundenen Formen passen die Fischblasen-Maßwerke der
beiden südlichen Chorfenster, der westlichen Fenster der Evangelistenkapelle und des fünften Fensters (von Westen gerechnet) im süd-

lichen Nebenschiffe hinein, eine Tatsache, die um so auffallender ist, als das zugehörige Pfostenwerk die guten alten Formen bewahrt hat und die Fischblasen selbst das ungewöhnliche Profil des Rundstabes tragen. In demselben bizarren Geiste ist die Südrose im Chore gehalten, deren unlogische Entwicklung am besten daraus erhellt, daß die Radialpfosten die Kernfigur, einen Stern, nicht auf dessen Spitzen, sondern in dessen Vertiefungen treffen, eine konstruktiv höchst bedenkliche Komposition, die schon viele Instandsetzungen zur Folge gehabt hat (Fig. 106). Kein Zweifel, es handelt sich hier um spätgotische Ausbesserungen bezw. Ergänzungen, die in der Linienführung den Geschmack ihrer Entstehungszeit und in der Wahl der Profile die Absicht verraten, sich den erhaltenen, noch brauchbaren älteren Teilen möglichst anzuschließen. Es sind die Erneuerungsarbeiten aus der Zeit um 1436, deren Kosten aus den Erträgen des vom Kardinal Johannes 1442 ausgestellten Ablasses gedeckt wurden, interessante Beiträge zum Kapitel, wie man im Mittelalter restaurierte. Mit ihnen fiel die Instandsetzung des Westgiebels, insbesondere dessen staffelförmiger Abschluß sowie die Wiederherstellung des Daches und des Dachreiters zeitlich zusammen [1]. Möglicherweise erhielt erst bei dieser

---

1) Inwiefern die Fialen und die Brüstung des Westgiebels mit der Bautätigkeit von 1436 zusammenhängen, ist schwer zu sagen, da nicht feststeht, wie weit hier die Restauratoren von 1855/56 konservatorisch verfahren sind.

Bergner, K. Kunstaltert. i. Deutschl. S. 123: „Einfacher im Detail, wirkungsvoller im Aufbau [als die erste reingotische, noch ganz französische Fassade des Südkreuzes zu Thalwimpfen] ist die Westfront von Pforte etwa Mitte des 14 Jh. (!), wo der Dreiklang, Portal, Fenster, Staffelgiebel (mit Galerie und Blendbogen) zu einer ungemein straffen und schlanken Schildwand des Mittelschiffs geworden ist."

Dehio, a. a. O. S. 249: „Die Westfassade hat außerdem das Eigentümliche, daß sie allein auf das Mittelschiff komponiert ist, während die Seitenschifffronten zurückspringen und durch wagerechten Abschluß mit abgewalmtem Dach noch unscheinbarer werden. Die eigentliche Fassade ist also ein sehr schmales und hohes Gebilde, eingerahmt zwischen zwei weit vorspringende Strebepfeiler, horizontal geteilt in drei jedesmal zurückspringende Stockwerke: zu unterst großer Nischenvorbau, in dessen Hintergrund das an sich einfache Portal und über diesem an der Wand eine Statuengruppe; im Mittelgeschoß weites, fünfteiliges Maßwerkfenster; zu oberst vor dem abgetreppten Giebel noch einmal eine spitzbogige Nische mit reicher Brüstung und Statuenwand. Sicher eine originelle Idee! Aber um sie überzeugend auszugestalten, reichte die künstlerische Kraft des Meisters nicht hin. Völlig ungenügend waren dann die Hände, denen die Ausführung des Statuenschmuckes, der in der Gesamtkomposition eine so wichtige Rolle spielen sollte, zugewiesen war; man sieht erschreckend deutlich, daß der große Naumburger Meister keine Schule hinterlassen hatte."

Dohme, Die Kirchen d. Cist.-Ord. i. Deutschl. S. 126: „Im 15. Jahrhundert fand dann ein neuer Umbau der westlichen Teile so wie der Façase statt und zwar geschah dies, wie es scheint, den Jahren 1436—1442. Die Veränderungen im Grundriß be-

Gelegenheit das Chordach sein zweites (östliches) Türmchen und die Moritzkapelle ihr noch in Resten vorhandenes Sterngewölbe.

Des öfteren durch An- und Einbauten entstellt, fast ebenso häufig restauriert[1]), ist die Klosterkirche zu Pforta, noch heute als Gotteshaus der Landesschule in Benutzung, auf uns gekommen als die besterhaltene Cisterzienserkirche in Thüringen und als eines der größten und schönsten kirchlichen Bauwerke des Landes zugleich. Ueber 70 m lang, über 16 m im Mittelschiffe hoch, mußte sie auch einer Generation, die durch den Maßstab großer Dome verwöhnt war, als monumentales Werk und als würdiges Gotteshaus einer bedeutenden Abtei erscheinen. Wurde sie in den Dimensionen auch von ihrem turmreichen Nachbarn in Naumburg übertroffen, so hatte sie vor dieser Bischofskirche im Aufbau doch den Vorzug größerer Einheitlichkeit voraus. Unter den Ordenskirchen bot Pfortas Langhaus das Maximum an Ausdehnung[2]). Bei allen ihren architektonischen Schönheiten fragt es sich nur, inwiefern wir in ihr noch eine charakteristische Schöpfung der Kongregation von Citeaux erblicken dürfen.

In der Unterlassung des Ausbaues massiver Türme auch bei Erweiterung des Baues darf wohl die Befolgung einer der Grundregeln des Ordens erblickt werden. Der Verzicht mochte schwer genug fallen, braucht aber nicht gerade zu befremden. Denn nicht mehr die Cluniacenser mit ihren turmreichen Kirchen waren es, die mit dem Orden im Wettbewerb standen, sondern die Bettelmönche, die, seit dem 13. Jahrhundert in den Städten ansässig, des allein den Pfarreien zustehenden öffentlichen Glockengeläutes sich enthalten mußten. Begnügte sich Pforta, wie die schnell zu Ansehen gelangenden Klöster der neuen Richtung in den Nachbarstädten, mit einem Dachreiter, so blieb der Charakter des Neubaues als eines Bethauses in bestem klösterlichen Sinne bestehen. Auch mag die Auffangung der Gewölbedienste durch Konsolen im Mittelschiffe des Langhauses durch Nachahmung ordensverwandter Vorbilder ihre Erklärung finden. Zweifellos cisterziensisch ist ferner die Art der Fensterverglasung[3]). Die Grisaillemuster, in bräunlich schimmerndem

trafen die Verlängerung des Langhauses um zwei Gewölbequadrate, so daß es deren jetzt sechs statt der früheren vier im Mittelschiff zählt" (?).

1) Ueber die baulichen Veränderungen vgl.:
Schamelius, Chron. Port. I S. 192—212.
Corssen, a. a. O. S. 111 u. 125.
Leidich, a. a. O. S. 352, 354 u. 362.
2) Otte, Handb. d. k. Kunst-Archäologie S. 48 u. 82, u. Dohme, a. a. O. S. 126.
3) Prieß, Die Glasfenster d. Cist.-Abt. K. Pf., Zeitschr. f. Bauwesen 1893
S. 585 f.

Schwarzlot gemalt und nur an ganz vereinzelten Stellen durch farbige Punkte belebt, entsprechen zwar mit ihren Blumen- und Drachen-
figuren dem Beschlusse des Generalkapitels von 1134, der weiße,
malereifreie Fenster verlangte, nur ungenau, indessen, da die Mönche
diese Vorschrift allgemein so auffaßten, daß die Graumalereien nicht
verboten seien, darf man mit Grund die Verglasungen der Chorfenster zu Pforta als Stücke echter Cisterzienser-Kunst bezeichnen.
Um so höher ist die Beibehaltung dieser Technik einzuschätzen, als
um dieselbe Zeit Naumburg für seine neuen Domchorfenster die
raffiniertesten Farben wählte. Allein diesen Eigentümlichkeiten stehen
so viele Abweichungen von der Normalie der Cisterzienserkirche
gegenüber, daß die Annahme berechtigt erscheint, Pforta sei es gar
nicht mehr ernstlich um die Durchführung der Ordens-Bauvorschriften
zu tun gewesen.

Im Aeußeren entbehrte die Kirche des ehedem für Cisterzienserbauten so bezeichnenden Westanbaues, der wahrscheinlich durch den
Fortfall der Frontaltürme und des zwischen ihnen gelegenen Eintritts-
raumes für die Ordenskirchen nötig gewordenen, jedenfalls sehr
zweckmäßigen Vorhalle. Ihre Anlage wäre allerdings nur möglich
gewesen, hätte man auf das prächtige, hochgezogene, mit Giebel,
Figuren und Fialen geschmückte, tiefleibige Portal verzichtet, ein
Opfer, das viel Selbstverleugnung verlangt hätte in einer Zeit, da
die Baumeister der neuen Dome in der Ausbildung des Westeinganges
sich nicht genug tun konnten[1]). Mehr als ausreichend für eine Cisterzienserkirche waren die Abmessungen, vor allem die Höhe, die der
beschieferte Dachreiter erhielt, und wer weiß, ob nicht das Glockenhaus in massivem Mauerwerk aufgeführt wäre, wenn es die Substruktionen zugelassen hätten; um ein Uebriges zu tun, versah man den
Chor mit einem besonderen Türmchen. Wo im richtigen Gefühl für
die Wechselbeziehung zwischen Gewölberippen und Wandvorlagen die
Gotik ihre Dienste bis auf die Fundamente führte, trug der Meister

---

1) Bergner, a. a. O. S. 110: „Mit aller Reserve wage ich die Vermutung auszu-
sprechen, daß der Fassade ein älterer einfacherer Plan des Meisters Albertus zu Grunde
liegt, welcher den Portalvorbau und die Giebelnische noch nicht enthielt. Die Streben
mit den Figuren der Voreltern, die Männer mit den langen Zetteln, vor allem das Fenster
erinnern zu lebhaft an den gleichaltrigen Schmuck der Liebfrauenfassade in Trier und nur
an diese, wohin ja auch das System des Chores wies. Andererseits sind die Brüstung
der Galerie und die Kreuzigungsgruppe   Entlehnungen vom Naumburger Westlettner,
der 1270—1280 entstand. Daß die Ausführung mit den Zusätzen in einem Guß — wohl
erst nach ca. 1300 — vor sich ging, ist außer Zweifel, da die berührten ‚Zusätze‘ mit der
Stirnmauer durchaus bündig gearbeitet sind. Außerdem ist diese eine Tatsache inschriftlich belegt."

von Pforta kein Bedenken, von der Ordenssitte abzuweichen und dort, wo Gestühl und Mauersäulchen miteinander nicht in Kollision gerieten, die Konstruktion der Pfarrkirchen auch auf seinen Bau anzuwenden. So begründet die freiliegenden Strebebögen des Langhauses waren, zu einer Cisterzienserkirche paßten sie nicht. Mit dem Mangel an Uebung in der Anwendung dieser Konstruktion mag die Tatsache zusammenhängen, daß die Strebebögen ohne Vermittlung von Wandpfeilern unmittelbar gegen die Mauer ablaufen. Die reichen Konsolen, die laubgeschmückten Kapitelle, die in Komposition wie Mannigfaltigkeit gleich bewundernswerten Gewölbe-Schlußsteine atmeten gewiß nicht den strengen Geist Bernhards. Mehr, als erlaubt war, mußte der Wechsel der Motive das Auge des Künstlers wie des Beschauers beschäftigen. Die Verwendung von figürlichem, sogar symbolischem Schmuck an den Konstruktionsgliedern ließ sich mit den Grundsätzen, die der große Heilige des Ordens den Bauleuten mit auf den Weg gegeben hatte, nicht vereinen. Statuen, wie sie in Pforta Inneres und Aeußeres der Kirche schmückten, paßten schon gar nicht für ein Cisterzienser-Bethaus, und vollends gehörten die Bilder der Stifter, denen der Glorienschein fehlte, nicht in das Sanctuarium.

Ein schlichtes Grabkreuz sollten die Aebte nach ihrem Tode erhalten; in Pforta hingen ihre Vollbilder an den Wänden. Wären die üppigen Nischen im Chore fortgeblieben und die Schnitzerei des Gestühles weniger reich ausgefallen, die Andacht hätte nicht gelitten. Die figurengeschmückten Grabplatten, die den Boden der Kirche bedeckten, sehen noch bescheiden aus gegenüber dem Prunksarkophage Georgs von Meißen [1]). Hinter dem Bildhauer her arbeitete der Maler. In der Tat, die Begriffe über die Grundeigenschaften einer Cisterzienserkirche hatten sich in Pforta verwischt; die Kraft, die reichere Bauart des Weltklerus abzulehnen, war verloren. Wie der Dombaumeister von Erfurt kein Bedenken trug, die Spitzbogennische des Westgiebels zu Pforta als Vorwurf für seinen Hauptgiebel zu benutzen, so lag für Pforta keine Veranlassung vor, sich in nächster Nähe nach Motiven für seinen Neubau umzusehen.

• Nichts kennzeichnet die bewußte Abweichung von den Ordenstraditionen mehr, als die Form des Chores. Wie ganz anders hatte man bis dahin das Problem der Chorerweiterung angefaßt. Fast hat es den Anschein, als ob die Vermehrung der Nebenkapellen und ihre

---

1) Nach Ordensvorschrift mußten die Grabsteine ohne Skulptur bleiben, vorzugsweise deshalb, damit die Vorübergehenden sich nicht an den Reliefs stießen. Coaequentur terrae, ne sint offendiculo transeuntium, hatte das Generalkapitel von 1194 bestimmt.

praktische Anordnung weniger interessierte, als die Gewinnung eines
prunkvollen Hauptaltarhauses. So zweckdienlich der rechtwinklige
Umgang mit Kapelleneinfassung erscheinen mußte, und so leicht seine
Herstellung in Pforta gewesen wäre, der nüchterne Aufbau schreckte
ab in dem Augenblicke, als der polygonale Chorschluß in Deutschland seinen Einzug hielt. Und doch ließ sich die Frage nach Schaffung von neuen Altarplätzen nicht umgehen. Die Aufhöhung der
Kapellen an der Ostseite der Kreuzarme ergab bei der Eigenart des
Zuganges im ganzen nur zwei Räume. Das vergrößerte Langhaus
war für die Aufstellung von Altären nun zwar weiter auszunutzen,
und vermutlich fanden an den Pfeilern auch Altäre Aufstellung, zumal den Laien Gelegenheit geboten werden mußte, der Messe beizuwohnen. Aber eine Grenze mochte auch hier gegeben sein, denn
einer Verteilung der Altäre über die ganze Kirche mußte das Bedenken entgegenstehen, daß die Laien den westlich aufgestellten
Altären den Rücken zukehrten und daß das nach dem Haupteingange zu dichter stehende Volk dem celebrierenden Priester un-
gebührlich nahe rückte. Und so war wohl die Frage nach Unterbringung von weiteren Altären für den starken Klosterklerus nach
wie vor zu lösen. Für einen Anbau blieb, da die Nordfront durch
die Klostergebäude bereits eingebaut war, nur der südliche Arm des
Querhauses übrig, und es dürfte erlaubt sein, in der Evangelistenkapelle diejenige Erweiterung zu erblicken, welche die Unterbringung
neuer Altäre ermöglichte, um so mehr, als eine andere glaubhafte
Erklärung dieses Querhausanbaues noch aussteht [1].

Ob nun die einzelnen Altäre in diesem Anbau durch Trennungswände, vielleicht durch Holzschranken von einander gesondert waren,
steht dahin; es fragt sich eben, wie weit die Cisterzienser in Pforta noch
Wert auf die ehemals so streng beobachteten rituellen Vorschriften
legten. Wenn die Reihe der Altäre durch eine Tür unterbrochen
wurde, so war das ein Mißstand, den die Lage des Kirchhofes mit
sich brachte; eine Oeffnung, durch welche die Mönche ihre toten
Brüder zu Grabe trugen, war an dieser Stelle unentbehrlich.

Man erkennt, der Wille, um jeden Preis ein zeitgemäßes, weit-
räumiges, lichtdurchflutetes Chorhaus zu bekommen, war stärker gewesen, als der Wunsch, ordensgerechte Altarräume in der erforderlichen Anzahl zu gewinnen, wie sie das bewährte Schema von Citeaux
garantierte. Die Mode hat die Anhänglichkeit an die Schulregel

---

1) Ob ein Hinweis auf Pontignys Grundriß (Fig. 29) angebracht ist, lasse ich dahingestellt.

überwunden. Pfortas Chor würde keinem Dome Unehre machen; er ist alles andere, als der östliche Abschluß einer Cisterzienserkirche. Die Absicht, die bisherigen Bahnen zu verlassen und dieselben Wege einzuschlagen, welche die Meister der Pfarr- und Kathedralkirchen gingen, liegt zu Tage. Woher die Anregung kam, kann nicht zweifelhaft sein.

Derselbe Bischof Dietrich II. von Naumburg, der Pforta 1268 einen Ablaß zum Neubau bewilligte und der Weihe nur infolge Ver-

Fig. 107. Westchor des Domes zu Naumburg nach Bergner.

hinderung fern blieb, hatte 1249 einen offenen Brief erlassen, in dem er zur Vollendung des Naumburger Domes aufforderte. Der kunstliebende Kirchenfürst, dem die Baukapitalien allerdings bald ausgingen, wollte durch die Erweiterung seiner Kirche sich und den früheren Wohltätern des bischöflichen Stuhles, meist Angehörigen seines Geschlechtes, ein Denkmal setzen; die Statuen der angeblichen ersten Gründer des Domes sollten in dem neuen Bauteile ihre Aufstellung finden. „Als Kunstmäcen hatte er die ausgezeichnetsten Kräfte um sich geschart und gefesselt. Er verstand es, große Aufgaben zu stellen und dann den Künstler frei walten zu lassen"[1]). Der Westchor des Domes (Fig. 107) ist das Werk dieses Bischofes aus dem Wettiner Hause. In völlig neuen Formen schloß sich der neue Bauteil dem romanischen Langhause an; die reife Gotik ist in Naumburg über Nacht erstanden. Das Chorquadrat, in Anlehnung an die quadratischen Kreuzgewölbe des Langhauses nicht mit zwei selbständigen oblongen Kreuzkappen, sondern mit einem einzigen sechsteiligen Gewölbe überspannt, erhielt das aus fünf Seiten des Achteckes gebildete Polygon als östlichen Abschluß. Nach der Zahl der Rippen gegliedert, gehen die Wandvorlagen in Bündeln von drei und fünf Diensten zur Erde (Fig. 108). Eine Blendarkadur, die über den Rücklehnen der Chorstühle beginnt, gliedert im Chorquadrat die Längswände, deren Obermauern in ihrer östlichen Hälfte durch einen Gurtbogen geöffnet sind. Den Mauerkern zwischen den zweiteiligen hohen, an den Pfosten mit Säulchen besetzten Spitzbogenfenstern durchschneidend, umzieht ein Laufgang, von Spindeltreppen aus zugänglich, die Wand des Chores. Zwölf lebensgroße, an den Wänden und Stützen verteilte Statuen schmücken in Höhe des Laufganges den in den besten Verhältnissen getroffenen Innenraum, die „Halle der Stifter". In erstaunlicher Mannigfaltigkeit und Geschmacksfeinheit, in geschicktester Modellierung und Gruppierung, in stärkstem Gegensatze zum stilisierten Ornamente der romanischen Bauteile decken die Blätter und Blüten der Wiesen und Wälder, ganz naturalistisch aufgefaßt, die Kapitelle, „ewig gültige Muster, die in dieser Fülle und Pracht in Deutschland ihresgleichen nicht haben"[2]).

Für die Architektenwelt Sachsens und Thüringens bedeutete die Chorform in Naumburg eine Neuerung, die, ohne eine Erfindung des Naumburger Meisters zu sein, für die nächstfolgenden Bauten bestimmend werden mußte. Dem vom Westen kommenden neuen Baugedanken hat Naumburg Eingang in Mitteldeutschland verschafft. Nichts lag näher, als daß Pforta, im Begriffe, sein Gotteshaus zu vergrößern, unter Hintansetzung der beengenden und veralteten Bauvorschriften· des französischen Centralklosters sich die Neuerung zu eigen machte. Bedenkt man jedoch, daß um dieselbe Zeit Georgenthal die Normalie von Citeaux wiederholte und daß Naumburgs Chor vorläufig noch eine Sonderleistung bedeutete, so kann man sich über die

---

1) Bergner, Beschr. Darst. d. ä. Bau-   Denkm. d. Prov. Sachsen, Stadt Naumburg S. 10.

2) Bergner, a. a. O. S. 312.

Kühnheit in Pforta nur wundern. Sollte der baulustige Bischof den befreundeten Mönchen mit Rat und Tat zur Hand gegangen sein?

Daß das Programm beim Kloster- wie beim Dombau nach denselben Gesichtspunkten aufgestellt war und im wesentlichen auch dieselbe Lösung fand, ist nicht zu verkennen. Wenn in Pforta nach gotischer Schulregel das Chorachteck in zwei selbständige oblonge Felder mit Kreuzgewölben zerlegt wurde, so hatte diese Abweichung ihren Grund in der Tatsache, daß man im Gegensatze zu Naumburg durch keine im Langhause vorhandenen Gewölbe gebunden war. Wenn ferner die so seltene Auflösung der Chorwände durch Nischen in Pforta an anderer Stelle erfolgte, als in der benachbarten Bischofskirche, so mag das daran

Fig. 108. Inneres des Westchores des Domes zu Naumburg nach Bergner.

liegen, daß in Pforta das vierteilige Fenster im östlichen Rechteckfelde nicht geopfert werden sollte, wenn man nicht auch noch an die verschiedenartige Aufstellung des Chorgestühles denken will. Daß die

Bauleute in Naumburg vorarbeiteten, ergibt die kühnere Konstruktion der Strebepfeiler in Pforta, die in das Innere hineingezogen sind, die Verringerung der Stärke der Füllwände und die reichere Ausbildung des Maßwerkes[1].

Ohne die Höhe der vorzüglich geleiteten Schule von Naumburg zu erreichen, bewegt sich die Ornamentik der Klostersteinmetzen in ganz demselben Geiste. Was Bergner[2] von dem Reichtum und Wert der Naumburger Plastik sagt, es gilt mit geringer Einschränkung auch von Pforta: „Die Fülle und Geschmacksfeinheit dieser Schöpfungen würde hinreichen, um wenigstens zwanzig verschiedene Stilarten von der ornamentalen Aermlichkeit der antiken zu begründen." Unterblieb in Pforta auch die Bekrönung der Strebepfeiler durch Türmchen, aus deren Nischen wasserspeiende Tiere und Klosterleute sich vorbeugten, so hatte die Naumburger Hütte doch allen Grund, in dem benachbarten Bau eine mehr oder weniger gelungene Kopie zu erblicken. Sollte der Dombaumeister den Plagiatoren in jenen sich erbrechenden Mönchen ein wenig erfreuliches, echt mittelalterliches Denkmal gesetzt haben?

Daß die Gotik an dem romanischen Ursprungsbau in Volkenroda durchgreifende Veränderungen vorgenommen hat, ist nicht ge-

---

1) Bergner, a. a. O. S. 69: „Der Aufbau (des Naumburger Chores) klingt lebhaft an den gleichzeitigen Chor in Pforte an, im einzelnen ist er durch Klarheit und Einfachheit, durch schöne Verhältnisse und sparsame Zierformen überlegen." Ders., a. a. O. S. 70: „Die Gliederung (der Wände in Naumburg) ist besonders glücklich dadurch, daß sie nicht wie in Pforte bis auf die schmalen Stege hinter den Diensten durchbrochen und die Fenster in Nischen gestellt sind, sondern voll bis an die Laibungen steht." In Naumburg fehlte wohl noch der Mut. Vgl. Dohme, Gesch. d. deutsch. Baukunst S. 240. Dohme, Die Kirchen d. Cist.-Ord. i. Deutschl. S. 127: „Die Skulptur gewinnt hier eine Ausdehnung, wie sie sich in Norddeutschland nur selten wiederholt, was bei einer Ordenskirche um so mehr auffallen muß. Während die Architektur der Fassade, wie wir gesehen, dem 15. Jahrhundert angehört (?), stammen diese Figuren noch von dem älteren gotischen Westgiebel, wie durch gleichfalls erhaltene alte Inschriften, sowie aus dem Stil erkennbar wird. Dieser letztere verrät eine so augenscheinliche Aehnlichkeit mit den bekannten Skulpturen des Domes zu Naumburg, daß man deutlich die gemeinsame Schule erkennt, wenngleich die Naumburger Arbeiten den unsrigen überlegen sind." In der Beschr. Darst. d. ä. Bau- Denkm. d. Prov. Sachsen, Naumburg-Land S. 78 f. u. 225 sucht Bergner den Beweis zu führen, „daß das System des Chores von Pforta mit geringen Reduktionen von der Liebfrauenkirche in Trier abgeleitet ist, welche übrigens nach den neuesten kritischen Forschungen unserem Denkmal auch zeitlich näher gerückt wird — sie ist nämlich entgegen der spätgotischen Bauinschrift erst nach 1243 begonnen, und in ihrer Hütte dürfte Meister Albertus seine letzte Bildung genossen haben. Insbesondere muß betont werden, daß noch in der Fassade beim mittleren Fenster und bei der Verteilung des Statuenschmuckes Trierische Erinnerungen nachklingen."

2) a. a. O. S. 74.

rade wahrscheinlich. Einmal zeigen die erhaltenen Reste nur an einer Stelle eine unbedeutende Zutat des 14. Jahrhunderts, ein zweiteiliges Maßwerkfenster neben der Apsis des nördlichen Kreuzarmes, dann auch würden wohl die Westtürme, wenn solche wirklich vorhanden waren, die Verlängerung der Kirche, die bei der Bedeutung des Klosters zu erwarten gewesen wäre, verhindert haben. Eine Einziehung von Gewölben hat bestimmt nicht stattgefunden, denn an keiner Stelle des Querhauses oder Chores finden sich Spuren eines solchen; auch zeigt die gut erhaltene Westwand des Querhauses weder an den Gurtbögen der Langhaus-Seitenschiffe, noch am Triumphbogen des Mittelschiffes Gewölbereste [1]).

Es ist aber keine Frage, daß die Notwendigkeit, die Zahl der Altarräume zu vermehren, auch an Volkenroda herangetreten ist. Bei dem Fehlen bestimmter urkundlicher Nachrichten und dem fragmentarischen Zustande der Kirche kann man über Vermutungen, wann und in welcher Weise die Erweiterung des Baues bewirkt wurde, leider nicht hinauskommen. Gehäufte Indulgenzen wurden um die Mitte des 13. Jahrhunderts und um die Mitte des 14. Jahrhunderts erteilt. Es erscheint kaum gewagt, in eine dieser beiden Ablaßperioden den Bau von Altarkapellen zu verlegen. Daß der Bau derselben Mitte des 13. Jahrhunderts erfolgte, ist sehr unwahrscheinlich, denn dann würde man, die Sitte des Ordens mitmachend, nach dem Vorgange Georgenthals Chorumgang mit Kapelleneinfassung gewählt haben oder, Pfortas freilich niemals vorbildlich gewordene Anlage kopierend, den freien Kreuzarm mit Kapellen besetzt haben. Die wohlerhaltene Apsis und das anbautenfreie Querschiff zeigen, daß man die Ostteile unberührt ließ. Auch an einen Abbruch der Nebenapsiden zwecks Errichtung von zwei oder drei rechteckigen Kapellen ist nicht zu denken. Gegen eine solche Annahme spricht das Vorhandensein des gotischen Fensters an der Ostseite des nördlichen Transeptarmes. Nicht ausgeschlossen aber erscheint es, daß man in Volkenroda eine Lösung wählte, auf die der allzeit praktische Orden erst verhältnismäßig spät verfiel.

Die Anfügung eines kapellenbesetzten Umganges an einen be-

---

1) Lehfeldt, Bau- Denkm. Thür., S.-Cob.-Gotha I S. 254: „Die ehemaligen Gewölbe über diesen Räumen (den noch stehenden Ostteilen) sind abgerissen." Es ist möglich, daß Lehfeldt die über den Vierungsbögen befindliche, aus unregelmäßigen Steinen hergestellte Rollschicht nicht als Entlastungsbogen erkannt, sondern für die Bruchstellen eines Gewölbes gehalten hat. Natürlich befinden sich in den Schildseiten der freien Kreuzarme diese Rollschichten nicht, wohl aber über den Gurtbögen der abgebrochenen Apsiden. Jedenfalls ist die Kirche niemals gewölbt gewesen.

stehenden Chor hatte die mißliche Voraussetzung gehabt, daß gerade
an dem Teile des Kirchengebäudes störende Abbruchsarbeiten sich
notwendig machten, in dem Tag für Tag der ausgedehnte Gottesdienst stattfand. Wie man Räume für die Nebenaltäre schaffen
konnte, ohne den eigentlichen Chor in Anspruch zu nehmen, hatte
Pforta gezeigt. Weit geeigneter für die Anlage der Kapellen, als
die Schmalseite des Querhauses, dessen unterer Mauerkörper wegen
der Auflast große Durchbrechungen nicht erfahren durfte, mußte die
Außenseite desjenigen Nebenschiffes erscheinen, das vom Kreuzgange
nicht besetzt war. Dazu kam noch eins: die Anordnung der Nebenaltäre um den Hochaltar war nur so lange begründet, als das Laienelement dem Gottesdienste der Mönche fern blieb, also niemand sich
einfand, einer der zahlreichen Messen beizuwohnen. Im Augenblicke, wo die Bethäuser der Cisterzienser dem Volke geöffnet
wurden, verlor der kapellenbesetzte Chor seine Bedeutung. Mit der
Eigenart des Gottesdienstes fiel die Eigenart des Gotteshauses. Wollte
man noch besondere Kapellen für Altäre errichten, so mußte man
sie dem Langhause anfügen, in dem die Andächtigen sich aufhielten,
um die Messe zu hören. Den geeigneten Platz bot das Nebenschiff,
dessen Außenmauer wegen der geringen Auflast die Anlage großer
Maueröffnungen gestattete und dessen Länge in jedem Falle eine
genügende Zahl von Kapellen garantierte. Klassische Belege dafür,
daß große Abteien zu dieser ebenso einfachen wie zweckmäßigen Er-
weiterungsmethode sich verstanden, bieten Eberbach, das von 1313
an sein Nebenschiff mit einer Kapellenreihe besetzte, und Maulbronn,
das um 1120 dasselbe Verfahren einschlug. Sehr nahe liegt daher
die Vermutung, daß auch Volkenrodas nördliche Abseite den erforderlichen Zuwachs an Kapellen erhielt. Mit dieser Ansicht wäre die
Annahme einer Bautätigkeit um die Mitte des 14. Jahrhunderts recht
gut zu vereinen. Allein, wie gesagt, solange urkundliche Bestäti-
gungen fehlen, oder Nachgrabungen den Beweis nicht erbringen,
haben die vorstehenden Ausführungen nur hypothetischen Wert.

Die Kirche scheint in der so erweiterten Gestalt bis zur Reformation gestanden zu haben, um dann allerdings Langhaus und Türme
zu verlieren[1]). Mit dieser Zerstörung des Westteiles der Kirche und

---

1) Lehfeldt, a. a. O. S. 253 u. 256: „Schon in der romanischen Zeit (vielleicht bereits während des Baues) fanden Veränderungen statt (Ablässe 1276, 1285); dann wurde
in der Hochgotik des 14. J. (Ablässe 1346—1349) und in der Spätgotik des 15. Jahrhunderts die Kirche erweitert, vergrößert, in den Mauern erhöht   Auf der Südseite .
traf die Langhaus-Außenmauer ein an der Westfront des Kreuzflügels liegendes romanisches Fenster und machte dessen Zumauerung nötig. Diese Aenderung muß sicher in
das 12. Jahrhundert fallen   Der von Lehfeldt für ein Bruchstück einer Aufmaue-

der Weiterbenutzung der Ostteile für die kirchlichen Zwecke des noch kurze Zeit bestehenden Konventes mag der Bau des Dachreiters zusammenhängen, der noch jetzt eine 1525 gegossene kleine Glocke trägt [1]).

Um so augenscheinlicher hat die Gotik sich der Klostergebäude bemächtigt. Brände von 1321 und 1433 mögen die Veranlassung zu Um- und Neubauten geworden sein, mit denen man die oben erwähnten Ablässe in Verbindung bringen darf. Reste von spitzbogigen Türen und Fenstern, deren eingesetztes Maßwerk leider ausgebrochen ist, finden sich auf der Ostseite des allein erhaltenen nördlichen Klosterflügels [2]). Besser, als diese größtenteils vermauerten Bauteile, läßt der Kreuzgang, von dessen Nordflügel ein und ein halbes Joch sich erhalten hat, die prächtige Gestalt der Klosterbaulichkeiten erkennen. Die trefflichen Kreuzgewölbe ruhen auf Konsolen, von denen jede verschiedenartig gebildet ist, und tragen Schlußsteine — einer ist in die Außenwand eingelassen — mit erlesener Skulptur, die bei Wiedergabe von menschlichen Figuren selbst das Programm der Cisterzienser-Baukunst überschreitet. In Resten soll bis vor kurzer Zeit an der Nordseite des südlichen Klosterflügels noch das Brunnenhaus (der Scherbrunnen) vorhanden gewesen sein.

Der Orden hatte in Deutschland seine kunstgeschichtliche Mission, der Gotik die Wege zu bahnen, erfüllt, sobald der neue Stil Gemeingut der Architekten geworden war. Von dem Zeitpunkte an, wo die Meister der Kathedralen in sicherer Beherrschung der Wölbekunst ihr eigenes System gefunden hatten und Werke schufen, die an Größe, Glanz und Mannigfaltigkeit die von einseitigen Vorschriften abhängigen Bauten der Mönche in Schatten stellten, ging die Bedeutung des Ordens in der Baukunst mehr und mehr zurück und mit

rung der südlichen Seitenschiffswand gehaltene Bauteil ist weiter nichts, als ein später aufgesetzter Strebepfeiler, der entweder mit dem Ausbau der über dem Kreuzgange gelegenen Klosterräume zusammenhängt, oder, was wahrscheinlicher ist, die Sicherung des Querhauses gegen Ausweichen zum Zwecke gehabt hat, aber mit einer Erhöhung der Seitenschiffsmauern nichts zu tun hat. Daß die genannte Wandvorlage niemals eine größere Tiefe als jetzt (etwa 80 cm) gehabt hat und nicht mehr aus romanischer Zeit stammt, beweist die scharfkantige Bearbeitung an der Stirnseite und das Vorhandensein gotischer Profile daselbst.

1) Inschrift bei Brückner, Kirchen- u. Schulenstaat Gotha I, 1 S. 232.

2) Ausführlicher bei Lehfeldt, a. a. O. S. 256 f. Ders.: „Das ehemalige Klostergebäude, welches sich an den südlichen Kreuzflügel der Kirche unmittelbar anschließt, hat wohl unten als Speisesaal etc. für die Mönche, oben als Wohnung des Abtes gedient." Schwerlich; die Wohnung des Abtes bildete einen Bauteil für sich; jedenfalls lagen die Wohnzimmer des Abtes zu ebener Erde. Im oberen Geschosse der Klosterflügel befanden sich die Schlafräume der Mönche.

ihr die Energie, durch Betonung der Ordenseigentümlichkeiten eine Sonderstellung in der deutschen Architektenwelt einzunehmen. Das Bewußtsein der Opposition gegen die älteren Genossenschaften schwand, neue Orden lösten neue Aufgaben. Hatten die Cisterzienser früher mit Genugtuung feststellen können, wie ihre neuen Konstruktionen von der Außenwelt mit Interesse verfolgt wurden, so mußten sie um die Mitte des 13. Jahrhunderts die Wahrnehmung machen, daß kein Bischof und kein Pfarrer daran dachte, für den Neubau seiner Kirche bei der Kunst des Ordens Anleihen zu machen. Das Schema von Riddagshausen und Georgenthal, in dem doch die höchste Leistung des Ordens in der Ausbildung des Grundrisses sich verkörperte, entbehrte im Aeußeren jeder Poesie. Wie ganz anders hatten die Hirsauer in Sachsen und Thüringen abgeschnitten. Als die kurze Bewegung ihren religiösen Charakter verloren hatte, lebte der Geist ihrer Kunstrichtung fort. Die malerische Fünfapsidenanlage kam für Kirchen in Aufnahme, die zum Orden in gar keiner Beziehung standen; sie fand ihren Weg auf den Markt der Städte und in die stillen Täler eben jener Mönche, die| eigentlich ihre Feinde waren. Das nüchterne Erbe der Cisterzienser, die Frucht der Entwicklung von der Dauer eines Jahrhunderts, wollte niemand antreten [1]).

Die durch die Ausdehnung des Ordens erschwerte Uebersicht und gelockerte Zucht, Meinungsverschiedenheit im eigenen Lager, das Schwinden der Härte vieler Bestimmungen, die Berührung mit dem Laienelemente zeitigten das Streben, die Mode der weltlichen Architekten, soweit eben angängig, mitzumachen. Statt seine Bauleute noch an Profanbauten abzugeben, zog der Orden zum Bau seiner Kirchen Laienmeister heran. Der Lehrer wurde zum Schüler, in Deutschland wie in Frankreich. Pforta kopierte Naumburgs Chor, und ähnlich machten es andere Abteien vom selben Ansehen. Was den Cisterziensern unbedenklich vorkam, erschien den Hirsauern erlaubt; Thalbürgel schloß, wie Pforta, seinen Chor polygonal. Der Rest des Selbstbewußtseins ging in den Stürmen der Reformation vollends auf. Freilich trat nur an einen einzigen Mönchskonvent der Thüringer Ordensprovinz die Notwendigkeit heran, über den Entwurf eines Neubaues nachdenken zu müssen.

Reifenstein [2]) baute in der ersten Hälfte des 18. Jahrhunderts

---

1) Nur der Cisterzienserchor einfachster Ordnung lebte in Nachahmungen bei den Franziskanern fort.

2) Schneiderwirth, Cisterzienserkloster Reifenstein.

Reifenstein im Eichsfelde

Fig. 109.

Kirche und Kloster von neuem. Ganz im Geiste der Zeit und völlig frei von den Eigenheiten des Ordens erstand das Gotteshaus als einschiffiger Saalbau mit halbkreisförmigem Abschluß am Ostende und ohne Querschiff. Ein einziges Tonnengewölbe, zu fünf Jochen im Schiff, zu zwei Jochen im Chor abgeteilt, deckt den ziemlich großen Raum, dessen Altäre vermutlich zwischen den nach innen gezogenen Strebepfeilern ihren Platz fanden. Der übliche Apparat vorgeklebter Pilaster mit antikisierendem Gebälk, Gesimsen und Bekrönungen fehlt nicht, und wenn er auch keine aufdringliche Sprache redet, so beweist er immerhin, daß der nicht gerade reiche Konvent sich bemühte, die puritanischen Regeln des Ordens nach Kräften zu verleugnen. Ein ziemlich aufwändiges, fast bis zum Hauptgesimse reichendes Portal mit Säulen, Figuren und Volutengiebel bildet nebst beiderseitigen reichumrahmten Nischen[1]) den Schmuck der Westfront. Damit nichts fehlte, erhielt die im Süden der großartigen Klosteranlage (Fig. 109) gelegene Kirche auf ihrer Nordseite einen fast zu wuchtigen, massiven Turm, dessen oberer Teil entweder nicht ganz fertig geworden oder wieder abgetragen ist. Das unter dem Chor befindliche, auf zweimal vier quadratischen Pfeilern ruhende und von fünfzehn Kreuzkappen bedeckte Totengewölbe mit den wohlerhaltenen Leichennischen an den Kopfseiten verdient erhöhte Beachtung (Fig. 110 u. 111). Der ganze, 1743[2]) vollendete, jetzt als Scheune dienende Barockbau, der 1777[3]) auf der Nordseite ein zweites Portal bekam, könnte ebenso gut als Pfarrkirche in einer Stadt stehen, wie als Klostergotteshaus am waldigen Hange des Dün.

Es erübrigt noch ein Wort über die Kirchen der kleineren Mönchsklöster Thüringens. Ihre Eingliederung in die Reihe der großen Abteikirchen war nicht gut möglich, weil die Entstehungsbedingungen der Bauten dieser geschichtlich unbedeutenden Siedelungen anders lagen, als bei den Kirchen der zu einander und zum Orden in enger Beziehung stehenden und für die Aufnahme einer großen Zahl von Mönchen bestimmten Konvente. Bei der

---

Heydenreich, Bau-   Denkm. im Eichsfeld p. S. 11 f.

Dehio, Handb. d. d. Kunstdenkm. I S. 260.

Löffler, D. alten eichsfeldischen Klöster u. Stifter i. 19. Jhrdt. in Unser Eichsfeld 1906 No. 2 u. 3, der auch Mitteilungen über Beuren, Annerode und Teistungenburg bringt.

1) Duval, D. Eichsfeld 1845 S. 97, zeichnet Figuren in die jetzt leeren Nischen.

2) Inschrift an den Säulen des Westportals: Anno 1743. Am Wappen im Portalgiebel J. S. A. R. d.   Johannes Simon Abbas Reifensteinensis, der Vollender des Baues.

3) Inschrift zwischen den Säulen des Nordportals: Laudetur Iesus Christus 1777.

beschränkten Zahl der Kleriker wird ein Bedürfnis für die Anordnung
besonderer Räume für Nebenaltäre kaum bestanden haben. Um so
weniger mochte die Anlage der Nebenkapellen angängig sein, als vermutlich das Querhaus fehlte. An einen
Umgang des Chores mit Kapelleneinfassung
ist schon gar nicht zu denken.
Die kleine Gemeinde bestand wohl
vorzugsweise aus Ackerbauern, zu
deren Pastorierung wenige Geistliche
mit dem Propste ausreichten. Ihr
Gotteshaus wird daher nicht so sehr
den Namen einer Kirche, wie einer
Kapelle verdient haben; ein einschiffiger Saalbau mit flacher Decke,
geradlinigem oder polygonalem Chor
und Dachreiter mußte in den meisten
Fällen ausreichend sein. Um so
weniger mögen die baulichen Eigentümlichkeiten des Ordens zum Ausdruck gekommen sein, als die beiden
kleinen Klöster, die hierher gehören,
mit ihren Bauten nicht mehr der
Blüteperiode der Ordenskunst, sondern dem 13. und 14. Jahrhundert an-

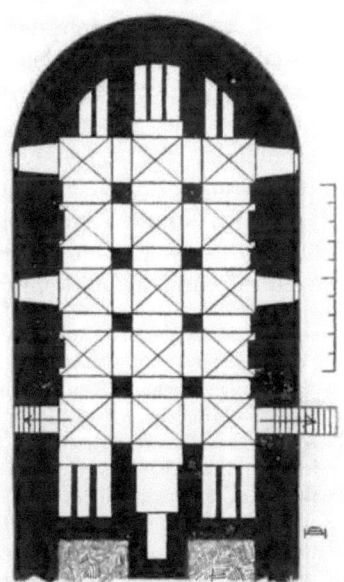

Fig. 110. Grundriß des Totengewölbes
zu Reifenstein.

Fig. 111. Querschnitt des Totengewölbes zu Reifenstein.

gehören. Doch ist etwas Bestimmtes überhaupt nicht zu sagen, denn von
den 1256 bezw. 1326 erbauten Kirchen der Klöster im Johannistal[1]

---

1) Brückner, K.- u. Schulenstaat Gotha 1758 II, 5 S. 6: „Den Ort, wo es (das
Kloster) gelegen, kann man noch gantz eigentlich wahrnehmen, nemlich rechter Hand
des Thals auf der Anhöhe under dem Breitengescheid, bey dem steinernen Häusgen. Auf
diesem Platz, so noch zu unsern Zeiten bey der Johannis-Kirche genennet wird und
welcher nebst dem daranstossenden Gehöltze dem Lohgerber zu Eisenach, Meister Heinrich Christoph Braun, zugehöret, siehet man einige Graben, welche durch Ausgrabung der

bei Eisenach und zu Georgenzell[1]) fehlt jede zuverlässige Spur.

————

Es liegt in der Natur der Frauenklöster begründet, daß ihre Kirchen nicht in dem Maße Eigenart besitzen und Interesse erwecken, wie die Bauten der großen Abteien. Einmal standen die Nonnenkonvente zum Orden in viel zu losem Abhängigkeitsverhältnis, als daß die Bauvorschriften der Generalkapitel unbedingt Befolgung gefunden hätten, dann auch war der Zusammenhang der Klöster untereinander nicht so innig, daß unabhängig von dem Schema der Mönchskirchen für gleichaltrige Bauten ein feststehender Typus sich herausbilden konnte. Nur bei etwa einem Fünftel der Frauenklöster Thüringens lassen sich Beziehungen zu ordensverwandten Abteien feststellen [2]), und nichts kennzeichnet die eigentümliche Stellung der

Grundmauer entstanden, und worinnen noch etwas Mauerwerk wahrzunehmen. Man kann sich die ungefehre Lage dieses Closters daraus vorstellen; wenigstens ergiebet die Beschaffenheit der Gegend, daß es kein grosses Closter gewesen sey." Auch Puttrich, Denkm. d. Bauk. d. Mittelalt. in Sachs. 1847 I, 2, Eisenach S. 15, erwähnt noch „ein kleines Häuschen", das an der Klosterstätte stand. Selbst diese Spuren fehlen jetzt. Merians Ansicht von Eisenach, Topogr. Sup. Saxoniae S. 52, gibt das Kloster nicht wieder. Im Ratskeller zu Eisenach befindet sich ein Gemälde v. J. 1663, das die Stadt noch im Festungszustande mit den umliegenden Klöstern und Burgen in meist deutlicher Zeichnung darstellt. Das sehr große gut erhaltene Bild, das die Aufschrift ‚Eisenach die Stadt wie sie vor alters gestanden hatt' trägt, also wohl in rekonstruktivem Sinne komponiert ist, gibt auch Kloster Johannistal wieder, das in der Unterschrift als S. Johanstal K. aufgeführt, aber nicht wie die bedeutenderen kirchlichen Gebäude beschrieben und datiert wird. Außer der sehr kleinen Kirche, die als schlichter Bau ohne Nebenschiffe und anscheinend auch ohne Querhaus dargestellt ist, besteht die unscheinbare, außerhalb der Stadt auf waldiger Höhe liegende Klosteranlage, offenbar eine der kleinsten in und um Eisenach, aus zwei oder drei Häusern, die wie die Kirche als Putzbauten mit Ziegeldeckung wiedergegeben sind, während der am Ende des Gotteshauses sitzende Dachreiter Schieferbedachung trägt.

1) Die 1897 erbaute Schule zu Georgenzell steht an der Stelle der ehemaligen Klosterkirche, jedoch sollen, wie mir die „ältesten Leute" des Ortes versicherten, die alten Fundamente nicht wieder benutzt sein. An die Klosterzeit erinnern noch der „Klostergarten" hinter der Schule, die „Klosterwiese" hinter dem Klostergarten, auf der Ziegel und Steine gefunden sind, die Gräben daselbst, die Dämme der nicht mehr erhaltenen Teiche, eine Mühle sowie das abseits des engen Tales zwischen Georgenzell und Helmers liegende „Paradies", ein Waldbestand mit Teichanlage.

Herr Oberlandmesser Hesse in Meiningen teilt mir mit, daß, soviel er sich entsinnt, 1884 „das Fundament der Kirche in einer Höhe von etwa 1 m gut erhalten war. Es war ein Rechteck von ungefähr 15 m Länge und 6 m Breite. An der Westseite {war der Eingang und neben diesem zwei halbrunde Turmansätze   Der Boden war mit Sandsteinen geglättet."

2) Es unterhielten Beziehungen Eisenach und Heseler zu Pforta, Gotha und Heyde zu Georgenthal, Groß-Furra zu Volkenroda, Nikolausrieth zu Walkenried, Glaucha zu Zinna und Sonnefeld zu Langheim.

Nonnen innerhalb des Ordensverbandes besser, als die Tatsache, daß Ichtershausen zu Thalbürgel, Sangerhausen zu Reinhardsbrunn, Allendorf zu Fulda und Cölleda zu Hersfeld halten mußte. Zudem entstand ein großer Teil der Nonnenklöster erst in der Nachblüte des Ordens.

Die Gotteshäuser der Mönchskonvente waren, wenigstens in der strengen Zeit, nur für die Bedürfnisse der Klosterinsassen berechnet worden; die Kirchen der Frauenklöster dienten in den meisten Fällen von Anfang an Kloster- und Pfarrzwecken zugleich. Die Uebernahme einer Pfarrkirche bildete hier nicht die Ausnahme, sondern die Regel. Bei der so plötzlich und in so großem Umfange auftretenden Nachfrage nach Frauenklöstern der neuen Regel konnte die Forderung nach Schaffung eines Kirchenraumes bei mangelnden oder beschränkten Geldmitteln in vielen Fällen überhaupt nur dadurch befriedigt werden, daß der adelige Patron dem neuen Konvente eine seiner Parochien überschrieb. Hatte sich bei den auf neuerschlossenem Gelände gegründeten Abteien für die Gruppierung der Klostergebäude mit der Zeit eine Normalie ergeben, welche die Grundrißform und Größe der einzelnen Räume sowie ihre Stellung zu dem stets an die Kirche sich anschließenden Kreuzgangsvierecke festlegte und von dem Grundsatze der bequemen Benutzbarkeit wie von der Rücksichtnahme auf die Eigenarten der Jahreszeiten diktiert war, so bestand für die Nonnen bei weitem nicht immer die Möglichkeit, die in geschlossenen Orten liegenden, häufig vor wie nach freistehenden Kirchen in organischen Zusammenhang mit den nachträglich errichteten Konventsgebäuden zu bringen. Selbst auf dem platten Lande stand die Kirche mitunter isoliert.

Zwar fehlte es in den Kirchen vieler Frauenklöster nicht an Altären, aber das Bedürfnis, besondere Altarkapellen anzulegen, das bei den Mönchskirchen die interessanten Chorformen schuf, war nicht vorhanden. Die wenigen Kleriker, die den Gottesdienst versahen, gehörten meistens dem Ordensstande gar nicht an. Wie die Stifter der Vikarien, wollten die übrigen Mitglieder der Laiengemeinde die Handlung am Altare vom Kirchenschiffe aus verfolgen können. Nur wenige Kirchen entbehren des Turmes oder Turmpaares. Wenn Mittel zur Unterstützung einer Bautätigkeit flüssig gemacht wurden, so galt es oft mehr der Verschönerung als der Erweiterung des Gotteshauses. Im Gegensatze zu den Kirchen und Klöstern der Mönche waren die Siedelungen der Nonnen nicht immer der Mutter Gottes geweiht. Dabei herrscht in der Wahl der Titularheiligen die größte Willkür; in den meisten Fällen wurde und blieb der Patron der übernommenen Pfarrkirche der Schutzheilige des Klosters. Die Beisetzung der Stifter und Wohltäter im Klostergotteshause war eine von vornherein feststehende Tatsache. In Oberweimar wurden Friedrich von Orlamünde und dessen Gattin bestattet, in Eisenach ruhten die Landgrafen von Thüringen, in Frankenhausen die Grafen von Beichlingen, in Kapellendorf die Burggrafen von Kirchberg, in Roda die Lobdeburger, in Sonnefeld die Herren von Sonneberg, in Cölleda fand Helene von Beichlingen, die Tochter des Burggrafen Meinher von Meißen, ihr Grab, Stadtilm nahm die Toten des Hauses Schwarzburg auf, und in Frauenprießnitz hatten die Schenken von Tautenburg ihre Gruft [1]).

Eine bauliche Eigentümlichkeit, welche die Kirchen der Frauenklöster von denen der Mönchskonvente unterscheidet, ist die Anlage eines besonderen Andachtsraumes für die Nonnen, der Einbau der Empore. Die kirchliche Vorschrift verlangte und verlangt noch heute die schärfste Trennung der gottgeweihten Jungfrauen von den das Gotteshaus besuchenden Laien. Nur in den wenigen Fällen, in denen die Kirche ausschließlich den Schwestern zur Verfügung stand, konnte daher von der Anlage einer Empore abgesehen werden. Nicht selten bedingte die Stärke einzelner Konvente eine unverhältnismäßig große Ausdehnung des für die Innenwirkung der Kirche nicht gerade vorteilhaften Einbaues. An Vorbildern für die Anordnung eines Nonnenchores fehlte es nun in Sachsen und Thüringen nicht. Bei St. Michael in Hildesheim nahm das Kreuzschiff, in Gernrode das Nebenschiff den Einbau der Nonnen auf, in den thüringischen Doppelklöstern zu Paulinzella und Vessera befand sich die Empore am westlichen Ende des Langhauses, in Hecklingen erstreckte sich der erhöhte Nonnenchor über den westlichen Teil des Mittelschiffes und das ganze südliche Seitenschiff, und in der Petersbergkirche bei Halle scheinen die oberen Räume der Altarhaus-Nebenschiffe für die in dieses Augustinerstift aufgenommenen Schwestern bestimmt gewesen zu sein. Allein nicht immer lag beim Neu- oder Umbau der Kirchen der Cisterzienserinnen der Fall so, daß eine dieser Vorlagen kopiert werden konnte. Die Ausbildung neuer Typen für den Frauenchor ist noch der interessantere Abschnitt in der Geschichte der sonst wenig charakteristischen Baukunst der Nonnen. Die Zweckmäßigkeit der Westempore und die Einfachheit ihrer Anlage sicherte dieser Form des Andachtsraumes auch innerhalb des Ordens freilich die bei weitem häufigste Anwendung.

---

1) Vgl. die oft recht üppigen Grabsteine bei Lehfeldt, Bau-   Denkm. Thür.

Die Kirchen der Cisterzienserinnen in Thüringen im Rahmen der Ordensbaukunst zu betrachten und mit den Bauten der Nonnen gleicher Kongregation im übrigen Deutschland in Vergleich zu stellen, war mir nicht möglich. Einerseits bestehen bei der Verschiedenartigkeit des Bauprogrammes kaum Berührungspunkte zwischen den Baugrundsätzen der Mönche und der Nonnen, dann auch ist mir ein Werk, welches die Bauten der Cisterzienserinnen eingehender und zusammenfassend behandelt, nicht bekannt. Ob überhaupt ein Unternehmen, das einen Gesamtüberblick über die Baukunst der Cisterziensernonnen zu bringen zum Zwecke hätte, sich lohnte, kann fraglich erscheinen. Das Ergebnis würde kaum ein anderes sein, als das der vorliegenden Abhandlung, nämlich die Klarheit darüber, daß, von geringfügigen Besonderheiten abgesehen, die Kirchen der Nonnenklöster in der Architekturgeschichte keine eigentliche Sonderstellung einnehmen [1]). Wenn hier der Versuch unternommen ist, das in Thüringen vorhandene

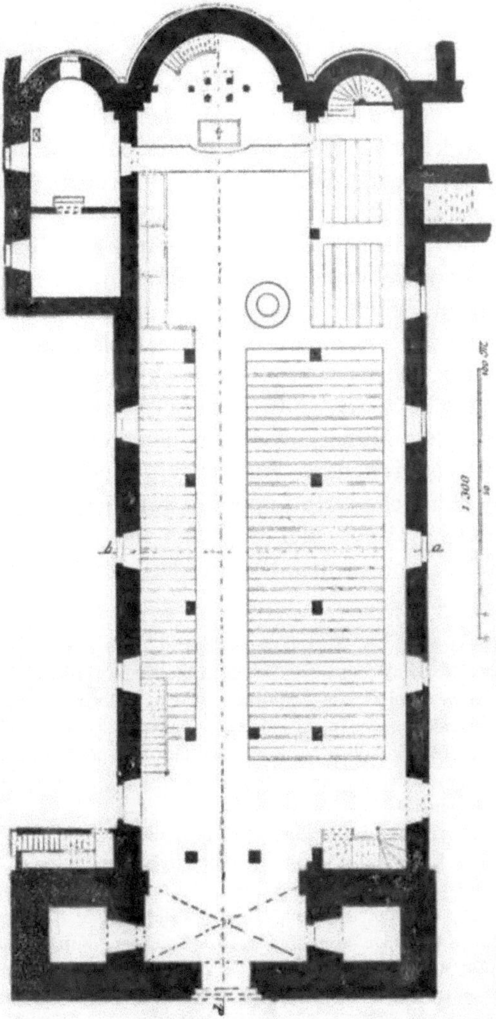

Fig. 112. Grundriß der Klosterkirche zu Ichtershausen nach Lehfeldt.

Material zu ordnen, so muß bemerkt werden, daß die Gesichtspunkte,

---

1) Dohme schreibt in seiner Einleitung zu „Die Kirchen des Cisterzienserordens in

nach denen der Entwurf aufgestellt ist, ziemlich einseitige sind. Immerhin erschien für die Abklärung des Systemes die Einteilung der Bauten in solche, die der Konvent nach eigenen Angaben von neuem errichtete, und solche, die er übernahm und, so gut es ging, für seine Zwecke umänderte, noch am meisten aussichtsvoll, weil etwaige Eigenarten bei den erstgenannten Bauten am sichersten zum Vorschein kommen mußten.

Von der traurigen Verfassung, in der viele der Nonnenkirchen überkommen sind, gibt gleich der Bau des ältesten Klosters, die 1133 errichtete Kirche zu Ichtershausen [2]), ein wenig erfreuliches Beispiel (Fig. 112). Die dreischiffige, mit einem westlichen Turmpaare versehene Flachdeckbasilika, zugleich der einzige romanische Neubau eines Cisterzienserinnenstiftes in Thüringen, hat die Außenwand des nördlichen Seitenschiffes bis auf ein kurzes Stück am Ostende [3]) und die südliche Arkadenwand des Mittelschiffes verloren. Die Nordarkade, deren Pfeiler zum Teil noch erkennbar sind, ist vermauert. Das südliche Seitenschiff, in der Ost- und Südmauer aufgehöht, bildet jetzt mit dem Mittelschiffe einen einzigen Raum, den ein über beide Schiffe hinweggreifendes Satteldach abschließt und im Innern der Einbau der üblichen Holzemporen arg entstellt. Alle drei Schiffe besitzen gleiche Länge und schließen am östlichen Ende mit gewölbten Apsiden, von denen die mittlere im Obergewände und Dach erneuert

---

Deutschland" S. X: „Dagegen konnte ohne irgend welchen Nachteil von der Betrachtung der Nonnenklöster des Ordens abgesehen werden; es war dies vielmehr nötig, um die Klarheit des Gesamteindruckes nicht zu trüben. Denn wie sich die strenge Zucht in den Frauenkonventen nicht aufrecht erhalten ließ, und bald die Bande, die diese an den Gesamtorden knüpften, gelockert wurden, so sind auch die Kirchen nur unreine Beispiele der Ordensschule, der sie allerdings häufig folgen, von der sie sich aber auch ebenso häufig lossagen."

2) Otte, Handb. d. k. Kunst-Archäol. S. 415.

Lotz, Kunsttopogr. Deutschl. I S. 311.

3) Unter diesem Restbestande des nördlichen Seitenschiffes, der im Ostteile als Sakristei dient, befindet sich ein Totengewölbe, (nach Auskunft des Ortspfarrers) die Gruft der ersten Herzöge von Meiningen. Brückner, Kirchen- u. Schulenstaat Gotha III, 7 S. 5: „Es waren auf dem Platz, wo jetzo der Pfarr-Stand ist, gleich an der Sacristey-Thür, 3 grosse von 4 bis 5zölligten Bohlen gemachte Lehnstühle, auf welchen der Pfarrer pflegte zu sitzen, vor dessen aber zum Beichtstuhl gebraucht worden. An dem Rücken dieser Stühle war in den zwey ersten die H. Dreyeinigkeit mit groben Farben, nach der Mahler gewöhnlichen Vorstellung, gemahlet, an dem dritten aber, welcher der nechste an der jetzigen Sacristey, war der H. Georgius zu Pferde, in einem Küraß mit einer Lantze, welche er in den Rachen des Lindwurms steckte, abgemahlet, mit dieser Ueberschrift: Patronus ecclesie nostre." Der 1722 beseitigte Dreisitz wird der Levitenstuhl gewesen sein.

ist. An den stark restaurierten, mit Barockhauben bekrönten Türmen [1]),
die im unteren Teile nur von wenigen und ganz kleinen rundbogigen
Fenstern durchbrochen sind, erinnern die gekuppelten Schallöffnungen
am oberen Ende noch am meisten an die romanische Zeit. Der
attisch gegliederte Außensockel umzieht das zweimal abgetreppte, mit
vertieftem Tympanon [2]) versehene, romanische, im Renaissancege-
schmack ausgebesserte Westportal rechteckig und die im östlichen Teile
eines jeden der beiden Nebenschiffe befindliche kleinere Außentüre im
Rundbogen. Das gleiche Profil findet sich als Sockel und Kämpfer (in
umgekehrter Reihenfolge der Gliederungen) im Chor. Die Veränderungen und Erneuerungen der Jahre 1602, 1630 und 1721 reden im
Innern wie Aeußern der Kirche eine verwirrende Sprache. Alte
Oeffnungen sind zugesetzt, neue Fenster und Türen, bald mit rundbogiger, bald mit rechteckiger Umrahmung, sind eingebrochen, vergrößert und wieder verkleinert, Auswechslung von Quadern, Ver-
putz, Einziehung neuer Gesimse, Einbruch von Balkenlöchern, Anbau
und Wiederbeseitigung von Nebenräumen haben dem veränderten
Bedürfnisse zuliebe dem Bau die alte Würde genommen [3]).

Daß es sich bei der Kirche nicht um ein Specificum des Ordens
handelt, darüber lassen trotz des dürftigen mittelalterlichen Restbestandes die Türme und die Apsiden keinen Zweifel, ganz abgesehen
davon, daß die Erbauung in eine Zeit fällt, in der auch bei den
Mönchsklöstern Thüringens Charakteristika der Ordensbaukunst noch
nicht hervortraten. Die Dekoration der Apsiden mit zierlich detaillierten Dreiviertelsäulchen zeigt, wie wenig man geneigt war, sich
den strengen Satzungen Citeaux' anzubequemen. Bei der Anlage
dreier Schiffe und der lichten Länge des Baues von reichlich 30 m
könnte man versucht sein, auf die Uebernahme einer Pfarrkirche
durch die Nonnen zu schließen, wenn nicht der kurze Abstand
zwischen Bauzeit und Einzug des Konventes mit der Absicht der
Stifterin in Verbindung zu bringen wäre, ein Gotteshaus zu schaffen

---

1) Rudolphi gibt in seiner Gotha diplom. II S. 264 eine Abbildung, die den einen
Turm mit Zeltdach (vielleicht dem alten Abschluß) darstellt.

2) Lehfeldt, Bau- Denkm. Thür., S.-Cob.-Gotha 1 S. 81, erwähnt ein im Schloß
Friedenstein zu Gotha befindliches Relief-Bruchstück, das ehedem in der Mauer des Rent-
amtmannsgarten gesessen haben soll. „Es ist ersichtlich der Theil eines Rundbogenfeldes
von dem Portal eines spätromanischen kirchlichen Baues (um 1200), vermutlich also von
dem Westportal jener Kirche."

3) Die irrtümliche Ansicht Lehfeldts, Bau- Denkm. Thür., S.-Cob. u. Gotha I
S. 129: „der Grundriß, wie die Reste der Kunstformen entsprechen der 2. Hälfte des
13. Jahrhunderts" ist wohl auf einen Schreibfehler zurückzuführen; muß natürlich heißen
„1. Hälfte des 12. Jahrhunderts".

das in erster Linie den geistlichen Mittelpunkt des Klosters bilden dann aber sicherlich nebenher auch der Laiengemeinde offen stehen sollte. Verwunderlicher indessen, als diese in der Geschichte der Frauenklöster sich oft wiederholende Tatsache, ist die Grundrißlösung. Die Kirche hat auf thüringischem Boden gar keine Heimatsberechtigung. Mit den in gleicher Flucht endenden Schiffen paßt die der freien Transeptarme entbehrende Basilika nach Bayern. Sie illustriert trefflich das Eindringen süddeutscher Ideen in das Gebiet der sächsischen Schule und bietet ein archäologisch höchst wertvolles Gegenstück zu dem nur wenige Meilen entfernt stehenden und nur wenige Jahre jüngeren schwäbischen Bau in Paulinzella. Bedenkt man, daß die Nonnen aus Unterfranken kamen, so findet die abweichende Anlage ihre Erklärung, wie sie andererseits den Nachweis liefert, daß die geräumige Kirche tatsächlich als Klostergotteshaus geplant sein muß [1]).

Die Frage entsteht, an welcher Stelle der Basilika der Andachtsraum der Nonnen sich befand. Man könnte ihren Platz im Ober-

---

1) Lehfeldt, a. a. O. S. 129: „Zusammenhänge dieser Dreiapsiden-Anlage mit zwei Westtürmen und ohne vortretendes Querhaus zeigen sich bei den älteren Lieblingsbauten sächsischer Kaiser, so der stattlichen quedlinburger Schloßkirche vor dem Umbau des Mittelchores." Der Vergleich mit der Stiftskirche zu Quedlinburg scheint mir nicht recht glücklich gewählt zu sein. Dadurch, daß die Kreuzarme über die Außenflucht des Langhauses hervorragen, die Nebenschiffe sich nicht über das Querhaus verlängern, die Vierung auf allen Seiten durch Gurtbögen betont ist, die Nonnenempore im Westen des Langhauses ihren Platz hat, der erhöhte Chorraum eine ausgedehnte Krypta besitzt und in den Mittelschiff-Arkaden der Wechsel von Pfeilern und Säulen stattfindet, unterscheidet sich die sächsische Anlage in Quedlinburg ziemlich erheblich von dem bayrischen Bau in Ichtershausen. Treffender ist der Hinweis Reins, Thur. sacr. I S. V, auf die Aehnlichkeit der Ichtershäuser Basilika mit der freilich wesentlich jüngeren Kirche der Cisterzienserinnen in Wiebrechtshausen bei Nordheim. An der im gebundenen System erbauten Kirche, die zwar des Querhauses entbehrt und die Nonnenempore im westlichsten der drei Mittelschiffjoche enthält, schließen die drei Schiffe tatsächlich östlich in einer Flucht mit Apsiden ab.

Wieland, Cisterzienser-Chronik 1903 S. 353 f., der den Nonnenchor im Obergeschosse des Turmzwischenbaues vermutet, vergleicht den Bau von Ichtershausen mit den ebenfalls in der Form der Pfeilerbasilika gehaltenen Kirchen des Mutterklosters zu Wächterswinkel (1140) und des Schwesterklosters St. Theodor zu Bamberg (1157). In Wächterswinkel und Bamberg besitzt von den drei in einer Flucht schließenden Schiffen nur das mittlere eine Apsis; in beiden Kirchen will Wieland den westlichen Nonnenchor festgestellt haben. Wächterswinkels Kirche ist nach Wieland, Kl. Wächterswinkel, in Cisterzienser-Chronik 1899 S. 262 f., eine romanische Pfeilerbasilika ohne Frontaltürme, aber mit einem zur Nonnenempore und zum Dachboden führenden Treppentürmchen und späteren Dachreiter am Westende des Langhauses (Fig. 74). Dehio, Handb. d. d. Kunstdenkm. I S. 311, der die Weihe der Kirche zu Wächterswinkel 1179 ansetzt, hat cisterziensische Merkmale am Bau nicht festgestellt.

geschosse des Turmzwischenbaues suchen und bei der zeitweiligen
Stärke des Konventes an eine in das Mittelschiff hineingezogene
Verlängerung denken [1]). Allein es findet sich an der Kirche eine
Eigentümlichkeit, die das Vorhandensein der Empore an anderer
Stelle nicht gerade beweist, aber sehr wahrscheinlich macht. Von
der Nordarkade lassen sich auf der Außenseite die drei westlichen
Bogenstellungen erkennen. Die mit der Basis im Erdboden stecken-
den, 90 cm breiten (vom Erdboden
bis Kämpferlinie gemessen) 4,0 m
hohen Pfeiler, deren Kämpfer das
Profil der umgekehrten attischen Basis
besitzt, stehen in Abständen von rund
3,60 m. Im Inneren der Kirche läßt
sich erkennen, daß die östlichste
Bogenstellung eben dieselbe Form und
Größe besitzt. Durch Abschlagen des
äußeren Putzes habe ich festgestellt,
daß im zwischenliegenden Teile nicht
die Arkade in dem beschriebenen
Schema sich fortsetzt, sondern eine
ganz andere Auflösung der Wand
stattgefunden hat. Es findet sich eine
Kombination von drei Bogenstellungen, die, in Form, Größe und Gliederung von dem Normalbogen der
Arkade abweichend, eine Gruppe für
sich bilden. Der mittlere dieser drei
Bögen mißt in der lichten Breite 3,40 m
und in der Höhe (ebenfalls vom Erdboden bis zur Kämpferlinie gerechnet)
2,90 m, jeder der beiden seitlichen
Bögen in der Breite nicht mehr als

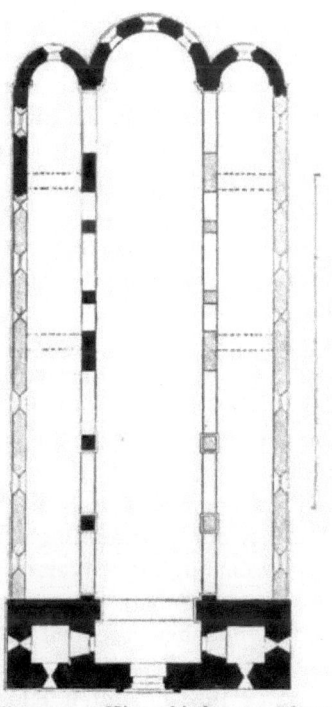

Fig. 113. Klosterkirche zu Ichtershausen, Rekonstruktion des Grundrisses.

1,40 m, und in der Höhe (wiederum bis Kämpfer gemessen) 1,90 m.
Die Zwischenpfeiler haben eine Breite von nur 60 cm und besitzen

---

1) Rein, a. a. O. S. 29: „Von der alten Einrichtung des Innern ist nichts auf uns
gekommen, ebensowenig die Altäre wie der Nonnenchor, welcher am Westende in der
halben Höhe der Kirche angebracht war und weit in den Bau hineinragte." Im westlichen Teile der Nordarkade ist eine Substruktion der Nonnenempore, die doch vorhanden
gewesen sein müßte, nicht nachzuweisen. Ich verweise auf den Unterbau des Nonnenchores im Dome zu Gurk, der im Grundriß mit der Kirche zu Ichtershausen große Aehnlichkeit besitzt.

kein Kämpfergesims. Werden die Maße von Bögen und Zwischenstützen addiert, so ergibt sich als Gesamtlänge die Breite des Mittelschiffes. Zwischen der Außenkante dieses Bogendrillings und der Pfeilerecke der nächstliegenden normalen Arkadenöffnung ist ein Mauerklotz von 2,15 m Breite stehen geblieben, der ebenfalls des Kämpfergliedes entbehrt (Fig. 113) [1]).

Man erkennt: zwischen der östlichen und drittwestlichen Arkadenöffnung, also an der Stelle, wo sonst das Querhaus anzusetzen pflegt, schob sich innerhalb des Nebenschiffes ein Raum ein, der auf die Breite des Mittelschiffes abgestimmt war, vermutlich auch dessen Höhe besaß, aber durch einen unterhalb der Nebenschiffdecke liegenden Zwischenboden in zwei Geschosse getrennt gewesen sein muß. Aus dem bayrischen Charakter des Baues den Schluß zu ziehen, daß das Kreuzschiff ganz und gar unterdrückt wurde, geht also nicht an [2]), wohl aber läßt die in ihrem unteren Teile noch erhaltene Außenwand des südlichen Nebenschiffes keinen Zweifel darüber, daß die Transeptarme nicht frei vortraten. Nimmt man den Umstand hinzu, daß die beiden romanischen Nebeneingänge auf den Längsseiten der Kirche gerade am östlichen Ende der bewußten Bogenstellungen kleineren Formates ihren Platz haben, so ergibt sich als ziemlich sicher die Tatsache, daß die Klosterkirche zu Ichtershausen, ebenfalls nach bayrischem Vorbilde, ein Querhaus besaß, dessen Giebelwände in der senkrechten Verlängerung der Seitenschiff-Außenmauern lagen, und als höchst wahrscheinlich die weitere Tatsache, daß in den oberen Räumen der Transeptflügel die gesuchte Nonnenempore sich befand, für deren Zugänglichkeit die angezogenen Türen und die in ihrer Nähe befindlichen, innerhalb der Seitenschiffe liegenden und jetzt verschwundenen Treppen sorgten. Man muß gestehen, ein interessanter neuer Typus auf sächsisch-thüringischem Boden.

Das Bild der alten Klosteranlage ist verschwunden. Möglicherweise rühren die Untermauern einzelner Gebäude des südwestlich von der Kirche stehenden sogenannten alten Schlosses noch aus Klosterzeit her, doch bieten sie für eine Rekonstruierung keinen genügenden Anhalt [3]).

Durch die Anlage von drei Schiffen, drei Apsiden und zwei Türmen kennzeichnet sich Ichtershausens Kirche als ein Bau, bei

---

1) Demnach kann das Langhaus nicht, wie Lehfeldt, a. a. O. S. 129, glaubt, fünf Joche besessen haben.

2) Demnach nicht querschifflos, wie Dehio, a. a. O. I S. 149, annimmt.

3) Rein, a. a. O. S. 26, glaubt im Nordflügel des „alten Schlosses" die Wohnung der Laienbrüder oder Kapellane und der Propstei erblicken zu dürfen.

dem die alten Traditionen durch neue Anschauungen noch nicht verdrängt sind. Im Aeußeren mochte der Charakter als Klosterkirche
noch mehr zurücktreten als im Innern. Allein es braucht nicht gerade aufzufallen, wenn in Ichtershausen garnicht der Versuch unternommen ist, im Grund- und Aufriß die Strenge der Ordensregel zum
Ausdruck zu bringen. Ichtershausen war das erste und blieb lange
das einzige Nonnenkloster, dem die Satzungen von Citeaux als Richtschnur dienten. Die Quelle, aus der Anregungen für neue Baugedanken hätten fließen können, fehlte auch im weiteren Umkreise.
Der Ort, in dem die Siedelung angelegt wurde, hatte seine Geschichte
und konnte sich unmöglich mit einer kleinen und einfachen Pfarrkirche begnügen. Ein mit Dachreiter gekröntes Gotteshaus wäre
kein würdiges Wahrzeichen gewesen.

Mehr als 100 Jahre vergingen, ehe wieder der Neubau einer
Cisterzienserinnen-Kirche in Thüringen sich erhob. Mit diesem großen
Stillstand in der Baugeschichte der Nonnenklöster hängt die Tatsache zusammen, daß Ichtershausen in der engeren Heimat ohne
Nachahmung blieb und die Frage, in welcher Weise der Grundriß
sich hätte weiterentwickeln können, von der Geschichte nicht beantwortet wird. Als um die Mitte des 13. Jahrhunderts an einzelne
Konvente die Notwendigkeit herantrat, nach eigenen Angaben Gotteshäuser zu bauen, hatten sich in der Architektur Umwälzungen vollzogen, die den Gedanken, an den zerrissenen Faden wiederanzu-
knüpfen, gar nicht aufkommen ließen. Die Gotik war reif geworden
und bot mit ihrem Prinzip der Weiträumigkeit und Flächenauflösung
ganz andere Möglichkeiten, als der mit schweren Mauermassen ar-
beitende romanische Stil. Wenn die in dieser Periode entstehenden
Nonnenkirchen noch am ersten auf die Bezeichnung als charakteristische Ordensschöpfungen Anspruch erheben können, so liegt das
daran, daß gerade um diese Zeit einerseits das Bauprogramm sich
abgeklärt hatte, und andererseits die Nonnen noch nicht in dem Maße,
wie später, Wünsche von Laien zu berücksichtigen brauchten, die
auf eine möglichst große und prächtige Gestaltung des Gotteshauses
hinausliefen.

Weit geeigneter für Nonnenzwecke, weil billiger und einfacher in
der Anlage, als die dreischiffige Kirche, deren Abseiten bei Anordnung
einer westlichen Empore eigentlich überflüssig waren, mußte die einschiffige Saalkirche erscheinen. Sie ermöglichte ohne Schwierigkeit den
Einbau eines Nonnenchores, der, dem Altare gegenüber gelegen, die
ganze Breite des Mittelschiffes einnehmend, beliebig nach Osten vorgezogen und von drei Seiten beleuchtet, allen Anforderungen ge-

nügte, die an einen zweckmäßigen und dabei würdigen Andachtsraum gestellt werden konnten. Ist noch der Bau an der Ostseite
geradlinig begrenzt, durch eine Holzkonstruktion abgeschlossen und
mit einem Dachreiter versehen, so liegt der Typus vor, der, zwar in
weiterem Umfange für Pfarr- und Klosterkirchen angewandt, doch
die Eigenheiten der Cisterzienserinnen am besten wiederzugeben
scheint.

Erhöhte Bedeutung unter diesen Saalanlagen besitzt die Kloster-
kirche zu Roda (Fig. 114). Sie bildet ein Rechteck von 37,5 m
Länge und 14,7 m Breite, dem sich im Norden ein Anbau vorlegte.
Durch eine Scheidewand im Westen und eine zum Chore führende

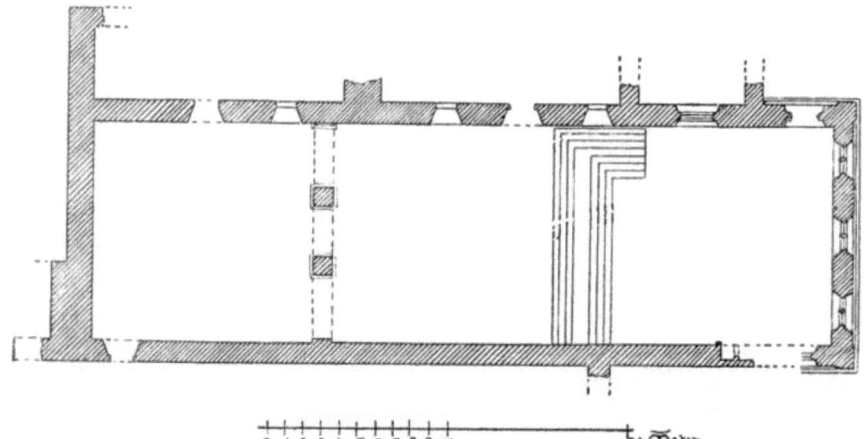

Fig. 114. Grundriß der Klosterkirche zu Roda nach Lehfeldt.

ziemlich hohe Stufenanlage, die sich am Nordende verkröpft, wird
der Grundriß in drei, unter sich annähernd gleich große Teile zerlegt. Als Ruine, aber in verhältnismäßig gutem Zustande ist der
um 1250 entstandene Bau auf uns gekommen.

Zerstört bezw. verschwunden sind:

vom Hauptbau das Giebeldreieck der Ostwand, die Fenster-
bögen im Chore, beim Chorfenster der Südwand auch das westliche Gewände und der anschließende Wandteil, die Abdeckungen
der Nord- und Südwand bis auf Reste des Hauptgesimses an den
westlichen Enden, die Abdeckung des Westgiebels und der obere
Abschluß der schon genannten Trennungswand im Innern,

vom nördlichen Bauteile die Umfassungsmauern bis auf
die Westwand mit Anschlußstelle der Nordmauer und bis auf

einen Ansatz der Ostwand, sowie die Innenwände bis auf zwei Mauerstümpfe an der Nordseite des Hauptbaues,

von allen Bauteilen die Decken- und Dachkonstruktionen bis auf einen Gewölbeanfänger im östlichen Teile des Nordbaues.

Die Südmauer des Hauptbaues zeigt Verlängerung nach Westen hin und auf der Außenseite etwa im östlichen Drittel den Ansatz einer von Nord nach Süd gerichteten Wand und weiter östlich Fundamente einer hierzu parallel gerichteten Mauer [1]), welche die Südwand des Hauptbaues noch westlich vom Chorfenster traf. Wir dürfen hier den Kreuzgang mit den umgebenden Gebäuden rekonstruieren. Die Klagen der Nonnen vom Jahre 1492 über mangelhaften Zustand des Kreuzganges werden verständlich, wenn man die Art der Ueberdeckung berücksichtigt; statt eines Gewölbes bildete die Holzkonstruktion des Pultdaches, deren Konsolen an der Südwand der Kirche noch erhalten sind, den wenig dauerhaften oberen Abschluß der nach außen geöffneten Hallen.

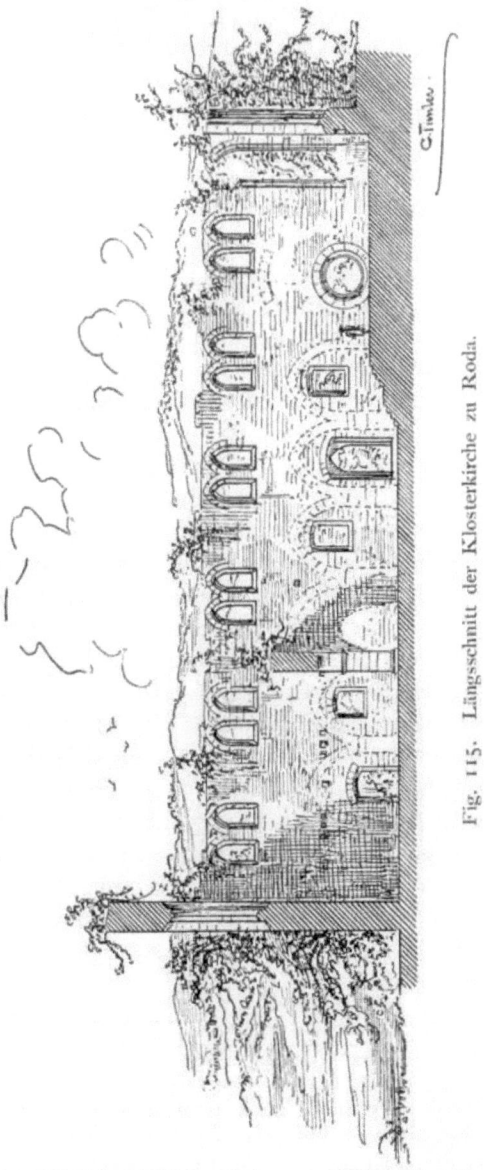

Fig. 115. Längsschnitt der Klosterkirche zu Roda.

Bei der Westmauer der Kirche findet sich am Südende ein

---

1) In der Lehfeldtschen Zeichnung (Fig. 114) nicht wiedergegeben.

Mauerklotz mit schrägen Abdeckplatten und auf demselben in Ab-
bruchstellen ein von Ost nach West gerichteter gewölbter Verbindungsgang mit Tür im Kirchenwestgiebel. Eine noch in Bruchstücken vorhandene Treppe führte von dieser Tür, die offenbar als
Zugang zu einem erhöhten westlichen Raume der Kirche, der Nonnenempore, diente, zu den tiefer gelegenen Konventsräumen, deren Verbindung mit dem unteren Teile der Kirche durch die am Westende
der südlichen Kirchenmauer befindliche, in den Kreuzgang führende
Tür bewirkt wurde. Die Querwand des Kirchenraumes, welche die
Begrenzung eben dieses Nonnenchores bildete, scheint, wie sich aus
den Verzahnungslöchern in den Längswänden ergibt, sehr hoch hinauf-
gereicht zu haben; sicher war sie in ihrem oberen Teile durch eine
Arkadengallerie geöffnet, die den Nonnen die Teilnahme am Gottesdienste ermöglichte.

Dem anspruchslosen Grundrisse entsprechen die Einzelheiten und
Konstruktionen des Baues (Fig. 115). Die Empore ruhte nicht auf Gewölben, sondern auf einer Balkenlage, deren Kragsteine an den Wänden
noch vorhanden sind. Ein bescheidener Dachreiter nahm die Glocke
Osanna auf. Wie die beiden in das Giebelfeld der Westwand, erst
oberhalb des Emporenfußbodens ansetzenden, mit glatten schrägen
Leibungen versehenen Fenster zeigen und durch das Fehlen von Strebepfeilern bestätigt wird, bildete die im Innern gewölbeartig verschalte
Dachkonstruktion gleichzeitig die Decke der Kirche. Gepaarte Fenster
mit unprofilierten Schrägen [1]) gliedern die obere Zone des Kirchenraumes. Der Chor wurde an der Ostseite durch drei, an den Längsseiten durch je ein hohes, maßwerkgefülltes Fenster erleuchtet. An
seiner Ostwand finden sich zu beiden Seiten des Mittelfensters kleine
gekuppelte, giebelförmig abgeschlossene Nischen, offenbar Sakra-
ments- und Kelchschreine, an seiner Südwand die Reste eines in
der Wand eingebauten, mit Spitzbögen überdeckten Dreisitzes, des
Levitenstuhles. Der aus nicht sehr wetterfestem rötlichen Sandsteine
bestehende Bau war im Innern verputzt. Alles in allem eine ein-

---

1) Lehfeldt, Bau- Denkm. Thür., S.-Altenburg II S. 43: „ Die einfach
schrägen Leibungen zeigen keine Schlußsteinfuge mehr, sondern einen beiderseits bearbei-
teten keilförmigen Stein als Schluß, was sicher eine nachmittelalterliche Konstruktion bezeugt. (In der Gotik ist nämlich die Schlußsteinfuge hier durchaus üblich.)" In der Gotik
war die Verwendung des keilförmigen Schlußsteines durchaus nicht selten. Im gegebenen
Falle ist die Absicht nicht zu verkennen, denn alle Bögen, auch der unteren Gebäudezone,
besitzen keilförmige Schlußsteine.

Die Gruppierung der Fenster zu zweien berührt bei einer ungewölbten Kirche eigentümlich. Sollte die Möglichkeit einer nachträglichen Einwölbung (vielleicht bei günstigeren
Vermögensverhältnissen) offen gehalten werden?

fache, aber einer Cisterzienserinnen-Siedelung entsprechende Anlage[1]). Die Gestaltung des Grundrisses, die strenge Form der Spitzbögen, die Wahl der Profile für Haupt-, Gurt- und Sockelgesimse und das Vorhandensein eines regelrechten Mauerverbandes bestätigen die Annahme, daß der Bau einheitlich und ohne Unterbrechung durchgeführt wurde[2]).

Daß noch während der Benutzung der Kirche für gottesdienstliche Zwecke bauliche Aenderungen vorgenommen sind, ergibt der Zustand der Nordwand des Hauptraumes. Während nämlich die Südwand in ihrem unteren Teile eine geschlossene Mauer bildet, ruht der Oberteil der Nordwand vom Westende bis zum Beginn des Chores auf sieben Arkaden, von denen die drei westlichen geringere Höhe besitzen, als die vier östlichen, und deren Oeffnungen sämtlich vermauert sind. Diese Arkaden haben unprofilierte Spitzbögen und ebensolche quadratische Pfeiler, die ehedem, wie wenige Bruchstellen und die überall gleich schmalen Schichtenhöhen am Bogenanfang ergeben, niedrige Kämpfergesimse getragen haben müssen. Die sehr verwitterten, teils unter Terrain liegenden Basen zeigen attisches Profil in frühgotischer Verzerrung. An dem dritten Pfeiler (von Westen gerechnet), der die Grenze zwischen niederen und hohen Arkaden bezeichnet, schließt sich die Abschlußwand der Nonnenempore an, deren untere drei Bogenstellungen sich in Form und Größe mit den westlichen Arkaden der Nordwand decken. An dem südlichen Pfeiler ist das Kämpfergesims, das mit den verschwundenen Gegenstücken der Nordwand wohl identisch ist, erhalten; es besteht

---

1) Ueber den geradlinigen Chorschluß vgl. Otte, Gesch. d. rom. Baukunst S. 294, und Ostendorf, Zwei Frauenklosterkirchen in d. Denkmalspflege 1905 S. 122.

2) Der Chor ist in architektonischer wie technischer Bezichung im Zusammenhange mit dem übrigen Kirchengebäude errichtet worden und nicht, wie Lehfeldt, a. a. O. S. 41 u. 44, meint, ein Umbau von 1323, in welchem Jahre, wie er ebenfalls ganz willkürlich annimmt, die Kirche die Begräbnisstätte der Herren von Lobeda geworden sei. Pfostenmaßwerk mit Sockeln und blattgeschmückten Kapitellen, wie es sich im Chor zu Roda findet, paßt nur in die frühgotische Zeit. Hätte man in der ersten Hälfte des 14. Jahrhunderts einen Chorumbau vorgenommen, so wäre wahrscheinlich, wie ein Vergleich mit den übrigen Cisterzienserinnenkirchen Thüringens lehrt, ein polygonaler Schluß gewählt worden.

Lotz, Kunsttopogr. Deutschl. I S. 522. der die Bauzeit in die erste Hälfte des 13. Jahrhunderts verlegt, hält die Ostseite für etwas jünger; ebenso Sprenger, Zeitschr. f. Bauwesen 1860 S. 522, der drei Bauperioden annimmt und glaubt, daß „vielleicht die Kirche früher einen runden oder vielseitigen Chorschluß gehabt habe".

Dehio, Handb. d. d. Kunstdenkm. I S. 263: „Die Ostwand hat drei große, pyramidal gruppierte spitzbogige Fenster im Stilcharakter von A. 1300   Die Langseiten könnten dem Stiftungsbau um 1240 angehören."

aus drei übereinander liegenden lanzettförmig profilierten Platten, deren mittlere weiter vorspringt, eine Form, die merkwürdig genug ist und wie eine freie Umbildung oder mißverstandene Auffassung der im Uebergangsstil der Cisterzienserarchitektur beliebten Schaftringe aussieht [1]). An den Längsmauern des Kirchenraumes werden die Bögen der Scheidewand durch Konsolen [2]) aufgenommen, deren Kämpfer infolge von Abarbeitung und Verwitterung nicht mehr zu erkennen sind.

Es ist klar, daß das Vermauern der Arkadenöffnungen und das systematische Abschlagen der Kämpfergesimse bis auf den Pfeilergrund nur eine Instandsetzung des durch höhere Gewalt beschädigten Baues zum Zwecke gehabt haben können und zu einer Zeit erfolgt sein müssen, in der noch das Interesse bestand, die Kirche, selbst bei Verzicht auf die genaue Wiederherstellung der alten Größe und Form, für den Gottesdienst weiterzubenutzen. Wenn bei diesen Restaurierungsarbeiten die Nordräume von der Kirche abgetrennt wurden, so besagt das nur, daß entweder das Geld für die Wiederherstellung mangelte, oder daß, was wahrscheinlicher ist, die Räume

1) Lehfeldt, a. O. S. 43, hält diese Kämpferform für eine nachmittelalterliche (mißverstanden gotische) Bildung. Er schreibt weiter, S. 44: „Der Innenraum ist so breit, daß er einst eine Stützenstellung gehabt haben muß, ob er nun gewölbt war oder nicht. Diese Stützenstellung mag den Pfeilern der Querwand entsprochen haben. So kommt man zu einer einst dreischiffigen Kirche." Es ist richtig, daß unter den einschiffigen flachgedeckten Cisterzienserinnenkirchen Thüringens Roda die größte Schiffsbreite besitzt. (Es beträgt die lichte Breite in Kapellendorf 6,7 m, in Annerode 7,5 m, in Stadtilm 9,1 m, in Sonnefeld 9,5 m, in Langendorf 10,25 m, in Allendorf 11,1 m und in Roda 14,7 m.) Indessen die mittelalterlichen Konstrukteure überdeckten noch breitere Räume mit einem freitragenden Dachstuhl. Die Annahme, Rodas Kirche habe drei Schiffe besessen, ist ganz unhaltbar. Ich verweise nur auf den Umstand, daß der Abstand der Pfeiler voneinander der gleiche ist, wie ihr Abstand von der Wand. Auf andere Schwierigkeiten, zu denen die Hypothese führt, hat Lehfeldt selbst aufmerksam gemacht. „Dabei ist auffällig, daß die Nordseite sich einst sicher nach noch einem Seitenraum in Arkaden geöffnet hat. Ferner bemerkt man an der Ostwand zwischen den Fenstern keine Anschlußstellen einer ehemaligen Vorlage für jene Längsteilung in Schiffe, so daß der Chor ungeteilt gewesen sein muß. Doch läßt sich diese Schwierigkeit beseitigen, wenn man annimmt, daß der Chor ein Umbau ist. Damit stimmen die Formen überein [wie schon oben gesagt, alles frühgotische Gliederungen!], welche die reichere Entwicklung um die Mitte des 14. Jahrhunderts zeigen und doch den (wie man erkennen kann, beabsichtigten) Anschluß an die frühere Bautätigkeit." Den mittelalterlichen Bauleuten die Absicht einer Stilimitation beizulegen, heißt das Wesen der Gotik ganz verkennen. Ebenso unbegründet ist Lehfeldts Kombination über die Anlage der Nonnenempore um 1323, das Zumauern der Arkaden aus statischen Gründen und die Erhöhung der Umfassungswände nach dem Brande von 1517.

2) Nicht durch Pilaster, wie Löbe, Das Cist.-Nonnenkloster in Roda, in Mitt. d. Ver. f. Gesch. .kunde zu Kahla u. Roda II S. 79, angibt.

in ihrer früheren Fassung entbehrt werden konnten. Jedenfalls müssen die genannten Arbeiten noch vor Einführung der Reformation vorgenommen sein. Man geht nicht fehl, wenn man die Verunstaltungen mit dem Brande von 1517 und mit der Weihe der Kirche von 1522 in Zusammenhang bringt.

Daß ehemals vorhandene Bauteile bei diesen Ausbesserungsarbeiten nicht wieder aufgeführt wurden, vielmehr altes Material, insbesondere noch brauchbare Architekturstücke bei Vermauerung der Arkaden Verwendung fanden, ergibt die Füllwand einer der östlichen Bogenstellungen. Sie enthält eine Außentür von frühgotischer

Fig. 116. Tympanon an der Klosterkirche zu Roda.

Form und Profilierung und über derselben, gänzlich zusammenhanglos und rein dekorativ eingesetzt, ein gleichaltriges Tympanon, das im spitzbogigen Felde die skulpierte Mutter Gottes mit dem Kinde auf altertümlichem Throne zeigt, eine rohe Arbeit (Fig. 116). Diese beiden Reste einer frühen Bauperiode, zu einem unorganischen Ganzen vereinigt, liefern den Nachweis, daß ehedem zwei Außenportale in den verschwundenen Mauern sich befunden haben müssen, die bei Instandsetzung der Kirche durch einen einzigen Haupteingang in der vermauerten Arkade ersetzt wurden. Durch das Vorhandensein je eines Fensters mit spätgotischem flachen Bogenabschluß in den benachbarten Arkaden wird die Annahme bestätigt, daß die drei östlichen Arkaden durch einen nördlichen Vorbau nicht wieder verdeckt wurden, sondern die Außenwand der Kirche bildeten.

Zu anderem Schlusse führt der Befund der Füllmauern in den westlichen Arkaden. Die ganz schlichte Tür in dem mittleren der niedrigen Bogenfelder schließt mit spätgotischem Flachbogen, ist auf der Außenseite unprofiliert und von geringer Höhe und kann nur als Verbindungsöffnung zweier Räume gedacht sein. Sie muß in einen nördlichen Vorraum geführt haben, dessen westliche und nördliche Außenmauer, in Bruchstücken noch vorhanden und in Verband mit dem Hauptbau stehend, offenbar aus der ersten Bauzeit herrühren und dessen östliche Abschlußwand sich an jenen Mauerstumpf anschloß, der sich innerhalb der westlichsten hohen Arkade befindet. Daß diese Ostmauer gleichzeitig mit der Vermauerung der Arkaden aufgeführt wurde, beweist, abgesehen von ihrer Lage im Bogenfelde, der Mauerverband, und daß hier ebenfalls altes Baumaterial zur Verwendung kam, zeigen die Reste gut bearbeiteter Sandsteine innerhalb der Bruchstelle.

Aus der ersten Zeit des Baues rührt fraglos der östliche Raum des Nordbaues her, dessen Breite die noch vorhandenen Mauerstümpfe bestimmen. Seine Westwand trifft den Seitenpfeiler der östlichsten Arkade; gegen seine Ostwand läuft das Sockelgesims des Chores sich tot, ein Zeichen für den Charakter dieser Mauer als Außenwand. Wie das glatte Leibungsgewände der Westmauer, die Spuren eines ausgebrochenen Spitzbogens und eine Stufenanlage beweisen, war ursprünglich dieser Ostraum nach Westen geöffnet, ein Umstand, der das Vorhandensein eines westlichen Anschlußraumes zur Voraussetzung hat. Die Verbindung mit der Hauptkirche stellte eine unverglaste kreisrunde Oeffnung her, dessen schlichte Profilierung, innere Platte mit beiderseitigem kräftigen Rundstab, ganz den Formen der ersten Bauperiode entspricht und dessen Verschluß ein Eisengitter — die Einsatzlöcher sind noch sichtbar — bildete. Auf derbem, aus Wulst und Platte bestehendem Kämpfergesims oberhalb dieser Kreisöffnung findet sich der Anfänger eines Tonnengewölbes und über demselben in mäßiger Höhe eine von West nach Ost sanft fallende, in die Nordwand des Hauptkirchenraumes einbindende Steinrinne, deren untere Kante, der Steigung der Tonne entsprechend, abgeschrägt ist und deren östliches Ende als Wasserspeier eine mit dem Arm sich gegen die Mauer stemmende menschliche Figur trägt. Diese wenigen Reste genügen, um ein mit dem

First von Ost nach West gerichtetes Satteldach zu ergänzen, dessen südliche Entwässerung die genannte Rinne besorgte[1].

Der Versuch, die ursprüngliche Gestalt des Nordbaues festzustellen, wird durch folgende Wahrnehmungen unterstützt. Die merkwürdige Verkröpfung der Chorstufen deckt sich in ihrer Länge mit der Breite der östlichsten Arkade, vor der sie liegt. Sie war also angelegt in der Absicht, daß der Chor auch von dem Nordraume aus direkt zu betreten sei, und bestätigt, wenn es noch eines Beweises bedürfte, die Ansicht, daß die Kirche auf der nördlichen Seite, aber auch nur auf dieser ein nach dem Hauptkirchenraume geöffnetes Seitenschiff besaß. Die Westwand dieses Seitenschiffes ist die noch jetzt vorhandene, mit dem Hauptschiffe in bestem Verbande gemauerte Verlängerung des Westgiebels ebenso, wie der sich an dieselbe rechtwinklig anschließende Mauerstumpf den Rest der ehemaligen Nordmauer bildet. Wie Balkenlöcher lehren, war das Seitenschiff auf seiner ganzen Länge durch eine Holzdecke abgeschlossen; die Sparren des zugehörigen Pultdaches griffen in die ebenfalls noch sichtbaren Mauerlöcher unterhalb des Gurtgesimses ein. An die Ostseite lehnte sich, durch Gurtbogen und Stufen verbunden, jener kapellenartige Raum an, der mit dem Chor durch das Rundfenster in Verbindung stand.

Erwägt man, daß an die Südseite der Kirche sich die Klostergebäude anschlossen, daß die Chorwand selbstverständlich keine Türdurchbrechung besaß und daß in dem unteren Teile der Westmauer von Haupt- und Nebenschiff nur je ein kleines Fenster sich befindet, so kommt man zu dem Schluß, daß der Haupteingang zur Kirche ehedem in der Nordwand des Seitenschiffes sich befunden haben muß. Bestätigt wird die Vermutung, daß die Nordseite der Kirche als Hauptfront galt, durch die Ausbildung des Hauptgesimses an dieser Stelle, das im Gegensatz zur Südfront reicher gegliedert und mit Spitzbogenfries versehen ist. Es erscheint nicht mehr gewagt, die nördliche Außenwand des Seitenschiffes als diejenige Mauer zu be-

---

[1] Die vorhandenen Reste des Gewölbes widerlegen Puttrichs Ansicht, Denkm. d. Bauk. d. Mittelalt. in Sachsen II, 1, S.-Altenburg S. 35: „Ueber dem gedachten Fenster (der Kreisöffnung) ist an der Außenmauer ein schmaler steinerner Sims, welcher wohl zum Tragen der Balken der Decke bestimmt war; in spitzem Winkel von dem östlichen Ende dieses Simses läuft ein zweiter Sims in schräger Richtung aufwärts und bildet mit dem unteren gleichsam einen halben Giebel. Auf diesem oberen Simse und zugleich auf der zweiten, mehr nach Westen zu stehenden Mauer ruhte vermutlich das einseitige Dach des Gemaches." Eine Dachform von der Neigung, wie sie Puttrich annimmt und wie sie etwa dem Gefälle unseres Papp- oder Holzzementdaches entspricht, war im Mittelalter schon wegen des Deckungsmaterials unbekannt.

zeichnen, in der die in der Arkade vermauerten Portale ursprünglich ihren Platz hatten.

Die eigentümliche Anlage des Nordbaues findet hinsichtlich Entstehung, Bedeutung und Umgestaltung ihre Erklärung durch die geschichtliche Notiz, daß Roda zum Erbbegräbnis derer von Lobdeburg bestimmt war. Es ist nicht recht einzusehen, welchem Zweck in der Nonnenkirche ein einseitiges Nebenschiff gedient haben sollte, wenn es nicht als Ueberbau der Gruft der Stifter und deren Nachkommen gedacht war, deren skulpierte Grabsteine den Boden deckten. Selbst wenn in der Cisterzienserinnenkirche zu Frauenprießnitz, der Ruhestätte der Tautenburger, eine analoge, freilich viel spätere Anlage nicht vorhanden wäre, kann es als zweifellos gelten, daß der Grabstein des jungen Hartmann, des letzten männlichen Sprossen der Linie Lobdeburg-Arnshaugk, sich ursprünglich im Seitenschiffe befand. Befremdlich wäre es nun gewesen, wenn der Eingang zur Kirche durch den Begräbnisraum geführt hätte, und man darf annehmen, daß vermutlich der westliche Teil des Nebenschiffes, vielleicht auf Länge der niederen Arkaden, zunächst von Grabplatten frei bleiben sollte, während den übrigen Teil früher oder später, wie in Frauenprießnitz, ein Gitter einfriedigte. In dem östlichsten Raume eine Loge zu erblicken, welche den Lobdeburgern die Verrichtung von Gebeten für die Verstorbenen in nächster Nähe ihrer Gräber, sowie die Teilnahme am Gottesdienste, insbesondere das Anhören der Seelenmessen gestattete, ist ein sympathischer Gedanke (Fig. 117). Zu ihr mag die zweite Tür geführt haben [1]).

Die Auslegung des Nordschiffes als Begräbnisstätte der Familie des Gründers erklärt ungezwungen die von den meisten Frauen-

---

[1) Lehfeldt, a. a. O. S. 42, nimmt an, daß die Kreisöffnung dazu diente, „von dem Chore aus etwa nach einem heiligen Leichnam oder einer Reliquie zu sehen, die, in jener Kapelle aufgestellt, nicht unmittelbar und allezeit zugänglich, jedoch von Mehreren zugleich gesehen und verehrt werden sollte. (Solche Anordnung ist noch jetzt in katholischen Kirchen zu finden.)" Der Vergleich stimmt meines Erachtens nicht; in katholischen Kirchen liegen¹ solche Räume nicht unmittelbar am Chor, dessen Betreten durch Laien unstatthaft ist, sondern an einem durch die Gemeinde benutzten Gebäudeteile oder an einem Chorumgang.

Puttrich, a. O. S. 35, hält den Raum für eine Bußkapelle, ebenso Löbe, a. a. O. S. 81.

Bergner, Grundr. d. k. Kunstalt. i. Deutschl. S. 195: „Klausen an Kirchen müssen schriftlichen Berichten zufolge häufig gewesen sein. Die Naumburger Regel bestimmt: ‚Die Klause soll von Stein, 12 Fuß im Geviert sein, mit drei Fenstern, einem nach dem Chor, durch welches der Klausner den Leib Christi empfängt.' Wenigstens in der Ruine der Cisterzienserinnenkirche zu Roda S.-A. ist ein kleiner Nebenraum mit einem großen Rundfenster nach dem Chor erhalten."]

klöstern abweichende Anlage, die meines Erachtens immerhin noch den Typus der einschiffigen Kirche vertritt[1]), und zugleich den Ver-

Fig. 117. Wandöffnung im Chor der Klosterkirche zu Roda.
Blick vom Nordraum auf den Chor.

zicht auf die Wiederherstellung des Raumes in seiner ursprünglichen

1) Bergner, Grundr. d. k. Kunstalt. i. Deutschl. S. 142, bezeichnet Roda als abhängig von der gotischen Basilika in Pforta.

Otte, Gesch. d. rom. Bauk. i. Deutschl. S. 294, hält den geradlinigen Chorabschluß in Roda für ein Charakteristikum des Ordens.

Form nach der Zerstörung durch den Brand von 1517. Die Ausbesserungsarbeiten fielen in eine Zeit, in der die Lobdeburg längst an andere Herren übergegangen war, die den früheren Besitzern, dem „verdorbenen räuberischen Geschlechte" kein gutes Andenken bewahren mochten. Jedenfalls hatte die Familie Puster, die zur Zeit des Wiederaufbaues der Kirche die Burg besaß, kaum ein Interesse daran, die Instandsetzung eines fremden Erbbegräbnisses mit ihren Mitteln zu bestreiten. Die Wiederherstellung unterblieb demnach, die Bogenöffnungen wurden zugesetzt, und auf den Trümmern der Umfassungsmauern entstand unter Einziehung einer neuen Ostwand, eben jener Wand, deren Stumpf auf der Außenseite der vermauerten mittelsten Arkadenöffnung noch steht, an der Nordwestecke der Kirche ein Raum, den wir schon wegen seiner Lage am Westende der Kirche als das 1522 in Martin Reiches Privilegienbuch erwähnte Baptisterium ansprechen dürfen. Die Bestimmung des neuen Nordbaues als Taufkapelle hatte ihren Grund darin, daß das Kloster die Seelsorge im Orte wahrzunehmen verpflichtet war, und es ist bemerkenswert, daß gerade 1529, also kurz nach der Wiederherstellung des Gotteshauses die Bürger Rodas darauf hinwiesen, daß „wyr awß dem closter Rhoda mit pfarhern Caplan vor alterß byß anher vnd noch mit aller ßeelßorge allenthalben vorßorget gewest" [1]).

Nicht ohne Wert für die Kenntnis der baulichen Veränderungen ist die in oben genanntem Privilegienbuche enthaltene Bemerkung über die Zahl der Altäre und ihre Aufstellung zur Zeit der Weihe vom Jahre 1522. Es werden als gleichzeitig mit dem Kirchhofe und der Glocke gesegnet genannt

summum altare in honorem beate marie virg. et Io
altare dextrum in honorem S. Petri et Pauli ap   Sebastiani
    martyris
altare sinistrum introitu ecclesiae
altare prope Baptisterium in honorem S. Michael.

Die Anordnung der drei erstgenannten Altäre auf dem hohen Chore ist ersichtlich; aber ein Michaelsaltar in der Nähe des Baptisteriums befremdet; hier wäre ein Altar Johannis des Täufers am Platze gewesen. Es scheint sich also um die Verwendung eines Inventarstückes zu handeln, das ehemals einen anderen Standort hatte, eine Annahme, die durch die mutmaßliche Stellung des Altares vor der vermauerten fensterlosen Arkade ihre Bestätigung findet. Dieser Standort kann sich aber nur im zerstörten Seitenschiff befunden

---

1) Löbe, a. a. O. S. 65.

haben. Erinnert man sich, daß Michael der Patron der Abgeschiedenen war und die Totenkapellen den Ort bildeten, an dem vorzugsweise der Altar dieses „Seelenführers" seine Aufstellung fand, so darf man mit verstärkter Gewißheit in dem Nordschiffe den Gruftraum der Lobdeburger erblicken. Den ehemaligen Platz des Michaelsaltares an der Ostwand des Logenraumes zu suchen, liegt um so näher, als noch jetzt dieser Raum eine für Altargerät bestimmte kleine Nische enthält.

Mehr Arbeit und Kosten, als die Vermauerung der Arkaden mit altem Material, mußte die Erneuerung des durch den Brand vernichteten Holzwerkes des Dachstuhles und des Fußbodens der Nonnenempore verursachen, und wenn vier Jahre nach dem Brande die Nonnen beim Kurfürsten und Herzog um Hülfeleistung nachsuchen, so beweist das, daß ihre Kräfte und Mittel nicht ausreichten, den Schaden auszubessern. Auf den Wiederaufbau des Kreuzganges scheint der Konvent vorläufig ganz verzichtet zu haben. Daß tatsächlich die Erneuerung des Holzwerkes in der Kirche stattgefunden hat, ergibt sich nicht nur aus dem Berichte der Sequestratoren von 1537, sondern auch aus dem Vorhandensein von Konsolen im oberen Teile der Füllwände der beiden westlichsten Arkaden. Das Einsetzen dieser Kragsteine, welche die Substruktionshölzer des Emporenfußbodens aufnahmen, mochte seinen guten Grund haben. Bis dahin hatte die Balkenlage zwar auf den gleichmäßig an der geschlossenen Südwand verteilten Konsolen und auf den mittlerweile verschwundenen hölzernen Mittelständern eine genügende Unterstützung gefunden, auf der Nordseite aber, wegen der hochgreifenden Arkadenöffnungen, nur auf den im Zwickelraum befindlichen, eng aneinander gerückten Kragsteinen aufgelegen, eine Notkonstruktion, die bei teilweise großer Spannweite der Balken sicher ein Schwanken des Fußbodens zur Folge hatte. Erst die Vermauerung der Arkaden ermöglichte die Beseitigung dieses Mangels durch Einfügung einer Zwischenkonsole, die als Träger eines Unterzuges eine tiefere Lage erhielt. Uebrigens ließ sich eine andere Schwäche des Emporen-Einbaues auch bei der neuen Konstruktion nicht gänzlich abstellen. Der unter dem Nonnenchore befindliche Raum nämlich entbehrte von jeher einer guten Beleuchtung, ein Mißstand, der sich bei verwandten Anlagen — als besonders auffallend nenne ich Langendorf und Oberweimar — wiederholt. Das mäßig große Fenster auf der Westseite bildete die einzige direkte Lichtquelle. Bei Wiederherstellung der Kirche mußte man darauf bedacht sein, auf der Nordseite wenigstens die indirekte Lichtzuführung nicht ganz aufzuheben.

In der an die Schrankenwand sich anschließenden Arkade war der gegebene Platz für ein Fenster, das allerdings sein Licht nur aus dem Nordbau bezog. Andererseits war hier aber auch die Stelle für den neu einzuschiebenden Kragstein. Man mußte sich für das eine oder das andere; entscheiden und wählte das kleinere Uebel; dem Fenster wurde der Kragstein geopfert.

Rodas Kirche kann als typische Saalanlage deshalb nicht bezeichnet werden, weil im Aeußern der Nordraum seinen Charakter als nebensächlicher Anbau verleugnete und einem regelrechten Seitenschiffe ähnlicher sah, als einer Gruftkapelle. An keiner der beiden eingebauten Längsfronten kam die Eigenart des Hauptschiffes als Gotteshaus eines Nonnenkonventes zum Ausdruck. Nur aus der verschiedenartigen Ausbildung der Giebelwände, insbesondere aus der ungleichen Höhenlage der Fenster an diesen Stirnseiten, konnte auf das Vorhandensein einer Empore geschlossen werden. Will man das System finden, nach dem die Cisterzienserinnen in der Blütezeit ihrer Entwicklung ihre Gotteshäuser bauten, so muß man die Fälle berücksichtigen, in denen die Stifterfamilie mit einem Erbbegräbnisse innerhalb des Chorraumes sich begnügte. Der Typus der Thüringer Nonnenkirchen aus der zweiten Hälfte des 13. Jahrhunderts wird durch jene einschiffigen Anlagen wiedergegeben, bei denen die Existenz eines Nonnenchores auch im Aeußern der Kirche auf den ersten Blick zu erkennen war. Wenigstens die Eigenschaft mußte die Normalie besitzen, daß auf den von den Klostergebäuden nicht besetzten Außenfronten der Kirche die Anordnung der Fenster dem Querschnitte des hallenförmigen Ostteiles bezw. des zweigeschossigen Westteiles entsprach. Wenn es nun auch an Beispielen nicht fehlt, welche die Anlage einer doppelten Reihe von Lichtöffnungen für den durch einen Zwischenboden geteilten Raum und von durchgehenden hohen Fenstern für den übrigen Teil der Kirche dartuen, wenn sogar bei fast allen Bauten auch der Folgezeit und selbst bei dreischiffigen Anlagen die Grenze zwischen Nonnenchor einerseits und Gemeinde- und Altarraum andererseits auch nach außen hin gewahrt ist, so hat sich doch nur in der Kirche eines einzigen Frauenklosters Thüringens die Form der einschiffigen Saalanlage mit ordensgerechter Empore und gleichzeitig mit gradlinigem Chorabschluß auf unsere Zeit hinübergerettet.

Mit der bescheidenen Stellung des Konventes in Langendorf mag die Tatsache zusammenhängen, daß sein aus der Mitte des 13. Jahrhunderts herrührendes Gotteshaus (Fig. 118) niemals eine Vergrößerung erfahren hat und noch jetzt die glatte Ostwand besitzt. Die

nach dem Brande von 1501 unter der Aebtissin Anna von Hagenest
1505 wiederhergestellte, in den Jahren 1876 und 1877 restaurierte,
im besten Quadermauerwerk erbaute Kirche bildet ein Rechteck von
31,7 m lichter Länge. Etwas mehr, als ein Viertel des Innenraumes
nimmt die westliche Empore ein, die von außen zugänglich war und
auf vier achteckigen Mittelpfeilern und sechs gratigen Kreuzgewölben
ruht[1]). Der Unterschied der Fensteranordnung im Ost- und Westteile kommt auf der freien Nordfront selten klar zum Ausdruck.
Während oberhalb des Emporenfußbodens sich drei mäßig große,
zweiteilige, mit Vierpässen gefüllte Fenster und unterhalb desselben drei Lichtschlitze von nur 20 cm Breite befinden, ist der

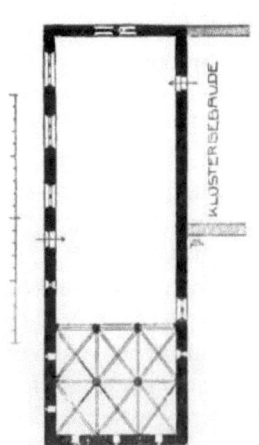

Fig. 118. Klosterkirche zu
Langendorf.

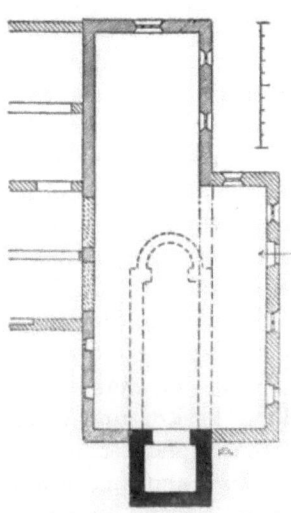

Fig. 119. Klosterkirche zu Kelbra.

östliche Teil der Wand von großen, tief herabreichenden, mit reicherem
Maßwerk versehenen Fenstern, von denen die beiden östlichen Dreiteilung und das westliche Zweiteilung besitzen, durchbrochen[2]). Auf
der Grenze der beiden Fenstergruppen befindet sich das spitzbogige
Hauptportal. Die beiden zweiteiligen, ebenfalls sehr hohen Fenster
der Ostwand sind nach der Längsachse der Kirche zu aneinander

---

1) Die der Ostseite des spitzbogigen Emporenunterbaues vorgeblendeten Rundbögen
rühren wahrscheinlich aus der Restaurierung von 1505 her. Vielleicht umfaßte der Einbau früher drei Joche in der Tiefe.

2) Otte und Sommer, Beschr. Darst. d. ä. Bau- . . . Denkm. d. Prov. Sachsen,
Kr. Weißenfels S. 31: „Die beiden östlichen Fenster der Nordseite sind bei einer späteren Erweiterung dreiteilig gemacht worden."

gerückt. Daß der streben- und turmlose Bau im Mittelalter eine Holzdecke und einen Dachreiter besessen hat, ist eine begründete Annahme. Der unmittelbare Anschluß der Klostergebäude an den Ostteil der Südfront ergibt sich aus dem Fehlen von Fenstern an dieser Stelle [1]).

In die Gruppe der Neubauten, die in die zweite Hälfte des 13. Jahrhunderts fallen und am einschiffigen Langhause den geradlinigen Chorschluß besitzen, gehört auch die Georgenkirche zu Kelbra, wenngleich nicht alle Teile dieser Kirche auf die Bautätigkeit der Nonnen zurückzuführen sind (Fig. 119). Die Veränderungen aus nachmittelalterlicher Zeit, insbesondere die Wiederherstellungsarbeit nach dem großen Brande von 1607 [2]) haben das Bild der Nonnenkirche stark entstellt, so daß man über Vermutungen kaum hinauskommen kann. Von der romanischen Pfarrkirche, die 1251 der aus Frankenhausen übersiedelnde Konvent bezog, ist nur noch der untere Teil des westlich stehenden viereckigen Turmes erhalten (Fig. 120). Er besitzt im Untergeschoß rechteckige Mauerschlitze, im mittleren Geschoß zweifach, und im oberen Geschoß dreifach gekuppelte, jetzt zugesetzte Rundbogenöffnungen. Die Erhöhung um ein weiteres Geschoß gehört einer späteren Zeit an, das Zeltdach mit dem Tabernakelaufsatz rührt aus der Wiederherstellungstätigkeit nach 1607 her. Beim gotischen Schiff lassen sich zwei Bauperioden unschwer trennen. Aus frühgotischer Zeit stammt der rechteckige, 8,60 m breite Chor, dessen Ostfenster eine mit Spitzbögen geschlossene maßwerklose Dreiteilung besitzt, und dessen beiden niedrigeren und schmaleren zweiteiligen Südfenster im Spitzbogenfelde den gestürzten Dreipaß tragen. Das Langhaus, das mit seiner Nordmauer bündig mit dem Chore liegt, springt im Süden um 5,50 m gegen den Chor vor und enthält in diesem Teile zweiteilige, mit Fischblasenmotiven gefüllte Fenster. Auf der durch Anbauten verdeckten Nordseite lassen sich nur am westlichen Ende zwei kleine, ziemlich hoch angebrachte zweiteilige spitzbogige Fenster feststellen, welche im plumpen Maßwerk spätere Veränderungen verraten und durch ihre rohe Technik noch hinter den übrigen, wenig sorgfältig gearbeiteten Fenstern zurück-

---

1) Otte und Sommer, a. a. O. S. 32: „Von den ehemaligen Klosterbaulichkeiten ist nichts mehr erhalten." Meines Erachtens rühren die vier auf achteckigem Mittelpfeiler ruhenden und mit gekehlten Rippen versehenen Kreuzgewölbe in der Diele des Gutsgebäudes, das sich an die Südseite der Kirche und zwar in gleicher Flucht mit dem Chorgiebel anlehnt, noch aus Klosterszeit her.

2) An den Spannriegeln der Holztonne, die jetzt die Kirche deckt, befinden sich die Jahreszahlen 1685 im Chore und 1876 im Langhause.

Fig. 120.
Klosterkirche zu Kelbra.

stehen. Die Südseite des Langhauses enthält zwei spitzbogige, architektonisch unbedeutende Portale,

Der Umstand, daß die Südwand des Chores genau in der Verlängerung der südlichen Turmwand liegt, läßt die Deutung zu, daß ursprünglich das gotische Langhaus nur die Breite des Chores besaß, daß die Lage seiner Südwand sich deckte mit der Südwand des abgebrochenen romanischen Langhauses, das vermutlich wenig lang und nur so breit wie der Turm war, daß die Nonnen demnach in ordensüblicher Weise ein einschiffiges rechteckiges Gotteshaus errichteten, das südlich an den beibehaltenen Turm bündig anschloß und bei vergrößerter Breite naturgemäß mit seiner Nordwand gegen den Turm vorsprang, und daß endlich der südliche Ausbau des Langhauses nichts anderes ist als eine durch das Anwachsen der Laiengemeinde verursachte Erweiterung des nicht mehr ausreichenden Gotteshauses [1]).

Die ursprüngliche Lage der Nonnenempore kann vermutungsweise nur da gesucht werden, wo sie bei verwandten Anlagen ebenfalls sich befand, im Westteile des Langhauses, eine Annahme, die durch das kleine Format und die hohe Lage der beiden Fenster am Westende der Nordwand unterstützt zu werden scheint. Das Fehlen der Strebepfeiler an allen Teilen des Baues spricht, in Verbindung mit der Tatsache, daß das Ostfenster des Chores hoch hinaufreicht, für die Ansicht, daß die Kirche ehedem wie jetzt mit einer Holztonne abgeschlossen war [2]). Wann der gotische Neubau entstand, ist nicht mit Sicherheit festzustellen, doch darf angenommen werden, daß er nicht lange nach Einzug des Konventes in Angriff genommen wurde und daß ihm vielleicht die Ablässe des päpstlichen Legaten Hugo vom Jahre 1253 zu gute kamen. Der südliche Erweiterungsraum scheint nicht mehr aus Klosterzeit herzurühren [3]).

Die westlich der Kirche liegenden „Klosterkeller" bezeichnen die Stelle, an der die Konventsgebäude standen.

Die baulichen Reste, die in S t a d t i l m an die Klosterzeit er-

---

1) Schmidt, Beschr. Darst. d. ä. Bau-   Denkm. d. Prov. Sachsen V S. 41, hält das ganze Langhaus für jünger als den Chor.

2) Nach Dehio, Handb. d. d. Kunstdenkm. I S. 157, wohl von jeher flachgedeckt.

3) Nach Lehmann, D. Gesch. d. St. Kelbra S. 164, wurde die Erweiterung nach dem Brande von 1607 vorgenommen. Es gibt eine · Abbildung Kelbras (Fig. 121. Einzelheiten ungenau; Rekonstruktion?), die den Zustand vom Jahre 1565 wiedergibt und nach welcher der Turm über dem dritten Geschoß mit einem Satteldache abgeschlossen ist und nicht, wie jetzt, in der Achse des Langhauses, sondern südlich derselben steht, ein Umstand, aus dem geschlossen werden darf, daß die Erweiterung des Langhauses sowie die hiermit zusammenhängende Erhöhung des Kirchendaches und Verschiebung des Firstes nach Süden hin 1565 noch nicht erfolgt war.

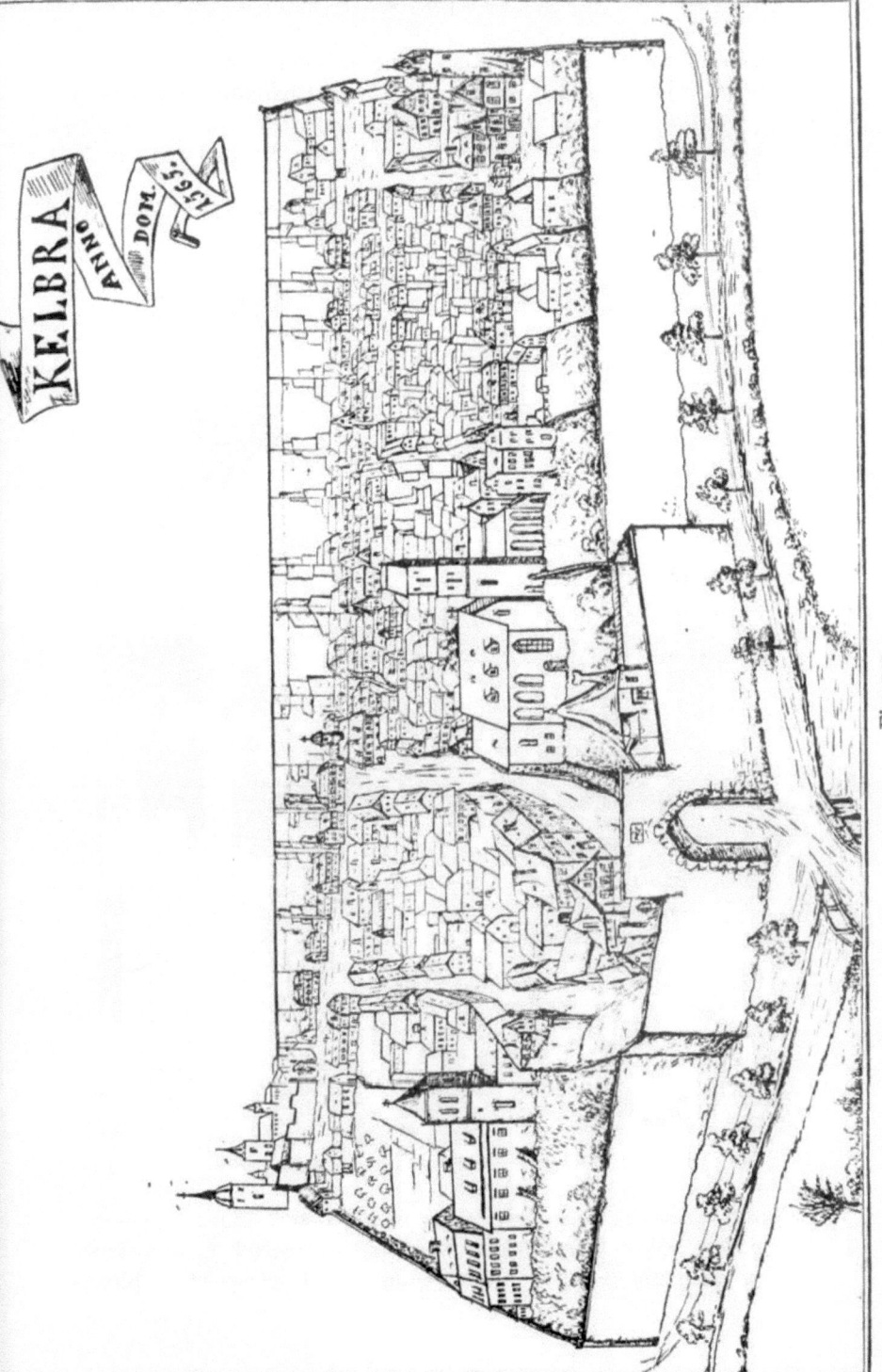

Fig. 121.

innern, sind zwar spärlich, aber immerhin noch ausreichend, um
wenigstens die Lage der Kirche und ihren Charakter, im wesentlichen auch ihre Grundrißform festzustellen. Im Erdgeschoß des
an Stelle des früheren Klosters und späteren Schlosses stehenden

Fig. 122. Schloß zu Stadtilm in seiner früheren Gestalt.

Gasthofes „zum Schloß" (Fig. 122) befindet sich ein rechteckiger
und mäßig hoher Raum, der von 15 annähernd quadratischen
spitzbogigen, mit Rippen und Schlußsteinen versehenen Kreuz-

gewölben, 3 in der Breite und 5 in der Länge, überdeckt wird
(Fig. 123) und an der Westfront einen massiven Turm besitzt.
Die beiden nördlichen Gewölbefelder der westlichen Jochreihe sind
von dem übrigen Raum durch einen rechtwinkligen Mauerzug
abgeschlossen, stehen aber mit dem Turm durch eine Spitz-

Fig. 123. Gewölbter Raum im ehemaligen Schlosse zu Stadtilm nach Lehfeldt.
Blick nach Osten.

bogenöffnung in Verbindung, während das südliche Gewölbefeld
derselben Jochreihe sowohl von außen zugänglich ist, als auch
nach dem Innern zu durch einen Gurtbogen sich öffnet. In den
drei nach Osten sich anschließenden Jochreihen ruhen die neun Gewölbe in der Mitte auf vier achteckigen Pfeilern, von denen die
beiden westlichen allerdings in einer modernen Wand vermauert

sind, an den Schmalseiten auf ebensolchen Halbpilastern und an den Längswänden auf Konsolen von der Form der umgekehrten Pyramide mit Kleebogeneinschnitten am oberen Rande[1]). Die Form und Detaillierung der Konsolen und Pfeiler, das Kehlprofil der Gurt- und Diagonalrippen die Trennung der einzelnen Blätter auf den Kapitellen der Pfeiler, die Bereicherung des Bogenanfängers durch Einfügung eines senkrecht aufsteigenden, rein dekorativ wirkenden, im Gewölbe sich verlaufenden Kernstückes vom Querschnitt des Pfeilerschaftes[2]) lassen keinen Zweifel darüber, daß wir es hier mit einem Architekturstück zu tun haben, das nicht in der Gründungszeit des Klosters, sondern um die Wende des 15. Jahrhunderts entstand. Daß auch der Turm nicht älter sein kann, als diese spätgotische Halle, beweist, ganz abgesehen von dem Vorhandensein eines Mauerverbandes zwischen beiden Bauteilen, das aus Eselsrücken gebildete Muster der Friese in den beiden Geschossen des achteckigen Oberbaues.

Ganz und gar nicht in den späten Charakter dieser westlichen Teile paßt die Architektur der drei Felder des östlichsten Joches. Hier tragen die Rippen das Profil des Birnstabes, das Blattwerk der Schlußsteine ist zusammenhängend komponiert, die Wandvorlagen gehen überall bis zum Boden, haben die Form von dienstartigen Säulen, besitzen laubwerkgeschmückte Kapitelle mit Zinnenkranz und entsprechen in Zahl und Anordnung der Gliederungen durchaus den Rippen der Gewölbe. Keine Frage: dieser Raum stammt aus frühgotischer Zeit. Zwar lassen die drei unprofilierten Gurtbögen an der Trennungsstelle zwischen altem und neuem Bauteil keinen Zweifel darüber, daß eine organische Verbindung weder möglich noch beabsichtigt war, doch ist die Tatsache nicht zu verkennen, daß man sich bemühte, bei Anlage der Erweiterung — nur um eine solche kann es sich handeln — die Grenze tunlichst zu verwischen. Um die Gewölbesubstruktionen möglichst in Einklang zu bringen, wurden dort, wo an den Längsseiten die Wandvorlagen älteren Datums mit den etwas höher angreifenden jüngeren Konsolen zusammentrafen, die Dienste abgetrieben und die Kapitelle ganz im Sinne der neuen Vorlagen zu Kragsteinen umgearbeitet.

Die Beantwortung der Frage, welchem Zwecke der im Verhältnis

---

1) Im Mittelfelde der mittleren Jochreihe besitzt der Schlußstein keine Füllung, sondern eine Oeffnung (vielleicht für ein Läuteseil; nach Lehfeldt, Bau-   Denkm. Thür., Schwarzb.-Rud. S. 177, für das Seil der ewigen Lampe, deren Platz man doch wohl auf dem Chore in der Nähe des Sakramentsschreines suchen müßte).

2) In der Lehfeldtschen Zeichnung (Fig. 123) nicht richtig wiedergegeben.

zu seiner Breite auffallend lange Raum diente, wird durch die Zusammenstellung folgender Tatsachen erleichtert. Der Bau ist genau
orientiert, erfuhr in späterer Zeit eine Erweiterung, erhielt bei dieser
Gelegenheit am neuen Westende in seiner Längsachse einen massiven Turm, wie er nur zu einer Kirche paßt, erreichte in seinen
Umfassungsmauern und seinem steilen Dach, nach den Anfallstellen
am Turm zu schließen, eine beträchtliche Höhe, wie sie ebenfalls
nur bei Kirchen üblich ist, muß sich ehedem noch jenseits der jetzt
vermauerten östlichen Gurtbogenöffnungen fortgesetzt haben, enthielt
demnach in seinem westlichen Teil einen gewölbten Einbau, der
sich in seiner Längsausdehnung genau mit den Nonnenemporen der
späteren Zeit — ich verweise auf Beuren, Annerode und Kapellendorf [1])
— deckt, und besitzt eine Inschrifttafel, die von der Weihe einer
Kirche spricht. Der Schluß scheint nicht mehr gewagt, daß die
mittelalterlichen Baureste, die im Bereiche des ehemaligen Cisterzienserinnenklosters in Stadtilm stehen und die bald als Krypta [2]),
bald als Refektorium [3]) angesprochen werden, weiter nichts sind, als
der entstellte Westteil des ehemaligen Nonnen-Gotteshauses [4]).

1) Bergner, Grundr. d. k. Kunstaltert. i. Deutschl. S. 193: „Bei den Cisterzienserinnen ist die Empore leicht über das ganze Schiff ausgedehnt, sodaß eine Trennung in
Ober- und Unterkirche mit gemeinsamem Chor eintritt (Stadtilm)."

Daß tatsächlich in den Kirchen der Cisterzienserinnen oft die Empore eine unverhältnismäßig große Ausdehnung annahm, die den stark besetzten Konventen zwar die Abhaltung des gemeinsamen Chordienstes ermöglichte, aber die Verfolgung der Handlung am
Altare kaum noch gestattete, möge a. die Nonnenkirche zu Kreuzthal bei Marburghausen (Fig. 124 u. 125) dartun, deren gewölbter dreischiffiger Unterchor mit der Stadtilmer Anlage die größte Aehnlichkeit besitzt, diese aber an Länge noch um zwei Gewölbefelder übertrifft. Vgl. Wieland, in Cisterzienser-Chronik 1900 S. 161 f.

2) Der Fußboden der Halle liegt um fünf Stufen tiefer, als das umliegende (natür-
lich aufgehöhte) Terrain. Dieser Umstand ist in Verbindung mit der geringen Höhe des
Raumes vielleicht die Veranlassung für die falsche Benennung gewesen. Vgl. Guhl,
N. Mitt. d. Thür.-sächs. Vereins VII 4, S. 63—77, und Sigismund, Landesk. d. F. Schw.-
Rudolstadt I S. 210. Auch Otte, Handb. d. k. Kunstarch. S. 577, glaubt an den Cha-
rakter des Baues als Krypta.

3) So Lehfeld, a. a. O. S. 176; danach Dehio, Handb. d. d. Kunstdenkm. I S. 285.

4) Lotz, Kunsttopogr. Deutschl. I S. 565, Otte, Gesch. d. rom. Bauk. i. Deutschl.
S. 580, Puttrich, Denkm. d. Bauk. d. Mittelalt. i. d. Schwarzb. Landen S. 31 f. und Böttcher,
Germ. sacra I S. 746, halten irrtümlich die Stadtkirche für das Klostergotteshaus. Lehfeldt,
a. a. O. S. 157: „Man kann nicht leugnen, daß der Einfluß der Cisterzienser-Baukunst sich auch
an der Stadtkirche äußerte. Ihm haben wir die sehr großräumige, aber dabei einfache Ausbildung des Grundrisses und besonders den für diese große Kirche auffallenden, geraden Chorschluß zuzuschreiben. Auch die Seitenschiffe waren früher im rechten Winkel geschlossen; es
bleibt dahingestellt, ob an der Ostseite der Seitenschiffe als Abschlüsse noch kleine rechteckige
Kapellen, wie an anderen, ähnlich gestalteten Kirchen, die Ecken ausfüllen." Geradliniger
Schluß des Chores findet sich auch an Kirchen, die zum Orden in keiner Beziehung

Erinnert man sich, daß die Geschichte zwei größere Bauperioden überliefert, von denen die eine durch die Jahreszahl 1287 als Datum der Kirchweihe festgelegt wird und die andere kurz nach dem Brande von 1492 einsetzte, so ist die Genesis des Baues kein Rätsel mehr. Der Konvent wählte für seine Kirche kein anderes Schema, als kurze Zeit zuvor es die Nonnen in Roda, Langendorf und Kelbra getan hatten, d. h. den einschiffigen Saalbau mit geradlinigem Ostabschluß (Fig. 126) und Dachreiter. Von diesem Ursprungsbau ist, abgesehen vielleicht von den östlichen Längsmauern, nichts mehr erhalten, als der Unterbau des Nonnenchores, eben jene drei früh-

Fig. 124.   Klosterkirche zu Kreuzthal bei Marburghausen.

gotischen Gewölbe, die jetzt das Ostjoch der sogenannten Krypta bilden. Nach dem Brande von 1492 fand eine Wiederherstellung der Kirche und gleichzeitig eine Verlängerung der Empore nach Westen hin statt, bei welcher Gelegenheit auch der stattliche Westturm entstand. In der kleinen Wendeltreppe, die im Winkel zwischen Südwand des Turmes und Westgiebel der Kirche teils eingebaut, teils frei vorgelegt ist, den Aufgang zum Nonnenchor zu erblicken,

stehen. Vgl. Otte, Handb. d. k. Kunstarch. S. 15 f., und Ungewitter, Lehrb. d. goth. Konstruktionen I S. 260. Als der Bau der Stadtilmer Pfarrkirche in Angriff genommen wurde, hatten sich die Cisterzienser in Pforta schon für das Chorpolygon entschieden. Die Anlage von rechteckigen Nebenkapellen würde die Existenz eines Querschiffes zur Voraussetzung haben.

fällt um so leichter, als das Treppengehäuse nur wenig über die Höhe der Empore hinausreicht und zugleich der merkwürdige Mauerzug im Westjoch als Abschluß eines Zugangraumes der Nonnen von den Klostergebäuden zu jener Treppe eine glaubhafte Erklärung findet. Wird bedacht, daß der Bau des Turmes in einer Zeit spielt, in der die ordensverwandten Nonnen in Jena ihr gewaltiges Glockenhaus errichteten, so hat die nicht zu leugnende Aehnlichkeit des Turmes von St. Nikolaus zu Stadtilm mit dem von St. Michael zu Jena nichts Auffallendes mehr [1]).

Fig. 125. Unterchor in der Klosterkirche zu Kreuzthal bei Marburghausen.

Auch bei der Kirche des 1264 gegründeten Frauenklosters S o n n e - f:e l d (Fig. 127) [2]), übrigens der einzigen Niederlassung des Ordens am Südabhange des Thüringer Waldes, kann die ursprüngliche Chorform nur vermutungsweise ermittelt werden. Die reiche Bautätigkeit in Klosterszeit, in Verbindung mit den Verunstaltungen, welche die Reformation und die wohlgemeinte, aber mißglückte Restaurierung

---

1) Lehfeldt, a. a. O. S. 180: „Den Hauptstützpunkt (des Stadtmauerringes) bildete der in der Nordwestecke aufragende Schloßturm", eben der Turm des Klostergotteshauses. Es ist keine Frage, daß der Turm bei Belagerungen als Verteidigungswarte benutzt wurde, seine Höhe und Aufrißform verdankte er aber nur der Absicht der Nonnen, ein monumentales Glockenhaus zu errichten.

2) Wieland, Kloster Sonnenfeld, in Cisterzienser-Chronik 1901 S. 321f.

aus dem Jahre 1856 vornahmen, erschweren die archäologische Untersuchung erheblich. Die ursprüngliche, wohl bescheidene und kleine Anlage, vielleicht nur ein Interimsbau, muß 1286 im Feuer aufgegangen
sein; der Wiederaufbau erfolgte gleich nach dem Brande. Der Bau,
soweit er aus dem Mittelalter herrührt, besteht aus zwei wesentlich
verschiedenen Teilen, dem hohen Chore, welcher der besten Zeit der
Gotik angehört und dem niedrigen Langhaus, an dem das spätere
Mittelalter seine Spuren hinterlassen hat. Das Langhaus ist wie der

Chor einschiffig. Auf seiner Südseite befinden
sich sechs mittelgroße, spitzbogige Fenster mit
spätgotischen Maßwerken, auf seiner Nordseite
fünf hohe spitzbogige Fenster, die bis auf das
mittlere dreiteilige Fenster einen Mittelpfosten
besaßen, und deren spätgotische Maßwerke bei
der Restaurierung erneuert wurden, sowie
zwischen dem zweiten und dritten Fenster eine
Tür, die ehedem einen Vorbau besessen zu
haben scheint.

Man könnte an einen spätgotischen Neubau denken [1]), wenn nicht triftige Gründe aus
der Geschichte des Klosters nur eine Umgestaltung des Baues von 1287 nahelegten. Da
mangels einer Pfarrkirche am Orte die Klosterkirche auch den Laien zugänglich gemacht
werden mußte, so konnte der Bau nur als zweigeschossige Emporenkirche angelegt sein. Daß
in der Tat ein Nonnenchor vorhanden war, bestätigt der Wortlaut der zu Gunsten des Neubaues ausgestellten Ablässe. Erst mit Erbauung
der Kirche im benachbarten Hofstätten fand die
Laiengemeinde ihr eigenes Gotteshaus, und seit
diesem Zeitpunkte war die Empore der Kloster-

Fig. 126. Klosterkirche
zu Stadtilm.

kirche entbehrlich geworden. Wann die Aenderung eintrat, ist un-
gewiß; jedenfalls lassen die geringen gotischen Reste der Kirche in
Hofstätten und der Umstand, daß dieselbe 1425 mit dem Rechte der
Taufhandlung begabt wurde, auf einen Neubau kurz vor diesem
Jahre schließen. Um dieselbe Zeit also, in der Hofstätten seine Kirche

---

1) Voß, Bau- . . . Denkm. Thür. S.-Cob.-Gotha, B.-Coburg S. 86: „Das einschiffige . . . in der Mauer schwächer als der Chor gebaute und namentlich wesentlich nied-
rigere Langhaus ist wohl im 16. Jahrhundert gebaut." Danach Dehio, Handb. d. d.
Kunstdenkm. I S. 284.

erbaute, mag Sonnefeld sein zweigeschossiges Langhaus durch Abbruch der Empore in einen eingeschossigen Saal verändert haben, bei welcher Gelegenheit die Fenster auf der Nordseite vergrößert, vorzugsweise nach unten verlängert und mit Maßwerk im Geschmacke der Zeit versehen wurden, während die Fenster der Südseite zwar der Gleichmäßigkeit halber neues Maßwerk erhalten, nicht aber wegen des anliegenden Kreuzganges nach unten verlängert werden

Fig. 127. Klosterkirche zu Sonnefeld. Ansicht von Nordosten.

konnten [1]). Ob einer der Ablässe aus der Zeit nach 1380 insbeson-

1) Daß diese Veränderungen noch aus der Zeit des Klosters herrühren und nicht etwa ein Werk der evangelischen Kirchgemeinde sind, geht aus dem Umstande hervor, daß die Fenster bei Einziehung der späteren Emporen unter teilweiser Vermauerung der Oeffnungen wieder geteilt wurden, so daß zwei Lichtzonen entstanden, ähnlich, wie sie auch ursprünglich vorhanden gewesen sein müssen. Die untere Fensterreihe der Südseite (sechs gewöhnliche rundbogige Oeffnungen) entstand natürlich nach Abbruch des Kreuzganges und hatte die Beleuchtung des unter der südlichen Gemeindeempore befindlichen Raumes zum Zweck.

dere diese Aenderung berücksichtigte, kann fraglich erscheinen; einmal wird die Umänderung der Kiche nicht erwähnt, dann auch waren die Arbeiten wohl kaum so kostspielig, daß sie sich nicht aus den Mitteln bestreiten ließen, die für den Aufbau von Klostergebäuden und Altären bewilligt wurden.

Abgesehen von den später veränderten Fenstern spricht nun alles dafür, daß das Langhaus noch der Bauperiode von 1287 angehört. Die Decke war ursprünglich, ebenso wie jetzt, flach; das beweist das Fehlen der Strebepfeiler. Handelte es sich um einen völligen Neubau aus spätgotischer Zeit, so würde man kaum auf Wölbung verzichtet haben. Das Portal besteht nicht aus einer Häufung von Stäben und Einziehungen, sondern aus Kehle und Abstufung mit eingelegtem Rundstab; es ist nicht mit Eselsrücken, sondern mit Spitzbogen geschlossen. Als Sockelgesims dient einfacher Wasserschlag.

Eine größere Bautätigkeit an der Kirche von 1327 ist verbürgt. Dem Baumeister Heinrich wurde zum Danke für seine Leistungen auch nach Beendigung seiner Arbeit freie Behausung zugestanden. Auch wenn die Bauformen nicht die Bestätigung lieferten, es kann sich nur um den prächtigen Neubau des Chores handeln. Offenbar rechnete man mit einem späteren Neubau auch des Langhauses. Wäre nun tatsächlich das Langhaus in seinen Umfassungswänden jünger als der Chor, so würde man ihm dieselbe Höhe gegeben haben, wie der Chor sie besaß. Mögen nun die Mittel ausgegangen sein, oder mag die Ausscheidung der Laiengemeinde das Bedürfnis nach einem neuen Langhause unterdrückt haben, das Langhaus blieb in seiner ursprünglichen Größe bestehen. Auch den Dachreiter, der doch zweckmäßiger auf dem höheren Firste des Chores seinen Platz gefunden hätte, beließ man dort, wo er bisher gesessen hatte, auf dem Dache des niedrigen Langhauses [1]).

Gewiß aber wäre der Neubau des Chores überhaupt nicht vorgenommen, hätte die Kirche von Anfang an ein besonderes Altarhaus besessen. Die Annahme eines geradlinigen Abschlusses der Ostwand im Bau von 1287 erscheint begründet.

Die wenig glückliche Methode, das Altarhaus zu unterdrücken, stand zu den Grundregeln der christlichen Baukunst in zu scharfem Widerspruch, als daß das Schema des rechteckigen Saalbaues ohne ausgesprochene Chorvorlage, wie es bei den Kirchen zu Roda,

---

1) Erst bei der Restaurierung im Jahre 1856 ist dieser charakteristische Dachreiter beseitigt worden.

Langendorf, Kelbra, Stadtilm und Sonnefeld festzustellen oder zu
vermuten war, im 14. Jahrhundert noch Gültigkeit gehabt hätte.
Von jeher war der Platz der Kirche, in dem die geheimnisvolle
Feier der Messe stattfand, die Eucharistie aufbewahrt wurde und
den Gläubigen die Kommunion gereicht wurde, im Grundriß und
Aufriß betont worden. Der Raum östlich des Triumphbogens gehörte dem Klerus, das Langhaus der Gemeinde. Die romanische
Apsis wurde durch das gotische Polygon abgelöst. Wenn Pforta
1251 kein Bedenken trug, ganz entgegen den Grundsätzen Citeaux'
das geräumige Hauptaltarhaus durch einen gebrochenen Linienzug

Fig. 128. Klosterkirche zu Sonnefeld. Ansicht von Südosten.

im Osten abzuschließen, so lag für die durch Bauvorschriften des
Ordens nicht gebundenen Frauenklöster keine Veranlassung vor, die
allerortens in Aufnahme gekommene, durch den Kultus begründete
Neuerung abzulehnen. Es ist daher durchaus zu verstehen, daß auch
die Kreise der Cisterzienserinnen weder bei Neubauten noch bei
Erweiterungeu auf Anlage des Chorpolygones verzichteten.

In Sonnefeld tritt unter den Kirchen der Thüringer Nonnenklöster das im Vieleck geschlossene besondere Altarhaus zum ersten
Male auf, hier gleich in großzügiger Ausführung. In Höhe von 20 m
wurde der fast 18 m lange und über 9 m breite neue Bauteil, wie schon

erwähnt, vermutlich um 1327 [1]) dem niedrigen Langhause vorgelegt. Der Chor besteht aus vier Jochen, schließt mit drei Seiten des Achteckes und ist von großartiger Innenwirkung. Konsolen von umgekehrter Pyramidenform mit Gesims und Maßwerkverzierung fangen in Höhe von reichlich 2 m die birnstabförmigen Rippen der Kreuzgewölbe auf. Die beiden noch erhaltenen Schlußsteine tragen als Füllung einen Christuskopf und das Gotteslamm. Birnstab mit beider-

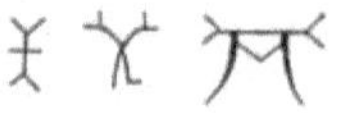

Fig. 129. Steinmetzzeichen am Nordportal des Chores zu Sonnefeld.

seitiger Kehle und Kantenabschrägung bildet auch das Profil des spitzbogigen Triumphbogens, dessen Seitengewände einfache Abkantung besitzen. Durch außerordentlich hohe, zweiteilige Fenster — nur das östliche ist dreiteilig — sind die Mauerflächen aufgelöst. Die stark vorspringenden Strebepfeiler enden mit Pultdächern, deren vorgesetzte Ziergiebel mit Kleeblattbögen gefüllt und mit Fialen gekrönt sind. Außer von drei eigenen Gesimsen im oberen Teile werden die Strebepfeiler vom Sockelgesimse, das sich aus Platte, Kehle und Karniesschweifung mit Wasserschlag zusammensetzt, und vom Fensterbank-Gesimse umzogen.

An der Südseite des Chores tritt im halben Achteck ein von außen zugänglicher Treppenturm mit teils spitzbogigen, teils rechteckigen, kehlprofilierten Fenstern vor, der über dem Chordach zum vollen Achteck sich auswächst und mit Zeltdach abschließt, ein Analogon zu Pforta (Fig. 128). Zu der an derselben Seite liegenden Sakristei führt vom Chor her eine spitzbogige Tür, deren Profil aus Birnstab zwischen tiefen Kehlen, Rundstab und Kantenstab besteht. Eine Tür von ähnlicher Profilierung befindet sich auf der Nordseite des Chores im vierten Joch (Fig. 129). Auch die beiden Kreuzgewölbe der Sakristei ruhen mit ihren birnstabförmigen Rippen auf Konsolen. Ohne Frage rühren Chor und Sakristei ebenso wie das südlich an die Sakristei sich anschließende zweigeschossige gotische Gebäude, dessen unterer Raum vier Kreuz-

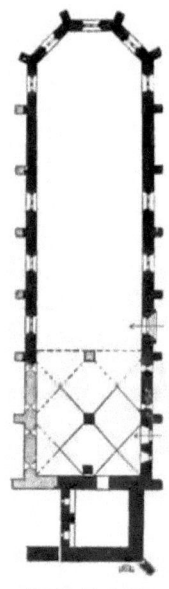

Fig. 130. Klosterkirche zu Oberweimar.

---

1) Nach Dehio, Handb. d. d. Kunstdenkm. I S. 284, Mitte oder zweite Hälfte des 14. Jahrhunderts.

gewölbe mit Mittelsäule, Wandkonsolen und verzierten Schlußsteinen sowie Spuren von Malerei besitzt, von einem und demselben Architekten her, eben jenem Meister Heinrich, der 1349 ecclesiam et dormitorium fideli suo labore opere lapideo laudabiliter perfecit[1].

Ganz den Typus der einschiffigen Saalkirchen mit polygonalem Ostschluß trägt Oberweimars Bau vom Jahre 1361 (Fig. 130). Der aus drei Seiten des Achteckes gebildete Chor legt sich ohne Absatz dem Langhause vor, das in seinem westlichen Teile die auf vier rippenlosen Kreuzgewölben und einem kämpferlosen quadratischen Mittelpfeiler ruhende Nonnempore enthält[2]. Der über einem fließenden Wasser errichtete, durch nachträglich angefügte Streben gesicherte Turm steht am Südende der Westseite[3]. Wie die abgetreppten Strebepfeiler ergeben, war die ganze Anlage auf Wölbung berechnet; fünf (mittlerweile verschwundene) oblonge Kreuzgewölbe kamen auf

---

1) Nach Voß', Bau- Denkm. Thür., S.-Cob.-Gotha, B.-Coburg S. 86, unbegründeter Ansicht entstand der Bau des Chores und der Sakristei „vielleicht um 1371, in welchem Jahre feste Verfügungen über die Zahl der aufzunehmenden Nonnen getroffen wurden".

2) Der Umstand, daß die Nordmauer der Kirche auf Länge der Nonnenempore verschwunden und durch eine moderne, mehr nach Süden gerückte Wand ersetzt ist, welche die nördlichen Gewölbe unterhalb der Nonnenempore etwa im Scheitel trifft, ferner daß auch im östlichen Gewölbefelde ein moderner Mauerzug sich befindet, hat Lehfeldt, Bau-... Denkm. Thür., S.-W.-Eisenach I S. 287, zu folgender Auslegung veranlaßt: „Die Kirche hat die Grundrißform: [Sie besteht demnach aus drei Teilen. Oestlich Chor und Lang-] haus. Dann folgt ein ... zweigeschossiger Raum, außen nur nach Norden einspringend, nach Süden in gleicher Flucht mit dem Ostraum, schließlich der Westturm Jetzt hat nur der zweigeschossige Mittelteil einfache Kreuzgewölbe im Erdgeschoß, und zwar ruhen diese auf einer in der Mitte der Westwand dieses Teiles vortretenden Vorlage [die angebliche Vorlage ist in Wirklichkeit eine später dem Turm angefügte Strebe] und auf einem freistehenden Mittelpfeiler; so entsteht eine zweischiffige (!) Anlage, die aber ganz ungenau ist, indem Pfeiler und Vorlage zunächst aus der Mitte etwas nach Norden, der freistehende Mittelpfeiler aber stark nach der Ostwand zu verschoben ist [in Wirklichkeit befindet sich der Mittelpfeiler natürlich in der Längsachse der Kirche], also mehrere Kreuzgewölbe entstehen, welche nicht auskommen, sondern, angefangen, in die Wände verlaufen. Dies und der rohe kapitellose Pfeiler zeigen, daß wir es hier mit einem späteren, nicht mit dem Ursprungsbau zu tun haben (einem des 17. Jahrhunderts?)." Der Gedanke, daß wir es in Wirklichkeit mit dem von Anfang an vorhanden gewesenen massiven Unterbau des Nonnenchores zu tun haben, scheint Lehfeldt nicht gekommen zu sein.

3) Nach Lehfeldt, a. a. O. S. 286, 1516—1518 errichtet. Wohl gleichzeitig mit dem Kirchenschiffe erbaut, weil die Strebe am Westende des Langhauses nicht diagonal, sondern normal zur Südwand steht und im Innern des Turmes auf der Nordseite sich spitzbogige Nischen finden. Der Helm des Turmes ist erneuert (Bretterbeschlag), die rundbogigen Fenster im Obergeschoß dürften von dem romanischen Ursprungsbau, der um 1360 fiel, übernommen sein.

Fig. 131. Südportal der Klosterkirche zu Oberweimar.

das Langhaus. Die Spitzenbogenfenster im Chor und Schiff charakterisieren sich durch tief gekehlte Profilierung; in einem der Nordfenster ist die Maßwerkfüllung, Schlußring mit Vierpaß über zwei Spitzbögen, noch erhalten [1]). Durch die Anlage zweier Fensterzonen im westlichen Teile des Baues ist der Einbau des Nonnenchores auch auf den Fronten zum Ausdruck gebracht; der auch bei anderen Nonnenkirchen Thüringens hervortretende Mißstand, daß der unter der Empore liegende Raum ungenügend beleuchtet wird, macht sich in Oberweimar infolge der winzigen Lichtöffnungen (ein Vierpaß und zwei Kleeblattbogenfenster kleinsten Formates) auffallend bemerkbar. Die Umrahmung der Südtür (Fig. 131), das vornehmste Schmuckstück der ganzen Kirche, stellt sich den Portalen von Pforta würdig an die Seite und zeigt durch seinen Reichtum an Profilen und Skulptur, in Verbindung mit den Tafelgemälden und den Resten von Glasmalereien im Chor, wie wenig die Frauenklöster die Bauvorschriften des Ordens sich zu eigen machten [2]).

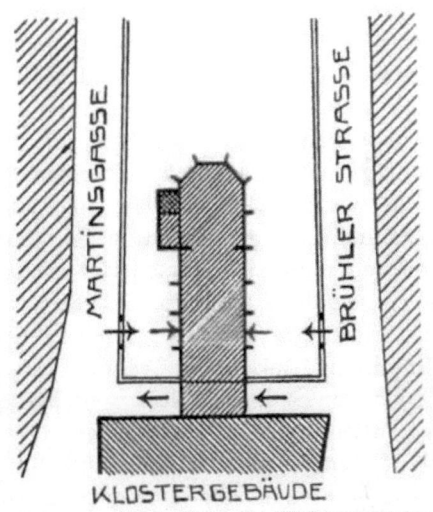

KLOSTERGEBÄUDE

Fig. 132. Klosterkirche S. Martini zu Erfurt.

Ein sicheres Urteil, an welcher Stelle die Klostergebäude sich befanden, scheint kaum möglich [3]).

Erhöhtes Interesse unter den polygonal geschlossenen Saalanlagen verdient die sonst anspruchslose Kirche des Martinsklosters zu Erfurt wegen der Ausbildung der Nonnenempore und

---

[1]) Die Fenster der Südseite sind restauriert; in den Chorfenstern ist das Maßwerk verschwunden.

[2]) Das rundbogige Tympanon, das jüngste Gericht darstellend, das Lehfeldt, a. a. O. S. 289, dem Ende des 13. Jahrhunderts zuschreibt, halte ich für einen Rest des romanischen Ursprungsbaues. So auch Heß, Ueber d. noch erh. mittelalt. Bauw. i. Weim. Kreise, in Zeitschr. d. Ver. f. thür. Gesch. VI S. 222; von Lotz, Kunsttopogr. Deutschl. I S. 482, angezweifelt. Ein interessantes Beispiel mittelalterlicher Denkmalpflege, das noch heute vorbildlich sein kann!

[3]) Hess, a. a. O. S. 221: „Die Konventualgebäude mit Kreuzgang auf der Nordseite, die Wirtschaftsgebäude auf der Morgen- und Abendseite, die Propstei aber auf der Südseite der Kirche."

ihrer Verbindung mit den Konventsgebäuden (Fig. 132). Die Anglie-
derung des Klosters an eine bestehende Kirche, an deren Süd-, West-
und Nordseite Straßenzüge vorbeiführten, mag die abweichende Anlage begründen. Von dem Ursprungsbau, der 1303 dem Konvente
überwiesenen Pfarrkirche St. Martini im Brühl, steht nur noch der auf
der Nordseite des Chores befindliche Turm, ein schlichter viereckiger
Bruchsteinbau mit Sandsteineinfassung der Ecken und der im oberen
Teile befindlichen einfachen Maßwerkfenster, mit viereckigem Aufsatz zwischen einer durchbrochenen Steingalerie und mit achteckiger
schlanker Spitze. Das einschiffige Langhaus, ein Neubau von 1483,
der bei der Restaurierung von 1755 ein flaches Tonnengewölbe erhielt und an Fenstern und Türen durchgreifende Aenderungen und
Zutaten erfuhr, besitzt dieselbe Breite wie der gleichaltrige, durch
einen Triumphbogen abgeschlossene Chor, der im Grundriß sich
etwas nach Norden neigt und in drei Seiten des Achteckes schließt[1]).
Die spitzbogigen Fenster haben Fischblasenmaßwerk, die absatz-
losen Strebepfeiler einfachen, leicht nach oben gebogenen Wasserschlag. Wenn auch die Nonnenempore in üblicher Weise am Westende des Baues ihren Platz fand und bei gleicher Breite und gleicher
Dachhöhe als gleichwertige Fortsetzung des Langhauses angesehen
werden muß, so unterscheidet sie sich von den bisher besprochenen
Anlagen doch dadurch, daß der unter ihr befindliche Raum nicht
zur Kirche gezogen ist, sondern als öffentlicher Durchgang dient[2]).
Er nimmt, mit einem rundbogigen Tonnengewölbe abgeschlossen,
jenen von Süd nach Nord gerichteten Straßenzug auf, der die Kirche
von den westlich gelegenen, ebenfalls 1483 errichteten Klostergebäuden[3]) trennt und die Brühler Straße mit der Martinsgasse verbindet.
Sein Ueberbau, der Nonnenchor, hob die unterbrochene Kommuni-

---

Lehfeldt, a. a. O. S. 292: „Reste des Klosters, in das gegenüber der Südseite der
Kirche (der alten Stelle des Klosters) befindliche Kammergut verbaut."

Wieland, Die sel. Lukardis zu Oberweimar, in Cisterzienser-Chronik 1898 S. 197:
„Eine Seitenkapelle der Klosterkirche war zu Ehren der Gebenedeiten unter den Weibern
geweiht." Ich habe den Platz dieser Kapelle nicht feststellen können.

1) Merian, Topogr. sup. Saxon. S. 74, zeichnet auf seiner Abbildung Erfurts für
St. Martin extra muros (offenbar ungenau) einen gerade geschlossenen Chor.

2) Nach Mitteilung des Pfarrers von St. Martini soll die Nonnenempore sich ursprünglich noch weiter nach Osten in das Langhaus erstreckt haben.

3) v. Tettau, Beschr. Darst. d. ä. Bau- . . . Denkm. d. Prov. Sachsen, St. Erfurt
S. 250: „Die von außen am südlichen Ende des westlichen Flügels angebrachte Inschrift
von 1437: Anno dm m⁰ cccc⁰ xxxvij feria secunda post misericordias domini incepta
est haec structura huius turris hat mit der Erbauung des Martinsklosters nichts zu tun,
bezieht sich vielmehr auf die des Turmes der Matthiaskirche, an dem sie sich ursprünglich
befunden hat."

kation zwischen Gotteshaus und Konventsräumen wieder auf. Den klösterlichen Charakter der Anlage betont ein Dachreiter, der da, wo der Verbindungsgang an die Kirche stößt, seinen Platz gefunden hat.

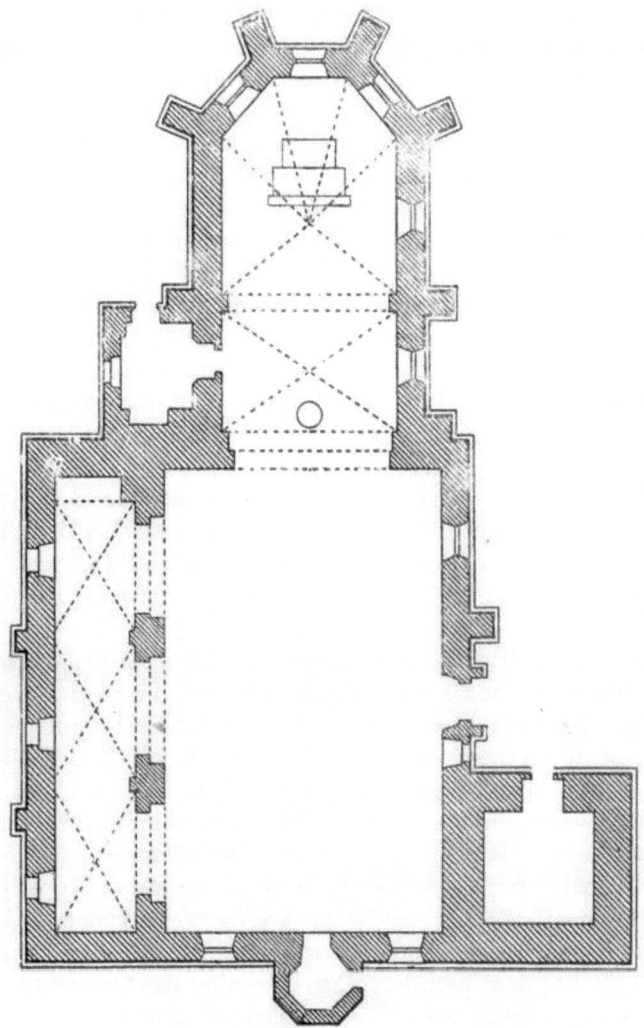

Fig. 133. Klosterkirche zu Frauenprießnitz.

Die überaus traurige Verfassung, in der die Kirche des Klosters Allendorf überkommen ist, gestattet keinen sicheren Rückschluß auf ihre ursprüngliche Gestalt. Der in Quadern errichtete Bau ist unter Einziehung einer Zwischendecke zu einem Wohnhaus umgestaltet. Am besten ist noch die Westwand erhalten, die in der Mittelachse ein schlichtes spitzbogiges Portal und darüber ein bis in das Giebelfeld reichendes hohes Fenster besitzt. Das Fehlen von Strebepfeilern, die gedrückte Form der Spitzbögen beider jetzt zugesetzten Giebelöffnungen sowie das Vorhandensein von Fischblasenmaßwerk rechtfertigen die Vermutung, daß der vorliegende Bau, eine ehedem mit offenem Dachstuhl und vermutlich mit einem Dachreiter versehene einschiffige Anlage, nicht mehr jene Kirche von 1265 sein kann, die um 1270 der Konvent übernahm, sondern ein spätgotischer Neubau. Auf der Südseite befinden sich als einzige mittelalterlichen Architekturreste zwei vermauerte Spitzbogentüren. Auf das ehemalige Vorhandensein eines besonderen Choranbaues deuten die Bruchstellen der Ansatzmauern und der Triumphbogen mit rechteckigem Gewände im Ostgiebel, sowie die Angabe der Dorfbewohner hin, daß hier ehedem eine „Kapelle" gestanden. Welche Form dieser Chor besessen hat, ist nicht mehr zu ermitteln, doch darf wegen der Entstehungszeit der Kirche wohl nur an einen polygonalen Anbau gedacht werden.

In Bruchstücken ist östlich der Kirche eine an den Berg gelehnte geknickte Mauer mit anliegendem Felsenkeller zu erkennen. Die Gebäude auf der Südseite, zum Teil herrschaftliche Anlagen mit Umfassungsmauern und Toren, tragen kein mittelalterliches Gepräge mehr.

Zu den spätgotischen, ebenfalls nicht näher datierten Anlagen gehört der gut erhaltene Chor der Nonnenkirche zu F r a u e n p r i e ß n i t z (Fig. 133). Er besteht aus einem oblongen Westjoche und einem mit drei Seiten des Achteckes geschlossenen Ostjoche. Die Wölbefelder werden durch spitzbogige, kämpferlose und bis auf den Boden reichende Gurtbögen von rechteckigem Querschnitte begrenzt; dagegen ruhen die Rippen auf kurzen Dienststücken, die ihrerseits auf figürlichen, mit Laub- oder Maßwerk besetzten Konsolen aufsitzen. In dem offenbar zuerst in Angriff genommenen Westfelde sind die Rippen des Kreuzgewölbes nur an den Kanten abgeschrägt, während sie bei dem sechskappigen Gewölbe des Ostteiles Birnstabprofil[1]) zeigen. Trotz dieser Verschiedenheit müssen, was naheliegt, die beiden Chorjoche in Zusammenhang hergestellt sein, weil die mit Pultdach versehenen Strebepfeiler gleichartig ausgebildet sind und

---

1) Nicht Kehlprofil, wie Lehfeldt, Bauangibt. Denkm. Thür., S.-W.-Eisenach II S. 43,

insbesondere überall die übereck gestellten und wunderlicherweise unmittelbar an die Wand angelehnten, in der Bekrönung zerstörten Fialen aufweisen. In den Schlußsteinen finden sich der Auferstehende und der Pelikan, in den zweigeteilten hohen Fenstern Fischblasenmaßwerk. Daß der Chor tatsächlich noch aus Klosterzeit herrührt,

Fig. 134. Schloß zu Frauenprießnitz.

beweist der Rest einer farbenprächtigen Wandmalerei im Innern des Schlußjoches [1]).

---

1) Lehfeldt, a. a. O. S. 42: „Der jetzige Bau war ursprünglich spätgotisch angelegt und zeigt spätere Veränderungen. Der frühere rechteckige Chor wurde mit Durchbrechung der Ostwand bis auf einen stehen gelassenen spitzbogigen Gurtbogen um ein langes dreiseitiges geschlossenes Schlußjoch verlängert." Diese Ansicht beruht auf Irrtum. An sich ist es unwahrscheinlich, daß man in der Spätgotik noch den rechteckigen Chor anwandte. Dann auch müßte, was nicht der Fall ist, der Gurtbogen die Breite der Außenmauer haben. Die „Durchbrechung der Ostwand bis auf einen stehen gelassenen spitzbogigen

Weit weniger klar, als der Ostteil, der freilich auch in Dach und Hauptgesimse Erneuerung erfahren hat, ist die ursprüngliche Gestalt des einschiffigen Langhauses, das in der Breite nur wenig über den Chor vorspringt. Der rechteckige, am Westende der Südseite von einem quadratischen, jetzt mit Schweifkuppel bekrönten Glockenturm [1]) und in der Mitte der Westfront von einem achteckigen Treppenturm besetzte Raum stammt in seinen Umfassungsmauern noch aus Klosterszeit, doch haben die mannigfachen Zerstörungen und Wiederherstellungen, Um- und Einbauten das alte Bild zu sehr verändert, als daß noch ein sicherer Schluß über die Entstehungszeit möglich ist. Vermutlich war das Langhaus ursprünglich, wie jetzt, flach gedeckt. Durch diese Annahme wird am leichtesten die merkwürdige Tatsache erklärt, daß der Chor auch dort, wo er gegen die Ostwand des Langhauses stößt, Strebepfeiler besitzt. Für die Zugänglichkeit der Nonnenempore im westlichen Theil der Kirche sorgte eben jener achteckige Treppenturm. Auf der Südseite finden sich hohe Spitzbogenfenster mit rundbogigem, also späterem Maßwerk, auch der Glockenturm enthält spitzbogige Oeffnungen.

Mehr als durch die mittelalterlichen Bauteile beansprucht die Kirche Interesse durch die Aenderungen, die Anfangs des 17. Jahrhunderts vorgenommen wurden. Burkhard von Tautenburg, der Erbauer des Schlosses zu Prießnitz (Fig. 134), starb 1605 zu Dresden, ohne die Vollendung dieses Baues erlebt zu haben. Sein Grab fand er an der Seite seiner Ahnen im ehemaligen Klostergotteshause. Gewiß hatte der baulustige Schenk, der während seiner Studienzeit in Padua die italienische Baukunst kennen lernte, sich mit dem Gedanken einer Umgestaltung der Kirche im Sinne der Renaissance seines Schlosses, sowie mit der Anlage einer monumentalen Familiengruft getragen, und vielleicht geht auch diese oder jene Veränderung an der Kirche auf seine Angaben zurück. Die Ausführung seiner Pläne indessen, an der ihn der Tod hinderte, übernahm seine überlebende Gattin Agnes von Eberstein. Seit der 1547 erfolgten Säkularisation des

---

Gurtbogen wäre von technischen und statischen Gesichtspunkten aus ein kleines Meisterstück gewesen, das ohne Frage mehr Geld gekostet hätte, als der Abbruch der Wand und der Aufbau eines neuen Bogens.

1) Lehfeldt, a. a. O. S. 43: „Nördlich vom Chor ist eine (gegen das Hauptschiff vorspringende, gegen das Nordschiff zurücktretende) starkwandige Sakristei (einst wohl Unterbau eines nicht ausgeführten Turmes)." Die Stärke der Mauern erklärt sich daraus, daß die Sakristei nachträglich angebaut wurde, also Wand an Wand zu stehen kam. Wäre wirklich, was bei dem Vorhandensein des Turmes an anderer Stelle unwahrscheinlich ist, hier ein Turm von Anfang an geplant gewesen, so dürften hier die Strebepfeiler des Chores, weil überflüssig, nicht vorhanden sein.

Klosters war die Nonnenempore entbehrlich. Ihre Beseitigung ermöglichte die Herstellung eines Anbaues an der Nordseite des Langhauses derart, daß der neue, die ganze Länge des Kirchenschiffes
einnehmende Bauteil über dem Grabgewölbe in zwei Geschossen sich
erhob und nach dem Innern der Kirche zu in großen Gurtbögen
sich öffnete. Die Besichtigung der zu ebener Erde liegenden Grabsteine vom Kircheninnern aus war ebenso gut möglich, wie der Aus-
blick auf die Kanzel vom oberen Geschoß, das offenbar als Herrschaftssitz diente.

Fig. 135. Sarg Christians von Tautenburg.

Die Anlage konnte nicht vorgenommen werden, ohne daß eine
bauliche Veränderung Berücksichtigung fand, die im Hauptschiff der
Kirche zu gleicher Zeit geplant wurde, oder schon kurz vorher vor
sich gegangen war. Wie die Spuren von Gewölben an den Innen-
wänden, die Reste von kehlprofilierten Schildbögen und die an den
Kämpferstellen sitzenden Konsolen mit Renaissanceprofil erkennen
lassen, ist der Westraum der Kirche zu eben dieser Zeit in ein
breiteres Mittelschiff und zwei schmalere Seitenschiffe hallenförmig
eingewölbt gewesen. Bei Anlage von drei Jochen in der Länge
ergab sich die Notwendigkeit, an der Südseite, dort, wo nicht der
Turm den Gewölbeschub aufnahm, ein weiteres Widerlager zu schaffen,
das in dem Strebepfeiler noch erhalten ist. Auf der Nordseite mußten

die Pfeiler, die zwischen den für den Gruftbau angelegten drei flach-
bogigen Gurtöffnungen verblieben, ebenfalls gestützt werden, doch
brauchte hier die Vorlage weniger ausladend zu sein, weil der Nordanbau durch die drei Kreuzgewölbe [1]) seines Erdgeschosses — das
Obergeschoß besaß Holzdecke — den Schub auf seine Außenmauern
ablenkte, die ihrerseits wieder mit kleineren Streben versehen wurden.

Fig. 136. Kruzifix vom Sarge Burkhards von Tautenburg.

Rührt die Anlage des Gruftanbaues auch nicht mehr aus der
Zeit des Nonnenkonventes her, so ist es kaum zweifelhaft, daß die
Idee einer anderen Cisterzienserinnenkirche Thüringens entnommen

---

1) Diesen drei Kreuzgewölben entsprechen die drei Gruftgewölbe. Wenn Lehfeldt,
a. a. O. S. 43, von zwei Grufträumen spricht, so scheint das daran zu liegen, daß er die
westliche Trennungswand, die zur Zeit noch) nicht durchschlagen ist, für die Abschlußmauer angesehen hat.

ist. Im benachbarten Roda hatten die Lobdeburger vor etwa drei-
einhalb Jahrhunderten eine Gruft als besonderen Nordanbau der
Kirche vorgelegt, die, zwar nur ein oberirdisches Geschoß haltend,
in ihrer ansehnlichen Ausdehnung noch immer als herrschaftlich und
vorbildlich gelten konnte. Die Prießnitzer Doppelgeschoßanlage kann
als interessante Weiterbildung von Roda gelten, die freilich nur

Fig. 137. Gitter der Schenkengruft in der Klosterkirche zu Frauenprießnitz.

deshalb angängig war, weil die von Baulichkeiten nicht besetzte
Südseite der Kirche durch große Fenster für genügende Lichtzufuhr
sorgte.

Die skulpierten Grabsteine der Tautenburger sind zum großen
Teil erhalten, ebenso die kunstgeschichtlich durchweg hochinteres-

santen Särge (Fig. 135 u. 136), bei deren Oeffnen man erlesenen Schmuck fand [1]). Auch befinden sich beim Nordbau in den Bögen des Erdgeschosses noch die eisernen Gitter, Flügeltüren mit oberer Füllung in bester Schmiedearbeit (Fig. 137), während die Oeffnungen der Empore vermauert sind. Das Hauptportal auf der Südseite des Langhauses, im Prunkstil der italienischen Renaissance entworfen, besitzt

Fig. 138. Vom Südportal der Klosterkirche zu Frauenprießnitz.

gegliederten Rundbogen, Schlußstein mit Löwenmaske, flankierende kanellierte Säulen auf hohen Sockeln mit attischen Basen und toskanischen Kapitellen und auf dem üblichen Gebälk und Gesims eine Inschrifttafel mit krönender Figur (Fig. 138). Eine steinerne Tür im Innern mit Volutenbekrönung zeigt die Jahreszahl 1605.

1) Lehfeldt, a. a. O. S. 46 f.

Lotz, Kunsttopogr. Deutschl. I S. 218.

Schneider, Ueber das alte Erbbegräbnis d. Sch. v. T. in Frauenprießnitz.

Hinsichtlich der Lage der Konventsgebäude dürfte kaum mehr feststehen, als die Tatsache, daß die Baulichkeiten in keinem unmittelbaren Zusammenhange mit der Kirche, die offenbar auch Pfarrzwecken dienen mußte, standen[1].

Die einschiffige Kirche mit oder ohne besonderes Altarhaus darf zweifellos als Typus jener Gotteshäuser gelten, die ausschließlich den Zwecken der Nonnen dienten. Aber merkwürdigerweise hat, wenigstens bei den erhaltenen Anlagen, in Thüringen der Fall niemals so gelegen, daß der Konvent beim Neubau seiner Kirche die Mitbenutzung des Gotteshauses durch die Laiengemeinde außer acht lassen konnte. Das Beispiel einer reinen Nonnenkirche ist daher nicht vorhanden. So ansehnlich auch zuweilen die Ausdehnung der Nonnenempore war, sie war und blieb der Einbau einer Pfarrkirche. Kam der Schwesternchor bei den einschiffigen Saalkirchen zuweilen stärker, als ästhetisch wünschenswert war, zur Geltung, so mußte er fast ganz zurücktreten bei den Anlagen, die mehr als ein Schiff besaßen.

Natürlich machte sich ein mehrschiffiger Bau überhaupt nur notwendig, wenn die Laiengemeinde eines besonders großen Raumes bedurfte, also vorzugsweise bei solchen bedeutenderen Gemeinwesen, denen das Gotteshaus der Nonnen gleichzeitig als eine der Hauptkirchen galt. Die beiden dreischiffigen Kirchen, die unter die Gruppe Neubauten aus Klosterzeit fallen, liegen denn auch nicht fernab der Verkehrsstraße in unbedeutenden Dörfern, sondern in geschichtlich hervortretenden, wohlhabenden Städten. Freilich gehören beide Bauten nicht mehr der Mitte der Entwicklung an. Die Zeit, in der die Klöster der Cisterzienserinnen an Bedeutung zurückgingen und die Städte an Macht zunahmen, wird durch St. Michael in Jena und Nordhausens Altendörfer Kirche gut illustriert.

Seltsam genug, daß die Entwicklung der Nonnenkirche ebenso schließt, wie sie begonnen hatte. Auch Ichtershausens niemals nach-

---

[1] Lehfeldt, a. a. O. S. 52, glaubt, daß das Domänengebäude, das chemalige Schloß, an Stelle des Klosters steht. Die Lage der Klostermauer zwischen Domänengebäude und Kirche spricht nicht sehr für diese Annahme.

Heß, Ueber die noch erh. mittelalt. Bauw. i. Weim. Kr., in Zeitschr. d. Ver. f. thür. Gesch. VI S. 178: „Von den früheren zu diesem Kloster gehörigen Bauwerken hat sich nur noch ein Teil der Umfassungsmauern des vormaligen Konventualhauses, sowie die ziemlich umfängliche Kirche erhalten, während der mit letzterer in Verbindung stehende Glockenturm bereits einer späteren Zeit angehört   Der Ueberrest des vormaligen Konventualhauses scheint noch dem ursprünglichen Klosterbau anzugehören, da sowohl dessen Konstruktionsweise, als auch die in demselben befindlichen kleinen romanischen Fenster auf eine frühzeitige Erbauungszeit hinweisen." Vielleicht ein älteres, bei Klostergründung vom Stifter dem Konvente geschenktes Haus.

geahmte Klosterkirche besaß drei Schiffe. Nur besteht der wesentliche Unterschied zwischen dem romanischen Bau in Ichtershausen und den beiden gotischen Anlagen in den genannten Städten darin, daß dort der basilikale, hier der hallenförmige Querschnitt gewählt

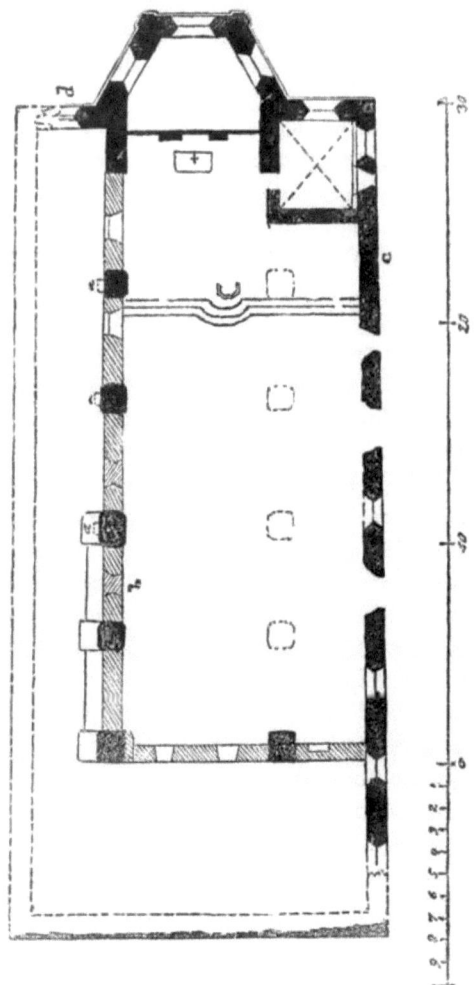

Fig. 139. Altendörfer Kirche in Nordhausen.

wurde. Der Umstand, daß weder in Ichtershausen noch in Nordhausen und Jena die Nonnenempore im Mittelschiffe dem Hauptaltar gegenüber ihren Platz fand, rechtfertigt die Annahme, daß die drei größten Neubauten als eigentliche Nonnenkirchen nicht angesprochen werden dürfen. In dem einen Falle war die typische Form noch nicht gefunden, im anderen Falle war sie aufgegeben.

Ganz den Charakter einer Pfarrkirche trägt im Grundriß der vermutlich um 1350 begonnene Neubau von St. Maria in valle im Altendorf bei Nordhausen, dessen ursprüngliche Form bei dem Fehlen einzelner Bauteile und der starken Entstellung des Restbestandes freilich nur ungenau sich ermitteln läßt (Fig. 139)[1]. Der dreischiffige, in ziemlich großem Maßstabe, aber in sehr wenig wetterbeständigem Material angelegte Bau war östlich im Hauptschiff mit einem aus drei Seiten des Sechseckes gebildeten Chore, in den Seiten-

---

[1] Förstemann, Hist. Nachr. von Nordhausen S. 105: „Die Hauptmauern des gegenwärtigen Bauwerkes mögen noch von einem Kirchenbau der Nonnen im Anfange des

schiffen geradlinig geschlossen und scheint völlig frei gestanden zu haben. Die Länge der Fenster in der östlichen Hälfte des südlichen Seitenschiffes und die hohe Lage der Anfänger der Gurtbögen im sonst verschwundenen nördlichen Seitenschiffe lassen über den hallenförmigen Querschnitt keinen Zweifel. Da sich weder an den Gurtbogenanfängern die Ansätze von Rippen, noch an den Außenwänden die Spuren von Strebepfeilern finden, darf an eine Wölbung des Langhauses kaum gedacht werden, doch mag der Chor, der an den Knickstellen des Polygones im Aeußern Mauerverstärkungen und im Innern Kragsteine besitzt, mit einer massiven Decke abgeschlossen gewesen sein. Wenig Gewißheit herrscht über das ehemalige Vorhandensein eines Querhauses, dessen Fehlen bei einer Hallenkirche allerdings nicht auffallen dürfte. Eine am östlichen Ende der südlichen Außenwand befindliche, nachträglich vermauerte Oeffnung scheint eher mit einem Kapellenanbau, als mit einem Kreuzarme in Verbindung zu stehen.

Fig. 140. Chorfenster in der Altendörfer Kirche in Nordhausen.

Die quadratischen Pfeiler des Mittelschiffes, von denen fünf auf der Nordseite und einer auf der Südseite sich noch erhalten haben, sind an den Ecken abgekantet [1]). Der Kämpfer am spitzbogigen Triumphbogen des Chores besteht aus Platte und Hohlkehle. Die zweiteiligen Spitzbogenfenster des südlichen Seitenschiffes besitzen im oberen Teile schlichte Vierpässe, bei den dreiteiligen Chorfenstern ist das Spitzbogenfeld durch drei im Dreieck gestellte, an

14. Jahrhunderts herrühren." Von dem 1294 übernommenen Baue scheint nichts, auch nicht die Fundamente, beim Neubaue benutzt zu sein.

Auf dem Nikolausberge bei Bischoferode, dem ursprünglichen Platze des Klosters, glaubt Schmidt, Beschr. Darst. d. ä. Bau- ... Denkm. d. Prov. Sachsen, St. Nordhausen S. 161, noch Reste der Klosterkirche feststellen zu können. „In monte St. Nicolai jetzt der Kirchberg genannt, die Umfassungsmauern verraten sich noch durch Erhöhungen des Bodens, vom Turm der Kapelle sind noch 1,5 m hohe Mauern erhalten."

1) Schmidt, a. a. O. S. 168, hält die Pfeiler für jünger als den Chor. Ich halte beide Teile für annähernd gleichaltrig.

einem Ringe zusammenstoßende längliche Maßwerkfelder und Dreipässe in den Zwickelfeldern ausgefüllt (Fig. 140).

Interesse erweckt der Bau erst durch die Anlage des Nonnenchores. Im Westteile des südlichen Seitenschiffes fand auf einer
Empore das Gestühl der Nonnen seine Aufstellung. Denn anders
kann die Anbringung von kleinen Spitzbogenöffnungen im Untergewände der Außenmauern des südlichen Nebenschiffes unterhalb
der nicht sehr hohen Maßwerkfenster nicht erklärt werden, als durch
die Absicht, den unter der Empore gelegenen Raum zu beleuchten.
Ob freilich auch das Nordschiff einen solchen Einbau besaß, ist nicht
mehr zu ermitteln. Nötig wäre eine solche doppelseitige Anlage wohl
nur bei äußerst starkem Konvente gewesen. Jedenfalls bildete, wie
andere Beispiele zeigen, die Rücksicht auf Symmetrie keinen Grund,
zu der notwendigen südlichen Empore ein überflüssiges Gegenstück
an der Nordseite zu schaffen.

Wie wenig der strenge Geist des Ordens bei jenen Nonnenkirchen zum Ausdruck kam, die gleichzeitig dem Konvente und
einer großen wohlhabenden Laiengemeinde dienen mußten, zeigt die
im gleichen Schema, wie die Nordhäuser Kirche, erbaute, aber wesentlich reichere und besser erhaltene Michaelskirche in Jena (Fig. 141).
Der im ersten Viertel des 15. Jahrhunderts begonnene und erst nach
der Mitte des folgenden Jahrhunderts beendete Bau ist nichts weniger
als ein Betsaal nach den Grundsätzen Bernhards von Clairvaux. Vergegenwärtigt man sich, daß die Nonnen von St. Michael in der
Kirche des nahegelegenen Mutterklosters Roda ein Beispiel von
verhältnismäßig großer Schlichtheit vor Augen hatten, so kann kein
Zweifel bestehen, daß die Kraft, die üppige Architektur der Zeitgenossen abzulehnen, geschwunden war. Freilich war es wohl weniger
der Konvent selbst, der den Plan diktierte, als der Rat der Stadt, der
in dem Neubau seiner Hauptkirche sich selbst ein Denkmal zu setzen
beabsichtigte. Der nicht sehr großen Zahl der Nonnen hätte eine weit
weniger geräumige Kirche genügt, als der dreischiffige, von zweimal
sechs Pfeilern getragene, über 50 m lange und 20 m breite Hallenbau. In der Tat nimmt die Nonnenempore nur einen sehr bescheidenen Teil des Innenraumes ein — anfänglich scheint nur das
dritte Joch (von Westen gerechnet) des Nordschiffes einen Einbau
besessen zu haben — und dieser Nonnenchor kam, wenigstens in der
jetzt erhaltenen Form als Empore auf Gewölbeunterbau, erst 1518 zu
stande. Die Kirche kann kaum noch als Klostergotteshaus im engeren
Sinne angesehen werden; sie ist eine Laienkirche, in der nur noch

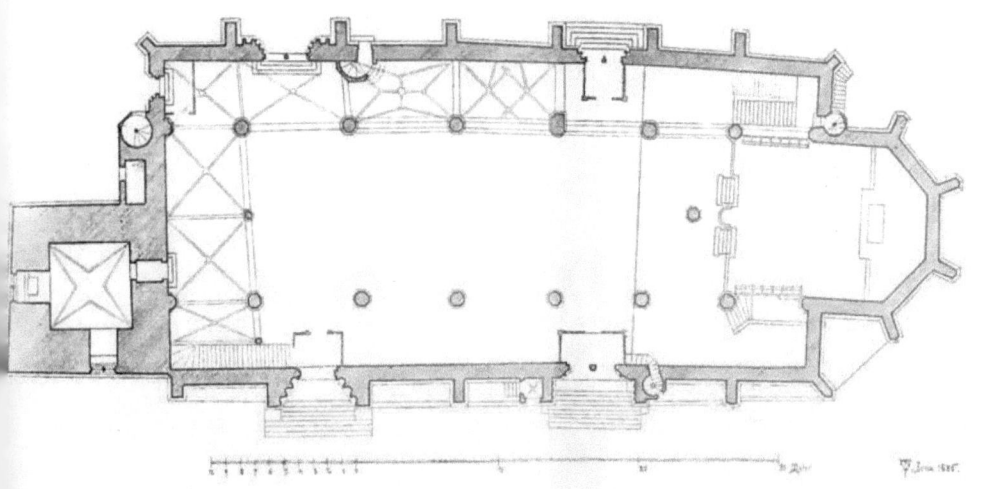

Parish Ch Church of [...]
[...]

Fig. 141.

Fig. 142. Südfront der Michaelskirche in Jena.

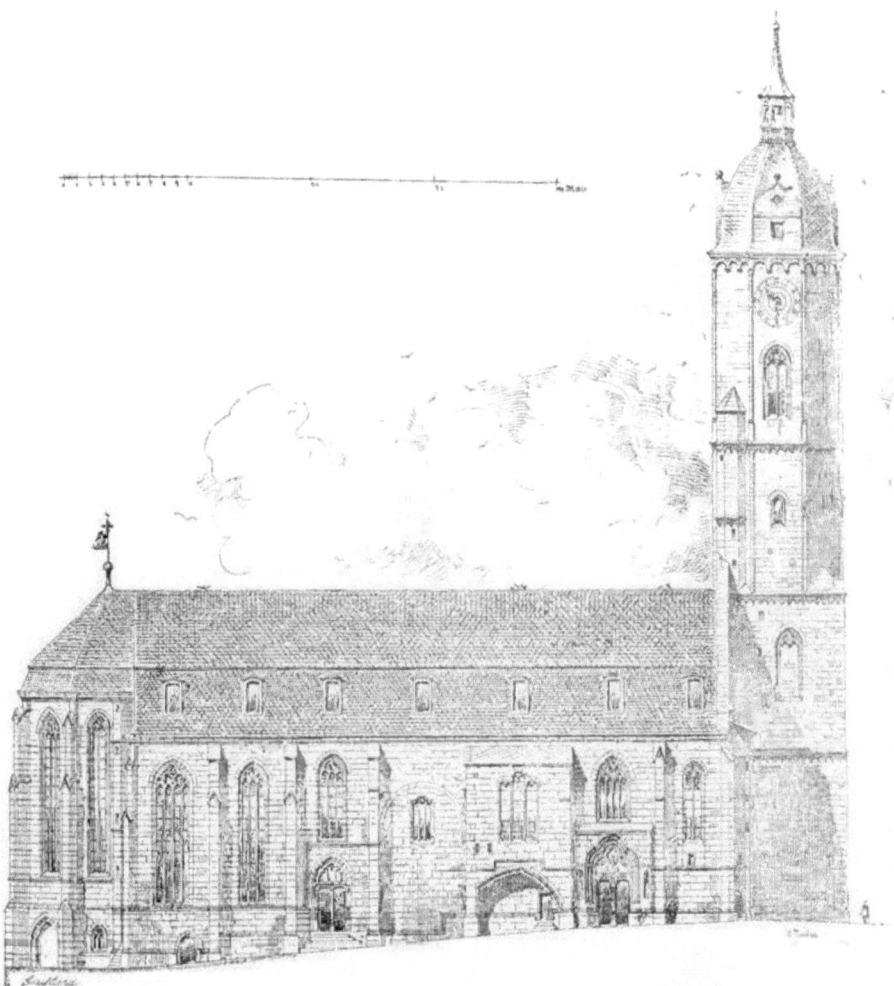

Fig. 143. Nordfront der Michaelskirche in Jena.

die untergeordneten Nonnensitze an die Benutzung durch einen Konvent erinnern.

Fünf Portale, je zwei an den Langseiten (Fig. 142 u. 143) und eines im Westgiebel luden den Bürger zum Beiwohnen des Gottesdienstes

Fig. 144. Portal auf der Südfront der Michaelskirche in Jena.

ein, darunter ein Prunkportal mit reichem Figurenschmuck, das in Thüringen seinesgleichen sucht und hinter den Schöpfungen des wohlhabenden Nürnberg nur wenig zurückbleibt (Fig. 144). Um auch solchen Laien, die ihren Geschäften nachgingen, Gelegenheit zur Verrichtung

einer kurzen Andacht zu geben, war auf der nach dem verkehrs-
reichen Kirchplatze gelegenen Südfront neben diesem Hauptportale

Fig. 145. Durchgangshalle unter dem Chor der Michaelskirche in Jena.

eine kleine Schaukapelle eingebaut [1]). Nichts kennzeichnet die Sucht,

1) Puttrich, Denkm. d. Bauk. d. Mittelalt. i. Sachs. I, 2, S.-W.-Eisenach S. 17, hält
diesen kleinen Anbau irrtümlich für eine Bußkapelle, Buddeus, Jena, in Thür. u. d. Harz
III S. 70, für eine Nische zur Schaustellung verbrecherischer Nonnen. Heß, Ueber die

etwas Außergewöhnliches zu schaffen, mehr, als der Wille, bei mangelndem Gelde die Vollendung des Turmes, der nach einer alten Ueberlieferung der höchste Thüringens werden sollte[1]), lieber hinauszuschieben, als durch vorzeitigen Abschluß seine Höhe zu beeinträchtigen. Sterngewölbe reichster Komposition mit wappenverzierten Schlußsteinen, gekünstelten Verschneidungen der Rippen an den Kämpfern und üppigen Konsolabläufen decken den Innenraum, der aus hohen Fenstern mit Pfostenteilung, Fischblasenmaßwerk und bunter Verglasung sein reichliches Licht erhielt.

Infolge der Veränderungen, welche bei Gelegenheit der Instandsetzung der Kirche für den evangelischen Gottesdienst und der Restaurierung vom Jahre 1873 vorgenommen wurden, ist eine sichere Datierung mancher Bauteile kaum noch möglich[2]). Die oben auf Grund der geschichtlichen Daten ausgesprocheneVermutung, daß die Baulinie von Osten nach Westen ging, daß die alte Kirche, die den westlichen Teil des Bauplatzes einnahm, als Stätte des Gottesdienstes während des Neubaues einstweilen stehen blieb, und daß infolgedessen, abgesehen von unfreiwilligen Unterbrechungen, der Bau in zwei von Anfang an geplante Hauptabschnitte zerfällt, findet im Baubefunde ihre Bestätigung.

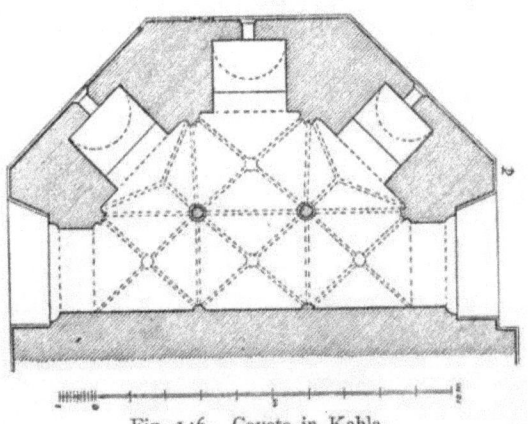

Fig. 146. Cavete in Kahla.

Die Schwierigkeiten, welche die Rücksichtnahme auf den alten Bau mit sich brachte, stellten sich wohl erst im Laufe der Bauausführung heraus; sie erklären am besten die Ungenauigkeiten des Grundrisses der Westteile.

noch erh. mittelalt. Bauw. i. Weim. Kr., in Zeitschr. d. Ver. f. thür. Gesch. VI S. 193, mit mehr Recht für den Aufstellungsort eines Heiligenbildes.

1) Buddeus, a. a. O. S. 70: „Der Turm soll gerade einen Dreier weniger als die Kamsdorfer Brücke gekostet haben. Das ist Sage des Volkes."

2) Lehfeldt, Bau- ... Denkm. Thür., S.-W.-Eisenach II S. 79, bringt eine umfangreichere Abhandlung über die Kirche, weshalb hier im wesentlichen nur auf die von Lehfeldt nicht berührten Eigentümlichkeiten eingegangen werden soll.

Der Plan ging offenbar dahin, unter Beibehaltung der Nord-
und Westgrenze des alten Baues[1]) eine Erweiterung der Kirche nach
Osten und Süden vorzunehmen. Das nach Osten stark abfallende

Fig. 147.

Fig. 148.

Fig. 149.

Gewölbe-Schlußsteine in der Durchgangshalle unter dem Chor der Michaelskirche in Jena.

Gelände führte von selbst zu einer Unterkellerung des Chores. Der

1) Dehio, Handb. d. d. Kunstdenkm. I S. 150: „Im 5. und 6. Joch der Nordseite
Reste aus rom.-got. Uebergangszeit."

unter den drei schrägen Schlußseiten des Chorpolygones liegende Raum mußte für den Verkehr, insbesondere auch wohl für die Zugänglichkeit des im Norden der Kirche gelegenen Klosters frei bleiben; er wurde in spitzbogigen, kehlprofilierten Gurtbögen nach der Straße zu geöffnet und mit einem dreikappigen Gewölbe geschlossen (Fig. 145)[1]), dessen Schlußsteine (Fig. 147—149) und Rippen durch das Kehlprofil und dessen Konsolen durch die Form der umgekehrten unverzierten Pyramide dartun, daß der Neubau an dieser Stelle seinen Anfang nahm. Der weiter westlich liegende Teil des Sockelgeschosses diente, vom Innern der Kirche aus zugänglich und

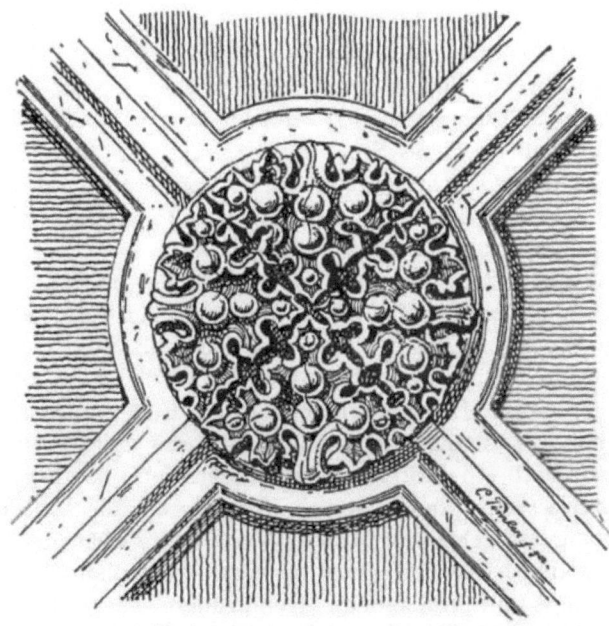

Fig. 150.   Gewölbe-Schlußstein in der alten Sakristei der Michaelskirche in Jena.

durch eine Mauer in zwei Teile geschieden, als Sakristei bezw. als Fürstengruft. Auch hier zeigen die Formen (Fig. 150), vor allem die noch im Dreipaß geschlossenen kleinen Fenster erst den Beginn der Spätgotik.

Unbequemer, als die Beseitigung dieser durch Terrain und Ver-

---

1) Eins der 7 Wunder Jenas (ara); ein Gegenstück zur sogenannten Cavete (Cavatae) unter dem Schlußjoch des Chores im benachbarten Kahla (Fig. 146). Vgl. Lehfeldt, Bau- . . . Denkm. Thür., S.-Altenburg II S. 107, der auch auf die Substruktionen des Chores am Erfurter Dom hinweist.

kehrsrücksichten gegebenen Schwierigkeit, war die Anpassung des
Neubaues an den vorbeiführenden nördlichen Straßenzug, der Kirche
und Kloster trennte. Die Nordmauer der Kirche mußte einen Knick
erhalten, der bei Beibehaltung der gleichen Breite für die ganze
Länge des Mittelschiffes zur Verengerung des nördlichen Seitenschiffes an dessen östlichem Ende führte. Für die Absteckung des
Grundrisses, soweit dieselbe außerhalb d. h. östlich der alten Kirche
anging, war die Absicht bestimmend, dem Gesamtbau 7 Joche zu
geben, die, natürlich unter sich gleich breit, auf der freien Südfront
die Lage der Strebepfeiler von selbst festlegte. Tatsächlich zeigt
sich, daß sowohl in dem zuerst und für sich in Angriff genommenen
östlichen Bauteile die achteckigen Pfeiler im Innern als auch die
Streben auf der Südfront alle gleichen Abstand haben. Diese Regel-
mäßigkeit in der Verteilung der inneren Pfeiler hört auf, sobald das
vierte Joch (von Osten gerechnet) erreicht ist, und es liegt die Annahme nahe, daß an dieser Stelle die Ostwand des alten Baues ein
Weiterbauen vorerst nicht gestattete, eine Vermutung, die durch die
Wahrnehmung bestätigt wird, daß die Interkolumnien im Ostteile
wesentlich kleiner sind, als im Westteile.

Erst nachdem 1442 die Gewölbe im Ostteile geschlossen waren,
und somit ein neuer Platz für den Gottesdienst zur Verfügung stand,
konnte an den Abbruch der alten Kirche und die Verlängerung des
Neubaues nach Westen gedacht werden. Freilich sollte der zweite
Bauabschnitt nicht ohne Unterbrechung zu Ende geführt werden.
Fast 40 Jahre vergingen, ehe ein nennenswerter Fortschritt zu ver-
zeichnen war, und ein weiteres Vierteljahrhundert, ehe der Bau des
Kirchenschiffes sein Ende fand. Mögen nun die wiederholten
Stockungen im Betriebe, ein damit in Verbindung stehender Wechsel
in der Bauleitung, Zuziehung von weniger geschulten Steinmetzen,
Rücksichtnahme auf vorhandene Grundmauern oder Abnahme des
feinen Gefühles und Mangel an Sorgfalt in der Absteckung des
Grundrisses die Veranlassung gewesen sein, die westliche Hälfte der
Kirche ist nicht mit der Genauigkeit der Osthälfte angelegt. Weder
stehen die inneren Pfeiler einander gegenüber, noch liegen sie in
den Achsen der zugehörigen Strebepfeiler, deren Kern häufig von
den Gewölbeanfängen gar nicht getroffen wird. Fast überall ist im
Innern der rechte Winkel verschoben. Die Einschränkung der Breite
des Westjoches und seine trapezförmige Gestalt fällt besonders auf.
Auch ist die symmetrische Verteilung der Strebepfeiler auf der
Nordfront nicht beibehalten. Wenn nun auch alle diese in der
Zeichnung des Grundrisses nicht zu verkennenden Ungenauigkeiten

am Baue selbst so gut wie gar nicht stören, so beweisen sie doch,
daß der oder die Meister des Westbaues nicht mit der geometrischen
Genauigkeit arbeiteten oder arbeiten konnten, wie der Erbauer der
Ostteile [1]).

An keinem Bauteile der Kirche konnte die Unterbrechung der
Bauzeit architektonisch mehr zum Ausdruck kommen, als beim Gewölbe. Die drei Bauperioden, deren Beendigung die Jahreszahlen
1442, 1481 und 1506 festlegen, fallen in eine Zeit, in der die Wölbekunst die technischen Schwierigkeiten des Anfangsstadiums längst
überwunden hatte und die Aufgaben schwieriger stellte. Hatte die
Hochgotik das Gerippe des Gewölbes nur aus den konstruktiv notwendigen Bögen gebildet und den größten Wert auf eine gesunde
Wechselbeziehung zwischen Gurten, Schildbögen und Rippen einerseits und der Kämpferausbildung und Pfeilerbildung andererseits ge-

---

1) Lehfeldt, a. a. O. S. 92: „In das sechste Joch [von Osten gerechnet] der Nordseite führt ein frühgotisches Kleebogen-Portal, welches energisch durch drei Rundstäbe
und einen Birnstab zwischen Kehlen gegliedert ist   Dieses Portal muß den
Architekten der Spätgotik nicht reich genug gewesen sein und so wurde denn ein
aus einer Doppelsäule gebildeter Mittelpfosten eingefügt   Auch Dehio, a. a. O.,
hält das Portal für frühgotisch. Ich halte das Portal, das durchstoßenes Pfostenwerk, Fischblasendekoration und dieselben Gewändeprofile besitzt, wie die Portale
auf der Südfront, außerdem der Kapitelle am Kämpfer entbehrt und mit der Nordmauer des Schiffes in Verband hergestellt ist, in allen Teilen für spätgotisch und gleichaltrig mit den Westteilen der Kirche. Vielleicht befand sich aber an seiner Stelle ehedem ein
Haupteingang des alten Baues, dessen Lage aus irgend einem Grunde — vielleicht wegen der
Lage der Klostergebäude oder eines Straßenzuges — beim Neubau nicht verschoben werden
durfte. Ist letzteres der Fall gewesen, so könnten sich die Ungleichheiten im westlichen Teile der Kirche vielleicht auf folgende Weise erklären lassen. Für die Lage der
Achse des zweitwestlichen Joches gab es zwei Bedingungen, die einander widersprachen.
Diese Achse sollte einerseits die Mitte des zwischen dem zweiten und dritten Strebepfeiler befindlichen neuen südlichen Hauptportales, andrerseits die Mitte des alten Nord-
portales treffen. Beide Portale aber lagen gar nicht einander gegenüber, so daß die Ver-
bindungslinie ihrer Mitten zur Längsachse der Kirche nicht normal stand, sondern im
Norden nach links ausschlug. Man mußte sich zu einem Kompromiß bequemen. Ging
man im nördlichen Seitenschiffe von der durch das alte Portal festgelegten Achse aus,
so ergab sich ein kleineres westliches Wölbefeld und weiter östlich drei unter sich gleiche
Joche, die an Länge sowohl das neue westliche Joch als auch die bereits fertiggestellten
3 Joche des östlichen Teiles übertrafen. Wären nun den so angeordneten Pfeilern der
Nordreihe die südlichen Stützen genau gegenübergestellt worden, so würden die Gurtbögen der Gewölbe im südlichen Seitenschiff nicht die über die ganze Südfront gleichmäßig verteilten Strebepfeiler, sondern — wenigstens im westlichsten Teile — die Fenster
getroffen haben. Zwecks Ausgleichung des Fehlers blieb nichts anderes übrig, als die
Südpfeiler so einzurenken, daß der Anfall der Gurtbögen im Südschiff zwischen Strebepfeiler und Fenster zu liegen kam. Dieses Verfahren wurde denn auch eingeschlagen und
führte zu den oben genannten Ungleichheiten des Grundrisses.

legt, so faßte die Spätgotik die Kunst des Wölbens von ganz anderen Gesichtspunkten auf. Die Sucht, um keinen Preis die alten Muster zu wiederholen, die im Maßwerk zum Ersatze der Paßformen durch die Fischblasenmotive führte, mußte, da der Grundriß der Kirche im wesentlichen sich nicht änderte, dem oblongen Kreuzgewölbe das Ende bringen. Nicht mehr in der vornehmen Profilierung der wenigen unentbehrlichen Kurvenstränge, die das tragende Gerüst der Kappen bildeten, wurde die Meisterschaft gesucht, sondern in der Häufung der Rippen und ihrer kunstvollen Zusammensetzung zu Stern-, Rauten-, Dreiecks- und Polygonformen. Die Möglichkeit einer unendlichen Variation war gegeben und brachte neben Kunstwerken in bestem Sinne des Wortes und von erstaunlicher Geschicklichkeit Spielereien hervor, die den Ernst der Konstruktion vermissen lassen. Ganz willkürlich laufen die dekorativen Rippen gegen Gurt und Schildbögen ab; die Anordnung von Konsolen an den Kämpferstellen ersparte das Nachdenken über die systematische Ausbildung der Pfeiler, die als Grundrißfigur das bequeme Achteck erhielten. Die ganze Unlust zu profilieren zeigt sich in den flauen Auskehlungen der Rippen. In der Architektenwelt waren an Stelle der Konstrukteure Virtuosen getreten, die auf Prunkdecken hinarbeiteten, einander in der Erfindung verwickelter Grundrißfiguren überbietend. Das gemäßigte Sterngewölbe wurde vom Netzgewölbe abgelöst. Es wäre merkwürdig gewesen,

Fig. 151. Gewölbeplan der Michaelskirche in Jena.

wenn die im Laufe des 15. Jahrhunderts sich vollziehende Geschmacksänderung in der Ausbildung des Gewölbes an dem stückweise fertiggestellten Baue von St. Michael in Jena spurlos vorübergegangen wäre.

Als 1442 der älteste Teil der Kirche, das Chorpolygon und die drei östlichen Joche, beendigt wurden, hatte das Netzgewölbe neben dem Sterngewölbe sich schon Geltung verschafft, indessen genoß das letztere noch das größere Ansehen. Das Polygon des Altarhauses wurde mit dem halben Achteckstern geschlossen, und von geradezu großartiger Zeichnung und Wirkung ist das aus dem ganzen Achteckstern entwickelte Gewölbe über den zu einem quadratischen Felde vereinigten beiden westlichen Jochen des Mittelschiffes. Die östlichste Achse wurde für sich behandelt und erhielt im Mittelschiff Tonne mit Stichkappen und oblongem vierpaßähnlichen großen Schlußsteine und in den Nebenschiffen je ein Netzgewölbe einfachster Art und gleicher Figur. Wie wenig aber sonst das Gesetz der Symmetrie die Phantasie des Künstlers beengte, zeigen die sich nach Westen anschließenden Seitenschiffgewölbe neben dem großen Stern des Mittelschiffes, von denen keins dem anderen gleicht, und bei denen nur der Grundsatz zu erkennen ist, daß Stern- und Netzfiguren in der Diagonale einander gegenüberstehen.

Ob nun der ursprüngliche Plan die zweimalige Wiederholung des großen Sternes in den westlichen Jochen der Kirche vorsah, oder ob der Stern, östlich und westlich von einem Oblongum eingefaßt, nur noch einmal wiederkehren sollte — beide Lösungen vertragen sich mit der Zahl der Stützen — kann natürlich nicht festgestellt werden. Tatsache ist, daß man sich in der zweiten Bauperiode, welche die beiden nach Westen sich anschließenden Joche (von Osten gerechnet, das vierte und fünfte) umfaßt und mit dem Jahre 1481 schließt, um den ursprünglichen Plan so gut wie gar nicht kümmerte. Jedes der beiden Mittelschiffgewölbe erhielt einen Viereckstern für sich; allerdings blieb der entbehrliche mittlere Gurtbogen fort. Nur in den beiden neuen Jochen des Südschiffes wurden die alten Figuren wiederholt, während das Nordschiff einen überreichen Sechseckstern bekam. Und als man nach einem Vierteljahrhundert das Geld aufgetrieben hatte, die beiden westlichsten Joche der Kirche zu Ende zu führen, war das Sterngewölbe nur für die Seitenschiffe noch gut genug. Für das Mittelschiff wählte man ein Netzgewölbe verzwicktester Figur mit seitlichen Stichkappen, das über beide Felder hinweggriff. Die Wahl neuer Motive für die Sternfiguren der Seitenschiffe kann über die Tatsache nicht hinwegtäuschen, daß man froh war, das Kirchenschiff zu Ende geführt zu haben; denn die unerhört liederliche Technik läßt sich nur durch die Unlust am Weiterbau und durch die Hinzuziehung unfähiger Steinmetzen erklären. Allerdings konnte man mit dem verfügbaren Gelde erste Kräfte wohl kaum bezahlen. Nicht nur sind in den westlichen Teilen der Nebenschiffe die Sternfiguren nicht richtig entwickelt, man unterzog sich nicht einmal der Mühe, im nördlichen Seitenschiffe das Gewölbe den vorhandenen Anfängern anzupassen. Weder erhielten hier die Rippen den vorgezeichneten Radius, noch wurden die Ansätze, die für eine ganz andere Gewölbefigur angelegt waren und nichts mehr zu tragen hatten, abgearbeitet. Das Werk großer Meister wurde ziemlich kläglich zu Ende geführt [1]).

Die um 1518 im dritten und vierten Joche (von Westen gerechnet) des Nordschiffes eingebaute Nonnenempore ruht auf einem einfachen Netzgewölbe, dessen segmentförmige Gurtbögen sich zwischen den Pfeilern verspannen. Als nach der Reformation der Einbau weiterer Emporen benötigt wurde, überdeckte man im Anschlusse an den frei gewordenen Nonnenchor und unter Einziehung weiterer Segmentbögen zwischen den Pfeilern zunächst das drittwestliche Joch des nördlichen Seitenschiffes mit einem Sterngewölbe, dann die beiden äußersten nach Westen sich anschließenden Joche desselben Seitenschiffes und das Westjoch des Mittelschiffes mit Kreuzgewölben und endlich die drei östlichen Joche des nördlichen Seitenschiffes mit einer Holzdecke.

Der mächtige, in den beiden unteren Stockwerken quadratische, in den beiden oberen Geschossen achteckige Turm befindet sich am Südende der Westfront [2]). Im Jahre 1474 im Erdgeschoß begonnen, erhielt er 1557 seine Bekrönung, dem veränderten Zeitgeschmacke entsprechend eine Schweifkuppel mit Tabernakelaufsatz [3]). Die originellen, als Ueberleitung vom Viereck zum Achteck dienenden,

---

1) Heß, Ueber d. noch erhalt. mittelalt. Bauw. 1. Weim. Kreise, in Zeitschr. d. Ver. f. thür. Gesch. VI S. 191, bringt irrtümlich die Gewölbe der Michaelskirche in Jena noch in der Gruppe der Kreuzgewölbe unter.

2) Lehfeldt, a. a. O. S. 83: „Auffallend ist, daß der große quadratische Westturm nur auf der südlichen Hälfte des Langhauses vorgebaut ist, also ohne Rücksicht auf die Schiffe." Der Turm stand hier am günstigsten insofern, als sein unterer Teil vom Kirchplatze aus und sein oberer Teil sowohl von der Johannisstraße als auch einigermaßen von der Saalstraße aus beachtet werden konnte. Wäre er in die Achse des Mittelschiffes gerückt, so hätte man ihn von dem am Ende der Johannisstraße liegenden Johannistore wegen der leichten Biegung der Straße nicht ganz übersehen können. Vielleicht war aber auch die Anordnung des Turmes in der Achse des Langhauses deshalb nicht angängig, weil er in dieser Stellung die ohnedies nicht günstige Passage zwischen Kirche und den westlichen Nachbargebäuden ganz aufgehoben hätte.

3) Eine Bischofsfigur (zur Zeit auf dem Windfange des südlichen Hauptportales aufgestellt) (Fig. 152) trägt ein Modell der Michaelskirche, bei welchem der Westturm schlanke Spitze und der Chor einen Dachreiter besitzt. Heß, Ueber einige mittelalt. Holzbildwerke in d. Umgeg. v. Weimar u. Jena, in Zeitschr. d. Ver. f. thür. Gesch. IV S. 37. Prof. Weber-Jena zweifelt die Echtheit der Statue an.

jetzt bis auf Spuren verschwundenen Eckaufsätze auf der Abschrägung des zweiten Geschosses — freistehende Fialen mit hörnerartig zum Turmkern ablaufenden krabbenbesetzten und in Kreuzblumen endenden Schweifbögen (Fig. 153)[1]) — machen den massigen, sonst sehr schlichten, mit sparsamen Gliederungen versehenen Bauteil interessant.

Nördlich vom Turm an der Westfront der Kirche finden sich die Spuren eines Anbaues aus gotischer Zeit, ein Treppenturm mit massivem Kegeldach, dessen Bekrönung ein hockender Löwe bildet, und ein Gewölbeansatz. Wie die Untersuchung des Mauerwerkes ergibt, erstreckte sich dieser Anbau, der durch einen offenen Gurtbogen mit der Kirche in Verbindung stand, ehedem sowohl weiter nach Westen als nach Süden. Er muß beim Bau der größeren

Fig. 152. Figur eines Bischofes in der Michaelskirche zu Jena.

Kirche entbehrlich geworden sein; außerdem kollidierte er mit dem

1) Vgl. die auf demselben Prinzip beruhende, aber weniger gelungene Lösung beim Turm von St. Wenzel in Naumburg (Fig. 154).

Turmbau. 1474 wurde er abgebrochen; die Tafel mit dem Datum des Turmbaubeginnes fand in dem zugemauerten Gurtbogen der Kirchen-Westmauer ihren Platz. Das Vorhandensein einer Wendel-

Fig. 153. Mittelteil des Turmes der Michaelskirche zu Jena.

treppe von mäßiger Höhe an der nördlichen Ecke, der gar nicht in die spätgotische Zeit hineinpassende Dachabschluß des zugehörigen kleinen Turmes, die geringe Kämpferhöhe der Gewölbe an der Außenseite der Kirchen-Westmauer und die ehemalige Existenz des

Vorbaues überhaupt geben der Vermutung Grund, daß hier die Reste jenes Nonnenchores vorliegen, der kurz nach Einzug des Konventes aus Roda notwendig wurde, eine Annahme, durch welche die oben ausgesprochene Hypothese, daß die Westwand der neuen Kirche sich mit der Westwand der alten Kirche wenigstens ihrer Lage nach deckte, ihre Bestätigung finden würde.

Im übrigen ist die Kirche einheitlich durchgeführt bis auf kleine architektonische Variationen, die bei der Länge der Bauzeit und der damit zusammenhängenden Geschmacksänderung nicht auffallen dürfen. Die reichere Ausbildung der Südfront besonders in den Portalen und Strebepfeilern war durch die Lage der Kirche an der Nordseite eines freien Platzes geboten. Mit den Klostergebäuden stand die Nonnenempore durch einen über die Straße geführten Gang in Verbindung, dessen offene Gewölbesubstruktion im unteren Teile und dessen rundbogige Gurtbogenöffnung und Gewölbeanfänger im oberen Teile der Außenwand des mittelsten nördlichen Seitenschiffjoches in Bruchstücken noch zu erkennen sind. Das benachbarte westliche Joch besitzt zwischen dem oberen Teile der Strebepfeiler einen durch dreifach gekuppelte, flachbogig ge-

Fig. 154. Turm von St. Wenzel in Naumburg nach Bergner.

schlossene Fenster belichteten Ausbau. Die Nordwand dieses erst nachträglich und zwar für die Zugänglichkeit der Laienempore eingezogenen Erkers ruht auf einem Spitzbogen, dessen westliche Bogenhälfte bis auf das Sockelgesims des Strebepfeilers hinabgeführt wurde, damit sie sich dem Laufe der hier befindlichen Treppe anpaßte.

24*

Mit Jena schließt die Reihe der erhaltenen mittelalterlichen kirchlichen Neubauten der Cisterzienserinnen in Thüringen ab. Die zwölf Neuanlagen zu Ichtershausen, Roda, Langendorf, Kelbra, Stadtilm, Sonnefeld, Oberweimar, Erfurt, Allendorf, Frauenprießnitz, Nordhausen und Jena stellen in ihrer Summe etwa ein Drittel aller Cisterzienserinnenkirchen in Thüringen dar und besitzen, da sie das Wesen der Nonnenbaukunst in vorreformatorischer Zeit noch am besten wiedergeben, erhöhten archäologischen Wert. Wenn nun auch die ebenfalls dem Mittelalter angehörenden, mehr oder weniger gut erhaltenen Kirchen der Klöster zu Eisenberg, Beuren, Nordhausen (S. Maria in monte), Kapellendorf, Nikolausrieth, Sangerhausen, Cölleda und Groß-Furra als typische Klosterkirchen nicht gelten können, weil sie ausschließlich für Gemeindezwecke und in einer Zeit erbaut wurden, in der an eine Niederlassung der Nonnen noch nicht zu denken war, so dürfen sie doch nicht unberücksichtigt bleiben, weil sie den Nachweis liefern, daß die Nonnen bei der Uebernahme einer Pfarrkirche hinsichtlich des Grundrisses, der Größe und Lage keineswegs wählerisch waren, und weil sie nicht selten anziehende Versuche verraten, dem jeweiligen Falle entsprechend, die Frage nach Schaffung eines Andachtsraumes für den Konvent zu lösen. Zwar bildet die Unterbringung der Empore im Westen des Langhauses auch hier die Regel, doch finden sich unter diesen für Klosterzwecke erst nachträglich eingerichteten Kirchen Beispiele von Nonnenchören, die man unter den Neuanlagen vergebens sucht.

Leider liefert gleich die erste Kirche des hierher gehörenden ältesten Klosters gar keinen Beitrag zur Beurteilung der Frage, inwieweit die Nonnen Veränderungen an dem übernommenen Baue vornahmen. In Eisenberg wurde die Chorherrenkirche im Laufe des 13. und 14. Jahrhunderts als Nonnengotteshaus ausgebaut. Der ganze Oberbau ist verschwunden. Ausgrabungen zu Anfang des vorigen Jahrhunderts lassen auf die Grundrißform des Kreuzes schließen, die gewiß der ursprünglichen Anlage angehört[1]).

---

1) K. Back, Das alte Eisenberg S. 9 f.

L. A. Back, Chronik von Eisenberg I S. 135 f.

Fischer, Ueber d. Inschriften u. Denkm. Eisenbergs in Mitteil. d. Gesch. p. Ver. zu Eisenberg IV, 1 S. 15: „Durch die Ausgrabungen, die 1842 von einigen hiesigen Bürgern unternommen wurden — es handelt sich um eine Auffindung unterirdischer Gänge, die mit dem Kloster in Verbindung stehen sollten (Back I S. 140) — und ferner die von einigen Mitgliedern des hiesigen Geschichtsvereins am 6. Mai 1884 auf dem ehemaligen Klostergrundstücke angestellten Nachforschungen, wobei die Grundmauern der Klosterkirche aufgedeckt wurden, sind keine nennenswerten Funde gemacht worden."

Wo die Nonnenempore lag und welche Gestalt sie besaß, ist ungewiß[1]).

Verhältnismäßig gut ist die Klosterkirche bei Beuren (Fig. 155) erhalten, die 1201 der Konvent aus Woltingerode bezog. Sie besteht aus
einem einschiffigen, 9 m langen und 6 m breiten Langhause, vor dessen
Westseite sich in gleicher Breite der rechteckige Turm legt. Aus
Sandsteinquadern erbaut, mit reichem Hauptgesimse versehen, in den
Verhältnissen gut getroffen und in den Details vorzüglich gearbeitet,
gehört die Kirche zu den besten Anlagen kleinen Stiles aus der
Blüteperiode des sächsischen Romanismus. Gegen die glatte Unterwand der Längsseiten setzt die Fensterzone durch Schräge zurück.
Der verdoppelte, von Konsolen getragene Bogenfries[2]) wird an den
beiden Enden von Lisenen aufgenommen. Zwischen
Bogenfries und dem aus Kehle, Rundstab und Platte
bestehenden Hauptgesims ist ein Schachbrettstreifen
eingeschaltet. Die Außenkante der Fenster ist durch
Rundstab mit feinem Plättchen gebrochen. Eine vom
Sockel bis zum Hauptgesimse durchgehende Dreiviertel-
säule mit Würfelkapitell deutet äußerlich die Trennung
von Langhaus und Turm an. Gegen den Schachbrett-
fries des Langhauses läuft sich das Gurtgesims des
Turmes, das aus Platte und Kehle besteht, tot. Den
Sockel bildet an allen Teilen die attische Basis mit
unterer Schräge.

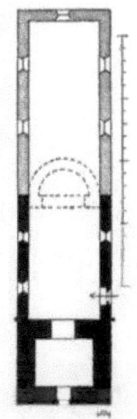

Fig. 155.
Klosterkirche
zu Beuren.

Gegen das Innere des Langhauses öffnet sich das
untere und obere Geschoß des Turmes durch je einen
kämpferbesetzten halbkreisförmigen Gurtbogen. Aus
der Spannweite dieser Gurtbögen, die 2,40 m beträgt,
könnte auf eine von Anfang an vorgesehene Nonnenempore und damit auf einen Neubau aus Klosterszeit geschlossen

---

1) Ueber die Klosteranlage vgl. K. Back, a. a. O. S. 24.

Fischer, a. a. O.: „Von den umfangreichen Klostergebäuden steht heute nur noch
das ehemalige Badehaus, und zwar sind alt nur die Grundmauern, während von allem
anderen Spuren kaum zu bemerken sind."

L. A. Back, a. a. O. S. 136 f.

Schultes, Diplom. u. stat. Nachr. v. Eisenberg S. 98.

Lehfeldt, Bau- ... Denkm. Thür., S.-Altenburg II S. 201.

2) Duval, Das Eichsfeld S. 295: „Der eine Teil der Kirche ... hat am Simswerke
dieselben hufeisenförmigen Verzierungen, wie wir sie an der Kirche des unter dem Schlosse
Lohra gelegenen ehemaligen Klosters Münchenlohra sehen und die wegen jener eigentüm-
lichen Verzierung vom ¡Volke, zum Unterschiede von der benachbarten Rosenkirche zu
Elende, die Hufeisenkirche genannt wurde." Natürlich halbkreisförmige Bögen.

werden, wenn nicht die Geschichte das höhere Alter der Kirche ergäbe. Vielleicht diente das obere Turmgeschoß den Bodensteinern als Loge.

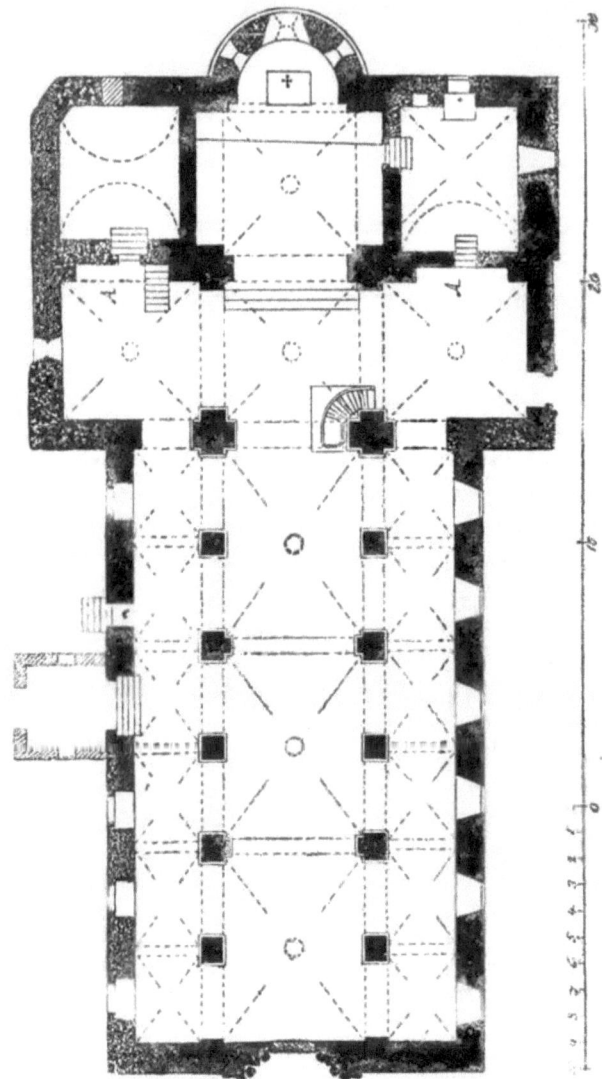

Fig. 156. Frauenbergkirche zu Nordhausen.

Daß die Kirche ursprünglich frei stand, ergibt die Tatsache, daß ihre Südseite architektonisch ebenso ausgebildet ist, wie die noch jetzt frei liegende Nordseite. Zu den durch die später angefügten Klostergebäude verdeckten Teilen der Südfront gehört auch das Hauptportal, das sich neben dem Turme befindet. Das rechteckige Gewände ist zweimal abgesetzt und trägt attischen Kämpfer; die vertiefte Lünette teilt eine Zwergsäule mit Würfelkapitell. Die Form des Chores ist unbekannt, da die Ostwand fiel, als in gotischer Zeit die Kirche um 13 m nach Osten verlängert wurde [1]).

Ob dieser Erweiterungsbau mit den Zuwendungen zusammenhängt, die das Kloster 1281 erfuhr, mag dahingestellt bleiben. Jedenfalls war er ein reiner Bedürfnisbau, der sich durch die wenig sorgfältige Technik des Mauerverbandes zum Ursprungsbau in wenig vorteilhaften Gegensatz stellt. Der Mangel an Zierformen mag, wenn man nicht an einen beschränkten Baufonds denken will, auf freiwilligem Verzicht beruhen. Der platte Chorschluß ist für einen Neubau aus der zweiten Hälfte des 13. Jahrhunderts charakteristisch. Beleuchtet wurde der neue Chor, der durch eine Spitzbogentür in der Südwand mit den Klostergebäuden in Verbindung stand und

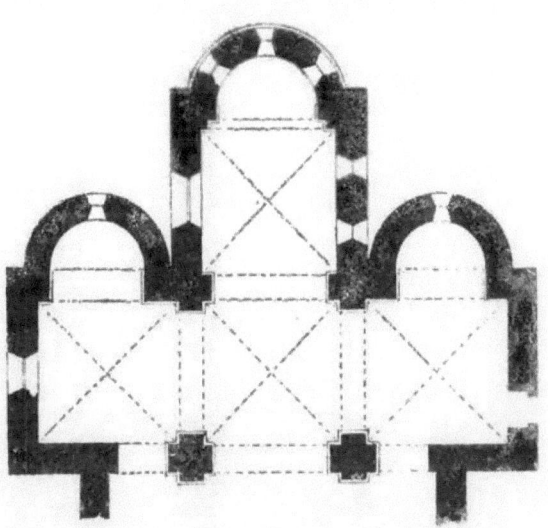

Fig. 157. Ursprünglicher Chor der Frauenbergkirche zu Nordhausen.

wie der alte Bau flachgedeckt war, durch je zwei schmale Spitzbogenfenster in den Längsseiten und ein ebensolches Fenster in der Ostwand. Reste einer Kanzeltreppe auf der Nordseite und eines Sakramentsschreines in der Ostwand sind noch vorhanden [2]). Die Nonnenempore, deren Vergrößerung den Anstoß zum Bauen gegeben hatte, wurde als Holzkonstruktion weit in das Langhaus vorgezogen, den fensterlosen unteren Teil der Kirche ganz und gar

---

1) Vermutlich war die Kirche ursprünglich mit einer Apsis geschlossen. Bei Nachgrabungen habe ich allerdings Fundamente nicht mehr feststellen können.

2) Duval, a. a. O. S. 295: „Der mit vergoldetem Schnitzwerk verzierte Altar ist auch noch (1845) vorhanden."

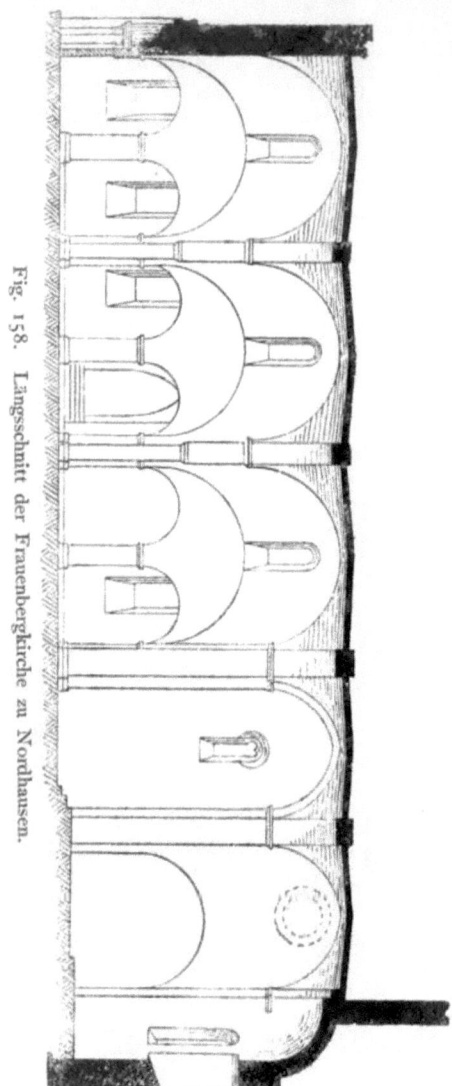

Fig. 158. Längsschnitt der Frauenbergkirche zu Nordhausen.

verdunkelnd. Auch an dem spitzbogigen Zwillingsfenster im dritten Geschosse des Turmes machen sich die Spuren einer Bautätigkeit in gotischer Zeit bemerkbar [1]).

Aus der Mitte des 12. Jahrhunderts stammt Nord-hausens Kirche S. Mariae novi operis, jetzt gewöhnlich Frauenbergkirche genannt, die 1233 dem Cisterzienser-Nonnenkonvente eingeräumt wurde (Fig. 156 u. 157) [2]). Trotz Um- und Einbauten ist die im ganzen wenig zerstörte Anlage der romanischen Zeit klar. Als dreischiffige kreuzförmige, in den Nebenschiffen ge-wölbte, im Hauptschiffe flach-gedeckte mittelgroße Anlage bedeutet die Kirche im Rahmen der sächsischen Architektur nichts Neues. Außer einem Bogenfriese mit konsolartigen Abläufen unter dem weit ausladenden Haupt-gesimse, an der Hauptapsis und an den Längsseiten der Kreuzarme finden sich keine Ziergelieder im Aeußeren. Eine einfache Rundbogentür im Südgiebel des Querhauses wird in üblicher Weise vom Sockelgesims umzogen. Die sechs Pfeilerarkaden des Mittelschiffes mit rechteckigen, unprofilierten Pfeilern und glatten Bögen sind zu je zweien durch einen Blendbogen

---

1) Dehio, Handb. d. d. Kunstdenkm. I S. 44: „Turm unten spätromanisch, dann frühgotisch.“

2) Otte, Handb. d. kirchl. Kunstarch. S. 420, nimmt irrtümlich 1233 als das Jahr der Erbauung an.

gekuppelt (Fig. 158). An den Außenwänden der Seitenschiffe ruhen die wenig sorgfältig gearbeiteten Gewölbegurtbögen auf verzierten Konsolen früher Form. Die für Auffangung der später im Mittelschiff geschlagenen Kreuzgewölbe an den Arkaden-Hauptpfeilern angelegten rechteckigen Vorlagen gehen bis zur Erde und sind wegen der mangelnden Breite der Stützen in den unteren zwei Dritteln durch Einschiebung eines Reduktionsgliedes verschmälert. Im Gegen-

Fig. 159. Westportal der Frauenbergkirche zu Nordhausen.

satze zu den halbkreisförmig konstruierten Linien der ursprünglichen Kreuzgewölbe in den Seitenschiffen zeigen die Gurtbögen des Hochschiffes einschließlich der Vierung gedrückte Spitzbögen[1]). Befremd-

---

[1]) Schmidt, Beschr. Darst. d. ä. Bau- ... Denkm. d. Prov. Sachsen XI, S. 119: „In die nördliche Kirchhofsmauer sind im Jahre 1733 die bei den voraufgegangenen Reparaturen des Kirchgewölbes herausgenommenen fünf Schlußsteine der Gewölbekappen eingemauert worden. Nach einer alten im Pfarrhause aufbewahrten Skizze und den freilich bereits sehr verwitterten Ueberresten läßt sich feststellen, daß sie einst, nach der jetzigen

lich ist das Fehlen der Frontaltürme, und man könnte an einen späteren Abbruch derselben denken, wenn nicht der Westgiebel ein reicheres romanisches Portal mit Füllsäulchen in den abgetreppten Gewänden und Masken am Tympanon- und äußersten Umrahmungsbogen enthielte, dessen Charakter ganz der einer Außentür ist (Fig. 159). Am Kämpfer dieses Westportales (Fig. 160), an den Apsiden-Gurtbögen und den beiden östlichen Vierungspfeilern findet sich als Gesimsgliederung das attische Profil. Die Basen der Arkadenpfeiler bestehen aus Wulst zwischen Riemchen und Platte mit unterer Schräge. Der nordwestliche Vierungspfeiler trägt einreihigen Zahnschnitt im Wulstprofil mit oberer Platte, der südwestliche Platte mit Riemchen unter Hohlkehle. Der achteckige, wenig imposante Dachreiter auf der Vierung dürfte dem schlichten Baue von Anfang an angehören[1]).

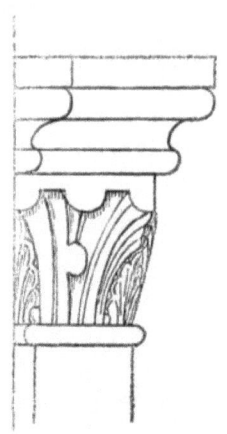

Fig. 160. Kapitell vom Westportal der Frauenbergkirche zu Nordhausen.

Wenn in den Urkunden des Klosters von einer Bautätigkeit an der Kirche vor Ausgang des 15. Jahrhunderts nicht die Rede ist, so scheint das durch die örtlichen Verhältnisse sich hinreichend zu erklären. Das Kloster befand sich nicht, wie so viele verwandte

---

Reihenfolge, geschmückt waren mit den Reliefs eines Pelikan, eines Epheukranzes, eines Lammes mit Kreuzfahne, dessen Blut aus der Brust in einen Kelch fließt (Osterlamm nach Ev. Joh. K. 1, V. 29), des Adlers des Johannes mit Heiligenschein und des geflügelten Löwen des Markus."

Otte, Gesch. d. roman. Baukunst in Deutschl. S. 546: „Wenn dieses späte Datum (1245—84) für einen rundbogigen Bau (die Liebfrauenkirche in Halberstadt) auffallend erscheinen mag, da gleichzeitig am Dom zu Halberstadt bereits gotisch gebaut wurde, so kommt doch der rundbogige Gewölbebau auch anderswo in Sachsen in dieser Spätzeit vor. Wir verweisen auf die Cisterziensernonnenkirche des Klosters auf dem Frauenberge zu Nordhausen, deren Erbauung inschriftlich ins Jahr 1233 (irrtümlich, vermutlich infolge der willkürlichen Angaben von Lotz, Kunsttopogr. Deutschl. I S. 476) fällt. Hier sind alle Bögen rund, der Spitzbogen erscheint nur in den Scheidebögen der Vierung und in den Gurten, welche die drei Doppeljoche des Mittelschiffes begrenzen."

1) Förstemanns, Hist. Nachr. von ... Nordhausen S. 101, Ansicht, der westliche Teil der Kirche sei der Rest eines älteren Baues, ist mit dem Baubefunde nicht zu vereinen. Die romanische Kirche ist ein im Zusammenhang errichtetes Werk; nach Schmidt, a. a. O. S. 124, ist das Westportal jünger, nach Puttrich, Denkm. d. Bauk. d. Mittelalt. in Sachsen II 2, Mühlhausen p. S. 15, mit dem übrigen Kirchengebäude gleichaltrig.

Ebensowenig ist Lessers, Hist. Nachrichten von ... Nordhausen S. 108, Annahme von einem Neubau 1337 begründet.

Anlagen, an einem unbedeutenden Platze, an dem die einzige Kirche zugleich den Zwecken des Konventes und der Gemeinde dienen mußte, sondern vor den Mauern einer Stadt, die eine Reihe von Parochien besaß. Ein Bedürfnis, die Klosterkirche als Pfarrkirche zu benutzen, war demnach wohl gar nicht vorhanden; die Kirche scheint vielmehr — ein für Thüringen seltener Fall — den Nonnen uneingeschränkt zur Verfügung gestanden zu haben. Tatsächlich bestätigen die Akten, daß im Gegensatze zu den innerhalb der Stadt gelegenen Pfarrkirchen zu St. Peter, St. Jacob, St. Nikolaus und St. Blasius bei St. Maria auf dem Berge noch 1426 nicht ein Pfarrer, sondern ein Propst angestellt war[1]). Vom Einbau einer Empore im westlichen Teile der Kirche konnte daher ausnahmsweise abgesehen werden; die Aufstellung des Gestühles für die Nonnen im Langhause zu ebener Erde hatte nichts Bedenkliches[2]).

Erst nach der Mitte des 15. Jahrhunderts scheint öffentlicher Gottesdienst in der Klosterkirche abgehalten zu sein, denn in einem Kaufbriefe vom Jahre 1469 erscheint ein vicarius Heinrich der Pfarrkirche U. L. Frauen auf dem Berge, genannt zum neuen Werke[3]). Die veränderte Bestimmung der Kirche versetzte die Nonnen in die Notwendigkeit, einen von den Laien gesonderten Andachtsraum für sich zu schaffen. Der Einbau einer Empore im Westteile des Langhauses, wie ihn die meisten übrigen Nonnenklöster besaßen[4]), oder in einer der Abseiten, mochte bei einer Basilika mit verhältnismäßig niedrigen Nebenschiffen sich nicht empfehlen. Von einer Veränderung des Langhauses wurde daher Abstand genommen und die Kirche

---

Nach Schmidt, a. a. O. S. 124, können die Gewölbe des Mittelschiffes aus dem Jahre 1337 stammen.

Dehio, Handb. d. d. Kunstdenkm.: „Der kleine Zentralturm in jetziger Gestalt neuerer Zeit."

1) Schmidt, a. a. O. S. 113.

2) Eine „das ganze Mittelschiff ausfüllende gewölbte Empore", deren Existenz Lotz, Kunsttopogr. Deutschl. I S. 476, als möglich hinstellt, scheint nie vorhanden gewesen zu sein.

3) Schmidt, a. a. O. S. 113.

Wenn der alte Taufstein wirklich vom Jahre 1414 herrührt, wie Förstemann, a. a. O. S. 102, annimmt, und von Anfang an in der Frauenbergkirche gestanden hat, so müssen schon um diese Zeit pfarramtliche Funktionen in der Kirche vorgenommen sein. Der geschnitzte Hochaltar, dem Leiden Christi gewidmet, stammt laut Inschrift aus dem Jahre 1459; die zu einem Triumphkreuz gehörenden Figuren des Crucifixus, der Maria und des Johannes sind spätere Arbeit.

4) Ich verweise auf Münchenlohra, wo der Fall ähnlich wie in Nordhausen lag. Vgl. Schmidt, Beschr. Darst. d. Bau- Denkm. d. Prov. Sachsen, Kr. Hohnstein S. 118 f.

im Osten erweitert. Die Nebenapsiden fielen, und an ihre Stelle trat ein viereckiger Raum von der Breite der Transeptarme und der Tiefe des Chorquadrates, dessen Dach nur nach unten verlängert zu werden brauchte, um die Anbauten zu decken. Zum Altarraum öffneten sich die beiden neuen, gegen den Fußboden der Kirche erhöhten Nonnenchöre durch einen großen kämpferlosen Gurtbogen, der das Beiwohnen der Messe gestattete. Mit Rücksicht auf den an

Fig. 161. Chor der Frauenbergkirche zu Nordhausen in der spätgotischen Erweiterung.

der Nord- und Ostseite der Kirche vorbeiführenden Straßenverkehr wurde die freie Ecke des Nordraumes abgeschrägt. Daß in der Tat diese baulichen Aenderungen der spätgotischen Zeit angehören, beweisen die breiten und hohen spitzbogigen Fenster in der Ostwand der neuen Räume (Fig. 161), und es ist keine Frage, daß die Bemühungen des Propstes vom Jahre 1481, Bausteine vom Rate der Stadt zu erlangen, vorzugsweise dieser Ausgestaltung des Chores galten [1]). Mehr aus Veränderungslust als aus Notwendigkeit [2]) mag gleichzeitig der Ersatz der romanischen Fenster im nördlichen Seitenschiff durch gekuppelte Spitzbogenöffnungen und, nach dem Reste der nachträglich eingesetzten Gewölbeanfänger zu schließen, die Erneuerung des Kreuzganges vorgenommen sein.

Wahrscheinlich um 1235 wurde vom Nonnenkonvente in Kapellendorf (Fig. 162) die alte Pfarrkirche übernommen, und zweifellos ist das einschiffige, strebenlose Langhaus der jetzigen Pfarr-

Fig. 162. Straße und Klosterkirche in Kapellendorf.

kirche in Kapellendorf mit dem übernommenen Baue identisch. Von Architekturteilen erinnern freilich nur noch ein kleines romanisches Fenster auf der Südfront und ein mit Dreiecksturz geschlossenes, ungegliedertes Portal auf der Nordseite an die vorklösterliche Zeit. Die

---

1) Puttrich, a. a. S. 15, nimmt als Erbauungsjahr dieser Chornebenräume irrtümlich das Jahr 1337 an.

2) Lesser, a. a. O. S. 108, nimmt als Grund Baufälligkeit an. Nach Schmidt, a. a. O. S. 124, rührt auch die Verlängerung der Fenster in der Hauptapsis und in den beiden Kreuzarmen aus dieser Zeit her.

starke Veränderung, welche die Kirche erfahren hat, insbesondere der
Einbruch neuer Lichtöffnungen in gotischer und nachklösterlicher Zeit,
sowie der Untergang der Ostwand, gestatten kein sicheres Urteil
über den ursprünglichen Zustand der Umfassungswände, noch über
die Gestalt und Größe der Empore, noch über die Form des Chores.
Um so genauer läßt sich der Umfang der Bautätigkeit von 1503
feststellen. Die 18 m lange Kirche wurde in den Mauern erhöht
und erhielt einen 12 m langen, mit Dachreiter gekrönten Chor in
der Breite des Langhauses. Ohne Frage hing diese Vergrößerung,
bei der für neuen wie alten Teil die flache Decke beibehalten wurde,
vorzugsweise mit den Bedürfnissen des Konventes zusammen, denn,
wie die sechs kleinen spitzbogigen, jetzt zum Teil vermauerten Fenster
in der aufgehöhten Nord- und Südmauer des Langhauses zeigen, erstreckte sich die neue Nonnenempore über die ganze Länge des
alten Kirchenschiffes. Der neue Chor zeigt den späterhin gemein-
gültigen Schluß aus drei Seiten des Achteckes, besitzt Maßwerkfenster mit Fischblasen (eins an der Ostseite, zwei an der Südseite)
und ist dem alten Bau ohne Verband angefügt. Der spitzbogige,
kämpferlose Triumphbogen mit abgekanteten Ecken des Bogens und
der Pfeiler stammt ebenso wie die Sonnenuhr und die mit umgekehrten Spitzbogen geschlossene Heiligenblende auf der Südseite des
Chores ebenfalls aus der Bauzeit von 1503 [1]).

1) Lehfeldt, Bau- Denkm. Thür., S.-W.-Eisenach I S. 256: „Diese Fenster
(d. h. die Fenster oberhalb der Nonnenempore) sind zweifellos die der Oberwand einer
dreischiffigen Basilika, welche wir demnach hier zu ergänzen haben. Die Seitenschiffe
müssen etwa zu Ende des 16. oder zu Anfang des 17. Jahrhunderts, wo man dergleichen
liebte, aus Bequemlichkeit abgebrochen und die unteren Scheidebögen zugemauert, auch
wohl Pfeiler weggebrochen und die ganze Wand stückweise aufgemauert sein, denn in
dem freilich dick aufgetragenen Putz sieht man nicht mehr die Spuren der ehemaligen
Rundbogenöffnungen, wie beispielsweise in Ichtershausen oder Thalbürgel, vor der jetzigen
Restauration." Diese Ansicht entbehrt der Begründung. Es ist nicht recht einzusehen,
weshalb der Konvent 1503 seine Kirche vergrößerte, wenn ihm eine dreischiffige Basilika zur
Verfügung stand. An einen späteren Abbruch der Pfeiler, der ganz zwecklos gewesen wäre,
ist aus technischen Gründen nicht zu denken. Außerdem beweist das romanische Fenster
unterhalb der gotischen Emporenfenster, daß die Kirche zu allen Zeiten einschiffig war. Der
Hinweis auf Ichtershausen und Thalbürgel ist ohne Belang, da Kapellendorf die Bedeutung
und Größe der genannten Konvente nicht entfernt erreichte und weder die Hirsauer Anlage in
Thalbürgel noch der bayrische Bau in Ichtershausen, der in Thüringen überhaupt ohne Nachahmung blieb, für die Pfarrkirche einer kleinen Dorfgemeinde vorbildlich sein konnte.
Lehfeldt schreibt weiter, a. a. O. S. 254: „Er (der Bau) weicht somit durch Grundrißform und Ausbildung von dem gewohnten, einfachen und gerade geschlossenen der
Cistercienserkirchen ab. Zwar haben wir in Thüringen auch anderwärts, z. B. in Volkenrode, Cistercienserkirchen ohne geraden Schluß, aber diese weichen auch im ganzen von
den Cistercienserkirchen ab, so daß dann immer ein bestimmter Grund vorliegt, und jene

Von der alten Kirche in Nikolausrieth, die Walkenried den Cisterziensernonnen vermutlich 1236 einräumte, ist nur der romanische Turm erhalten. Er besitzt Schalllöcher aus gekuppelten Rundbogenfenstern; sein mit rippenlosen, nicht gestochenen Kreuzgewölben überdecktes, nach Osten und Westen durch einen Rundbogen geöffnetes Erdgeschoß bildet das Mittelglied zwischen dem neuen Langhause und dem gotischen Chore, dem einzigen Reste aus der Bauzeit des Konventes kurz nach der Mitte des 13. Jahrhunderts. Letzterer schließt, wie in dieser Zeit bei Nonnenkirchen üblich, geradlinig, besitzt ein starkbusiges Kreuzgewölbe mit stumpfen Spitzbögen und auf der Ostseite ein schmales Spitzbogenfenster, über welchem außen ein in Stein gehauener männlicher Kopf eingemauert ist [1]).

Kirchen nicht als ursprüngliche und nach der Cisterzienser-Bauregel errichtete Bauten aufzufassen sind. Hier aber haben wir im Langhaus gerade jene schlichte, charakteristische Cisterzienser-Bauweise." Der polygonale Chorabschluß war den Cisterzienserinnen in späterer Zeit durchaus geläufig. Was an dem Bau tatsächlich charakteristisch ist, die Befensterung der Nonnenempore, hat Lehfeldt gar nicht erkannt.

Heß, Ueber die p. Bauw. i. Weimar. Kr., in Zeitschr. d. Ver. f. thür. Gesch. VI S. 214, verlegt die Bauzeit des Langhauses in den Anfang des 13. Jhdts. Reinecke, Kapellendorf, in Thür. u. d. Harz VIII S. 103, scheint das Langhaus, und nicht den spätgotischen Chor, einer Bautätigkeit in Klosterzeit zuzuschreiben. Ueber die Klosterreste vgl. Vulpius, Kuriositäten der Vor- u. Mitwelt III S. 110 f.; Heß, a. a. O. S. 215.

Weiner, Gesch. d. Ortes Kapellendorf S. 51 f.: „In welcher Richtung von der Kirche das eigentliche Kloster gestanden, ist nicht sicher mehr festzustellen. Häufig stand das Kloster südlich von der Kirche, und es kann auch hier der Fall gewesen sein. Doch sprechen ein vermauerter türähnlicher Eingang in der Nordmauer der Kirche [gehört zur alten romanischen Pfarrkirche!], beim Grabmachen nördlich von der Kirche gefundene Grundmauern sowie die im nördlich angrenzenden Karl Hörnigschen Hofe früher gewesenen großen Kellereien scheinbar dafür, daß das Kloster nördlich von der Kirche stand. Oder sollte das alte Langhaus der jetzigen Kirche selbst das Kloster gewesen sein, wie der hiesige Pfarrer und Adjunkt Hecker in der alten Kapellendorfer Chronik (S. 34) meint, welcher die noch sichtbaren oberen kleinen Fenster (zum Teil später vermauert) als Zellenfenster deutet? [Ganz ausgeschlossen!] Diese Ansicht hat für sich den Umstand, daß die Zahl dieser kleinen Fenster (Zellenfenster) nämlich zehn (8 noch offene und 2 später vermauerte) [in Wirklichkeit 12 Fenster, 6 auf jeder Seite!] ziemlich genau der Zahl der im Kloster vorhanden gewesenen Nonnen (9) [nur im Anfang waren 9 Nonnen da, später mehr!] entspricht. Gebäude, auch Oekonomie- und Wirtschaftsgebäude, standen jedenfalls zu beiden Seiten, nördlich und südlich von der jetzigen Kirche, vielleicht auch ringsum, wie beim Grabmachen gefundene Grundmauersteine zeigten. In der Klosterzeit werden auf der Stelle der Pfarrei, Pfarrscheune und des Rößlerschen Hauses die Wohnungen für den Propst und Kapläne (Propstei u. s. w.) gestanden haben." Ueber die obligaten unterirdischen Gänge vgl. Weiner, a. a. O. S. 79 f.

Böttcher, Germ. sacra I S. 682, irrtümlich: „Cisterzienserinnenkloster jetzt großherzogliches Schloß."

1) Ueber die alten Inventarstücke der Kirche vgl. Schmidt, Beschr. Darst. d. ä. Bau-   Denkm. d. Prov. Sachsen V S. 48.

In Sangerhausen war der 1265 bei der Ulrichskirche begründete Nonnenkonvent in die Notwendigkeit versetzt, eine dreischiffige romanische Basilika mit echt Hirsauer Grundriß (Fig. 163)

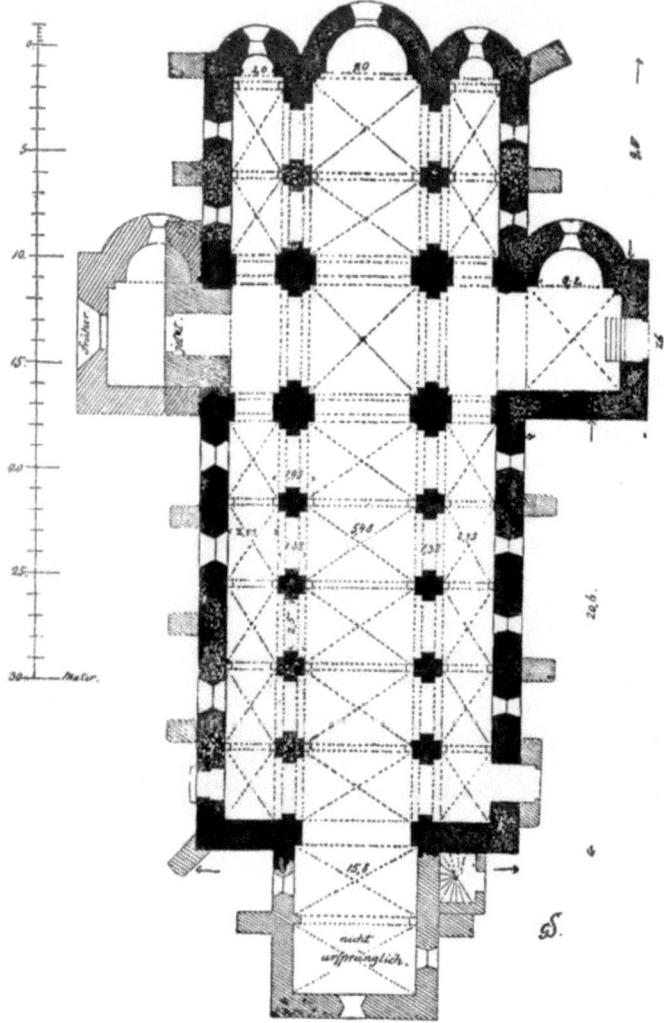

Fig. 163. Ulrichskirche zu Sangerhausen.

für seine Zwecke einzurichten. Die wahrscheinlich zwischen 1116
und 1123 begonnene Kirche hatte bis zum Ende des Jahrhunderts
wesentliche Veränderungen nicht erfahren. Mag nun die Feuers-

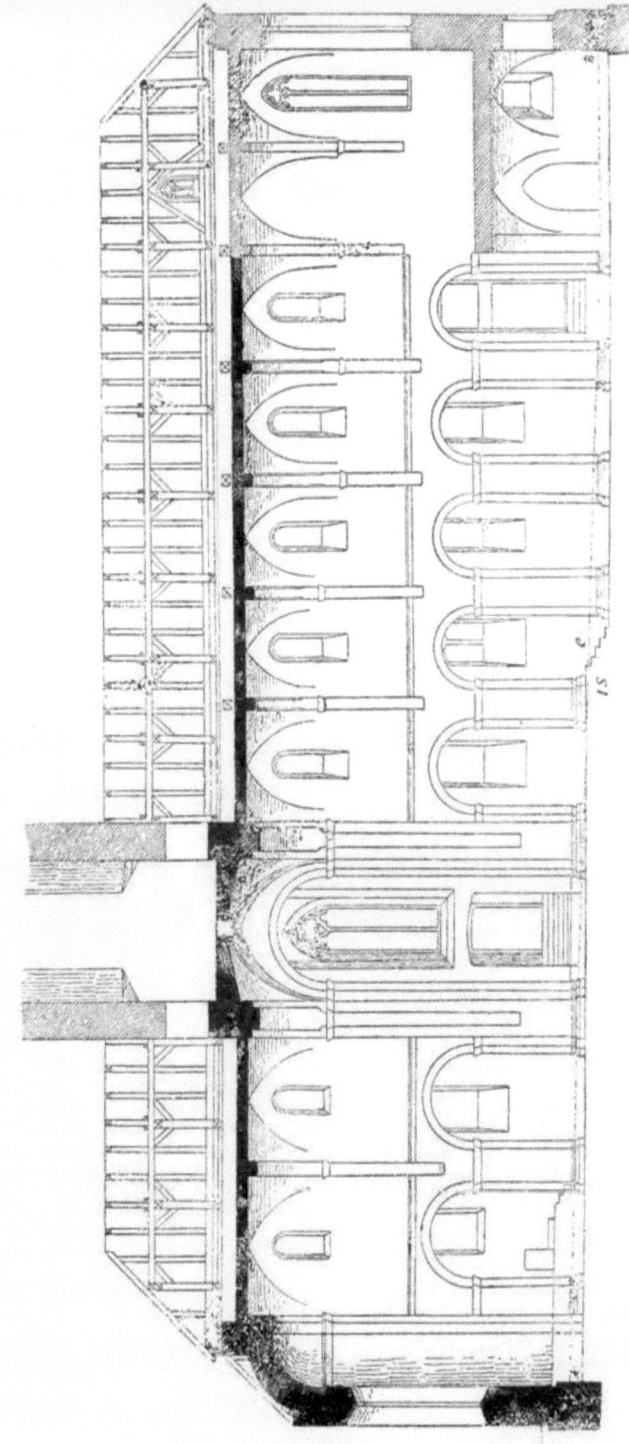

Fig. 164. Längsschnitt der Ulrichskirche zu Sangerhausen.

brunst vom Jahre 1204, welche Stadt und Kirche heimsuchte, die Holz-
konstruktionen von St. Ulrich zerstört haben, oder mag unabhängig
von diesem Brande der Wunsch nach einer feuerfesten Decke entstanden sein, die Holzdecke wurde durch Kreuzgewölbe ersetzt, deren
rechteckige Pfeilervorlagen nur wenig unter dem Gurtgesimse der
Arkaden endigten (Fig. 164). Der Umstand, daß diese Gewölbe zwar
mit Rücksicht auf die in den Arkadenachsen befindlichen Fenster
der Oberwand oblongen Grundriß und bei Umgehung des Stiches
spitzbogige Konstruktionslinien erhalten mußten, daß aber der Anschluß der Grate an die Kämpfer noch nicht geglückt ist, daß noch
die Rippen fehlen und noch die Gurtbögen die Form des Rundbogens
besitzen, weist auf die erste Hälfte des 13. Jahrhunderts als die Entstehungszeit dieser Gewölbe hin, so daß der Konvent bei seiner

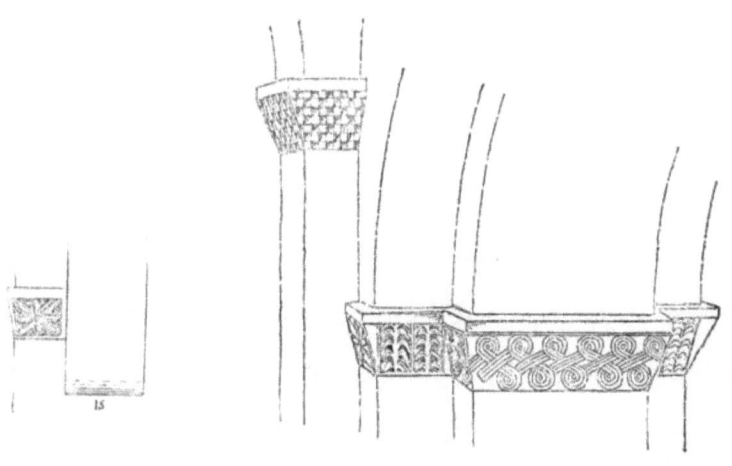

Fig. 165.   Fig. 166.

Kämpfer im Chor der Ulrichskirche zu Sangerhausen.

Uebersiedelung die flache Decke nicht mehr vorfand[1]). Da die

1) Schmidt, Beschr. Darst. d. ä. Bau- . . . Denkm. d. Prov. Sachsen V S. 81, denkt
an die Möglichkeit, daß die halbkreisförmigen Gurtbögen als Träger der Holzdecke von
Anfang an vorgesehen waren. Wie der Vergleich mit gleichaltrigen sächsischen und
thüringischen Kirchen lehrt, war eine solche konstruktiv ganz überflüssige Unterfangung
der Holzdecke in Mitteldeutschland nicht üblich. Hingegen kann Schmidt (S. 80) mit
seiner Ansicht, daß die Seitenschiffe von Anfang an überwölbt waren — für die Chornebenschiffe wenigstens scheinen die angeführten Gründe (Abpassen der Kämpfermuster
auf Breite der Pfeilervorlagen, vgl. Fig. 165 u. 166) stichhaltig zu sein — im Rechte
sein, wenngleich die oblonge Form der Gewölbe zu denken gibt und bemerkt werden
muß, daß die Hirsauer im Thalbürgeler Langhaus (1174—1215) für die Nebenschiffe die
flache Decke noch beibehielten.

Kirche auch nach Einzug des Konventes für die Laiengemeinde weiter benutzbar bleiben sollte — 1369 fand der Guß eines neuen Taufbeckens (Fig. 167) statt — darf es wohl als sicher gelten, daß der Nonnenchor auf einer Empore seinen Platz fand. Wo und wie aber die Anordnung getroffen wurde, entzieht sich der Kenntnis; die ursprüngliche Anlage ist nicht erhalten. Indessen dürfte die Schwierigkeit kaum anders gelöst sein, als kurz zuvor in der Basilika zu Hecklingen, wo etwas gewaltsam die Empore am Westende des Langhauses auf gewölbtem Unterbau in die Arkadenarchitektur hineinkonstruiert wurde. Daß auch bei St. Ulrich, wie in der genannten Benediktinerinnenkirche, die Empore noch in eines der Seitenschiffe hineingezogen wurde, ist nicht wahrscheinlich, da Spuren eines Einbaues in den Abseiten nicht festzustellen sind.

Der große Brand von 1389 vernichtete die Emporenanlage und den ganzen westlichen Teil der Kirche überhaupt. Denn anders ist die Tatsache nicht recht zu erklären, daß das Langhaus in seiner gegenwärtigen Gestalt im Gegensatze zu den anderen Anlagen Hirsauer Ursprunges

Ulrichskirche, Sangerhausen

Fig. 167. Taufbecken in der Ulrichskirche zu Sangerhausen.

in Thüringen nur vier Stützen besitzt und der Haupttürme entbehrt [1]). Auch scheint bei dieser Gelegenheit der nördliche Kreuzarm mit seiner Apsis zerstört zu sein. Der Wiederaufbau der untergegangenen Teile im früheren Umfange unterblieb. Man beschränkte sich auf die Instandsetzung der fünf östlichen Joche des Langhauses, deren drei westlichen Gewölbe neu eingezogen wurden, diesmal unter Verwendung des im Kämpfer tiefer nach unten greifenden Spitzbogens, und auf den Vorbau einer einschiffigen, auf zwei oblongen Spitzbogengewölben ruhenden Nonnenempore am Westgiebel, welche die gleiche Höhe und Breite bekam, wie das Mittel-

---

1) Nach Schmidt, a. a. O. S. 82, besaß die Kirche auch von Anfang an einen niedrigen Turm auf der Vierung.

schiff sie besaß, mit zwei Gewölben der neuen Art überdeckt und mit dem Langhause unter ein Dach gebracht wurde[1]). Für die Zugänglichkeit der neuen Empore und des Dachbodens zugleich sorgte eine auf der Südseite im Winkel zwischen Emporenanbau und Westwand des Langhauses angelegte Wendeltreppe; zur Beleuchtung der Empore dienten hohe spitzbogige Fenster mit einfachem, aus Drei- und Vierpaß bestehendem Maßwerk, dessen Nasen beim westlichen Fenster mit Lilien besetzt sind[2]). Auch die gotischen Fenster in der Hauptapsis und in der Giebelwand des südlichen Kreuzarmes dürften mit den Wiederherstellungsarbeiten nach jenem Brande zusammenhängen. Als Ersatz vielleicht des untergegangenen Turmpaares wurde der achteckige massive Dachreiter über der Vierung mit Fenstern im Drei- und Vierpaß[3]) errichtet (Fig. 168), dessen Anlage allerdings die Erneuerung des Vierungsgewölbes und die Vorlage des an der Stelle des Nordtranseptes befindlichen Mauerkörpers als Widerlager zur Voraussetzung hatte. War hinsichtlich der Ausbildung von Graten und Wandvorlagen beim neuen Gewölbe im Langhause noch eine Anlehnung an die alten Gewölbe möglich und wohl mit Rücksicht auf die Einheitlichkeit des

Fig. 168. Chor der Ulrichskirche zu Sangerhausen.

---

1) Wenn 1514 von einer Vicaria Beatae Virginis sub crypta (bei Samuel Müller, Chronik p. S. 39) die Rede ist, deren Altar wahrscheinlich in dem Raume unter der Nonnenempore stand, so kann sich der Ausdruck crypta wohl nur auf die hier befindliche Gruft der Familie von Morungen beziehen.

2) Nach Puttrich, Denkm. d. Bauk. d. Mittelalt. in Sachsen II 2, Eisleben S. 10, stammt der Vorbau am Westgiebel erst aus dem 15. Jahrhundert. Lotz, Kunsttopogr. Deutschl. I S. 536, ist in diesem wie in anderen Punkten Puttrich gefolgt. Otte, Handb. d. k. Kunstarch. S. 422, erblickt in dem Vorbau eine Kapelle.

3) Dieser Vierungsturm besitzt jetzt eine aus dem Ausgange des 18. Jahrhunderts

Baues geboten gewesen, so ließ sich beim Vierungsgewölbe die Anlage eines durchbrochenen Schlußsteines zwecks Durchführung der Läuteseile und damit die Ausbildung von Rippen nicht umgehen. Mit den Klostergebäuden scheint die Kirche, die in spätmittelalterlicher, neuerer und neuester Zeit manche Zutaten und Abstriche sich hat gefallen lassen müssen, in unmittelbarer Verbindung nicht gestanden zu haben.

In Cölleda muß der Fall insofern ähnlich gelegen haben wie in Sangerhausen, als der 1266 aus Frauensee kommende Konvent sich mit einer dreischiffigen, als Pfarrkirche dienenden Basilika abzufinden hatte. Leider ist das außerhalb der Stadt liegende Bauwerk so verstümmelt und entstellt, daß sich kaum mehr als die Wahrscheinlichkeit ergibt, daß die Kirche vor Ansiedelung der Nonnen schon stand. Das 6,80 m breite, ehedem wie jetzt flachgedeckte Langhaus ruht auf fünf spitzbogigen unprofilierten, jetzt vermauerten Arkaden, deren Pfeiler an den Ecken abgeschrägt sind und als Kämpferglied die einfache Kehle mit oberer Platte tragen. Die kleinen Fenster der Oberwände sind noch im Rundbogen geschlossen. Die Vierung, die sich nach dem Langhause in einem Triumphbogen mit attischem Kämpfer öffnet und in den übrigen Wänden zugesetzt ist, besitzt ein Kreuzgewölbe, das, wie der in der Achse des Langhauses stehende Westturm, jüngeren Datums ist. Chor, Nebenschiffe und Kreuzarme sind verschwunden[1]). Auffallend ist an dem anspruchslosen Bau, daß die Nordwand der Vierung einen sehr breiten, kämpferlosen Gurtbogen besitzt, dessen Scheitel nur wenig höher liegt, als der Scheitel der Arkadenbögen im Langhause, und daß das Mauerwerk über diesem Spitzbogen, insbesondere das hier befindliche Fenster, nachträglich eingesetzt ist. Diese merkwürdige Ausbildung der Trennungswand zwischen Transept und Vierung in Verbindung mit dem Umstande, daß Spuren eines Nonnenchores im Westen des Langhauses nicht zu finden sind, geben der Vermutung Raum, daß die Nonnenempore auf einem Einbau des Kreuzarmes ihren Platz fand.

---

stammende, sehr schlanke Barockspitze; nach Merians Abbildung von Sangerhausen, Topograph. Sax. super. S. 155, besaß der Turm eine sehr schlanke Pyramidenspitze.

Dehio, Handb. d. d. Kunstdenkm. I S. 271: „Westtürme sind nie vorhanden gewesen."

1) Die Angabe, daß „nur der im halben Achteck schließende Chor überwölbt ist", die sich bei Otte und Sommer, Beschr. Darst. d. ält. Bau- Denkm. d. Prov. Sachsen IX S. 21, findet, scheint auf einer Verwechslung mit der Vierung zu beruhen. Jedenfalls ist ein polygonaler Chorabschluß jetzt nicht vorhanden.

Daß in Groß-Ballhausen[1]) der um 1300 begründete Frauen-
konvent die Pfarrkirche in Benutzung nahm, ist nicht unwahrscheinlich; ob aber und inwiefern Um- oder Einbauten an der jetzt wenig
interessanten, übrigens 1508[2]) stark veränderten Kirche vorgenommen
wurden, entzieht sich ganz der Kenntnis. Größeren Umfang kann
die Bautätigkeit jedoch kaum angenommen haben, da 1326 die Verlegung des Klosters nach Groß-Furra erfolgte. Hier ist die Uebernahme der Bonifatiuskirche erwiesen. Der schlichte und nicht sehr
große Bau, der wegen seines malerischen Aufbaues zu den reiz-
vollsten Dorfkirchen Thüringens aus romanischer Zeit gehören mag,
besteht aus einem einschiffigen, ungewölbten, 9,15 m breiten Langhause und dem mit einem rippenlosen Kreuzgewölbe überspannten,
rechteckigen, apsidenlosen, 5,30 m breiten und 6,50 m tiefen Chor.
Zwei rechteckige Türme in einem Abstande von nur 1,0 m erheben
sich am östlichen Ende und auf den Umfassungswänden des Langhauses. Eine quer durch das Kirchenschiff gezogene, von einer
großen Mittelöffnung und zwei kleinen (wie es scheint, später angelegten) Seitenöffnungen durchbrochene Mauer nimmt die Westwand des Turmpaares auf; zwei von dieser Substruktionsmauer zur
Ostwand des Langhauses innerhalb des Dachstuhles gespannte halbkreisförmige Gurtbögen tragen die einander zugekehrten Wände der
Türme[3]). An den im frühen Spitzbogen schließenden Gurtbogenöffnungen vor dem Altarhause und in der Querwand des Lang-
schiffes findet sich als Kämpferglied der Karnies mit oberer Platte
und als Sockelprofil der Wulst mit oberer Kehle. Das nur in Bruchstücken erhaltene Hauptgesims besteht wie das schmälere Gurtgesims am Turm aus Kehle und Platte, der teils verwitterte, teils in
der Erde steckende Außensockel aus Wulst mit unterer Schräge.

1) Otte und Sommer, Beschr. Darst. d. ä. Bau-   Denkm. d. Prov. Sachsen
VI S. 4.

2) Laut Inschrift an der Kirche.

3) Der südliche Turm ist nicht mehr vorhanden, doch lassen sich seine Substruktionen noch feststellen. Apfelstedt, Beschr. Darst. d. ä. Bau- ... Denkm. d. F. Schwarzb.-
Sondershausen I S. 50: „Ursprünglich sollte die Kirche zwei Türme erhalten, die auch
beide zu gleicher Zeit einige Stockwerke hoch aufgeführt wurden; von da an wurde aber
nur der nördliche mit seiner an der Ostseite (auch Nordseite!) befindlichen romanischen
Fenstereinfassung vollendet, während man den Weiterbau des südlichen sistierte, ja 1586
ihn wieder so weit abtrug, daß er mit dem in jenem Jahre erhöhten (?) westlichen Teile
der Kirche unter ein Dach gebracht werden konnte. Der nördliche, bis zur Spitze ganz
aus Mauerwerk aufgeführte Turm wurde, nachdem der obere Teil desselben sehr schadhaft
geworden war, 1719 fast bis zur Hälfte abgetragen und erhielt ein mit Schiefer gedecktes
Kuppeldach." Vgl. auch H. F. Th. Apfelstedt, Heimatskunde d. F. Schwarzb.-Sonders-
hausen I S. 156.

Bis auf kleine rundbogige, aus einem Stück gehauene Lichtöffnungen im Chorgiebel und im Untergeschosse des Turmes und die kleeblattförmigen gekuppelten Schallöffnungen in dessen Obergeschosse sind die Fenster der romanischen Zeit verschwunden. Eine romanische Tür in der Nordfront trägt noch die alten Beschläge. Von einer Bautätigkeit der Nonnen spricht die Westwand der Kirche. Sie enthält in ihrer Achse ein bis in das Giebelfeld reichendes dreiteiliges maßwerkgefülltes Spitzbogenfenster, welches zu dem Schlusse berechtigt, daß wenigstens in Klosterszeit der Dachstuhl des Langhauses nach dem Kircheninnern zu offen war. Eine in mäßiger Höhe liegende, aus der Giebelachse nach Süden gerückte, jetzt vermauerte unprofilierte Spitzbogenöffnung diente offenbar als Zugang zu der im westlichen Teile des Langhauses angelegten Nonnenempore und stand vermutlich durch einen Verbindungsgang mit den ehedem westlich der Kirche liegenden Klostergebäuden [1]) in Zusammenhang [2]).

Ueberblickt man die Bautätigkeit der Cisterzienserinnen während des Mittelalters, soweit sie sich an den erhaltenen Kirchen Thüringens feststellen läßt, so ergibt sich die Tatsache, daß die Bauten der Nonnen, weder was die Größe noch die Eigenart anlangt, kunstgeschichtlich auch nur annähernd die Bedeutung der Mönchskirchen erreichen. Wenn sich auch das System abklären läßt, nach dem bei Anlage und Einrichtung einer Nonnenkirche verfahren wurde, und wenn auch in mehr als einem Bauwerke das Beispiel eines Ordensgotteshauses vorliegt, dessen Bauprogramm offenbar die Nonnen selbst aufgestellt hatten, so ist doch in der Entwicklung der Architektur der Cisterzienserinnen während des ganzen Mittelalters kaum ein selbständiger Gedanke von Bedeutung ausgesprochen worden. Nicht ein einziger Bau verläßt im Grundriß oder Aufriß das Gebiet der allgemein gültigen kirchlichen Baukunst. Weder auf

---

1) An der Stelle des Klosters soll jetzt das Forsthaus stehen; das nördlich der Kirche gelegene Knabenschulgebäude soll die Stelle bezeichnen, wo das von den Nonnen zuerst bezogene, am Eingange des Gottesackers gelegene kleine Haus sich befand. Apfelstedt, a. a. O. S. 50: „Der nordöstliche Teil des die Kirche umgebenden Gottesackers führt den Namen Hopperöder Gottesacker und war früher die Begräbnisstätte für das Kloster Hopperode, welches 2 km westlich von Großfurra lag, nachmals aufgehoben und in ein Vorwerk verwandelt wurde, aber seine eigene Kapelle hatte. Der Gottesdienst in derselben wurde von dem Geistlichen zu Großfurra besorgt, und die dort Verstorbenen wurden zu Großfurra beerdigt." Hermann, Verzeichn. d. p. Stifter, in Zeitschr. d. Ver. f. thür. Gesch. VIII, führt ein Kloster Hopperode nicht an.

2) Daher kann nicht, wie Apfelstedt, a. a. O. S. 49, angibt, „der westliche Teil der Kirche, ursprünglich ziemlich kurz und niedrig, 1586 verlängert und erhöhet" sein.

den geradlinigen noch auf den polygonalen Chorschluß steht den
Nonnen das Urheberrecht zu. Die einschiffige, mit einem Dachreiter
gekrönte Kirche ist nicht das geistige Eigentum der Cisterzienserinnen;
sie ist, die selbstverständliche Normalie eines kleinen und billigen
Bethauses, Gemeingut aller Kloster- und Laiengemeinden, die ohne
Querhaus, Nebenschiffe und Monumentalturm auskommen konnten
oder mußten. Fast jede Art des Emporeneinbaues läßt sich bei den
Gotteshäusern anderer Frauenkongregationen ebenfalls feststellen.
Freilich war die Möglichkeit bei der einschiffigen Saalanlage, etwas
Außergewöhnliches zu bringen, beschränkt. Aber auch wo größere
Aufgaben vorlagen, ist gar nicht der Versuch unternommen, den
Charakter der Stiftung zum Ausdruck zu bringen. Wer die einsam
liegenden turmlosen Basiliken der Abteien sah, konnte keinen Augen-
blick im Zweifel sein, welchem Orden sie angehörten; bei den
Nonnenkirchen mit den aufwendigen Türmen wußte nur der Ein-
geweihte, daß sie einer Klostergenossenschaft als Bethäuser dienten.
Wie unzweideutig legitimiert sich Georgenthals gotischer Chor als
Schöpfung im Geiste Citeaux' gegenüber den ordensfremden Altar-
häusern einer Kirche von Ichtershausen oder Jena.

Es darf daher nicht auffallen, daß auch die wenigen Bauten, die
in einer Zeit entstanden, wo die Macht der Bewegung gebrochen
war und die Kirche überhaupt die Führung in der Kunst verlor,
nicht das Bestreben der Nonnen verraten, eine Sonderstellung ein-
zunehmen. Hatten doch die Mönche in Reifenstein die Grundsätze
der weltlichen Baumeister sich zu eigen gemacht, als sie in nachreformatorischer Zeit vor die Frage eines Neuentwurfes ihres Gotteshauses gestellt wurden. Natürlich blieb das Bauprogramm der Cisterzienserinnen nach wie vor der Reformation das gleiche, und es lag
keine Veranlassung vor, von dem bewährten Grundriß der einschiffigen Kirche mit westlicher Emporenanlage abzugehen; aber
im Aufriß treten die einfachen und logischen Konstruktionen der
frühen und mittleren Gotik hinter den dekorativen Zutaten zurück,
mit denen die nachmittelalterliche Kunst profane wie kirchliche Bauwerke bedachte. Ist in Annerodes Neubau aus der Zeit um 1590
eine Renaissancekirche überkommen, die der antikisierenden Gliederungen noch entbehrt, aber die Farbe zur Geltung bringt, so gibt
Teistungenburgs um 1770 erbautes Gotteshaus das Beispiel einer
farblosen Barockkirche, in welcher der ganze Apparat von Pilastern
und Gebälk zur Anwendung gekommen ist.

Von den Ursprungsbauten in A n n e r o d e, die der Convent 1269 bezog, scheint nichts erhalten zu sein [1]). Auch die Erweiterungen des späteren Mittelalters sind bis auf einen bei den nachfolgenden Neubauten geschonten, rechteckigen, mit zwei oblongen Kreuzgewölben überdeckten Saal, dessen kehlprofilierte Rippen an den Wänden auf plumpen Konsolen von umgekehrter Pyramidenform aufsitzen und dessen Schlußsteine Rosette und Stern zeigen, verschwunden. Der einschiffige Saalbau der nachmittelalterlichen Kirche schließt im Osten mit drei Seiten des Achteckes und ist durch einen halbkreisförmigen Gurtbogen in Schiff und Chor derart geteilt, daß der letztere in der Länge etwa die Hälfte des ersteren ausmacht (Fig. 169). Am westlichen Ende trägt die Kirche einen größeren viereckigen, über dem Walm des Chores einen kleineren achteckigen Dachreiter. Der Chor besitzt in den Polygonalseiten je ein und an der südlichen Längsseite zwei hohe, mit Korbbogen geschlossene Fenster mit darüber befindlichem selbständigen kreisförmigen Oberlicht, das Langhaus rundbogige Lichtöffnungen in zwei Reihen übereinander, und zwar die ganz frei stehende Südseite vier, die im östlichen Teile von den Klostergebäuden besetzte Nordseite nur zwei Achsen. Zwischen beiden Fensterreihen ist in ganzer Länge des Schiffes die Holzempore des Nonnenkonventes eingezogen, die mittelst einer durch die Jahreszahl 1610 datierte Thür mit den eben genannten Klostergebäuden in Verbindung steht. Die getäfelte Decke ist ganz mit Malerei bedeckt, die in den figürlichen Darstellungen zwar die handwerksmäßige Technik nicht verleugnet, in den Friesen aber eine Farbenzusammenstellung von Frische und Geschmack aufweist. Die Bilder im Langhause, fünf Felder in der Breite, acht in der Länge, stellen das Leiden Christi und die Ordensheiligen dar, unter denen

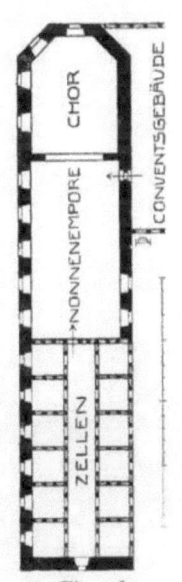

Fig. 169.
Klosterkirche zu
Annerode.

die in den Klöstern des Eichsfeldes hochverehrte Humbelina, die angebliche Gründerin des Ordens der Cisterzienserinnen, nicht fehlt. Der Chor enthält in seinem Polygon als Hauptdarstellung die Dreifaltigkeit mit Maria und als Nebenstücke St. Rafael und Michael, in seinem Oblongum die 12 Apostel, in drei Reihen zu je vier Bildern gruppiert. Von Geschick und feinem Gefühl zeugen die Bleiver-

---

1) Ein einziger, nicht mehr im Urzustande erhaltener Raum mit Kaminanlage, der jetzt als Waschküche dient, soll, wie mir an Ort und Stelle mitgeteilt wurde, noch aus dem Jahre 1269 stammen.

glasungen der Fenster, deren Muster, in jedem Fenster verschieden, trotz des Mangels der Farbe eines intimen Reizes nicht entbehren (Fig. 170)[1]). Daß in dieser laut Inschrift aus dem Jahre 1624 (1694?) stammenden Blankverglasung noch die bewußte Befolgung der Ordensvorschrift zu erkennen ist, darf bei der reichen Bemalung Decke kaum angenommen werden.

Eigenartig wird die Kirche durch den Verlängerungsbau nach Westen hin, der bei gleicher Breite und Höhe äußerlich, abgesehen von der Geschoßteilung, als die gleichwertige Fortsetzung des Gotteshauses erscheint. Dieser teils in massivem Mauerwerk, teils in Fachwerk errichtete Bau, an dem sich im Erdgeschoß zwei Spitzbogen-

Fig. 170. Kunstverglasung in den Fenstern der Klosterkirche zu Annerode.

öffnungen mit den Jahreszahlen 1590 und 1591 finden, enthält in seinen oberen Geschossen noch die an beiden Seiten eines Mittelkorridores angeordneten Nonnenzellen, sechs an jeder Seite, und steht durch eine Türe mit der Kirchenempore in unmittelbarer Verbindung. Die übrigen Klostergebäude schließen sich als rechtwinkliger Flügelbau an die Nordostseite der Kirche an, zeigen auch im Aeußeren Fachwerk von geschickter Komposition und großem Reichtum und stammen inschriftlich aus dem Jahre 1678.

---

1) Heydenreich, Bau- . . . Denkm. im Eichsfeld S. 9, und Bergner, Kirchl. Kunstaltert. in Deutschl. S. 89.

Teistungenburgs mittelalterliche Anlage liegt im Dunkel.
Weder die Pfarrkirche im Tale, welche der Konvent anfänglich benutzt zu haben scheint[1]), noch die Kapelle, die Quedlinburg dem
Kloster übermachte, sind erhalten. Ob die aus dem 18. Jahrhundert
stammenden Gebäude auf dem Berge auf alten Grundmauern stehen,
ist fraglich, aber nicht ausgeschlossen[2]). Die jetzt als Scheune dienende
Barockkirche, ein nicht sehr großer einschiffiger Raum mit geradliniger Ostwand, wird von sechs oblongen Kreuzgewölben mit kräf-
tig profilierten Rippen und rechteckigen Gurten auf glatten Pilastern
überdeckt (Fig. 171). Dem erhöhten, im Grundriß durch einen Mauerabsatz charakterisierten Chor entspricht im Westen die auf Gewölben
ruhende Nonnenempore, die fast die Hälfte der Kirche einnimmt. Das
Fehlen von Strebepfeilern darf bei einem Barockbau und einer Stärke
der Umfassungsmauern von fast 2 m nicht befremden. Der Ostteil
besitzt rundbogige Fenster in Nischen, die bis zum Boden reichen,
mit elliptischen Oberlichtern, der Westteil infolge des Emporen-
einbaues zwei Reihen rundbogiger Fenster übereinander. Wegen
des Anbaues der Sakristei hat die Ostwand eine Durchbrechung
nicht erfahren. Am schlichten, von Pilastern eingefaßten Westgiebel
bildet das Portal mit reichem, figurengeschmücktem Nischenaufbau
den Hauptschmuck. Der an das Westende der Kirche gerückte, ge-
drungene, massive Dachreiter ist mit Schweifkuppel und achteckigem

1) Mündlicher Ueberlieferung zufolge lag die ursprüngliche Klosteranlage am Fuße
des Hügels, auf dem jetzt die ehedem von den Nonnen benutzten Gebäude späteren Datums liegen. Ein Kreuz soll die Stelle der alten Kirche bezeichnen, auf deren Gebiet
bei Nachgrabungen Knochenreste gefunden werden. Wiederholte Ueberschwemmungen
durch die vorbeifließende, unbedeutende Hahle sollen die Verlegung des Klosters auf den
Berg veranlaßt haben. Die beiden „Klostermühlen" im Tale dürften mit der Anlage auf
dem Berge in Zusammenhang zu bringen sein.

2) Möglich, daß die Neuanlage kleiner ausfiel, als das alte Kloster. Der Bauernkrieg hatte den Gebäuden übel mitgespielt. In der von Jordan (Pfeifers und Münzers Zug
in d. Eichsfeld p. in Zeitschr. d. Ver. f. thür. Gesch. Neue Folge XIV S. 74) mitgeteilten
Klage der Vorgesetzten des Klosters heißt es: „   beclagen uns, das wir durch die
mutwillige uberfahrungen und gewaltige emporunge der von Molhaußen unser closter sampt
der kirchen und cyngebewe im Grunde verbrandt, auch alle cleynoth und hausrath sampt
allen kirchengeschmeyd und Glocken auch andir, das in einer eyl nicht erzelt mag werden
hinweg genommen, darzu etliche wyhe, ßo das do bifunden auch enpfrandt welchen schaden
wie oben angezeygt auffs geringst veranschlagen auff funfezehen hundert gulden, do mit
obgemelt closter nit vermochtenn in vorigenn stande zu bringen." Vgl. Kropatschek, Aus
Akten d. ehem. Kl. Teistungenburg in Mühlhäuser Geschichtsblätter VI S. 117 f.

Löffler, D. alten eichsfeld. Kl. u. Stifter im 19. Jahrh. in Unser Eichsfeld 1906
S. 23 f.: Teistungenburg wurde von der westfälischen Regierung aufgehoben und verkauft
„zu dem Spottpreise von 40 000 Talern, weniger, als die Mauer um den Klostergarten
gekostet hatte."

Aufsatz abgeschlossen. Mit der Nonnenempore steht der Südflügel der um einen viereckigen Hof gruppierten Klostergebäude in unmittelbarem Zusammenhange. Die mit Stuck und Malerei geschmückten Räume der Aebtissin und des Refektoriums, in denen die Bilder der Humbelina, der Schwester Bernhards von Clairvaux, und Scholastica, der Schwester Benedikts, wiederkehren, zeigen im Verein mit der toskanischen Architektur der Kirche, wie bereitwillig die Cisterzienserinnen die auf Effekt und Stimmung berechnete undeutsche Architektur annahmen.

Etwa aus der Zeit des Neubaues von Teistungenburg stammt die Umgestaltung von B e u r e n s halb romanischer, halb gotischer

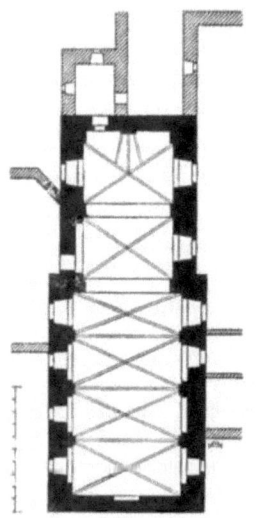

Fig. 171. Klosterkirche zu Teistungenburg.

Kirche, neben Erfurts Martinskirche das einzige Beispiel für die Modernisierung eines älteren thüringischen Cisterzienserinnenbaues in nachmittelalterlicher Zeit. Das Bedürfnis nach Licht und der veränderte Geschmack führte hier zum Einbruch rechteckiger, rundbogiger und elliptischer Fenster in allen Teilen des Baues. In seltsamem Gegensatz zu der Roheit, mit der die mittelalterlichen Architekturteile der nüchternen Neuerung geopfert wurden, steht die liebevolle Ausbildung der Decke durch Stuck und Malerei. Die beiden großen rechteckigen Mittelfelder, die Dreifaltigkeit und St. Bernhard im Gebete von einer Marienvision enthaltend, werden von Medaillons umgeben, welche die Heiligen des Ordens, von Mönchen Benedikt, Stephanus, Blasius und Nikolaus, von Nonnen wiederum Humbelina und Scholastica, darstellen. Der obere Teil des Turmes wurde als Fachwerkbau mit Schweifkuppel und Tabernakelaufsatz erneuert, die Kirche selbst ebenfalls durch Fachwerk um ein Geschoß erhöht. Die jetzt stehenden Klostergebäude, drei an die Südseite der Kirche stoßende Flügel mit einem Binnenhofe, stammen zumeist aus dem Anfange des 18. Jahrhunderts.

Wenn eine verhältnismäßig stattliche Anzahl von Nonnenkirchen die Stürme der Reformation überdauert hat und in mehr oder weniger entstellter Form überkommen ist, so liegt das daran, daß in den meisten Fällen die vom Konvente verlassene Kirche als Gemeindegotteshaus weiterbenutzt werden konnte oder mußte. Es bedurfte nur, um den alten Bau dem neuen Ritus anzupassen, der Veränderung der inneren Einrichtung. Der Ersatz des weit in das Langhaus hineingebauten eingeschossigen Nonnenchores durch ein- oder mehrgeschossige Emporen von geringerer Tiefe rings an den Wänden des Gemeinderaumes verwandelte die Meßkirche in eine Predigtkirche. Hielt sich die Länge des Nonnenchores in mäßigen Grenzen, so konnte sie als Laienempore oder Orgelboden beibehalten werden. Immerhin brachte die Verminderung des religiösen Bedürf- nisses, die Unlust, bei nicht immer notwendigen Kirchen die nie auf- hörenden Unterhaltungskosten zu bestreiten, und das Versiegen der alten Einnahmequellen vielen Nonnenkirchen den Untergang. Die Zahl der Kirchgänger nahm ebenso ab, wie die der Opferwilligen, das Vermögen der Kirchen war beschlagnahmt, und die ertragreichen Ablässe blieben, weil gegenstandslos geworden, aus. Lagen die Kirchen abseits geschlossener Ortschaften, so fehlte nicht selten Ge- meinde und Pfarrer; lagen sie in oder bei größeren Städten, so wurden sie häufig bei der großen Zahl anderer Gotteshäuser als überflüssig angesehen, sanken zu Friedhofskirchen herab, dienten eine Zeitlang profanen Zwecken, um schließlich, der Erweiterung der Stadt oder des Gottesackers hinderlich, ganz beseitigt zu werden. Die meist gut behauenen Quadern der Umfassungswände und Fun- damente und reichlich dimensionierten, ausgetrockneten Hölzer des Dachstuhles fanden unschwer ihre Käufer. Und wo endlich in einer anwachsenden Stadt der Fall eintrat, daß die überkommene Kirche nicht mehr ausreichte, fiel sie einem größeren und aufwendigeren Neubau zum Opfer. Kein Wunder, daß mehr als ein Drittel aller Cisterzienserinnenkirchen Thüringens untergegangen ist. Die weit- läufige Anlage der Klostergebäude war meist die Veranlassung, daß nur ein Teil der Räume weiter benutzt und im Stand gehalten wurde. Das veränderte Bedürfnis, die wiederholt wechselnde Be- stimmung der Baulichkeiten, der Mangel an Mitteln und Verständnis für die Erhaltung der mittelalterlichen Denkmäler haben reduzierte oder erweiterte Häuserkomplexe geschaffen, die häufig archäologisch nicht einmal den Wert von Ruinen besitzen.

Sofern daher der Baubefund gar kein Ergebnis liefert und die Chroniken oder Urkunden versagen, ist die Frage kaum zu beant- worten, ob in der untergegangenen Kirche ein vor oder nach Einzug des Konventes entstandenes Werk vermutet werden darf. Aus der Anlage der wenigen nachmittelalterlichen Bauwerke, soweit diese an der Stelle der verschwundenen Nonnenkirche stehen, einen Schluß auf den mittelalterlichen Grundriß zu ziehen, erscheint um so gewagter und aussichtsloser, als entweder überhaupt nicht oder nur in beschränktem Umfange für die in größeren Abmessungen angelegten Neubauten die alten Fundamente benutzt werden konnten. Auch durch das Studium alter Abbildungen wird die Untersuchung nur wenig gefördert, weil erfahrungsgemäß die Zeichner der Städtebilder — in Dörfern und isoliert liegende Klosterkirchen kommen schon

Fig. 172. Schloßturm zu Triptis.

gar nicht in Betracht — in Uebertreibungen, Zutaten und Unterschlagungen die größten malerischen Freiheiten sich gestatteten und der kleine Maßstab der Zeichnungen Einzelheiten nur ungenau erkennen läßt. Daß auch solche Kirchen, die durch nachmittelalterliche Eingriffe bis zur Unkenntlichkeit der ursprünglichen Anlage entstellt sind, möglicherweise aber noch Bauteile älteren Datums besitzen, hier als untergegangene Denkmäler behandelt sind, mag damit begründet werden, daß die Zahl der Vermutungen nicht unnötigerweise gesteigert werden soll.

Von der ursprünglichen Anlage in Triptis ist nichts erhalten; sie wich, vorausgesetzt, daß die jetzige Gottesackerkirche an ihrer Stelle steht, 1519 einem Neubau, der selbst wieder 1702 wegen Baufälligkeit zum Teil abgetragen wurde, um kurz darauf einen Wiederaufbau zu erfahren [1].

Ebensowenig kommt Döllstedt in Betracht. Falls, was wahrscheinlich ist, die jetzige Pfarrkirche, ein Rechteck mit gleich breitem Chor und Langhaus sowie mit Westturm, den Platz der alten vom Konvente übernommenen Pfarrkirche einnimmt, so fehlt infolge des Wiederherstellungsbaues vom Jahre 1543 der sich auf die ganze Kirche erstreckte, selbst Vermutungen über Gestaltung des Nonnenkirche jede Grundlage [2].

Frauensees Geschichte gestattet kein Urteil über die Frage, ob bei Gründung des Klosters ein Neubau oder die Uebernahme einer vorhandenen Kirche stattgefunden hat. Bauliche Untersuchungen sind bei dem Fehlen nennenswerter mittelalterlicher Reste — ein romanischer Kragstein mit Löwenkopf ist erhalten [3] — unmöglich; der Ort besitzt eine neue Pfarrkirche.

Die Stelle des vor den Mauern Eisenachs gegründeten St. Katharinenklosters bezeichnet der jetzt innerhalb der Stadt gelegene Gasthof zum goldenen Stern. Altes Mauerwerk von Bedeutung scheint nicht mehr vorhanden zu sein [4].

---

1) Lehfeldt, Bau-   Denkm. Thür. S.-W.Eisenach III S. 237 f.
Adler, Vogtländ. Jahresber. XVIII, XIX S. 21, bezeichnet die Kirche als die eines Mönchsklosters.

Lotz, Kunsttopogr. Deutschl. I S. 597: „Jungfrauenkl. Ruine: schöner runder Turm steht noch aufrecht." Gemeint ist der Schloßturm (Fig. 172).

2) Beck, Gesch. d. gothaischen Landes III 1 S. 123: „Die jetzige Dorfkirche (in Döllstedt), dem St. Petrus und Paulus gewidmet, ist 1542 neu erbaut und steht mitten im Dorfe. Vor der Reformation soll sie nur eine Kapelle und die eigentliche Kirche die Klosterkirche zu St. Petri und Nikolai gewesen sein, die auf dem sogen. Klosterküchengarten stand." Vgl. auch Brückner, Samml. versch. Nachr. K.- u. Schulenst. Gotha II 3 S. 22.

Die Existenz dieser Kapelle wird von Lehfeldt, Bau-   Denkm. Thür., S.-C.-Gotha, A.-G. Tonna S. 206, mit Recht bestritten.

Lehfeldt, a. a. O. S. 206 f.: „Die Anlage ist romanisch und zwar in der ganzen Ausdehnung   Ob das Tonnengewölbe des Turm-Erdgeschosses der romanischen oder spätgotischen Bauzeit zuzurechnen ist, bleibt dahingestellt... Der Schafstall an der Ostseite des Gutshofes enthält altes Maurerwerk (vom Kloster?), doch keine künstlerischen Reste, ebenso mögen einzelne Teile der Umfassungsmauer bei den Neubauten verwendet worden sein."

3) Dehio, Handb. d. d. Kunstdenkm. I S. 97.

4) Merian, Topogr. sup. Sax. S. 52, bringt auf seiner Abbildung Eisenachs das Katharinenkloster nicht. Dagegen findet sich das Kloster auf einer Abbildung Eisenachs

Berkas Kirche in ihrer jetzigen Gestalt ist im wesentlichen ein Werk des 18. Jahrhunderts. In welchem Umfange mittelalter-

v. J. 1663, die im Ratskeller zu Eisenach hängt, derselben Abbildung, die auch das Kloster Johannisthal bringt und S. 303 Anm. 1 erwähnt ist. Ueber die Entstehung dieses Bildes vgl. Gabitzsch, Ein altes Eisenacher Stadtbild, in Thür. Monatsbl. 1901 S. 96. Puttrich, Denkm. d. Bauk. d. Mittelalt. in Sachsen II 1, W.-Eisenach S. 14: „Das reiche und prachtvolle Katharinenkloster, den Cisterzienser-Nonnen gehörig, von dem Landgrafen Hermann an der Stelle des Hochgerichtes und des Lazaretts St. Clemens im J. 1215 gestiftet (vor dem Georgentor an der Frankfurter Straße). Die auf der Südseite des Klosters gelegene Kirche, im ausgebildetsten romanischen Stil erbaut, hatte eine runde Vorlage nach Osten und einen hohen Turm an der Nordseite des Chores. Die Mauern waren durch Lisenen unterbrochen." Rein, K.-Gesch. p. d. St. Eisenach, in Zeitschr. d. Ver. f. thür. Gesch. V S. 14: „Denen, die durch das Georgentor schritten, strahlte der romanische Chor und der hohe Turm des Katharinenklosters entgegen . . . der Klosterbrunnen ist (1863) das einzige Ueberbleibsel der alten Herrlichkeit." Vgl. den Plan des alten Eisenach bei Rein, a. a. O. S. 20. Auf der genannten Abbildung liegt die mit S. Catarina K. bezeichnete Klosteranlage westlich der Stadt, außerhalb des Mauerringes, aber durch eine voll ausgebaute Straße mit der Stadt verbunden. Die Unterschrift des Bildes berichtet:

1214 Ward von landgraf herman
Sant Katharinen Kloster gefangen an.

Von der großen Klosterkirche erkennt man das von West nach Ost gerichtete hochgezogene Langhaus, den am Nordostende stehenden bedeutenden Turm, der auf den sichtbaren Seiten unten drei, oben zwei rundbogige Fenster trägt und mit ziemlich steilem Pyramidendach abgeschlossen ist, und das Altarhaus, das schmaler und niedriger, als der Ostgiebel ist, scheinbar zwei Fenster über einander besitzt und nach der Schattierung in der Zeichnung ebenso gut eine Apsis wie ein gotisches Chorpolygon darstellen kann. Ob Nebenschiffe vorhanden sind, ist nicht zu erkennen; ein Querschiff fehlt. Wir haben es hier offenbar mit dem reduzierten Bestande zu tun und dürfen eine kreuzförmige romanische Basilika mit einem östlichen Turmpaar rekonstruieren. Die nördlich der Kirche gelegene Klosteranlage besteht aus drei von Süd nach Nord gerichteten Gebäuden, sowie einem östlich, also nach der Stadtseite zu gelegenem Torhause mit einem Doppeleingang und ist von einem gebogenen Mauerzuge mit Schießscharten umgeben. Alle Gebäude sind mit Ziegeln gedeckt bis auf den Helm des Kirchturms, dessen graue Farbe wohl als Schiefer gedeutet werden darf. Als westliches, schon außerhalb der Klostermauer gelegenes Nachbargebäude erscheint ein kleines, mit einem Dachaufbau (Glockenhäuschen oder Dachreiter) versehenes Bauwerk, S. Klemen bezeichnet.

Weber, Eine thüringisch-sächsische Malerschule des 13. Jahrhunderts, in Zeitschr. d. Ver. f. thür. Gesch. XIX S. 420f. (Besprechung des gleichnamigen Werkes von Haseloff): „Die wichtigste Handschrift der ganzen Gruppe ist der Psalter der hl. Elisabeth im Museum zu Cividale   In dieser Handschrift befindet sich .   eine große Darstellung der Dreieinigkeit (Abb. Haseloff [E. thür. sächs. Malersch. d. 13. Jhdts.] Tafel 30), umgeben von den Symbolen der Evangelisten, von zwei Propheten und zwei Rauchfässer- schwingenden Engeln. Unten aber knien die getreulich im Kostüm ihrer Zeit dargestellten Gestalten des Landgrafen Hermann (Herman lantgravius) und seiner Gemahlin Sophia . Jenes fürstliche Paar nun hält zwischen sich das Modell einer stattlichen dreitürmigen Kirche empor als eine Widmung an die über ihnen schwebende Dreieinigkeit . . . Auf einem Schriftstreifen über diesem kleinen Kirchenmodell nun steht ,Renhersburdin'.

liche Reste beim Neubau 1739 Verwendung fanden, ist kaum noch
zu bestimmen; jedenfalls sind diese Reste zu gering, als daß sie zu-

Fig. 173.   Fig. 174.

Siegel des Klosters Berka.

verlässigen Anhalt für die Rekonstruierung der Klosterkirche böten.

Reinhardsbrunn! ... Leider ist die Inschrift ... jedenfalls nicht gleichzeitig ... Sie
ist also für Benennung des Kirchenmodells belanglos ... Er [Hermann] hat den Bau
ihrer [der Reinhardsbrunner Mönche] Kirchtürme aufgehalten und die dafür bestimmten
Steine für ein Stadttor in Gotha verwandt (M. G. SS. 30, 594 f.), er hat die Entwicklung
des Marktes zu Friedrichroda niedergehalten zu Gunsten von Eisenach und Gotha (Regest.
Thur. ed. Dobenecker II, 1418), er hat dem Kloster ein umfangreiches Waldgebiet vor-
enthalten (s. Dobenecker II No. 2415), und die Mönche von Reinhardsbrunn lassen ihn
aus ehrlichem Hasse später in der Hölle schmoren. Er war dem Kloster so feind, daß
er es verschmähte, sich in der dortigen Kirche bei allen seinen Ahnen beisetzen zu lassen,
ja er erbaute in Eisenach das Katharinenkloster als offene Demonstration gegen Reinhardsbrunn und ließ in dessen Kirche seinen vor ihm gestorbenen Sohn beisetzen, wie
dann später auch er selbst und seine Gemahlin hier ihre Ruhestätte fanden ... Es hätte aber
auch [von Haseloff] das nicht übergangen werden dürfen, warum jenes vom Landgrafen-
paare emporgehaltene Kirchenmodell auf keinen Fall — einerlei, ob mit oder ohne Ueberschrift — die Darstellung der Reinhardsbrunner Kirche sein kann: Reinhardsbrunn ist
schon 1085 vom Grafen Ludwig gegründet worden, also ein Jahrhundert früher, ehe
Hermann I. zur Regierung gelangte, und es ist nichts davon bekannt, und nach den oben
mitgeteilten Tatsachen auch gar nicht anzunehmen, daß etwa Hermann einen prächtigen
Neubau der Reinhardsbrunner Kirche in die Wege geleitet habe, was ihn schließlich berechtigt haben würde, auf jenem Bilde das Modell etwa des Neubaues der Kirche empor-
zuhalten. Da nun aber jenes so auffallend realistisch gehaltene Kirchenmodell sich doch
wohl auf eine Gründung Hermanns und Sophias beziehen muß, so hätte der Verfasser

So viel steht indes fest, daß der Chor in gotischer Zeit geradlinig schloß, denn die platte Ostwand enthält noch jetzt ein ziemlich breites und hohes Spitzbogenfenster, dessen Oeffnung freilich durch Einbau eines schmaleren Fensters 1739 verkleinert wurde [1]). Will man an einen Neubau der Nonnen denken, so müßte man ihn wegen der Chorform wohl aus der ersten Zeit des Klosters datieren. Die Tatsache, daß die einschiffige, mit Westturm versehene Kirche an der Nordseite keine Fenster besitzt, scheint zu der Annahme zu berechtigen, daß die Klostergebäude sich unmittelbar an die Nordfront anschlossen [2]). Gestützt wird

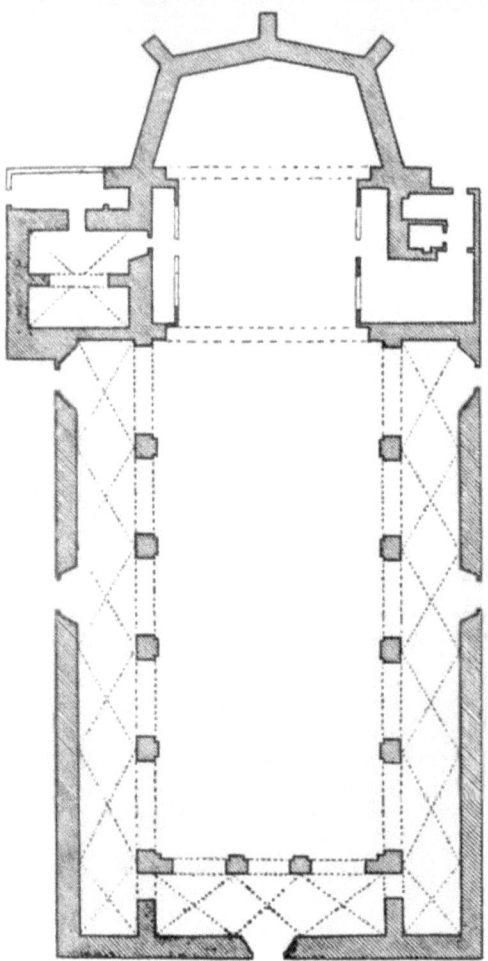

Fig. 175. Unterkirche zu Frankenhausen.

[Haseloff] weiter folgern können, daß damit wohl nur die einzige größere bekannt gewordene Kirchengründung Hermanns gemeint sein kann, eben die des Katharinenklosters in Eisenach, der nunmehrigen Grablege des Landgrafenhauses. Diese Gründung erfolgte um 1210, d. h. zwischen 1208—1215."

1) Lehfeldt, Bau- . . . Denkm. Thür., S.-W.-Eisenach I S. 98 f., der von dem östlichen Spitzbogenfenster nichts erwähnt, nimmt irrtümlich einen polygonalen Chor an. Bergner hält in seiner Besprechung der Lehfeldtschen Arbeit, Zeitschr. d. Ver. f. thür. Gesch. XVII S. 689, das Mauerwerk von Turm und Kirche im wesentlichen für gotisch.

Es sei noch nachgefügt, daß ein Altar der zehntausend Ritter und der hl. Katharina in der Klosterkirche zu Berka 1379 genannt wird. Vgl. Elle, D. alte Herrsch. Berka in Zeitschr. d. Ver. f. thür. Gesch. XXIV S. 290 f.

2) Ueber die in ein Kammergut umgewandelten Konventsgebäude vgl. Schumann, Landesk. v. S.-Weimar S. 25, und Kronfeld, Landesk. S. 49 f.

Heß, Ueber d. noch erh. mittelalt. Bauw. i. Weim. Kreise, in Zeitschr. d. Ver. f.

diese Ansicht durch die Wahrnehmung, daß die Nordmauer in Emporenhöhe eine flachbogige Oeffnung enthält, die vermutlich als Zugang zum Nonnenchore diente. Ob der Rücksprung der Nord-
wand mit einem Umbau aus vor- oder nachreformatorischer Zeit zu-
sammenhängt, ist frag-
lich.

An dem prächtigen Neubau von F r a n k e n -
h a u s e n s Unterkirche, der 1691 infolge eines Brandes sich notwendig machte (Fig. 175 und 176), befinden sich nur noch wenig gotische Teile [3]). Die beiden spitzbogigen Portale in der Mitte der Nord- und Südseite des Langhauses beweisen, daß die Kirche frei stand. Mehr interes-
sant, als schön ist die Form des mit einfachen Strebepfeilern und mit Maßwerkfenstern in ziemlich breitem Verhältnis versehenen Chores, der, aus vier Seiten des

Fig. 176. Fenstergliederung an der Unterkirche zu Frankenhausen.

Zehneckes gebildet, an der östlichen Stelle nicht mit einer Seite, sondern mit einer Ecke des Polygones schließt [4]). Bei dieser seltenen,

---

thür. Gesch. VI S. 166, hält den im Pfarrhause befindlichen spätgotischen, rechteckigen, von zwei Kreuzgewölben überdeckten Raum für eine zu den früheren Klosterbauten ge-
hörige Kapelle; Lehfeldt, a. a. O. S. 100, erblickt in ihm wegen des Wappenbildes im Gewölbeschlußstein vermutungsweise eine Kapelle des Wohnhauses der Klostervögte, der Herren von Witzleben. Der Raum heißt noch jetzt „die Kapelle". Bergner, a. a. O. S. 690. Dehio, Handb. d. d. Kunstdenkm. I S. 43.

3) Ueber den Renaissancebau des Langhauses vgl. Bergner, Grundr. d. kirchl. Kunstalt. i. Deutschl. S. 179 u. 184. Dehio, Handb. d. d. Kunstdenkm. I S. 95.

4) Lehfeldt, Bau- . . . Denkm. Thür., Schw.-Rudolstadt, Unterherrschaft S. 15: „Der

der Spätgotik angehörenden Gestalt des Grundrisses kann es kaum zweifelhaft sein, daß der Chor nicht mehr aus Klosterszeit herrührt, sondern der Rest jenes Neubaues ist, der 1596 an Stelle der abgebrochenen Klosterkirche erstand [1]). Von den südlich der Kirche befindlichen Konventsgebäuden steht nur noch eine Mauer mit zwei Reihen kleiner romanischer Fenster [2]); ein spätgotischer Bau, der als Schlaf- oder Speiseraum gedient haben soll, hat vor einigen Jahren einem Neubau [3]) Platz gemacht.

In Glaucha steht an Stelle des vom Konvent 1231 übernommenen Gotteshauses eine neue Kirche. Eine Abbildung der alten Anlage bringt der perspektivische Plan Halles bei von Dreyhaupt. Danach muß der Kern der romanischen Anlage bis zur Zerstörung 1740 sich erhalten haben. Die Zusätze aus gotischer Zeit, ein Dachreiter und die Chorverlängerung, sind fraglos durch den Konvent veranlaßt und hängen vermutlich mit den Ablässen des 13. Jahrhunderts zusammen [4]).

In Beutitz erinnert nichts mehr an die Klosterszeit. Kirche und Kloster wurden 1556 von Grund aus weggerissen, das Dorf in die Stadtkirche zu Weißenfels eingepfarrt [5]).

Von den mittelalterlichen Bauten des Klosters Heseler ist ein rechteckiger, nicht ganz 8 m langer und 7 m breiter Raum erhalten, der zur Zeit als Milchkeller benutzt wird. Ein quadratischer, an

---

Turm, nördlich vom Chorrechteck, mag noch romanischer Anlage sein." Wohl kaum; das Gewölbe im Turm-Erdgeschoß ist im Spitzbogen geschlossen.

1) Müldener, Hist. Nachr. von p. Cist.-Nonnenkloster zu Frankenhausen 3. 33 u. 195.

2) Diese Mauer scheint In der Verlängerung der Stadtmauer zu liegen. Hesse, Frankenhausen, in Thüringen u. d. Harz. IV S. 175: „Die Ringmauer des Klosters steht in unmittelbarem Zusammenhange mit der Stadtmauer. . Anfangs lag das Kloster, nur durch seine eigenen Mauern geschützt, außerhalb der Stadt, aber bei Vergrößerung derselben wurde es in ihren Umfang gezogen."

Bei Merian, Topogr. sup. Saxon. S. 82, liegt die Klosterkirche, die (wohl ungenau wiedergegeben) nicht mit Seitenturm, sondern spitzem Dachreiter über dem Chore dargestellt ist, innerhalb des Stadtmauer, in welcher an der Stelle des Klosters Häuser eingebaut sind. Eine Lithographie von Abberwein „Frankenhausen im Jahre 1650" (lith. Anst. v. C. Walther-Frankenhausen) deckt sich ungefähr mit Merians Abbildung.

3) Dem jetzigen Technikum, bei dessen Neubau einige alte Innenwände wieder verwandt sein sollen.

4) Schönermark, Beschr. Darst. d. ä. Bau- Denkm. d. Prov. Sachsen, St. Halle S. 273.

5) Otte und Sommer, Beschr. Darst. d. ä. Bau- Denkm. d. Prov. Sachsen, Kr. Weißenfels S. 44.

Merian, Topogr. sup. Sax. S. 177, zeichnet auf der Abbildung von Weißenfels für die Kirche des Klosters Beutitz einen viereckigen massiven Turm mit schlanker Spitze.

den Ecken mit Rundstäben, an den Flächen mit starken Halbsäulen besetzter Mittelpfeiler nimmt die vier rippenlosen Kreuzgewölbe auf, deren breitleibige, gedrückte Spitzbogengurte an den Wänden auf schlichten Konsolen aufruhen. Kleine spitzbogige Fenster befinden sich in der Nord- und Südwand. Die Grundrißausbildung des Mittelpfeilers, die elegant verzierten Würfelkapitelle seiner Halbsäulen und die attische Form seines Kämpfers lassen auf eine Entstehungszeit vor der Mitte des 13. Jahrhunderts schließen. Die Spitzbogentür in der Westwand mag aus späterer Zeit stammen [1]). Ob dieser Raum als Refektorium oder Kapitelsaal der Nonnen angesprochen werden darf, mag dahinstehen. Wegen seiner Orientierung, sowie wegen der Anbringung der Fenster auf der Nord- wie Südseite, der Lage der Tür in der Westmauer und des Vorhandenseins von Grabsteinen zweier Pröpste aus dem 14. Jahrhundert könnte an den Unterbau des Nonnenchores [2]) gedacht werden, wenn nicht Anbauten vorhanden wären,

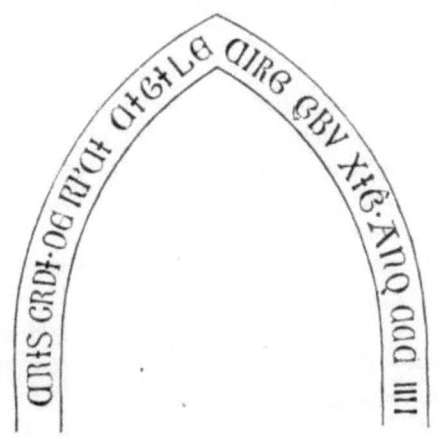

Fig. 177. Portalinschrift zu Kloster Heseler nach Sommer.

die mittelalterliches Mauerwerk zu enthalten scheinen, und das 1768 —1770 angeblich an Stelle einer älteren Kirche erbaute Gotteshaus der kleinen Gemeinde anderswo stände.

Kloster Donndorfs alte Kirche wich 1754 einem gänzlichen Neubau. Zur Erziehungsanstalt umgewandelt, erfuhren die Klostergebäude so starke Veränderungen, daß die ursprüngliche Gestalt mit Sicherheit nicht festzustellen ist [3]).

1) Sommer, Beschr. Darst. d. ä. Bau-... Denkm. d. Prov. Sachsen, Kr. Eckartsberga S. 41, glaubt aus einer undeutlichen Majuskelinschrift auf dem Bogen der Tür die Jahreszahl 1304 herauszulesen (Fig. 177).

2) Natürlich nicht Krypta, wie Otte und Sommer, a. a. O. S. 41, als möglich hinstellen.

3) Lessing, Kloster Donndorf, in Thür. u. d. Harz III S. 143 u. 144: „Von der alten Kirche, welche an Stellung und Umfang der neuen gleich gewesen zu sein scheint, sind nur noch die Grundmauern des Turmes und eines darin befindlichen Gewölbes vorhanden, das jetzt als Keller benutzt wird, in welchem aber ehedem vielleicht die ... Re-

Beim Kreuzkloster in Gotha ist weder von der 1251 übernommenen Katharinenkapelle noch von den 1279 und Ausgangs des 15. Jahrhunderts errichteten Umbauten etwas erhalten; selbst die nachreformatorischen kirchlichen Bauten sind von dem Gottesacker, der die Stelle des Klosters einnimmt, verschwunden [1]).

Die größte Unklarheit herrscht über die Kirche des Cisterzienserinnenklosters in Saalfeld. Wenn in der ehemaligen Nikolaikirche wirklich jene Kirche zu suchen ist, neben welcher der Konvent 1267 sich ansiedelte, so ist das Baudenkmal entweder ganz untergegangen oder so entstellt, daß man über Vermutungen nicht hinauskommt. Merians Abbildung von Saalfeld [2]) bringt den Zustand vom Jahre 1650, eine turmlose Anlage ohne Kreuzflügel und außen sichtbare Nebenschiffe [3]). Das hohe Dach läßt auf eine Bautätigkeit in nachromanischer Zeit schließen und könnte, wenn man will, mit jener mutmaßlichen Instandsetzung des 1202 ausgebrannten Gotteshauses in Zusammenhang gebracht werden, die vor oder bei Einzug des Konventes sich notwendig machte, wenn nicht auch der Dachreiter fehlte. Daß in dem jetzigen, in der Nähe des hohen Schwarms und Kitzersteins gelegenen Armenhause der Stadt, einem unansehnlichen, etwa 23 m langen und 14 m breiten Gebäude mit rechteckigem Grundriß, die entstellte Nikolaikirche vorliegt, erscheint nicht ausgeschlossen, da die mittelalterlichen Baureste, vor allem die ziemlich hoch an den Längsseiten angebrachten romanischen Fenster [4]) und die Orientierung des Baues nicht so sehr auf ein Wohnhaus als auf eine Kirche schließen lassen. Auch spricht das Vorhandensein eines Kellers unter dem östlichen Teile des Baues nicht gegen dessen

liquie (das heilige Blut S. 147) aufbewahrt wurde. Die Mauern des Schulgebäudes sind meist, wenigstens im unteren Stock, noch aus der Klosterzeit.

Otte und Sommer, Beschr. Darst. d. ä. Bau- ... Denkm. d. Prov. Sachsen, Kr. Eckartsberga S. 26: „Von dem mittelalterlichen Bestande ist so gut wie nichts mehr vorhanden."

1) Storch, Gotha, in Thür. u. d. Harz V S. 101 f.

Lehfeldt, Bau- Denkm. Thür., C.-Gotha, A.-G. Gotha S. 55 f. Abbildung der nachmittel. Kirche bei Merian, Topogr. sup. Sax. S. 94.

2) Topogr. sup. Sax. S. 153. Vgl. Fig. 55.

3) Nach Weber, Die Burgen d. mittl. Saaletales S. 7, „eine frühromanische, ziemlich geräumige Kapelle, . die in ihren Umfassungsmauern wohl noch vom Ausgang des ersten Jahrtausends herrührt und als ehemalige Burgkapelle anzusprechen ist."

4) Diese Fenster sind nicht, wie Lehfeldt, Bau- ... Denkm. Thür., S.-Meiningen IV S. 92, will, in zwei Geschossen angebracht und nur an der Nordseite noch zu erkennen, sondern nur in einer Zone und zwar nahe unter dem Hauptgesimse angeordnet und auf beiden Längsseiten festzustellen. Die Südfront enthält alle vier Fenster in freilich nicht genau gleichen Abständen, die Nordfront nur die drei westlichen Stücke.

Charakter als Kirche, da der übrigens sehr kleine (mit Ziegelgewölben gedeckte) Kellerraum, der eine zugesetzte Spitzbogenöffnung und neben derselben eine vermauerte kreisförmige Platte mit einem verwitterten Relief des Oberkörpers Christi enthält, offenbar aus späterer Zeit herrührt. Der bei einem romanischen Kirchenbau auffallende geradlinige Abschluß der Ostwand, in der die drei Rundbogenfenster etwas tiefer liegen, als die Lichtöffnungen auf den Längsseiten, würde, wenn man an einer Instandsetzung der Kirche durch den Konvent festhält, durch die Absicht der Nonnen zu erklären sein, die in der zweiten Hälfte des 13. Jahrhunderts in den Kreisen der Cisterzienserinnen übliche Bausitte des geradlinigen Chorschlusses mitzumachen. Jedenfalls war der einschiffige, strebenlose Bau auch im späteren Mittelalter ungewölbt und entbehrte zu allen Zeiten im Aeußeren einer reicheren architektonischen Gliederung. In Bruchstücken ist das aus Kehle und Platte bestehende Hauptgesimse erhalten. Das gänzlich verbaute Innere gestattet keinen Rückschluß auf das Vorhandensein und die Gestalt einer Nonnenempore.

Die Kirchen der Frauensiedelungen zu Marksußra[1]), Heyde und Marienthal[2]) sind spurlos untergegangen.

Der letzte Rest der Klosterkirche zu Saalburg, die Westmauer, ist 1868 bis auf ein kleines Stück der Nordwestecke eingestürzt[3]).

Die große einschiffige Barockkirche, die in Worbis im Bereiche des Cisterzienser-Nonnenklosters steht, ist ein Neubau von 1667, den Franziskaner errichteten[4]).

---

1) Apfelstedt, Beschr. Darst. d. ä. Bau- . . . Denkm. Schwarzb.-Sondershausen I S. 35.
2) Otte und Sommer, Beschr. Darst. d. ä. Bau- . Denkm. d. Prov. Sachsen, Kr. Eckartsberga S. 52 u. 87.
3) Lehfeldt, Bau- Denkm. Thür., Reuß II S. 41.
4) Heydenreich, Bau- Denkm. im Eichsfeld S. 13.

Druckfehler.

S. 14, Fig. 12, lies: zu Clermont.

Stammtafel der thüringische[

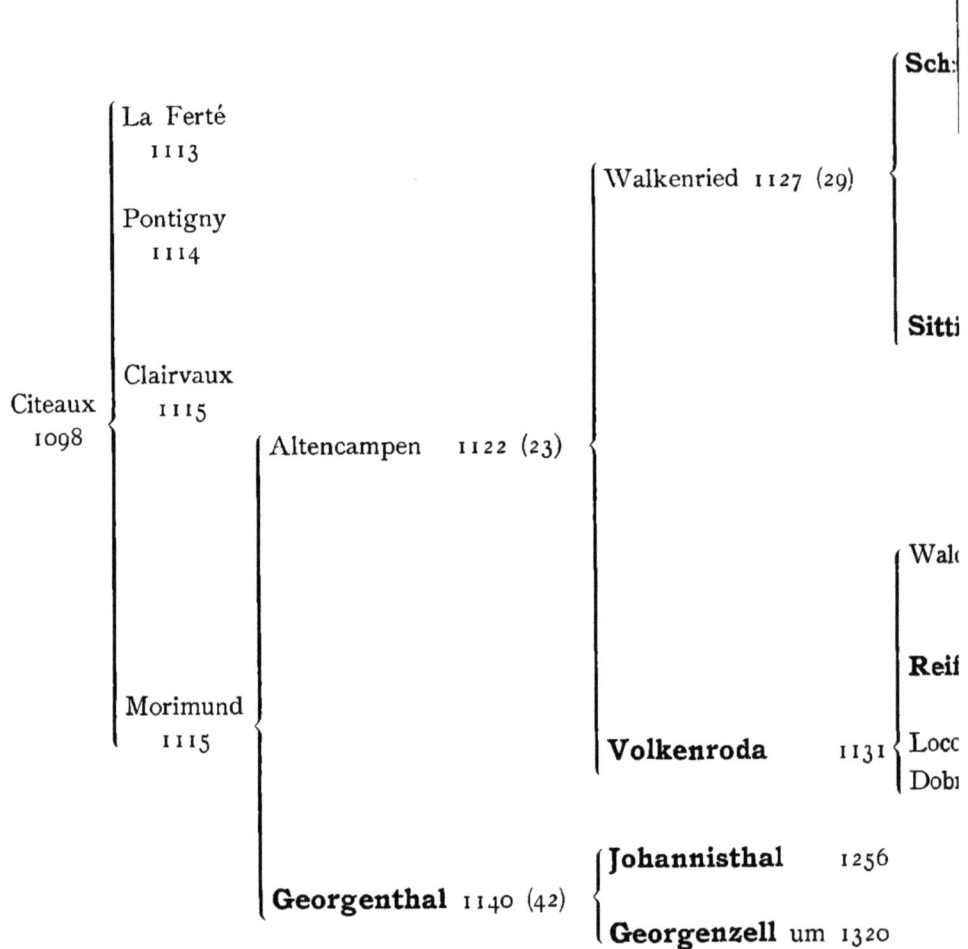

Die thüringischen Klöster sind fett g[
Die eingeklammerten Jahreszahlen na[

Citeaux 1098 {
  La Ferté 1113
  Pontigny 1114
  Clairvaux 1115 {
    Altencampen 1122 (23) {
      Walkenried 1127 (29) {
        Sch:
        Sitt
      }
      Volkenroda 1131 {
        Wal[
        Reif
        Locc
        Dob[
      }
    }
  }
  Morimund 1115 {
    Georgenthal 1140 (42) {
      Johannisthal 1256
      Georgenzell um 1320
    }
  }
}

Cisterzienser-Mönchsklöster.

ckt.

anauschek, Orig. Cist.

		Mogila	1222
	Leubus 1175	Heinrichsau	1227 — Grüssau
		Kamenz	1239 1292
	Altenzelle 1175	— Neuzelle	1281
lln 1132 — **Pforta** 1137	Dünamünde 1208		
	Falkenau 1234		
	Stolpe 1305		

		Paradiz	1236 — Przemet
	Lehnin 1180 (83)	Chorin	1260 1285
		Himmelpforte	1299
enbach 1141	Buch 1192		
	Grünhain 1235		

	Sedlitz 1143	Zbralaw	1292
		Scalic	1357
sen 1133			
	Brombach 1151 (43)		
	Osseg 1194		
stein 1162			

1163	— Reinfeld 1190
gk 1165	— Blesen 1282